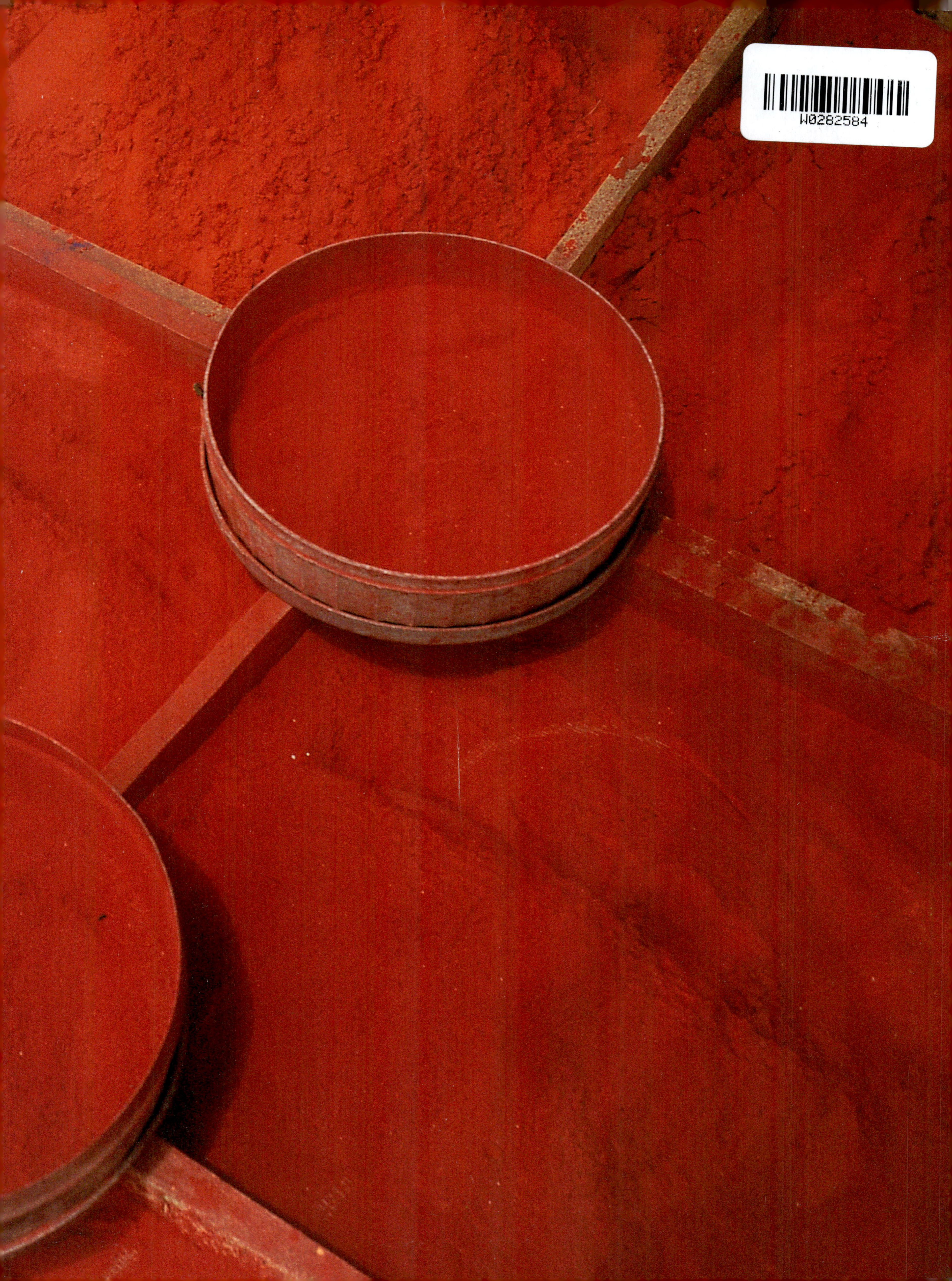

MENSCHEN & KULTUREN

stefan eisenhofer

PAINTED PEOPLE

die faszination des zweiten gesichts

KUNTH

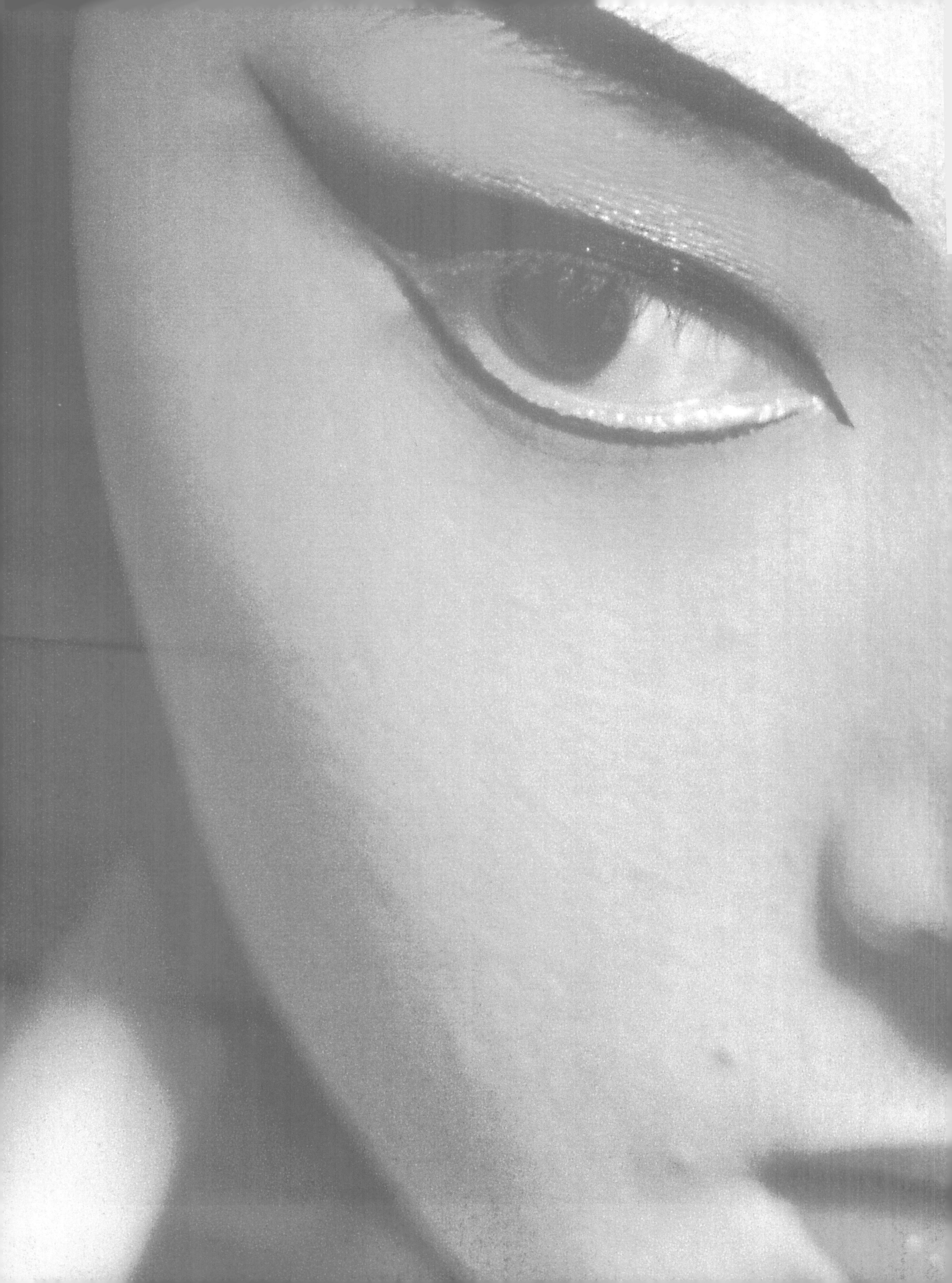

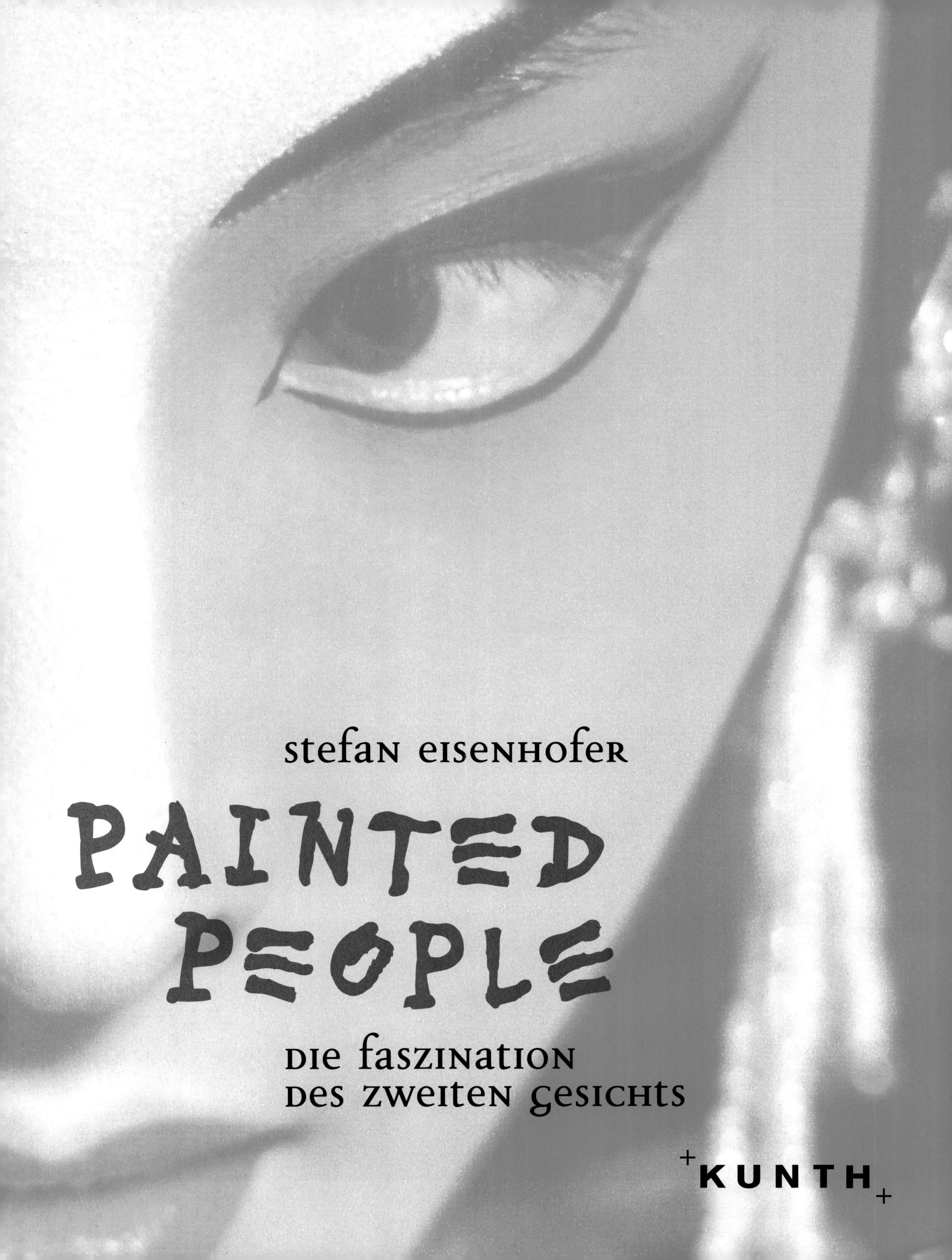

stefan eisenhofer

PAINTED PEOPLE

die faszination
des zweiten gesichts

KUNTH

INHaLt

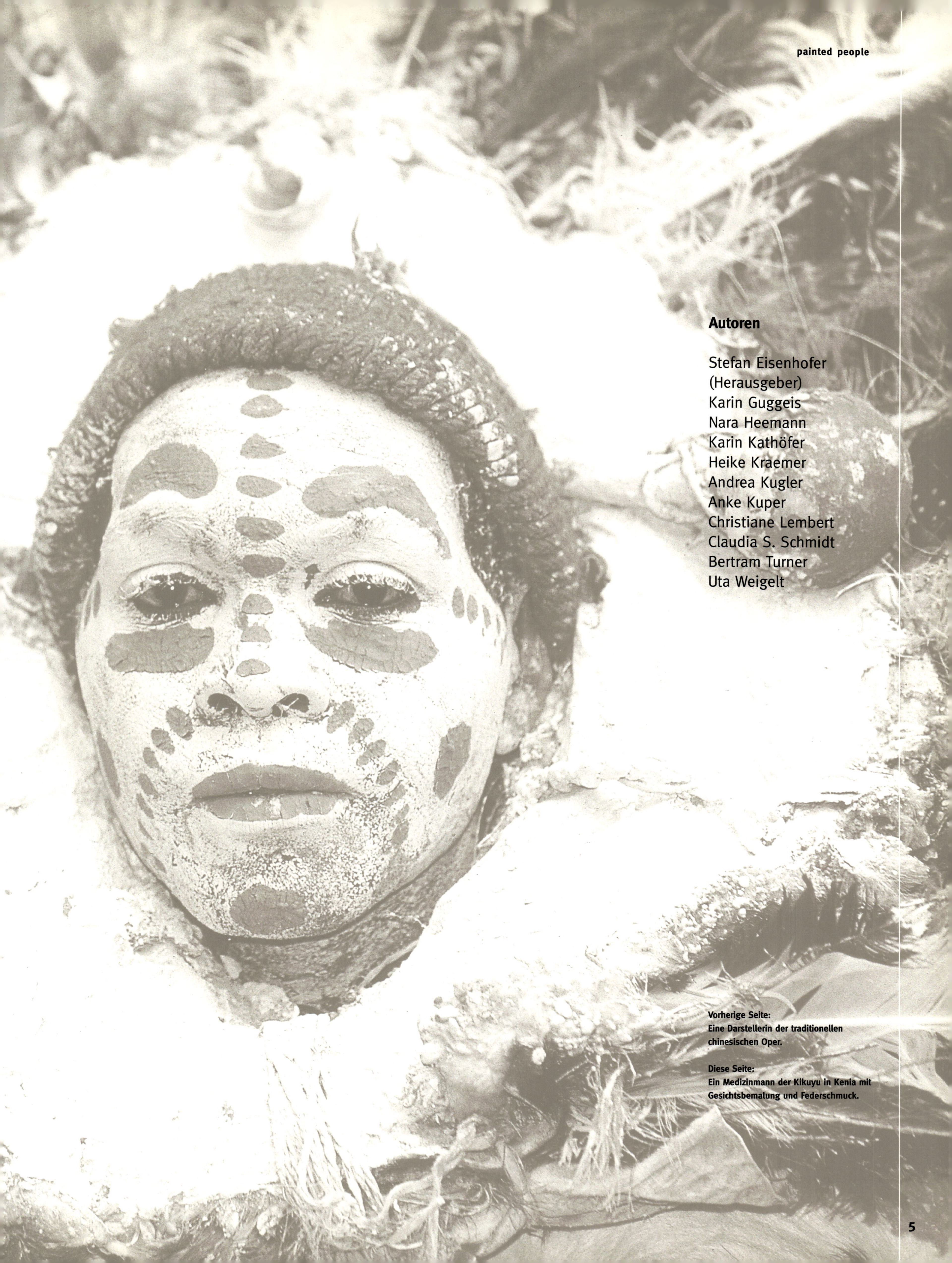

Autoren

Stefan Eisenhofer
(Herausgeber)
Karin Guggeis
Nara Heemann
Karin Kathöfer
Heike Kraemer
Andrea Kugler
Anke Kuper
Christiane Lembert
Claudia S. Schmidt
Bertram Turner
Uta Weigelt

Vorherige Seite:
Eine Darstellerin der traditionellen chinesischen Oper.

Diese Seite:
Ein Medizinmann der Kikuyu in Kenia mit Gesichtsbemalung und Federschmuck.

Körperkunst politisch: Ein Anhänger einer indischen Partei hat sich zur »Plakatwand« gemacht und den Namen des Parteivorsitzenden auf Gesicht und Körper aufgemalt.

Bizarre Kreation bei einem Body Painting Contest: Auch in der modernen westlichen Gesellschaft gibt es ein starkes Bedürfnis, den Körper zu verfremden.

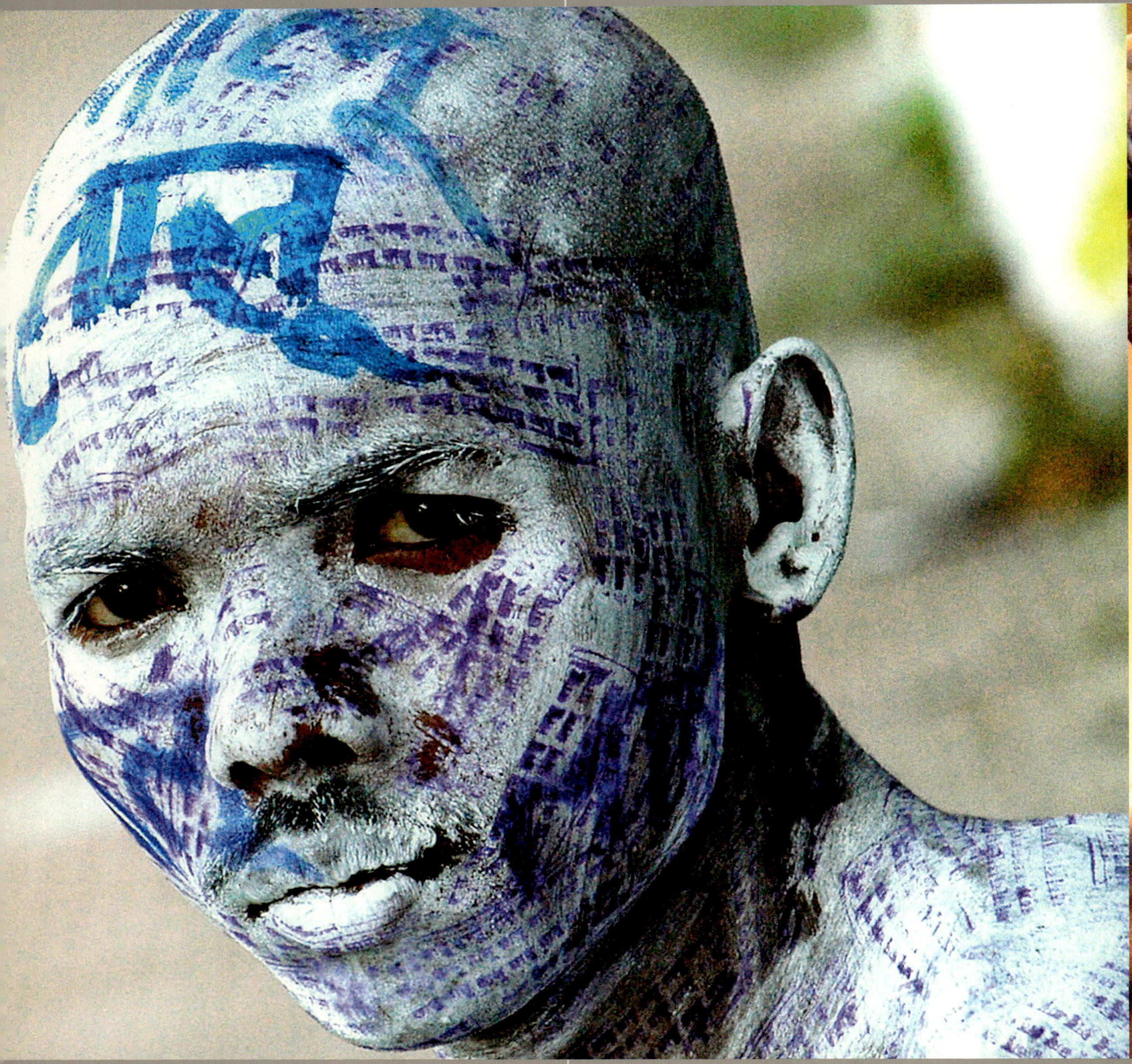

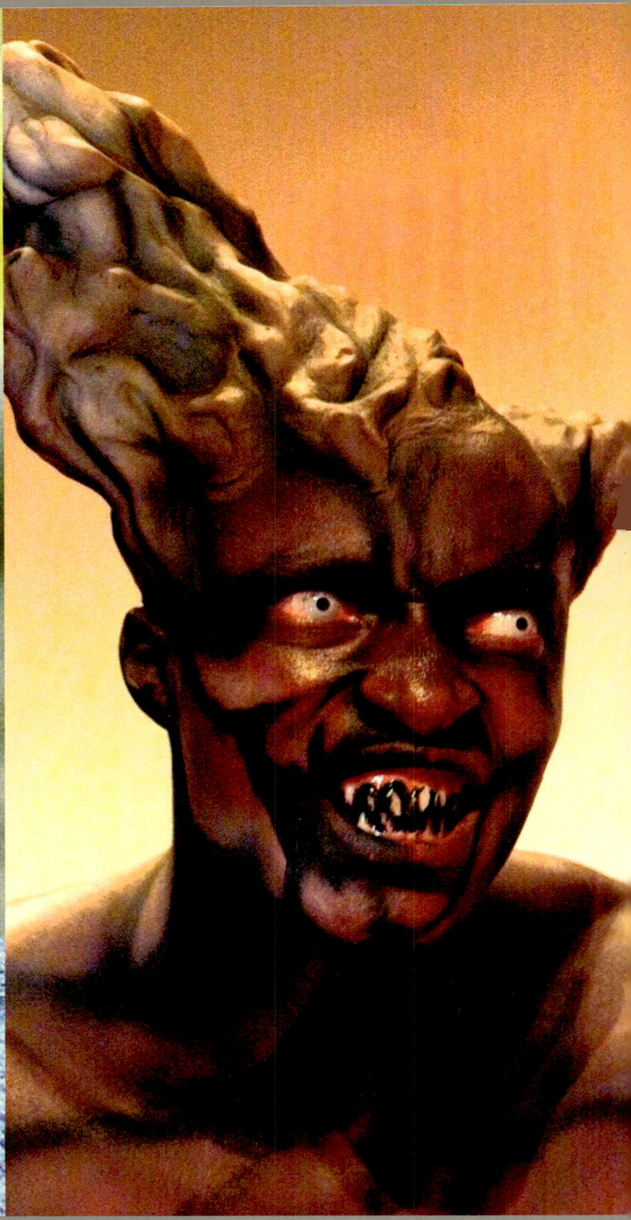

Vermutlich in allen Kulturen der Welt wurde die Bedeutung der menschlichen Haut als letzte dünne Hülle zwischen sich selbst und den anderen, als Scharnier und Schnittstelle zwischen dem Innen und Außen, dem Einzelnen und der Gesellschaft erkannt. Und gerade die mit Farben und Zeichen geschmückte Haut wurde und wird genutzt als Schleuse und Stauwehr, als Bühne und Festung, als offene Tür und Versteck, als Tarnkappe und Bekenntnis.

Die Ureinwohner von Papua-Neuguinea beeindrucken durch eine farbenprächtige Aufmachung, die der Verschönerung dient, aber auch den Status des Trägers kennzeichnet.

Dieses indische Mädchen hat sich für ein Hindu-Fest geschmückt. Das rote Stirnmal soll vor Bösem schützen. Durch die Zunge ist ein Dreizack, Symbol Shivas, gesteckt.

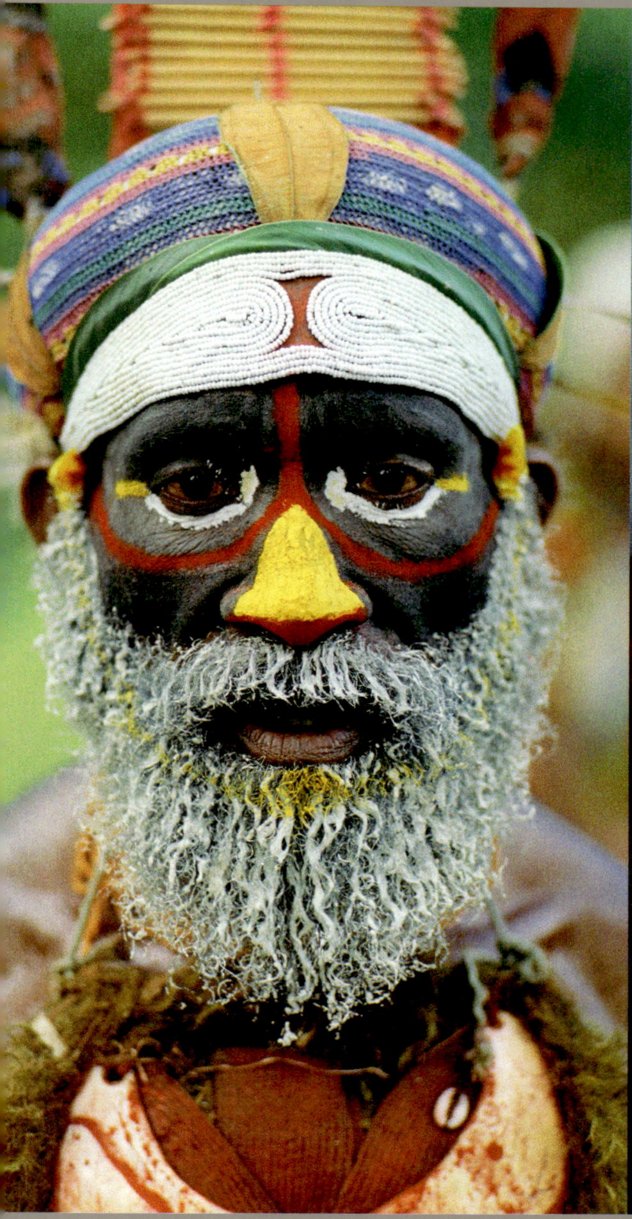

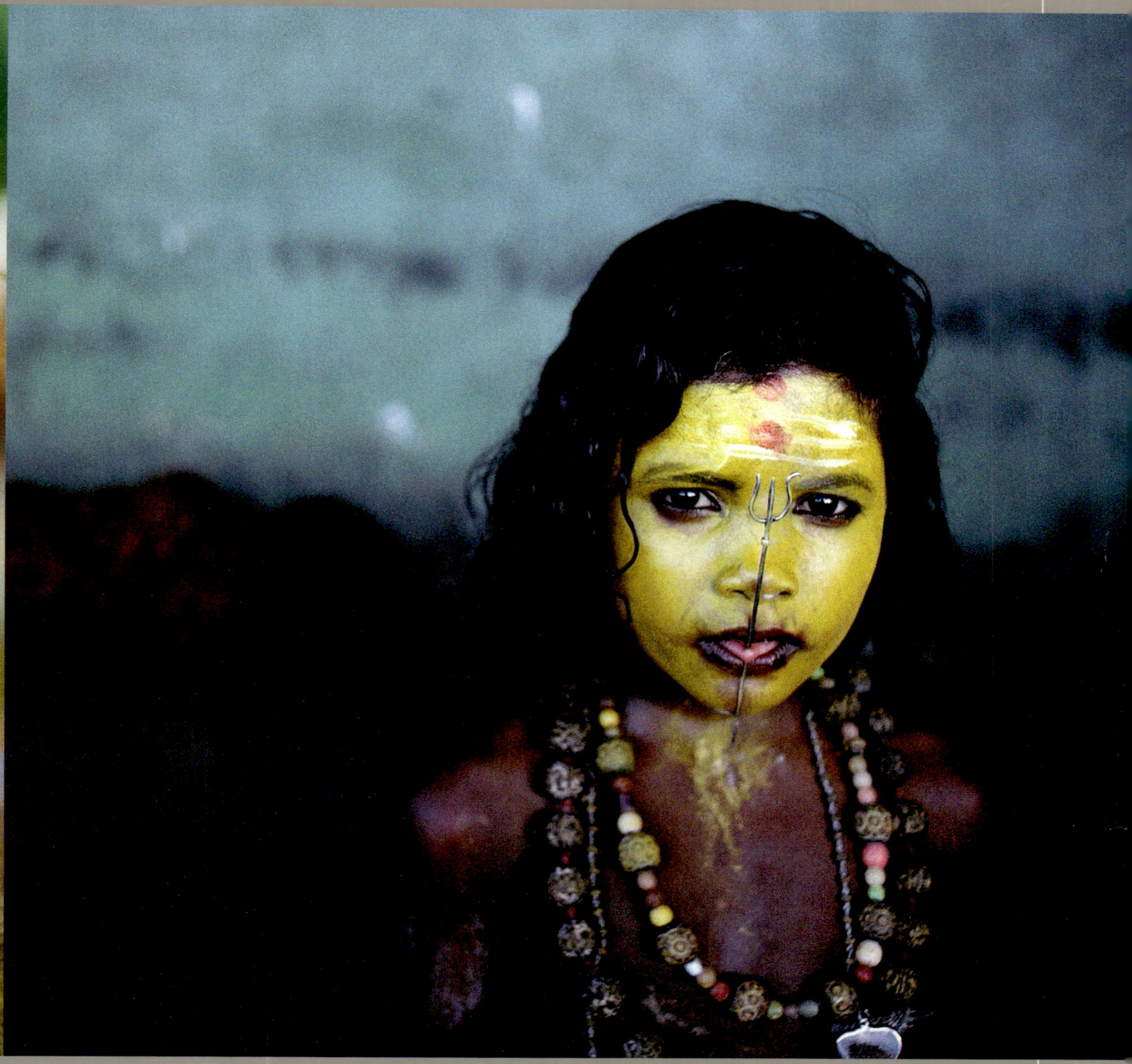

Auf der verzierten Haut stülpt sich Innenleben nach außen, wird Fremdes verinnerlicht. Die geschmückte Haut legt verborgene Strukturen frei und verbirgt offensichtliche. Sie dient als Filter zwischen sich und der Welt und als eine Barrikade gegen die Auflösungsangst des Ich. Sie stemmt sich gegen die Hinfälligkeit des verschleißenden menschlichen Körpers und der Begrenztheit unserer Existenz. Sie nährt den Traum von der Unsterblichkeit.

Die kunstvoll dekorierte Haut befindet sich dabei in einem Spannungsfeld zwischen dem innersten Wesen und der ureigensten Persönlichkeit eines Menschen einerseits und der gänzlichen Fremdbestimmung durch gesellschaftliche Normen, Pflichten und Zwänge andererseits. Sie zeigt Wahrhaftigstes oder Trugbilder, ist Dokument der Rebellion oder der Anpassung. Sie offenbart Persönliches, macht Wildfremdes zum Eigenen.

Kurz: Die geschmückte Haut eines Menschen ist ein Knotenpunkt, an dem Bewusstes und Unbewusstes, Beabsichtigtes und Unbeabsichtigtes, Eigenes und Fremdes, Persönliches und Gesellschaftliches zusammentreffen.

Auf die jahrtausendealte Tradition der Körperbemalung verweisen die zwischen 4500 und 2500 v. Chr. entstandenen Felsbilder im Tassili N'Ajjer in der algerischen Sahara.

Schon im Alten Ägypten hoben die Frauen die Augenpartie hervor. Bei Festen trugen sie Duftkegel aus Öl und Harz, die in der Sonne schmolzen und ihren Duft verströmten.

Oben: Für einen festlichen Anlass schmückt eine Frau aus Papua-Neuguinea ihren Sohn. Unten: Ein Asmat-Mann aus West Papua, dem indonesischen Teil Neuguineas.

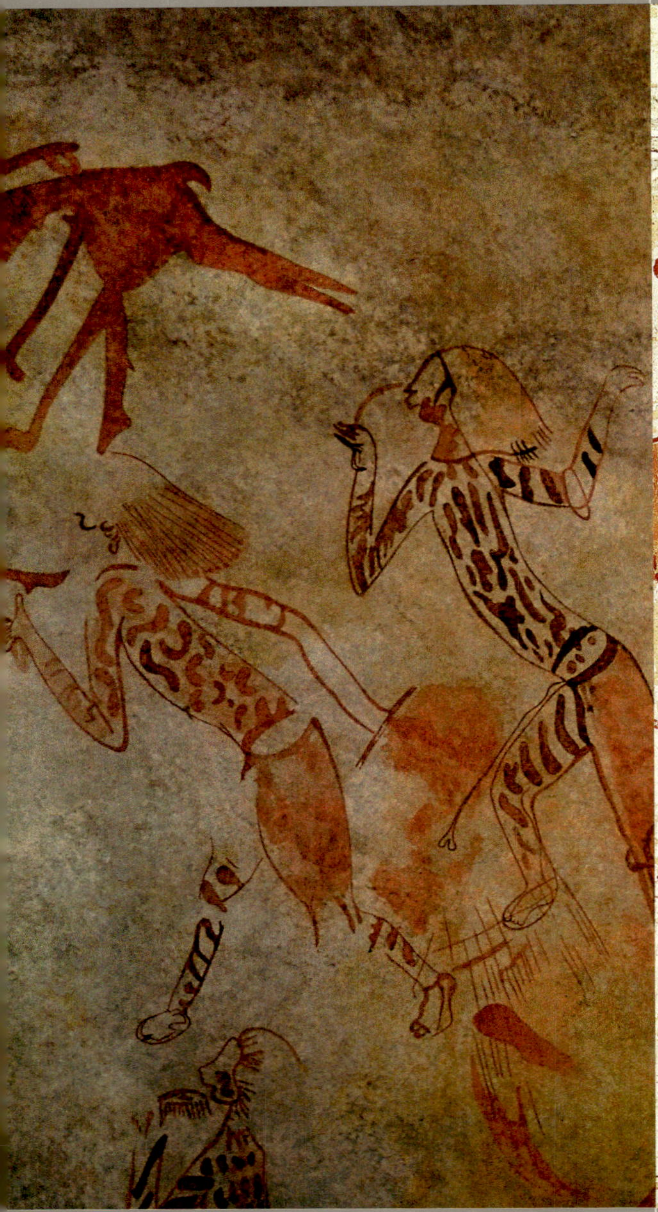

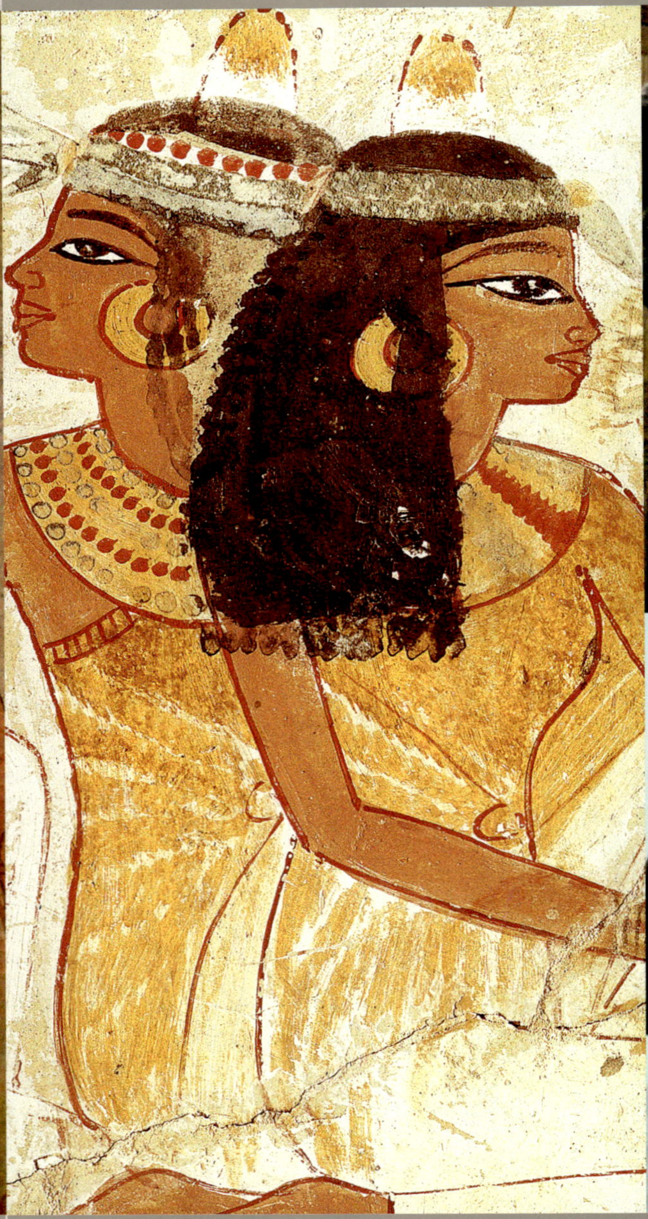

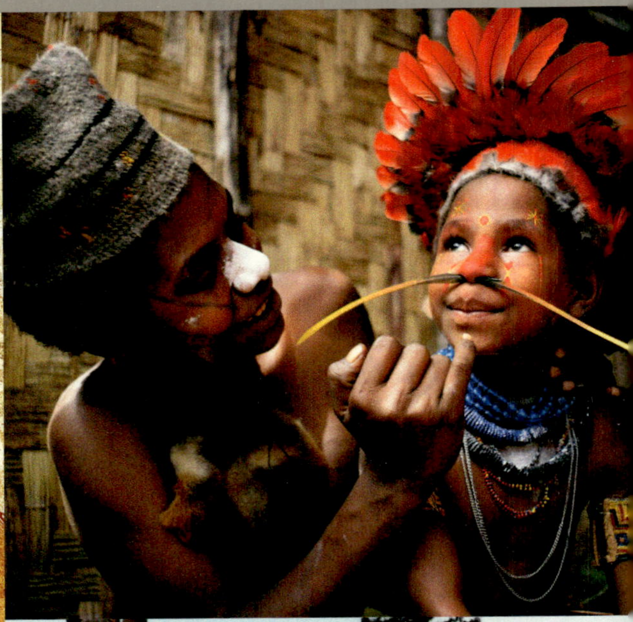

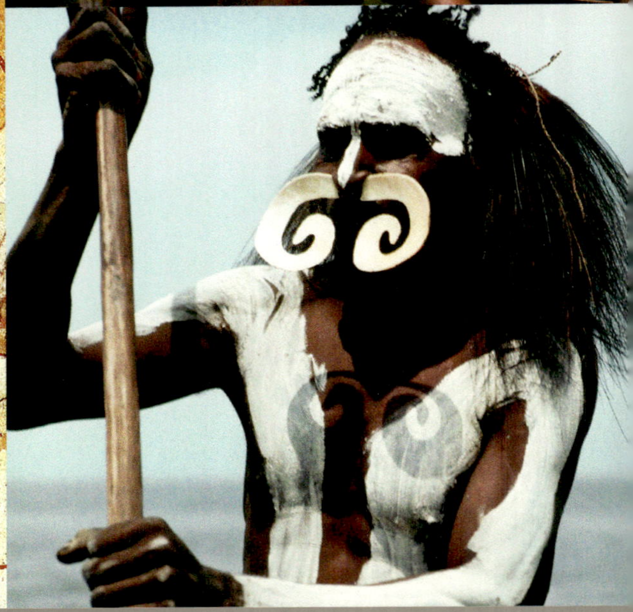

Wir wissen nicht genau, wann der Mensch damit begonnen hat, seine Haut mit Farben und Zeichen zu schmücken und zu markieren. Aber schon in Gräbern der Altsteinzeit wurden die Leichname auf rötlichen Ocker gebettet. Auch die berühmte »Venus von Willendorf« weist Reste einer Ockerbemalung auf. Und nicht zuletzt war »Ötzi« tätowiert, wahrscheinlich aus medizinischen Absichten.

Die Gelegenheiten der Inszenierung der menschlichen Haut sind jedenfalls nahezu unüberschaubar. Bemalung, Tätowierung und Narbenverzierung zeigen, wer man ist, wer man sein will oder auch zu sein hat. Muster und Farben vermitteln Botschaften und verkörpern gesellschaftliche Werte und Regeln. Oder sie stellen diese in Frage und lehnen sie ab. Der uns geläufigste Zweck der Gesichtsbemalung hat rein ästhetische Bedeutung. Es geht dabei um das Schminken im engeren Sinne mit der Absicht, die körperliche und sexuelle Attraktivität zu steigern. Beispiele dafür kennen wir spätestens aus dem alten Orient, wo die Schminkkunst zur höchsten Meisterschaft entwickelt wurde.

Oben: Ein Aborigine aus Arnhem Land in Australien mit Zeremonialbemalung.
Unten: Ein Huli aus Papua-Neuguinea mit Bemalung, Federschmuck und Perücke.

Bei den Luba in der Demokratischen Republik Kongo treten bei Festen bemalte Tänzer des *mbudye*-Geheimbundes auf und stellen Ereignisse aus der Geschichte der Luba dar.

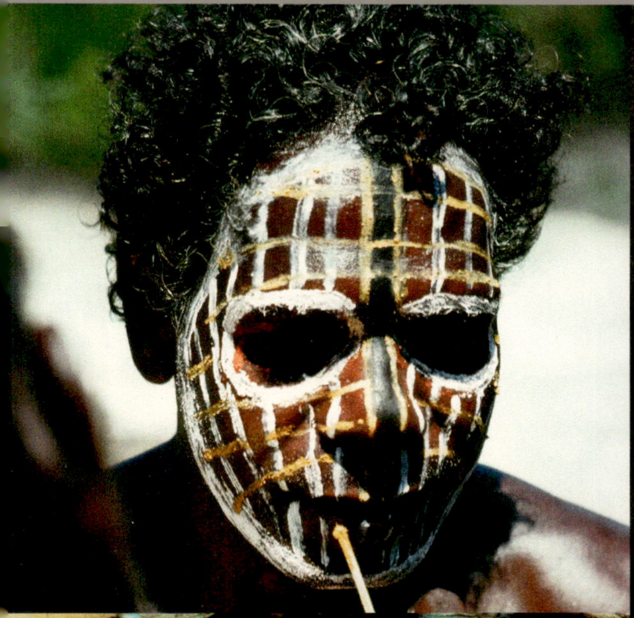

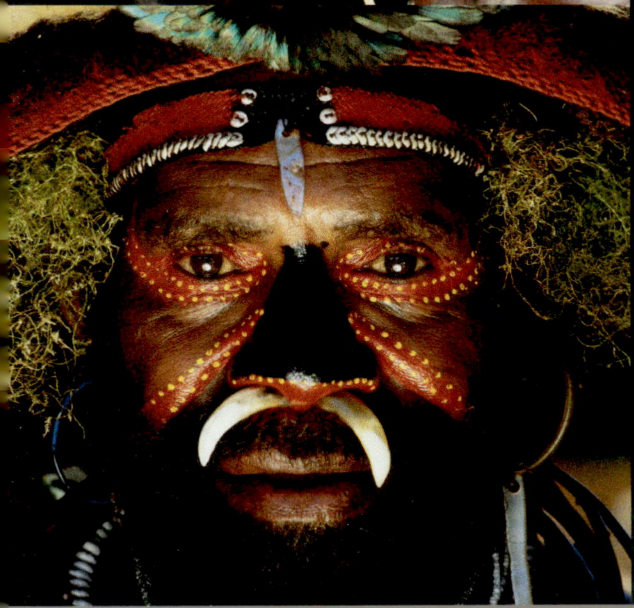

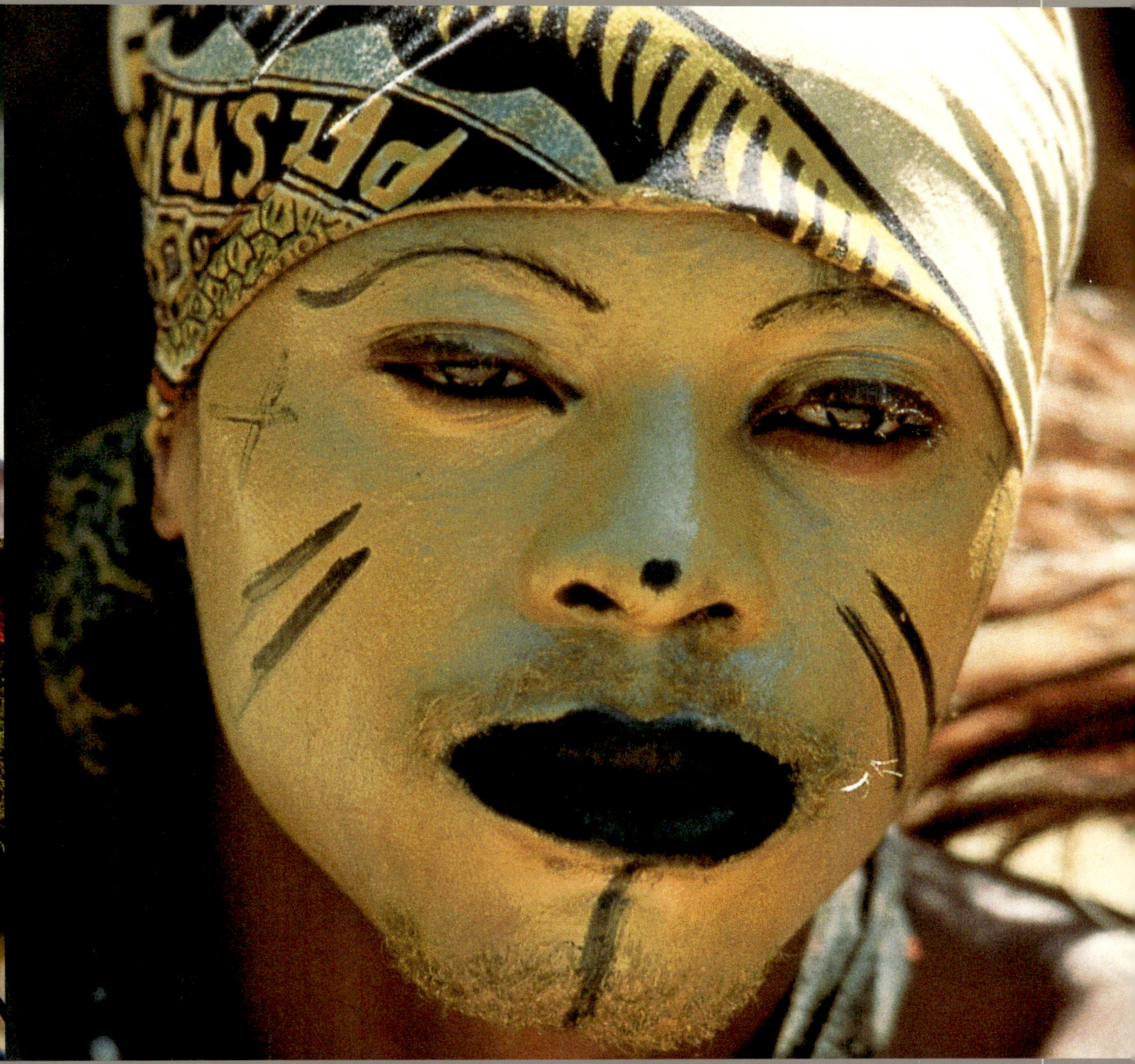

Die kosmetischen Schönheitsbemühungen der Frauen im Alten Ägypten galten vor allem der Augenpartie. Die damalige Betonung der Augen ist bis heute ein wichtiges Vorbild für modernes Schminken. Übrigens enthielt die Augenschminke bei den Alten Ägyptern meist Schutzstoffe gegen Augenkrankheiten. Es muss jedoch offen bleiben, ob wir in solchen Absichten – dem Schutz vor Infektionen, Insekten, Sonne und bösen Geistern – die Ursprünge des Schminkens vor uns haben.
Bei der Einschätzung der Gesichts- und Körperbemalung von Menschen aus fremden Kulturkreisen sind europäische Missverständnisse vorprogrammiert. Und ebenso wie viele damalige Reisende und Missionare in ihrer rigiden Ablehnung die fremde Körperkunst falsch einschätzten, so unangemessen sehen heutige Bewunderer oft den fremden Formen- und Farbenreichtum. Denn keineswegs immer hat Farbe im Gesicht und auf nackter Haut etwas mit Sinnlichkeit und Sex zu tun. Zudem unterliegen die Bemalungen oft strengsten Regeln und dürfen nicht beliebig verändert werden. Und meist ist die Bemalung nur in dem Sinne »erotisch«, als man nur mit ihr als »echter« Mann oder »echte« Frau gilt, während man ohne Farben entweder als Außenseiter, als asozial oder unreif betrachtet wird.

Oft werden durch die farbliche Inszenierung des Körpers wichtige Lebensphasen wie Hochzeit oder Erwachsenwerden angezeigt. Ebenso die Hoffnung auf eine baldige Mutterschaft, der Wunsch nach Fruchtbarkeit oder die Zahl der Kinder. Häufig ist die Verzierung der Haut auch Gradmesser gesellschaftlicher, politischer oder religiöser Autorität sowie Hinweis auf den wirtschaftlichen und beruflichen Erfolg eines Menschen. Die Haut dient so in schriftlosen Kulturen als eine Art Personalausweis oder Lebenslauf – unbestechlicher und indiskreter als jeder amtliche Pass. Sie ist ein Dokument von Sieg und Niederlage, dient als Hypothek und Zeugnis.

Rituelle Bemalung spielt bei Initiationsriten eine wichtige Rolle. Dieses Mädchen von den Gere, einer Ethnie der Elfenbeinküste, wurde bei ihrer Beschneidung bemalt.

Die Popkultur hat ihre ganz eigenen Formen und Codes der Körperinszenierung hervorgebracht, wie Gene Simmons von der Rockband Kiss eindrucksvoll belegt.

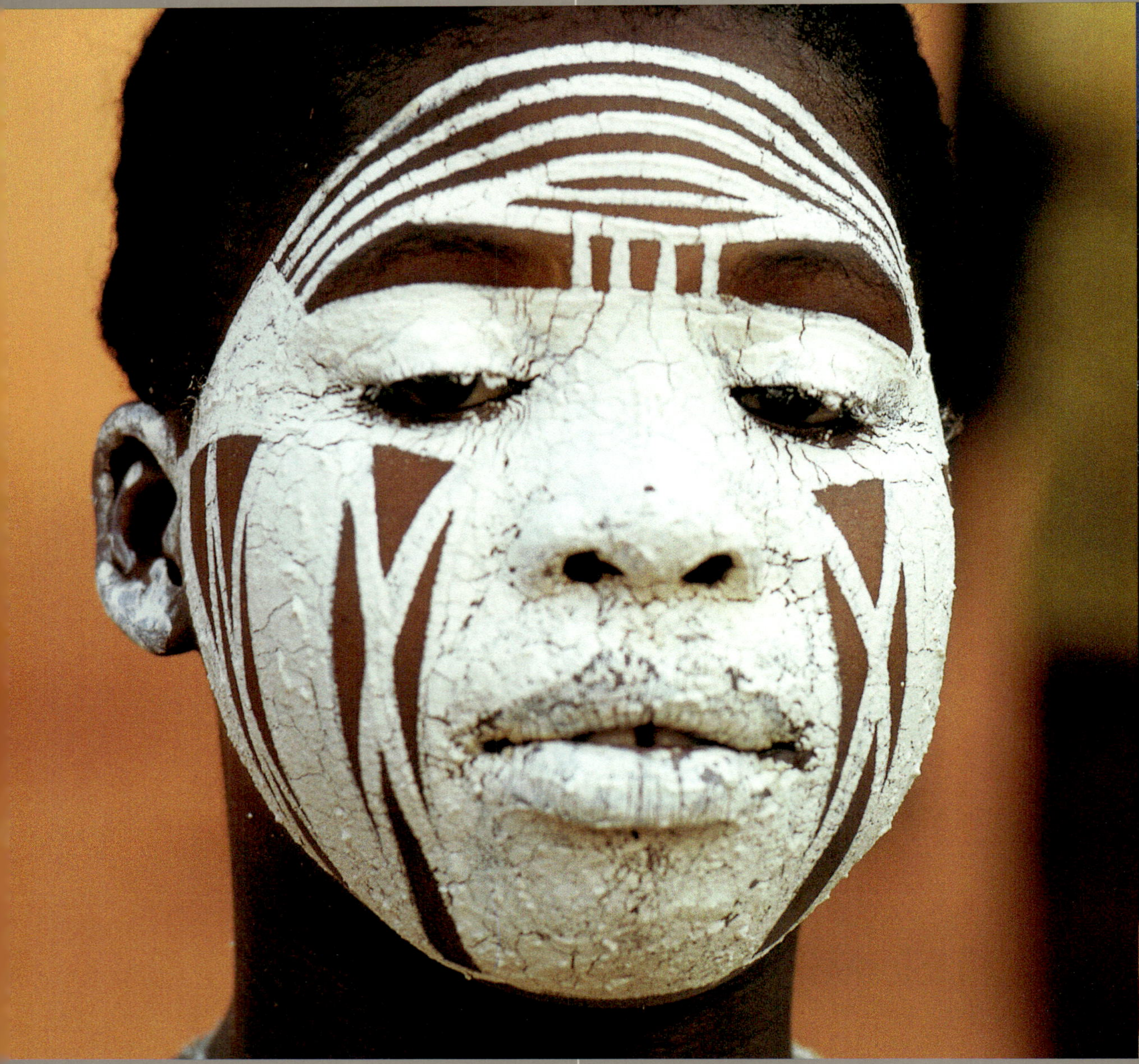

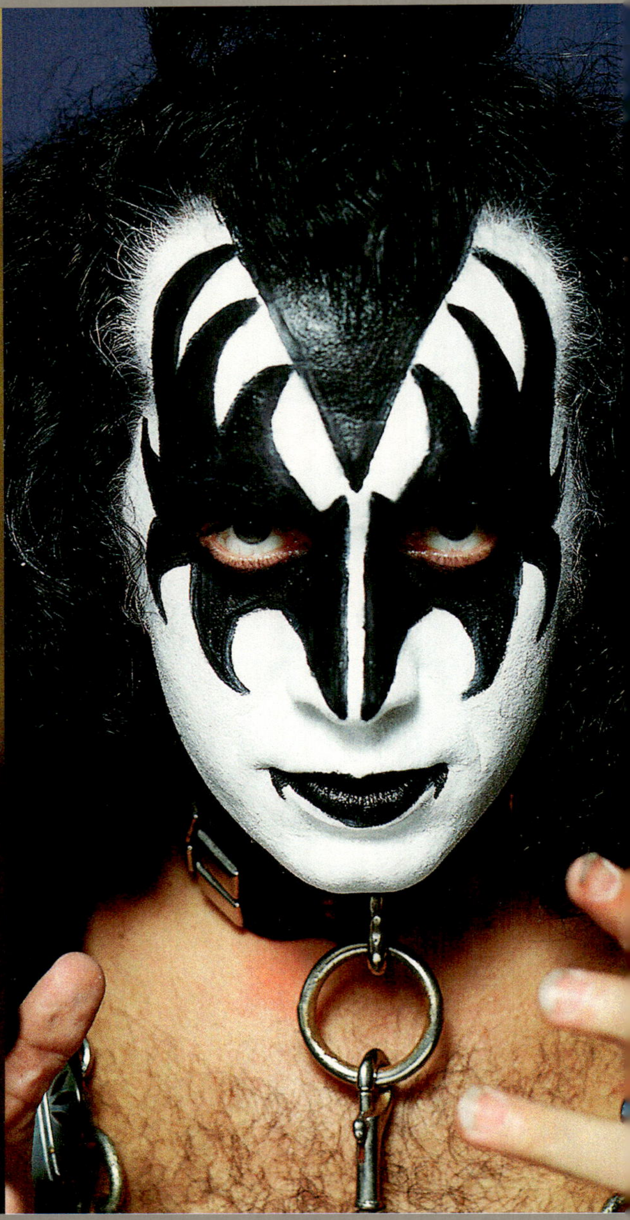

Anderswo rücken Farben und Zeichen einen Menschen in die Nähe des Göttlichen. Oder Götter geben sich dadurch zu erkennen und zeigen sich auf der Erde. Bisweilen gelten die Muster und Farben auch als Geschenk von Göttern, wodurch Menschen zum Gott werden können. Und schließlich wird man auch bei uns perfekt geschminkt bisweilen aus der Welt der Lebenden entrückt, wird zur Göttin, zur »Diva«.

Wann welche geschmückten Gesichter und Körper als erwünscht oder skandalös, als schön oder hässlich, als anziehend oder abstoßend gelten, erwächst aus der jeweiligen Gesellschaft. Und wie bei uns ist man auch anderswo oft ziemlich schockiert, wenn verzierte Körper von den gängigen Vorstellungen und Normen abweichen.

Oftmals sind daher bei den Körperverzierungen der Fantasie trotz einer überbordenden Farbenpracht enge Grenzen gesetzt. Denn die grundlegenden Formen und Muster müssen unbedingt erhalten bleiben, damit die Mitglieder der jeweiligen Gesellschaft auch die dargestellten Botschaften erkennen können.

Ein Gesamtkunstwerk aus Bemalung und Schmuck: Ein Teyyam-Tänzer im indischen Kerala repräsentiert bei einem rituellen Tanz eine Gottheit.

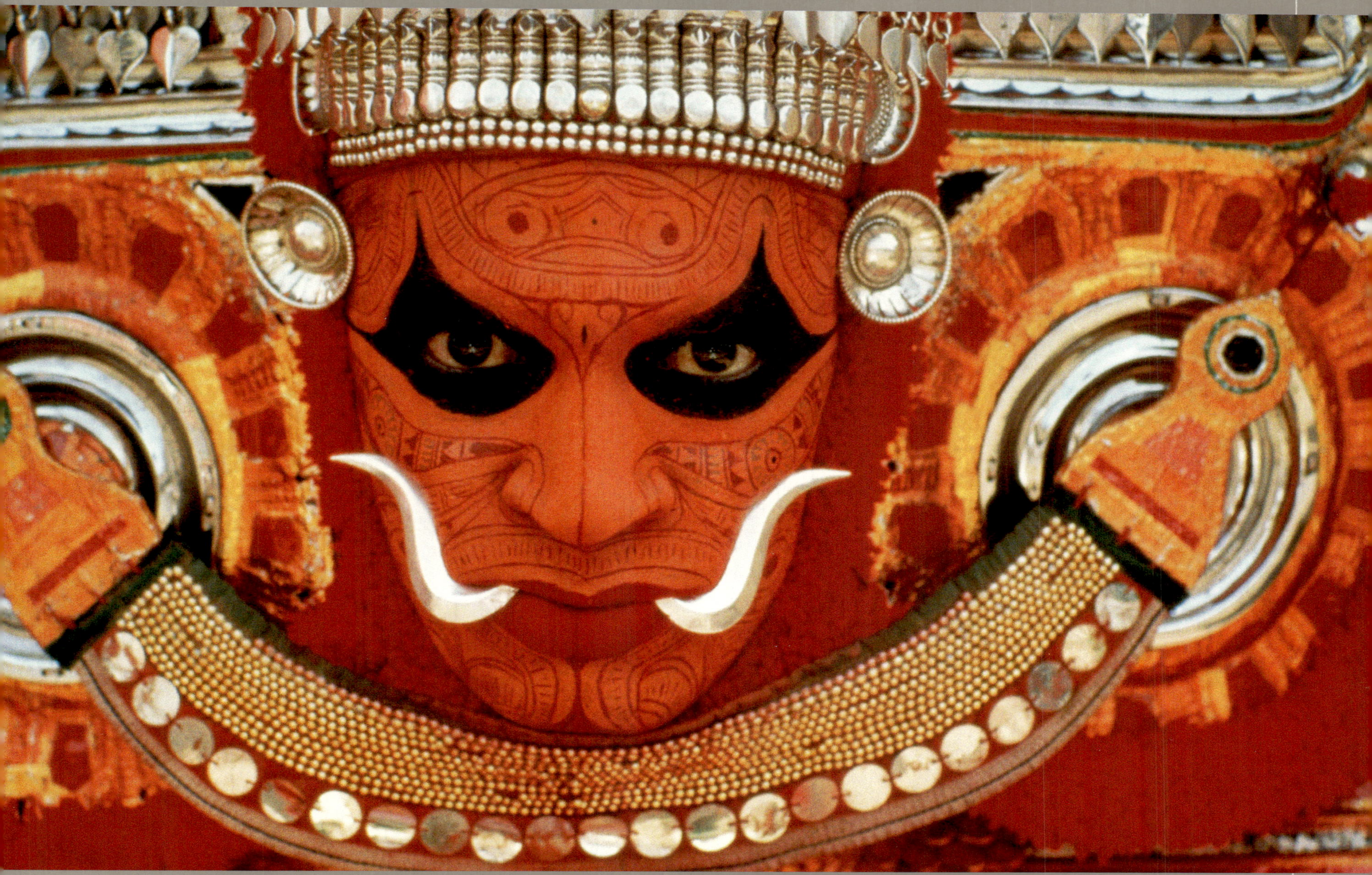

Farben und Zeichen werden meist von einer Reihe von Geboten und Verboten begleitet. Ähnlich den europäischen Kleiderordnungen verweisen Bemalungen und Narben auf die Rechte und Pflichten eines Menschen. Und Verstöße gegen diese Regeln werden in der Regel hart bestraft.

»Die niedrigste aller Kunsttätigkeiten ist die schmückende Beschäftigung mit dem eigenen Körper«, hieß es noch 1925 in einem Lehrbuch über bildende Kunst. Diese Sicht von Körperbemalung, Tatauierung und Narbenschmuck hat sich bis heute gründlich gewandelt und ist in – freilich oft allzu unkritische – Bewunderung umgeschlagen. Tattoos, Mehndi-Bemalung und andere Formen erobern Klatschspalten und Boulevard-Magazine.

Und so erfreulich einerseits die Beschäftigung mit fremder Körperkunst ist, birgt sie auch problematische Aspekte. Und so manche warnen davor, dass nach dem Land, der Kunst und der Arbeitskraft nun auch die Haut vieler außereuropäischer Menschen kolonisiert wird. Denn allzu schnell werden oftmals ehrwürdige Symbole aus fremden Kulturen übernommen und unseren modischen Bedürfnissen angepasst. »Heiliges« wird so zum zeitgeistgehetzten »Schnickschnack«, der morgen schon wieder vergessen ist. Zum schnellen Konsum bestimmt, wird Außergewöhnliches banalisiert und alltäglich. Und oftmals fehlt dabei die Achtung vor den Menschen, denen die Formen und Muster abgeschaut wurden.

Dieses Buch soll daher den Respekt und das Verständnis für die Körperkunst fremder Gesellschaften und die Menschen, die sie schaffen und schufen, fördern. Und schließlich soll gezeigt werden, dass wahrscheinlich allen Menschen gemeinsam ist, dass sie durch Farben und Zeichen auf ihrer Haut die Natur durch Kultur vollkommen zu machen versuchen – auch und gerade bei den fälschlich so genannten »Naturvölkern«: Alle versuchen sich von der sie umgebenden Natur abzugrenzen und wollen deutlich zeigen: Wir sind Menschen.

Stefan Eisenhofer

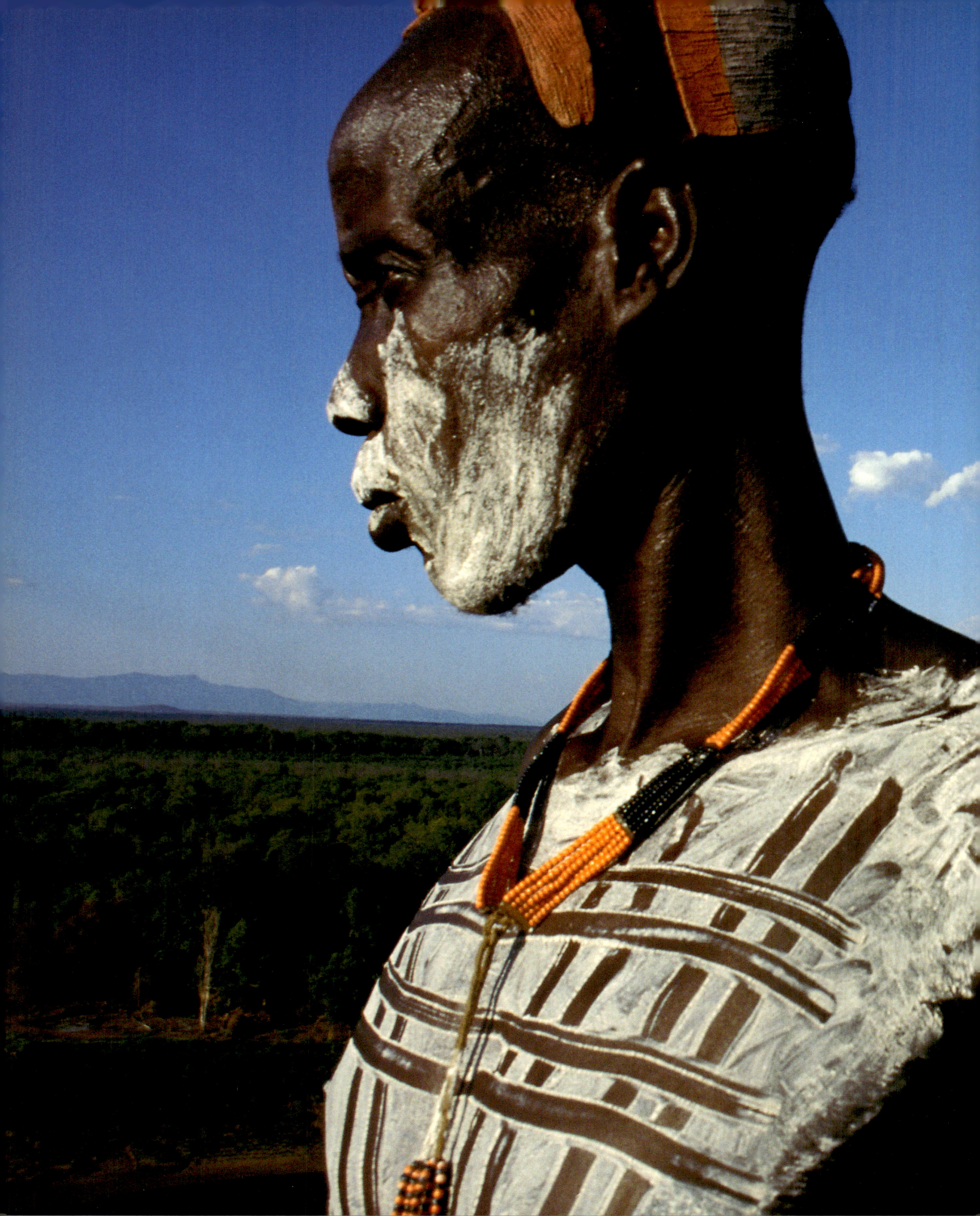

Faszinierende Körperkunst – einzigartig und im wahrsten Sinn vergänglich. Ein Karo-Mann mit Gesichts- und Körperbemalung sowie der typischen Lehmfrisur schaut über eine Biegung des Flusses Omo. Die Kultur dieser kleinen ethnischen Gruppe in Äthiopien ist durch Kriege und westliche Einflüsse vom Untergang bedroht.

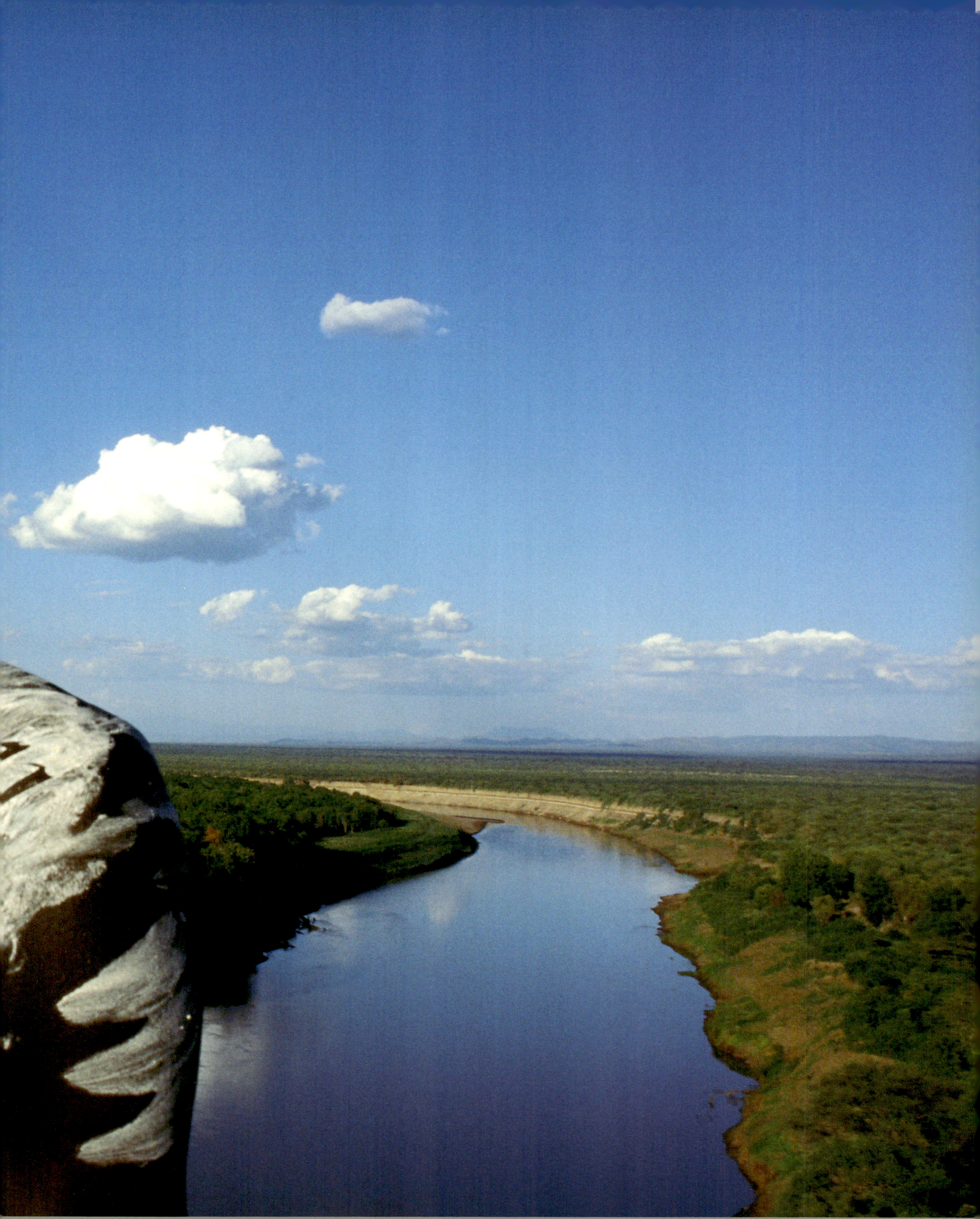

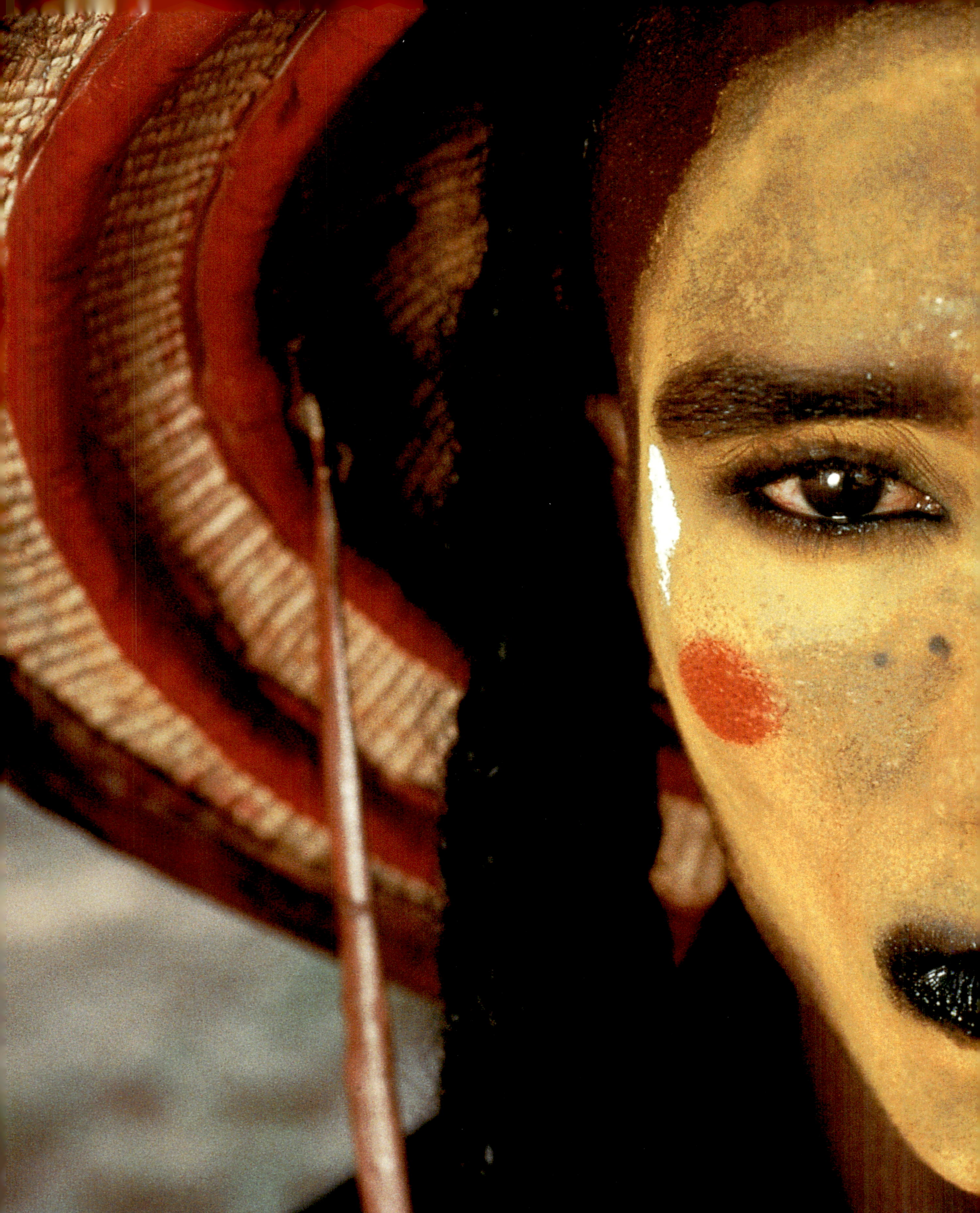

Bereit für die Schönheitskonkurrenz: Stundenlang schminken sich die jungen Männer bei den Wodaabe in der Republik Niger, wählen die schönste Kleidung und schmücken sich mit Accessoires, um beim *gerewol*-Fest mit verführerischem Mienenspiel vor den jungen Frauen zu tanzen, die anschließend den Sieger küren.

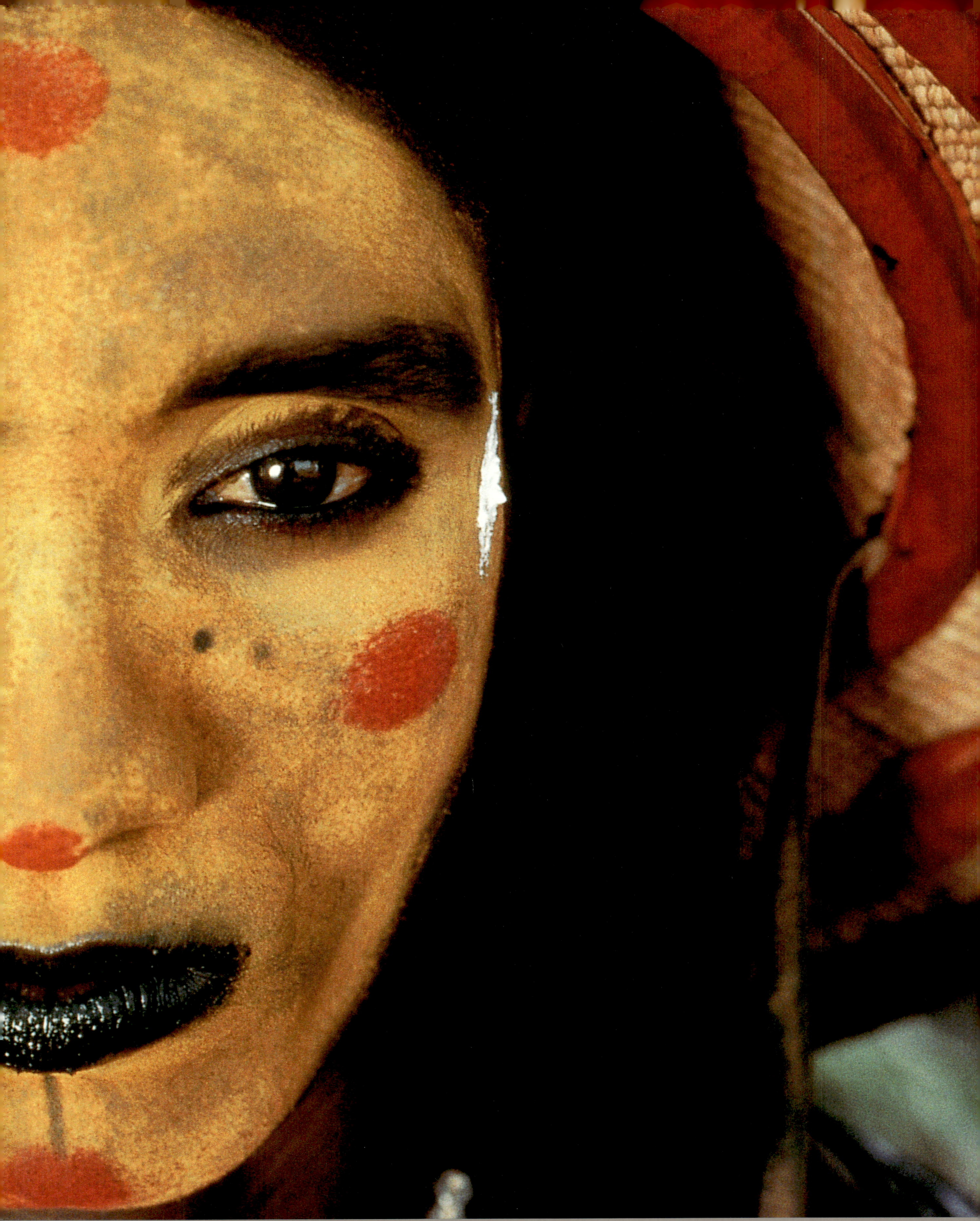

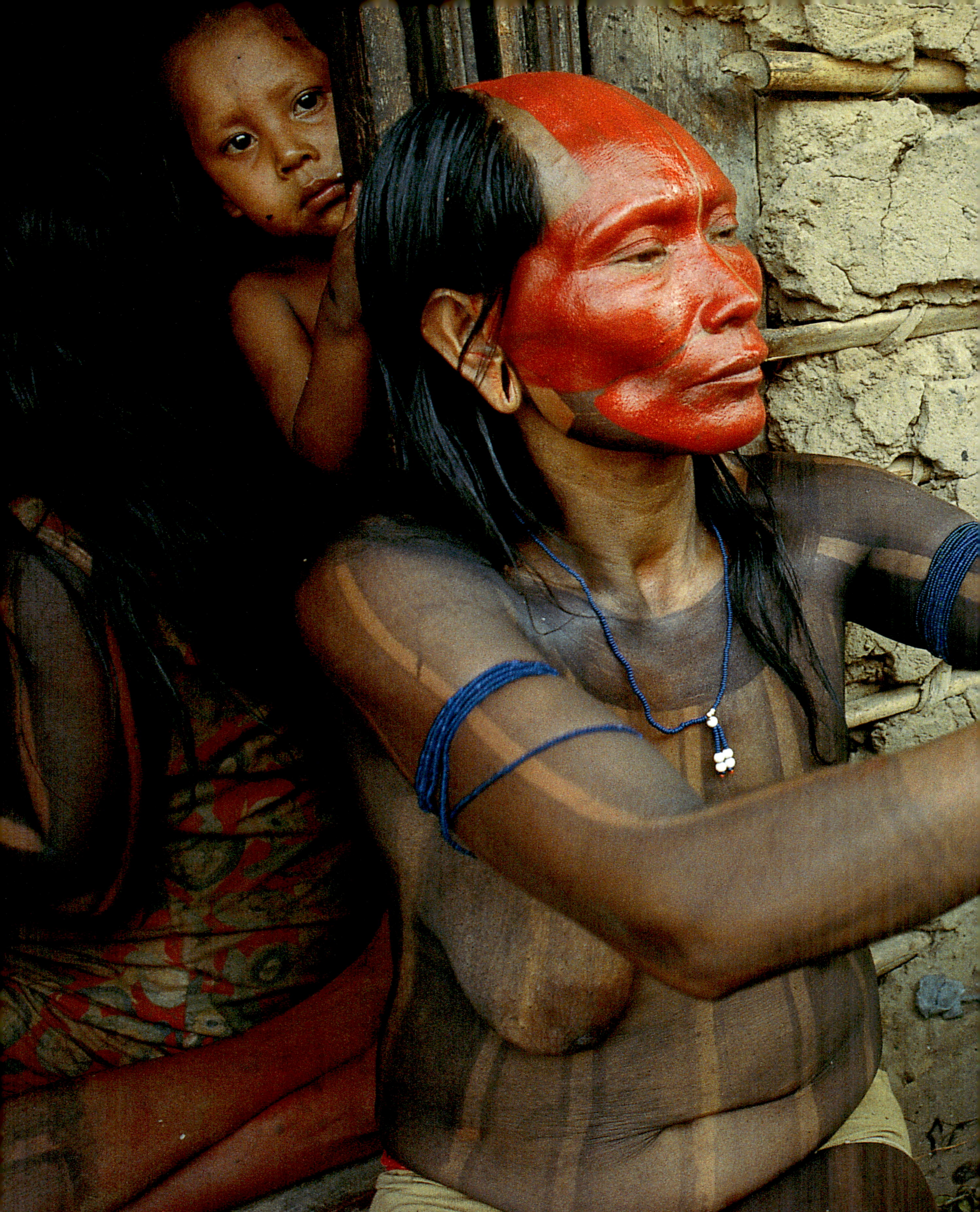

Bei den Xikrin, einer Gruppe der Kayapó-Indianer, die in Zentralbrasilien leben, bemalen die Frauen mit Hingabe sich und ihre Kinder mit Pflanzenfarben. Farben und Muster sind nicht nur Schmuck, sondern auch eine Art symbolische Sprache, die Identität stiftet und Auskunft über den Status des Trägers gibt.

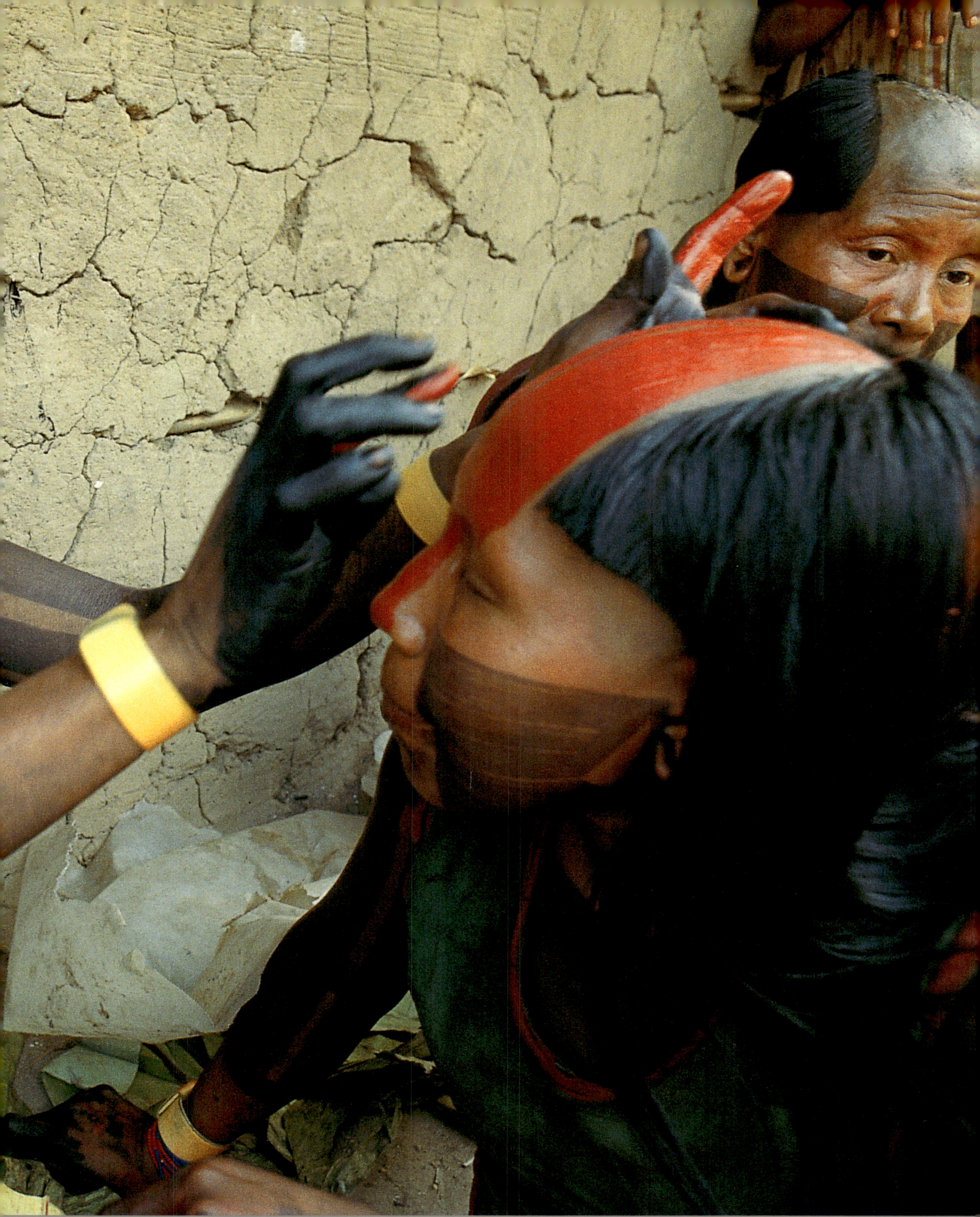

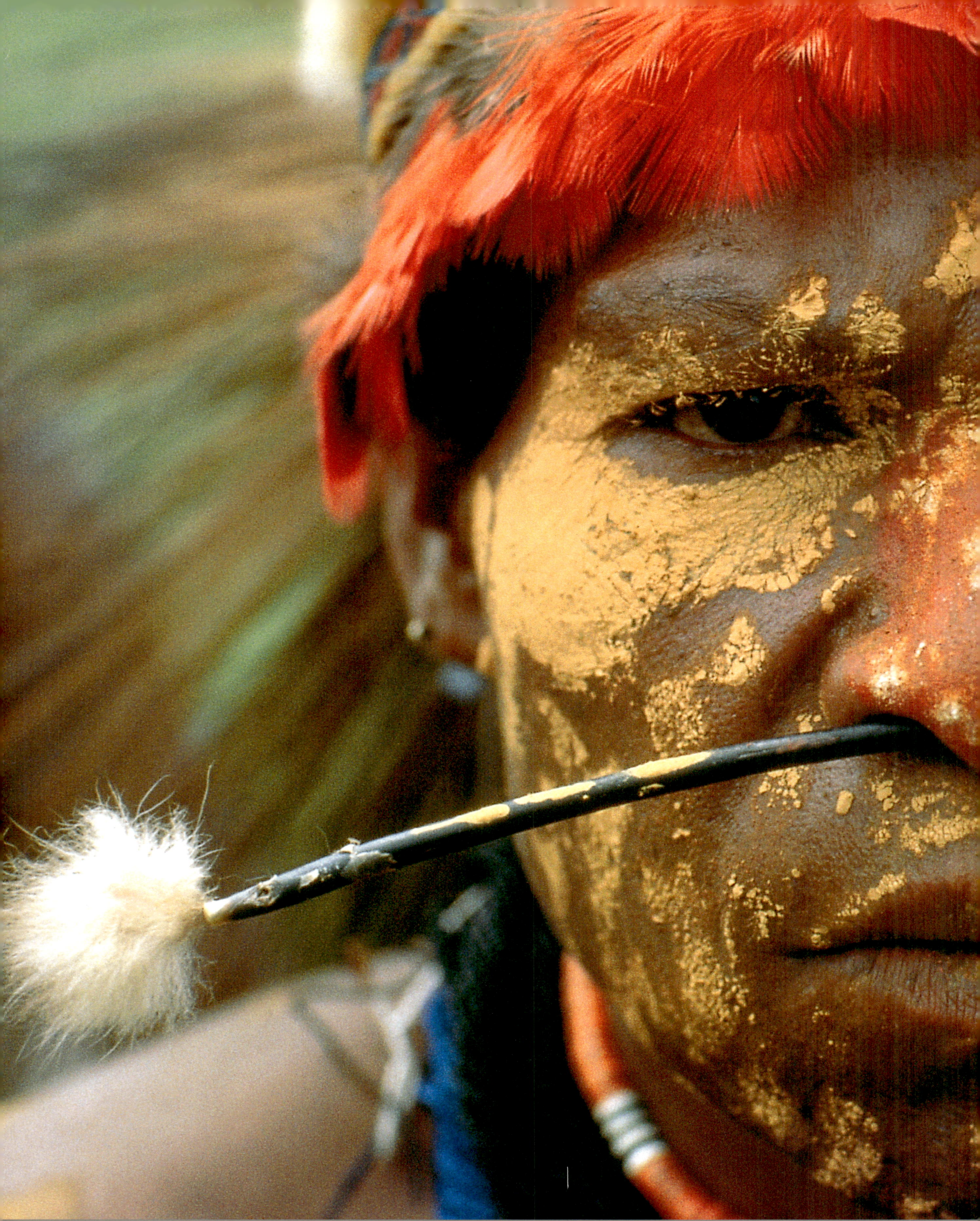

Auf Neuguinea, der zweitgrößten Insel der Welt, haben einige Bevölkerungsgruppen die Kunst der Verwandlung durch Schminke, Schmuck und Kostümierung zu höchster Perfektion gebracht. Ein junger Mann aus dem Hochland von Papua-Neuguinea mit Bemalung, prächtigem Kopfputz und ausladendem Nasenring.

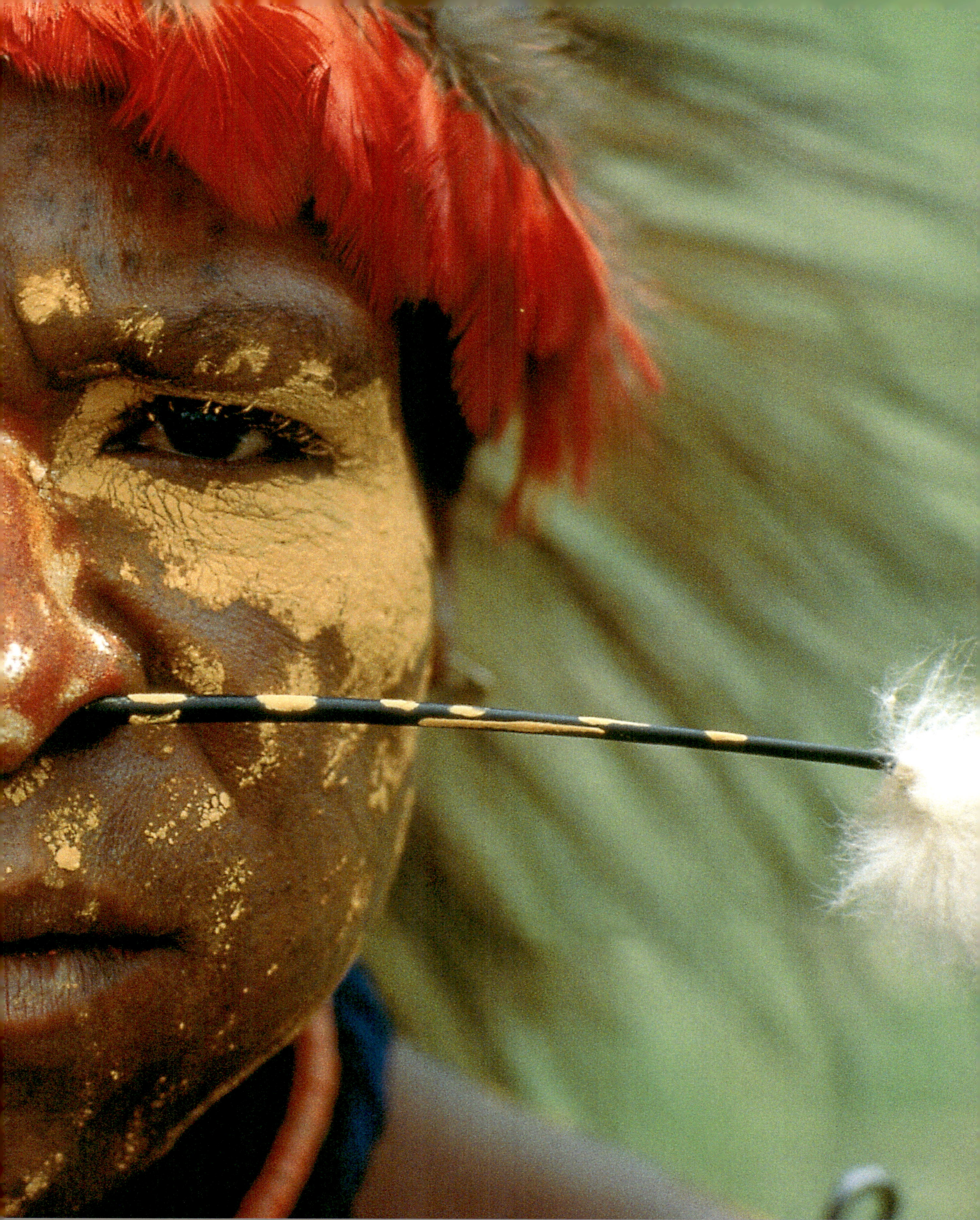

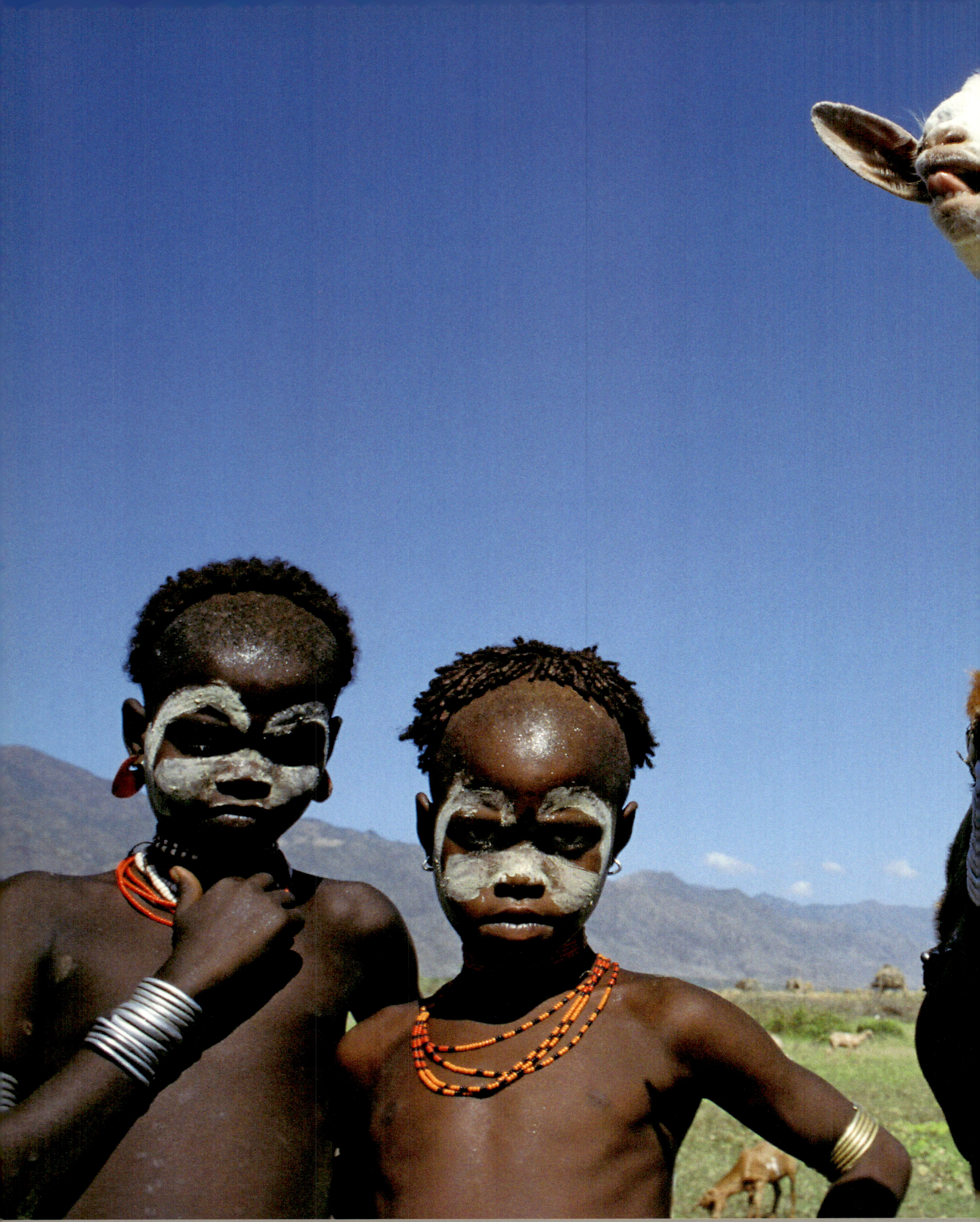

Diese drei mit vielen Armreifen geschmückten Hamar-Mädchen haben ihr Gesicht mit in Wasser gelöster Kreide bemalt. Bei den Hamar, die als Viehzüchter und Feldbauern im Südwesten Äthiopiens leben, spielt die Bemalung von Gesicht und Körper sowohl bei festlichen Anlässen als auch im Alltag eine wichtige Rolle.

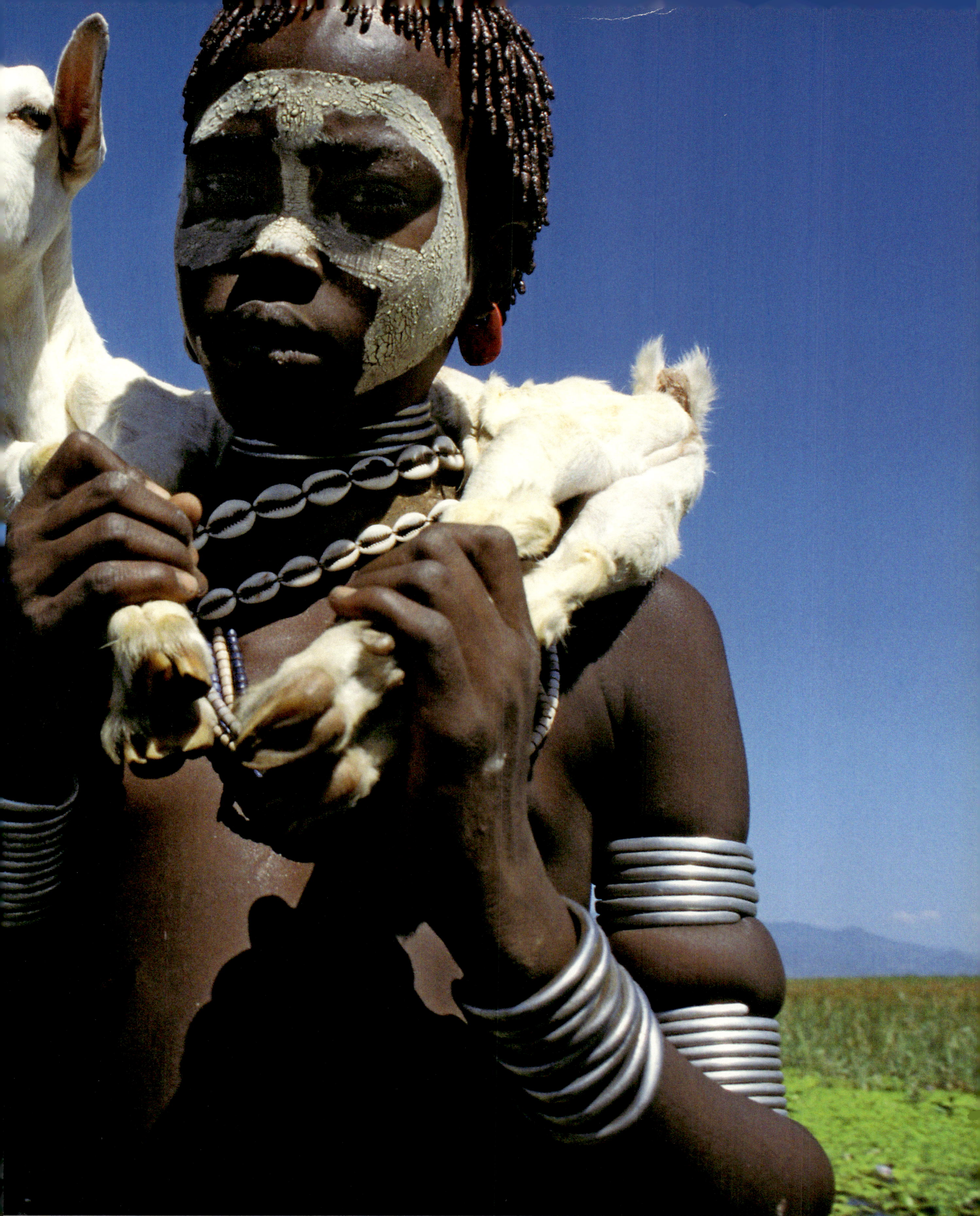

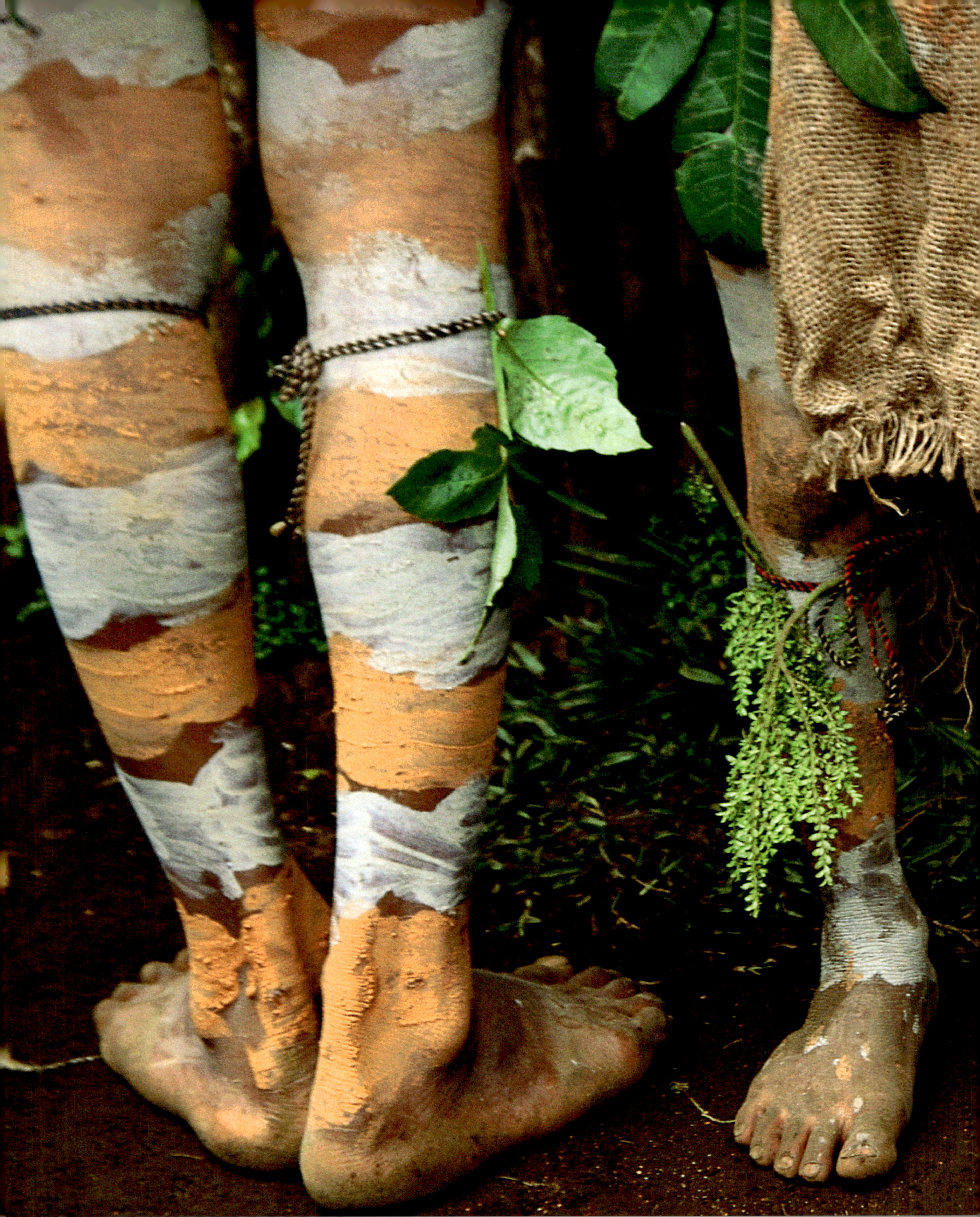

Die Bewohner des Hochlands von Papua-Neuguinea haben eine extrem vielfältige und variantenreiche Körperkunst entwickelt. Mit weißen und orangefarbenen Streifen bemalte Teilnehmer des Mount-Hagen-Festivals, bei dem jedes Jahr viele unterschiedliche Gruppen und Klans in zeremoniellem Körperschmuck erscheinen.

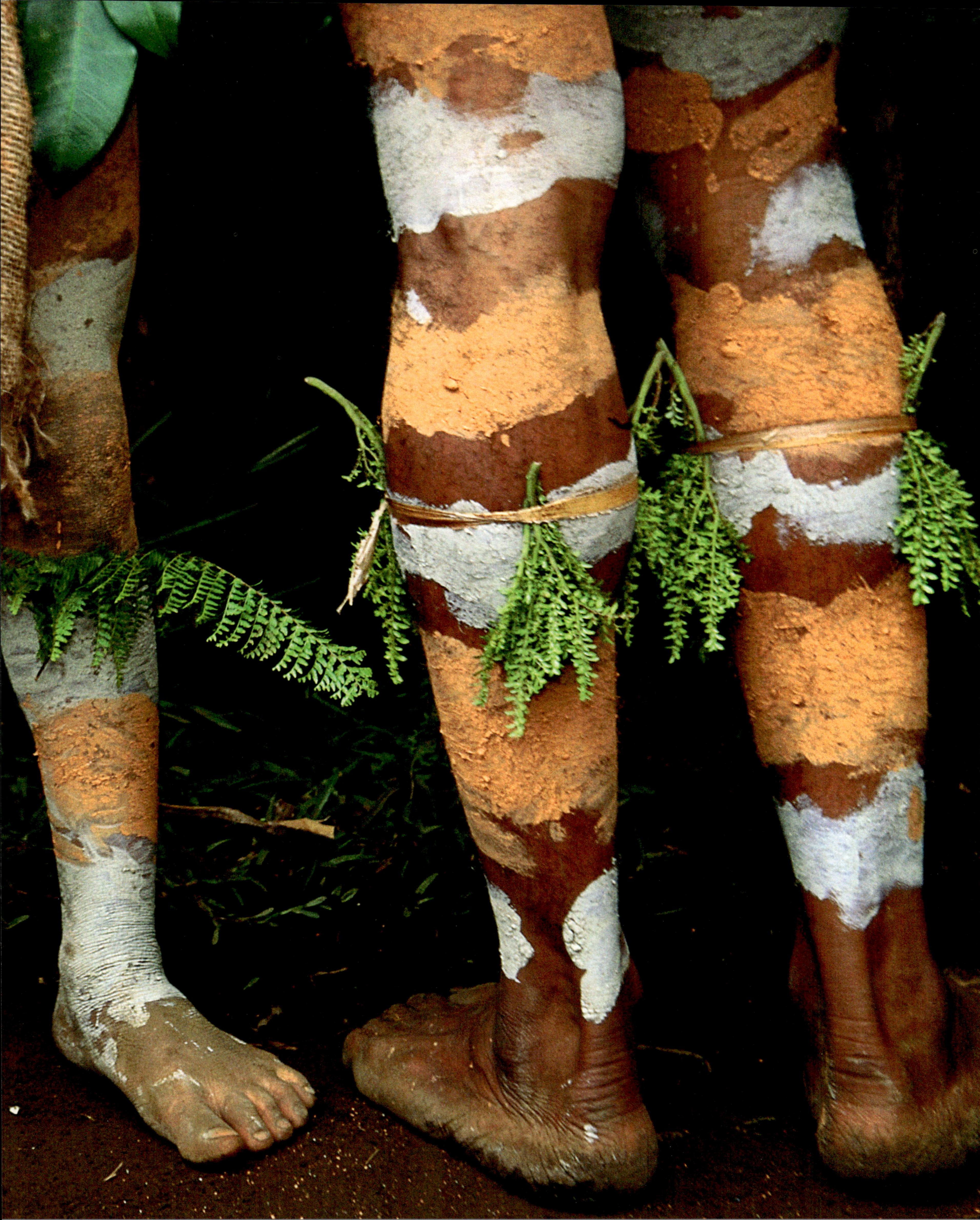

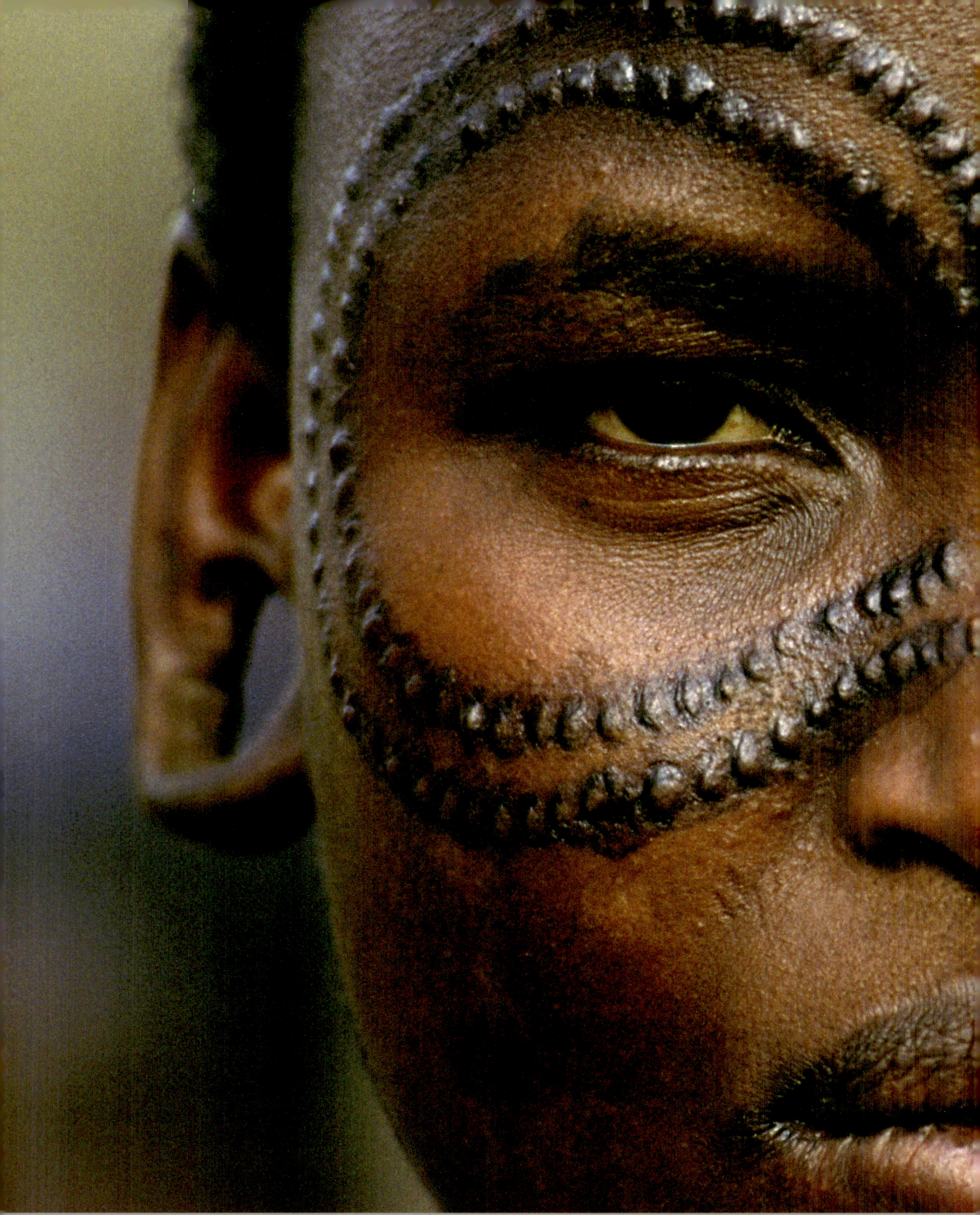

Gegenüber der kurzzeitigen Bemalung bilden Narbenverzierungen einen dauerhaften Schmuck – ein Mädchen der Barabaig mit traditionellen Gesichtsnarben. Trotz westlicher Einflüsse halten die als Rindernomaden im Norden Tansanias lebenden Barabaig selbstbewusst an ihrem überlieferten Lebensstil fest.

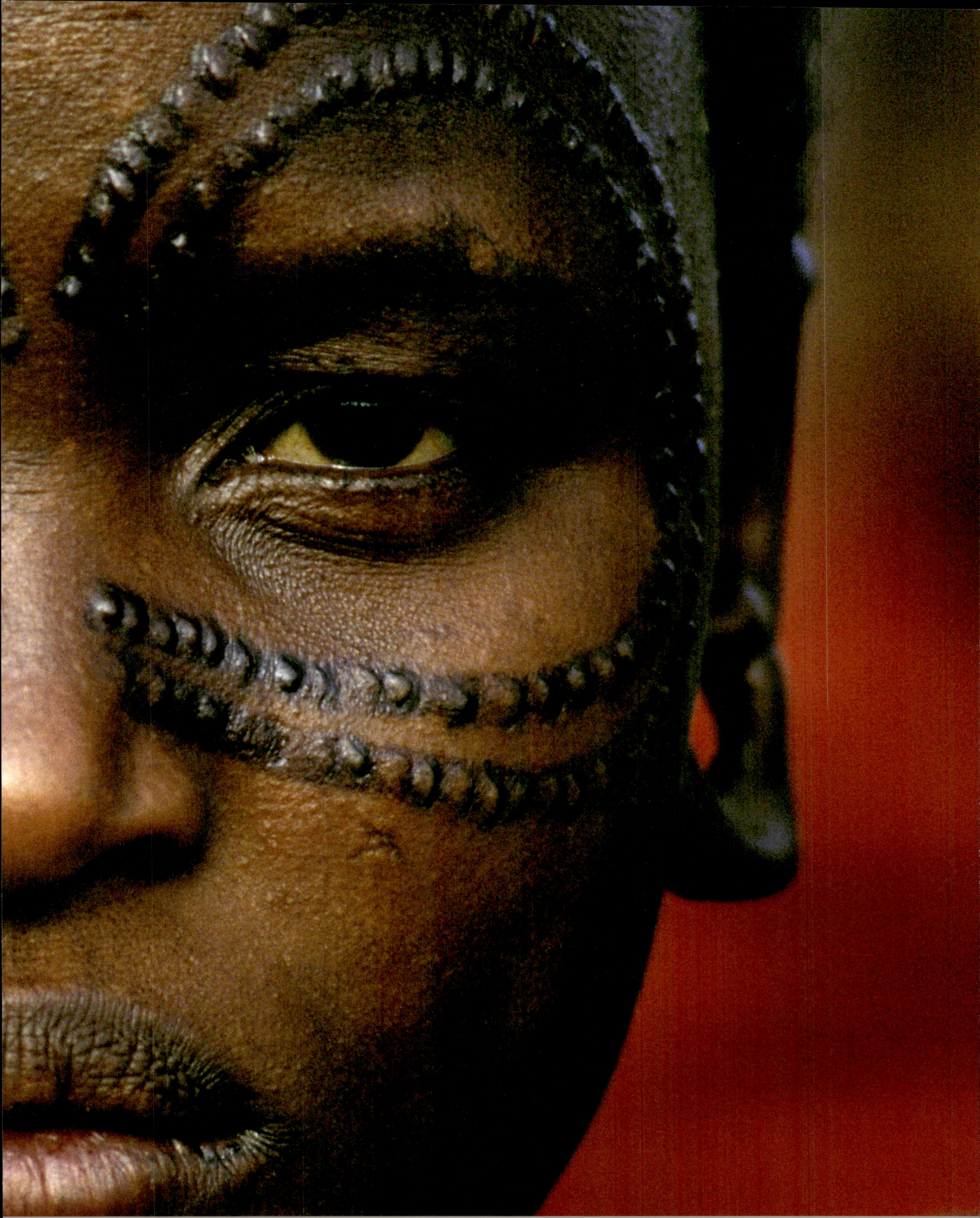

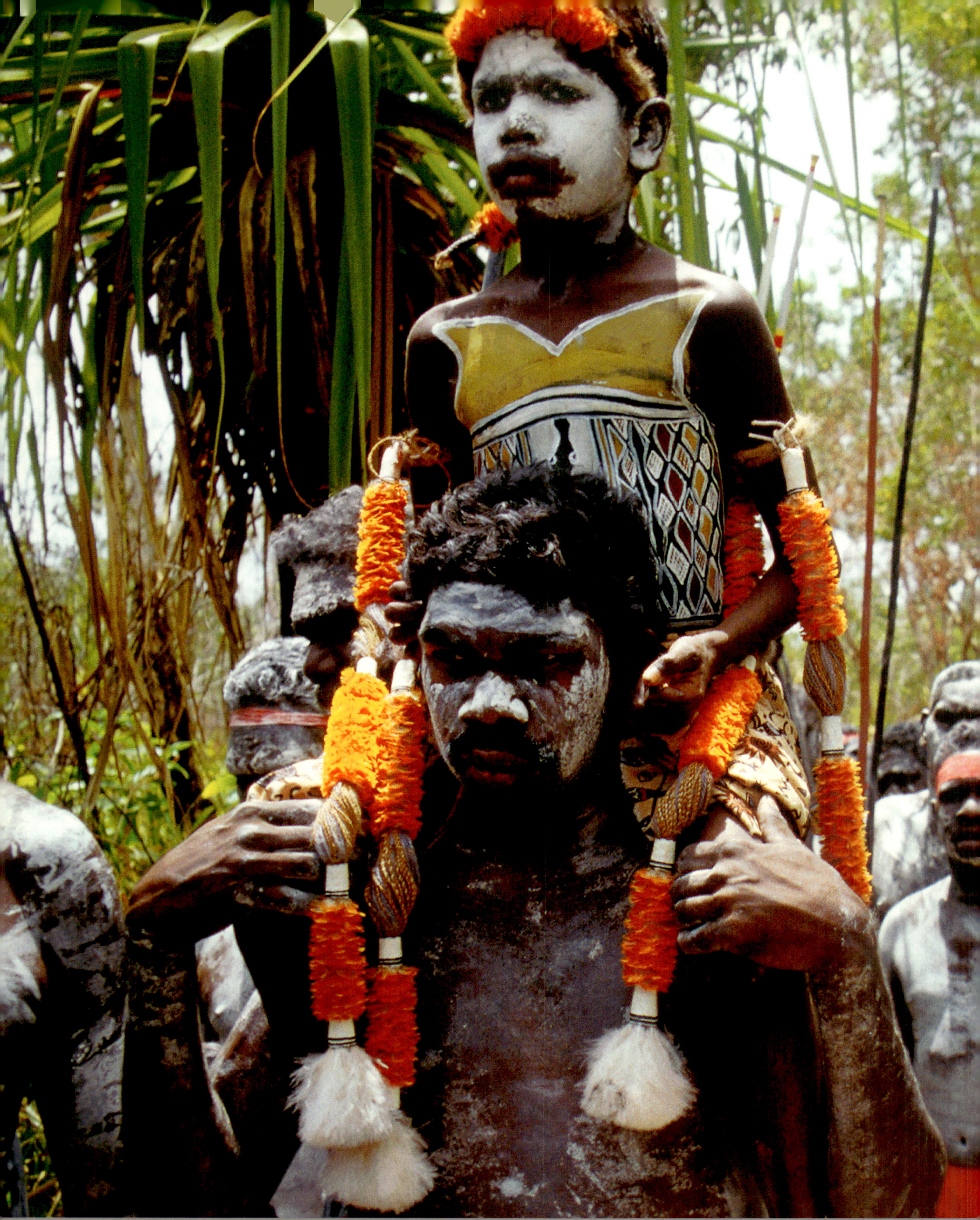

Die zeremonielle Bemalung der Aborigines in Australien steht in engem Zusammenhang mit deren Schöpfungsmythologie. Weiß bemalte Männer und ein Junge der Yoingu in Arnhemland bei dessen Initiationsfeier. Die komplexe Zeichnung auf dem Körper des Jungen ist das spezifische Muster des Klantotems.

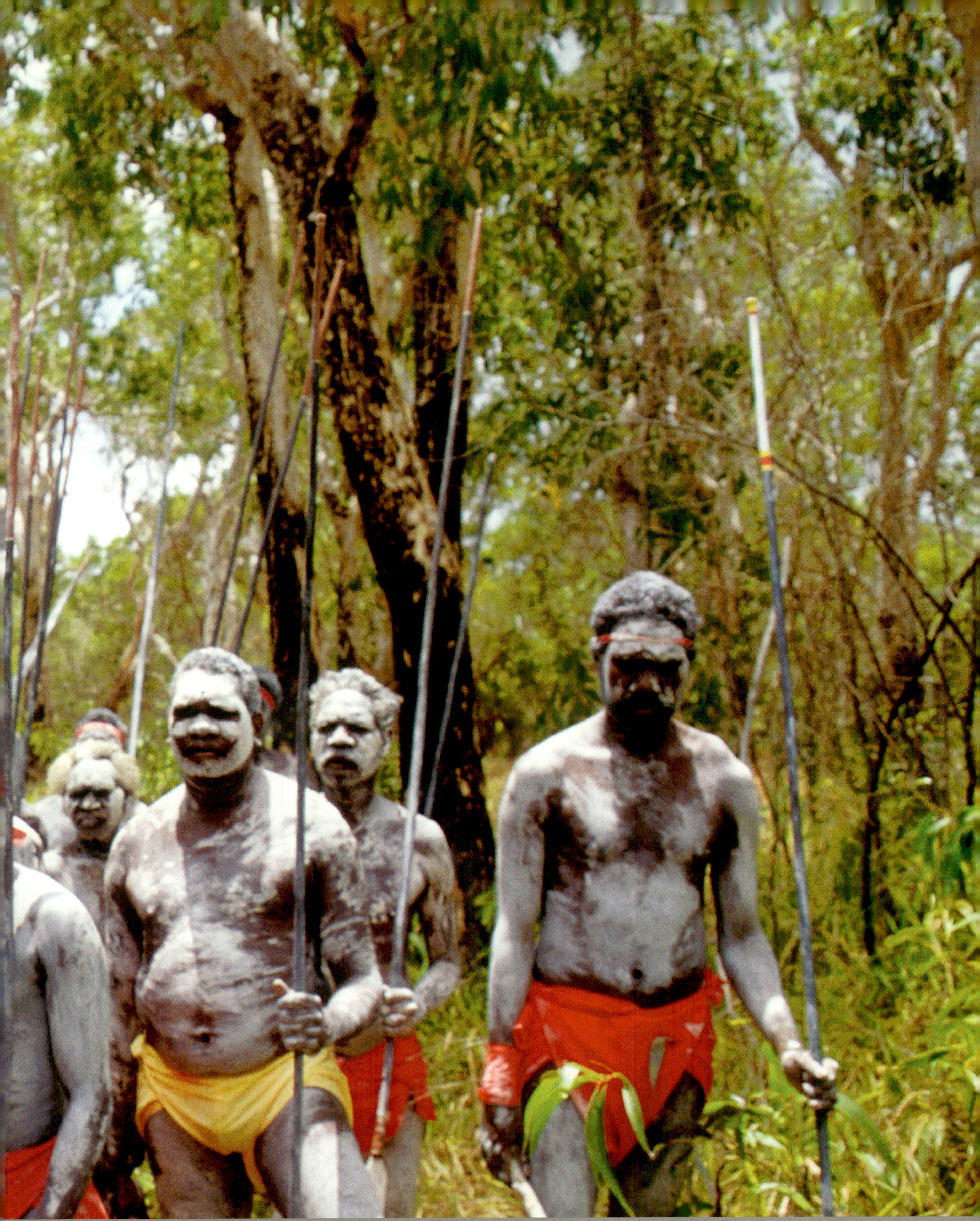

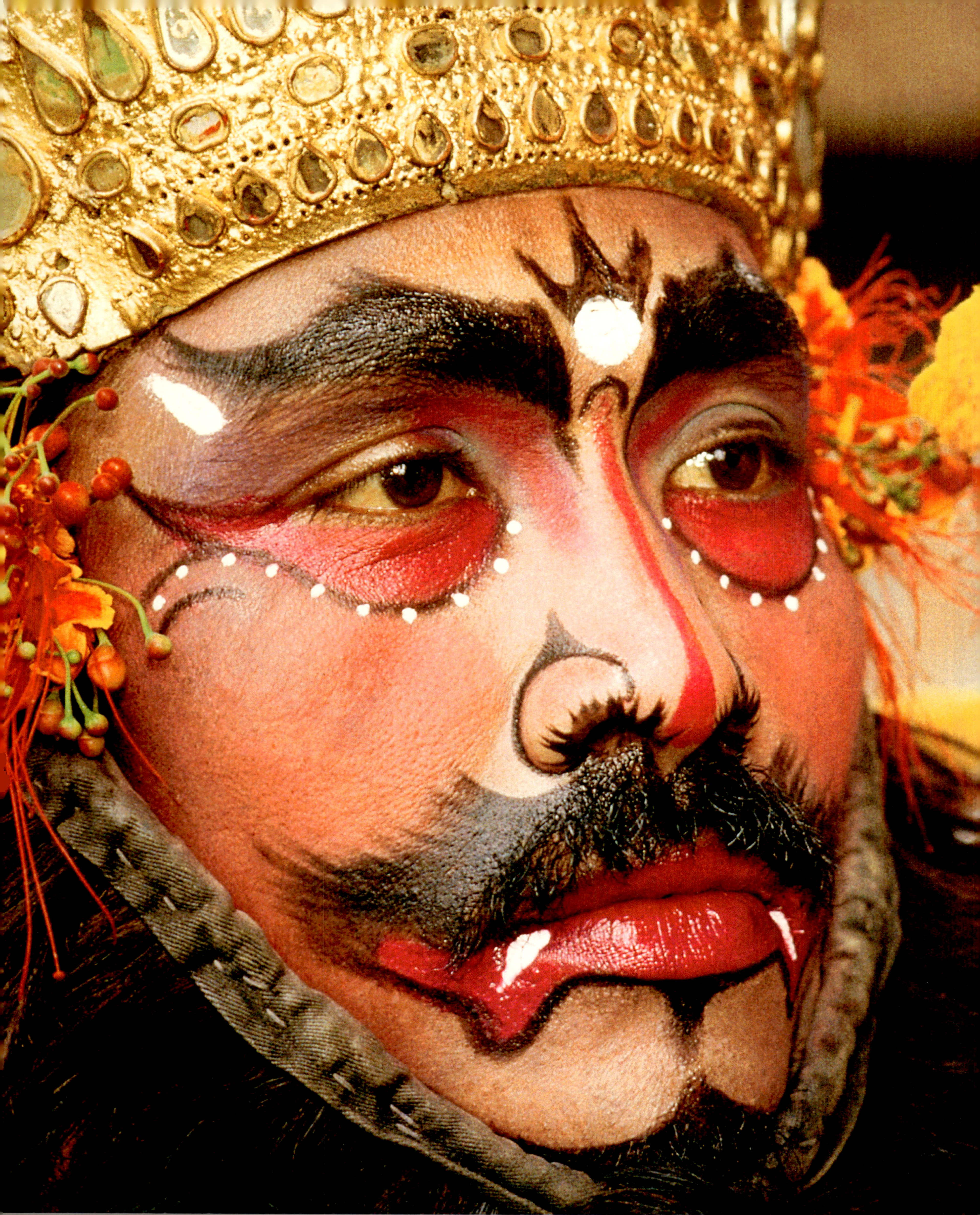

Mit fantastischen Schminkmasken und prächtigen Kostümen treten die Tänzer beim balinesischen Kecak-Tanz auf. Eine der zentralen Figuren ist der Dämonenkönig Rahwana, der Sita, die Frau des Prinzen Rama, gefangen hält. Ihre Befreiung gelingt mit Hilfe des Affenführes Hanuman.

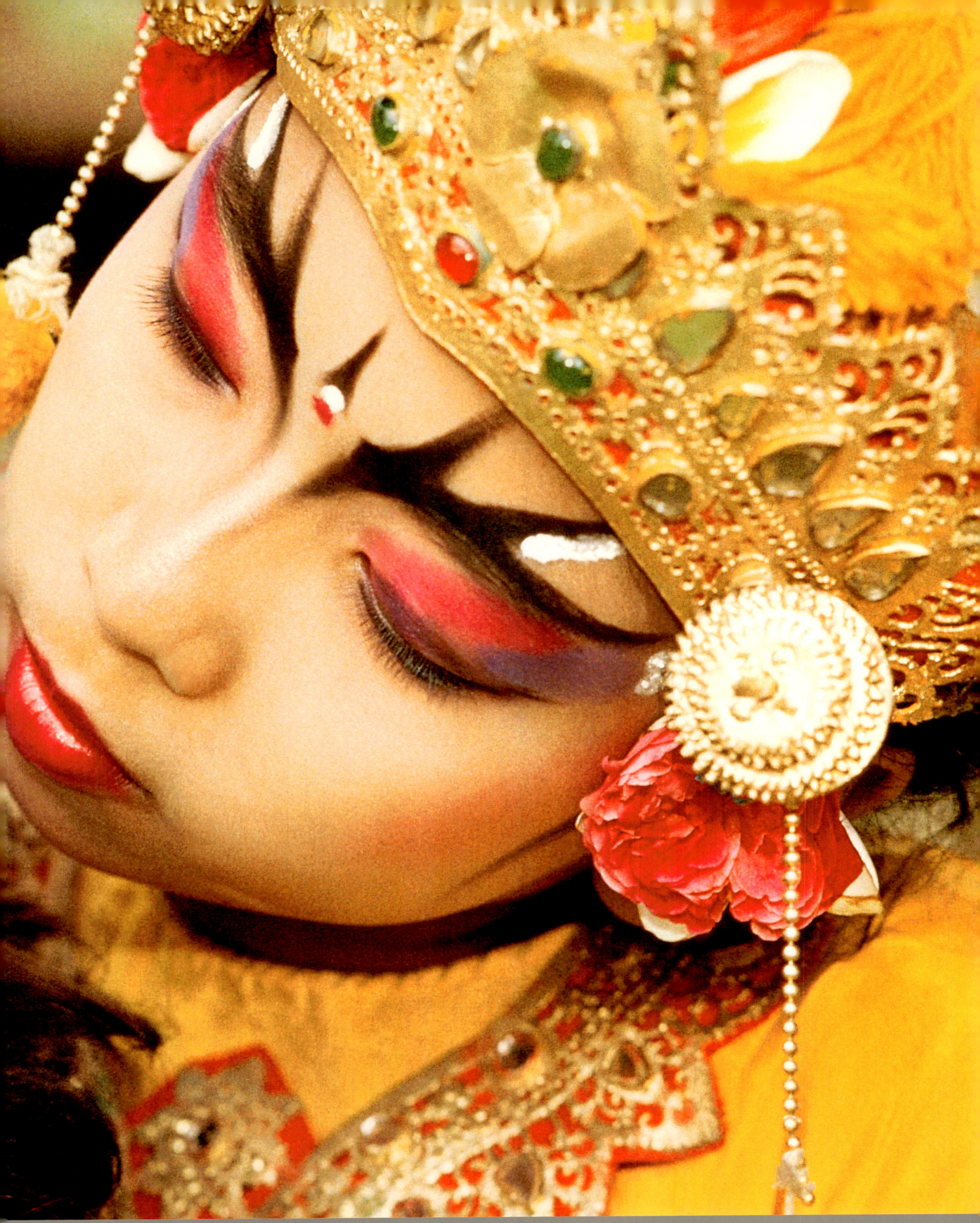

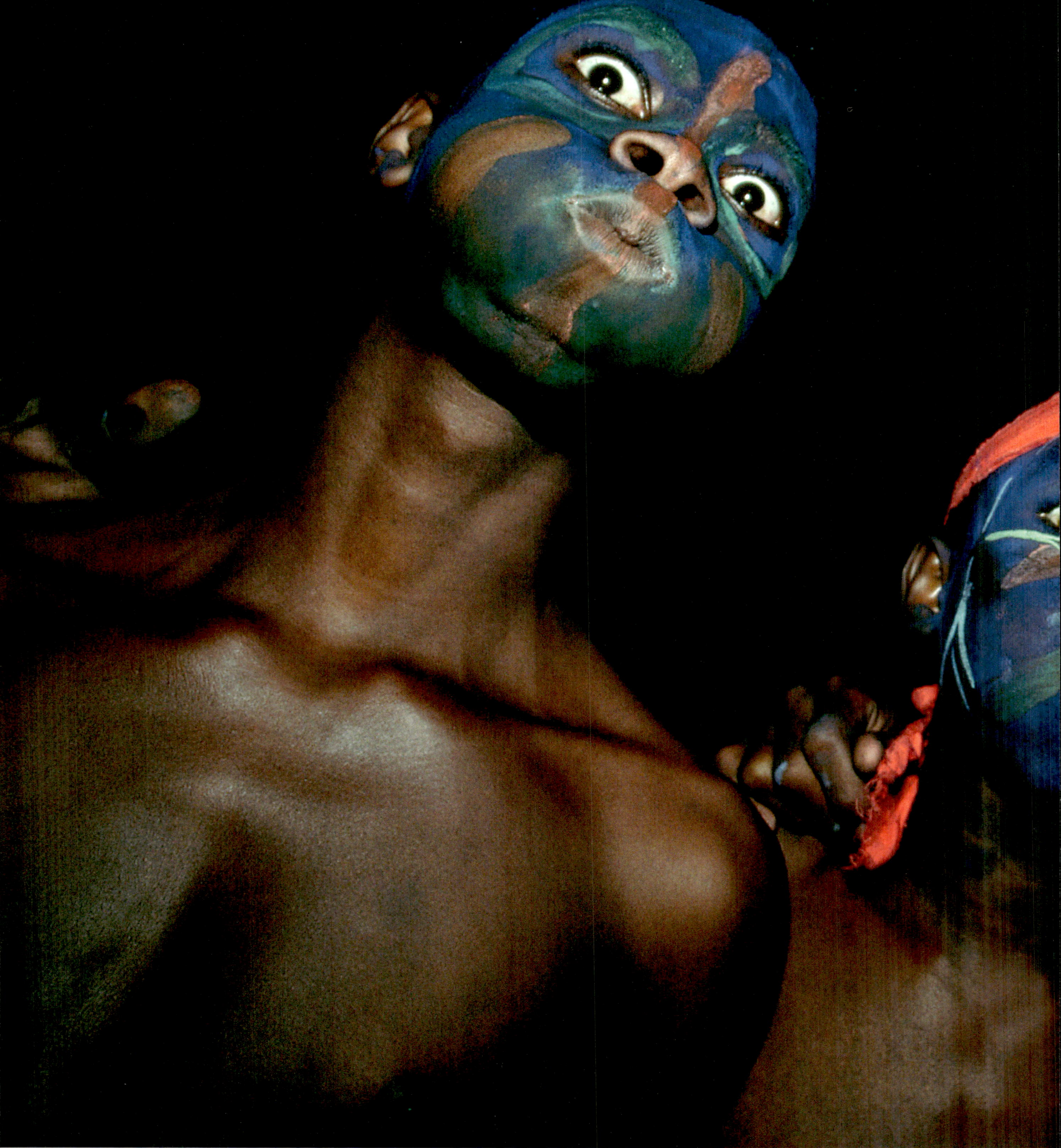

Bei den Kota, die im tropischen Regenwald im Nordosten von Gabun und in angrenzenden Regionen der Republik Kongo leben, hat die Farbe Blau magische Bedeutung und wird vor allem bei Übergangsriten verwendet. Bei diesen jungen Männern symbolisiert sie den Wechsel von der Kindheit zum Mannesalter.

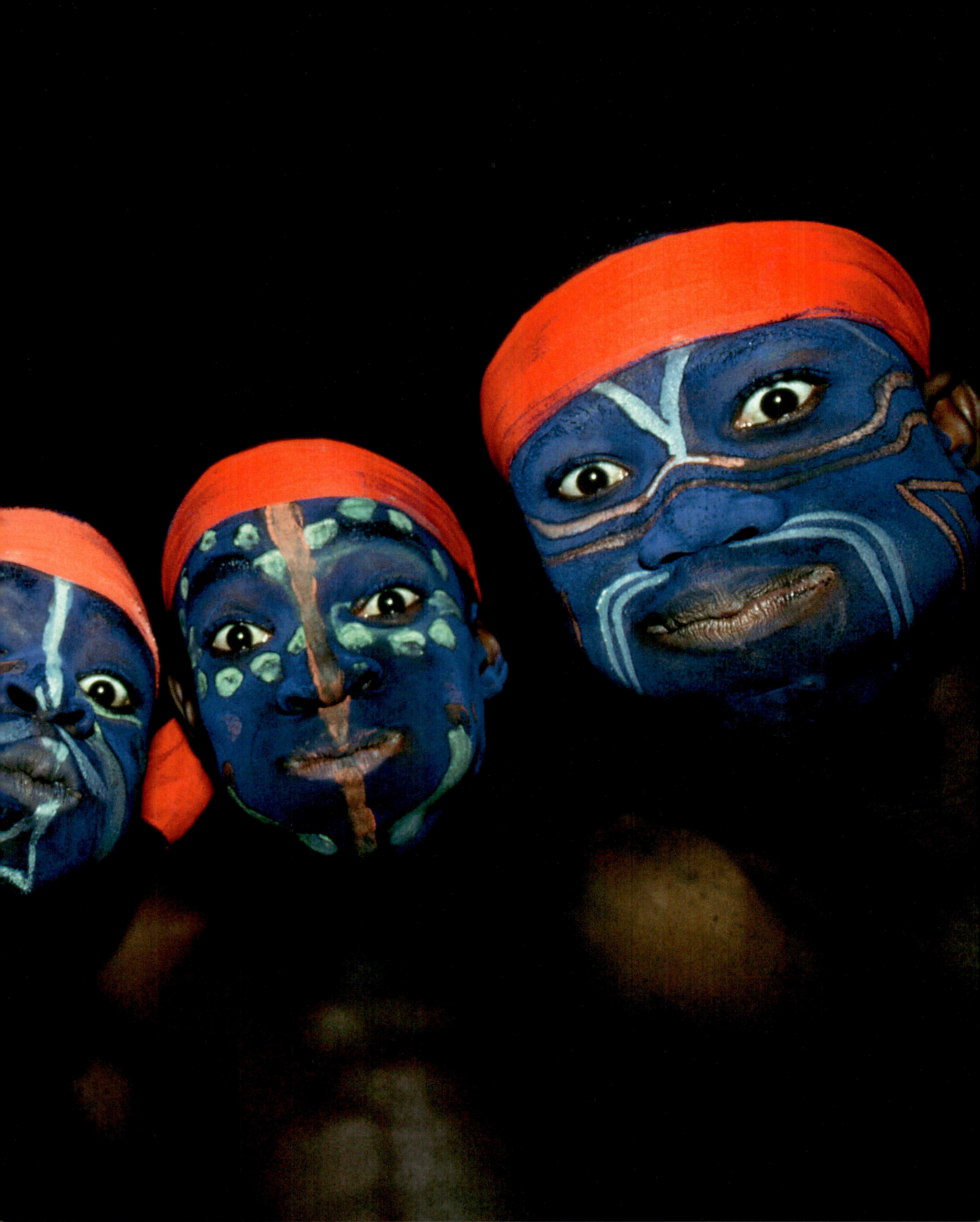

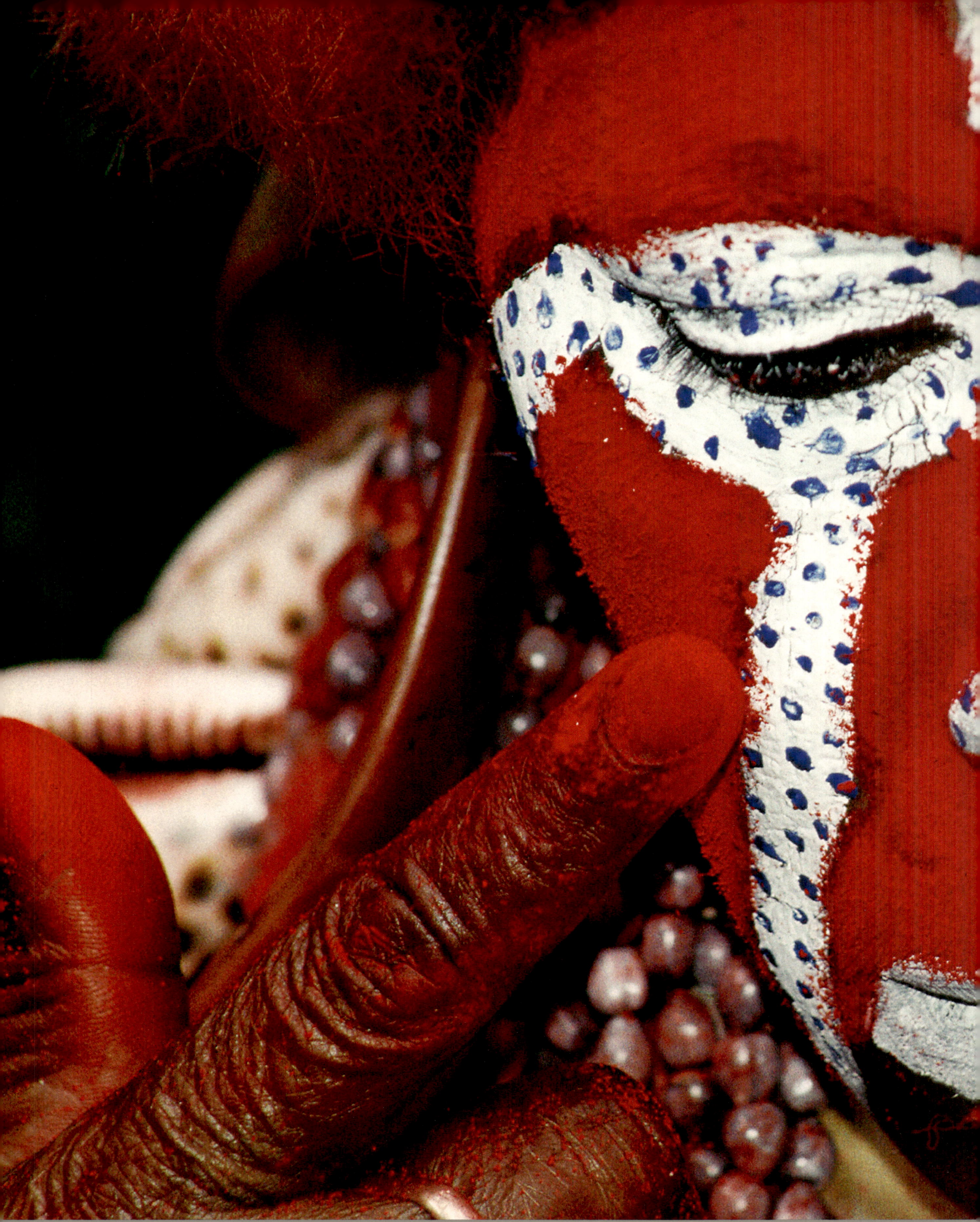

Effektvolle Inszenierung: Für ein Fest bemalt eine Melpa-Frau im westlichen Hochland von Papu-Neuguinea ihr Gesicht. Traditionell werden die Farben aus Erdmischungen und pulverisierten Pflanzen gewonnen, heute werden jedoch häufig industriell hergestellte Farben wegen ihrer Leuchtkraft bevorzugt.

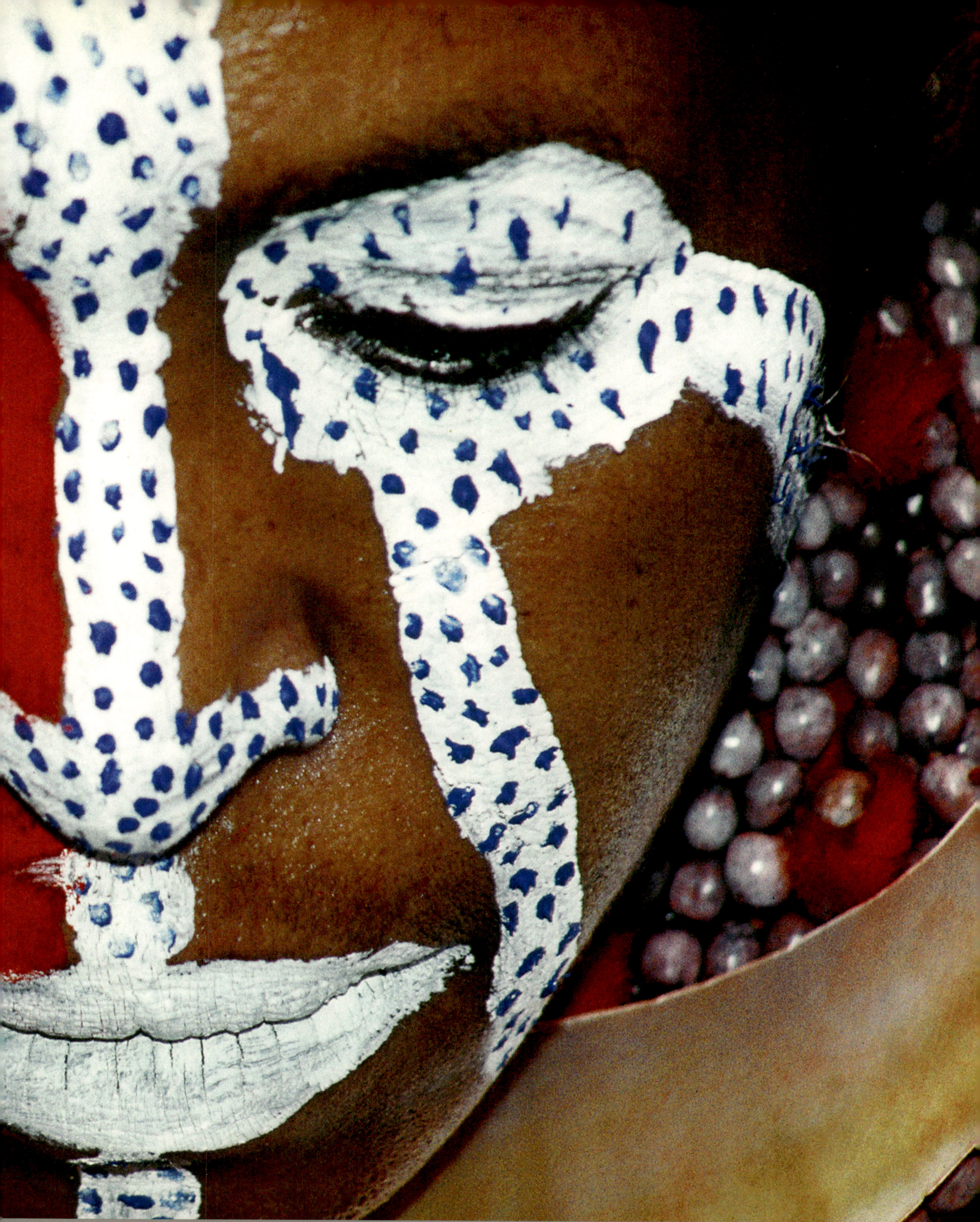

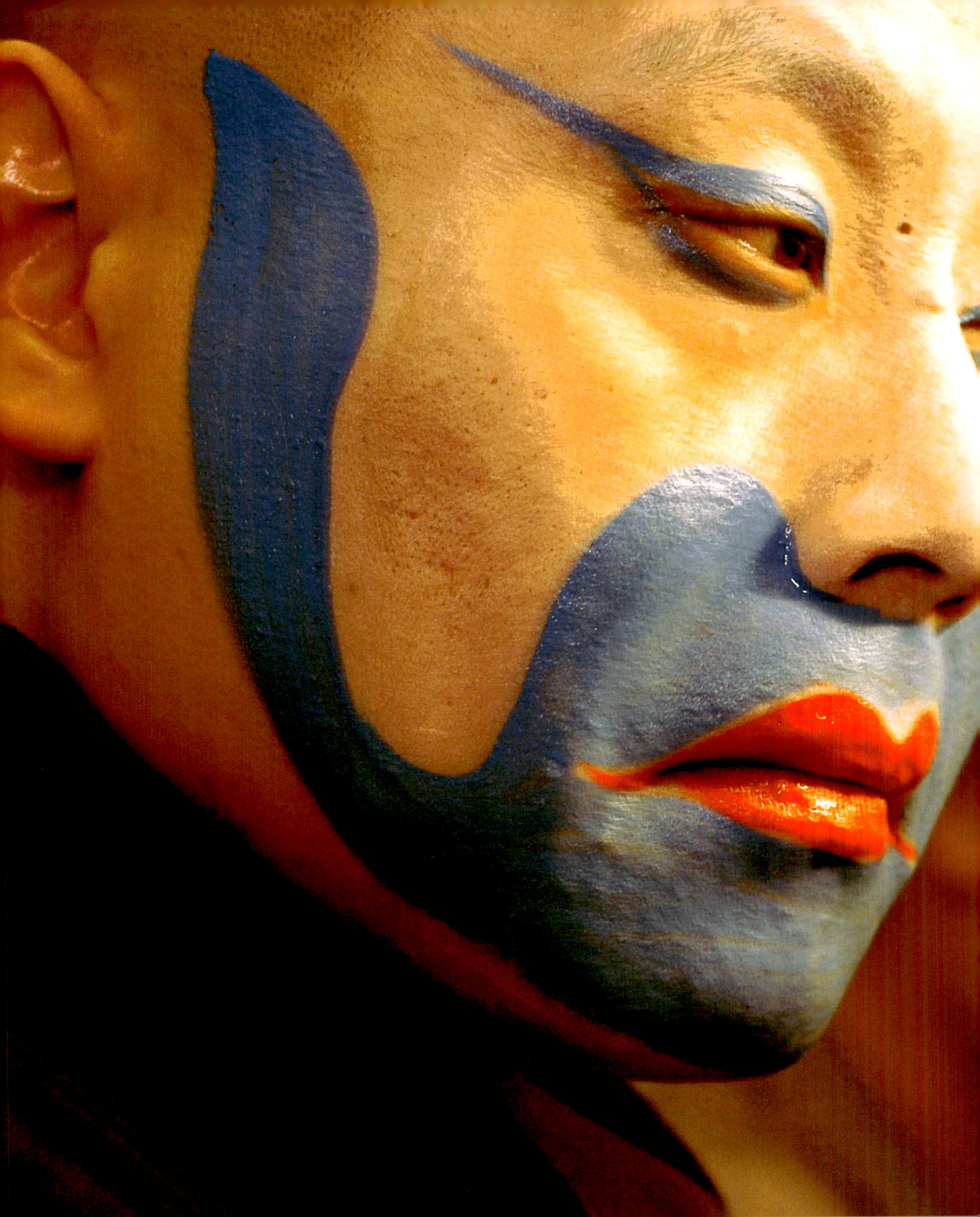

Im Liyuan Theater in Peking bereitet sich der Sänger Ricky Wong auf seinen Auftritt vor. Die imposanten Schminkmasken sind das auffälligste Merkmal des traditionellen chinesischen Theaters. Aus der Art der Maske können die Zuschauer auf Herkunft, Fähigkeiten, Temperament und Gesinnung der Figur schließen.

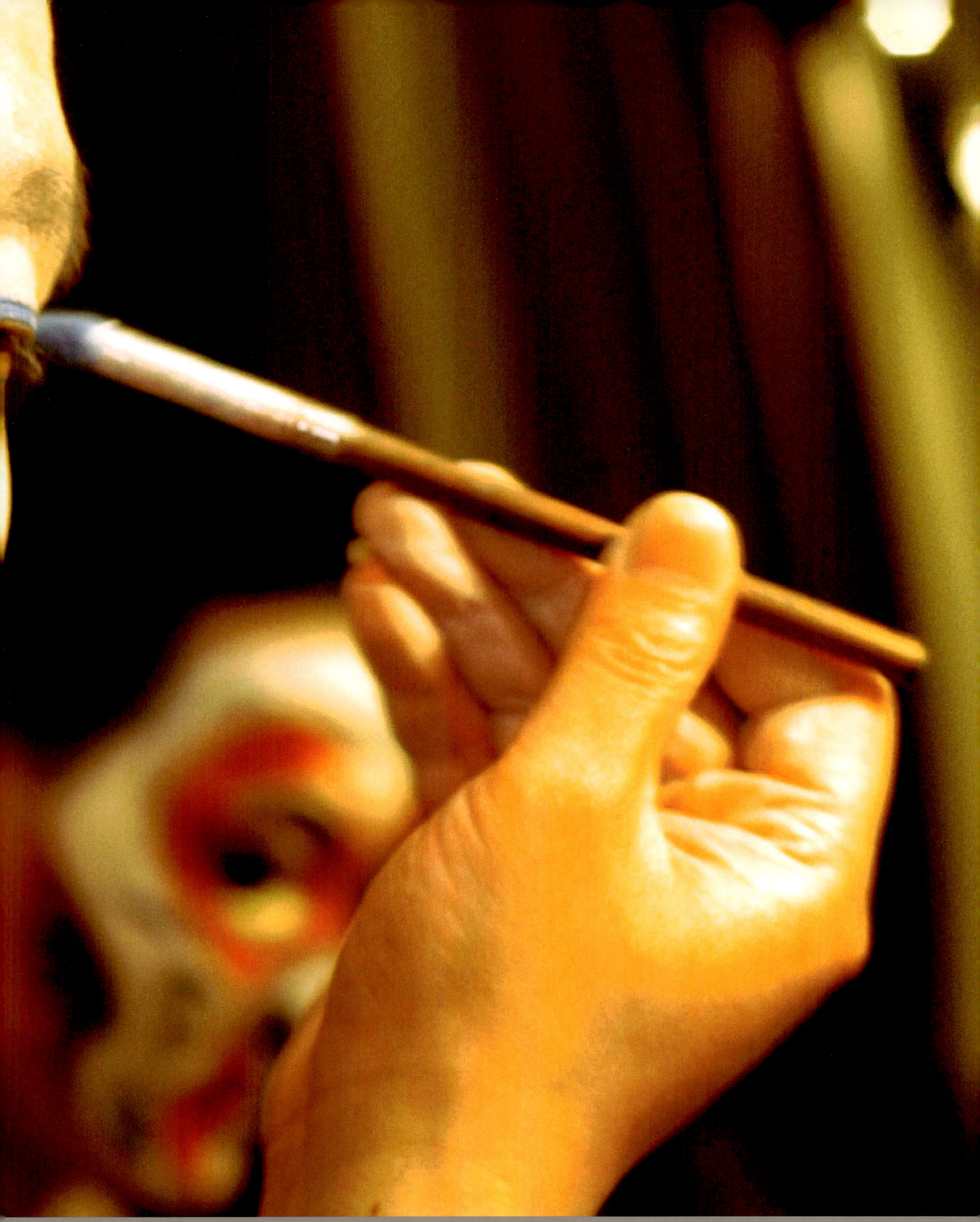

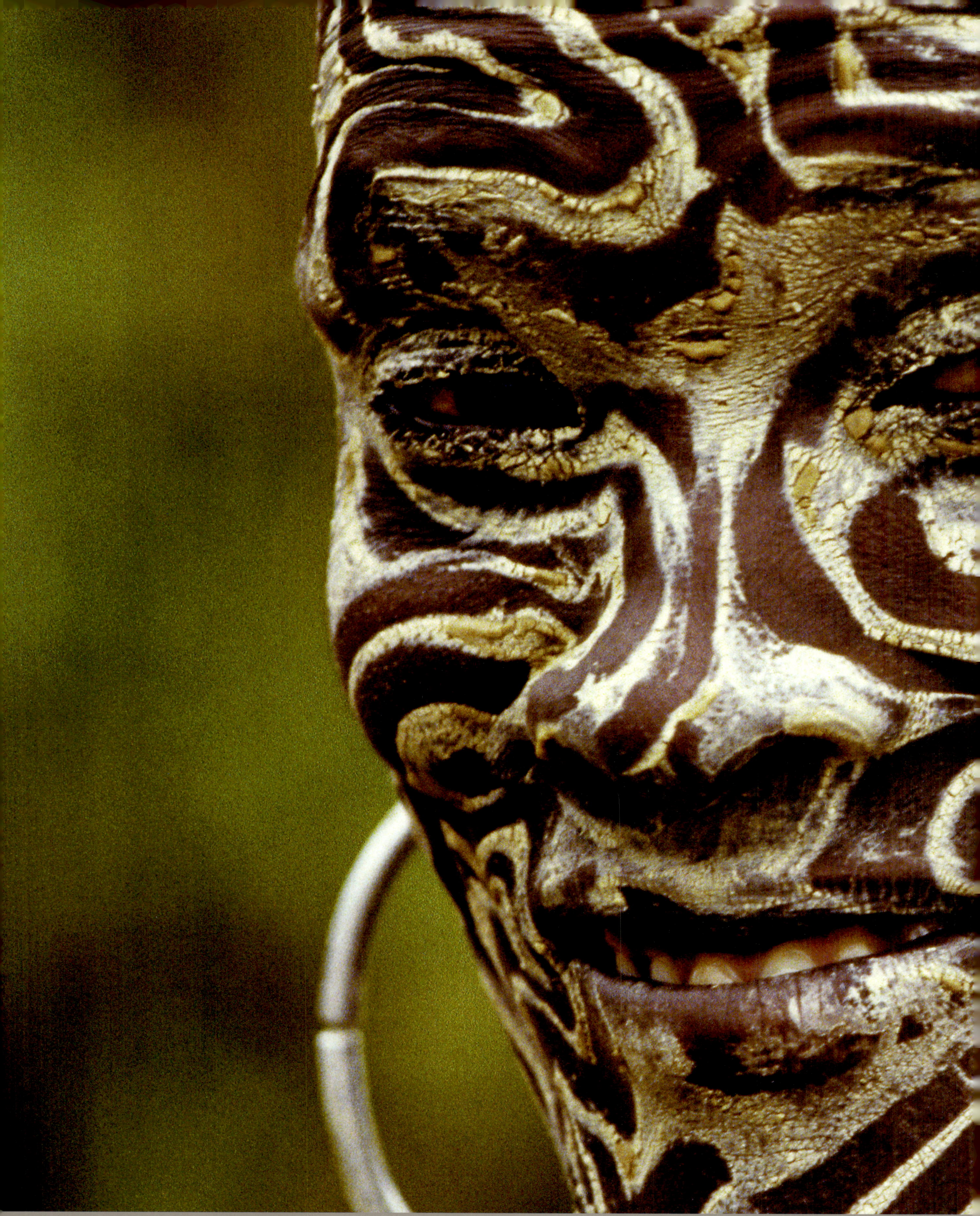

Bei den Surma im Südwesten Äthiopiens treten die jungen Männer aus den verschiedenen Dörfern mehrmals im Jahr zu den traditionellen *donga*-Stockkämpfen an. Vor dem Kampf tragen die Männer eine Paste aus Kalk und Wasser auf Gesicht und Körper auf und malen in diese mit den Fingern lineare Muster.

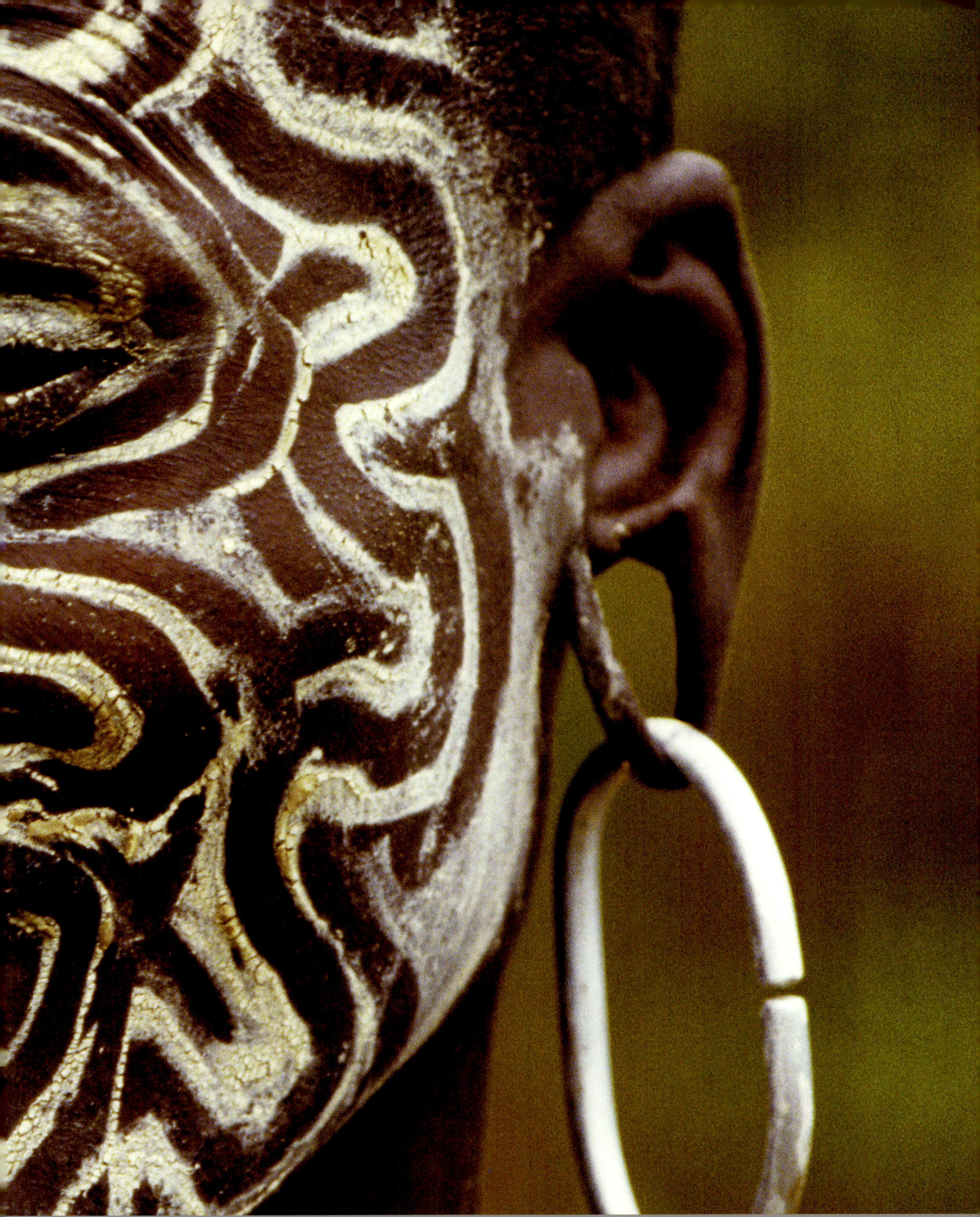

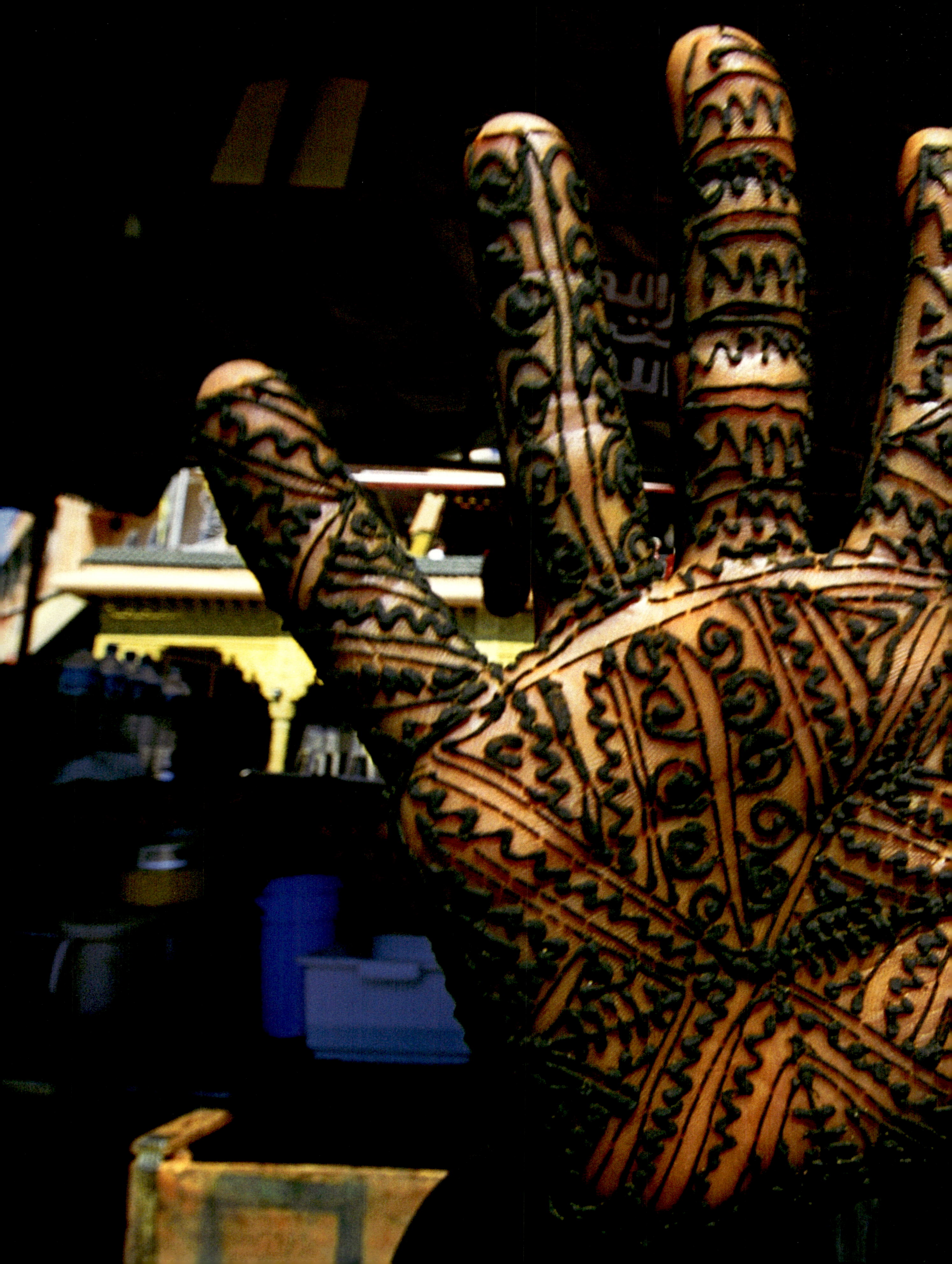

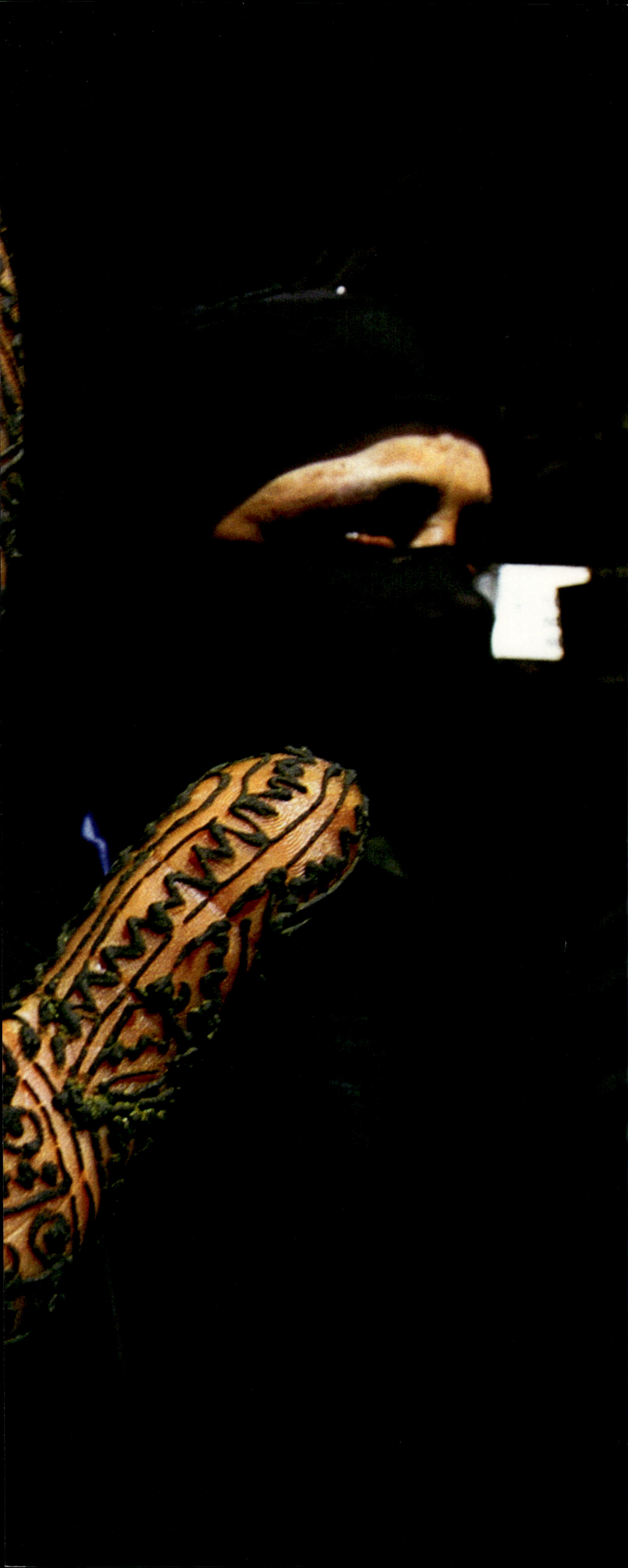

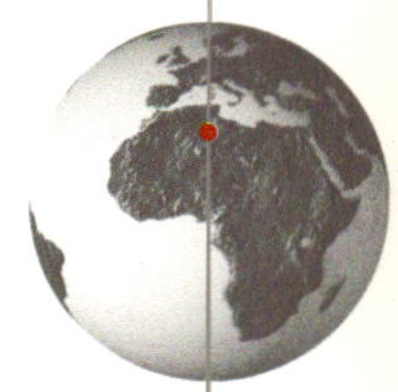

Der Maghreb (arabisch »Westen«) ist der westlichste Teil der arabisch-muslimischen Welt und umfasst die nordafrikanischen Länder Marokko, Algerien und Tunesien, im weiteren Sinn auch Libyen und Mauretanien. Bis zur arabischen Eroberung im 7. Jahrhundert bewohnten die Berber dieses Gebiet, die heute jedoch nur noch einen kleinen Bevölkerungsanteil stellen.

Körperkunst des Maghreb

Der böse Blick, die Dschinn und das Siegel des Salomo

Tatauierungen, das Schminken mit Kohlfarbe und Zeichnungen mit Henna – das sind die drei wichtigsten Arten der Körperkunst in Nordafrika. Sie besitzen jedoch jeweils einen höchst unterschiedlichen Stellenwert in den dortigen Kulturen. Die Kunst der Körperverzierung ist in Nordafrika – wie überhaupt im gesamten Orient – sehr alt. Gerade in den Berbergesellschaften weist sie eine ausgesprochen große Formenvielfalt und Kunstfertigkeit auf. Der Formenschatz dieser Körperkunst basiert auf einem überschaubaren Kanon von einfachen Grundmustern, die mitunter zu großflächigen Bildwerken kombiniert werden können. Die Körperverzierungen sind eine Art »Sprache ohne Worte« und dienen vor allem dazu, mit den Wesen der irdischen wie auch der übernatürlichen Welt in Verbindung zu treten. Sie sind somit ein Ausdruck des Weltbilds und der religiösen Vorstellungen ihrer Träger. Dabei ist die ursprüngliche Bedeutung vieler Motive jedoch im Laufe der Zeit verloren gegangen oder hat sich gewandelt. Die gleichen Zeichen können so in verschiedenen Gegenden oftmals völlig unterschiedliche Bedeutungen haben.

Die Hand dieser Frau in Marokko ist mit einem kunstvollen Dekor aus Hennabrei bemalt. Nach dem Trocknen wird der erstarrte Brei entfernt, und eine meist intensive Rotfärbung der oberen Hautschichten bleibt etwa zwei Wochen erhalten.

tatauierung, kohlfarbe und henna

Der Silberschmuck der Berberfrauen weist ähnliche geometrische Motive und stilisierte Darstellungen auf wie die Tatauierungen und die Bemalungen mit Henna. Die Schmuckstücke haben oft Amulettcharakter und schützen ihre Trägerin vor Dämonen und dem bösen Blick. Das Amulett »Fatimas Hand« mit dem Auge gegen den bösen Blick (ganz rechts) gilt als besonders wirksam gegen negative Einflüsse.

Die Berberfrauen in Nordafrika schmücken ihre Haut mit kunstvollen Mustern, die als Verzierung dienen und vor schlechten Einflüssen schützen sowie Gesundheit und Glück fördern sollen.

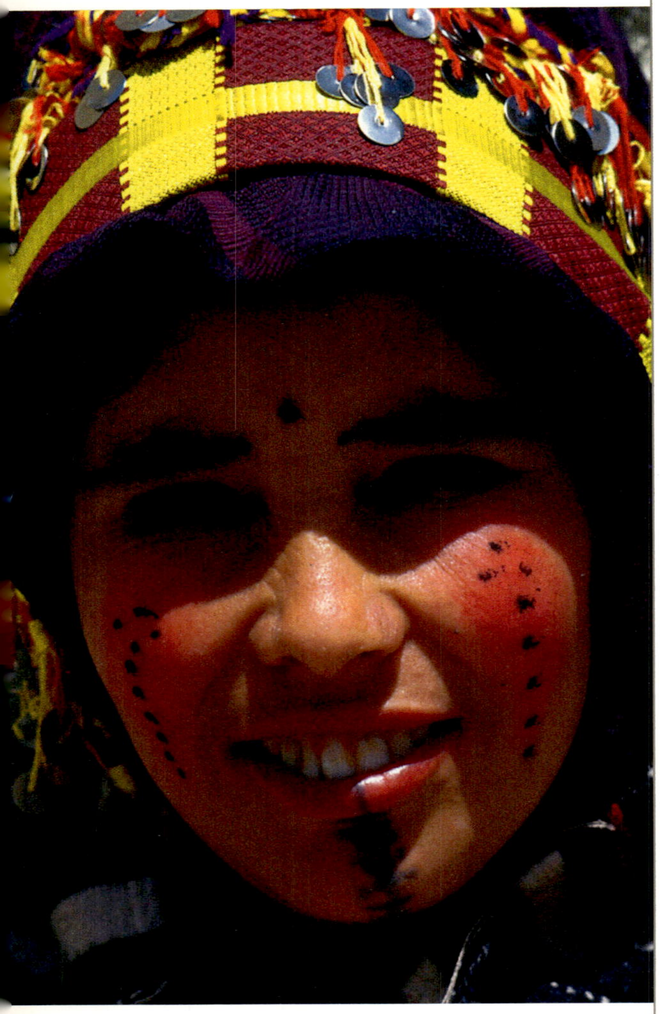

Bei den Berbern sind es in erster Linie die Frauen, die Tatauierungen im Gesicht anbringen lassen – meist an Kinn, Nase, Wangen und Stirn. Sie dienen der Verschönerung und bieten zugleich einen magischen Schutz gegen schlechte Einflüsse, etwa gegen den bösen Blick. Oftmals werden Tatauierungen an der Schwelle zu bestimmten Lebensabschnitten vorgenommen, wie Kindheit, Pubertät und Heirat.

Von Ägypten über Libyen und Tunesien bis Marokko und Westsahara: Die Kunst des Tatauierens ist in ganz Nordafrika weit verbreitet – am beliebtesten ist sie bei den Berberfrauen. Allgemein überwiegen hier kleinere Tatauierungen mit Amulettcharakter, also unheil- und zauberabwehrender Wirkung. Männer, die viel seltener tatauiert sind, bevorzugen hingegen große dekorative Zeichnungen.

Tatauierung als Schutzmaßnahme

Tatauierungen gelten als Schutzzeichen gegen den bösen Blick, gegen Krankheiten und unerwünschten Kontakt mit Geistern. Schutzmaßnahmen gegen solche Geister wie die Dschinn, mit denen es sich zu arrangieren gilt, und gegen den bösen Blick aus Hass, Neid und Missgunst, der einen jederzeit treffen kann, sind im Maghreb allgegenwärtig.

Obwohl sich in der Gestaltung der Körperzeichen sehr wohl lokale Traditionen und Stile nachweisen lassen, dienen sie jedoch nicht zur eindeutigen Zuordnung zu Wohn- oder Verwandtschaftsgruppen. Dass gerade Frauen bevorzugt Tatauierungen tragen, resultiert wahrscheinlich aus ihrer engeren Verbindung zum Übernatürlichen.

Die Technik des Tatauierens befindet sich seit einiger Zeit im Niedergang. Dies hängt aber wohl eher mit der modernen gesellschaftlichen Entwicklung und damit verbundenen westlichen Einflüssen zusammen als mit der negativen Einstellung des Islam gegenüber Tatauierungen. Denn trotz der Ablehnung durch die Theologen – begründet mit dem unzulässigen Umgang mit Blut und der Annahme, dass die tatauierte Haut nicht mehr durch die rituellen Waschungen gereinigt werden kann – besteht für weite Teile der Bevölkerung eine Beziehung zwischen Islam und Tatauierungen. Den Berberinnen gelten Tatauierungen nicht selten als Unterscheidungsmerkmal, das gute Musliminnen von Jüdinnen und Christinnen trennt, denen diese Praxis untersagt sei. Bestimmte Motive der Kinnmarkierungen werden sogar direkt auf Fatima, die jüngste Tochter Mohammeds, zurückgeführt. Tatauierungen sind jedoch im Gegensatz zur Bemalung mit Henna, die zu bestimmten Anlässen unverzichtbar ist, niemals zwingend.

Die Motive: Geometrie des Übernatürlichen

Grundmotive und Symbolschatz beschränken sich nicht ausschließlich auf die Körperkunst. Man findet vergleichbare Zeichnungen beispielsweise in Teppichmustern und Keramikdekors wieder, in Hausbemalungen und insbesondere auf Schmuckstücken und Amuletten.

Soweit die Quellen überhaupt darüber Auskunft geben, scheint es, dass der Motivkanon der Berber seit dem 18. Jahrhundert im Wesentlichen gleich geblieben ist. Auch wenn sich in der Gestaltung des Körperschmucks wechselnde Moden niederschlagen, so basieren diese Veränderungen nicht auf völlig neuen Formen, sondern auf immer wieder anderen Kombinationen einzelner Grundelemente miteinander. Alle mehrteiligen Motive sind so auf folgende Grundformen zurückzuführen: gerade Linie, Zickzacklinie, Kreuz, Winkel, Raute, Rechteck, Dreieck, Punkt, Kreis, Halbkreis und Stern.

Hinzu kommen noch »künstlerische« Elemente. Die Motive der Hennazeichnungen beziehen häufig florale Ornamente ein, bei der Tatauierung wird neben den geometrischen Elementen vor allem ein Palmendekor verwendet.

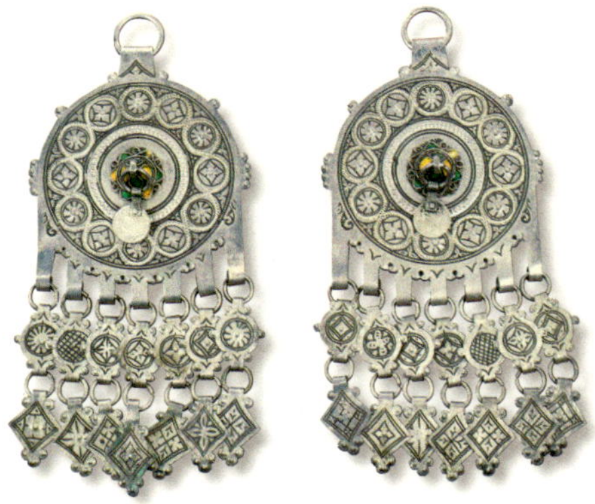

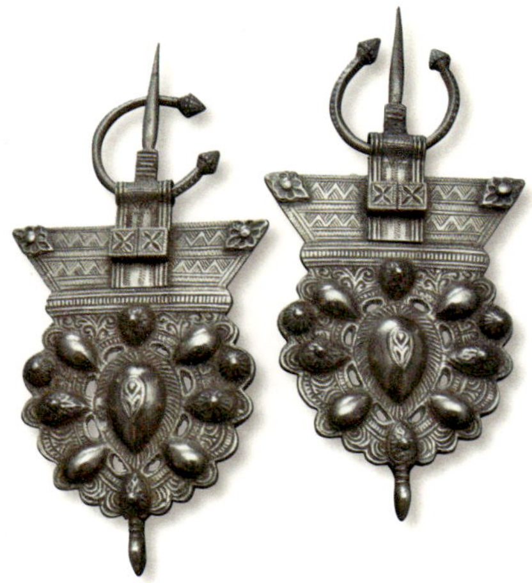

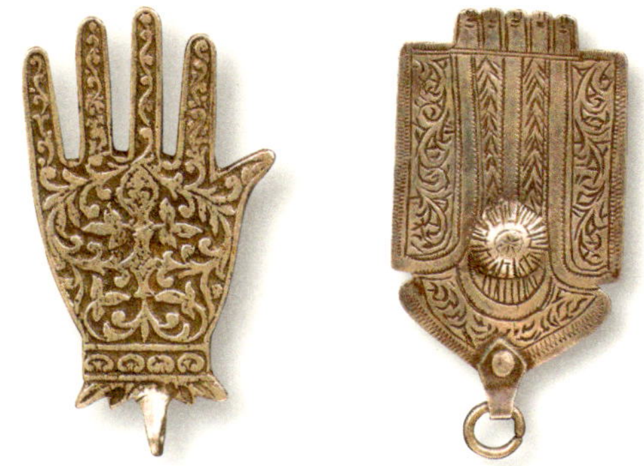

Doch schon in der einfachen, geometrischen Gestaltung finden sich zahlreiche Symbole auf unterschiedlichen Bedeutungsebenen – die der Trägerin oftmals gar nicht geläufig sind. Denn die verwendeten Zeichen, Farben und Grundstoffe verfügen in unterschiedlichem Maße über *baraka*. Damit ist eine außerordentliche Wirkkraft gemeint, die zumeist als »Segen im Sinne einer göttlichen Gnade« umschrieben werden kann. Nur der eingeweihte Spezialist vermag die kosmologischen Spekulationen nachzuvollziehen, die häufig der Symbolik zugrunde liegen. So sind es in erster Linie Quadrat, Dreieck, Kreis und Spirale, die ein besonderes Verhältnis zur Sphäre des Übernatürlichen herstellen.

So verbinden die Berber mit jedem ihnen bekannten Planeten ein bestimmtes »magisches Quadrat«. In die – beispielsweise im Fall des Saturns – neun Felder eines solchen Quadrats werden die Zahlen von eins bis neun so eingeschrieben, dass die Summen der senkrecht, waagerecht und diagonal zu verbindenden Felder identisch sind. Dabei wird der Wert einer Zahl durch die entsprechende Anzahl von Punkten repräsentiert. Durch Verbinden dieser Punkte entstehen dann einzelne geometrische Grundfiguren wie Punkt, Linie, Quadrat, Dreieck oder Sechseck. Aus diesen Quadraten lassen sich auch weitere magische Symbole wie das Siegel des Gabriel, das Siegel des David und das des Salomo ableiten.

Eine weitere Bedeutungsebene, die zu der kosmologischen nicht in Widerspruch stehen muss, geht auf das alte Berberalphabet, den Tifinagh, zurück. Etwa 15 einfache Zeichen

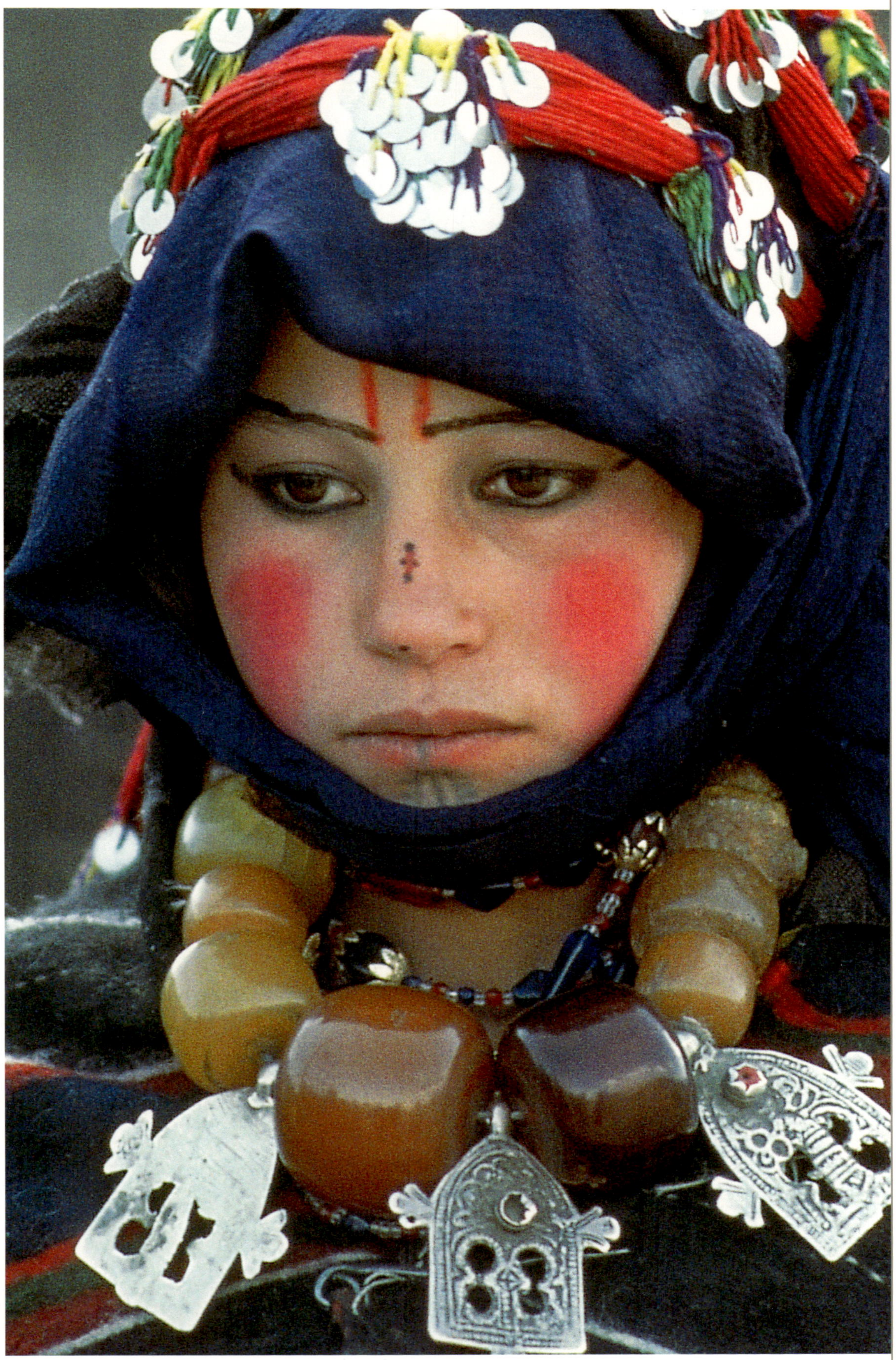

Diese junge Berberfrau hat Augenränder und Augenbrauen mit Kohlfarbe ummalt und die Wangen rot geschminkt. Tatauierungen an Kinn und Nase wirken wie ein Schutzamulett.

Henna – die Pflanze aus dem Paradies

Der Hennastrauch *(Lawsonia inermis)* gilt als die Lieblingspflanze des Propheten Mohammed, der ihren Gebrauch den Gläubigen nachdrücklich ans Herz gelegt hat. Er selbst pflegte sich im Alter den Bart damit zu färben wie vor ihm schon Abraham. Henna zählt zu den Pflanzen, als deren Herkunftsort das Paradies gilt. Damit ist sie in hohem Maße voll segensreicher Wirkungskraft.

Die von den Arabern im Maghreb eingeführte Hennapflanze ist ein reich verästelter Strauch von einem halben bis einem Meter Höhe; unbeschnitten kann sie sich zu einem Baum entwickeln. Bevorzugt wächst sie in den heißen südlichen Zonen des Maghreb. Ihre

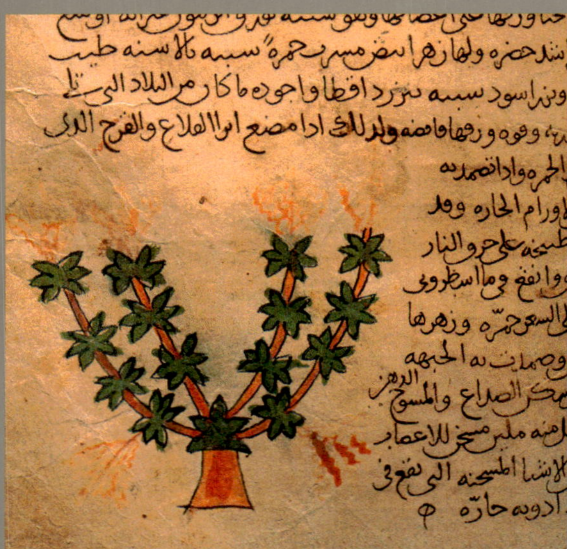

Abbildung eines Hennastrauches in einer arabischen Handschrift aus dem 11. Jahrhundert.

wohlriechenden weißen Blüten werden zu Parfüm und Öl verarbeitet. Alle zwei bis drei Jahre wird der Busch beschnitten. Die Blätter werden getrocknet und dann im Mörser zu Pulver gerieben oder gemahlen.

Eine Verwendung von Henna ohne Berücksichtigung ihrer Segenswirkung ist im Maghreb nicht vorstellbar. Henna verjüngt, verschönt, reinigt, schützt und ist im Gebrauch durch den Propheten gerechtfertigt. Der rötliche Farbton ist ein Zeichen von Freude und Glück. Henna kann Kontakte zur Welt des Übersinnlichen positiv gestalten, Krankheiten heilen und vieles mehr. Doch Vorsicht ist vor übermäßigem Gebrauch geboten. In zu hoher Dosierung kann der von der Hennapflanze ausgehende »Segen« für den Menschen auch gefährlich sein.

Die Motive der Hennabemalung gehören zu einem Fundus, aus dem die Frauen auch für Teppichmuster, Keramikdekor und Hausbemalung schöpfen. Verwendet werden geometrische Muster wie Kreuz, Dreieck, Raute, Stern und Zickzacklinie sowie florale Motive. Große Bedeutung hat die stilisierte Abbildung einer Palme oder eines Palmzweigs, die *siyala* genannt wird und Schutzzeichen der weiblichen Fruchtbarkeit ist.

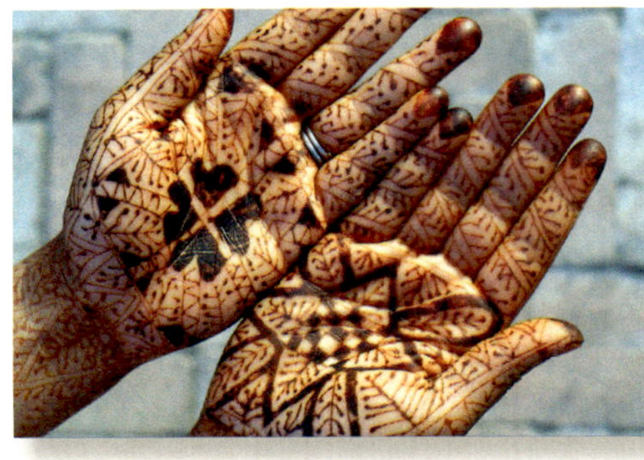

stimmen hier mit Grundelementen und Figuren aus dem Motivinventar der Berberkunst überein. Die drei wichtigsten dieser Motive sind: die Palme als Zeichen von Fruchtbarkeit, Kinderwunsch und Glück, das abwehrende Auge und die so genannte Hand der Fatima. Auge und Hand dienen der Abwehr von Dschinn und bösem Blick. Die Motive können sowohl naturalistisch als auch stilisiert dargestellt werden: Das Auge ist dann eine Linie – die Braue –, die Hand wird durch fünf Punkte symbolisiert.

Zur Behandlung von Krankheiten werden spezielle Zeichen verwendet, die oftmals von den Grundmustern abweichen. Sie sind häufig isoliert dort angebracht, wo der Schmerz oder die Krankheitsursache lokalisiert wird. Zumeist sind dies Kombinationen aus Kreuz, Quadrat und Kreis.

Tatauierungen können darüber hinaus an ganz verschiedenen Körperpartien angebracht sein. Überwiegend befinden sie sich im Gesicht – der Kopf gilt als Zentrum der Kraft – sowie an den Händen und Handgelenken, also dort, wo der Puls deutlich spürbar ist. Für das Anbringen der Tatauierungen werden bestimmte Lebensabschnitte bevorzugt. In der Kindheit sollen sie die Jüngsten in Krisensituationen schützen und in der Pubertät dokumentieren sie das Erlangen der Heiratsfähigkeit. Eine weitere wichtige Gelegenheit ist die Hochzeit. Der Zeitpunkt der Tatauierung kann während, aber auch um einiges vor oder nach der eigentlichen Hochzeit liegen.

Tatauierungen werden zumeist im Sommer durchgeführt. Dabei bestimmen auch kosmologische Vorstellungen die Wahl des Zeitpunkts. Bestimmte Tage gilt es zu meiden, andere gewährleisten hingegen einen positiven Verlauf der Wundheilung. Die Tatauierungen werden hauptsächlich von Frauen ausgeführt, die ihr Handwerk zumeist professionell betreiben. Als Farbstoffe dienen ihnen Ruß, Gallapfel und Indigo, die nach einer Vorzeichnung mit Nadeln oder Dornen eingestochen werden.

Nach den Vorstellungen der Berber können böse Kräfte vor allem durch Körperöffnungen in den Menschen eindringen. Tatauierungen werden deshalb von den Frauen meist im Gesicht angebracht. Aber auch Körperteile, die von der Kleidung nicht ausreichend geschützt werden, erhalten durch Tatauierungen oder Bemalungen einen abwehrenden Schutz.

Herqus und Kohlfarbe

Mit dem schwarzen Schminkstoff Herqus, das bei den Berbern Tazult heißt, und der Kohlfarbe aus mineralischem Antimon werden vor allem die Gesichtslinien betont. Dieser relativ unbeständige Gesichtsschmuck gilt damit als Kosmetik und ist religiös unbedenklich. Die Zutaten für Herqus sind unterschiedlich: Asche, Ruß oder Gewürze werden einzeln oder miteinander vermischt in Wasser oder Öl gelöst.

Der Dekor aus Punkten und Linien wird mit einem Holzspatel, mit Zweigen oder Grashalmen aufgetragen. Es kann beispielsweise auch mit einer Hennazeichnung kombiniert werden. Besonders augenfällige Wirkung erzielt seine Kombination mit hellen Gesichtsbemalungen mit Safran (gelb) oder Kalk (weiß).

Der Farbauftrag hält je nach Zusammensetzung zwischen einem Tag und einer Woche. Man trägt Herqus auf der Stirn entlang der Brauen auf oder verlängert diese auf den Wangen und am Kinn. Die schwarzen Gesichtslinien sind Selbstzweck, es bedarf keines bestimmten Anlasses, um sie aufzutragen. Oft werden vorhandene Tatauierungen in die Verzierung inte-

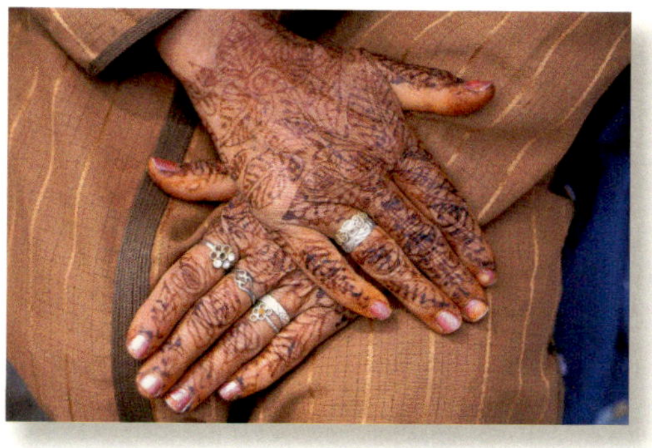

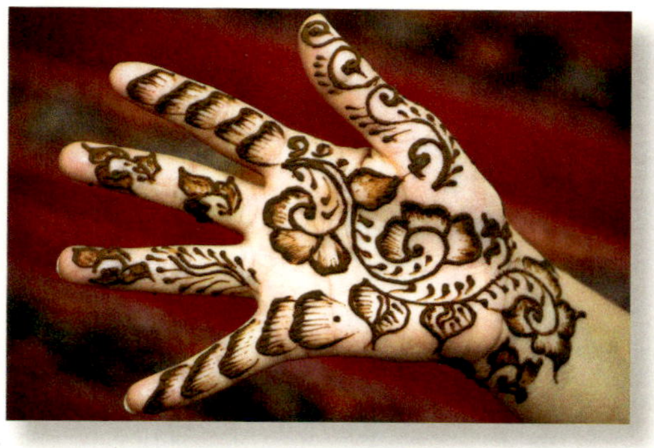

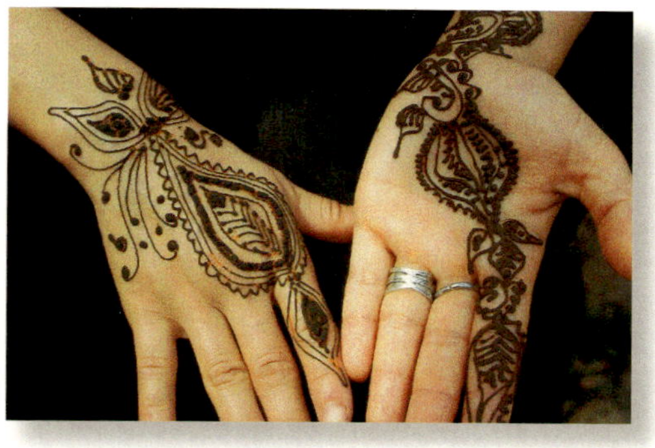

griert. Diese können so hervorgehoben und in ihrer »magischen« Wirkung verstärkt werden.

Das Schminken ist heute in den Hintergrund getreten. Einzig Kohlfarbe ist als Augenschminke und therapeutischer Augenschutz im gesamten Maghreb nach wie vor überaus beliebt.

Kunstvoller Dekor mit Henna

Die am meisten ausgearbeitete und verbreitete Form kunstvoller Körperzeichnung des Maghreb ist die Hennabemalung. Die getrockneten und pulverisierten Blätter des Hennastrauches liefern einen Farbstoff, der zum vorübergehenden Einfärben von Finger- und Fußnägeln, Handinnenflächen und Fußsohlen genutzt wird. Das Farbspektrum reicht je nach Qualität und Zusammensetzung der Mischung von Rot- und Orange- bis hin zu Gelbtönen. Das Hennapulver wird mit Wasser zu einem Brei oder einer Paste vermengt und dann aufgetragen.

Oft wird die zur Bemalung vorgesehene Hautpartie vor dem Auftragen der Paste mit Zitronensaft eingerieben, um eine bessere Farbaufnahme zu ermöglichen. Die Farbintensität ist außerdem von der Konzentration der Mixtur und der Einwirkdauer abhängig. Nach dem Trocknen wird dann die zu einer Kruste erstarrte Paste entfernt. Zurück bleibt die farbige Zeichnung in den oberen Hautschichten. Die Bemalung besteht in der Regel etwa zwei Wochen lang, verliert aber zunehmend an Intensität.

Der Umgang mit Henna gehört zum Bereich der Frauen. Erwachsenen Männern ist die Ver-

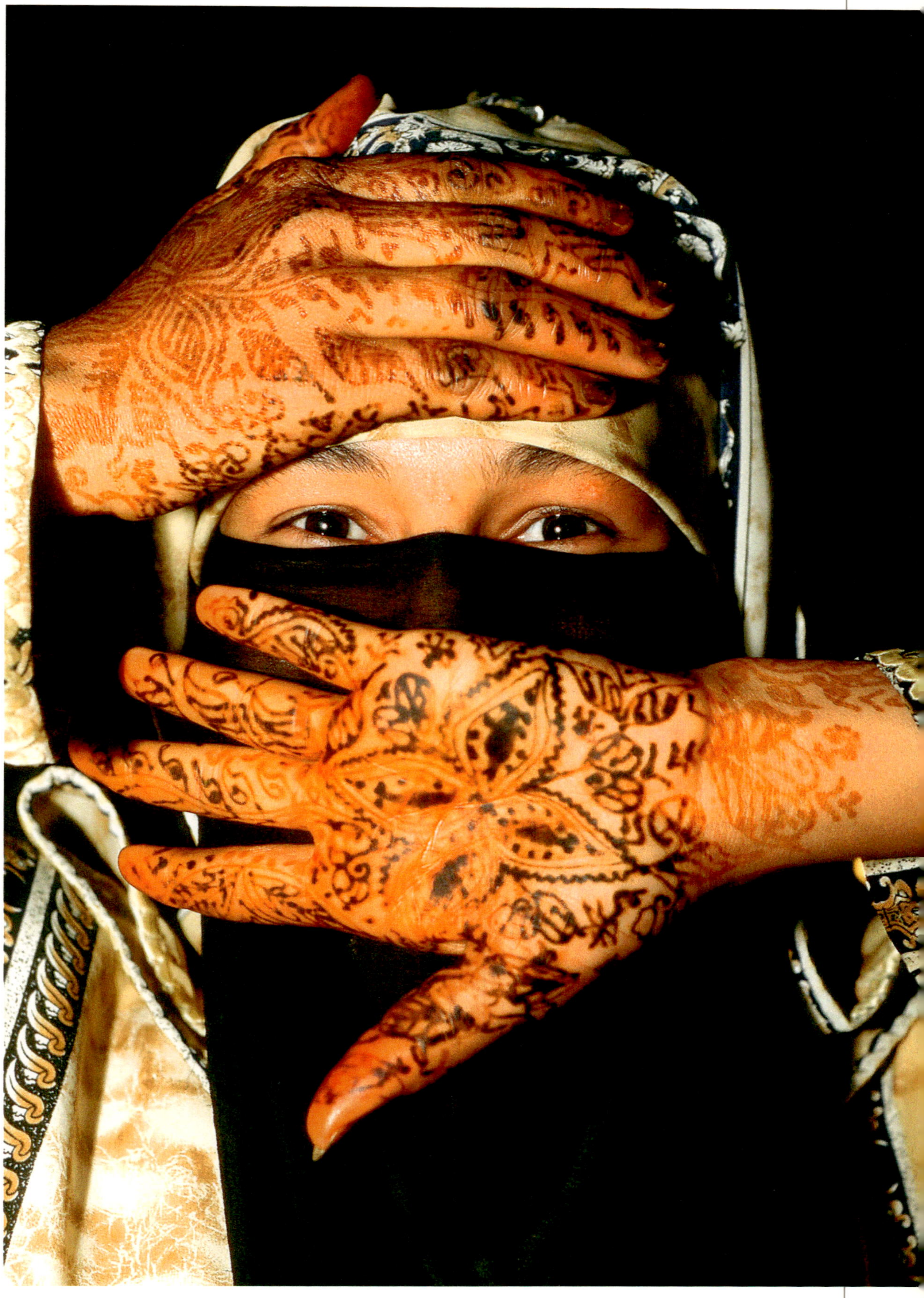

Bei einer Heirat spielt die Hennabemalung eine wichtige Rolle. Vor der Hochzeit werden in einer »Hennanacht« die Hände verziert.

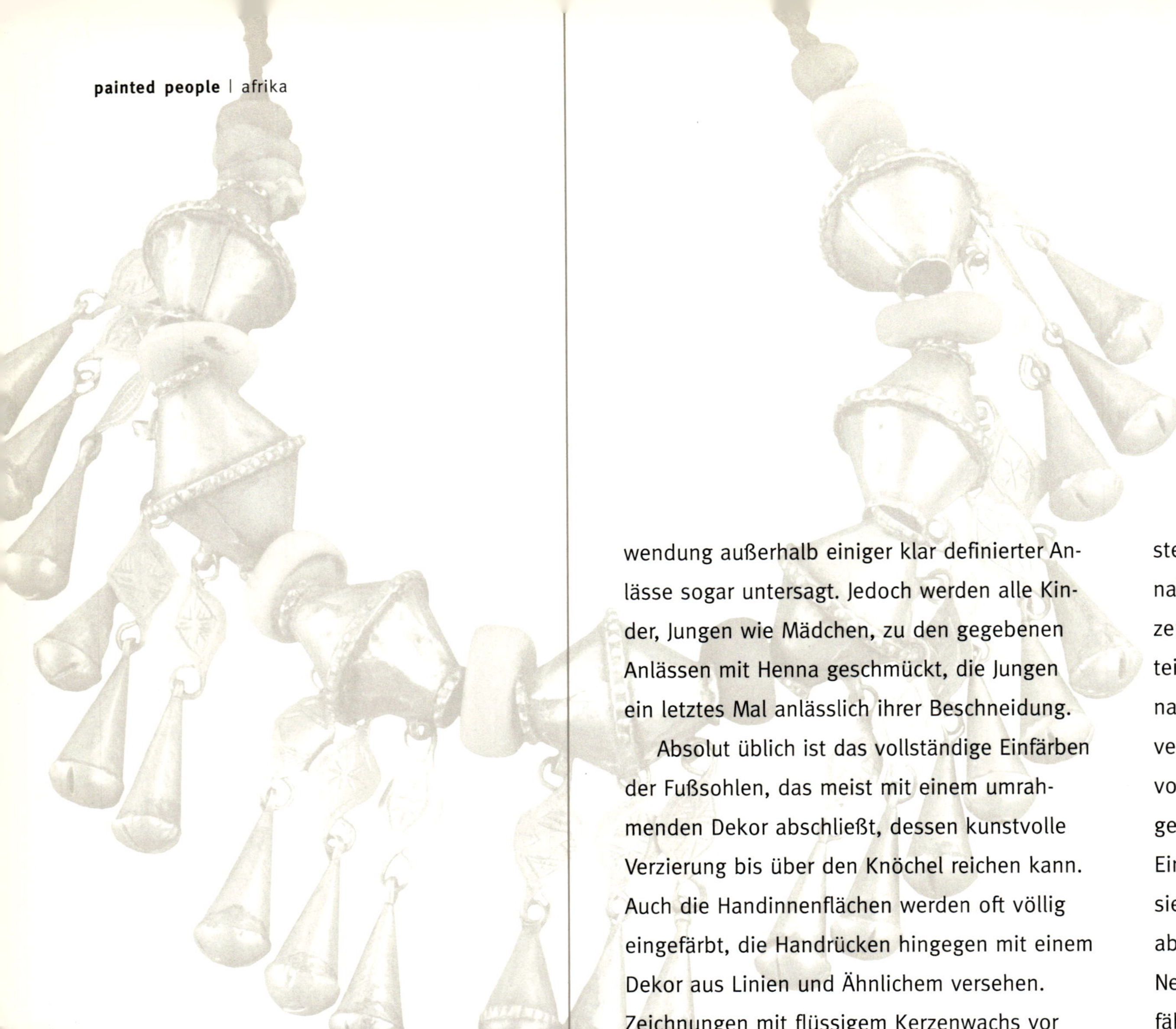

Die Bemalung der Hände, Füße und Nägel mit einem Dekor aus Henna dient als Schmuck und hat zugleich eine symbolische Bedeutung. Sie hält negative Kräfte fern und fördert positive. Gerade bei den Körperteilen, die nicht genügend von Kleidungsstücken bedeckt sind und die direkt mit der Außenwelt in Kontakt kommen, bildet die Bemalung einen magischen Schutz gegen Dämonen, Krankheiten und Unfälle.

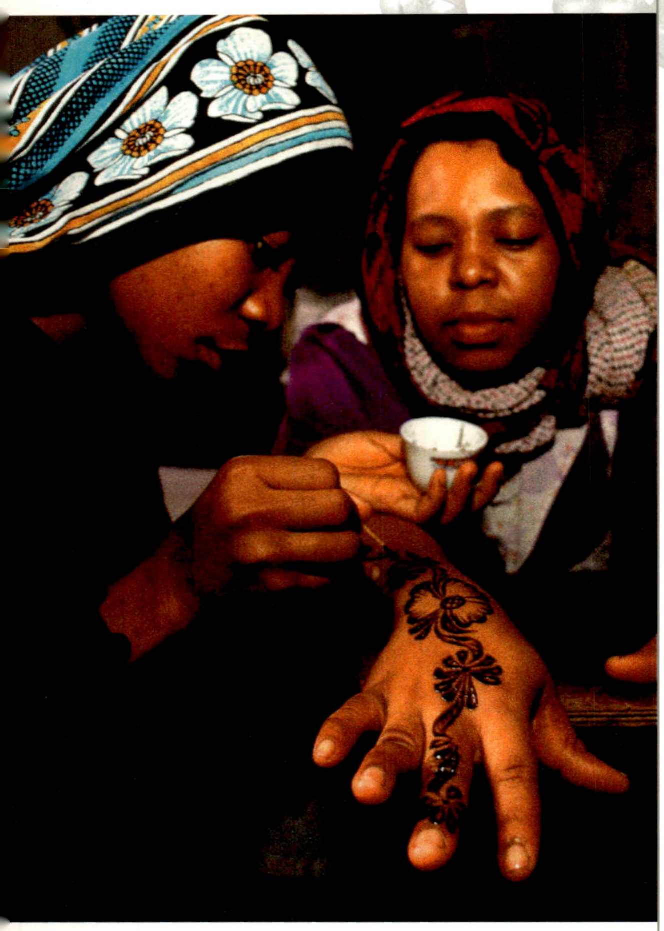

Für das Aufbringen der filigranen Ornamente ist viel Übung notwendig. Meist wird die Hennapaste mit Holzstäbchen aufgetragen, heute oft auch mit einer Spritze, oder es wird eine Schablone verwendet.

wendung außerhalb einiger klar definierter Anlässe sogar untersagt. Jedoch werden alle Kinder, Jungen wie Mädchen, zu den gegebenen Anlässen mit Henna geschmückt, die Jungen ein letztes Mal anlässlich ihrer Beschneidung.

Absolut üblich ist das vollständige Einfärben der Fußsohlen, das meist mit einem umrahmenden Dekor abschließt, dessen kunstvolle Verzierung bis über den Knöchel reichen kann. Auch die Handinnenflächen werden oft völlig eingefärbt, die Handrücken hingegen mit einem Dekor aus Linien und Ähnlichem versehen. Zeichnungen mit flüssigem Kerzenwachs vor dem Einfärben der Haut bleiben ausgespart, es entsteht so ein »negatives« Muster. Heute wird der Hennabrei auch mit einer Kanüle oder einer Spritze auf die Haut aufgetragen. Seit den 70er-Jahren gibt es auch Schablonen zu kaufen, die genau wie die Wachsaussparungen funktionieren.

Die Kraft der Hennabemalung

Henna steht im Ruf, eine stark schützende Wirkung zu haben und auf die Trägerin der Körperbemalung positiv zu wirken. Die Handzeichnung erhält die Hand rein und lässt sie Gutes bewirken. Die Fußbemalung hingegen soll den Gang leicht machen. Ein Kontakt mit Geistern verläuft mit gefärbten Händen und Füßen glimpflich. Außerdem fallen mit der nachlassenden Farbintensität negative Elemente vom Körper ab. Bereits durch das Abwaschen der Kruste gleich nach dem Farbauftrag werden schlechte Einflüsse beseitigt.

Stationen des Lebenszyklus wie Geburt, Namensgebung, Beschneidung, Hochzeit und Tod werden in aller Regel von Übergangsriten begleitet, die den »richtigen« Wechsel von einem Lebensabschnitt zum anderen gewährleisten. In diesem Zusammenhang spielt die Hennabemalung stets eine Rolle. Sie ist zwar nicht zentraler Ritus, jedoch ein wichtiger Bestandteil. Im Hochzeitsritual ist die »Nacht der Henna« nach traditioneller Vorstellung gänzlich unverzichtbar. In dieser Nacht, meist unmittelbar vor der eigentlichen Hochzeit, muss eine Braut gereinigt, geschützt und geschmückt werden. Eine Heiratskandidatin braucht viel *baraka*, da sie während des Übergangs von einem Lebensabschnitt zum anderen besonders durch den Neid missgünstiger Menschen und Geister gefährdet ist. Badehausbesuch, Tanz und Gesang gehören zum aufwändigen Zeremoniell. Auch der Bräutigam, der seit seiner Beschneidung kaum mehr mit Henna in Berührung kam, bekommt nun eine Hand oder einige Finger eingefärbt.

Bei Begräbnissen kann Henna bei der Behandlung des Leichnams von Bedeutung sein. Sterbende wünschen oft, dass ihnen Hände und Füße noch einmal bemalt werden. Die Trauernden hingegen üben völligen Verzicht auf Hennabemalung, Schmuck und Schminke bis zum Ende der Trauerperiode.

Frauen können sich mitunter auch zu Hennasitzungen ohne einen besonderen Anlass zusammenfinden. Letztlich bleibt aber selbst bei solchen »profanen Feiern« stets der rituelle Charakter gewahrt.

Im Gegensatz zur Tatauierung wird Henna praktisch in allen gesellschaftlichen Kreisen akzeptiert. Die nur zeitweilige Färbung der Haut erlaubt das regelmäßige Verwenden zu religiösen Festen und die besondere Anwendung anlässlich von Übergangsriten. Henna, Herqus und Tatauierung haben zum Teil verschiedene Funktionen wegen ihrer unterschiedlichen Dauerhaftigkeit.

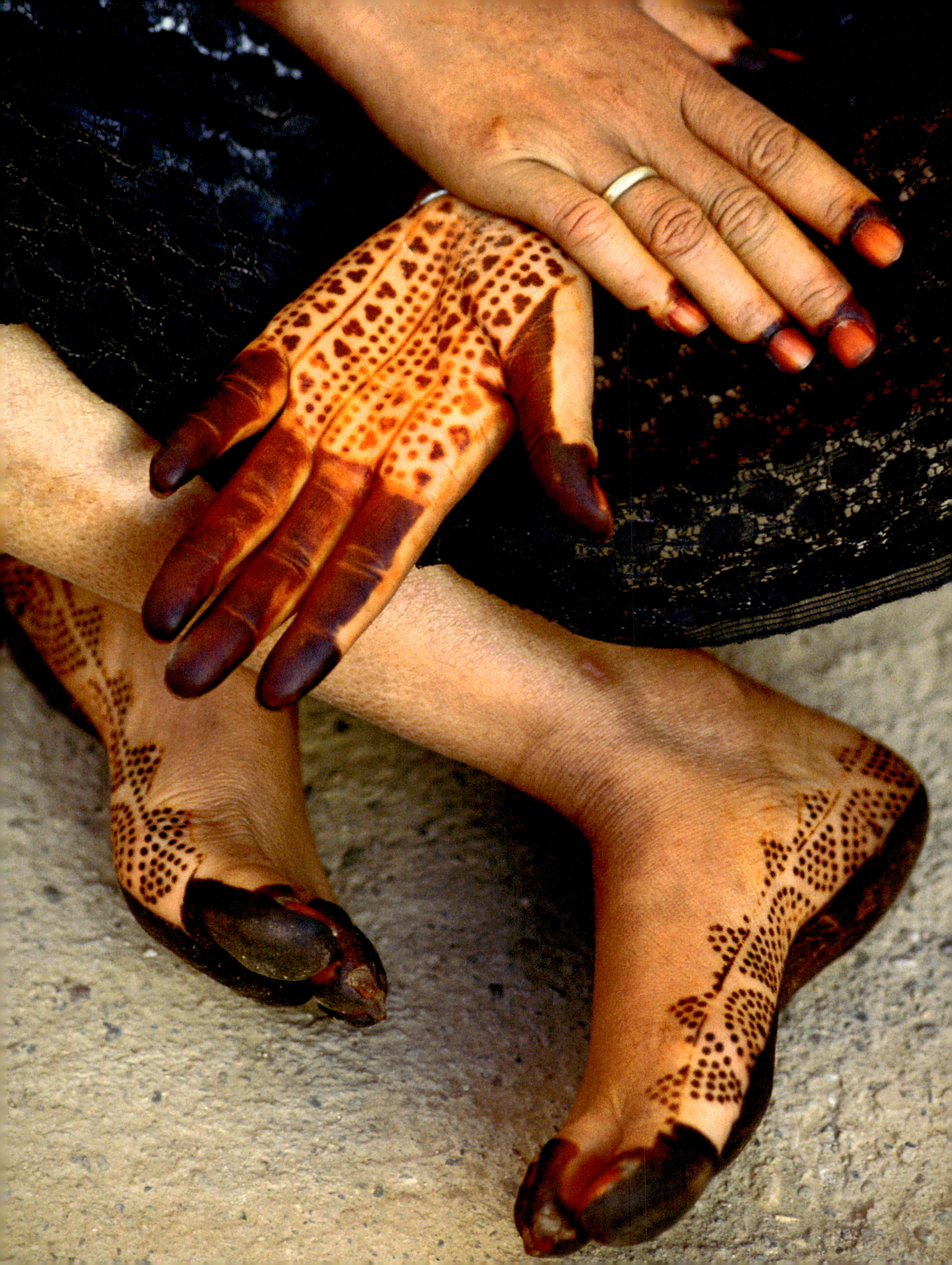

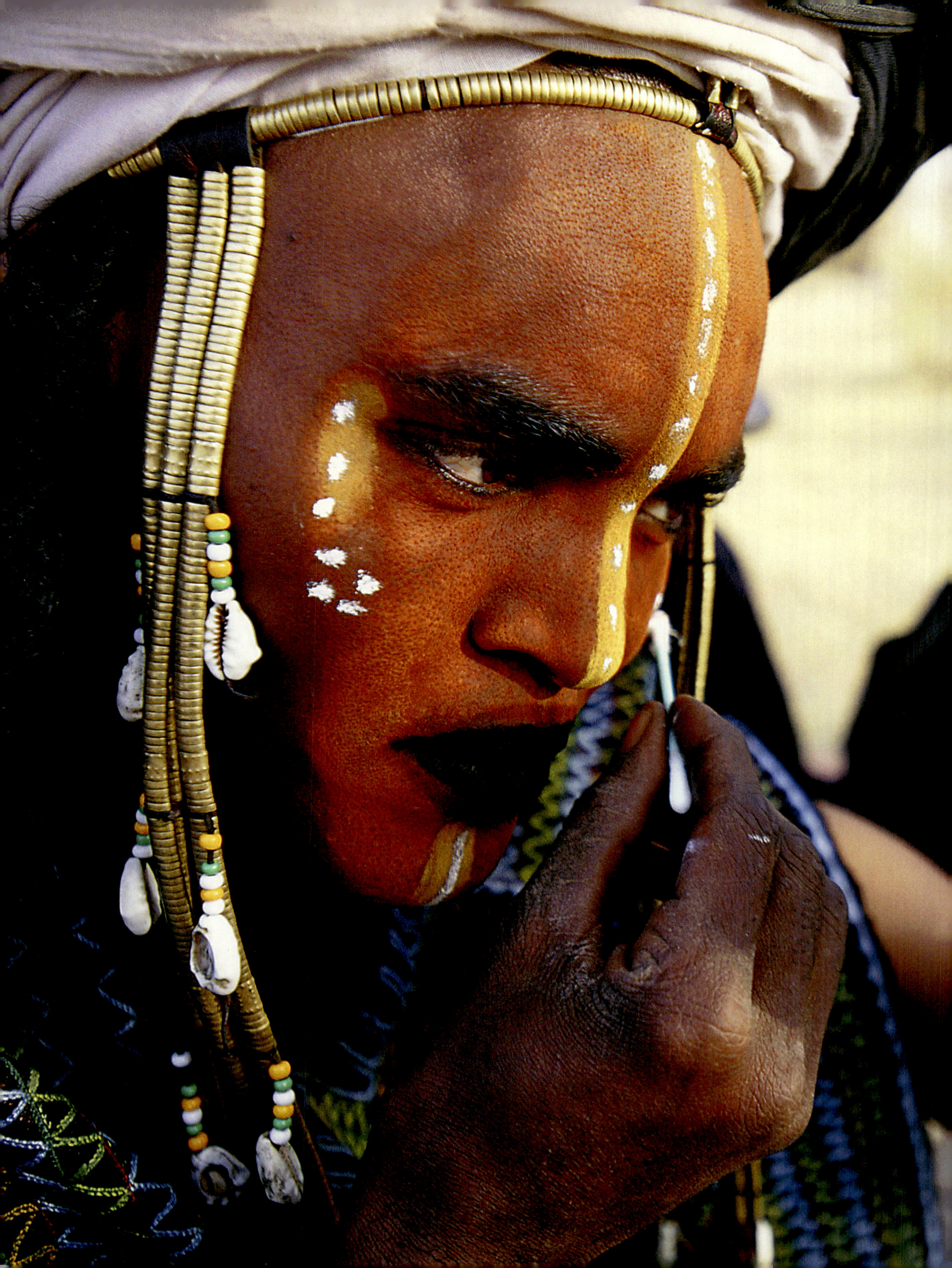

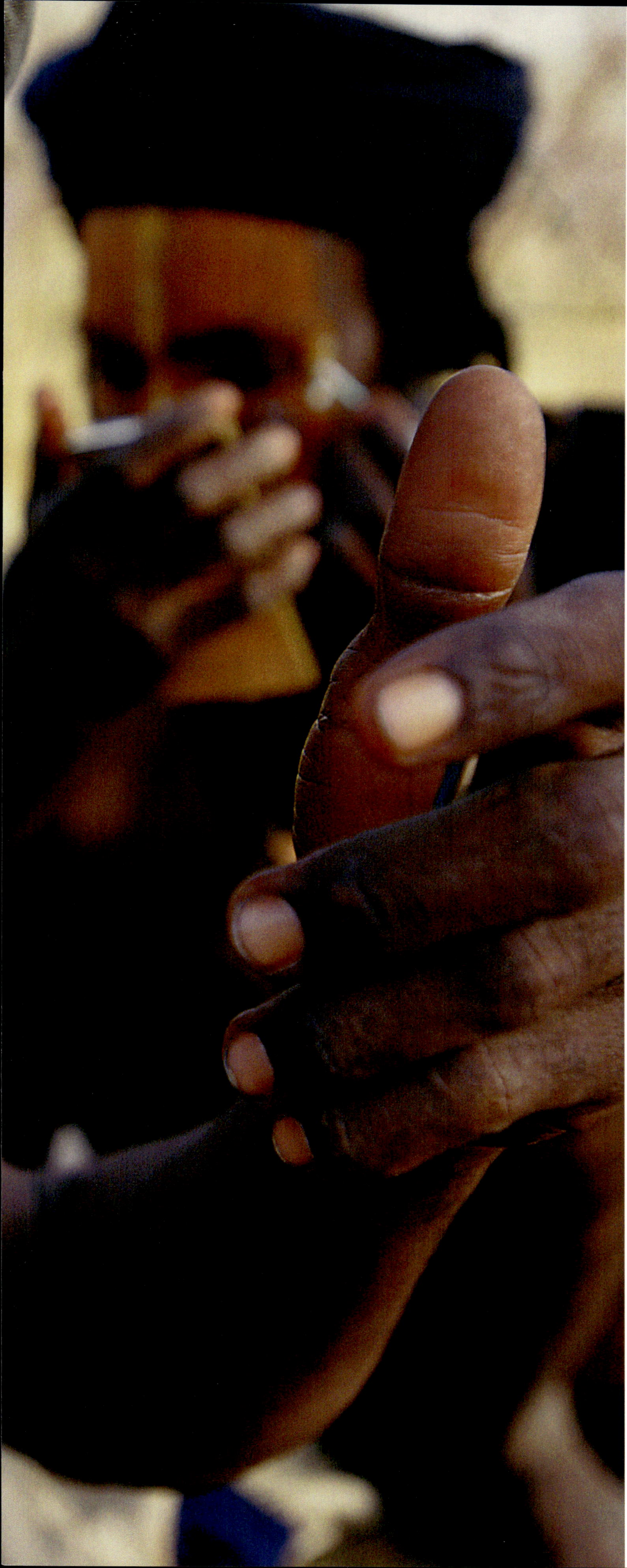

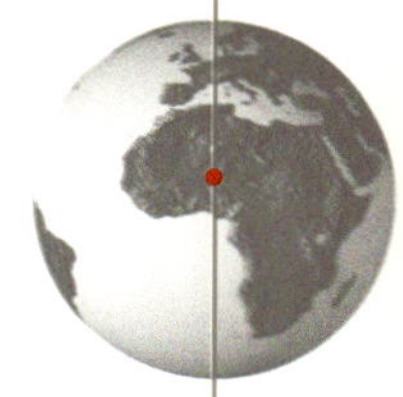

Die etwa 100 000 Wodaabe gehören der großen westafrikanischen Sprach- und Bevölkerungsgruppe der Fulbe an. Die Mehrheit von ihnen lebt als Rindernomaden im heutigen Staat Niger.

Wodaabe

Der flüchtige Reiz männlicher Schönheit

»Sie sind wie der Wind, der durch den Busch pfeift: Wenn sie gegangen sind, bleiben nur ein paar geknickte Zweige und ein Fleckchen bloßer Erde zurück.« Ebenso flüchtig, wie die Wodaabe selbst von ihren Nachbarn charakterisiert werden, ist auch ihre Körperkunst: Aufwändig zelebriert und blühend in den Jahren vor der Hochzeit, verliert sie für Verheiratete bald ihren Stellenwert. Bei den Wodaabe sind es vor allem die jungen Männer und nicht die Frauen, die ihrem Körper durch exzessives Schminken zur Perfektion verhelfen wollen. Sie sind damit aber für Afrika ebenso wenig eine Ausnahme wie für Europa, wo in manchen Epochen ebenfalls Männer das kosmetisch aktivere Geschlecht gewesen sind. Die Wodaabe leben als Wanderhirten zwischen Sahelzone und Regenwald in der Republik Niger und den angrenzenden Regionen. Ihr Reichtum sind ihre Rinderherden, erweitert durch Schafe, Ziegen und Kamele. Milchprodukte sind die Grundlage ihrer Ernährung und dienen als Tauschgut. Ein solches Leben ist nur möglich, wenn man Beziehungen zu sesshaften Bauern pflegt. Denn letztlich ist jede Wodaabe-Familie ein Milch verkaufendes Unternehmen.

Ein letzter prüfender Blick in den Spiegel beendet die meist stundenlangen gemeinsamen Vorbereitungen der jungen Wodaabe-Männer, bevor sie sich geschminkt und kostümiert für den Schönheitswettbewerb zum Tanzplatz begeben.

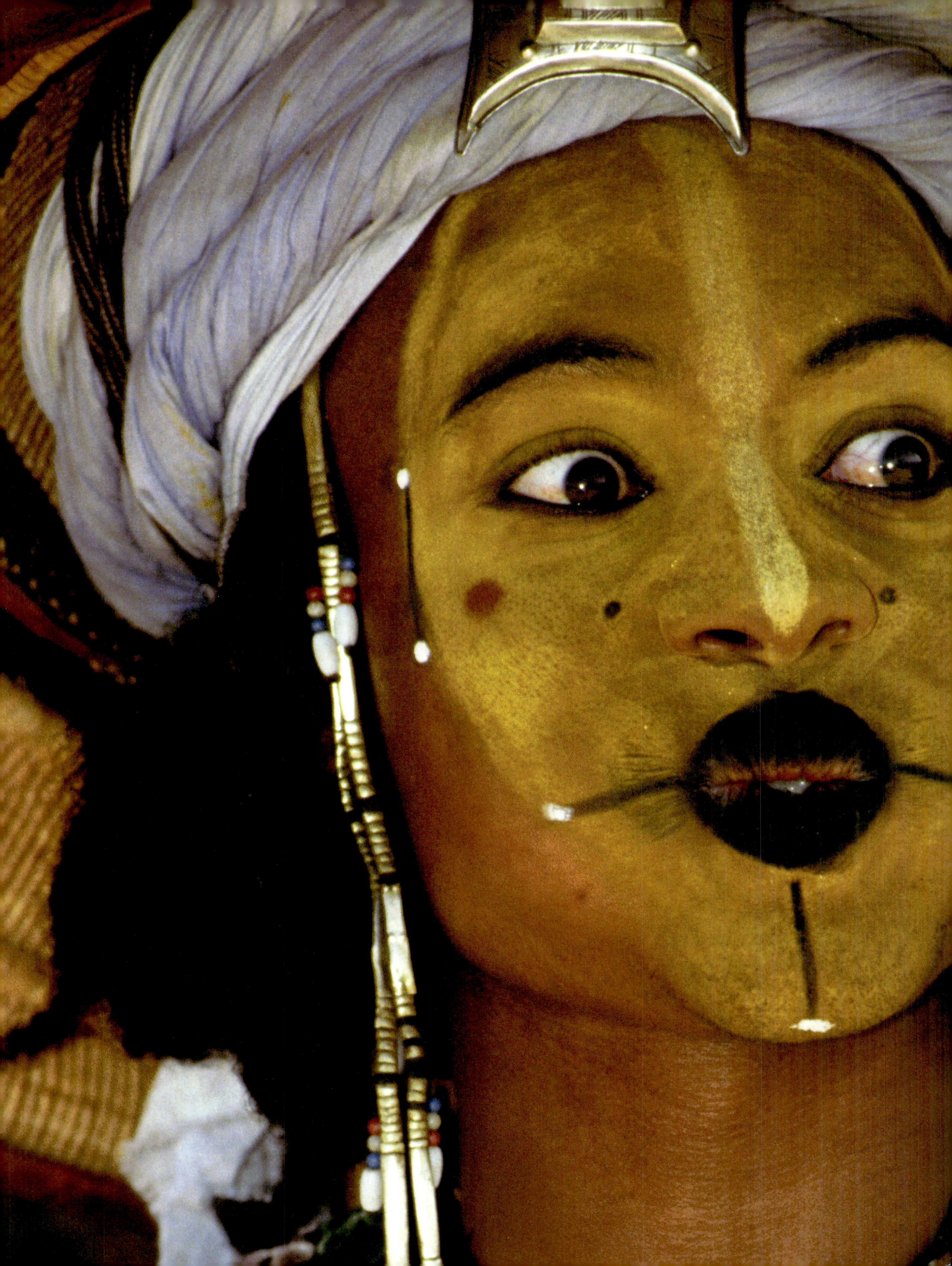

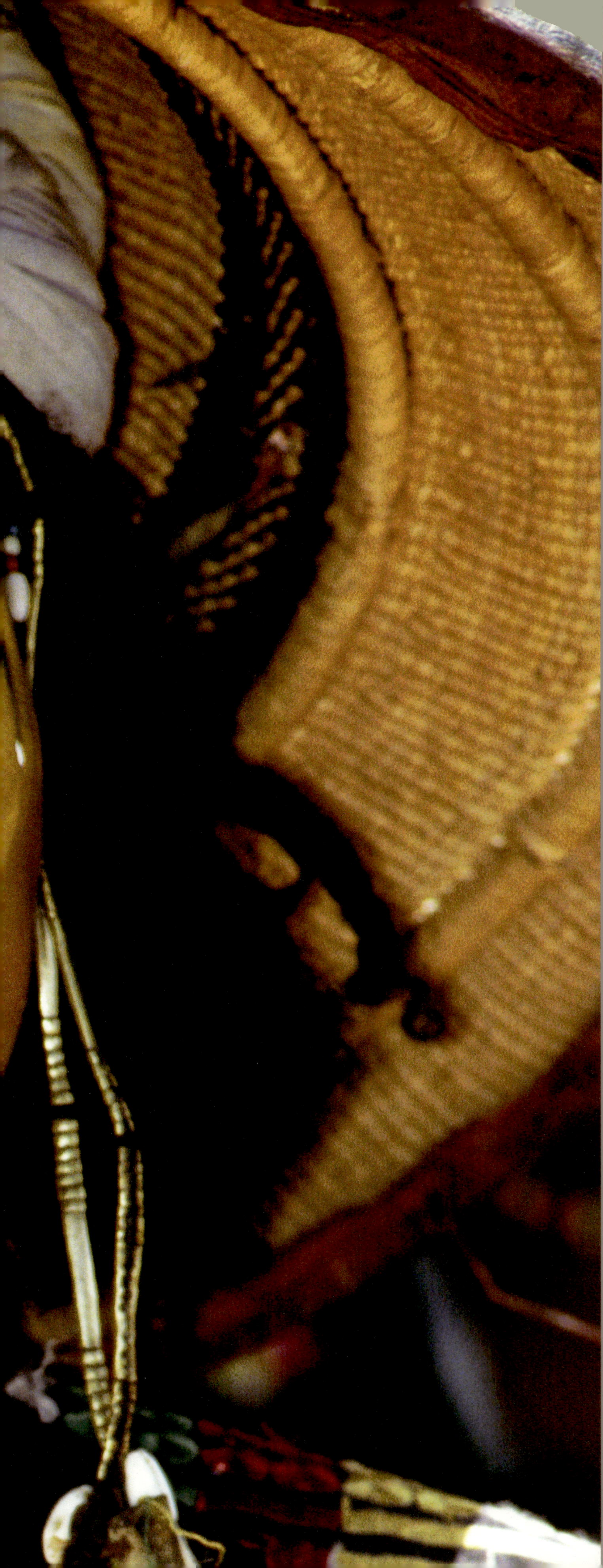

Links:
Sichtbarer Mittelpunkt der Schönheitswettbewerbe bei den Wodaabe sind die aufwändig geschminkten jungen Männer. Die Sieger werden allerdings nicht von den männlichen Altersgenossen, sondern von den älteren Männern und den Frauen gekürt.

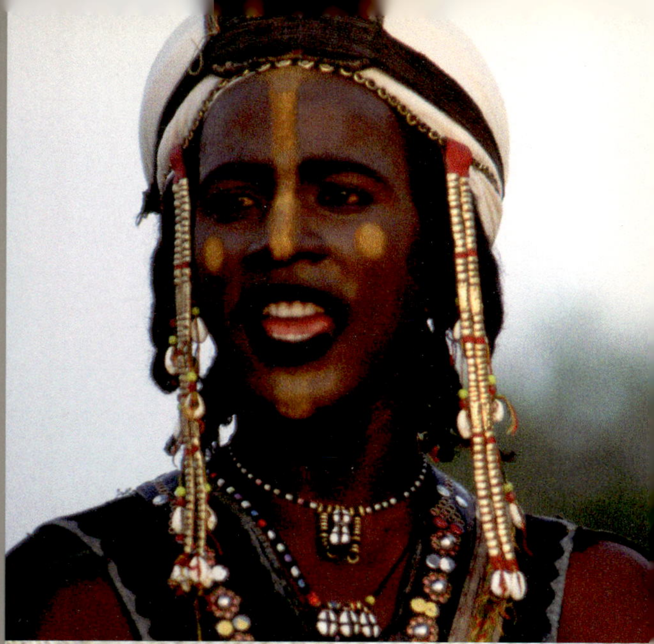

Rechts:
Die Schönheitswettbewerbe der Männer dauern oft sieben Tage und sieben Nächte. Jeden Tag wird ein anderer Gewinner ermittelt, bevor am Schluss der Gesamtsieger feststeht.

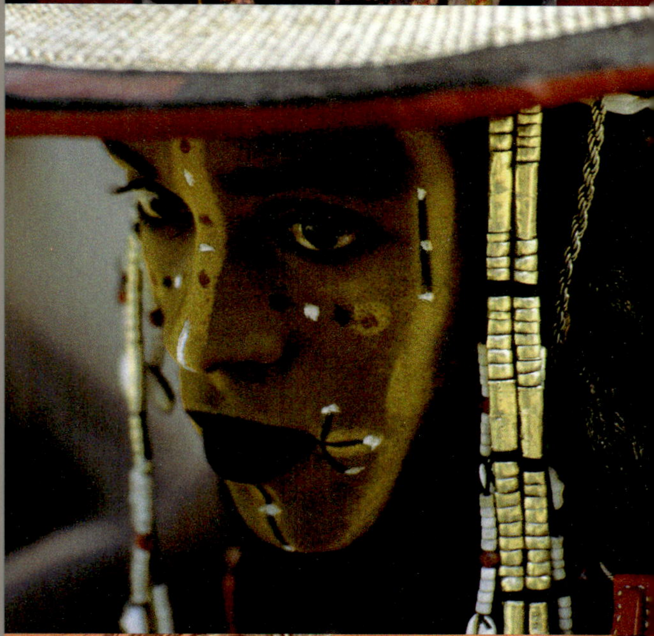

Rechts:
Das Schminken wird von den jungen Männern sehr ernst genommen und mit großer Sorgfalt ausgeführt. Nicht zu Unrecht – da misslungene Versuche von den Zuschauern gerne mit beißendem Spott kommentiert werden.

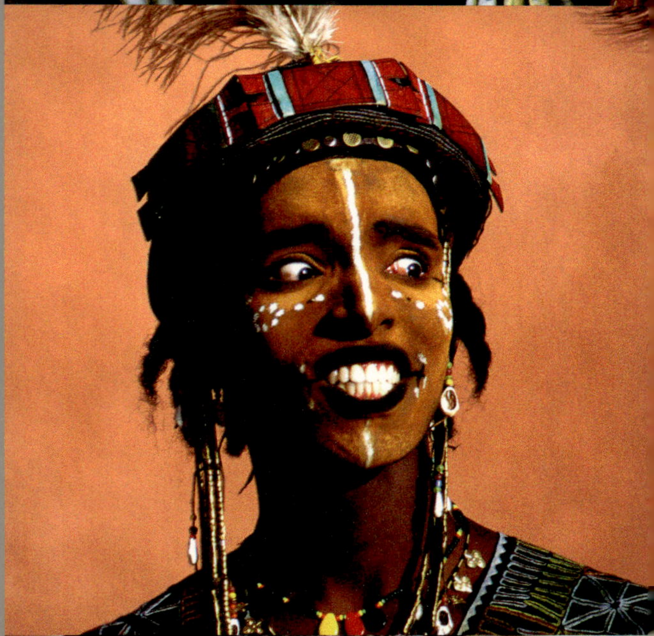

Rechts:
Für einen gelungenen Gesamteindruck sind neben dem Schminken vor allem auch langwierige Haut- und Zahnpflege unerlässlich.

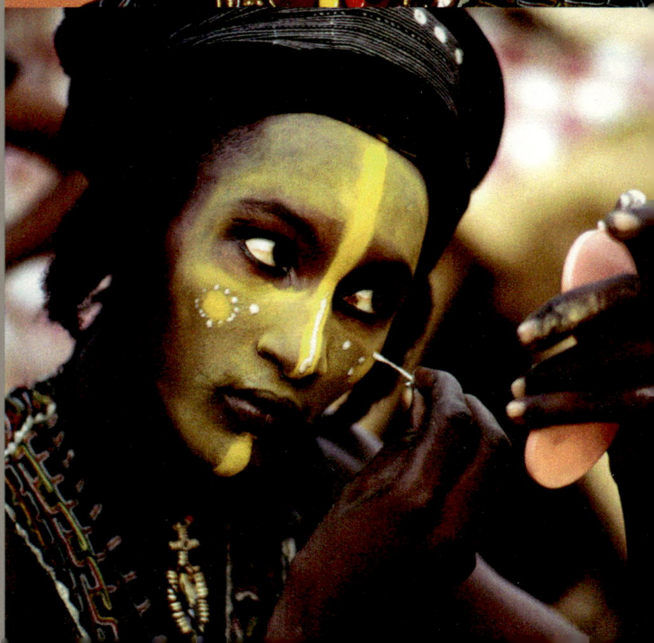

Rechts:
Hitze, Staub und bisweilen sogar Sandstürme sorgen dafür, dass die Verzierung des Gesichts im Laufe der mehrtägigen Wettbewerbe immer wieder erneuert werden muss.

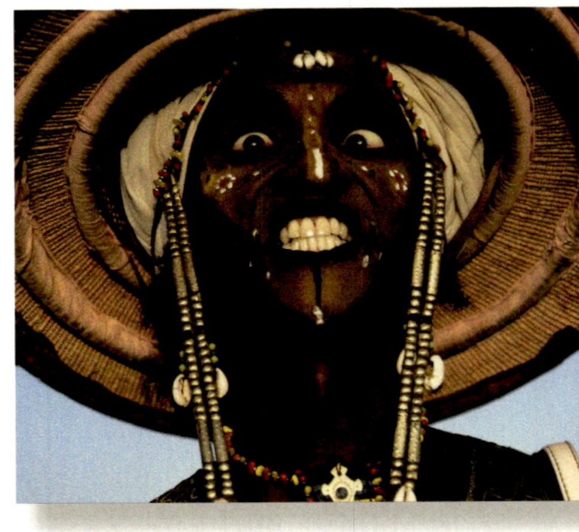

gerewol: wettstreit der schönheit

der gerewol-tanz wird oft mit westlichen miss-wahl-wettbewerben verglichen. nur dass bei den wodaabe die männer antreten, um die gunst der zuschauer und der jungen frauen zu gewinnen.

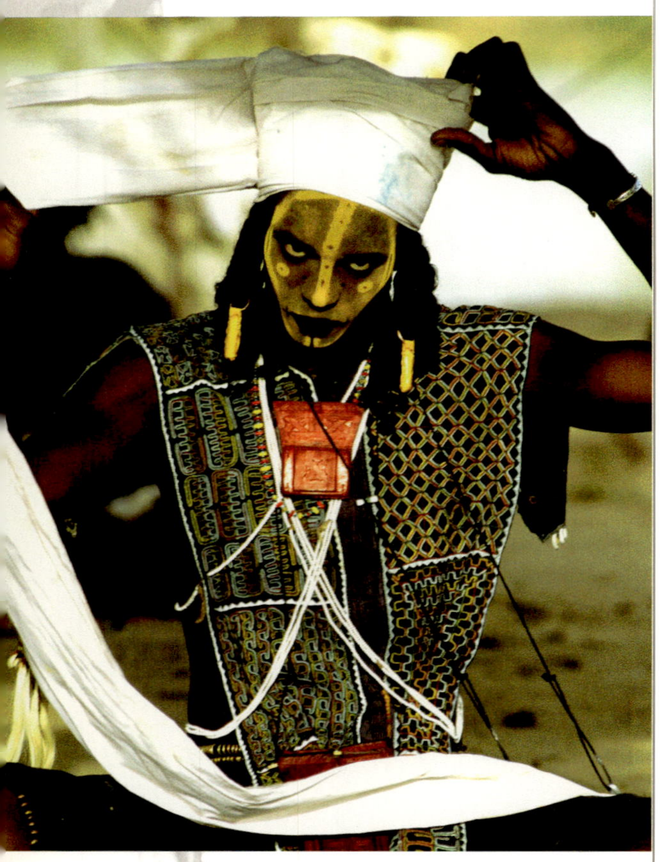

Ebenso wichtig wie das perfekt geschminkte Gesicht sind die Gewänder der jungen Männer, die meist monatelang von den Frauen mit traditionellen Mustern bestickt werden.

Der »Herumschau-Tanz« steht im Mittelpunkt des Schönheitskults bei den Wodaabe. Frühestens gegen Ende der Pubertät dürfen die männlichen Wodaabe an diesem Ritus teilnehmen. Zu diesem Zeitpunkt sind sie keine Kinder mehr, sie gelten aber auch noch nicht als richtige Männer, sind sie doch noch unverheiratet und besitzen keine Viehherden, was den Wert und die Stellung eines wirklich erwachsenen Mannes ausmacht.

Bis zum *gerewol* haben die jungen Männer alles gelernt, was nun in diesem Alter für sie wichtig wird. Beim gemeinsamen Hüten der Viehherden während der Pubertät wurden sie von ihren älteren Geschlechtsgenossen in die Kunst der Liebeslieder und in die Geheimnisse des Liebeszaubers eingeweiht. Beim Besuch von Märkten schauten sie sich ab, wie sich ihre älteren Vorbilder kleiden und wie sie sich schminken, um beim weiblichen Geschlecht Aufsehen zu erregen. Im Laufe dieser Zeit übten sie aber vor allem unter Anleitung der älteren Burschen immer wieder die Tanzschritte für die *gerewol*-Zeremonie ein.

Im Verlauf des *gerewol*-Tanzes haben die jungen Männer ihre neuerworbene und unverbrauchte Männlichkeit unter Beweis zu stellen. Dazu kleiden sie sich in ihre feinsten Gewänder und bedecken ihre Häupter mit kleinen Kappen, die von einer Straußenfeder gekrönt werden. Um ihre Hüften schlingen sie Ledergürtel mit Kaurischnecken-Verzierung. Vor allem aber schminken sie ihr Gesicht stundenlang vor kleinen Handspiegeln, um ihr Äußeres möglichst makellos zu gestalten. Die Schminkutensilien erwerben sie auf Märkten und von wandernden Händlern.

Wie bei unseren westlichen Misswahlen versucht dabei jeder Teilnehmer, dem herrschenden Schönheitsideal seiner Gesellschaft möglichst nahe zu kommen. Als besonders wichtig werden neben möglichst heller Haut eine schmale gerade Nase und eine hohe Stirn erachtet.

Je besser die körperlichen Vorzüge der jungen Männer durch die Schminke unterstrichen werden, desto größer ist die Aussicht, zum »Schönheitskönig« gewählt zu werden. Durch das Aufblasen der Backen und das Rollen der Augen wird die Wirkung auf die Zuschauer noch verstärkt. Dazu stellen sich die jungen Männer immer wieder in einer langen Reihe auf. Der eigentliche *gerewol*-Tanz wird nicht von Trommeln oder anderen Musikinstrumenten begleitet. Sein langsamer stampfender Rhythmus erlaubt den Männern das Singen von Liedern, mit denen sie die Vorzüge und die Schönheit der anwesenden jungen Frauen herausstreichen. Den Liedern kommt eine entscheidende Rolle zu, da durch sie festgelegt wird, welche Frau von den Männern als am meisten begehrenswert erachtet wird.

Die Frauen tanzen währenddessen in unmittelbarer Nähe in einem Kreis und singen nun ihrerseits Lieder über die tanzenden Männer. Diese Lieder enthalten versteckte Anspielungen auf den schönsten und am besten geschminkten Mann. Die Tänze und die Lieder werden so lange wiederholt, bis sich die drei bestaussehenden Männer und Frauen als Paare gefunden haben. Diese Pärchen müssen den Abend miteinander verbringen. Die nicht erwählten Tänzer können den restlichen Abend nach eigenem Belieben gestalten.

Die *gerewol*-Zeremonie steht in engem Zusammenhang mit dem Werben um Frauen. Verlobungen und Hochzeiten bleiben davon aber weitgehend unberührt. Denn die Entscheidung,

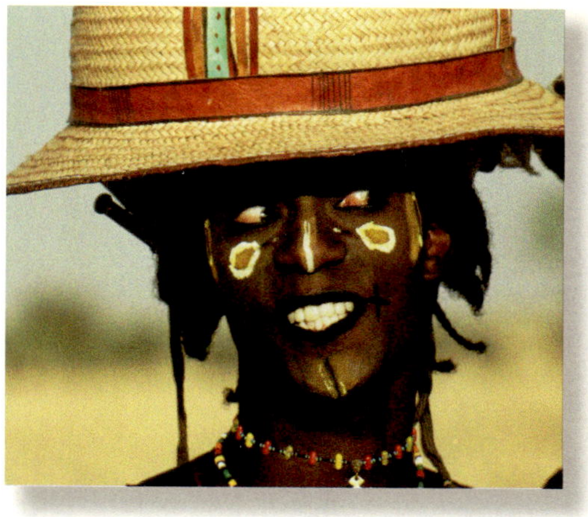

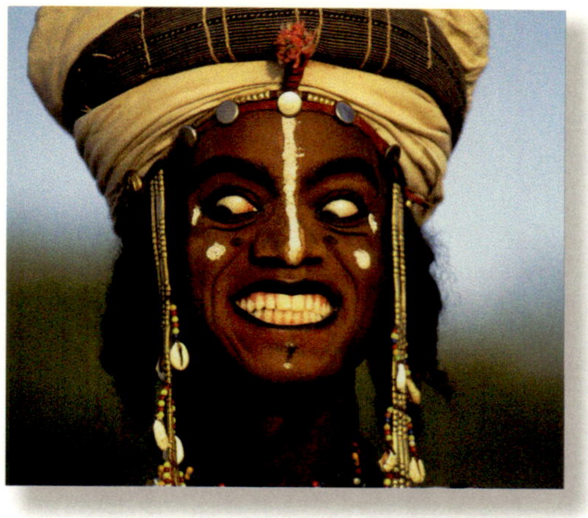

Bei den Schönheitswettbewerben kommt es bei der Ermittlung der Sieger neben der Bemalung des Gesichtes vor allem auf das genauestens choreographierte Rollen mit den Augen, das Präsentieren der Zähne und den richtigen Rhythmus bei den Tanzschritten an.

wer wen zu heiraten hat, wurde bereits Jahre früher von den Eltern getroffen.

Beim *gerewol*-Tanz werden die jungen Männer und Frauen einer Altersgruppe danach eingeteilt, welche körperlichen Vorzüge nach allgemeiner Ansicht als besonders begehrenswert gelten. Getanzt wird vor den Ältesten, die gleichzeitig die einflussreichsten und mächtigsten Mitglieder der Gemeinschaft sind.

Der Ernst des Lebens

Die bei der Zeremonie erfolgte Einstufung bestimmt auch den Rang und das Ansehen der jungen Frauen und Männer bis zur Hochzeit. Danach verliert jedoch die vorher als so eminent wichtig erachtete körperliche Schönheit an Bedeutung. Der Rang einer Frau wird von nun an gemessen an der Anzahl ihrer Kinder. Und die Stellung eines Mannes bemisst sich nach seinen Fähigkeiten, Haushaltsvorstand zu werden. Wichtig sind nun die Größe seiner Herden und die Zahl seiner Frauen. Er selbst ist als verheirater Mann der »Herr der Herden«, seine Söhne hüten die Tiere und seine Ehefrauen kümmern sich um die Milch seiner Tiere. Die Frauen melken die Rinder und Ziegen, verarbeiten die Milch und tauschen ihre Erzeugnisse auf den Märkten gegen Getreide, Gemüse und andere lebensnotwendige Güter. Die Rinder sind so wichtig für den Lebensunterhalt einer Familie und das Ansehen eines Haushaltsvorstandes, dass Fleisch nur zu Festen oder Riten gegessen wird. Und Vieh verkauft wird nur in Notsituationen, wenn Geld benötigt wird.

Alle Kandidaten des Schönheitswettbewerbes tragen auf dem Kopf eine Straußenfeder. Nur die Sieger erhalten einen prestigeträchtigen Kopfschmuck aus einem Kuhschwanz.

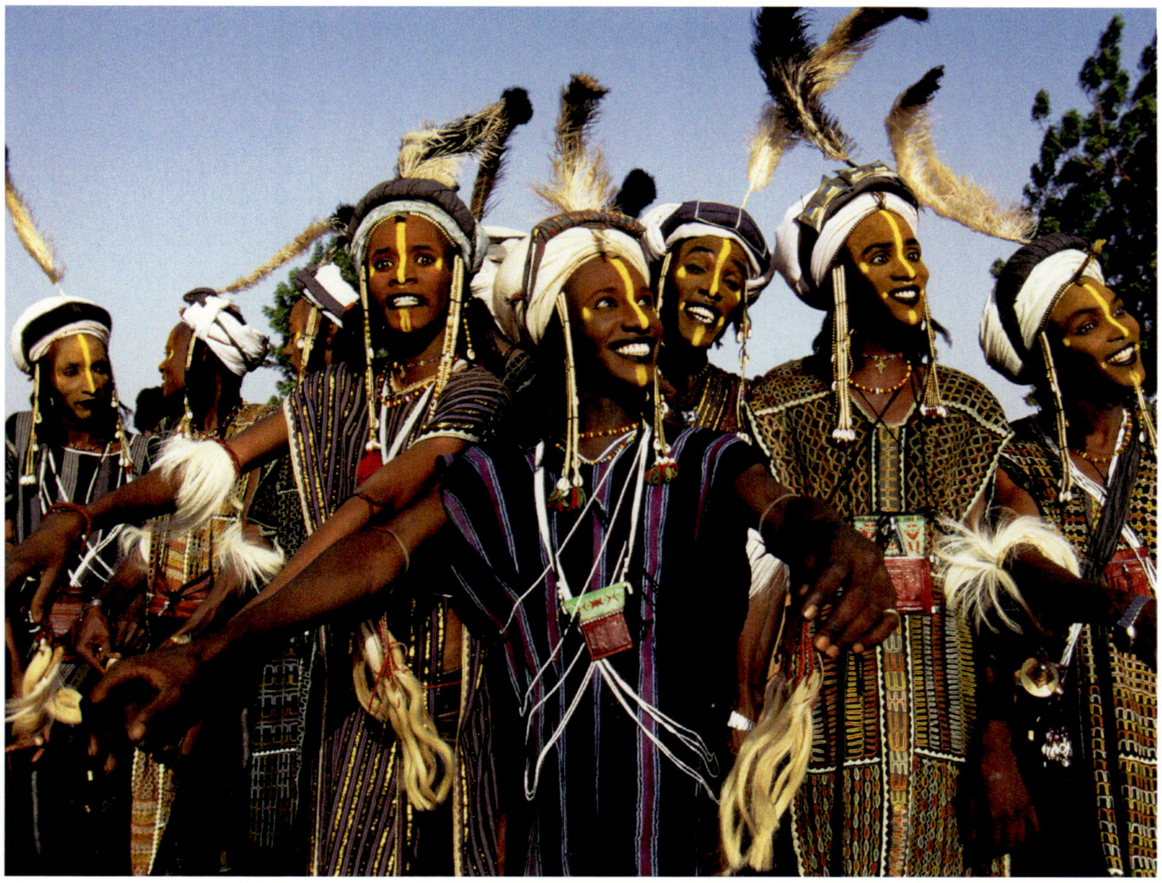

tatauierungen der wodaabe

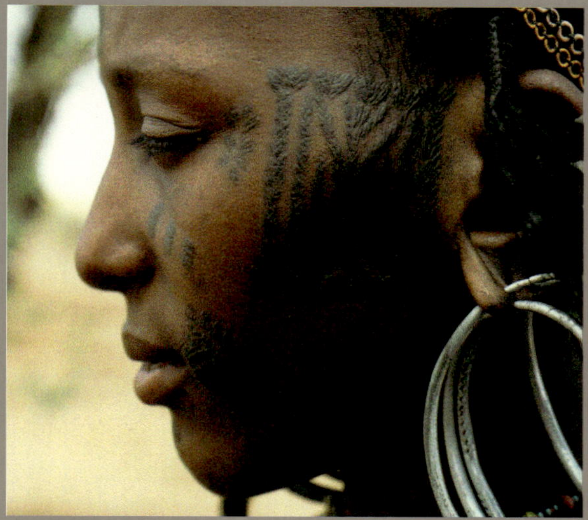

Die Verzierungen im Gesicht der Frauen sind weniger als Mittel zur Steigerung ihrer Schönheit zu verstehen, sondern als Zeichen ihrer Familienzugehörigkeit.

»Stammeszeichen« nannten die frühen europäischen Reisenden die Tatauierungen im Gesicht von zahlreichen Bewohnern des Sahelgebiets. Zutreffend ist an dieser Einschätzung, dass sich für Eingeweihte an der Form und an der Stelle der Einschnitte die Herkunft und die Familienzugehörigkeit eines Menschen ablesen lassen.

Neben Einschnitten auf Wangen, Stirn und Kinn wird vielen Frauen dieser Region nach ihrer Heirat noch immer die Unterlippe tatauiert. Angebracht werden diese Tatauierungen meist von älteren Frauen, die sich oft über Jahrzehnte hinweg eine sichere Hand und ein ästhetisches Gespür erworben haben. Die Lippen werden zunächst mit einem Gemisch aus Ruß und Wasser geschwärzt. Anschließend werden sie mit einem Bündel Nadeln punktiert. Die so entstehende bläulich-schwarze Färbung gilt als Zeichen von Schönheit und als Ausdruck der Rolle ihrer Trägerin als Ehefrau und derzeitige oder zukünftige Mutter.

Gleichzeitig bietet das Ausüben dieser Kunst so mancher älteren Frau die Möglichkeit eines Einkommens.

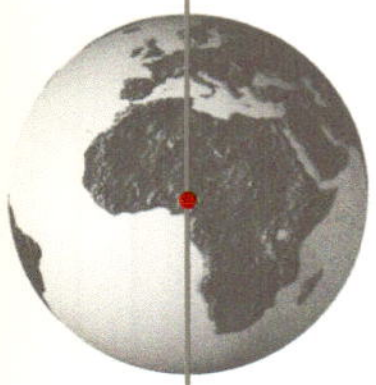

Die Igbo gehören mit etwa 20 Millionen Menschen zu den größten Bevölkerungsgruppen Westafrikas. Ihr Hauptsiedlungsgebiet ist der Südosten Nigerias. Eine Folge ihrer Unabhängigkeitsbestrebungen gegenüber dem Staat Nigeria war der so genannte Biafra-Krieg.

Körpermalerei der Igbo

Renaissance einer vergessenen Kunst

Einst besaß jede Region ihre eigenen Motive, Farben und Materialien: Noch vor 100 Jahren gab es bei den Igbo in Südostnigeria die verschiedensten Techniken und lokalen Stile der Körpermalerei. Die Kolonialzeit und die damit verbundenen gesellschaftlichen Umwälzungen brachten die Traditionen der Körpermalerei in weiten Teilen Afrikas schnell in Verruf und Vergessenheit. Durch die Übernahme europäischer Werte, Bildung und Kleidung galten Bemalung und Narbenmarkierungen bald auch bei den Igbo als besonders rückständig, heidnisch und primitiv. Und schon 30 Jahre nach Beginn der Kolonialherrschaft konnte über die einst so reichhaltigen Traditionen kaum noch etwas in Erfahrung gebracht werden. Doch seit einiger Zeit ändert sich die Situation in einigen Gebieten des Igbo-Landes. Inspiriert von europäischen Künstlern und einheimischen Intellektuellen erlebt heute die Körperbemalung auf der Suche nach den noch nicht gänzlich verlorenen Wurzeln eine unerwartete Renaissance. Und immer öfter wird sie zu einer Quelle für Stolz und Identität vor allem von Igbo-Frauen.

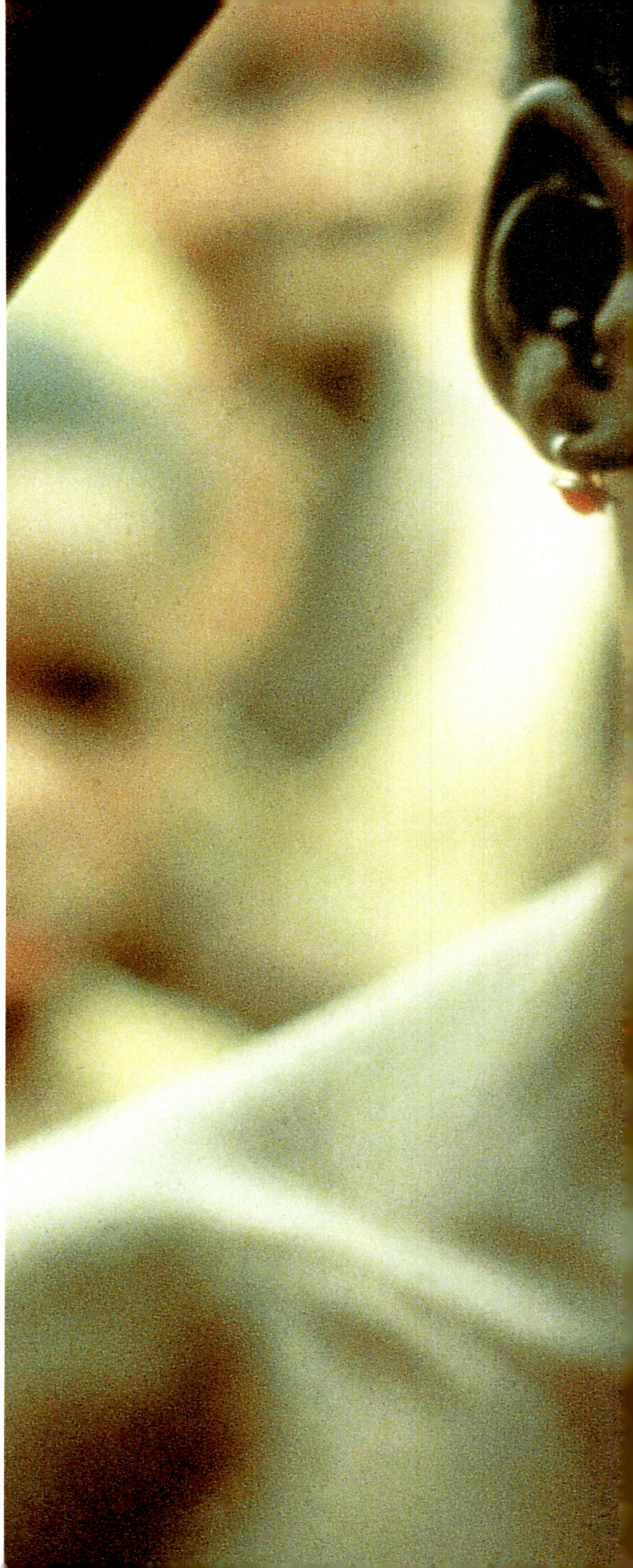

Die jungen Igbo-Mädchen werden zu wichtigen Festlichkeiten kunstvoll mit Farbe bemalt, die aus dem Saft verschiedener Pflanzen gewonnen wird. Zum Auftragen der Motive werden dabei meist kleine Holzstäbchen verwendet. Die Bemalung bleibt einige Wochen erhalten.

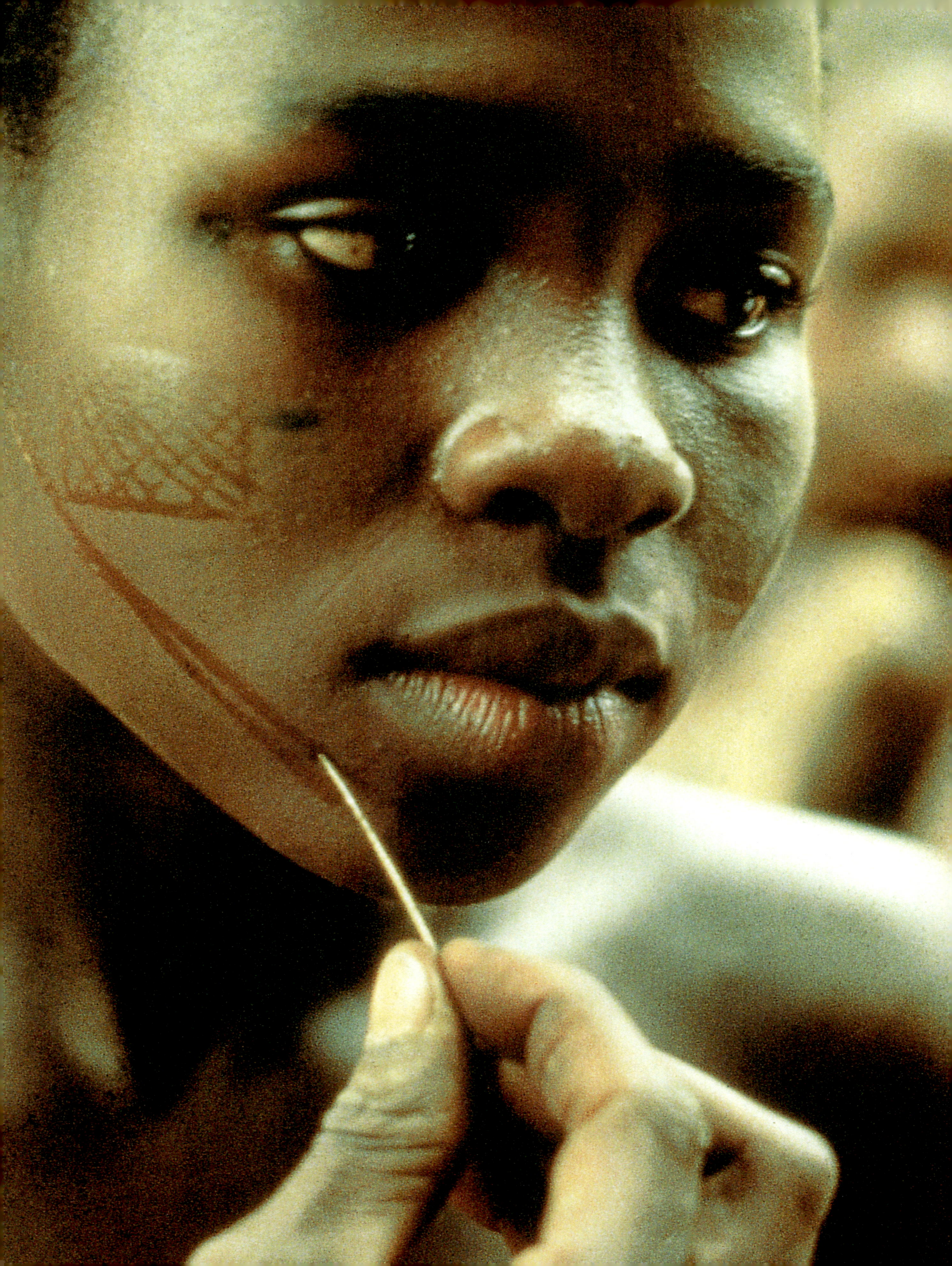

Bemalung statt Kleidung

Statt aufwändige Kostüme zu tragen, bemalten die Igbo-Frauen zu feierlichen Anlässen ihren Körper. Die Tage vor großen Festen waren daher von langwierigen Vorbereitungen bestimmt.

Upa – die Kunst der roten Erde

Nach der Regenzeit reparierten die Igbo-Frauen die Schäden an ihren Lehmhäusern. Dazu glätteten sie die Wände mit rotem Lehmwasser und verzierten sie mit einfachen Mustern, die sie mit Holzkohle und Kreide auftrugen. Künstlerisch besonders begabte Frauen erhielten zudem Aufträge, Häuser von Bräuten, einen Schrein oder die Mauer eines Marktes zu bemalen.

Die Upa-Malerei an den Häusern unterscheidet sich zwar in vielerlei Hinsicht von der Uli-Körperbemalung. Gemeinsam sind aber beiden Techniken die schwungvollen Linien und die fantasievollen Motive. Souverän und geradezu spielerisch wird mit den Formen von Körpern und Lehmwänden als Leinwand umgegangen. Das Ergebnis sind in beiden Fällen rhythmische und klar gegliederte Gesamtkunstwerke.

Mit dem Verschwinden der Lehmhäuser stirbt bei den Igbo auch die »Kunst der roten Erde«. Doch ähnlich wie bei der Körperbemalung gibt es auch für die Upa-Malerei Versuche, sie wiederzubeleben.

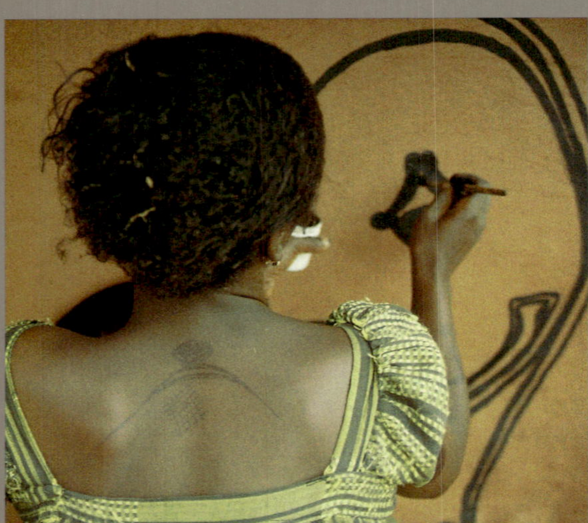

Einige Formen und Muster der Upa-Wandmalereien entsprechen jenen der Uli-Körperbemalung.

Wichtigstes Ziel der Körperbemalung bei den Frauen der Igbo war, die Schönheit des weiblichen Körpers durch schwungvolle fließende Formen und Linien zu unterstreichen. Und dazu mussten nicht nur Farben hergestellt werden. Auch die Haut der Frauen musste schon Tage vor der Bemalung darauf vorbereitet und besonders gepflegt werden. Vor allem für die populäre Uli-Malerei wurde der Körper fast eine gesamte Woche lang immer wieder mit einem roten Pulver aus Camholz eingerieben. Dadurch wurden Unreinheiten entfernt und die Haut erlangte eine seidige Glätte. Auch ein Verlaufen der Farben während des Bemalens wurde so verhindert.

Muster durch Stempel und Pflanzensäfte

Als Farbe für die Uli-Malerei dient eine bräunliche Flüssigkeit aus den zerquetschten Samen verschiedener Pflanzen. Auf der Haut aufgetragen, verfärbt sich das Braun jedoch innerhalb weniger Minuten in ein tiefes Dunkelblau. Dabei entsteht ein starker Kontrast zu den unbemalten Hautstellen, der mehrere Wochen anhält. Dann muss die Bemalung erneuert werden. Dies ist jedoch eine recht kostspielige Angelegenheit, denn die dafür erforderlichen Spezialistinnen der Körperkunst müssen oft recht teuer bezahlt werden.

Die Bemalungen werden mit Federn, Holzstückchen oder Palmrippen aufgetragen. In einigen Igbo-Dörfern werden zudem kleine Stempel geschnitzt, mit deren Hilfe sich der gesamte Körper mit Mustern schmücken lässt.

Bei der Körperkunst der Igbo wurde aber nicht nur mit Farben gearbeitet. So wird mancherorts ein ungewöhnlicher Effekt durch das Behandeln der Haut mit dem Saft der Cocoyam-Wurzel erzielt. Dieser erzeugt auf den bestrichenen Stellen starke Reizungen und führt zu Schwellungen, die mehrere Tage anhalten, sodass narbenähnliche Muster entstehen.

Motive der Igbo: Weltbilder auf der Haut

Die Muster der Malereien beziehen sich nahezu auf die gesamte sichtbare Welt: Pflanzen, Tiere, Mond und Sterne finden sich ebenso wie beispielsweise Haushaltsgeräte. Daneben trifft man immer wieder auf geometrische und abstrakte Motive. Diese besitzen bisweilen symbolische Bedeutung, oftmals sind sie aber nur dekorative Elemente. Die symbolträchtigen Motive beziehen sich meist auf mythische Erzählungen und Figuren oder auf die Weltsicht der Igbo. Im Mittelpunkt stehen dabei häufig moralische Botschaften. So soll den Mitgliedern der Gemeinschaft vermittelt werden, dass es beispielsweise asozial ist, ein zielloses und egoistisches Leben zu führen. Vielmehr sei es die Pflicht eines jeden, sein Talent und seine Anlagen voll auszuschöpfen und die Erwartungen der Gemeinschaft zu erfüllen.

Nicht geklärt sind die Ursprünge mancher Motive in einer in Vergessenheit geratenen Zeichenschrift, die ausschließlich unter den Igbo-Frauen verwendet worden sein soll.

Die zeitaufwändige Bemalung hatte jedenfalls einen wichtigen Zweck in der Gemeinschaft. Vergleichbar einem Besuch beim Friseur oder Psychologen bot sich hier die Möglichkeit zu intensiven Gesprächen und Ratschlägen, aber auch zu Klatsch und Tratsch.

Ausgerechnet in der Kolonialzeit erlangte die Körperbemalung für manche Igbo-Frauen nochmals verstärkte Bedeutung. Denn in den 30er-Jahren wurde von einer Missionsgesell-

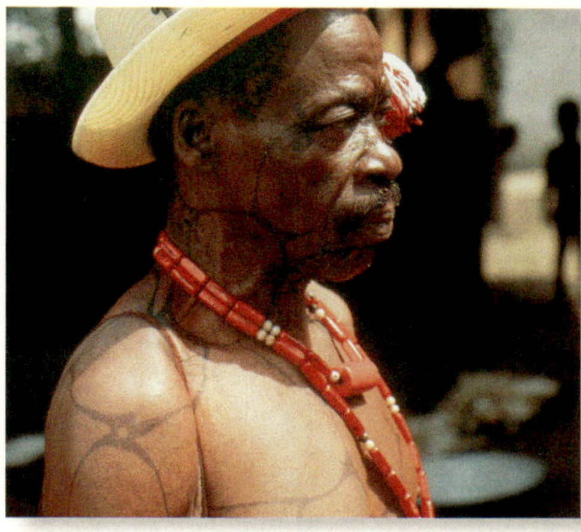

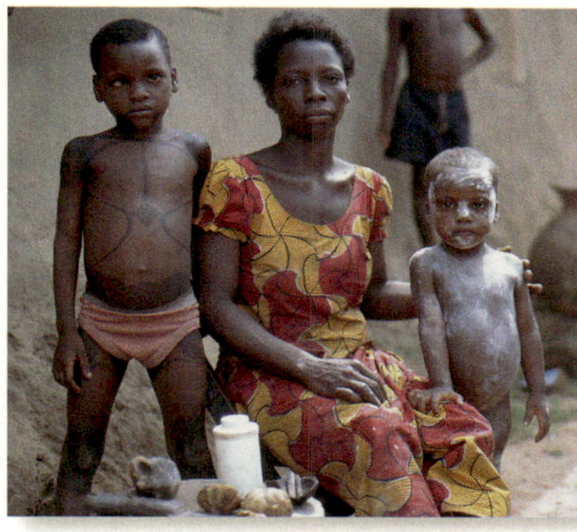

Bei der Feier anlässlich des Erreichens eines höheren Ranges ist dieser Igbo-Titelträger mit Würdezeichen und Körperbemalung geschmückt (links). Frauen und Männer können mit Uli-Bemalungen verziert sein. Die Malerei selbst wird aber nur von Frauen ausgeführt. Das rechte Bild zeigt eine Frau mit zwei Kindern. Das ältere ist schon bemalt, während die Haut des jüngeren erst noch mit einer Paste vorbereitet wird.

schaft ein Handarbeitsprojekt ins Leben gerufen, das sozial benachteiligten Frauen einen Lebensunterhalt bot. Die Frauen hatten dazu Kleidungsstücke, Tischdecken und Kissenbezüge mit verschiedenen Mustern und Motiven ihrer heimatlichen Körpermalerei zu versehen. Durch das Übertragen der Körpermalerei auf Textilien ging aber viel vom Reiz und der Spontaneität der Uli-Malerei verloren. Neue Versuche, Muster aus der Körpermalerei der Igbo kreativ zu übernehmen, entstanden vor einiger Zeit an der Universität von Nsukka in Nigeria. Dort versuchten Kunststudentinnen, Elemente der Uli-Malerei in Textildesign umzusetzen.

Die Muster der Uli-Körperbemalung werden mit einem bräunlichen Pflanzensaft aufgetragen, der nach wenigen Minuten oxidiert und sich in ein dunkles Blau verfärbt.

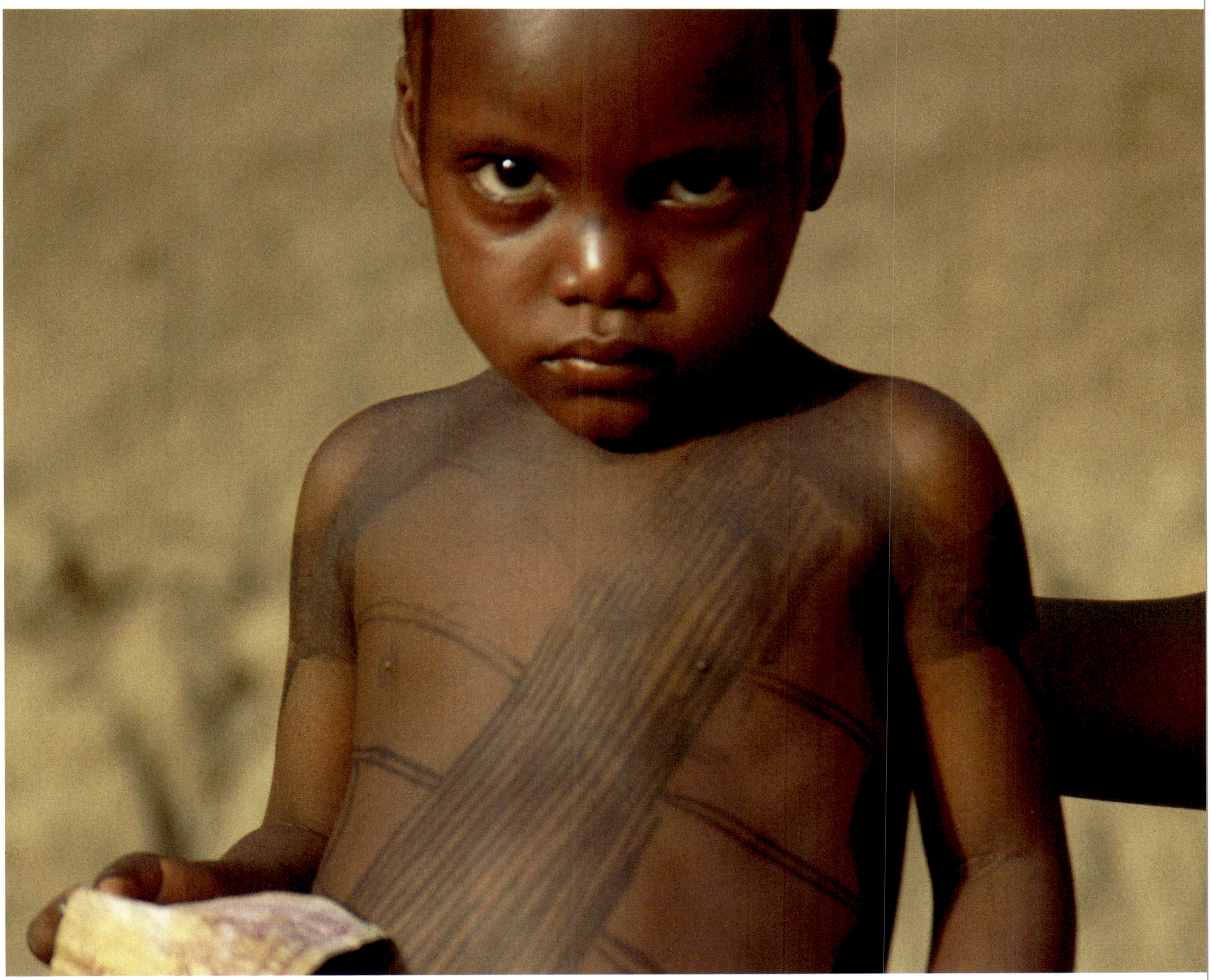

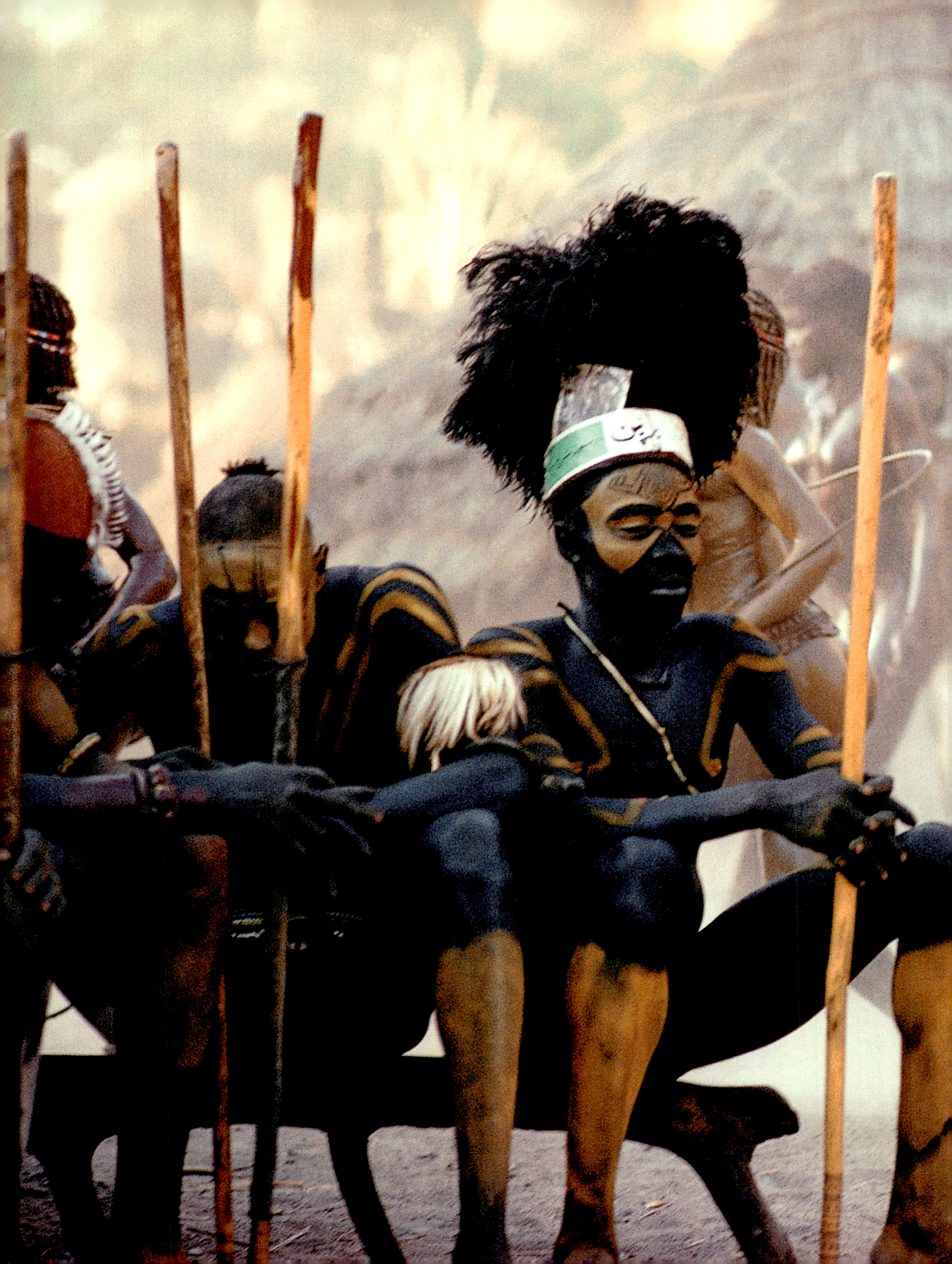

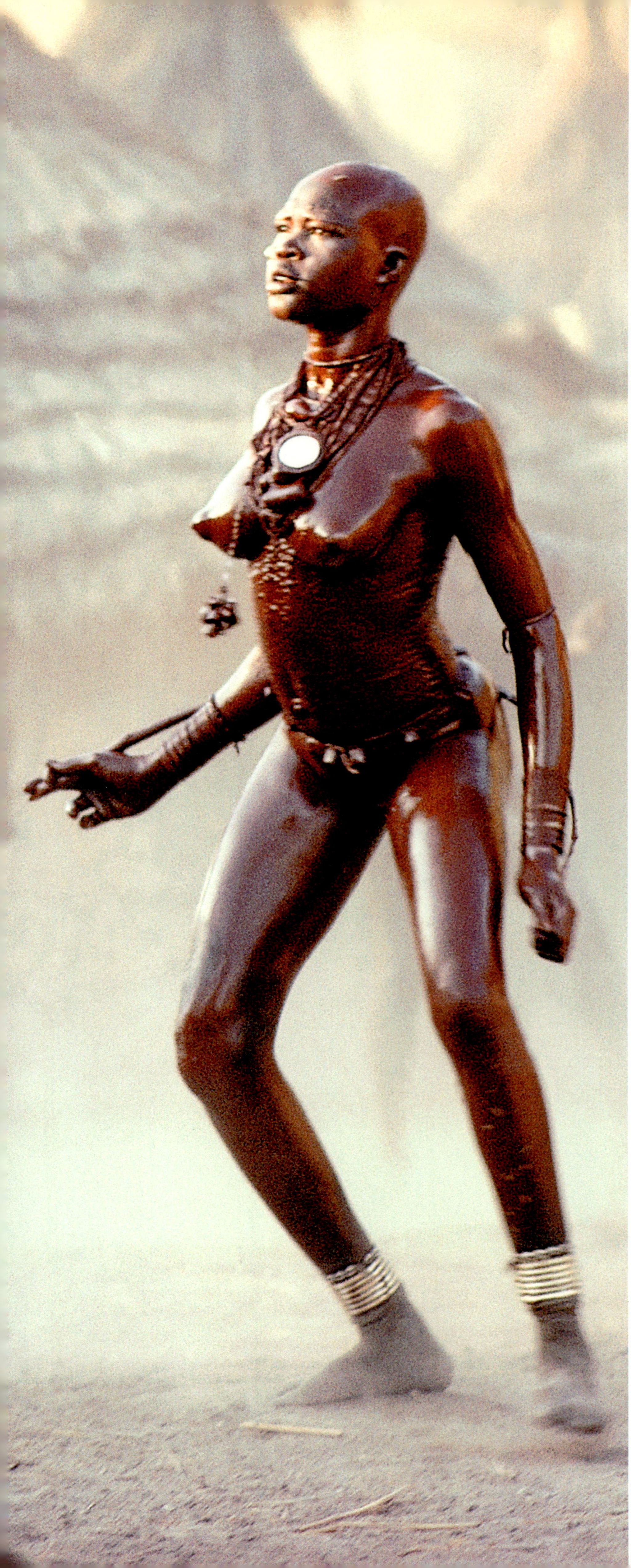

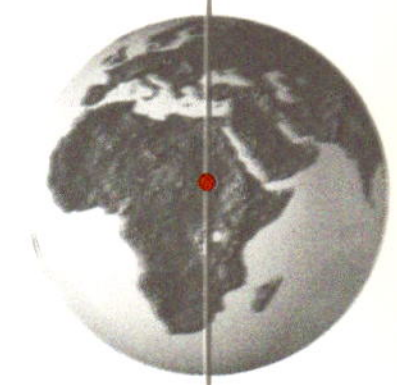

Die Nuba leben als Bauern in der Provinz Kordofan im Süden der Republik Sudan. Wegen des jahrzehntelangen Bürgerkriegs in dieser Region wurden jedoch viele der etwa 500 000 Nuba zu Flüchtlingen im eigenen Land und sind nun über weite Gegenden verstreut.

Nuba

Körperkult und Männlichkeit

Sie zählen seit Leni Riefenstahls eindrucksvollen Fotos zu den berühmtesten Körperkünstlern der Welt: die Nuba im Süden der Republik Sudan. Die imposante Körperbemalung der Nuba hat sich jedoch keineswegs bei allen Nuba-Gruppen, sondern nur im Südosten in den drei Dörfern Kao, Nyaro und Fungor zu höchster Meisterschaft entwickelt. Die äußerst fantasievollen Bemalungen werden ausschließlich von jungen Männern erschaffen und stehen in enger Beziehung zu den jeweiligen Altersklassen, denen jeder männliche Nuba angehört: die *loer* (die 8- bis 17-Jährigen), die *kadundor* (die 17- bis 31-Jährigen) und die *kadonga* (die Männer über 31 Jahre).

Nachdem die jungen Nuba-Männer bei den Stockkämpfen ihre Geschicklichkeit gezeigt haben, versammeln sie sich prächtig bemalt zum Nyertun-Tanz in der Dorfmitte, während die mit Öl und Ocker bemalten Mädchen um sie herum tanzen.

Jede dieser Altersklassen hat bestimmte Rechte und Pflichten in der Gemeinschaft. Vor allem aber darf nicht in jedem Alter jede Farbe verwendet werden. So ist es erst den *kadundor* erlaubt, ein bestimmtes leuchtendes Gelb zu verwenden. Und Schwarz ist den über 20-Jährigen vorbehalten. Es ist wie Autofahren ohne Führerschein – wenn sich ein Jüngerer verbotene Farben anmaßt, wird er hart bestraft. Zudem soll ein solches Fehlverhalten schwere Krankheiten nach sich ziehen.

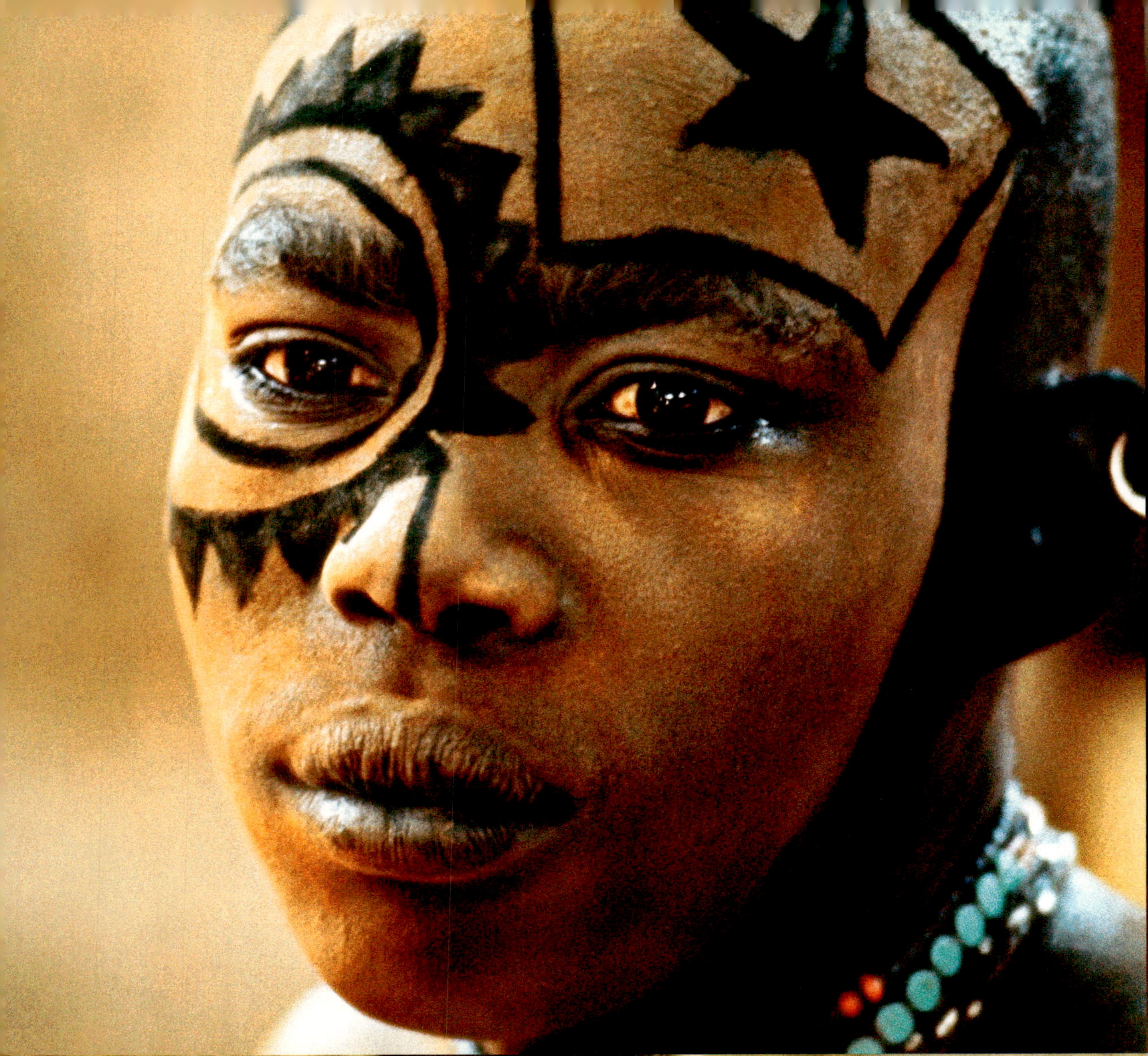

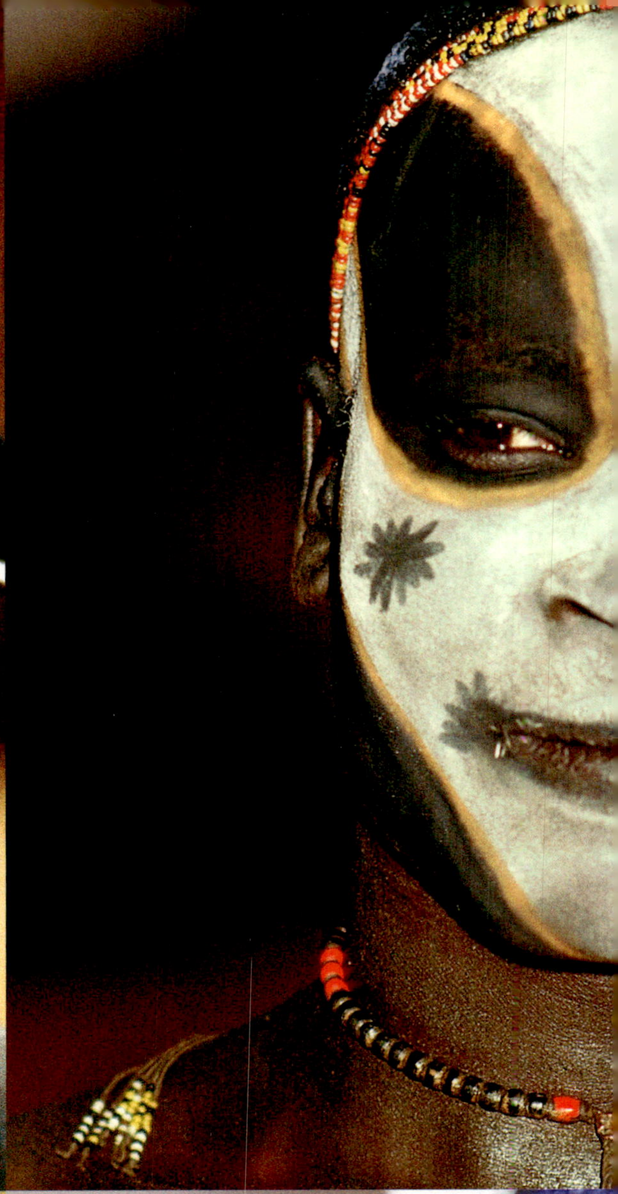

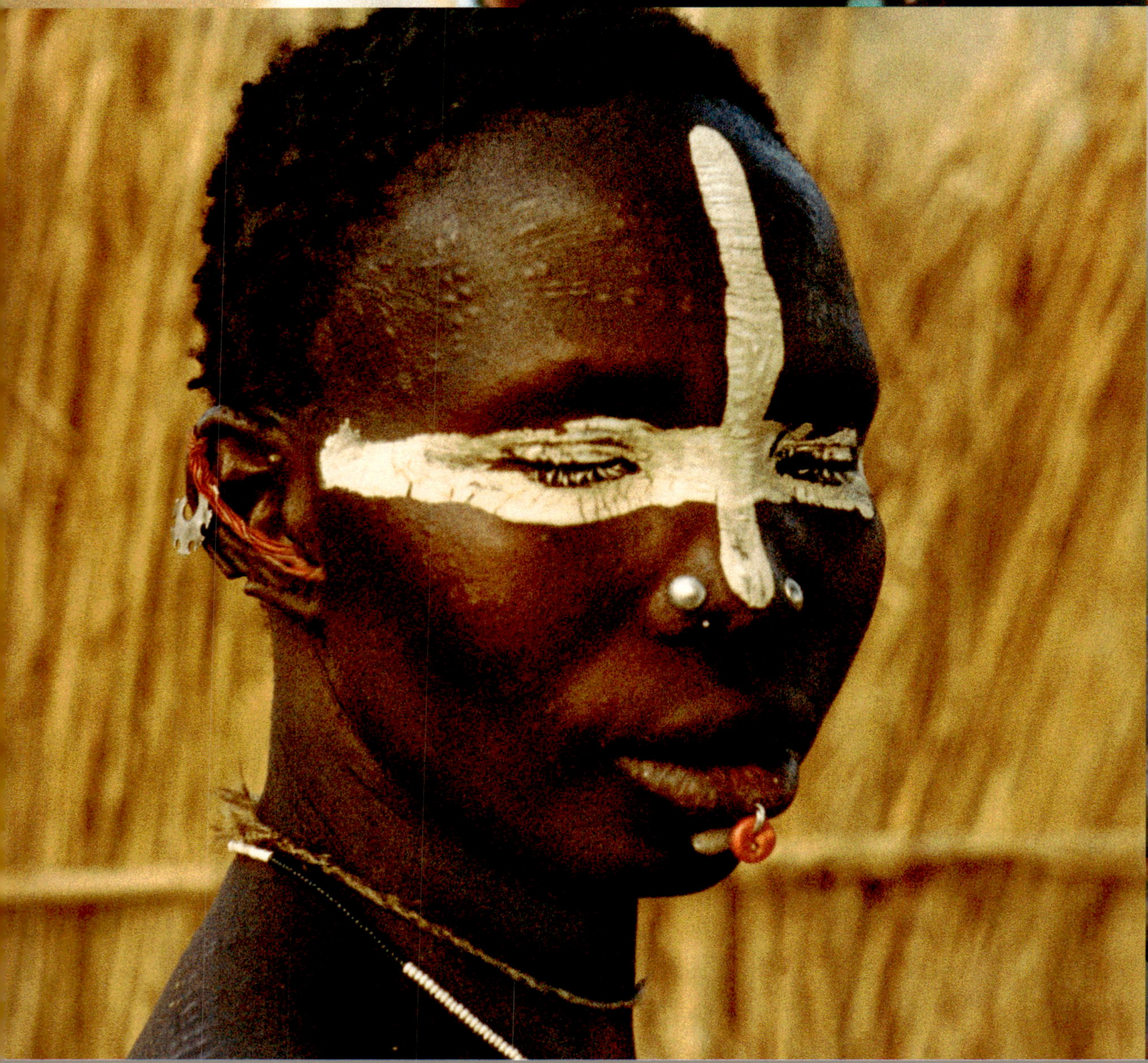

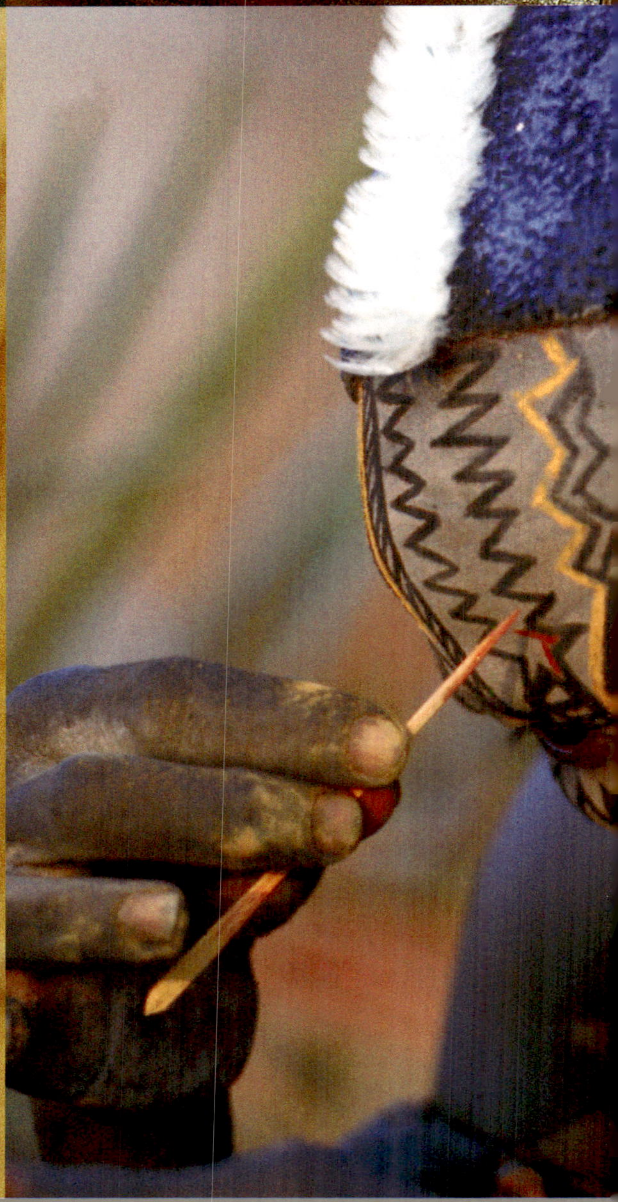

Oben: Die Gesichtsbemalung der Nuba-Männer besteht neben geometrischen Mustern auch aus Elementen, die der Natur entlehnt sind – wie Sterne, Blitze, Sonne und Mond.

Unten: Prächtige Gesichtsbemalung bleibt bei den Nuba den Männern vorbehalten. Frauen bemalen sich lediglich mit medizinischen Absichten oder im Trauerzustand, wie diese Frau.

Oben: Große Augen sind bei den Nuba ein Zeichen für Schönheit. Die Größe der Augen wird daher oft in der Gesichtsbemalung verstärkt und unterstrichen.

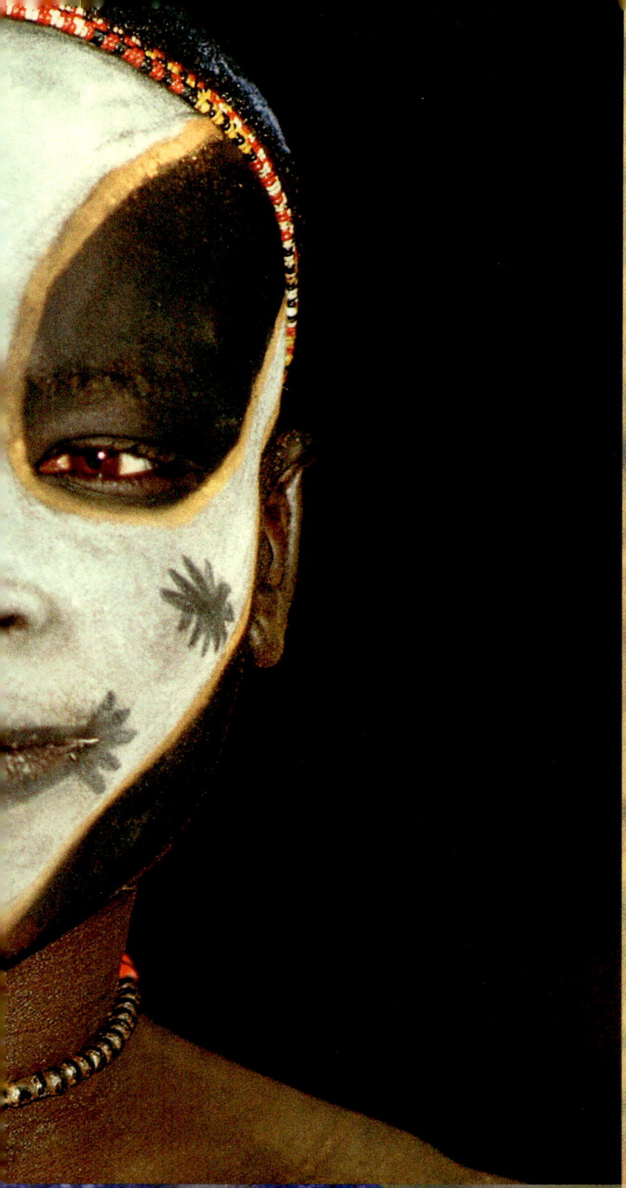

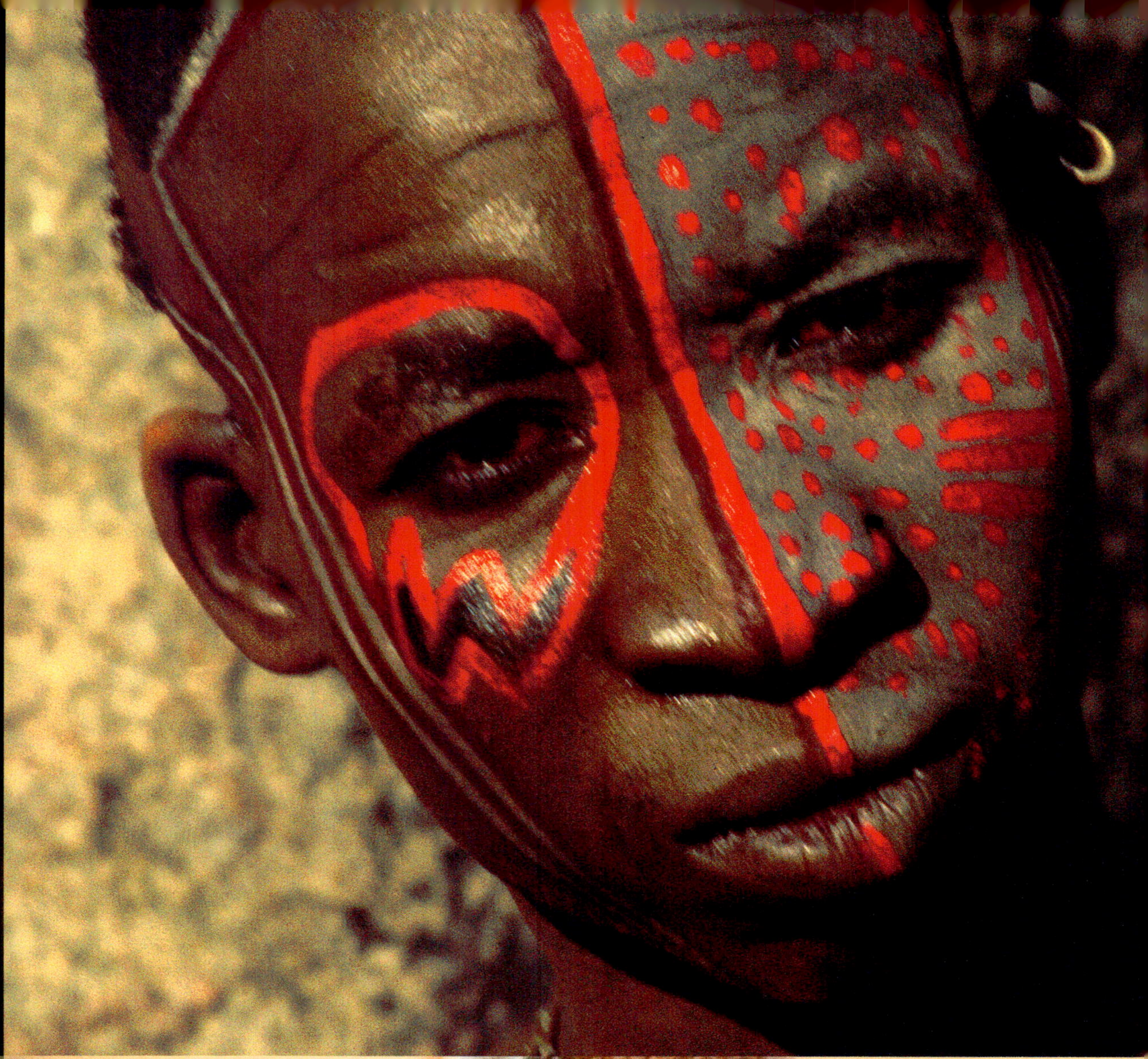

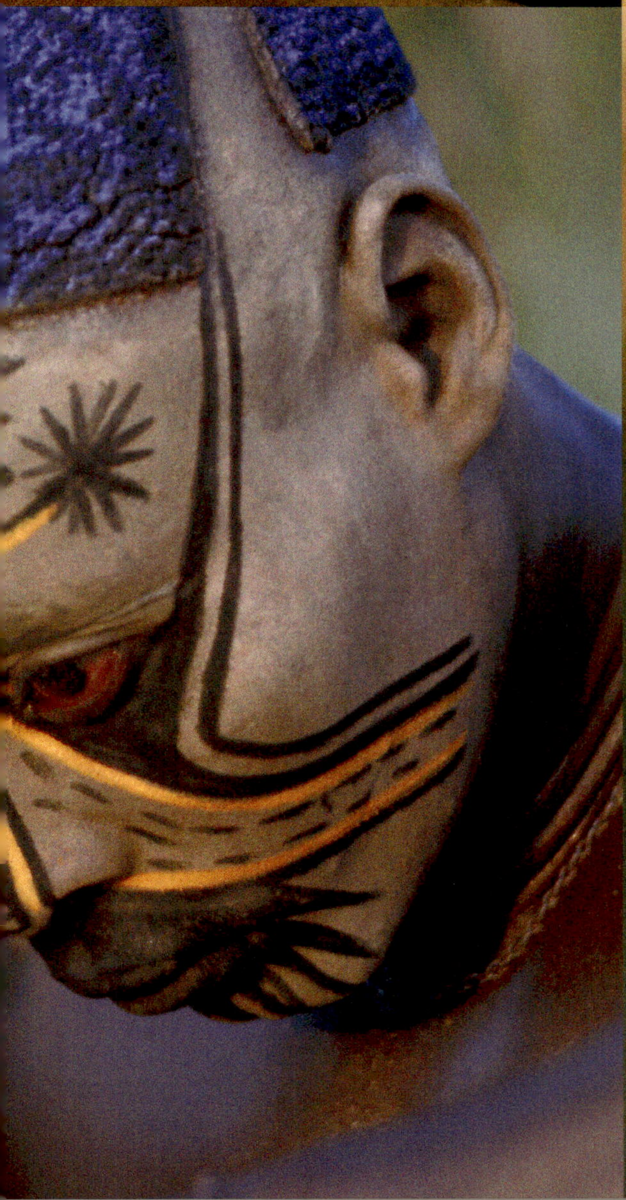

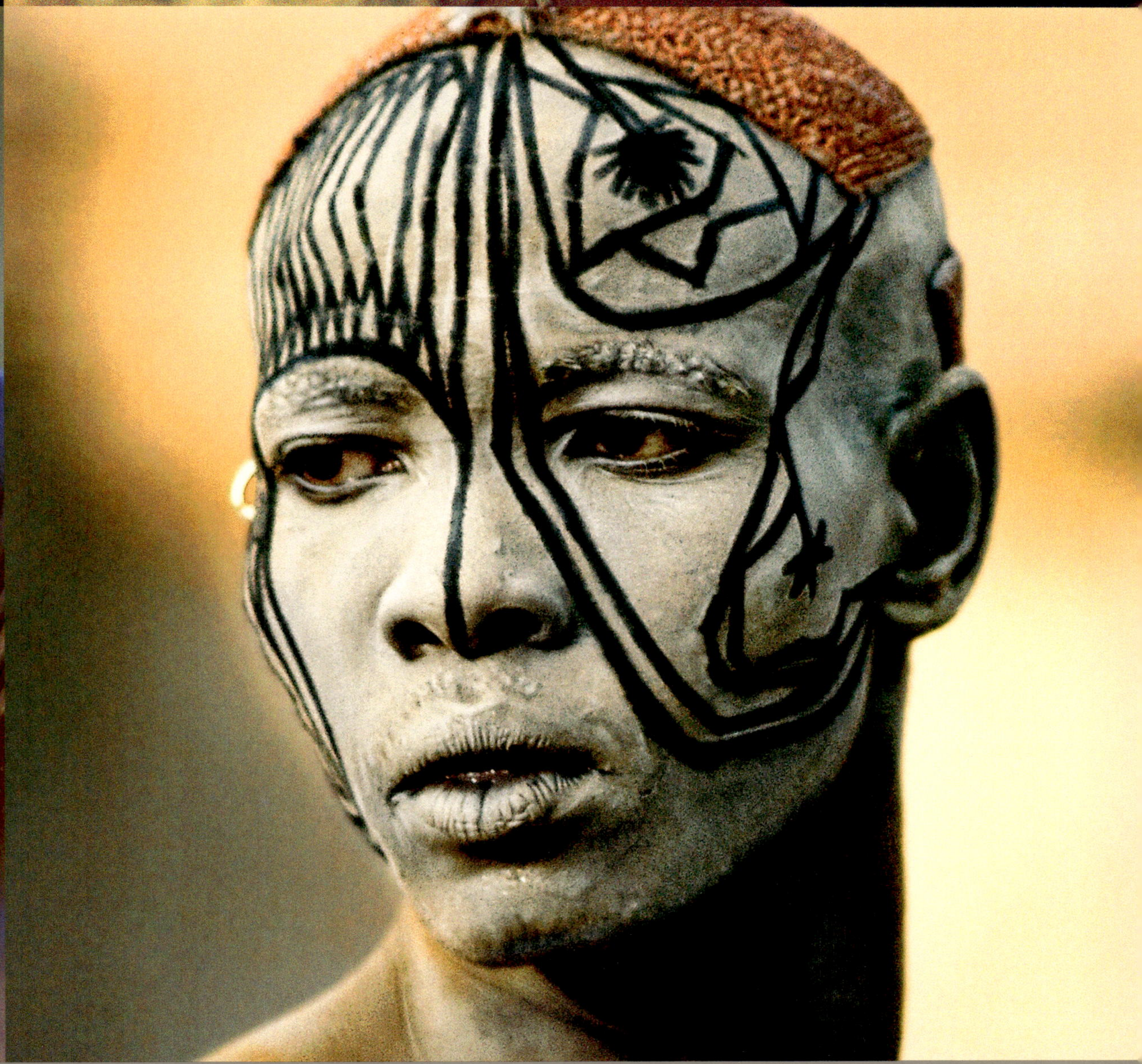

Unten: Der Haarschnitt verweist auf die Altersklasse eines Mannes. Der ausrasierte Keil ist für die 17- bis 30-Jährigen kennzeichnend und wird häufig in das »Design« der Bemalung mit einbezogen.

Oben: Rote Farbe wurde lange Zeit aus einheimischem rotem Ocker hergestellt. Mittlerweile finden jedoch immer stärker importierte Industriefarben Verwendung.

Unten: Asymmetrische Gesichtsbemalung wird von vielen Männern als bewusstes Gestaltungselement gewählt. Auch die Frisur wird in das kunstvolle Konzept einbezogen.

Die Schönheit der Jugend

Die Verherrlichung und das Zur-Schau-Stellen des gesunden und leistungsfähigen jungen Männerkörpers – das ist die Hauptabsicht der Bemalung bei den Nuba.

Die Körperbemalung bei den Nuba ist den jungen Männern vorbehalten. Männer über 30 bemalen sich deshalb fast nur noch zu rituellen Anlässen und dann eher in schmucklosem Weiß. Männer diesen Alters werden als körperlich nicht mehr sonderlich attraktiv betrachtet. Sie tragen deshalb ab diesem Zeitpunkt entweder Hosen oder arabische Umhänge. Ihr Körper ist nicht mehr stark und straff – warum sollte man ihn daher noch schmücken? Die Glorifizierung des gesunden starken Körpers geht bei den Nuba so weit, dass sich selbst jüngere Männer bei Krankheit oder Verletzung nicht in der Öffentlichkeit zeigen. Erst nach ihrer Genesung tragen sie Farben auf und präsentieren sich wieder der Gemeinschaft.

Die schönsten Bemalungen stammen häufig von den 14- bis 17-Jährigen. Jungen dieses Alters haben während des Hütens der Viehherden oft viel Zeit und können sich dem Bemalen mit größerer Hingabe widmen als ihre älteren Geschlechtsgenossen. So vermeiden die *kadundor* besonders auffällige Bemalungen beim Stockkampf, ihrer wichtigsten sportlichen Aktivität. Man befürchtet durch allzu grelle Farben schädliche Auswirkungen durch den Neid der Konkurrenten. Deshalb bedecken die Kämpfer meist nur ihre Schultern mit Lehm oder Staub, der aus einer heiligen Höhle ihres jeweiligen väterlichen Klans stammt. Diese symbolische Schutzschicht soll die Schläge der Gegner abhalten.

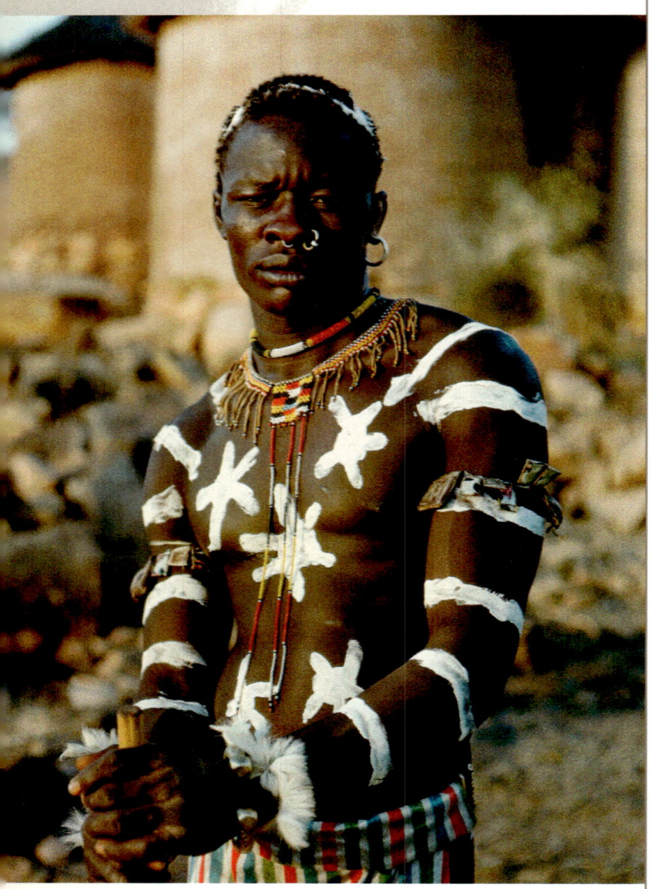

Die Bemalung der Männer bezieht meist den gesamten Körper ein und unterstreicht als ideal erachtete männliche Eigenschaften wie Mut und physische Kraft.

Der Nyertun-Tanz – ein Fest der Fantasie

Nach den Stockkämpfen bemalen sich die *kadundor* für den Nyertun-Tanz jedoch besonders prächtig. Bei diesem Tanz singen Trommler Preislieder auf die Kämpfer vor der versammelten Dorfgemeinschaft. Die zahlreich anwesenden jungen Frauen tun ein Übriges. Jeder *kadundor* versucht deshalb, besonders imposant zu wirken und die anderen an Fantasie auszustechen. Auf ein bestimmtes Signal der Trommler hin stellen sich die heiratsfähigen Frauen vor die jungen Kämpfer. Darauf schlingen die Frauen ein Bein um die Schulter ihres Auserwählten – eine eindeutige Herausforderung für ein späteres Rendezvous.

Die Farben der Nuba

Ihre Farbstoffe gewinnen die Nuba aus unterschiedlichen Quellen. Neben Erdfarben wie rotem und gelbem Ocker aus den heimischen Bergen stellen sie verschiedene andere Farben aus Pflanzen und Pilzen her. Immer größere Bedeutung erlangen in den letzten Jahrzehnten Farben, die von den durchreisenden arabischen Händlern angeboten werden.

Wie alt die Tradition der aufwändigen Körperbemalung bei den Nuba ist, weiß niemand. Ockerabbaustätten neben früheren Siedlungen weisen jedoch darauf hin, dass zumindest seit dem 19. Jahrhundert Ocker zur Körperpflege verwendet wird. Jedenfalls ist die Körperkunst der Nuba in ihrer heutigen Form nicht seit undenklichen Zeiten unverändert. So gelangten Ende des 19. Jahrhunderts durch die britische Kolonialregierung kleine Handspiegel zu den Nuba. Seitdem haben die Körperkünstler die Möglichkeit, auch das eigene anstatt nur die Gesichter von anderen zu dekorieren. Es muss jedoch offen bleiben, ob dadurch tatsächlich detailfreudigere und liebevollere Bemalungen entstanden, wie manche Forscher meinen. Allerdings sind durch die von Händlern eingetauschten Farben heutzutage leuchtendere und kräftigere Bemalungen möglich als früher.

Die Bemalung von Gesicht und Körper ist sehr zeitaufwändig. Die verwendeten Designs besitzen jedoch nur selten tiefere Bedeutung. Sie sollen in erster Linie die Schönheit und Gesundheit des jungen männlichen Körpers unterstreichen.

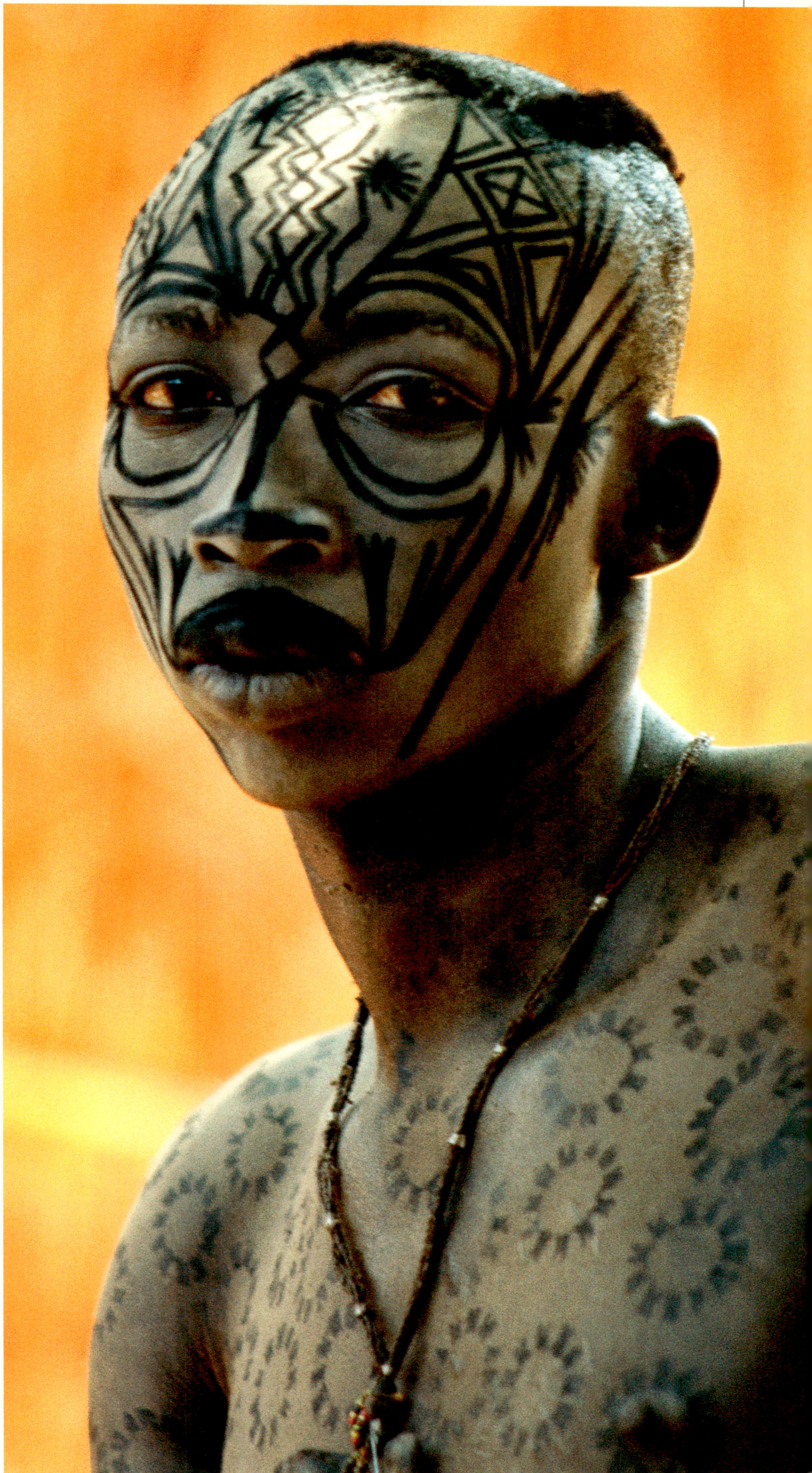

Der Körper als Spiegel der Umwelt

Als Bauern nehmen die Nuba ihre natürliche Umgebung sehr bewusst wahr. Dies spiegelt sich in ihrer Körperkunst wider. Eine genaue Identifizierung der Motive ist jedoch oft schwierig, weil die Nuba Hunderte von Tieren und Pflanzen kennen und in ihre Körperkunst einbeziehen. Allein Heuschrecken, für die westliche Biologen nur sieben Kategorien besitzen, werden von den Nuba in nicht weniger als 40 verschiedene Arten unterschieden. Die Motive der Körperkunst beschränken sich aber keineswegs auf Pflanzen und Tiere. Nahezu die gesamte Welt findet man auf der Haut: islamische Architektur mit Moscheen und Minaretten, Flugzeuge, Blitze, Sterne, Berge oder ganze Landschaften. Auch der Kontakt mit der westlichen Welt wird kreativ umgesetzt: Motive von Zigarettenschachteln werden ebenso auf die Haut gemalt wie Schriftzüge europäischer Städte (LONDON) oder europäische Firmennamen.

Die Bemalungen der Nuba besitzen nur selten eine tiefere Symbolik. Im Mittelpunkt steht vornehmlich der gesunde Körper, der durch Farben und Zeichen optimal zur Geltung gebracht werden soll. Andere Bedeutungen sind zweitrangig. Wichtiger sind Ausgewogenheit oder bestimmte Asymmetrien, die als schön und ästhetisch ansprechend empfunden werden. Durch die Bemalung soll keinerlei Verbindung zu irgendeinem Totemtier geknüpft werden. Auch verleiht beispielsweise eine Leopardenbemalung dem Träger keinerlei Gewalt über das Tier. Ebenso wenig sollen die Eigenschaften des Raubtieres durch die Bemalung auf den Träger übergehen. Auch die Bewegungen und das Verhalten des Leoparden werden nicht nachgeahmt.

Öl und Ocker

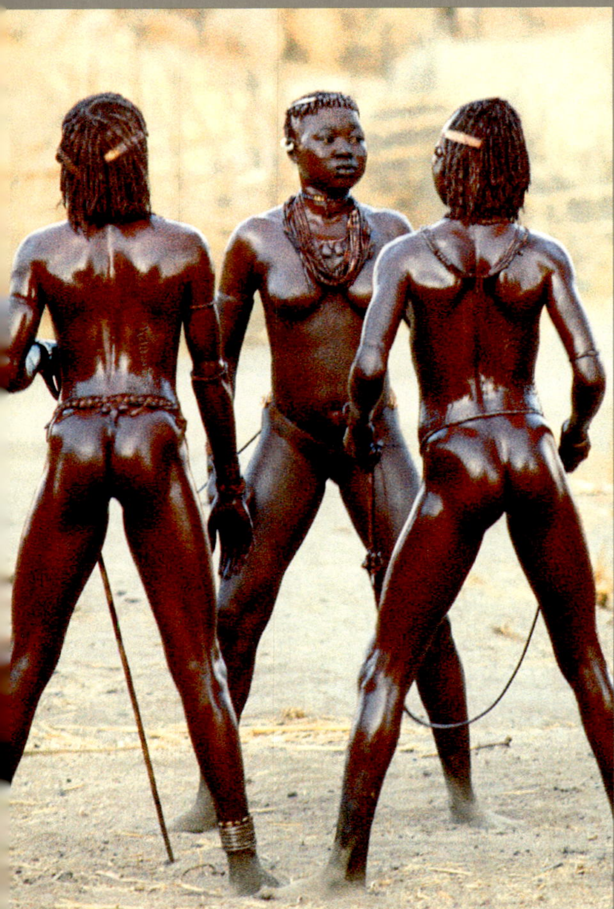

Frisch eingeölte Körper sind bei den Nuba das Kennzeichen heiratsfähiger junger Frauen.

Das tägliche Einölen und Einfärben mit Ocker prägt den Tagesablauf der Nuba-Frauen. Ohne Öl geht eine junge Nuba-Frau nicht in die Öffentlichkeit. Ein eingeölter Körper wird nicht nur als attraktiv empfunden, sondern ist auch vor Sonne, Staub und Insekten geschützt. Es ist die Aufgabe und Pflicht ihres Verlobten, eine Frau mit der notwendigen Menge für die tägliche Körperpflege zu versorgen. Erst zu Beginn ihrer ersten Schwangerschaft hören die Frauen auf, sich mit Öl und Ocker einzureiben. Stattdessen bekleiden sie sich mit Röcken, deren Farben in Verbindung zu ihrem Lebensalter stehen. Bei Eintritt der Menopause beginnen die Frauen anstatt der früheren weißen oder bunten Röcke dunkelblaue zu tragen.

Bereits Säuglinge werden unmittelbar nach der Geburt mit Öl eingerieben. Dazu kommt eine Bemalung des Kopfes um die Fontanellen herum mit rotem oder gelbem Ocker – abhängig vom väterlichen Klan des Kindes. Bis zum Abstillen trägt auch die Mutter an Kopf und Schultern eine Bemalung aus Öl und Ocker – allerdings mit den Farben des Vaterklans des Kindes, nicht ihres eigenen. Ihre Rolle als Frau tritt hinter ihre Rolle als Mutter zurück.

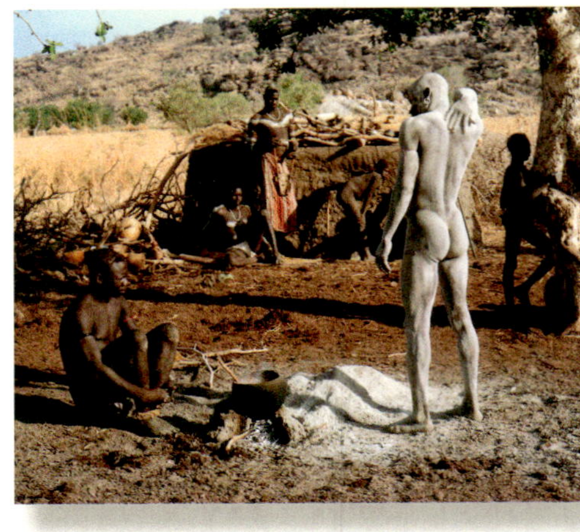

Die Zukunft der Nuba

Zweifellos haben es die Nuba und ihre Körperkunst schon lange nicht mehr leicht. Denn sowohl bei den europäischen Kolonialverwaltungen als auch bei den späteren Regierungen nach der Unbhängigkeit galt die Körperbemalung als besonders unzivilisiert und primitiv. Und wahrscheinlich haben es die Nuba nur der Abgelegenheit ihres Siedlungsgebiets zu verdanken, daß ihre fantasievolle Körperkunst überleben konnte.

Für intensiven Körperkult stehen die Zeichen allerdings nicht günstig. Die Nuba gerieten im jahrzehntelangen Bürgerkrieg in der Republik Sudan zwischen die Fronten. Sie haben mit Hunger, Versklavung, Vergewaltigung, Mord und Zwangsumsiedlung zu kämpfen. Und als einziger Hautschmuck bleiben oftmals nur vernarbte Einschusslöcher.

Körperschmuck der Nuba-Frauen

Die Mädchen und jungen Frauen der Nuba bemalen ihren Körper bis zu ihrer ersten Schwangerschaft täglich vollständig mit Öl und Ocker. Dabei ist es ihnen streng verboten, andere Farbstoffe als die ihres väterlichen Klans zu verwenden. Verstöße gegen dieses Gebot sollen schlimme Lähmungen und Verkrüppelungen zur Folge haben. Nur in Ausnahmefällen, etwa wenn die »eigenen« Farben bei einem Mädchen zu schweren Hautunverträglichkeiten führen, ist es ihm erlaubt, »fremde« Farben zu verwenden. Ein unbemaltes Mädchen in der Öffentlichkeit entspricht bei den Nuba einem nackten oder völlig unpassend gekleideten Mädchen in Europa. In solchen »Notfällen« wird dann sogar auf das Einhalten der Farbenordnung verzichtet.

Bei den Nuba besitzt jeder Vaterklan einen bestimmten Rot- oder Gelbton aus Ocker als seine eigene Farbe. Die Dorfmitglieder erkennen daher sofort, zu welcher Verwandtschafts- und Abstammungsgruppe ein Mädchen gehört.

Narben – Stationen des Lebens

Die weiblichen Nuba erhalten im Laufe ihres Lebens eine Reihe von Narbenverzierungen. Diese stehen in engem Zusammenhang mit ihrer körperlichen Enwicklung oder ihrer gesellschaftlichen Stellung.

Den ersten Narbenschmuck erhalten die Mädchen beim Einsetzen der Pubertät im Alter von etwa neun oder zehn Jahren. Die Verzierung besteht aus einem Strang von Narben, der zwischen den Brüsten beginnt und von dort abwärts zum Nabel verläuft, wo er sich nach links und rechts teilt. Nach der ersten Monatsblutung eines Mädchens folgen weitere Narbenverzierungen über den gesamten Bauch. Das aufwändigste und letzte Verschönern mit Narben findet statt, wenn eine Frau ihr erstes Kind abgestillt hat. Diese Narben verlaufen über die gesamte Rückseite des Körpers, vom Nacken hinab bis zu den Knien.

Die Prozedur selbst findet außerhalb des Dorfes auf den Hügeln statt, weil das dabei fließende Blut als besonders schädlich für Feldbaugeräte, Kochtöpfe und Waffen gilt.

Die Haut wird mit einem hakenförmigen Dorn durchstochen und angehoben. Anschließend wird sie mit einer kleinen scharfen Klinge eingeschnitten, um erhöhte Narben hervorzubringen. Je höher die Haut dabei angehoben wird, desto erhabener wird das Narbenrelief. Dies wird nicht nur als attraktiver betrachtet, sondern sorgt auch für dauerhaftere Narben.

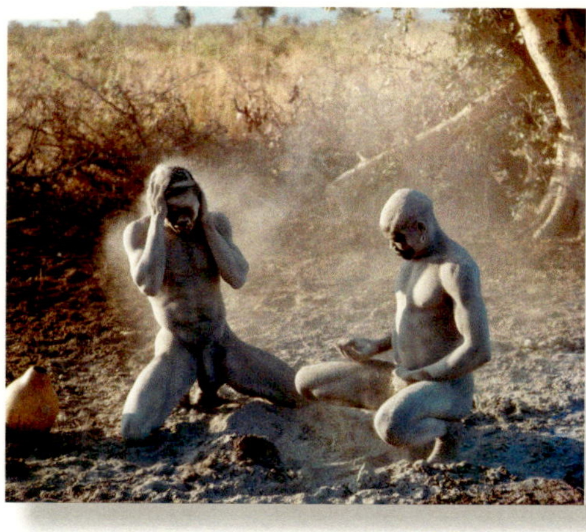

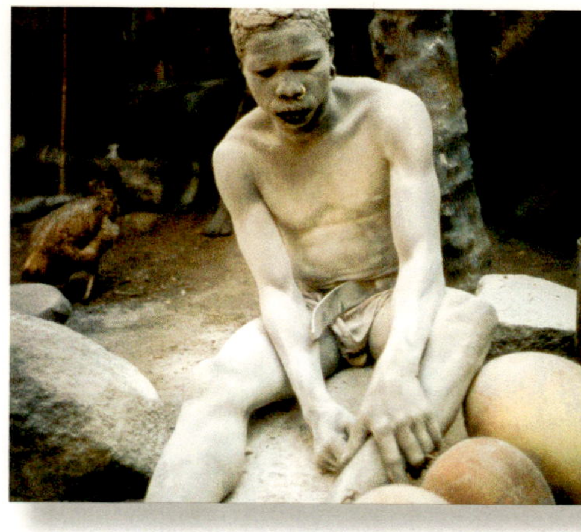

Der Ringkampf besitzt bei den Nuba eine wichtige gesellschaftliche Bedeutung. Als Zeichen ihrer Kampfbereitschaft bedecken die jungen Männer vor den Kämpfen ihren gesamten Körper mit weißer Asche.

Da diese sich im Lauf der Zeit wieder verwachsen, sind bei älteren Frauen an den Stellen, an denen sich früher Narben befunden haben, meist nur noch leichte Hautunregelmäßigkeiten zu erkennen.

Kostspieliger Körperschmuck

Die Narben werden nicht von irgendjemandem, sondern von besonderen Spezialistinnen angebracht. Diese erhalten von den Mädchen als Anerkennung für ihre Dienste meist nur etwas Feuerholz oder Unterstützung bei der Arbeit. Das Anbringen der letzten Narben nach dem Abstillen des Kindes ist jedoch sehr teuer. Umgerechnet einige Tausend Euro können die Spezialistinnen in Geld, Feldfrüchten, Kleidung oder anderen Dingen erhalten. Normalerweise wird dieser Preis vom Ehemann der Frau bezahlt. Wegen ihrer Höhe wird diese Summe oft aber aus mehreren Quellen aufgebracht. Das Versprechen, die letzte Serie an Narben zu bezahlen, ist bisweilen ein wichtiges Argument für einen Liebhaber bei der Entführung der Frau eines anderen. Die Weigerung eines Mannes, für die Narben aufzukommen, ist gleichbedeutend mit einem Verstoßen der Frau.

Die letzte Serie von Narben signalisiert auch die Rückkehr zu einem aktiven Sexualleben. Denn bei den Nuba gilt bis zum Abstillen ein strenges Geschlechtsverkehr-Verbot. Dieses dient der Regulierung der Kinderzahl. Außerdem soll sichergestellt werden, dass für das geborene Kind genug Muttermilch vorhanden ist und es gesund aufwächst. Allerdings sind Frauenraub und Ehebruch in diesem Zeitraum besonders häufig. Das Anbringen der Narben bei den Mädchen dauert nicht lange. Erfahrene Spezialistinnen arbeiten sehr schnell von oben nach unten oder von einer Seite zur anderen mit einer Geschwindigkeit von etwa einer Narbe pro Sekunde. Nur gelegentlich wird die Arbeit unterbrochen, um zu prüfen, ob die Narben korrekt sitzen, oder um das Blut abzuwischen. Bisweilen wird den Mädchen auch eine Erholungspause gegönnt.

Anders bei der letzten Narbenserie. Hier dauert die Prozedur üblicherweise zwei volle Tage. Bis die Narben verheilt sind, bleiben die jungen Frauen abseits der Dorfgemeinschaft in den Hügeln. Die Wunden werden mit Öl, rotem Ocker und den Blättern des Urebaumes antiseptisch behandelt. Nach vier bis fünf Tagen entfernen die Frauen das Öl und die Farben und leben von da an »farblos« weiter.

Das Anbringen der Narben ist sehr schmerzhaft. Es wird aber erwartet, dass die Mädchen und Frauen sie ohne Klagen über sich ergehen lassen. Wegen des hohen Blutverlustes kommt es bisweilen zu Ohnmachtsanfällen, die jedoch stoisch und gelassen hingenommen werden müssen. Eine Frau darf nicht ohne Narben sterben, denn sie gelten als Voraussetzung für ein Leben nach dem Tod. Manche Traditionen der Nuba besagen, dass eine narbenlose Frau nach ihrem Tod von einem überirdischen Narbenspezialisten mit besonders großen und schmerzhaften Dornen behandelt wird.

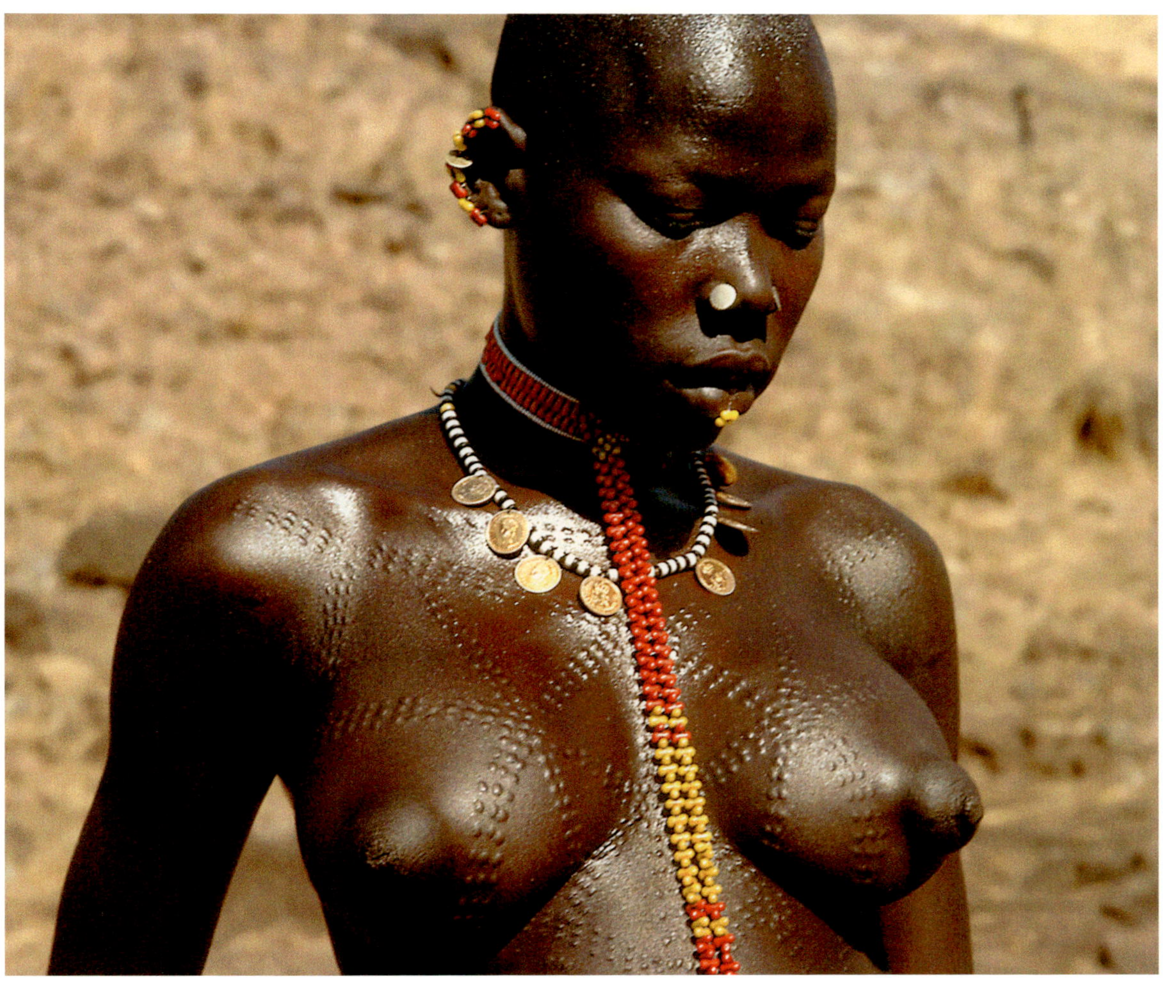

Der Narbenschmuck der Nuba-Frauen wird anlässlich dreier Lebensphasen angebracht: zu Beginn der Pubertät, nach der ersten Monatsblutung und wenn eine Frau ihr erstes Kind abgestillt hat.

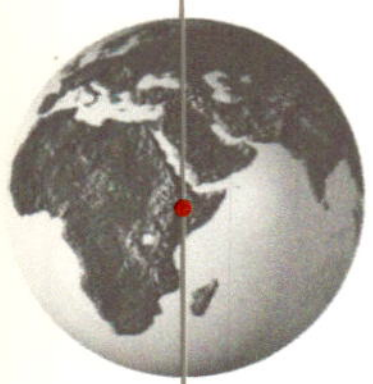

Das untere Omotal, im Südwesten des ostafrikanischen Landes Äthiopien, weitab von der Hauptstadt Addis Abeba, ist ein Rückzugsgebiet verschiedener ethnischer Gruppen, darunter die Karo, die Hamar und die Mursi, die hier als Hirten und Bauern leben.

Karo, Hamar und Mursi

Körperkünstler im Omotal

Schroffe Schluchten und ein schier ungeheurer Reichtum an Wildtieren prägen die Ufer des Omoflusses, der im Hochland von Südwestäthiopien entspringt und in den Turkanasee mündet. An seinem Unterlauf leben zahlreiche Hirten- und Bauerngesellschaften mit einer großen Mannigfaltigkeit an Sprachen, Traditionen und Religionen. Zu diesen Gruppen gehören die Karo, die Hamar und die Mursi. Bei ihnen haben Schmuck, Körperbemalung und Ziernarben eine bemerkenswerte Vielfalt erreicht. Jede dieser Gruppen besitzt einen umfangreichen Schatz an eigenen und unverwechselbaren Symbolen und Mustern. Neben den Nuba im Sudan zählen die Bewohner des Omotals in Äthiopien mittlerweile zu den berühmtesten Körperkünstlern in Afrika. Die äußerst fantasievollen Malereien werden mit Pflanzen- und Erdfarben auf Gesicht und Körper aufgetragen. Besonderer Augenmerk wird von den jungen Männern dieser Gruppen auf die Frisur gelegt. Die Haare werden dabei mit Lehm und Schmuckfedern oftmals zu ausgeklügelten farbigen Kunstwerken gestaltet, die für die Bemalung der Haut eine imposante Ergänzung bieten.

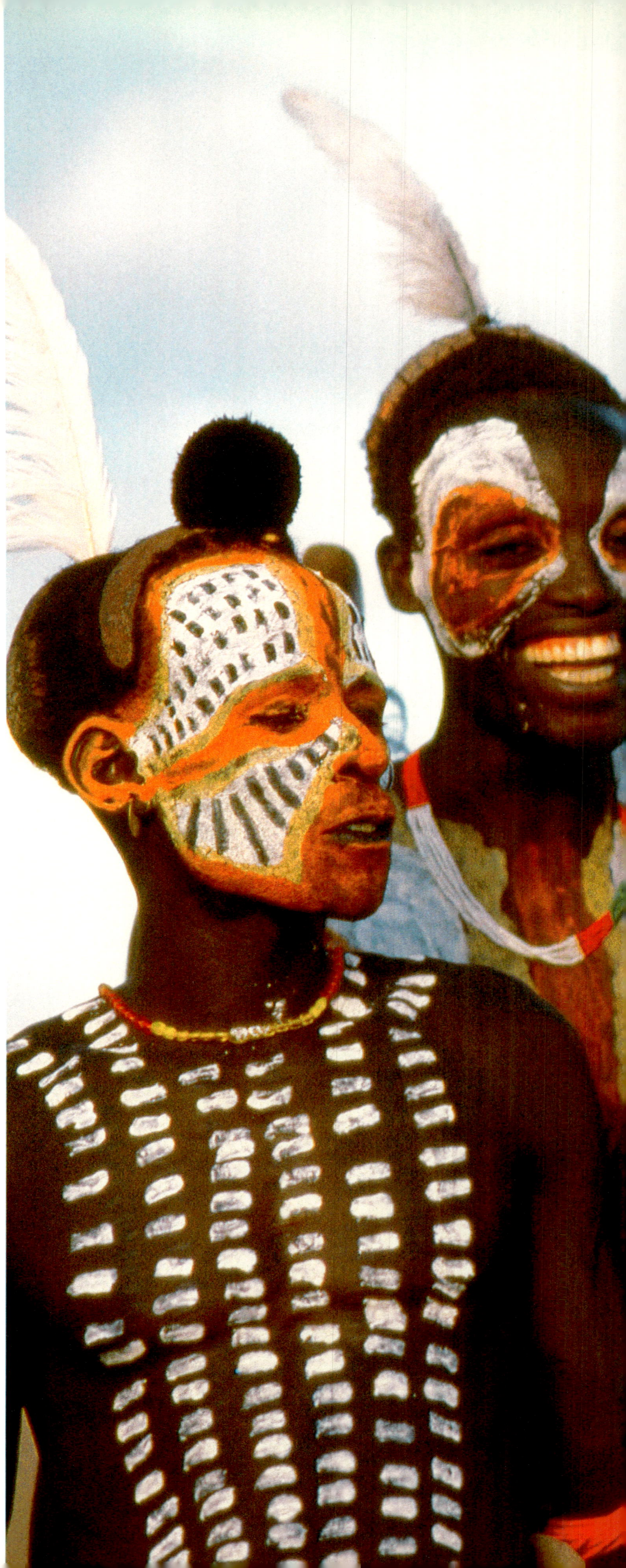

Aufwändige Lehmfrisuren und die fantasiereiche Bemalung von Gesicht und Körper sind auch bei den Karo ein Privileg der jungen unverheirateten Männer. Zu Festen bemalen sie sich tagelang, wobei Muster und Farben oft bestimmte Tiere wie Leopard oder Perlhuhn symbolisieren.

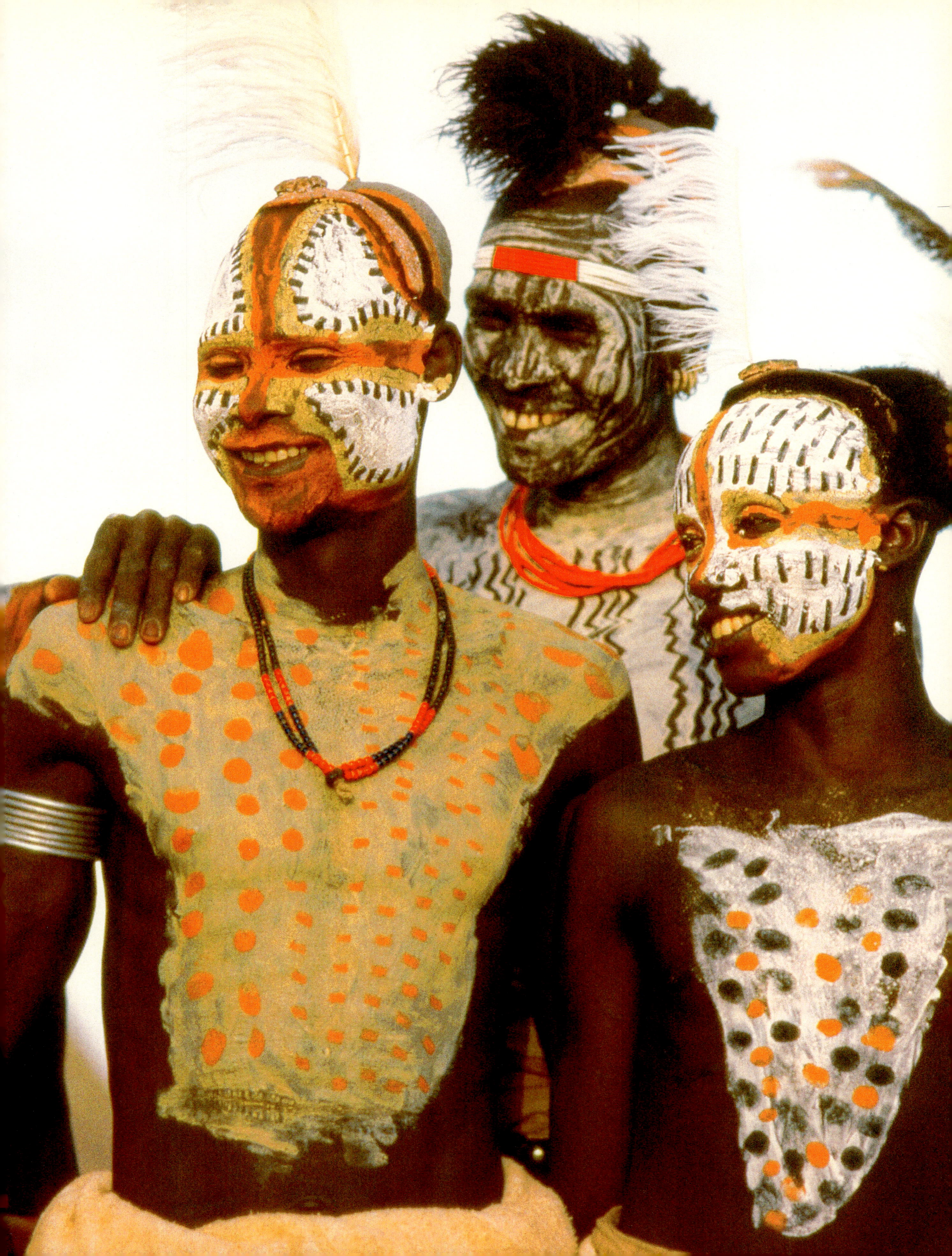

Die Welt der Mursi, Karo und Hamar

Körperkunst hat nur selten etwas mit friedlicher Idylle und harmlosem Zeitvertreib zu tun. Nirgends zeigt sich das deutlicher als bei den Gruppen im Omotal.

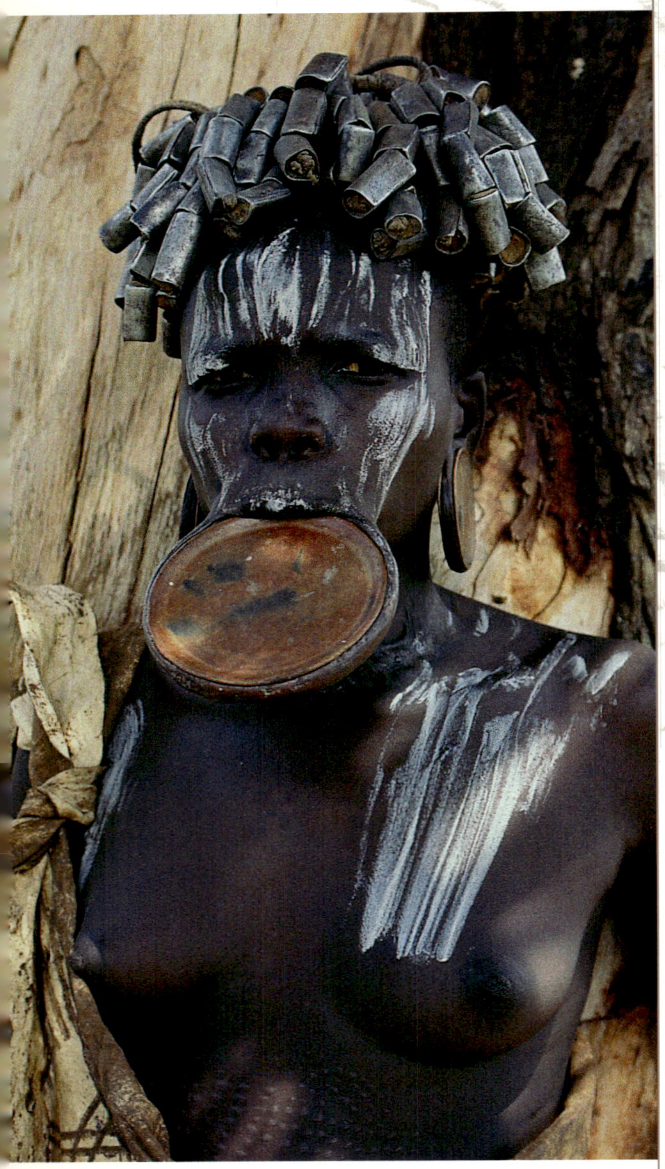

Schönheitsideale gelten nicht universell, sondern unterliegen historisch und kulturell gewachsenen Vorstellungen. So gehörte bei den Mursi über lange Zeit eine möglichst weite Dehnung der Unterlippe zu einer »richtigen« Frau. Dazu wird die Unterlippe aufgeschnitten und langsam gedehnt, indem immer größere Ton- oder Holzteller eingesetzt werden.

Bei den Mursi besitzt die Körperkunst einen unmittelbaren Bezug zu aktuellen politischen Entwicklungen. Ihre Körperbemalung spiegelt ihre Geschichte und verweist auf die gegenwärtigen Probleme dieser Menschen.

Anders als die Samburu und Maasai sind die Mursi keine ausschließlichen Viehzüchter. Sie nutzen die Niederschläge der Regenzeit und das Schwemmland des Omoflusses für Feldbau. Aber obwohl sie weniger Rinder besitzen als ihre Nachbarn, haftet diesen ein hoher symbolischer Wert an, bestehen starke gefühlsmäßige Bindungen der Mursi zu ihren Rindern. Die Tiere dienen als Mitgift bei Hochzeiten und sind Gradmesser für Reichtum und Prestige. Vor allem aber stellen sie eine Art »letzte Reserve« bei Hungersnöten dar. Denn die Niederschläge im Omotal waren in den letzten Jahrzehnten unzuverlässig und ungleichmäßig und machen den Feldbau riskant und unsicher. Zusätzlich erschweren Tsetsefliegen als Überträger der Schlafkrankheit die Rinderzucht in vielen Gebieten des Omotales.

Bemalung und Jagderfolg

Der Jagd kommt daher als Beitrag zur Ernährung eine wichtige Rolle zu. Außerdem werden durch die Jagd auf wilde und gefährliche Tiere Felder und Rinderherden geschützt. Und diese Bedeutung findet ihren Niederschlag in der Körperbemalung der jungen Männer.

Tatsächlich bezog sich die Bemalung bis vor wenigen Jahrzehnten vornehmlich auf die Jagd. Sie symbolisierte die dabei überstandenen Gefahren, die dabei erzielten Erfolge und die dadurch erlangte Männlichkeit. Durch die Jagd erwarben sich die Männer Ruhm und Ansehen, durch sie wurden sie zu »richtigen Männern«. Die mit den Jagderfolgen in Verbindung stehende Bemalung dokumentierte die Fähigkeit eines Mannes, sein Land, seine Familie und seine Viehherden zu schützen. Und zwar nicht nur vor großen Büffeln und vor gefährlichen Raubtieren wie Leoparden, sondern auch vor menschlichen Feinden, die immer wieder versuchten, Rinder und Frauen zu rauben. Die Körperbemalung ist deshalb auch Sinnbild der Bedrohung der Herden durch wilde Tiere und menschliche Nachbarn. Sie bezeugt die Männlichkeit, die Wehrhaftigkeit und die tapferen Leistungen ihrer Träger.

Dank ihrer Kreativität und Geschicklichkeit meisterten die Mursi über lange Zeit hinweg alle Probleme, die ihnen unregelmäßige Regenfälle, wilde Tiere und feindliche Nachbarn bereiteten. Eine große Hilfe war ihnen dabei ihr ausgeklügeltes System an Landrechten, das ein Überleben auch in schwierigen Zeiten sicherte. Jede einflussreiche Familie verfügte über unterschiedliche Arten von Land. Jeder hatte dadurch Zugang zu fruchtbaren Ufergebieten, aber auch zu Wald, zu Buschland und zu den grasbewachsenen Savannen. Jeder besaß damit Weideland für seine Viehherden, Felder für Anbau und Wasserstellen. In Notzeiten war somit ein Ausweichen leichter möglich, zumal bestimmte Gebiete zusätzlich als eine Art Gemeinschaftseigentum betrachtet wurden.

Dieses Gleichgewicht wird allerdings seit den späten 60er-Jahren ganz entschieden gestört. Und das spiegelt sich auch in der Körperbemalung der jungen Männer.

Denn zu diesem Zeitpunkt wurden zwei Nationalparks eingerichtet, die die Mursi in vielerlei Hinsicht betreffen. Das Orientieren der Nationalparkgrenzen an »natürlichen« Grenzen wie Flussläufen und Bergketten nahm keine

Im Unterschied zu den flüchtigen Bemalungen, die in kurzer Zeit verblassen, geben die Narbenzeichnungen dauerhaft Auskunft über Leistungen und Status einer Person. Jede der Gruppen im Omotal entwickelte im Lauf der Zeit einen spezifischen Fundus an Mustern – links Schmucknarben auf dem Arm eines Mursi-Mannes, rechts der Rücken einer Mursi-Frau.

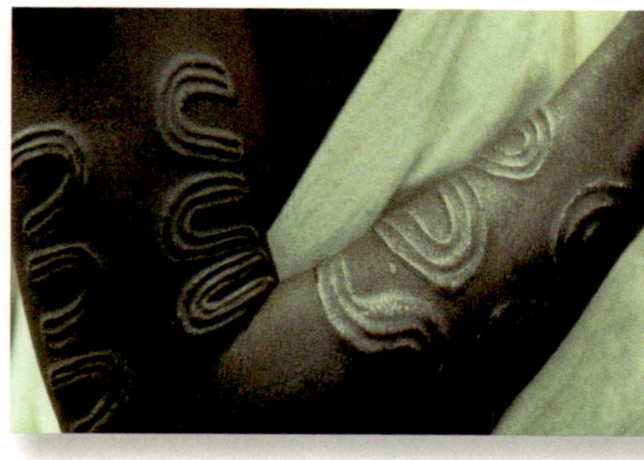

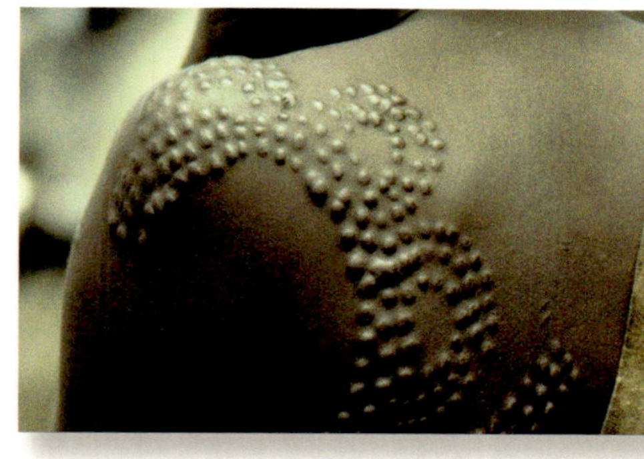

Rücksicht auf die Landrechte und Traditionen der dort ansässigen Bevölkerung. Es wurden kulturelle Grenzen zerstört, gewachsene Verbindungen verstümmelt und ökologische Einheiten vernichtet. Mursi-Dörfer wurden umgesiedelt und auf einige wenige Gebiete beschränkt. Die dort ansässigen Menschen wurden dadurch sehr viel anfälliger für Trockenzeiten und Dürren, weil ihnen ein Ausweichen in notwendigem Maße seitdem nicht mehr möglich ist. Die Mursi verloren zudem wertvolles Weideland ohne Tsetsefliegen-Befall und den einzigen Ort im Mursi-Gebiet, der mit Sicherheit ganzjährig Wasser aufweist. Und Jagdgebiete, die früher in Notperioden das Überleben sicherten, wurden für Touristen reserviert. Diese unglücklichen Umstände, gepaart mit starkem Vogelbefall der Felder, extremer Dürre und einer Zunahme der Tsetsefliegen-Verbreitung führten in den 70er Jahren zur schlimmsten Hungersnot seit Menschengedenken bei den Mursi.

Bemalung und Tourismus

Vor diesem Hintergrund veränderte sich auch die Bedeutung ihrer Körperkunst. Die Mursi, zunehmend angewiesen auf die Einnahmen durch den Tourismus, werden zum exotischen Spektakel für fremde Reisende. Und während die Bemalung der jungen Männer früher einmal der Beleg für eine unabhängige und selbstbestimmte Lebensweise war, ist sie heute ein Dokument für das Angewiesensein auf die zahlreichen Touristengruppen. Und während die Köperkunst einstmals für einen schonenden

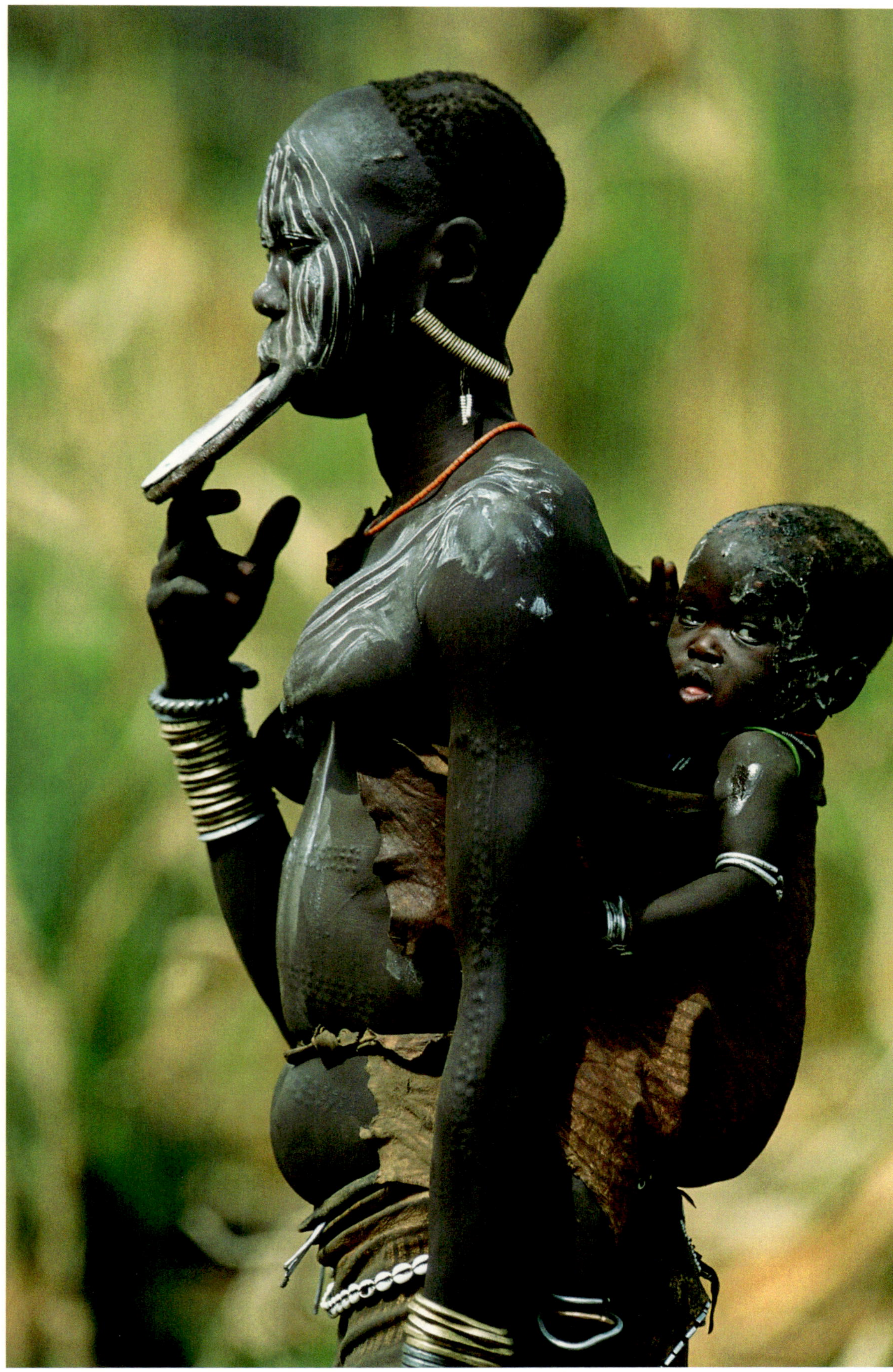

Viele Mursi-Frauen verdienen sich durch die immer zahlreicheren Touristen ihren Lebensunterhalt als »Fotomodell«.

Die jungen Karo-Männer nutzen ihren Körper und ihr Gesicht als Leinwand und machen sich durch die ästhetische Einbindung ihrer Frisuren zu einem lebenden Gesamtkunstwerk. Sie bemalen ihre Haut nahezu täglich, wobei die Motive oft wechseln können. Diese reichen von Tupfen- und Linienmustern über eine Abfolge von Handabdrücken bis zu Tierimitationen.

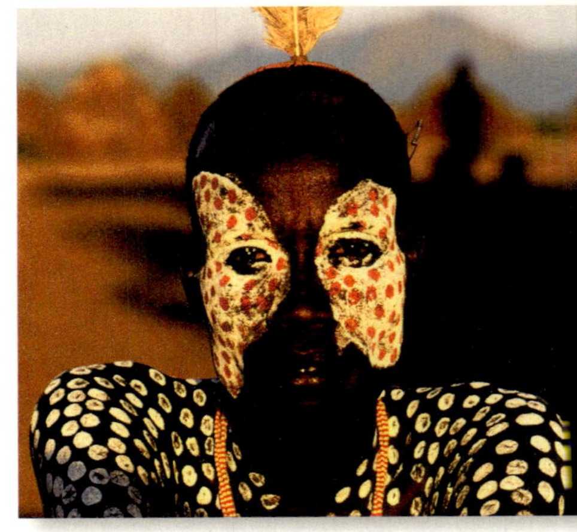

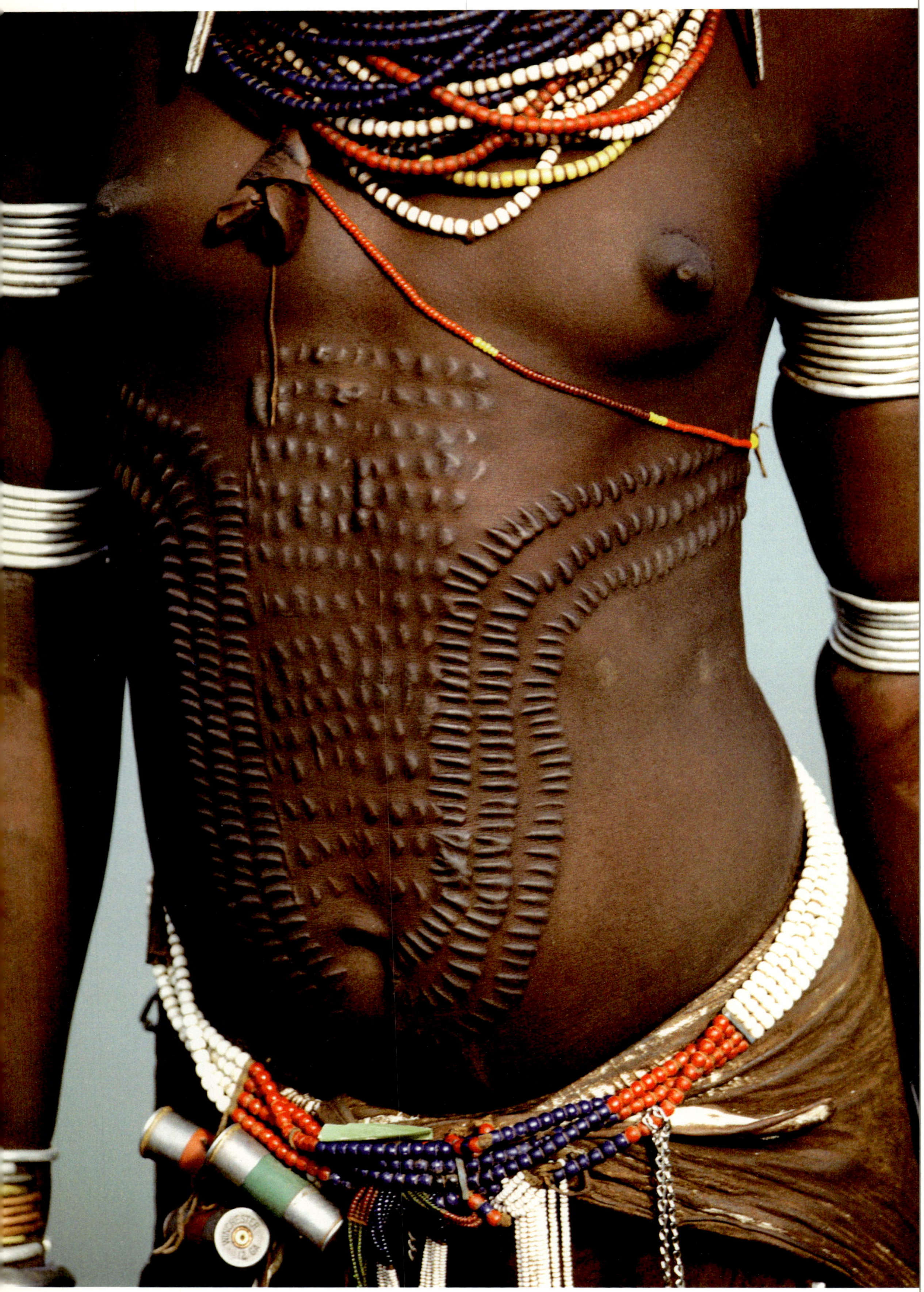

Umgang mit ihrer natürlichen Umwelt und für ein Leben von und mit den Tieren ihrer Heimat stand, ist sie nun auch ein Zeichen ihres Ausgegrenztseins und ein Reflex auf die überbeanspruchte und ausgedörrte Landschaft ihrer Heimat. Unbeeinträchtigt von diesen Umständen blieb jedoch der Einfallsreichtum der Mursi bei der Körperkunst. Diese bleibt in ihrer Kreativität und Pracht trotz allem auch ein Dokument der Erinnerung an ein selbstbestimmtes Leben ohne Hungersnöte.

Hamar und Karo

Krieg und Tod – das sind die Hintergründe für viele Formen der Körperkunst im Omotal. Wie bei den Mursi ist auch bei den ihnen benachbarten Hamar und Karo die Körperbemalung ein Gradmesser für neuere Entwicklungen in dieser Region.

Das Omogebiet ist von militärischen Auseinandersetzungen zwischen den einzelnen Gruppen geprägt. Gegenseitiger Viehdiebstahl, die Verweigerung des Zugangs zu Wasserstellen und Frauenraub führten und führen immer wieder zu bewaffneten Auseinandersetzungen. In vielen Fällen entstanden sogar regelrechte Erbfeindschaften zwischen einzelnen Gruppen – die Bemalung der jungen Männerkörper bezieht sich unmittelbar auf diese kriegerischen Aktionen. Denn an ihr zeigt sich der militärische Erfolg eines Mannes. An ihr kann man ersehen, wie viele Feinde er getötet hat.

Bis vor wenigen Jahrzehnten waren die Auseinandersetzungen im Omotal zwar andauernd,

An der Anzahl und den Mustern der Narbenzeichnungen lässt sich für die Mitglieder der Karo-Gesellschaft der soziale Status einer Frau von der Haut ablesen.

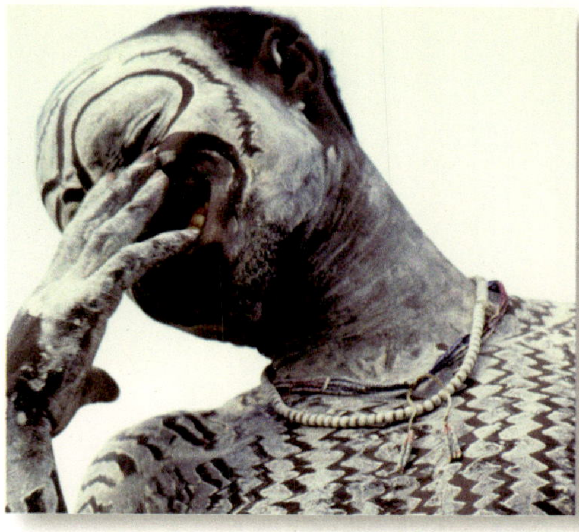

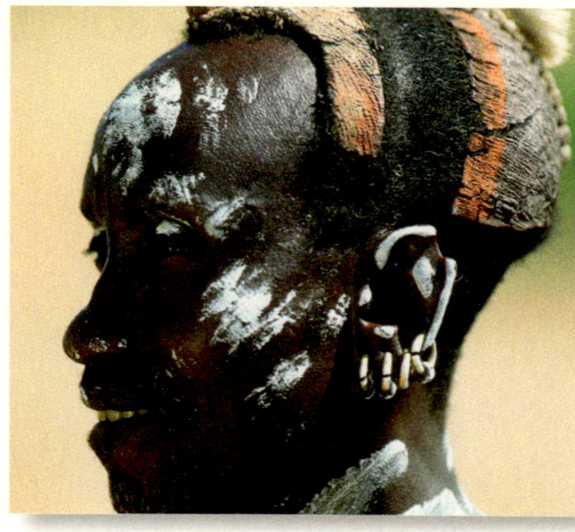

aber der Verlust an Menschenleben war vergleichsweise gering. Die Einschränkung ihres Lebensraumes, der Wettbewerb um die fruchtbarsten Gebiete und die enorme Verbesserung der Bewaffnung führten jedoch in letzter Zeit zu einer Zunahme von verlustreichen Auseinandersetzungen. Viele junge Männer sind mittlerweile im Besitz von Maschinengewehren und sorgten für eine Eskalation der Gewalt. Tausende von Menschen verloren seitdem ihr Leben. Die Bumi allein, eine etwa 5000 Mitglieder umfassende Gruppe im Omotal, sollen in wenigen Jahren nicht weniger als 400 Menschen durch Mord und Totschlag verloren haben.

Zeichen der Gewalt

Die Zunahme der Gewalt findet ihren Widerhall in der Körperkunst dieser Menschen. Bemalungen werden aufgetragen für Riten zum Verfluchen der Feinde und beim Singen von Kriegsliedern, die den zukünftigen militärischen Erfolg beschwören oder eine abgeschlossene Aktion preisen sollen.

Bei »Wiedergeburts-Ritualen«, die einen Krieger nach dem Töten von Feinden wieder in das »normale« Leben eingliedern, werden Malereien mit Ocker auf der Haut aufgetragen. Unklar ist dabei, ob die rote Farbe des Ockers in Verbindung mit dem Blut seines Opfers gebracht wird, das sich der erfolgreiche Krieger nach vollbrachter Tat in der Hoffnung, dass ihm und seinem Vieh dadurch Fruchtbarkeit zuteil wird, auf seinen Körper schmiert. Jedenfalls besteht bei einigen Gruppen im Omotal eine enge rituelle Beziehung zwischen einem Mann, seinem Schmuck, seiner Bemalung und seinem Lieblingsstier, dessen Namen und Farbmuster sowie dem Töten von Menschen. Daneben werden Körper und Gesichter aber auch in Schutzritualen mit braunem oder rotem Ocker bemalt, um Krieg und Dürre zu entgehen.

Narben – Trophäen des Todes

Neben den kurzlebigen Farben erhält ein erfolgreicher Krieger nach einiger Zeit zusätzlich Narben auf Brust und Arm als Zeichen, dass er jemanden getötet hat. Diese Narben dienen gleichsam als militärischer Orden und vermitteln dem Gruppenfremden Respekt, aber auch Angst und Unbehagen. Immerhin zeigen sie, dass der Träger beim Durchsetzen seiner Ziele auch über Leichen geht. Neben den Narben erhält er auch noch einen Namen, der ihn als »Killer« kenntlich macht. Früher eine Seltenheit, haben mittlerweile Tausende von Männern wegen der anwachsenden Auseinandersetzungen solche Narben auf der Brust oder auf dem Arm. Diese Narben symbolisieren die Seele oder den Totengeist des getöteten Menschen, der dadurch seinem Bezwinger gehört. Bei manchen Gruppen werden für männliche Opfer die Narben auf dem rechten Arm angebracht, für weibliche auf dem linken. Mittlerweile gibt es zahlreiche Männer, deren Arme bereits so dicht mit Narben überzogen sind, dass sie bereits begonnen haben, ihre Schenkel mit Narben zu zieren. Ein Übermaß an Narben ist daher ein eindeutiges Zeichen für die Krise der Gruppen im Omotal.

Gleichzeitig zeigen sie den Verlust der Kontrolle der älteren und im Idealfall besonneneren Mitglieder über die jungen Männer an. Sie sind unmissverständliches Symbol für die zentrale Rolle der Krieger in der Gesellschaft und für die Bedeutung des Tötens als Prestigeobjekt. Und wie die Schnellfeuerwaffen sind sie der Ausweis einer auf Gewalt ausgerichteten Männlichkeit.

Narben und Farben auf dem Körper verfolgen im Omotal aber auch noch eine andere Absicht. Sie fördern die Abgrenzung von den anderen Gruppen, die oft lediglich pauschal als »Fremde« oder sogar als »Feinde« bezeichnet werden. Sie schaffen ein Zusammengehörigkeitsgefühl und zeigen, wer zu einem gehört und wer nicht. Sie betonen die eigene Kultur, die eigenen Traditionen und Weltbilder. Sie stärken die eigene soziale Identität und festigen sie. Zudem stehen sie in enger Verbindung mit dem Altersklassensystem und fördern die Solidarität zwischen Gleichaltrigen. Denn bis zur Pubertät sind die Jungen stark auf ihre eigene Familie bezogen und hüten vorwiegend die Tiere ihres eigenen Haushalts. Als junge Krieger orientieren sie sich jedoch weg von der eigenen Familie hin zu den Altersgenossen aus den anderen Haushalten. Mit ihnen lebt man jahrelang zusammen, mit ihnen kämpft man gemeinsam und steht Extremsituationen durch. In vielen Gruppen gibt es eine Art Blutsbrüderschaft zwischen demjenigen, der einen Feind getötet hat, und demjenigen, der dies als Beobachter bezeugen kann. Dies fördert Loyalitäten außerhalb des eigenen Haushalts und es entsteht ein Zusammenhalt der jungen Männer einer Gruppe anstelle der Haushaltssolidarität.

Wenn die Männer im Alter von ungefähr 30 Jahren heiraten, ist das ein erneuter schwerwiegender Einschnitt in ihrem Leben. Sie richten nun eigene Haushalte ein und ziehen ihre Tiere aus den Herden des Elternhaushalts ab. Mangels jahrzehntelanger Erfahrung und eigener erwachsener Kinder sind die jungen Familienväter anfangs auf die Unterstützung ihrer gleichaltrigen Gefährten angewiesen.

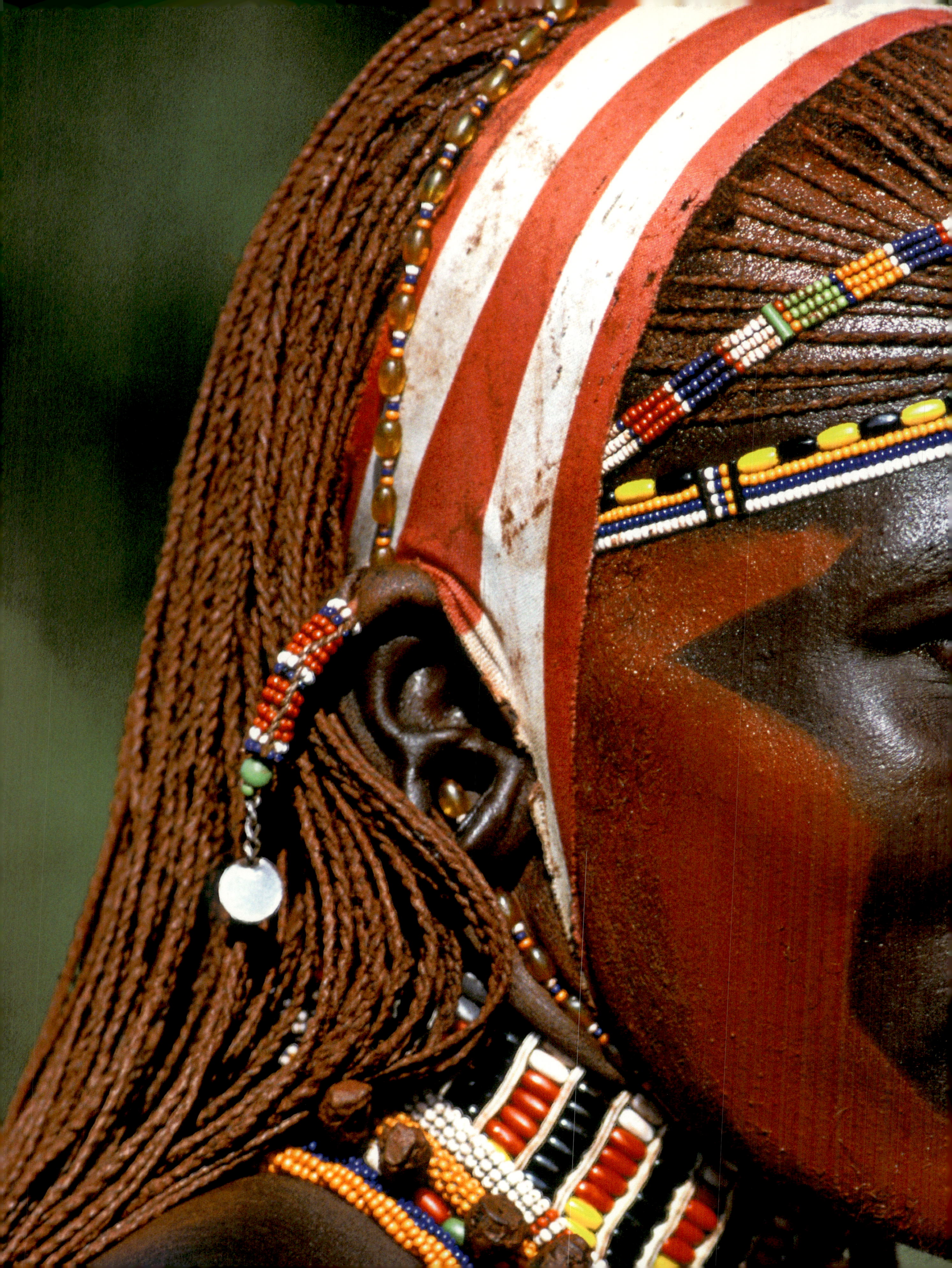

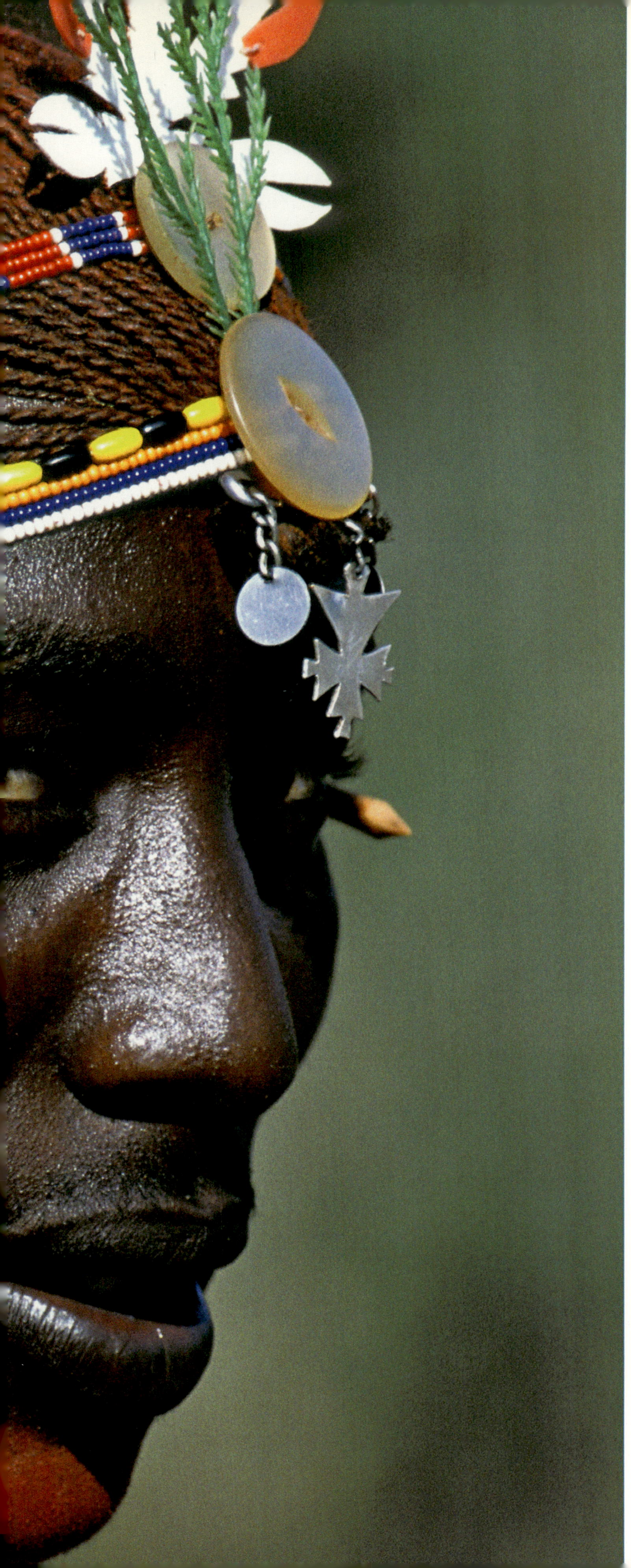

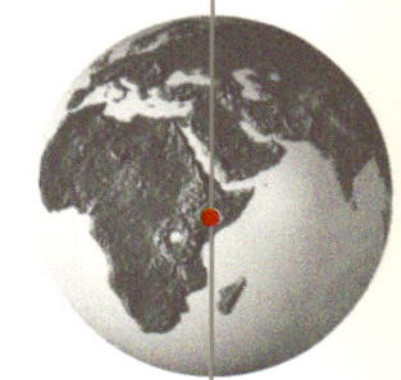

Die Maasai leben in der Trockensavanne Ostafrikas, im Süden Kenias und im Nordosten Tansanias. Der Name leitet sich von Maa ab, einer Sprache, die dieses Nomadenvolk mit den nördlich des Mount Kenya lebenden Samburu gemeinsam hat. Wie bei den Maasai ist auch bei den Samburu die Rinderzucht Lebensgrundlage.

samburu und maasai

rindernomaden in den steppen ostafrikas

Sie prägen das Bild vieler Europäer vom stolzen Afrikaner und gelten als »die letzten Krieger Afrikas«: die jungen Männer der Samburu und der Maasai in Kenia und Tansania. Schlank, kräftig und hochgewachsen, geschmückt mit kunstvollen Frisuren und prächtiger Bemalung eignen sich die Samburu und Maasai vorzüglich als Objekte für unsere westlichen unerfüllten Sehnsüchte nach Freiheit und ungebundener Lebensweise. Heute von Reisenden und Touristen als »edle Wilde« bewundert, wurden sie früher von den Kolonialherren als »streitlustige Faulenzer« verleumdet. Mit ihrem wirklichen Leben als Rindernomaden haben beide Vorstellungen jedoch kaum etwas gemein. Das Leben der Maasai und Samburu ist geprägt von der ständigen Verantwortung für ihre Herden und der unermüdlichen Fürsorge für die Tiere, von deren Gedeihen auch ihr eigenes Wohlergehen extrem abhängig ist. In der Kolonialzeit wurden die Weidegründe der ostafrikanischen Hirten stark eingeschränkt. Auch die Maasai und die Samburu verloren dadurch die fruchtbarsten Gebiete und müssen seitdem mit trockeneren Landstrichen vorlieb nehmen.

In den Jahren als Krieger bieten die jungen Samburu-Männer ebenso wie ihre Altersgenossen bei den Maasai eine prächtige Erscheinung. Sie tragen lange, zu Zöpfen geflochtene Haare, Perlenschmuck und bemalen ihr Gesicht mit roter Ockerfarbe.

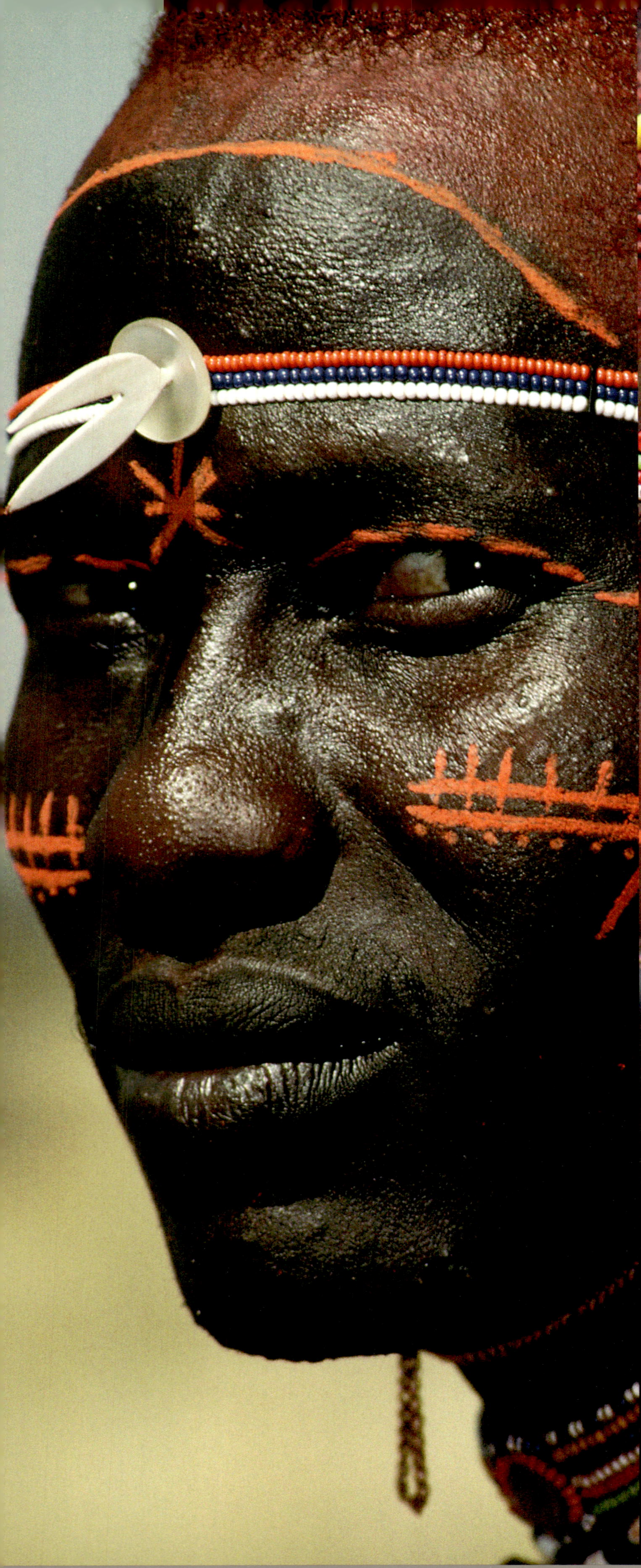

In der Zeit zwischen Pubertät und Hochzeit, in den Jahren als stolze Krieger, verwenden die jungen Samburu-Männer neben ihren Pflichten als Beschützer der Gemeinschaft und der Viehherden viel Zeit darauf, ihren Körper mit Farbe und Perlenschmuck zu verzieren.

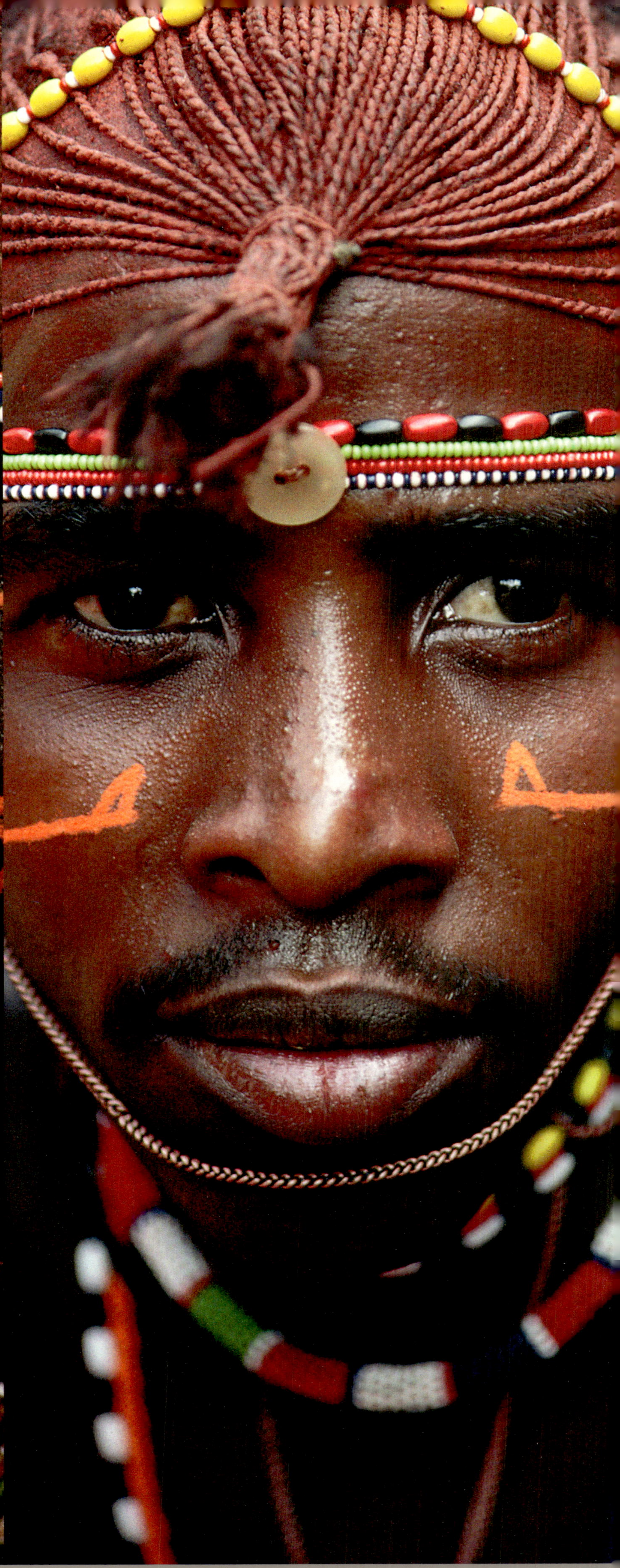

Auf ihre Frisur legen die Samburu-Krieger großen Wert. Die Haare werden zu Zöpfen geflochten und mit einer Mixtur aus Tierfett und roter Ockerfarbe angestrichen. Mit rotem Ocker wird auch das Gesicht bemalt, wobei die abstrakten Muster Wangen, Augen und Stirn akzentuieren.

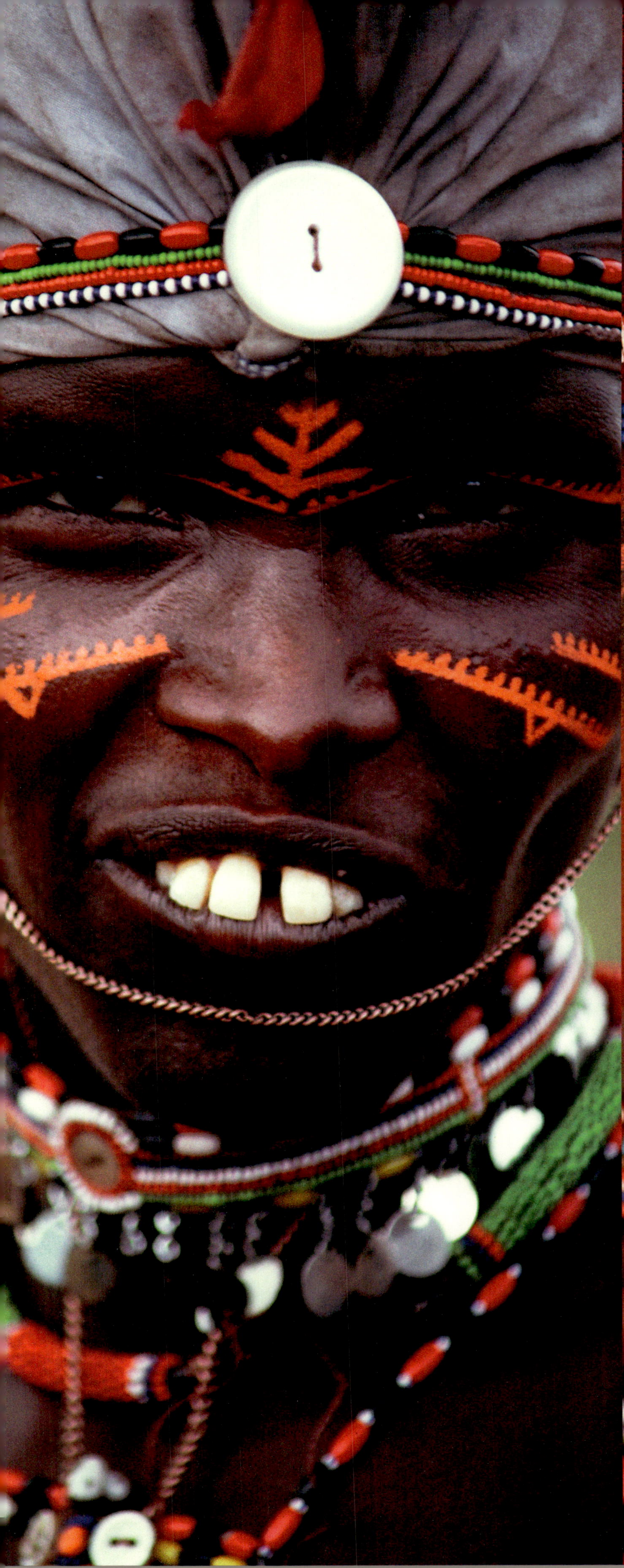

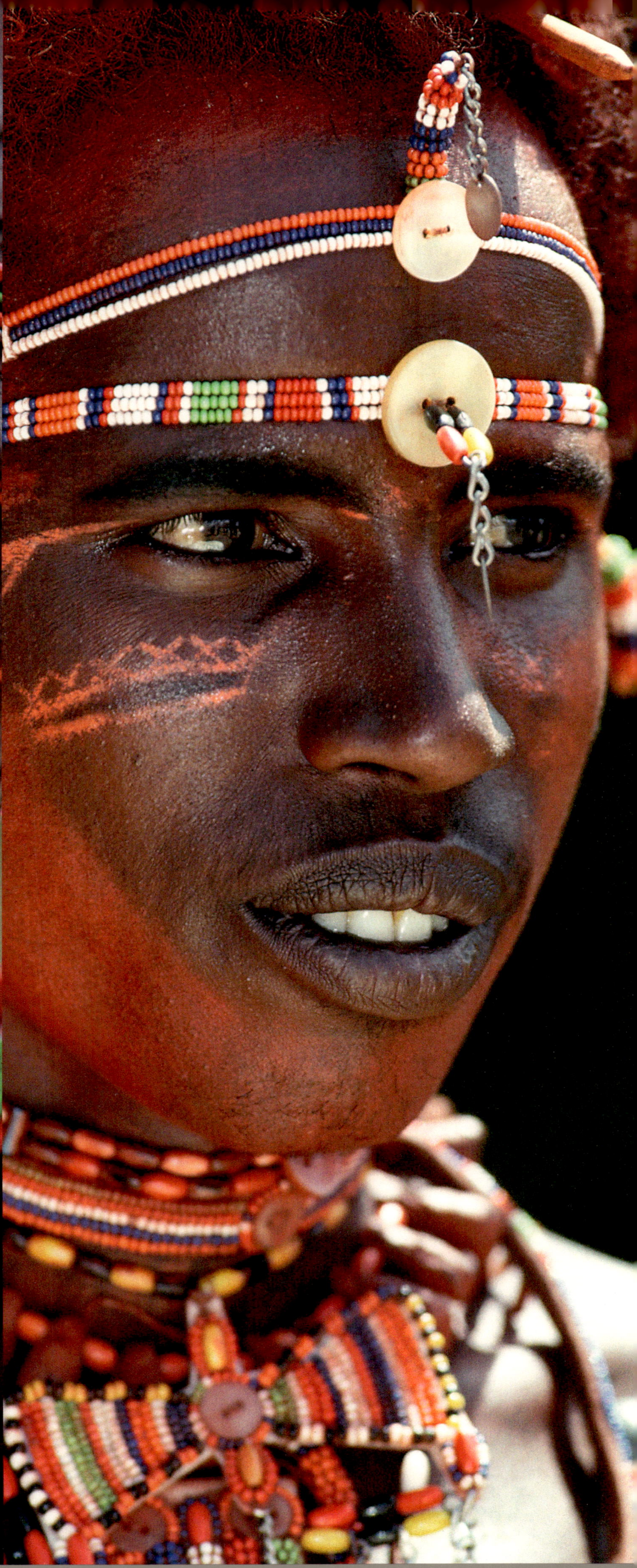

Neben der Bemalung spielt der Schmuck eine große Rolle. Um Hals und Stirn tragen die jungen Samburu-Krieger perlenbestickte Bänder, die mit Perlmuttknöpfen und Metallplättchen versehen sind. Oft schmücken sie sich auch mit einem Kettchen, das von Ohr zu Ohr reicht.

Mit der roten Ockerfarbe wird nicht nur ein Muster gemalt, sondern häufig auch das Gesicht gleichsam mit Farbe gerahmt, indem der Hals und der Bereich von den Schläfen bis zum Kinn mit Farbe eingerieben wird. Farbe und Schmuck verhelfen dem Krieger so zu einer auffälligen Erscheinung.

Die Samburu – Ockerfarbe und Perlen

Wie bei den meisten Hirtengesellschaften Ostafrikas beschränkten sich bei den Samburu aufwändige Körperverzierungen in erster Linie auf die jungen unverheirateten Männer.

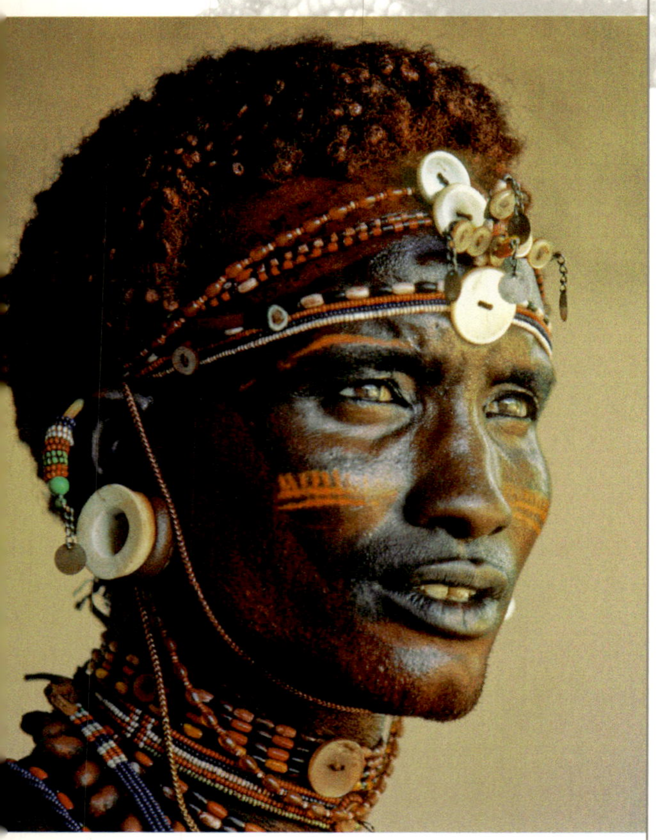

Zum aufwändigen Schmuck eines Samburu-Kriegers gehören die Gesichtsbemalung mit rotem Ocker, der Perlenschmuck und auch große Ohrpflöcke aus Elfenbein.

Die weitläufige Dornbuschsavanne im nördlichen Kenia ist der Lebensraum der Samburu. In dieser kargen Landschaft leben sie mit ihren Viehherden. Besondere Fürsorge und Leidenschaft kommen dabei ihren Rindern zu. Doch anders als jene Hirtengruppen, die fast ausschließlich von den Milchprodukten ihrer Tiere leben, nutzen die Samburu auch deren Blut. Für die Rinder ist das eine zwar unangenehme, aber nicht lebensbedrohliche Prozedur. Dabei wird den Tieren aus kürzester Entfernung ein Pfeil in die Halsvene geschossen. Es wird aber darauf geachtet, dass der Pfeil sofort wieder herausfällt und die Ader nicht zu stark verletzt wird. Danach wird etwa ein Liter Blut entnommen. Zuletzt wird die Wunde mit einem Fingerdruck wieder verschlossen und dann mit einem Pfropfen aus Lehm und Dung versiegelt. Obwohl ein solcher Aderlass ohne Schaden für das Tier alle zwei Wochen durchgeführt werden könnte, wählen die Samburu einen Zyklus von mehreren Monaten. Zu sehr liegt ihnen das Wohl ihrer Tiere am Herzen.

Wie in den meisten nomadischen Gesellschaften muss auch ein Samburu-Mann im Laufe seines Lebens drei Altersklassen durchlaufen: Als Knabe ist er Hütejunge bei den Viehherden, als junger Mann wird er zum Krieger, bevor er als Ältester heiraten und einen eigenen Haushalt gründen darf. Jede dieser Altersklasse besitzt eigene Lieder, Rechte und Pflichten. Den Übergang zur zweiten Altersgruppe markiert die gemeinsame Beschneidung.

Die aufwändige Bemalung des Körpers beschränkt sich bei den Samburu auf die Zeit zwischen Pubertät und Hochzeit. Frei von familiären Pflichten haben die jungen Männer meist ausreichend Zeit, sich ihrer körperlichen Erscheinung zu widmen. Die Krieger betreiben einen enormen Aufwand damit, sich gegenseitig ihre langen Haare zu kunstvollen Zöpfen zu flechten, die sie zusätzlich mit einer Mischung aus rotem Ocker und Tierfett bestreichen. Ihre Gesichter und Körper bemalen sie ebenfalls mit rotem Ocker. Die Muster werden mit einem Spatel aus Holz entweder eigenständig oder mit der Hilfe eines Altersgenossen aufgetragen. Die Schminkutensilien werden von den jungen Männern als so wichtig erachtet, dass sie diese als eines der wenigen Dinge überhaupt ständig mit sich führen. Als »Schminkköfferchen« dient ihnen ein Lederbeutel, den sie stets um die Hüfte gebunden haben.

Die Kriegerzeit ist für einen Mann ein wichtiger und durchaus zwiespältiger Lebensabschnitt. Einerseits befindet er sich in der Blüte seiner Jahre und auf der Höhe seiner körperlichen Leistungsfähigkeit. Außerdem bieten sich ihm als Beschützer der Gemeinschaft und der Herden gegen wilde Tiere und Viehdiebe zahlreiche Möglichkeiten, sich zu bewähren und sich Ruhm und Ansehen zu erwerben. Andererseits haben die imposant bemalten Krieger bei den Samburu kein wirkliches Mitspracherecht in der Gesellschaft. Die wahren mächtigen Männer sind die Ältesten. Sie treten zwar als Familienväter in der Öffentlichkeit nicht so auffällig in Erscheinung, aber als Besitzer der Herden bestimmen sie das Wohl und Wehe der Gemeinschaft und führen die wichtigen religiösen Zeremonien durch.

Zudem ist die Periode der Kriegerzeit extrem hart. Die jungen Männer leben die meiste Zeit bei den Rindern außerhalb der Dörfer. Weit weg von den Ältesten und Frauen sind sie nahezu ständig auf der Suche nach Weideplätzen und Wasserstellen für die Herden. Als Behausung dienen ihnen dabei nur einfache Umzäunungen

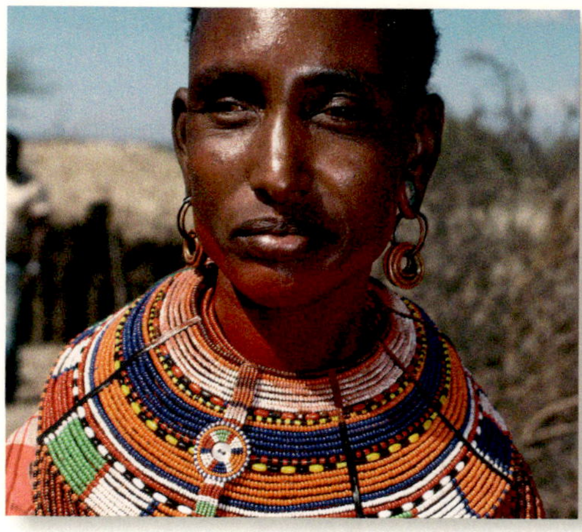

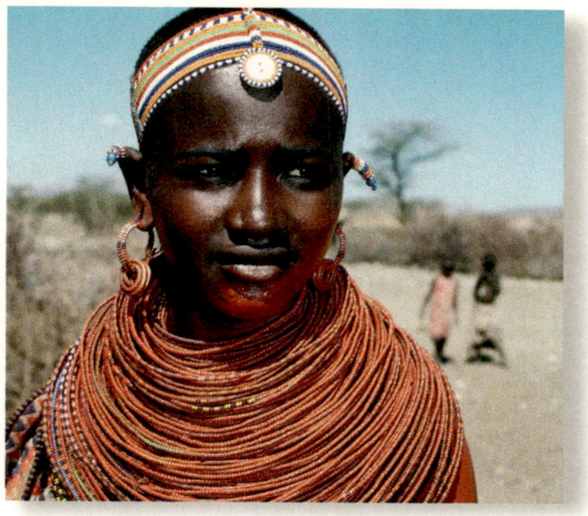

Samburu-Frauen tragen Perlenbänder als Kopf-, Hals und Ohrschmuck. Auffallend sind die vielen Halsbänder. Die jungen Samburu-Krieger verschenken diese Bänder häufig und großzügig an die Mädchen, die ihnen gefallen. Im Alter von etwa 16 Jahren sollen die Mädchen so viele Perlenbänder besitzen, dass diese ihr Kinn stützen können. Dies wird als Zeichen gesehen, dass sie nun im heiratsfähigen Alter sind.

aus Dornengestrüpp. Dabei sind die meisten Rinder im Besitz der Ältesten, die nur gelegentlich nach dem Rechten sehen.

Die Habseligkeiten der Krieger sind sehr überschaubar. Außer ihren Waffen, einem Milchbehälter, einer hölzernen Nackenstütze und Decken aus Kuhhäuten führen sie lediglich Ocker für ihre Körperbemalung mit sich.

Ocker erlangt für einen Mann zum letzten Mal große Bedeutung, wenn er am Ende seiner Kriegerzeit heiratet. Die Vorbereitungen für die Hochzeit sind sehr aufwändig und ziehen sich über einen ganzen Tag hin. Meist außerhalb des Dorfes erneuert der Bräutigam seine Frisur und lässt sich von gleichaltrigen Vertrauten dick mit Ocker bemalen. Anschließend treibt er die Rinder, die als Brautpreis vorgesehen sind, zum Gehöft der Braut. Vor dem Haus der Brautmutter wird ein Ochse für das Hochzeitsfest geschlachtet. Das Blut des Tieres wird in einer Schüssel aufgefangen und roh oder gekocht getrunken. Das Trinken des Blutes besiegelt den Heiratsvertrag und ersetzt gegenseitige Versprechungen.

Der Ehemann wird von nun an zunehmend darauf verzichten, seinen Körper mit Farbe zu schmücken. Als ein Ältester wird er zur farblosen Stütze seiner Gemeinschaft.

Bei Festen und Zeremonien schmücken auch die jungen Frauen und Mädchen ihre Wangen und den Augenbereich mit einem Dekor aus ockerfarbenen Linien.

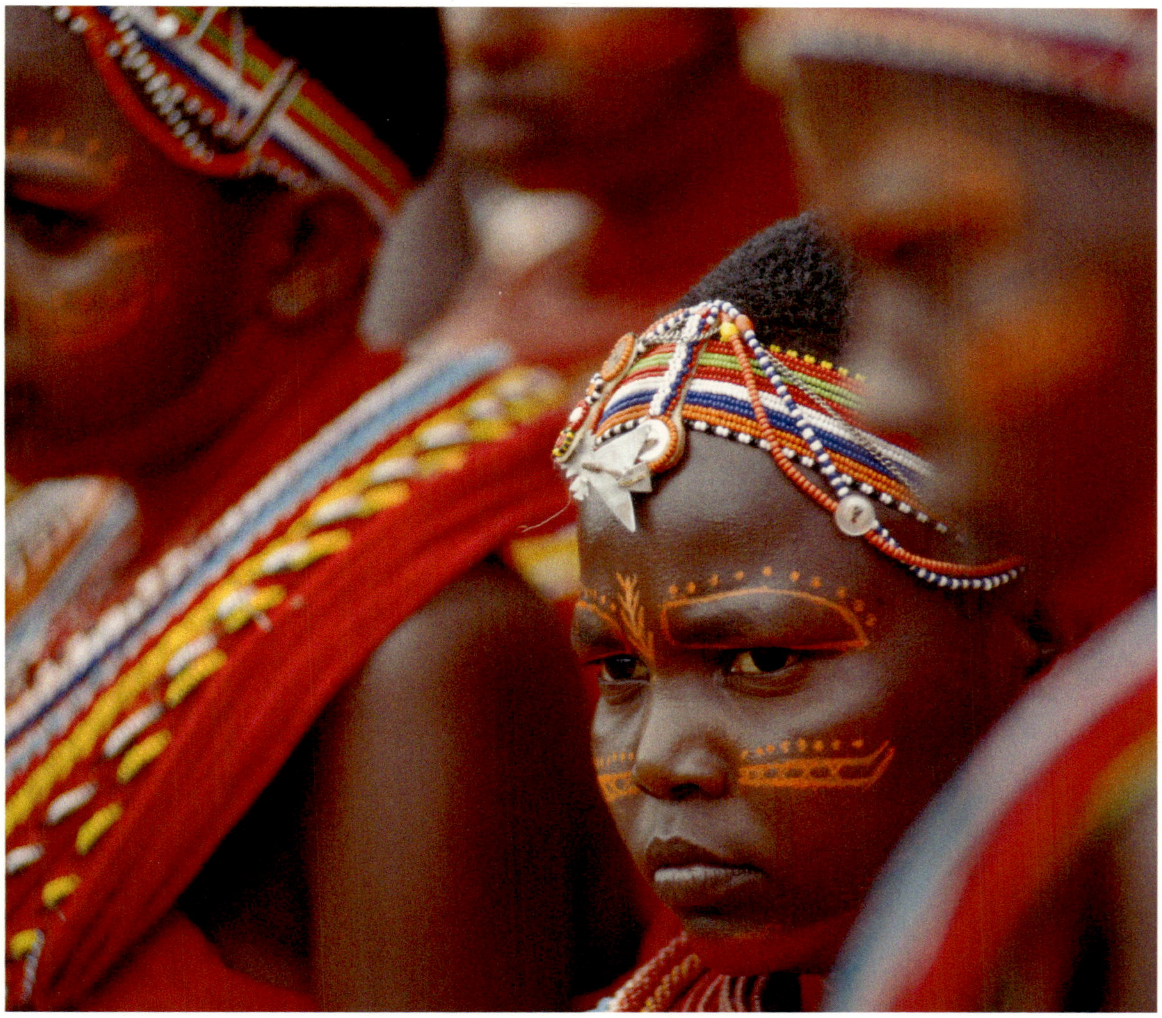

Der Tanz der Samburu

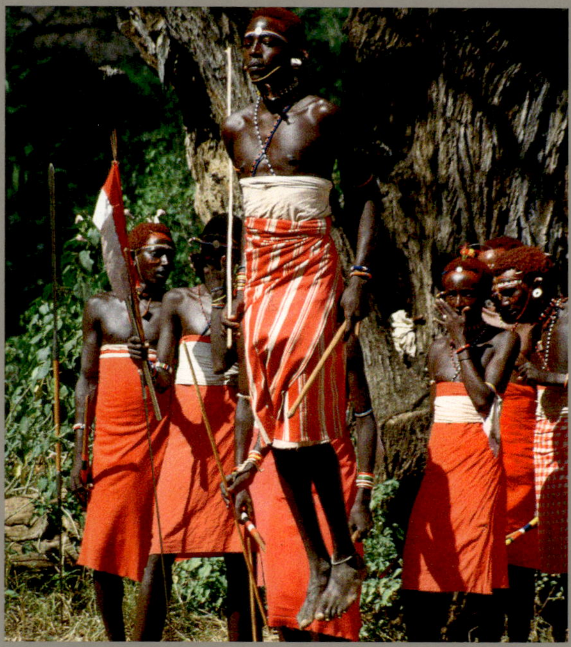

Beim Tanz beweisen die Samburu-Krieger ihre Körperkraft und Geschicklichkeit durch spektakuläre Sprünge.

Wettbewerb und gleichzeitig Solidarität zwischen den gleichaltrigen jungen Männern schafft der Tanz, der zu Beginn der Kriegerzeit der Samburu aufgeführt wird. Ein Krieger nach dem anderen muss aus der singenden und tanzenden Gruppe seiner Altersgenossen heraustreten und in die Luft schnellen. Jeder Krieger versucht dabei, höher, kraftvoller und aufrechter zu springen als seine Gefährten. Der Tanz erfordert Kraft, Ausdauer und Geschicklichkeit und gilt als Beweis der körperlichen Leistungsfähigkeit, auf die sich die gesamte Gemeinschaft und die zukünftigen Ehefrauen verlassen können. Die jungen Krieger zeigen allen, dass sie die Rolle ihrer Vorgänger würdig einnehmen können, die sich dann beruhigt auf ihre Rechte und Pflichten als Älteste einrichten können. Der Tanz wird nicht von Musikinstrumenten begleitet. Doch das rhythmische Klatschen und vor allem der laute und durchdringende Gesang der Krieger führen dabei bisweilen zu tranceähnlichen Zuständen der Tänzer.

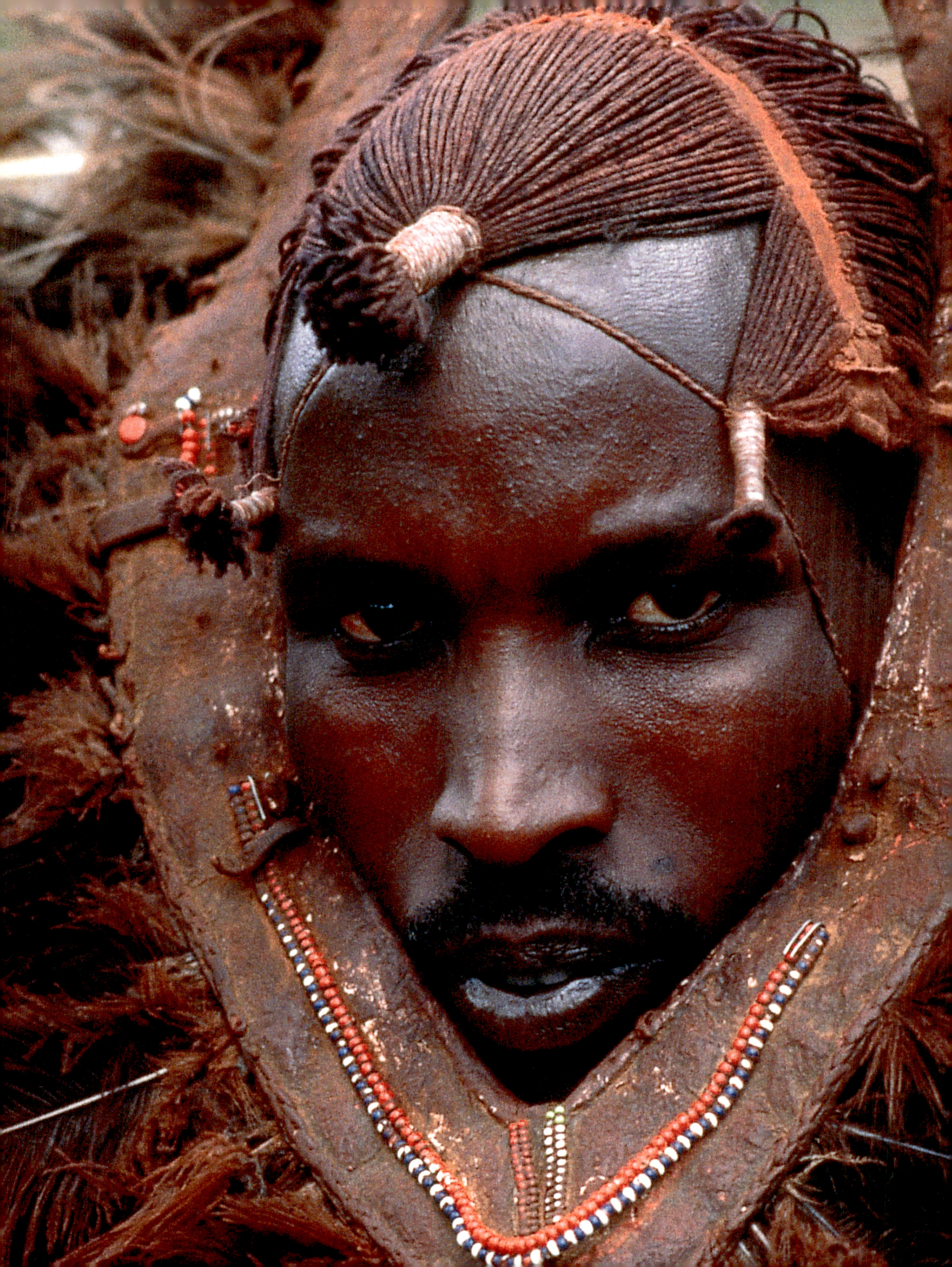

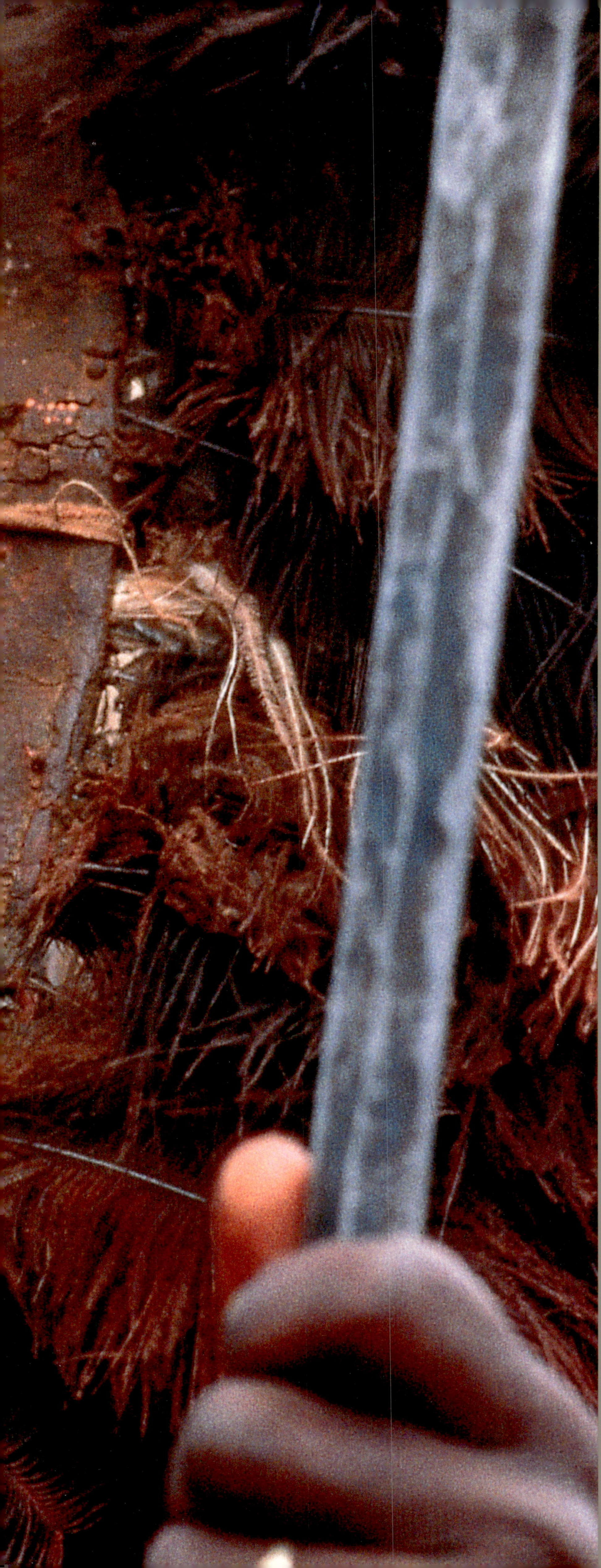

Links:
Aufwändige Frisuren und ein eindrucksvoller Kopfschmuck sind bei den Maasai ein Zeichen für den Status eines Mannes als Krieger.

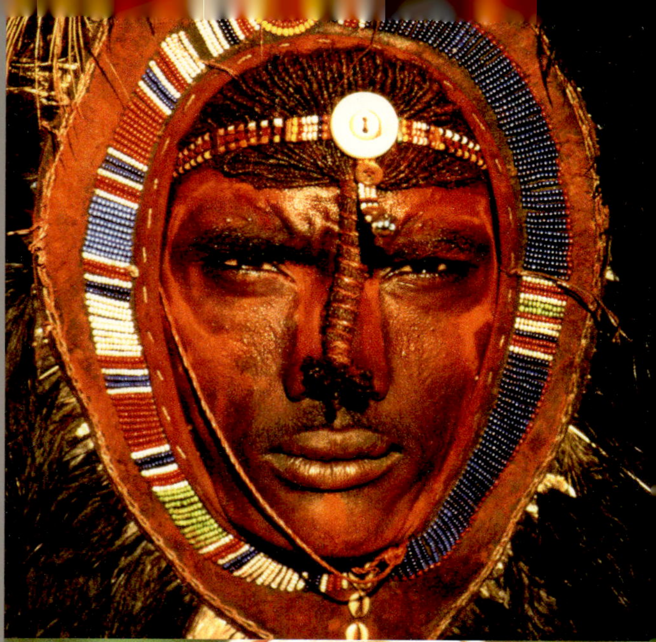

Rechts:
Der Kopfputz aus Straußenfedern zeigt an, dass dieser Krieger bislang noch keinen Löwen getötet hat.

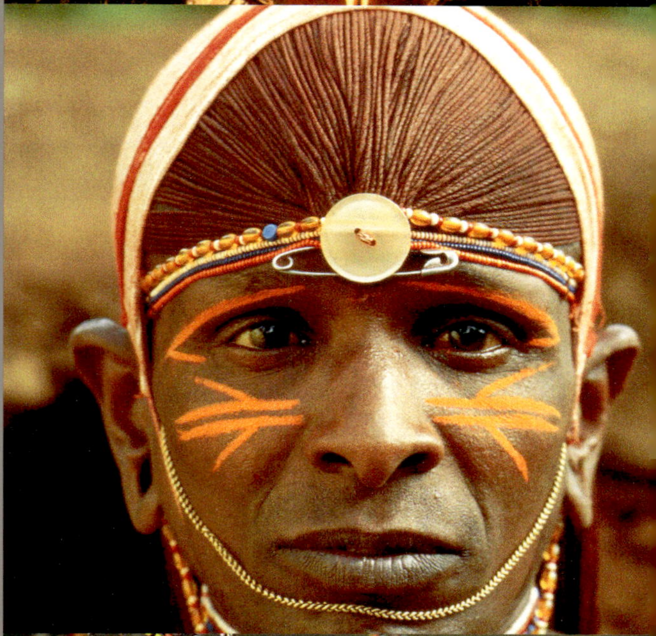

Rechts:
Beim Schmuck und bei der Bemalung des Gesichts werden gerne auch moderne Objekte und Farben in den traditionellen Formenschatz integriert.

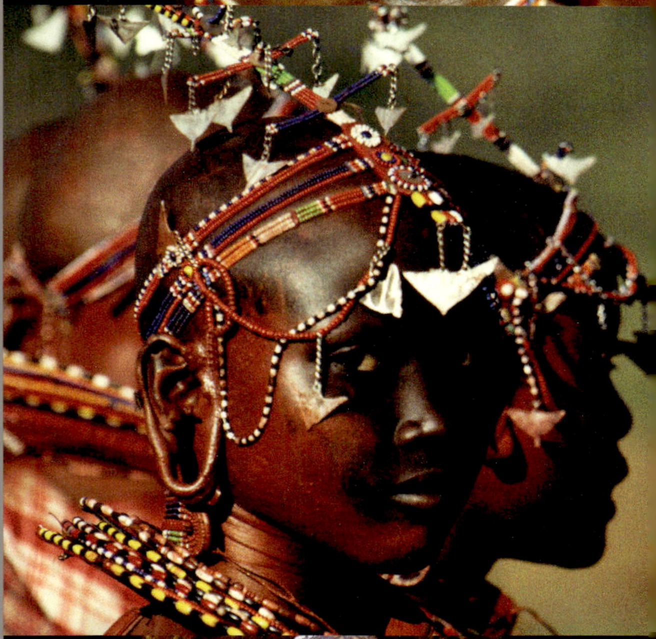

Rechts:
Festlich geschmückt begleiten die jungen Mädchen ihre Kriegerfreunde während der Mannwerdungs-Zeremonien.

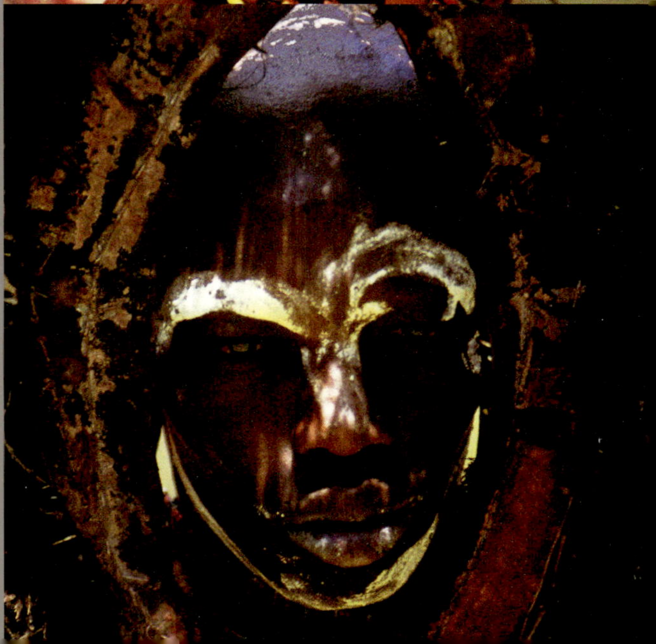

Rechts:
Eine weiße Bemalung verweist auf den Übergangsstatus zwischen der Jugend und dem Erwachsensein.

Die Maasai

Ursprünglich spiegelte die Körperkunst der Maasai ihre militärische Stärke und ihren Reichtum wider. In den letzten Jahrzehnten wird sie immer mehr zur Folklore für Touristen.

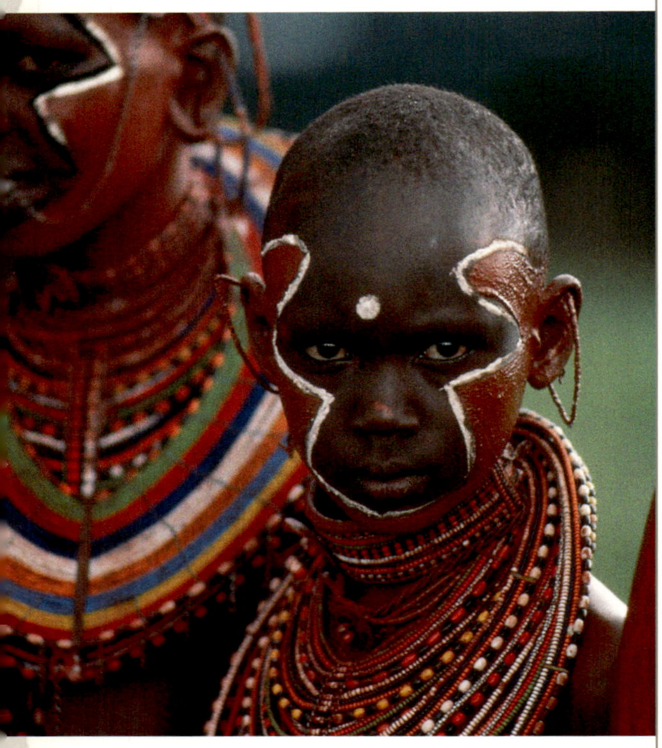

Bei den an unbeweglichem Besitz nicht reichen Nomaden konzentriert sich ästhetisches Schaffen häufig auf Körperbemalung und Schmuck.

Sie sind eine Gesellschaft ohne Häuptlinge oder Könige. Wichtige Entscheidungen werden gemeinsam vom Rat der Ältesten getroffen. Ziel eines jeden männlichen Maasai ist es deshalb, in diesen Rat aufgenommen zu werden. Doch bis dahin muss er mehrere Altersklassen durchlaufen und etliche Anforderungen erfüllen.

Wie die Samburu sind auch die Maasai Hirten, die Rinder, Schafe und Ziegen halten. Um die Herden kreist die Sorge der gesamten Gemeinschaft. Mindestens 50 Rinder besitzt üblicherweise ein Maasai-Haushaltsvorstand.

Populäre Traditionen der Maasai betonen, dass ihnen einst von ihrem Gott Enkai das Vieh übergeben wurde. Sie verstehen sich deshalb als rechtmäßige Besitzer aller Rinder dieser Welt. Folglich haben sie das Recht, Rinder von anderen Gruppen zu rauben, da sie ihnen ja schließlich von diesen irgendwann gestohlen worden sein müssen. Rinderdiebstahl gehört daher auch zu den Bewährungsproben der Krieger und ist ein Gradmesser für das Ansehen der jungen Männer. Durch die Einrichtung von Nationalparks wurde das Weidegebiet der Maasai in den letzten Jahrzehnten stark eingeengt. Die Überweidung der wenigen Restgebiete führt daher immer wieder zu Gras- und Wassermangel für die Tiere.

Am Ende ihrer Kriegerzeit durchlaufen die Männer die *eunoto*-Zeremonie. Diese bildet den Höhepunkt einer Entwicklung, die Jahre früher begonnen hat. Im Mittelpunkt der Zeremonie stehen Tänze, zu denen die Krieger mit aufwändiger Körperbemalung erscheinen. Am Ende der Zeremonie werden den Kriegern die langen Haare abgeschnitten, und sie rücken in die nächste Altersstufe auf, werden zu Älteren. Auch wenn sie von nun an mehr Mitspracherecht in der Gemeinschaft erhalten, wird der Abschied von der Kriegerzeit meist von großer Wehmut begleitet – enden damit doch die Jahre der jugendlichen Freiheit, die bei allen Härten doch auch viele einschneidende Erlebnisse und Erfahrungen mit sich gebracht hat.

Am Beginn dieser Zeit stand die Beschneidung. Diese Zeremonie findet bei den Maasai nur alle 12 bis 15 Jahre statt. Das Alter der betroffenen jungen Männer schwankt daher erheblich. Die Beschneidung macht die Knaben endlich zu Männern. Anders als bei den benachbarten Nandi, die die Vorhaut der Jungen auf extrem schmerzhafte Weise abbrennen, wird bei den Maasai die Vorhaut durch einen einfachen Messerschnitt entfernt.

Auch die Mädchen der Maasai werden beschnitten. Es findet aber keine Einteilung in Altersklassen statt. Die Beschneidung findet im Haus der Mutter im Familienkreis statt. Danach sind sie heiratsfähig. Da aber die Männer erst als Älteste heiraten dürfen, ist der Altersunterschied zwischen den Eheleuten oft beträchtlich.

Für die Hochzeit schmücken sich die jungen Frauen sehr liebevoll und aufwändig. Doch anstelle wallender Kleider wie in anderen Weltgegenden zieren sie ihren Körper mit einer festlichen Bemalung aus Ocker. Vor allem Hals, Schläfe und Kinn werden mit roter Farbe bestrichen. Dazu passen der perlenbesetzte Halsschmuck und die Perlenstränge über den makellos kahlgeschorenen Köpfen. Zu den ersten Aufgaben einer frisch verheirateten Frau gehört der Bau eines Hauses. Dieses bildet neben der Rinderherde den Mittelpunkt des neuen selbständigen Haushalts.

Bei den jungen Männern folgt nach der Beschneidung eine Zwischenperiode, die in erster Linie der Heilung der Wunden dient. Die Krieger

Ockerfarbe spielt bei den Maasai eine wichtige Rolle. Wenn die Krieger in der *eunoto*-Zeremonie in den Älterenstand übertreten, bedeutet das auch den Verlust der langen geflochtenen Haare, die von der eigenen Mutter geschoren werden. Danach wird der Kopf mit rotem Ocker bemalt. Bei der Hochzeit schmücken die jungen Frauen Hals, Schläfe und Kinn mit Ockerfarbe (rechts).

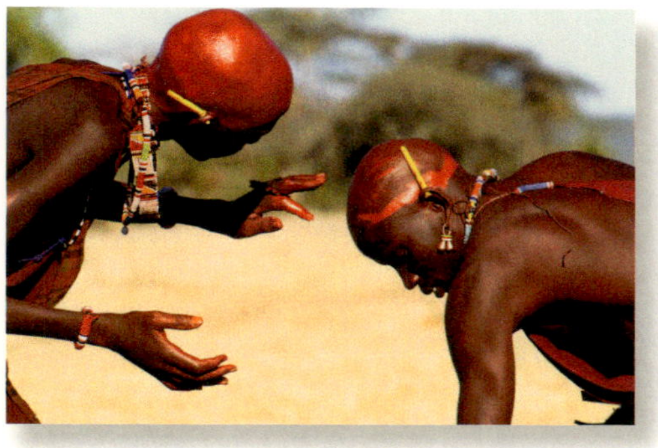

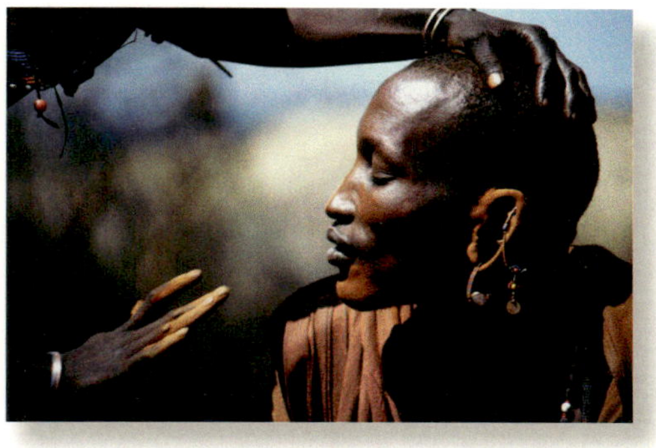

färben sich ihre Gesichter weiß und tragen schwarze Kleidung. Als Zeichen ihrer Geschicklichkeit und neuerworbenen Männlichkeit jagen sie Vögel und befestigen sie sich auf dem Kopf. Manche tragen dann bis zu 50 Vögel auf ihrem Haupt. Wenn die Wunden schließlich abgeheilt sind, werden sie zu den berühmten *morans*, den Kriegern. Jetzt folgt die Zeit, in der sie ihre kräftigen schlanken Körper besonders pflegen, ihre Anmut und Kraft zur Schau stellen. Sie lassen sich das Haar wieder wachsen und streifen ausgiebig durch das Gebiet der Maasai. Charakteristisch für die Krieger ist die Bemalung ihrer Beine. Dazu verwenden sie meist mit Tierfett vermischten braunen Ocker. Unmittelbar nach dem Auftragen, wenn die Substanz noch feucht ist, werden mit den Fingern oder kleinen Stöcken Streifen, Kreise und andere dekorative Muster eingezeichnet.

Die *eunoto*-Zeremonie beendet die Jahre der Freiheit und Ungebundenheit. Damit werden die Krieger zu jungen Mitgliedern des Rates. Den letzten Übergang bildet die *olngesherr*-Zeremonie. Die jungen Männer werden dadurch zu Ältesten und bekommen Mitspracherecht in den Angelegenheiten der Gemeinschaft. Zu Beginn dieser Feier wird ein Ochse geschlachtet, dessen Blut mit Milch und Honigbier vermischt von den frischgebackenen Ältesten getrunken wird. Danach wird die Stirn der Männer mit bestimmten Fleischteilen des Tieres und am nächsten Morgen mit Sauermilch eingerieben. Dies gilt als Segnung der neuen Ratsmitglieder, sie wird durch das Besprengen der Gesichter mit der weißen Zeremonialfarbe *enturoto* vollendet. Abgeschlossen wird die Zeremonie mit den Worten: »Auf dass du friedfertig seiest und in Wohlstand lebst, mit vielen Kindern und Rindern.«

Die *olngesherr*-Zeremonie wird oftmals über mehrere Monate hinweg vorbereitet. Gäste, die dafür von weither anreisen, tragen zu diesem Anlass ihren wertvollsten Schmuck und zieren Körper und Gesicht mit einer festlichen blauen Bemalung.

Bei der fünf Tage dauernden *eunoto*-Zeremonie, die den Übergang der Krieger in den Stand der Älteren markiert, bemalen sich die jungen Männer mit weißer Farbe.

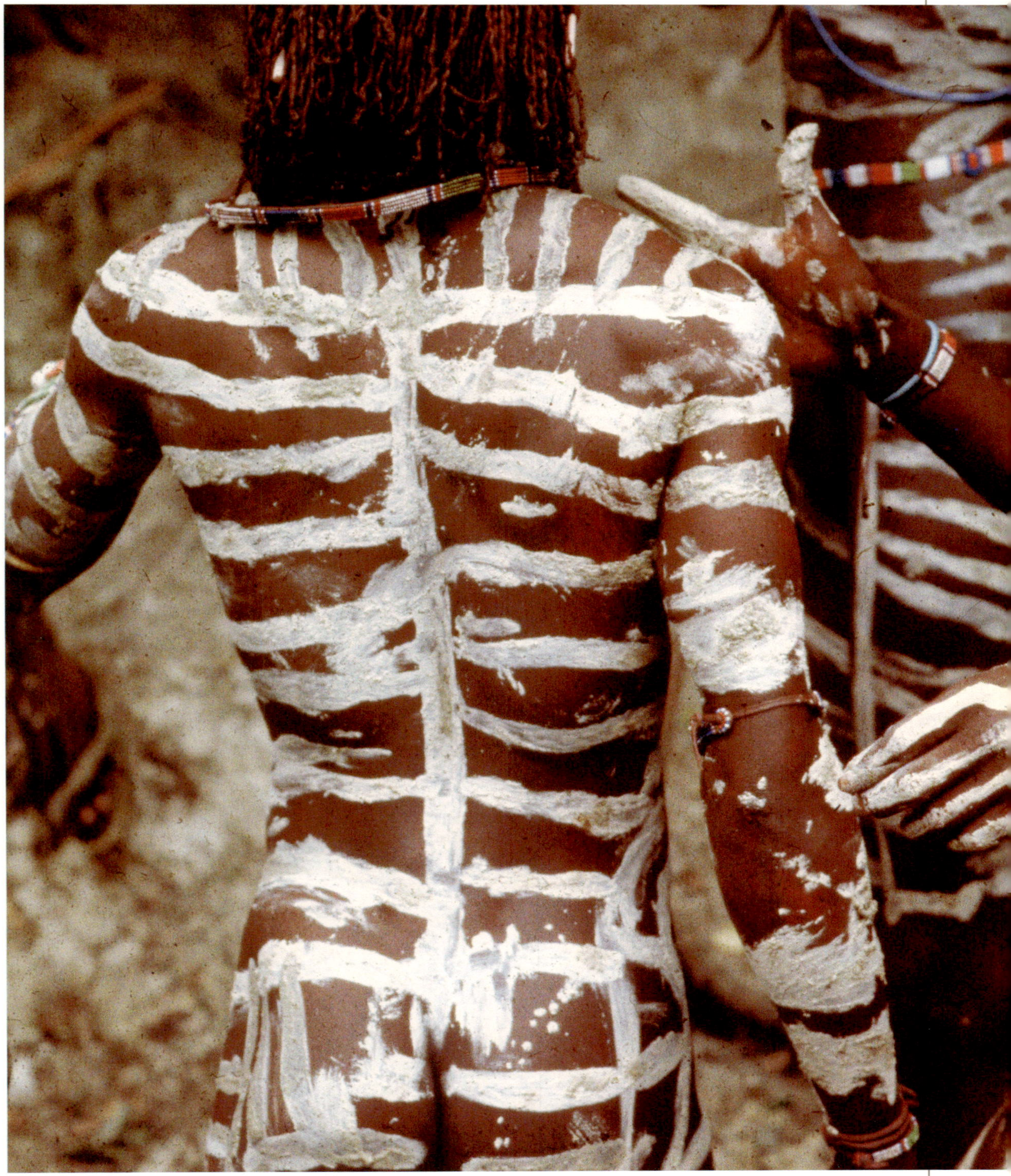

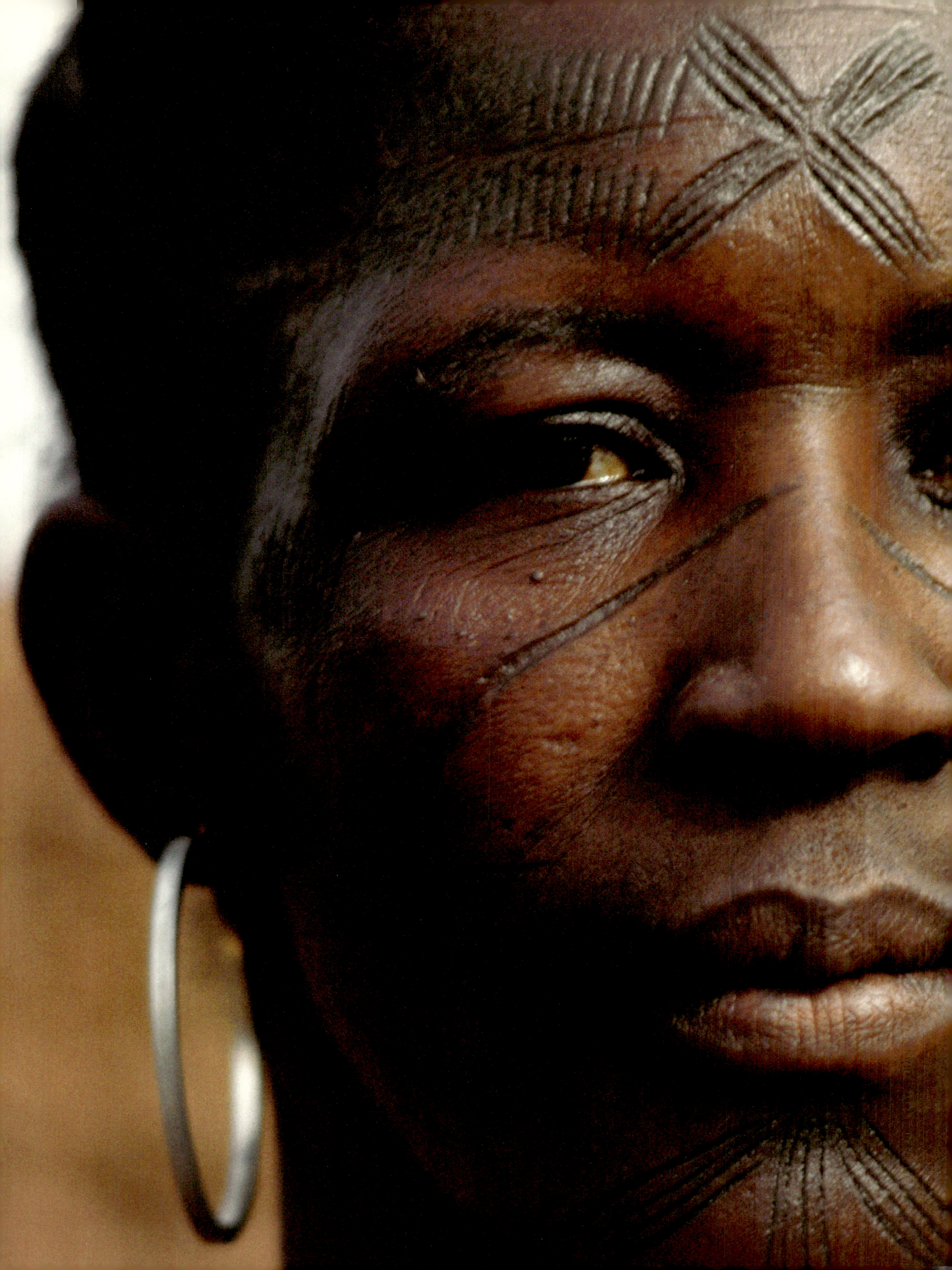

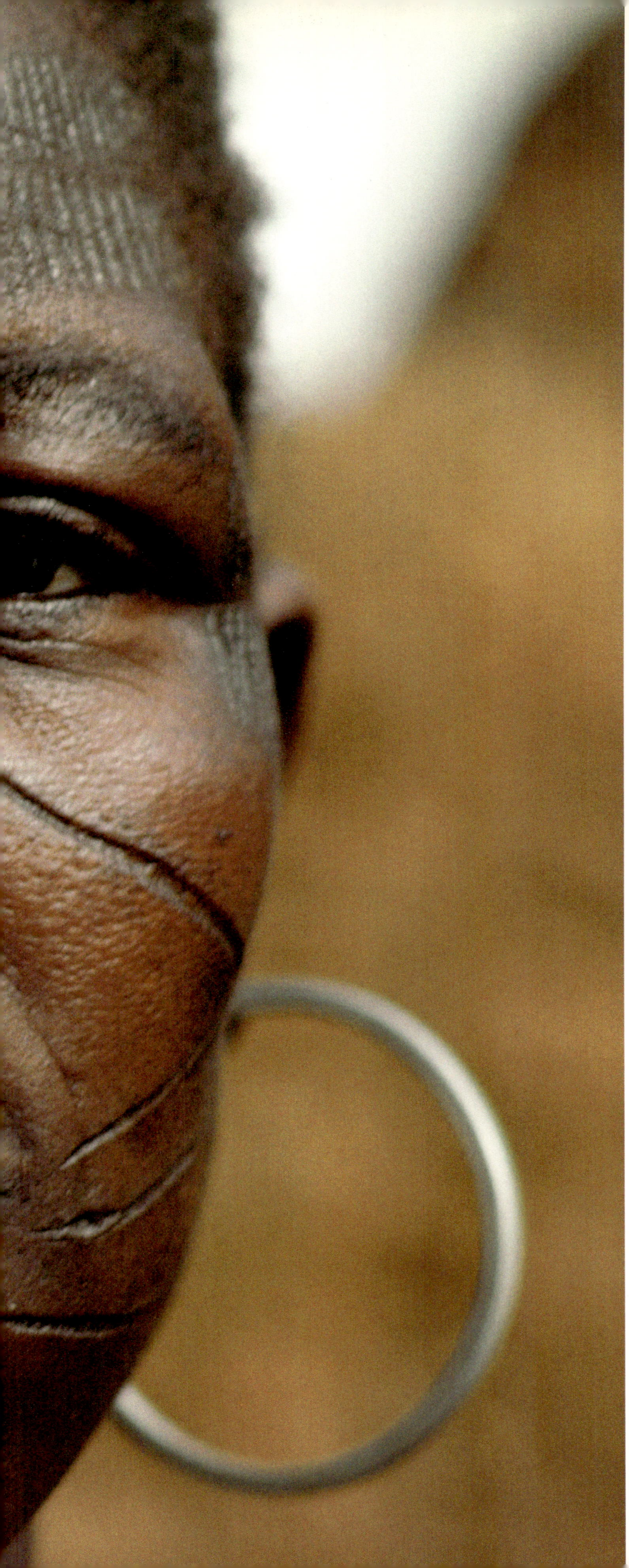

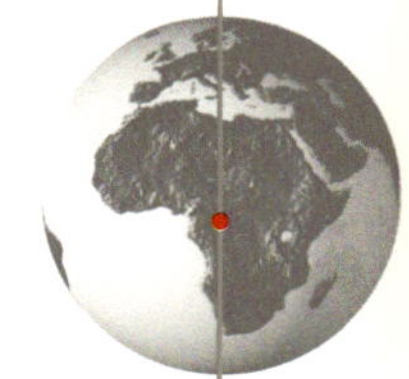

Narbenschmuck ist in Afrika an keine spezifische Landschaftsform gebunden: Man findet ihn bei den Bewohnern der von Regenwäldern geprägten Demokratischen Republik Kongo ebenso wie in den küstennahen Regionen der Republik Benin oder in den Trockensavannen von Burkina Faso oder Nigeria.

west- und zentralafrika

vielfalt der narbenkunst

Afrika gibt es nicht. Was von außen gerne als ein einheitlicher Kontinent gesehen wird, erweist sich bei genauerer Betrachtung als ungeheuer vielfältiger Erdteil mit Tausenden verschiedener Kulturen, Sprachen und Religionen. Diese außerordentliche Vielfalt spiegelt sich auch in der Verzierung des Körpers.

Da ihre dunkle Haut eine Tatauierung wegen des fehlenden Kontrasts erschwert, widmeten sich die Bewohner vieler Regionen Afrikas anderen Formen des Körperschmucks. Tatsächlich gibt es auf diesem Kontinent – etwa in den westafrikanischen Ländern Burkina Faso und Nigeria oder in der zentralafrikanischen Republik Kongo – mehrere »Hochburgen« der kunstvollen Narbenverzierung.

Um eine so tiefe und bleibende Narbenverzierung zu erhalten, hat man – wie bei dieser Bobo-Frau aus Burkina Faso – eine künstliche Entzündung hervorgerufen, indem man die Wunden mit bestimmten Pulvern eingerieben hat.

In Verbindung mit der Körperkunst steht die Fertigung hölzerner Masken und Figuren, die häufig ideale Anordnungen von Schmucknarben aufweisen. Diese lassen Aussagen zu über die gesellschaftliche Stellung eines Menschen, über sein Alter und seine Zugehörigkeit zu sozialen Gruppen. Intimer als ein Personalausweis geben die Narben Auskunft über seinen Familienstand, seine Verdienste und nicht zuletzt sein Versagen in der Gemeinschaft.

Narbenschmuck in West- und Zentralafrika

Schon europäische Reisende des 19. Jahrhunderts bemerkten voller Verwunderung, dass die Bewohner mancher Regionen Afrikas »von Kopf bis Fuß mit Narben bedeckt« seien.

Wie große Künstler würden die dortigen Menschen ihre Körper mit erhabenen Punkten und Linien verzieren, so hieß es in dem Bericht weiter. Die positive Bewertung der west- und zentralafrikanischen Körperkunst stellt in jener Zeit des ausgeprägten Rassismus und Kolonialismus allerdings eine Ausnahme dar. Allzu oft wurden Narbenverzierungen mit größter Abneigung betrachtet. Verzerrende Fotos, die das »Anderssein« und die »Primitivität« der dortigen Menschen zeigen sollten, wurden in menschenverachtender Manier aufgenommen und veröffentlicht.

Andere Missverständnisse gab es ebenfalls zuhauf. So die Meinung, dass solche Narben grundsätzlich von den dortigen Menschen als sinnlich und sexuell stimulierend empfunden werden. Erotisch sind solche Narben aber tatsächlich meist nur deshalb, weil man erst durch sie als echte Frau oder als echter Mann empfunden wird. Den sinnlichen Aspekt dieser Narben auf die körperliche Berührung zu verkürzen ist daher fragwürdig.

Der Körper als Spiegel des Charakters

Ein tieferes Verständnis für den Sinn und die Hintergründe dieser Hautmarkierungen wurde jedoch in den seltensten Fällen gesucht. Dabei liegen hinter vielen Formen der Narbenverzierungen in Afrika ganze Welten und Weltsichten verborgen.

So zeigt sich darin oftmals eine Schönheitsauffassung, die in mancher Hinsicht unseren westlichen Idealen entgegensteht. Schönheit wird nämlich keineswegs als etwas Natürliches oder Angeborenes empfunden. Wahre Schönheit wird vielmehr erst im Laufe eines Lebens erworben. Und so wie ein Körper erst durch Narben nach und nach perfektioniert wird, soll auch der Charakter eines Menschen im Laufe seines Lebens immer vollkommener werden. Körperliche Vollkommenheit ist nicht vorstellbar ohne moralische Vollkommenheit, die durch bestimmte Narben ausgedrückt wird. Am Körper muss also ebenso gearbeitet werden wie am Charakter.

Vor allem die vielen Ahnenfiguren aus West- und Zentralafrika verdeutlichen, wie wichtig die Narben für die Menschen waren. Diese Figuren zeigen ideale Anordnungen der Narbenmuster, aus denen die Nachkommen lesen konnten. So wurde ihnen vermittelt, was ihr Ahn oder ihre Ahnin für die Gemeinschaft geleistet hatte, aber auch, was sie selbst in der Zukunft zu vollbringen hatten. Oftmals signalisieren die Narben auf den Ahnenfiguren mehrfache Mutterschaft und große Fruchtbarkeit. Die Figuren sind daher nicht nur eine Huldigung an die Vorfahren, sondern dienen auch als Vorbild und Mahnung an Kinder und Enkel.

In sprachlicher Hinsicht besteht oftmals eine Verbindung der Bezeichnungen für die Narben zu den Worten für »Erfolg«. Dahinter steckt die moralische Botschaft, dass sich der Erfolg im Leben einstellen wird, wenn man die gesellschaftlichen Regeln einhält. Nur so ist man sich der uneingeschränkten Unterstützung der Ahnen und hilfreichen Geister sicher.

Zeichen gesellschaftlicher Ordnung

In bestimmten Regionen, so zum Beispiel bei den Tabwa, Bemba und Luba, bedeutet das Wort »kulemba« nicht nur »mit Narben versehen«, sondern auch »zeichnen«, »malen«, »markieren« und – seit dem Kontakt mit den Europäern – auch »schreiben«. Dies ist ein Be-

Masken der Geheimbünde

Sie sind Polizei und Richter, Feuerwehr und Priester, Hellseher und Friedensstifter. Sie übernehmen die Altersversorgung und organisieren Aussaat und Ernte. Die Aufgaben der Geheimgesellschaften in Zentralafrika sind ebenso vielfältig wie die Masken, die von ihnen verwendet werden. Diese verhindern, dass ihre Träger bei öffentlichen Auftritten erkannt werden. Zudem erhebt die Bemalung die Maske in den Bereich des Übermenschlichen. Sie signalisiert den

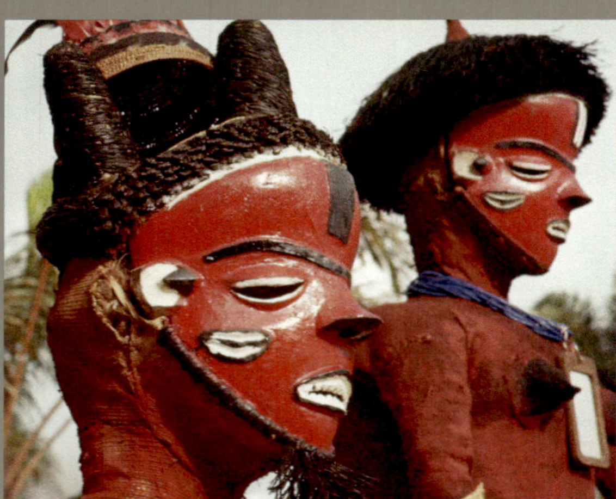

Figuren mit Masken der Pende aus der Demokratischen Republik Kongo.

Zuschauern, dass es sich hier um einen Ahnen oder einen Geist handelt.

Mitgliedschaft und Rang in einem Geheimbund sind für das Ansehen eines Menschen oft sehr wichtig. Noch Anfang des 20. Jahrhunderts musste man vielerorts Mitglied in einem Bund sein, um als vollwertiger Erwachsener zu gelten. Allerdings sind die meisten Geheimgesellschaften reine Männerbünde. Nur wenige gestatten Frauen den Zutritt.

Nach einem Aufnahmeritus erhält man als Mitglied des Geheimbunds Zugang zu Geheimwissen, bestehend aus moralischen, sozialen und wirtschaftlichen Verhaltensregeln, aber auch Kenntnissen in Religion und Mythologie.

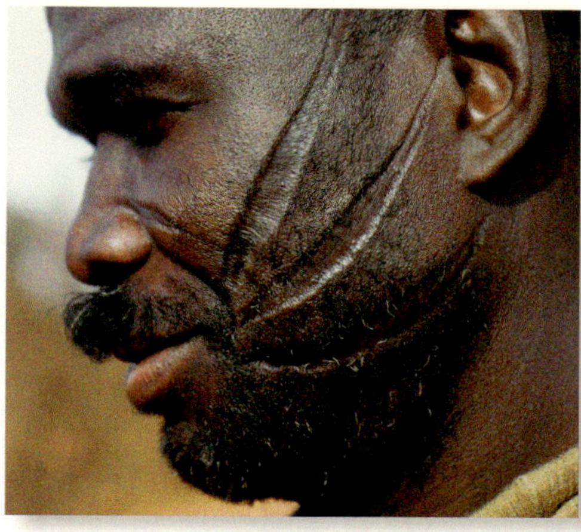

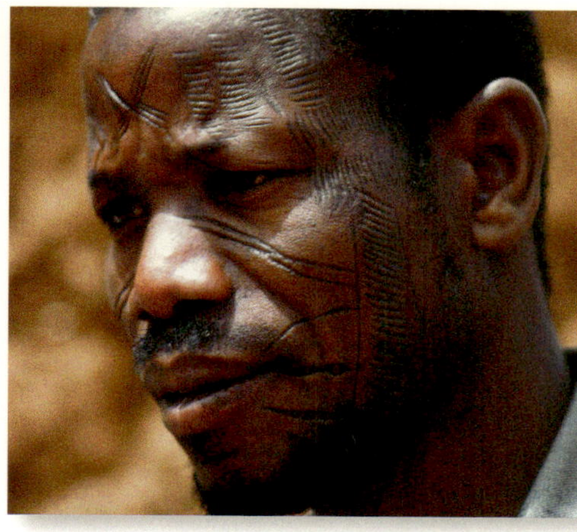

Bei den Bobo in Burkina Faso sind es vor allem die im Südwesten lebenden Angehörigen dieser Ethnie, die sich mit Narben verzieren und deshalb auch Bobo-Nieniegue (»narbenbedeckte Bobo«) genannt werden. Die Narben geben Auskunft über die Zugehörigkeiten und den Status innerhalb der Gemeinschaft.

leg dafür, dass die Narben durchaus als eine Art Schrift verstanden wurden.

Und wie die Bäume im Urwald mit Zeichen versehen werden, damit man sie im Wald wiedererkennen und sich daran orientieren kann, werden die menschlichen Körper markiert. So wie die Bäume durch die Zeichen der Wildnis und der ungezähmten Natur entrissen werden, so werden auch die Körper der menschlichen Ordnung eingegliedert. Sie werden durch die Signatur bekannt und vertraut gemacht. Beängstigendes und Beunruhigendes wird gezähmt und zivilisiert. Die Zeichen geben dem Ungeordneten und Unbekannten Sinn und Ordnung.

Und ähnlich den richtungweisenden Bäumen im Wald dienen auch die Körper der vorbildhaften Erwachsenen und Ahnen den Jüngeren als Wegweiser für ein richtiges und gutes Leben. Die Haut muss wie der wilde Busch erst domestiziert und der Gemeinschaft dienstbar gemacht werden.

Diese Tofuni-Frau aus Ganvié in der Republik Benin ist durch ihre Gesichtsnarben als Angehörige eines Kultbundes ausgewiesen.

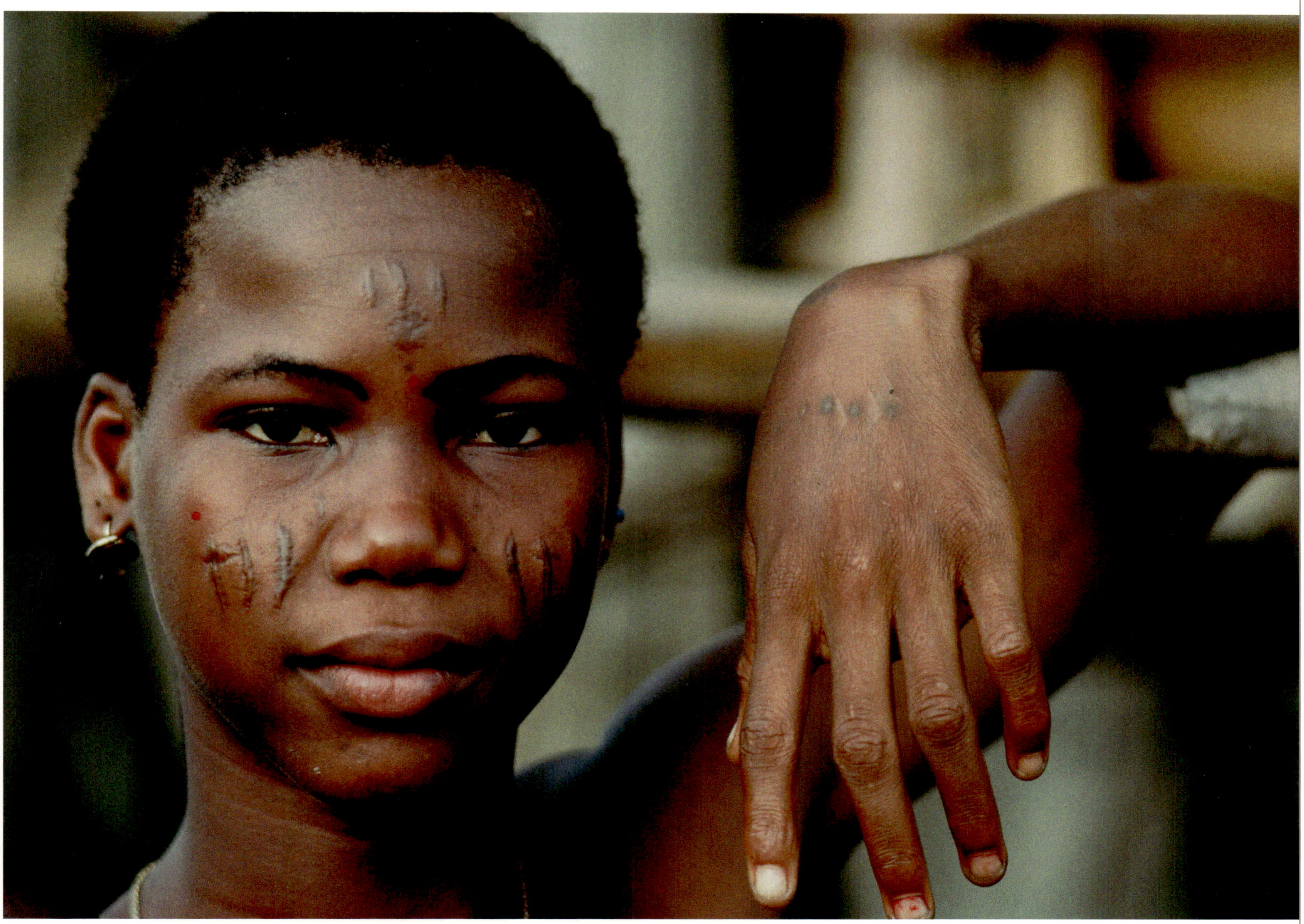

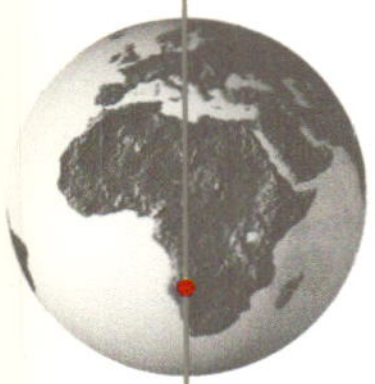

Wo der Kunene die Grenze zwischen Namibia und Angola bildet, wo er sich als einziger ganzjährig wasserführender Fluss der Region seinen Weg durch Berge, Savanne und Wüste zum Atlantischen Ozean bahnt, im Nordwesten Namibias und im Südwesten Angolas, leben die Himba.

Himba

Kraft der Tradition

Das Land der Himba, das Kaokoveld, ist eine in weiten Gebieten infrastrukturell nicht erschlossene, unberührte Naturlandschaft. Die Himba, die ihre kulturelle Autonomie weitgehend bewahren konnten, führen hier ihre bis heute sehr erfolgreiche traditionelle Wirtschafts- und Lebensweise fort: Als nomadische Rinderhirten nutzen sie die spärliche Weide der Trockensavanne, leben von der Milch ihrer Herden und von Mais, den sie gegen Vieh eintauschen. In der traditionellen Kultur der Himba sind Körperschmuck, Kleidung und Frisuren mehr als nur eine Visitenkarte: Sie geben Auskunft über sozialen Status, Geschlecht, Alter, Familienstand, Kinderzahl, verwandtschaftliche Zugehörigkeit, Freundschaften oder Geistbesessenheit und nicht zuletzt über Wohlstand, persönlichen Stil und Kreativität. Ungeachtet der Details erscheinen die Mädchen und Frauen der Himba dem fremden Auge jedoch fast identisch gekleidet zu sein: In hell leuchtendem Rot glänzen ihre Körper, ihre Lederkleidung und der größte Teil ihres Schmucks. Wenige schlichte schwarze Muster, silbergraue Eisenperlen, dunkelgelbe Messingbesätze und eine weiße Schmuckschnecke vor der Brust setzen Akzente.

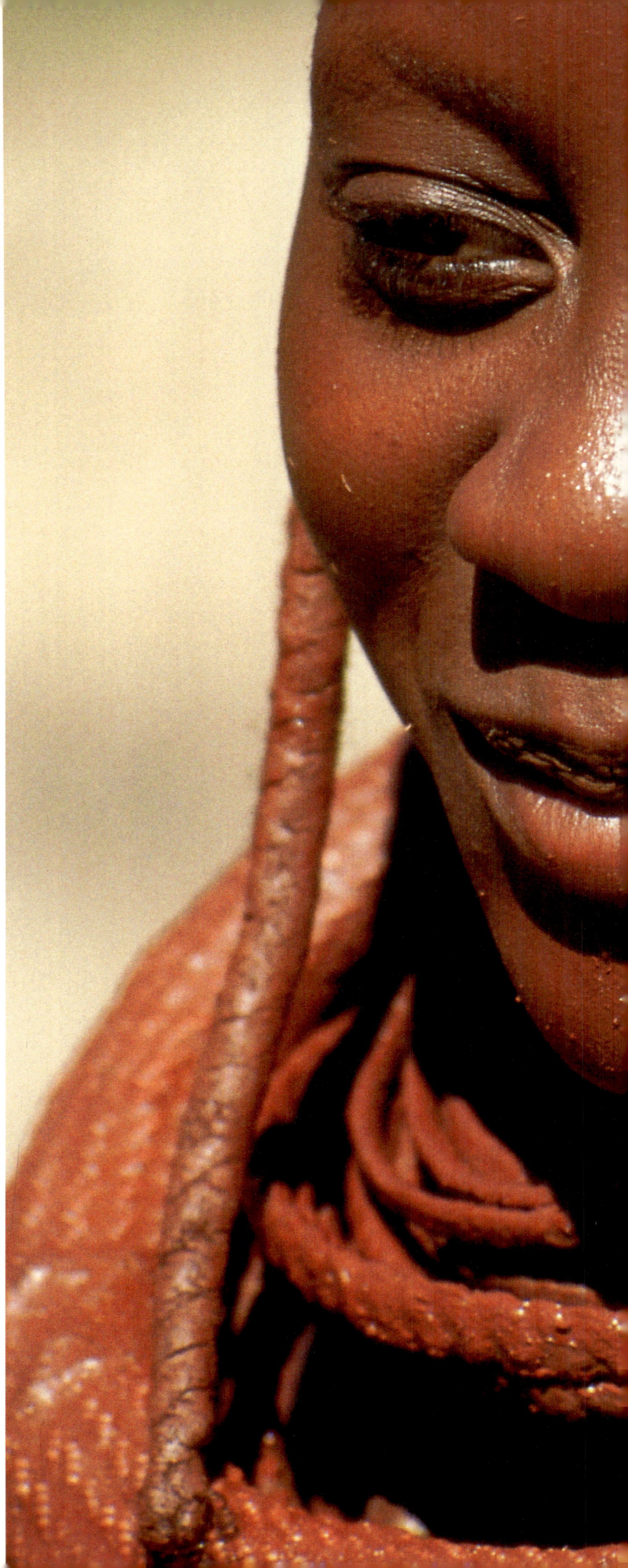

Die Himba-Frauen reiben sich täglich Haare und Körper mit einer Mischung aus rotem Ocker und Fett ein, die nach und nach auch Schmuck und Kleidung einfärbt. Bei Festen und auf Reisen wird besonders viel Farbpigment unter das Fett gemischt, sodass das Rot noch kräftiger leuchtet.

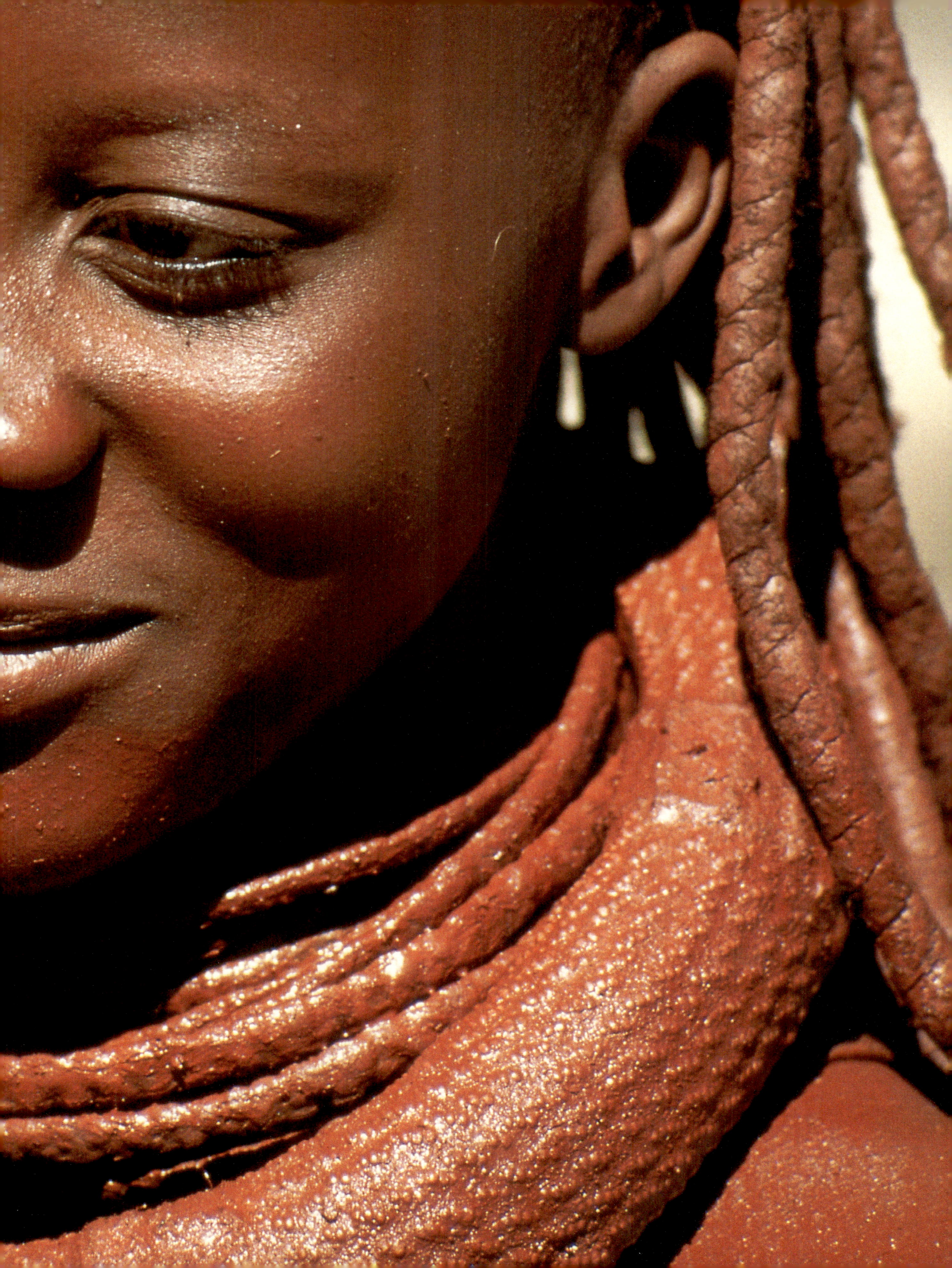

DIE HIMBA – KÖRPER IN GLÄNZENDEM ROT

GANZ IM ZEICHEN VON OTJIZE UND OTJIZUMBA – DEN AUS OCKER UND PARFUMSTOFFEN HERGESTELLTEN FARBEN ROT UND SCHWARZ – STEHT DIE NACH GESCHLECHTERN GETRENNTE KÖRPERBEMALUNG DER HIMBA.

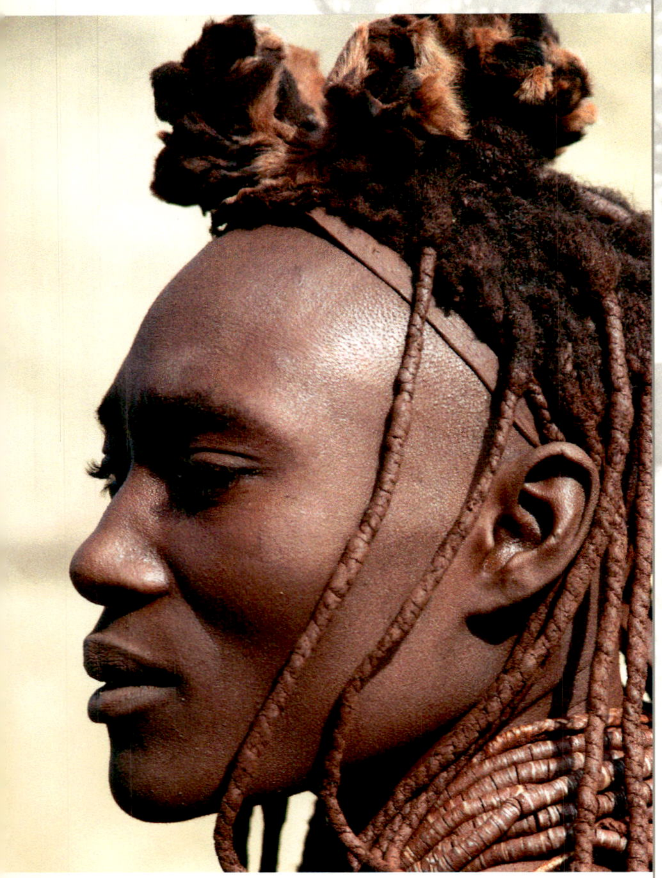

Der charakteristische häubchenartige Kopfschmuck dieser Himba-Frau bezeugt ihren Status als Verheiratete und Mutter.

Otjize, ein intensiv färbender roter Ocker, ist die alles beherrschende Farbe im Leben der Himba. Die Frauen reiben sich vollständig mit *otjize* ein, und entsprechend nehmen alle Dinge des täglichen Gebrauchs im Nu die rote Farbe an. Bei der täglichen Morgentoilette wird die *otjize* des Vortags entfernt, der zu feinstem Farbmehl zermahlene Ocker dann frisch mit Butterfett und einem Pulver aus verschiedenen Parfumpflanzen, dem *otjizumba,* gemischt und neu aufgetragen. Die Haut ist so bestens geschützt, bleibt geschmeidig und sauber: Durch diese Schicht gelangen letztlich weder Schmutz noch Ungeziefer an die Haut.

Männer und Kinder benutzen kein *otjize.* Sie pflegen ihre Haut mit Fett und ihren Schmuck mit der kohlschwarzen Mischung aus *otjizumba* und Fett. Vielmehr: Sie lassen pflegen, denn es ist Aufgabe der Frau, Mann und Kindern allmorgendlich Fett zu reichen und ihren Schmuck frisch einzureiben.

Für die Körperpflege wird viel Zeit aufgewendet. Jeden Tag buttern die Frauen stundenlang, schütteln schon vor dem Morgengrauen in ihren Hütten die Butterkalebasse. Die Butter wird dann zu Butterfett ausgekocht, das fast ausschließlich zur Körperpflege verwendet wird.

Viele der Parfumpflanzen wachsen nur in den Bergen und am Kunene, sodass die Frauen mehrtägige Reisen unternehmen müssen, um Zweige, Blätter, Blüten, Rinde und auch Rindenpilze verschiedener Pflanzen zu sammeln. Diese werden zum Teil getrocknet, zum Teil geröstet und anschließend zermahlen. Durch das Rösten wird das *otjizumba* kohlschwarz, was aber beim Mischen mit *otjize* durch die Pigmente des Ockers völlig überdeckt wird.

Jeder neue Lebensabschnitt wird durch eine neue Frisur symbolisiert: Einem Säugling wird der Kopf bis auf ein winziges Haarbüschelchen rasiert, oder es werden, je nach Zugehörigkeit zum »Vaterklan«, Muster aus dem Haar rasiert. Kinder tragen zwei oder vier kurze geflochtene Zöpfe, die in die Stirn oder in den Nacken weisen. Von der Pubertät an tragen unverheiratete junge Männer den *ondato,* einen langen geflochtenen Zopf.

Ein verheirateter Mann trägt den *ondumbu,* einen fest gesteckten, hohen Haarknoten, der mit einem Tuch umwickelt wird. Zur Pflege des Haars und zum Schutz vor Ungeziefer werden hierbei ausreichend Fett und *otjizumba* in den Haarknoten eingearbeitet.

Frauen tragen von der Pubertät an die Zöpfchenfrisur. Sie wird etwa alle vier Monate erneuert: In tagelanger Arbeit werden die Haare gekämmt und mit Asche gereinigt, die Zöpfe aus jeweils zwei miteinander verdrillten Haarsträngen neu gedreht und wieder mit *otjize* eingefettet.

Nur wenige Manipulationen des Körpers sind üblich. Die Vorhautbeschneidung wird bei allen kleinen Jungen durchgeführt. Sie symbolisiert Männlichkeit: Von nicht beschnittenen Jungen heißt es, sie seien »noch Mädchen«. Die Verlängerung der Schamlippen junger Frauen war früher üblich, wird aber heute von vielen Frauen abgelehnt. Allen Kindern werden die mittleren Schneidezähne des Unterkiefers ausgeschlagen, ein rascher, fast schmerzloser Eingriff. Erwachsene lassen sich später die oberen Schneidezähne spitz zufeilen: eine langwierige und schmerzhafte Behandlung, auf die heute manche verzichten, obwohl es sich dabei um ein bedeutendes Schönheitsmerkmal handelt.

Der zeremonielle Kopfschmuck signalisiert, dass diese beiden Kinder an der Schwelle zur Pubertät stehen.

Das Flechten, Reinigen mit Asche und Einfetten der über die Schulter reichenden langen Haare erfordert Geduld und Sorgfalt, ist aber für die »wahre Schönheit« einer Himba-Frau unerlässlich. Die Art der Frisur, für die ganz bestimmte Regeln gelten, kennzeichnet auch die einzelnen Lebensphasen und den Stand in der Gemeinschaft.

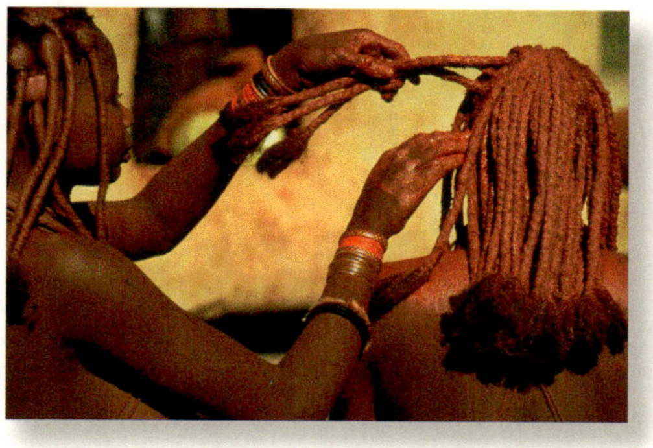

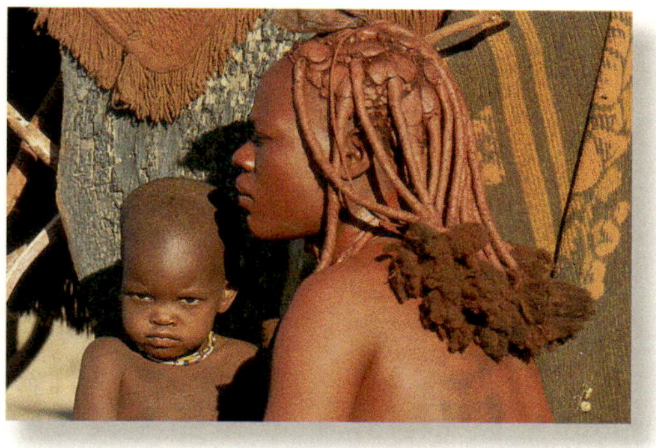

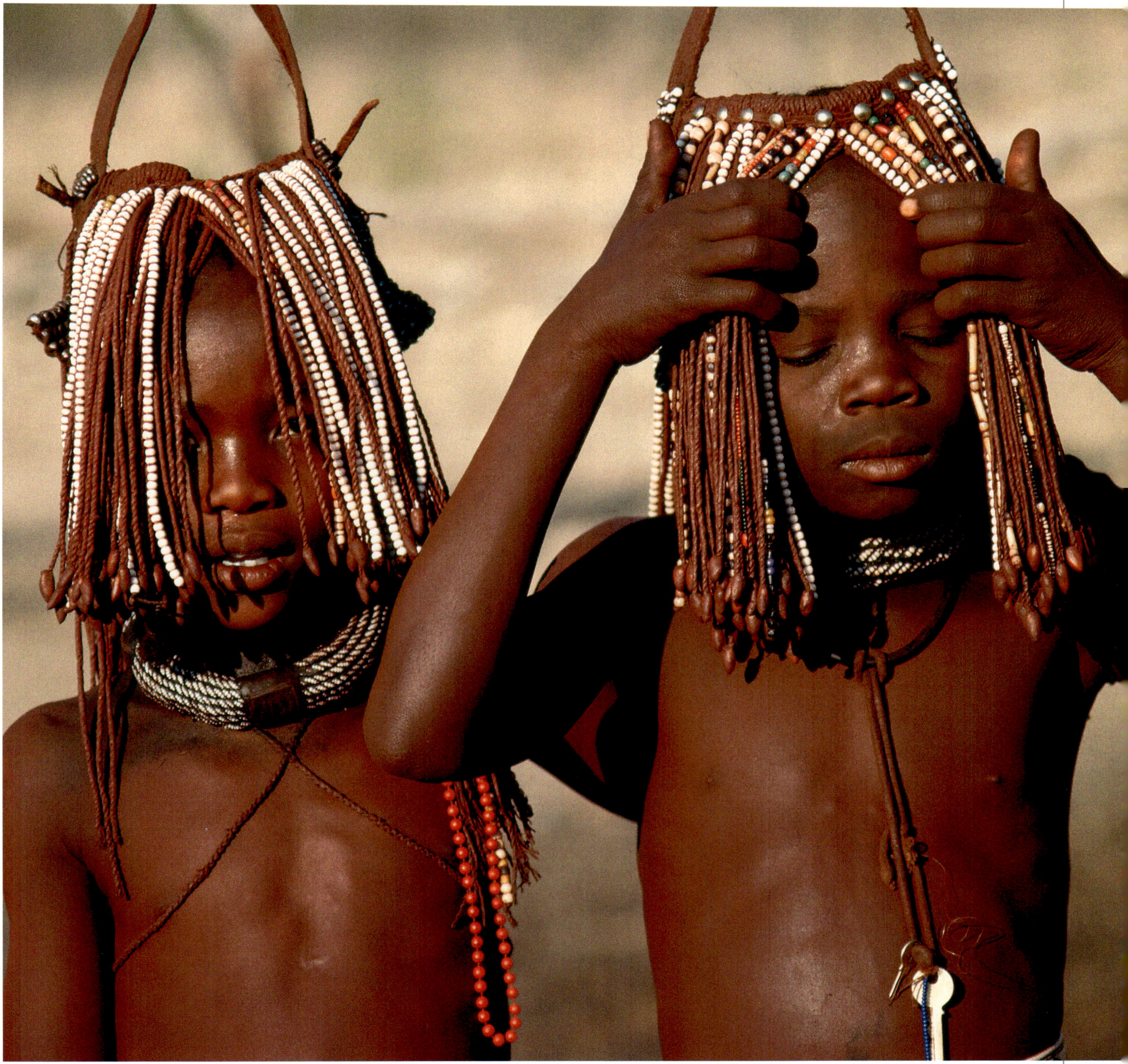

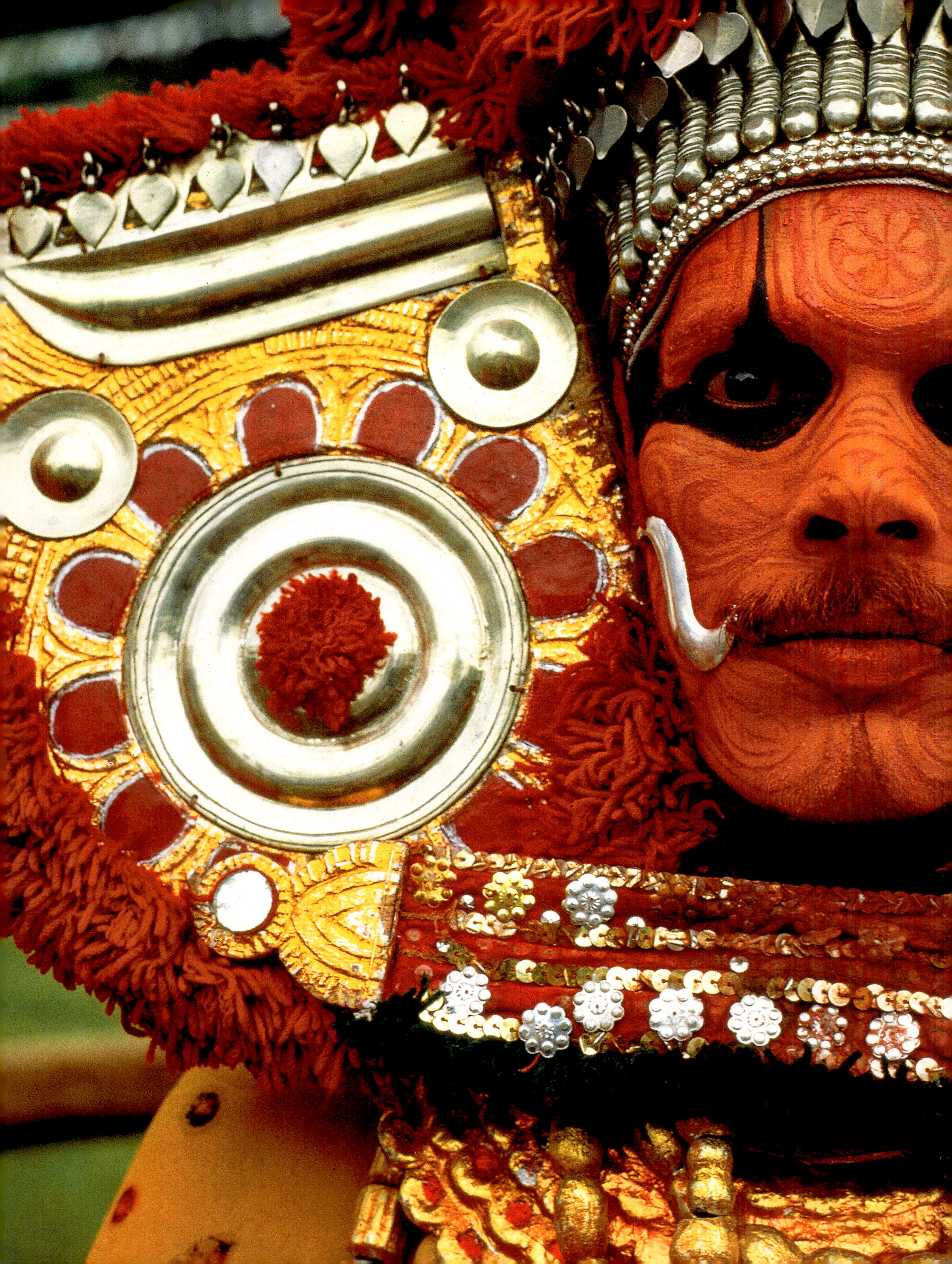

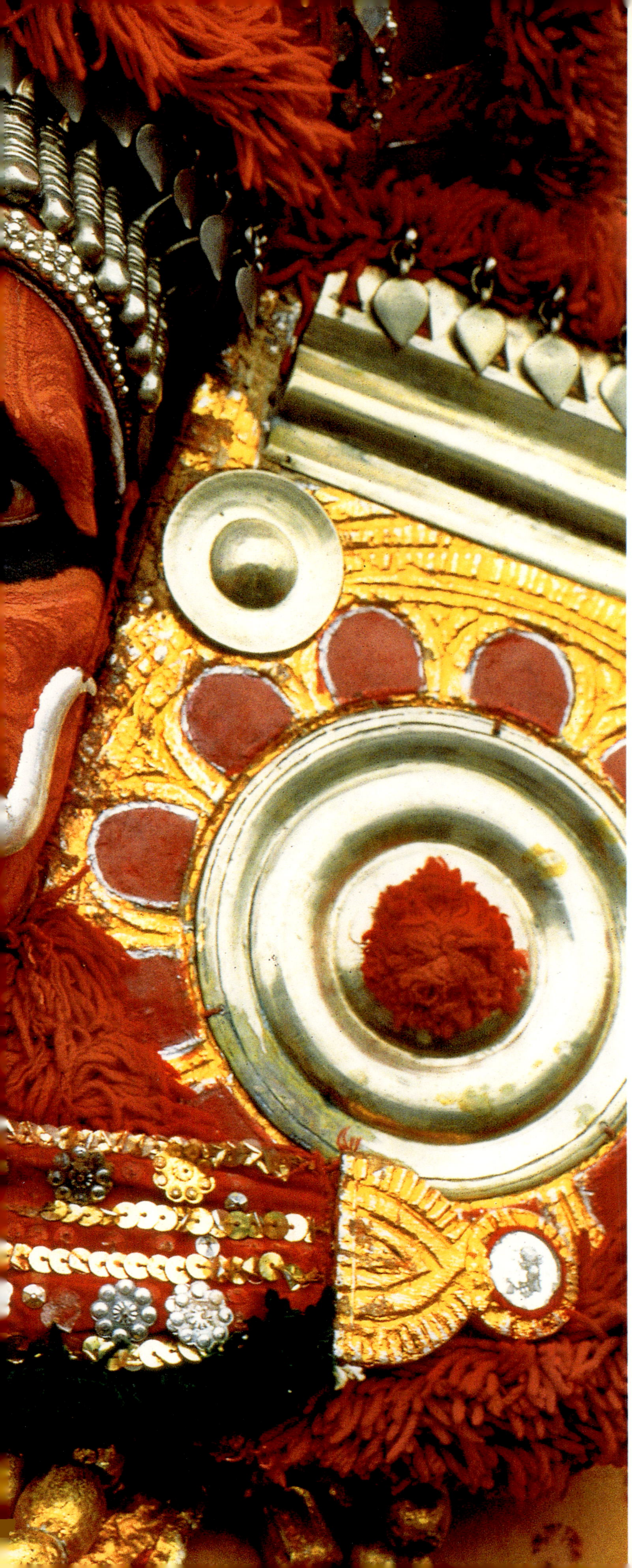

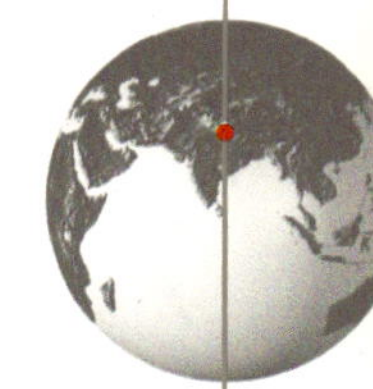

Indien und Nepal sind die Heimstätten des Hinduismus, der drittgrößten Weltreligion mit fast einer Milliarde Anhänger. Die Tradition der vedischen Religion und des Brahmanismus wird geprägt vom Kastensystem, vom Kreislauf der Wiedergeburten und dem Weiterwirken der Taten (Karma) in späteren Reinkarnationen, einer reichen epischen Überlieferung sowie zahlreichen farbenprächtigen Riten.

INDIEN UND NEPAL

DIE SCHÖNHEIT DES GÖTTLICHEN

Die rituelle Kunst des indischen Kulturraums zeichnet sich durch die Freude an der Schönheit des Lebens in allen seinen Phasen als Brücke zum Göttlichen aus. Sie ist zutiefst symbolisch, reich an Mythen, dramatisch inszeniert und von starker Sinnlichkeit durchdrungen. Diese weit gefächerte Sinnlichkeit beinhaltet der altindische Begriff *shringar*, dazu gehören das Schminken und Schmücken des Körpers, Tanz, Musik und Spiel sowie die Naturelemente, die Jahreszeiten und die Liebe. Der Sinnenfreude steht die Askese gegenüber, die jedoch nicht als Weltverachtung zu verstehen ist, sondern der Erkenntnis entspringt, dass alle Herrlichkeiten nur ein schwacher Abglanz des Göttlichen sind. Gott und Göttin sind Verkörperungen transzendenter Schönheit. Farben und rituelle Zeichen gehören zu deren vielfältigen Erscheinungsformen, die Künstler von jeher darzustellen suchen. Die göttliche Energie und ihr künstlerisches Abbild werden in der rituellen Körperkunst gefeiert. Sie ermöglicht es den Menschen, ihre Verbindungen zueinander, zum Göttlichen und zur Welt bewusst zu erleben.

Mit rot-schwarz geschminktem Gesicht, einem fantastischen Kopfputz und reichhaltig dekoriertem Gewand verkörpert ein Teyyam-Tänzer eine lokale Gottheit. Teyyam-Aufführungen finden in Kerala vor allem zwischen Dezember und Mai statt.

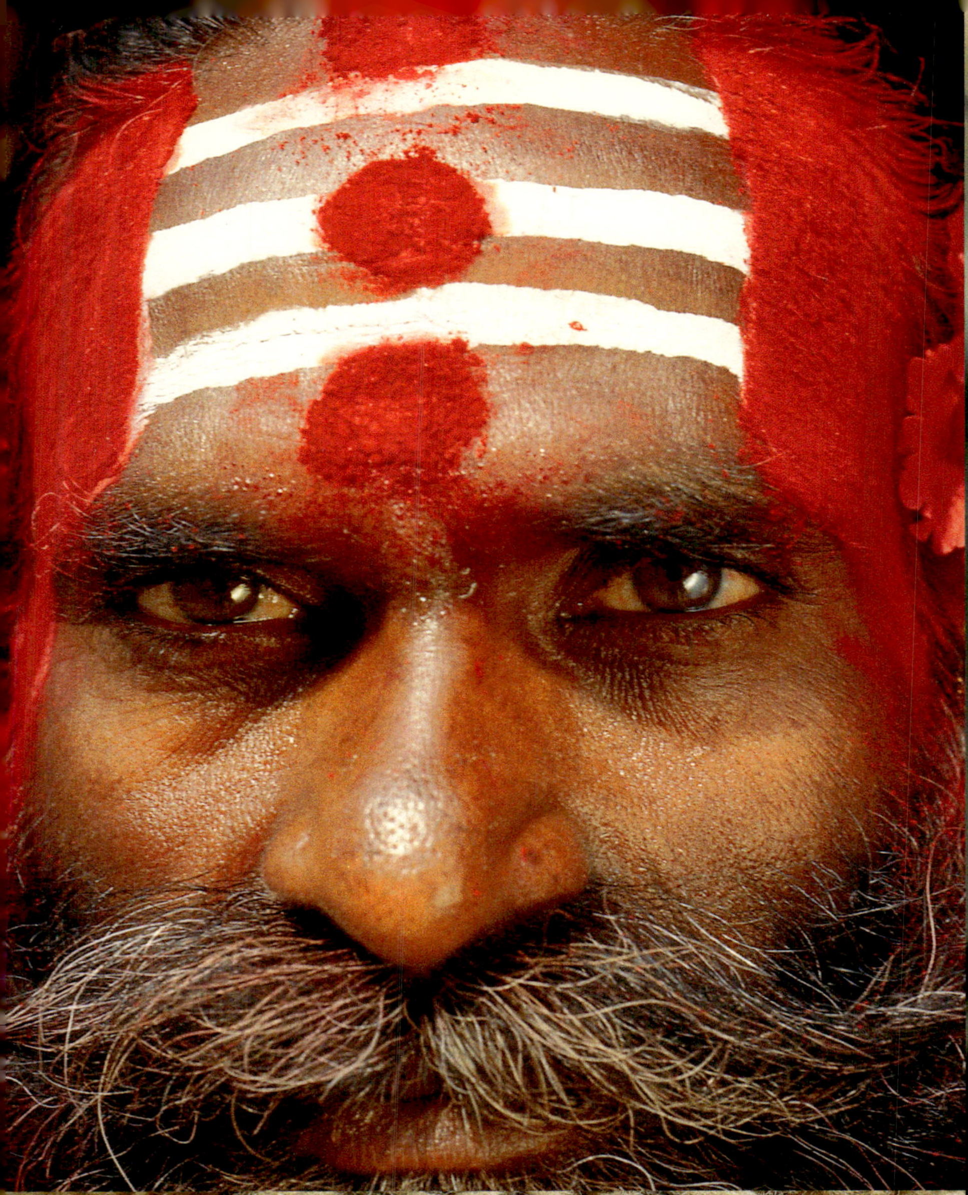

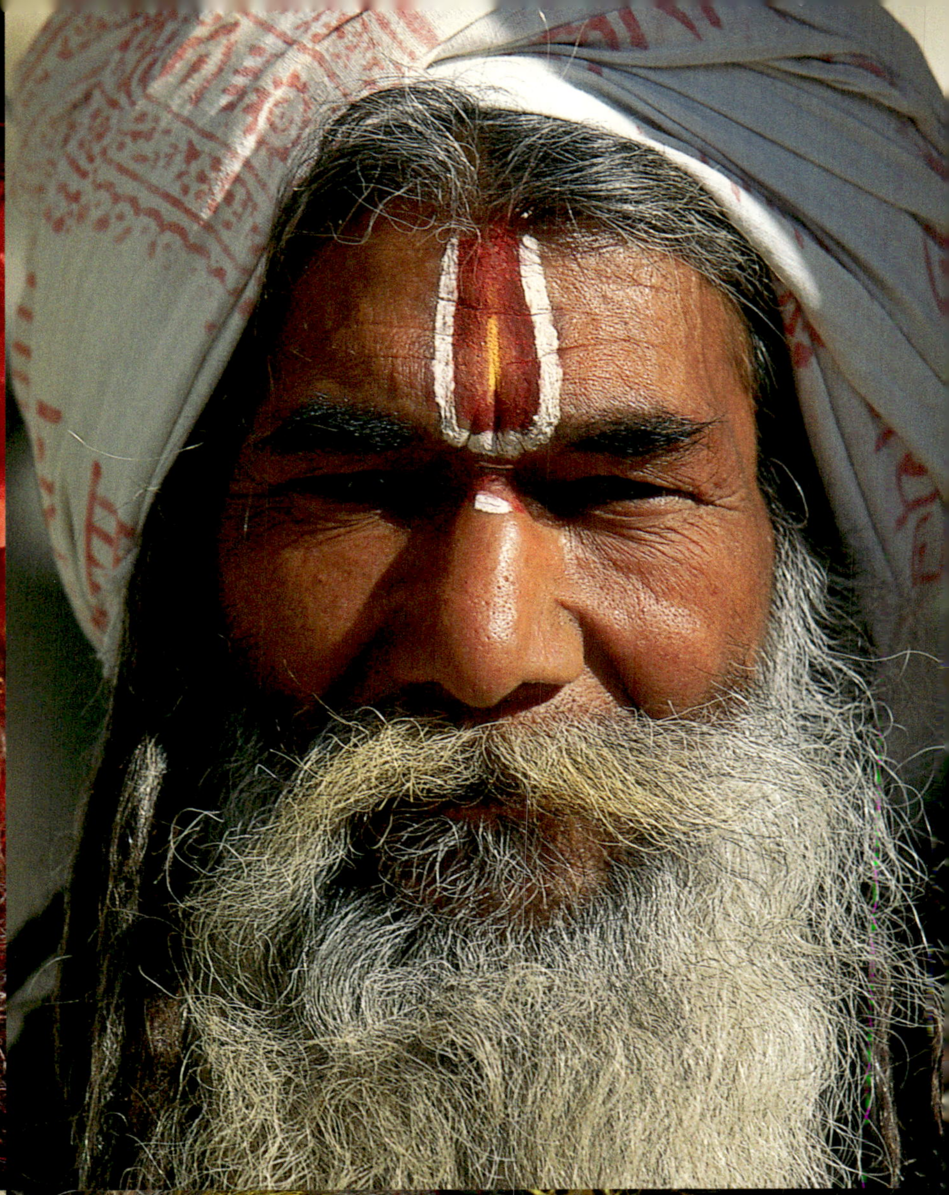

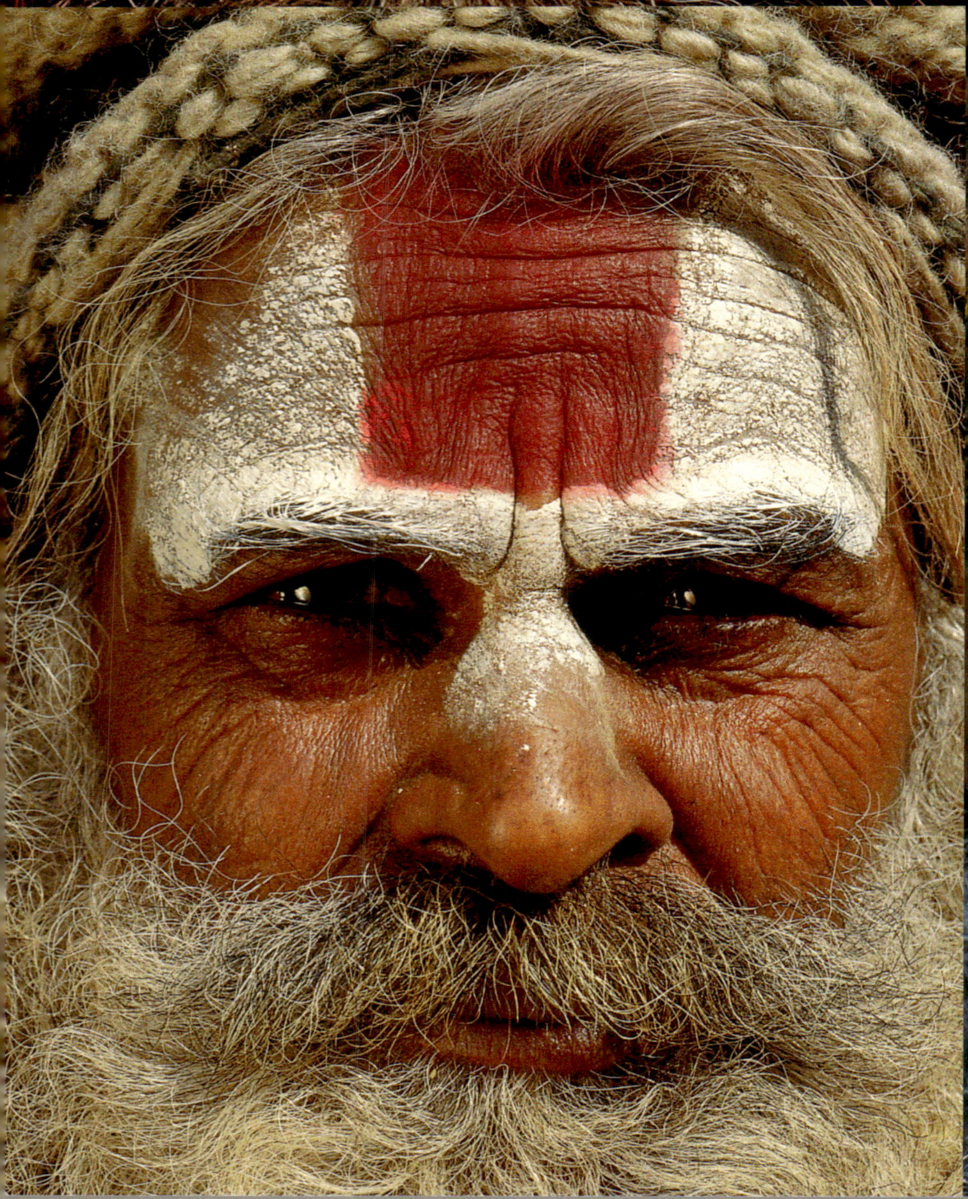

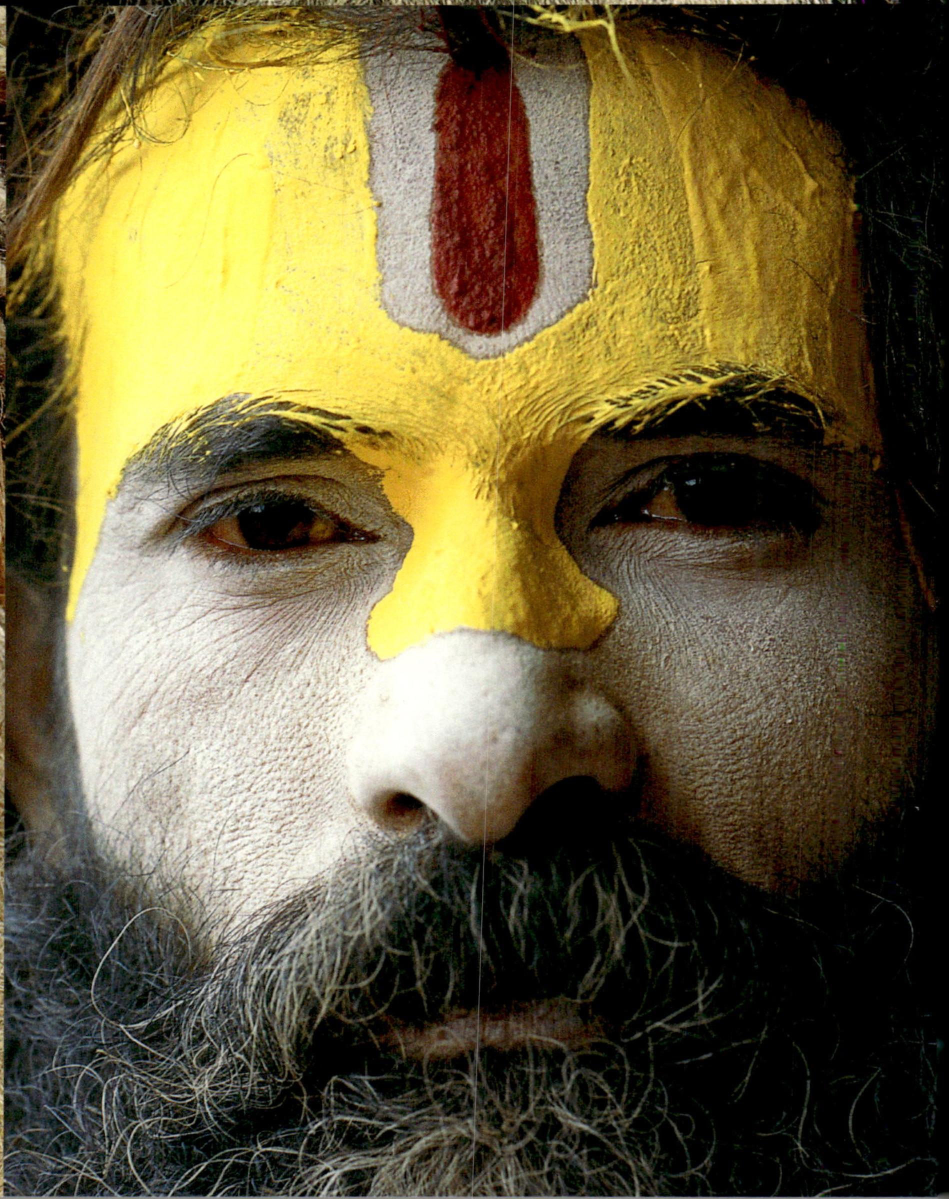

Oben: Als Anhänger Shivas, eines der drei Hauptgötter der Hindus, gibt sich dieser Asket zu erkennen. Drei horizontal über die Stirn gezogene Linien symbolisieren die Dreiäugigkeit Shivas.
Unten: Die Farben Weiß und Rot im Gesicht dieses Sadhu stehen für Askese und die Schöpfung.

Oben: Auf den hinduistischen Hauptgott Vishnu verweist das u-förmige Emblem mit dem Mittelstrich. Es steht für die drei Schritte, mit denen Vishnu das Universum durchmessen hat.
Unten: Gelbtöne werden von Hindus mit dem Sonnengott und Welterhalter Vishnu assoziiert.

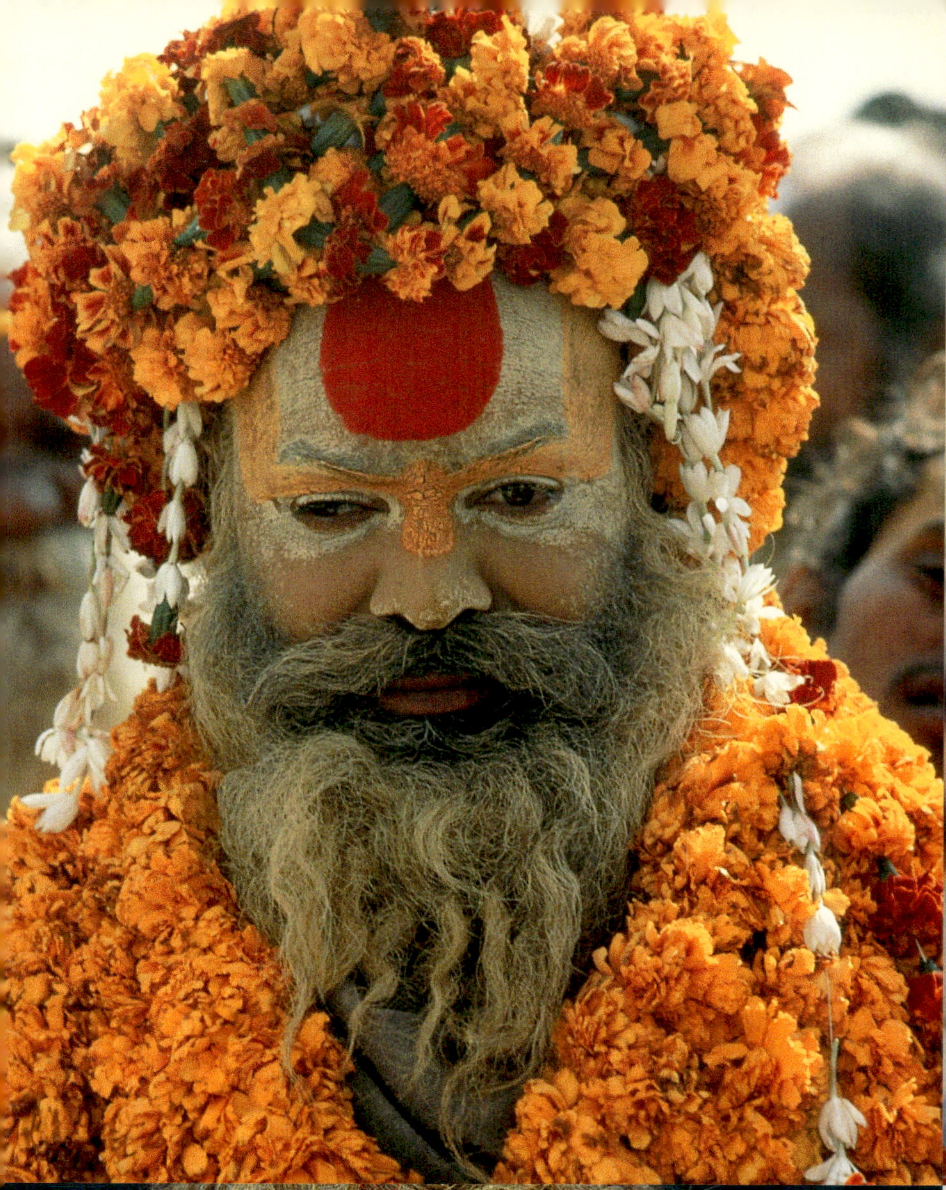

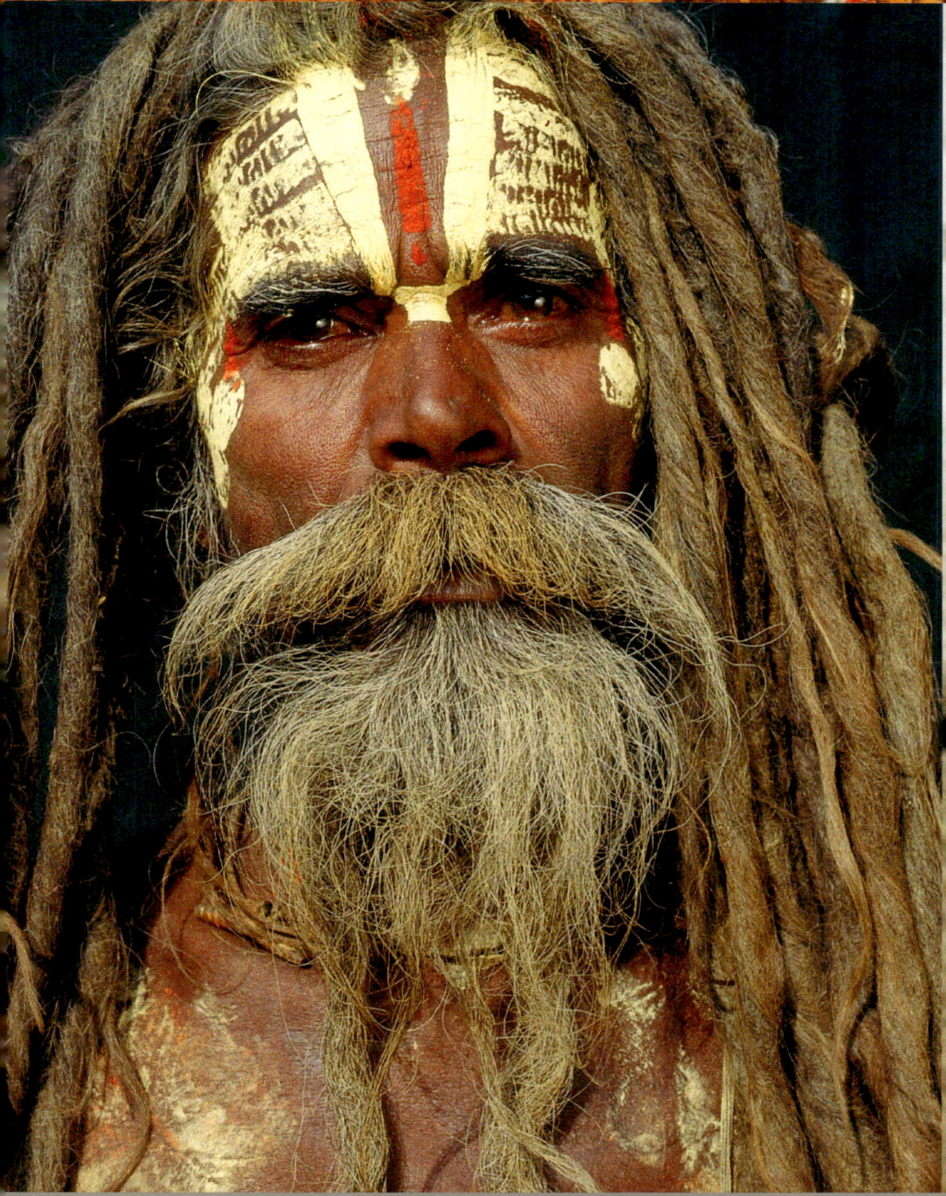

Oben: Im Zeichen von Orange steht der Kopf- und Gesichtsschmuck dieses frommen Mannes.
Unten: Ein ausgefallenes Stirnzeichen in Form einer Kerze trägt dieser Asket. Die verfilzten, lose herabhängenden langen Haare weisen ihn als Anhänger Shivas aus.

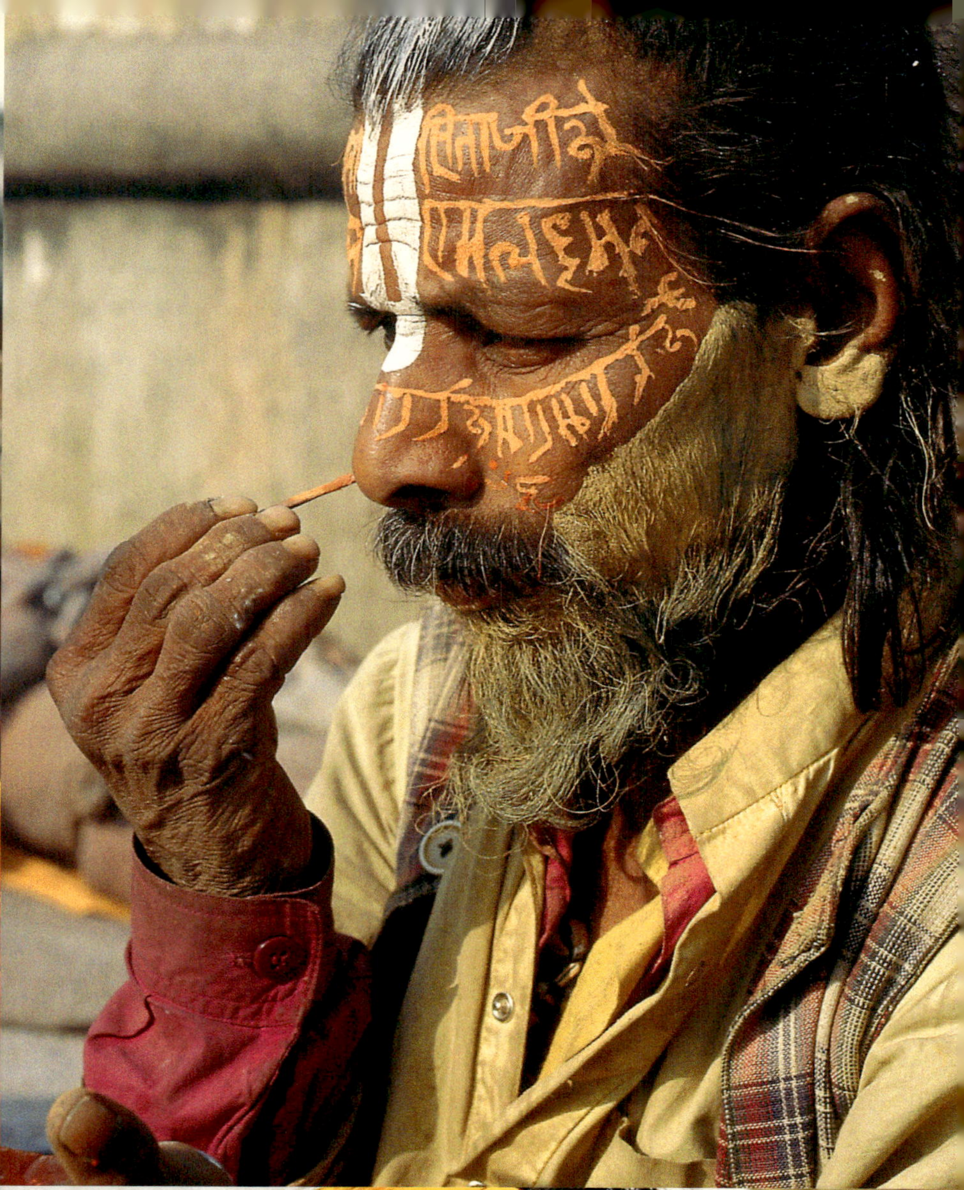

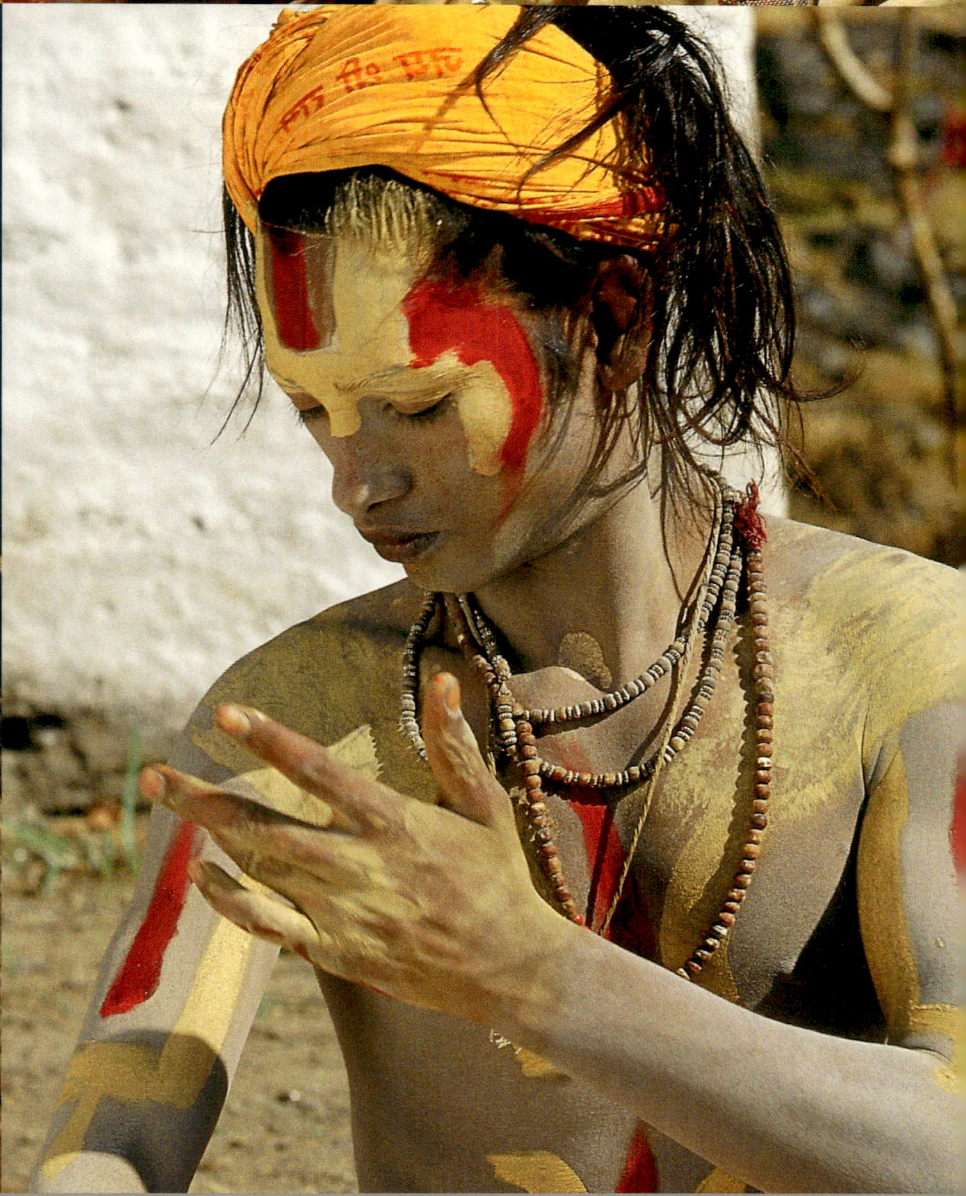

Oben: Neben dem Stirnmal schmückt sich dieser Mann aus Nepal mit ockerfarbenen Schriftzeichen.
Unten: Mit rot-gelben Mustern verziert ein Sadhu Gesicht, Oberkörper und Arme. Sadhus sind die heiligen Männer Indiens, die asketisch als Eremiten und umherziehende Bettelmönche leben.

Rituelle Zeichen und Farben der Götter

Motive und Farben der Gesichtsbemalung hängen im Hinduismus davon ab, ob ihre Träger Anhänger der Hauptgötter Vishnu, Shiva und Brahma oder der Weltenmutter Shakti sind.

Holi – farbenfrohes Frühlingsfest

Die große Holika, kurz Holi genannt, ist das hinduistische Fest der Sinne und der Liebe. Es wird zu Ehren Kamas, des Gottes der Liebe, und Krishnas, des Gottes der Gnade, gefeiert. Die Lebens- und die Liebeslust – im Alltag oft ausgegrenzt – wird leidenschaftlich und fantasievoll in Szene gesetzt. Eine bedeutende Rolle spielt dabei die Farbe. Männer und Frauen beschmieren einander mit Farben, bestreuen sich mit Farbpulver und bespritzen sich überschwänglich mit gefärbtem Wasser. Dies ist ein alter Fruchtbarkeitszauber, der den Sieg des Frühlings über den Winter, den Tod und die Wiedergeburt Kamas beschwört sowie den Triumph des Guten über das Böse. Ursprünglich wurden Safranstaub und wohlriechendes, meist rotes Pulver verstreut, denen man betörende Wirkung zuschreibt. Frauen führen kunstvolle leidenschaftliche Tänze auf, die »unterwürfige Ehefrau« spielt den »gebieterischen Ehemann«; Männer schlüpfen hingegen beispielsweise in die Rolle von Prostituierten. Die vorübergehende Umkehrung der Geschlechterbeziehungen sowie des Alters und der gesellschaftlichen Stellung wird enthusiastisch gefeiert.

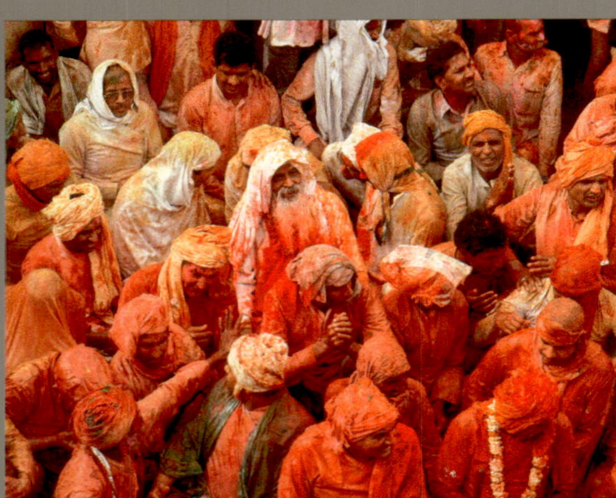

Ein einziger Farbenrausch ist das Holi-Festival, bei dem der Beginn des Frühlings gefeiert wird. Hier haben sich Hindus mit einem *gullal* genannten Farbpulver eingerieben.

Die Menschen, die ihr Leben der Religion geweiht haben, bringen ihre Verehrung für eine Gottheit durch das Tragen der göttlichen Stirnzeichen, der *tilaka,* zum Ausdruck. Die Stirn, von keinen Ausscheidungen beschmutzt, gilt den Hindus als besonders reine Körperstelle. Die rituellen Stirnzeichen wie auch die Körperfarben der hinduistischen Hauptgottheiten sind zutiefst symbolisch.

Stirnmale – Zeichen der Verehrung und religiöses Bekenntnis

Der hinduistische Hauptgott Vishnu gilt seinen Anhängern als absoluter Gott und Erhalter des Universums. Vishnu offenbart sich in vielfältigen Formen und Inkarnationen. Auffällig ist seine Blauhäutigkeit, die auf seine Verbindung mit dem kosmischen Ozean verweist und die schöpferische Energie versinnbildlicht. In seinen Inkarnationen als Rama, der göttliche Held, und Krishna, der Gott der Gnade, erscheint er ebenfalls blauhäutig. Die Farbe Blau wirkt im Hinduismus sowohl spirituell als auch erotisch. Krishna ist nach der hinduistischen Mythologie der erfolgreiche Liebhaber par excellence, und Rama verkörpert den idealen Ehemann.

Die Stirn Vishnus schmückt ein u-förmiges Emblem mit einem Mittelstrich, das den Dreischritt symbolisiert: Der Überlieferung zufolge durchmaß Vishnu mit drei Schritten, vom Zwerg zum Riesen wachsend, das Universum. Diese drei Schritte sind Sinnbild für Sonnenaufgang, Zenit und Untergang und werden als Besitzergreifung des Kosmos interpretiert. Die Vishnu-Anhänger tragen dieses Stirnmal als Zeichen ihrer Verehrung. Aufgrund der Assoziation mit der Sonne bevorzugen sie warme Rot- und Gelbtöne.

Seine Anhänger verehren den hinduistischen Hauptgott Shiva als den höchsten aller Götter. Er manifestiert sich in unendlich vielen Formen und verkörpert die Zerstörung und Erneuerung des Universums. Shiva ist im Gegensatz zum blauhäutigen Vishnu weiß, rot oder schwarz. Das Weiß, das von einem mit Asche bedeckten Körper herrührt, betont seine asketische Natur. Rot ist die Farbe der Schöpfung, aber auch des Schreckens. Sie symbolisiert den dualistischen Charakter Shivas. Die Farbe Schwarz versinnbildlicht die Zerstörung des Universums. Ein sehr wichtiges Identifizierungsmerkmal Shivas ist die Dreiäugigkeit. Das dritte Auge auf der Stirn ist als flammender Durchbruch der Erkenntnis, also als Weisheitsauge zu verstehen. Shiva-Anhänger tragen als Zeichen von Shivas Dreiäugigkeit drei horizontal über die Stirn gezogene weiße Linien. Auch das populäre punktförmige rote Stirnmal zeigt das mystische Weisheitsauge an.

Die dritte theologische Hauptrichtung des Hinduismus ist der Shaktismus. Seine Anhänger, die Shaktas genannt werden, sind Verehrer der großen Muttergöttin Devi. Sie stellen das weibliche Energieprinzip *shakti* über alles und betrachten das Urprinzip des Universums nicht als männlich, sondern als weiblich. Der Shaktismus spielt vor allem im shivaitischen Götterkreis eine bedeutende Rolle. Ähnlich wie Shiva erscheint Devi in zahlreichen, oft sehr konträren Formen: mütterlich und jungfräulich, gütig und destruktiv oder heroisch.

Entsprechend den vorherrschenden Eigenschaften werden die Manifestationen durch Farben visualisiert. Kali, wörtlich »die Schwarze«, ist in weiten Teilen Indiens eine große Volksgöttin und wird entsprechend ihrer zerstörerischen Aspekte schwarz oder dunkelblau und

Auch diese beiden minderjährigen Sadhus (links) haben sich schon ausgiebig im Gesicht und am Körper geschminkt. Die Grundlagen der Farben für die Gesichtsbemalung sind Naturprodukte: Man zermahlt Sandelhölzer (rot) oder Gelbwurzel (gelb) und stellt daraus eine Paste her. Für die Farben Schwarz und Weiß verwendet man Holzkohle und Lampenruß sowie Kalk und Reispuder.

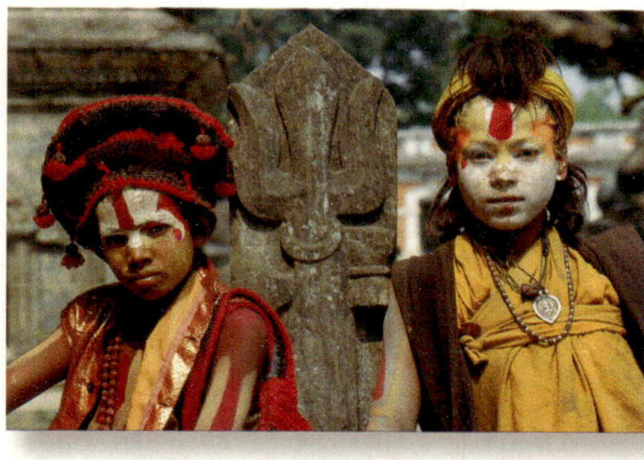

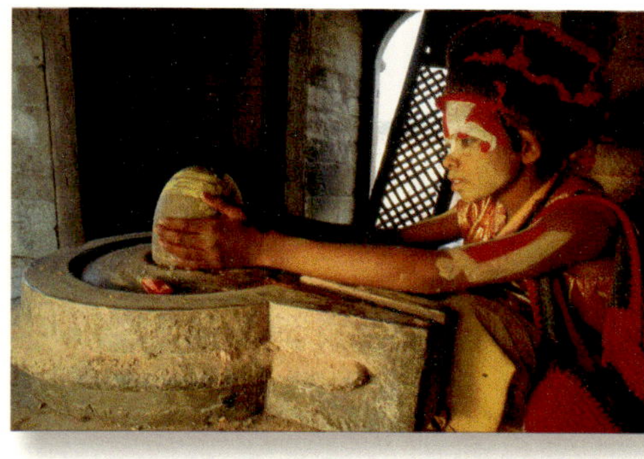

mit einem roten Stirnauge dargestellt. Ihre Anhänger tragen dieses Stirnmal als Zeichen religiöser Huldigung.

Diese glaubensspezifischen Stirnembleme werden anlässlich der täglichen Opferrituale und bei religiösen Festen im Tempel aufgetragen. Die roten Symbole werden auch heute noch mit Rotsandelholzpaste aufgemalt, gelbe mit einem Produkt aus der Rinde anderer Sandelholzbäume oder aus dem Wurzelstock der Gelbwurzel. Für die Farbe Schwarz benutzt man Lampenruß oder Holzkohle. Eine weiße Paste stellt man aus Kalk und Reispuder her.

Asketen verwenden hingegen oft weiße Erde von den Ufern des Ganges oder Asche von einer Kultstätte. Sie streben die Einswerdung mit der von ihnen verehrten Gottheit und somit die Erlösung an. Die vollkommene Verschmelzung mit dem göttlichen Ideal kommt im Körperschmuck zum Ausdruck. Die Shiva-Anhänger schmücken ihren ganzen Körper entsprechend Shivas Erscheinungsform als Schutzherr der Asketen und Yogis: nackt, nur mit Asche beschmiert, das lange Haar verfilzt und hoch aufgetürmt oder lose herabhängend. Ein Leoparden- oder Tigerfell, das als Sitzunterlage dient, verweist auf die Begierden, die in Meditation und Yoga überwunden werden sollen. Hauptattribut der Asketen ist die Heilige Schnur, die aus einem Antilopenfell gearbeitet sein kann oder aus 81 beziehungsweise 108 Perlen besteht. Die heiligen Zahlen sind gleichbedeutend mit der Unendlichkeit.

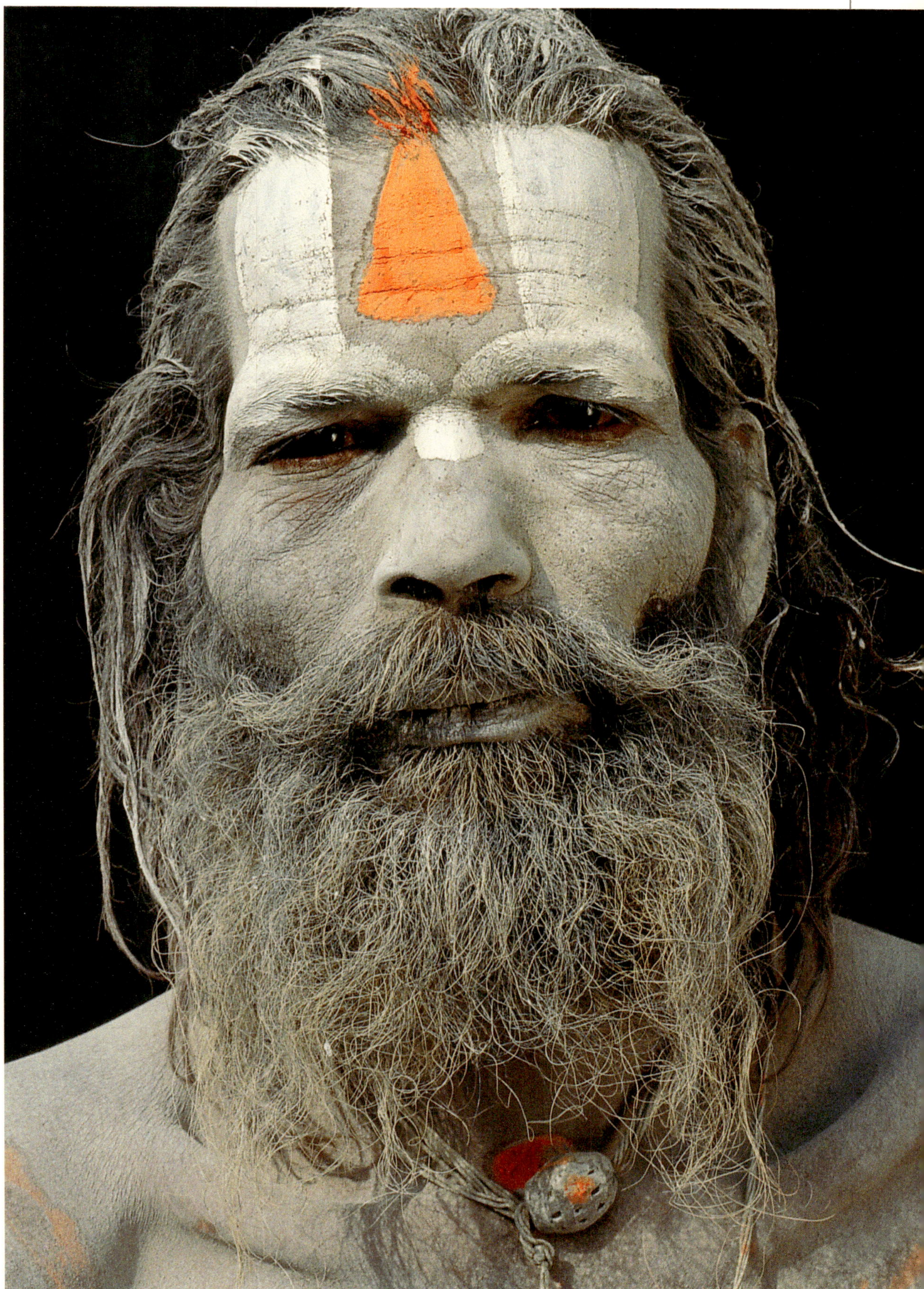

Das dritte Auge Shivas, das so genannte Weisheitsauge, wird durch das rote Dreieck auf der Stirn dieses frommen Asketen symbolisiert. Ansonsten bemalen die Anhänger Shivas das Gesicht und den gesamten Körper meist mit weißer Erde oder Asche.

Der rote Farbpuder am Scheitel dieser Frau zeigt, dass sie verheiratet ist. Eine Domäne der Frauen ist in einigen Regionen Indiens – ähnlich wie auch in Nordafrika – der Brauch, Hände und Füße mit Henna zu bemalen. Dabei werden Hand, Fuß und Zehen rot eingefärbt und mit Mustern verziert. Die filigranen Motive haben meist eine religiöse, soziale oder kosmologische Bedeutung.

Neben diesen religiösen Körperzeichen, die auf die Glaubensrichtung eines Menschen hinweisen, ist das rote Stirnmal als Segenszeichen weit verbreitet. Frauen gilt es gleichzeitig als Schmuck, der die Wirkung der Augen und den Liebreiz des Gesichts betont. Sie erhalten es ebenfalls beim Tempelbesuch oder bringen es bei der Morgentoilette an. Lokalen Traditionen oder modischen Launen folgend benutzen die Frauen meist künstlichen Farbpuder oder selbstklebende phantasievolle Modeprodukte. Die Augen selbst werden durch schwarze Schminke betont. Früher benutzten die Frauen Lampenruß. Heute umranden sie nur noch die Augen ihrer Kinder damit, um sie gegen den bösen Blick zu schützen. Das Einfärben des Scheitels mit rotem Farbpuder ist hingegen nicht religiös motiviert. Frauen zeigen damit, daß sie verheiratet sind.

Die Kunst des Tatauierens

Die Anfänge der Tatauierung in Indien liegen im Dunkeln. In einer der zahlreichen Mythen wird erzählt, daß Krishna, eine der populärsten Gottheiten Indiens, seine Geliebte Radha tatauiert habe. Seine Namen tatauierte der Gott mit seinem königlichen Blau auf ihren Körper. Im heutigen Indien ist das Tatauieren eine von Frauen ausgeübte und tradierte Kunst. Sie wird vor allem von den Frauen der niedrigkastigen, ländlichen und ureingesessenen Bevölkerung praktiziert.

Im Kutch, einer wüstenartigen Region in Gujarat im nordwestlichen Indien, gelten die

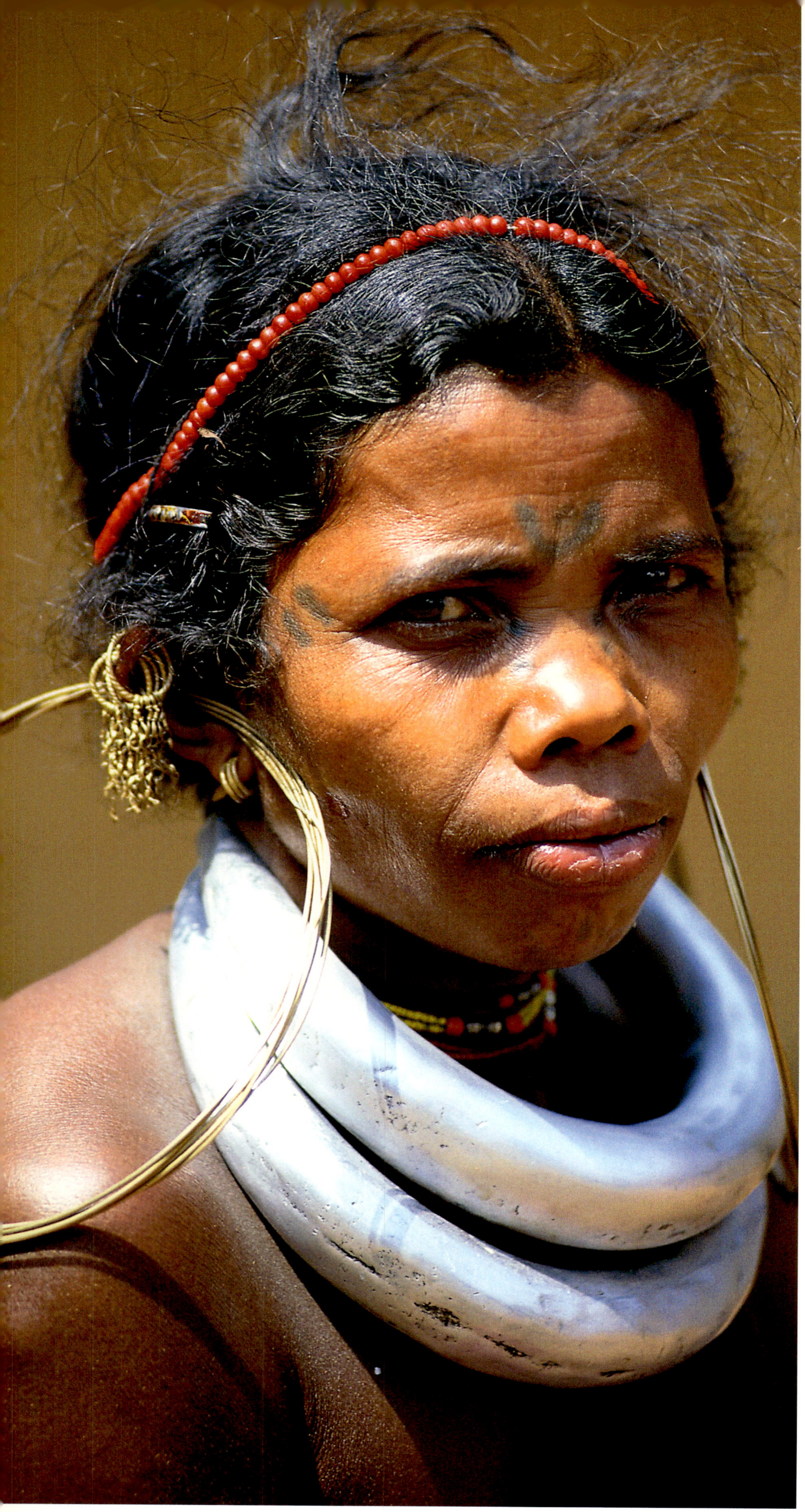

Eine Frau vom Volk der Gadabas in Orissa. Neben dem ungewöhnlichen Ohr- und Halsschmuck fallen auch die zwischen und neben den Augen applizierten Gesichtstattoos auf.

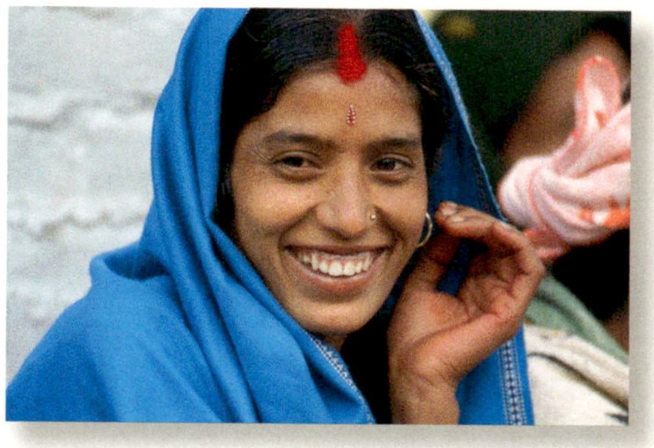

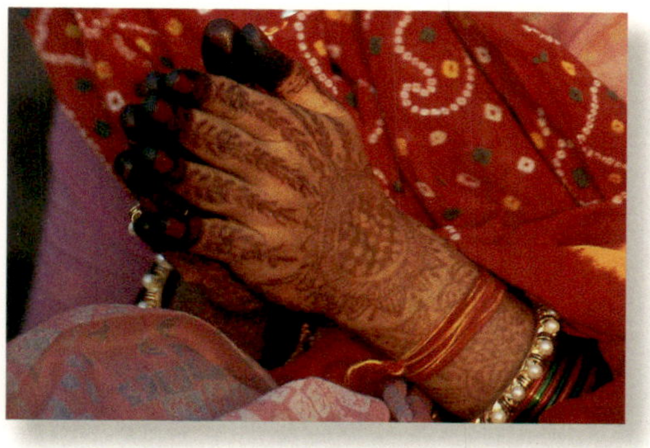

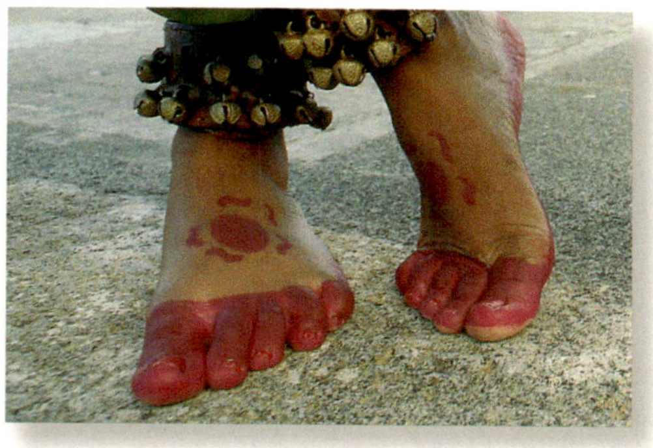

Tatauierungen als persönlicher Schmuck der Frau, deren Schönheit nach allgemeinem Empfinden erst durch die Verzierungen zur Geltung kommen kann. Die überlieferten, zumeist halbabstrakten Muster schmücken die sichtbaren Körperteile – Gesicht, Hals, Dekolleté, Arme und Hände – und kennzeichnen verschiedene Abschnitte im Lebenszyklus einer Frau. Bevor jungverheiratete Mädchen in das Haus ihres Mannes ziehen, sind ihnen bereits die meisten Ornamente eingestochen worden. Der Hals wird bei Mädchen schon in jungen Jahren tatauiert, die Finger erst im Erwachsenenalter. Ferner tragen die weiblichen Mitglieder bestimmter Berufsgruppen wie Hirten oder Wanderschmiede kleine tatauierte Kastensymbole.

Obwohl in jedem größeren Dorf die eine oder andere Frau das Tatauieren erlernt hat, gibt es angesehene Spezialistinnen, die mit der Tatauierkunst ihren Lebensunterhalt verdienen. Das Handwerkszeug der Tatauiermeisterin besteht aus einem Bambusspan, mit dem sie die gewünschten Muster auf der Haut vorzeichnet, und einer einfachen Nadel zum Einstechen. Die Zutaten für die schwarze Tusche sind Petroleumruß und ein stark gerbstoffhaltiger Extrakt aus der Rinde des Kino- oder Biobaums. Zuweilen ersetzt man diesen Extrakt durch Urin oder auch Milch.

Männer lassen sich weit seltener tatauieren. Sie bevorzugen figürliche Motive. Beliebt ist das Dromedar, das Lieblingstier der Hirten von Kutch, oder eine Darstellung Krishnas, welcher der Mythologie nach als junger Mann einst der Beschützer der Hirten und Herden sowie ein schalkhafter Liebhaber war.

Im angrenzenden Bundesstaat Rajasthan wird das Tatauieren vor allem von den Frauen halbnomadischer Gruppen von Ureinwohnern wie den Banjaras und Nath Jogis praktiziert. Die sichtbaren Körperteile schmücken geometrisch abstrakte Muster, die zum einen auf die Gruppenzugehörigkeit der Frau verweisen, zum anderen religiösen Ursprungs sind. Das Dreipunkt-Emblem – ein nach oben weisendes Dreieck – repräsentiert eine Waage. Dies ist das charakteristische Utensil der Banjaras, der wandernden Händler. Ein gepunktetes Emblem in Form eines auf die Spitze gestellten Dreiecks steht hingegen für das unbildhafte Zeichen *yoni,* das die als göttlich interpretierte weibliche Kraft *shakti* versinnbildlicht und ein Symbol für weibliche Fruchtbarkeit ist. Figürlichen Motiven wie beispielsweise der Lotusblüte, dem Pfau oder der Schlange werden Glück und Schutz verheißende Funktionen zugesprochen. Beliebte Motive sind auch Sonne oder Mond als Stirnembleme. In indischen Volkserzählungen sind der Held oder die Heldin oft an ihrem Stirnemblem – Sonne, Mond oder Stern – zu erkennen. Gewöhnlich ist es ein Abzeichen ihrer als göttlich empfundenen Schönheit.

Insbesondere kosmische Symbole sind in der Tatauierkunst Indiens sehr beliebt. Sie werden von Gruppen wie den Gond in Zentralindien, den Badagas in Südindien sowie den Bondas, die im östlichen Bundesstaat Orissa leben, verwendet. Die Interpretation dieser Symbole unterlagen im Laufe der Zeit einem Bedeutungswandel, der sowohl gruppenspezifisch als auch individuell geprägt sein kann. Ein gemeinsames Merkmal der Tatauierkunst in Indien ist der rituelle Aspekt. Das Tatauieren ist eine Weihe des Körpers, durch die das Individuum seine Verbundenheit mit dem eigenen Lebenszyklus, der Gruppe und der göttlichen Energie erfahren kann. So ist diese Kunst Schmuck, Schutz und Segenszeichen zugleich.

Mehndi

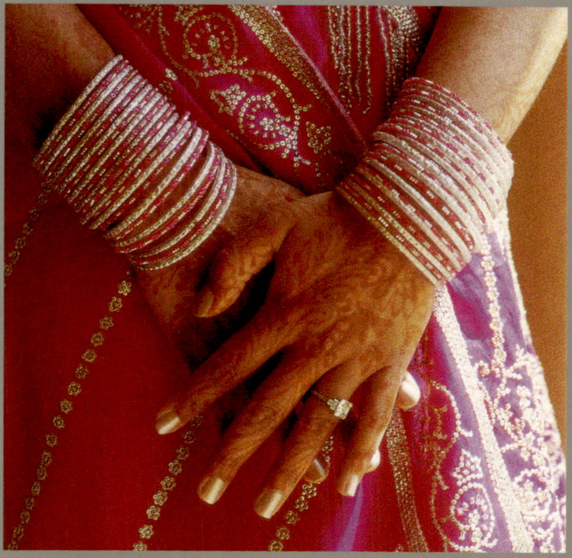

Vor ihrer Hochzeit schmücken die Frauen vielerorts in Indien Hände und Füße mit aufwändigen Mehndi-Malereien.

Die ursprünglich nur auf Rajasthan begrenzte, von Frauen tradierte Mehndi-Malerei trägt ihren Namen nach der Hennapflanze. Die Blätter und Stengel liefern einen rotgelben Farbstoff, der auch als Haarfärbemittel verwendet wird. Die Frauen mischen den Saft der Pflanze mit Kalkmilch und färben oder bemalen damit die Innen- und Außenseiten der Hände und Füße. Die feinen Muster können geometrisch oder floral sein und werden sowohl freihändig als auch mit Hilfe von Schablonen aufgetragen. Der Kreativität sind keine Grenzen gesetzt. Als Inspirationsquelle dienen oft andere kunsthandwerkliche Traditionen wie Stoffmalerei oder Stickerei.

In den Dörfern von Rajasthan werden Bräute von jeher mit Mehndi geschmückt. Die ursprüngliche Absicht dieser Kunst war magischer Natur. Ihr wurde Glück verheißende Kraft zugeschrieben. Heute besticht vor allem der dekorative Charakter und Mehndi erfreut sich in ganz Indien großer Beliebtheit. Zu festlichen Anlässen ist es auch in städtischen Kreisen Mode, Mehndi zu tragen.

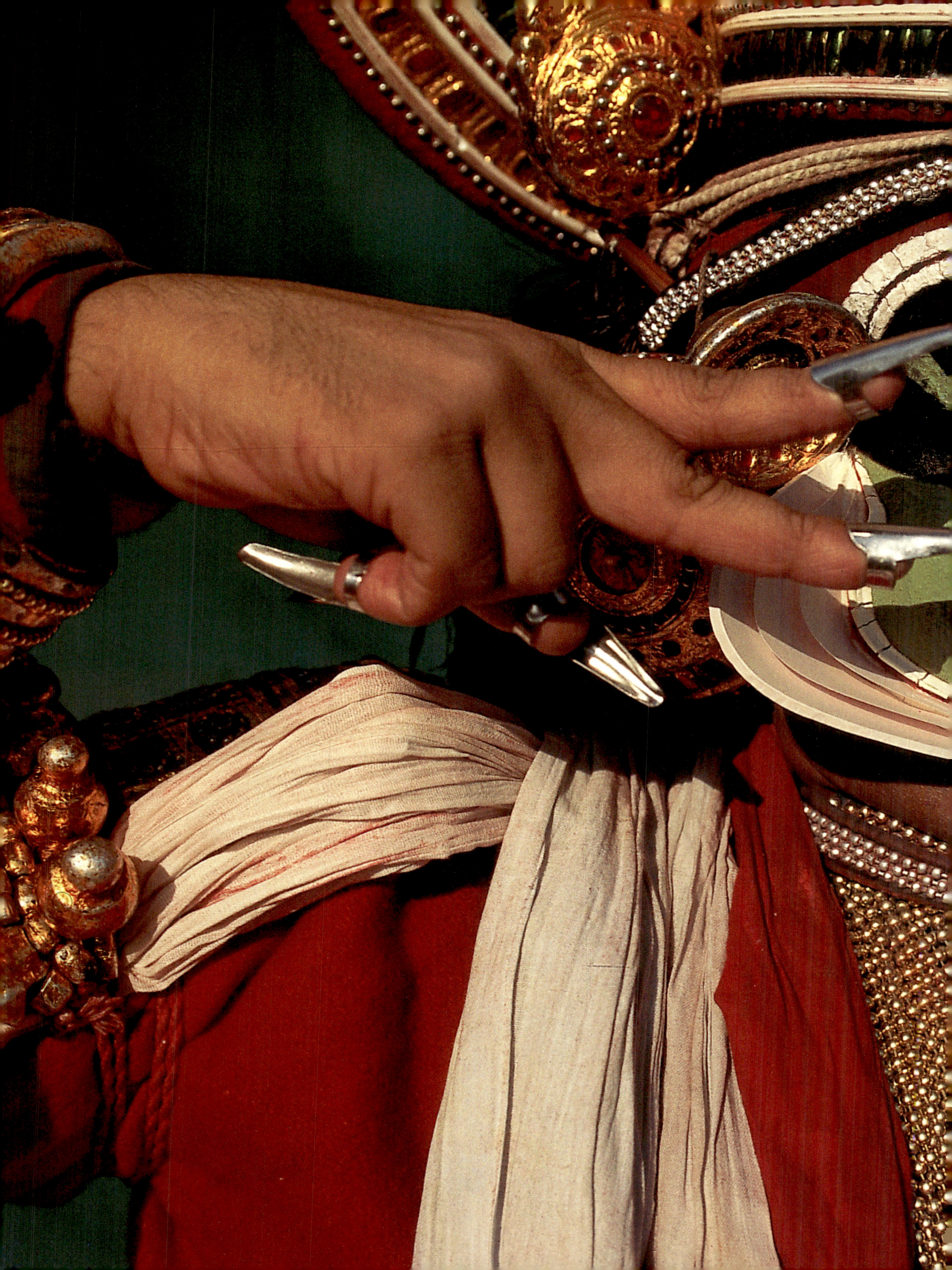

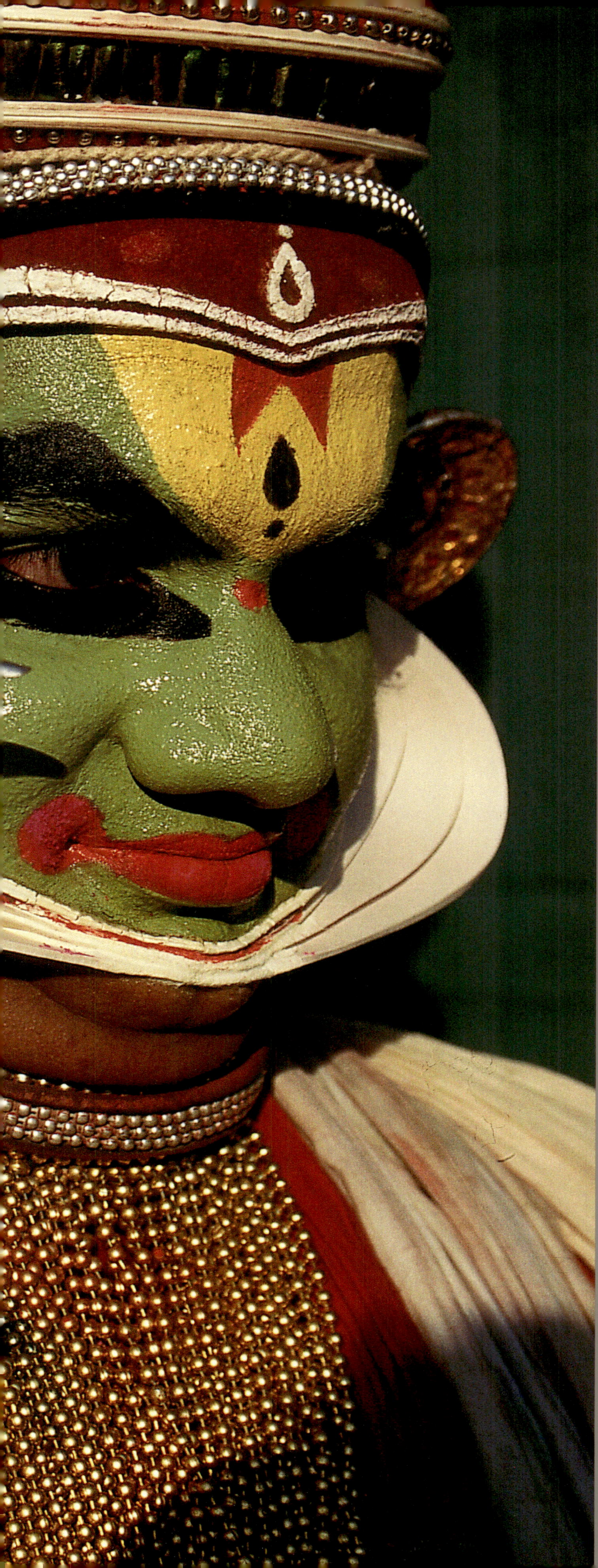

Links:
Den Prinzen Bima aus dem indischen Epos *Mahabharata* stellt dieser fantastisch geschminkte Kathakali-Tänzer dar. Bima zählt zu den so genannten *pacca*-Charakteren. *pacca* bedeutet grün oder rein.

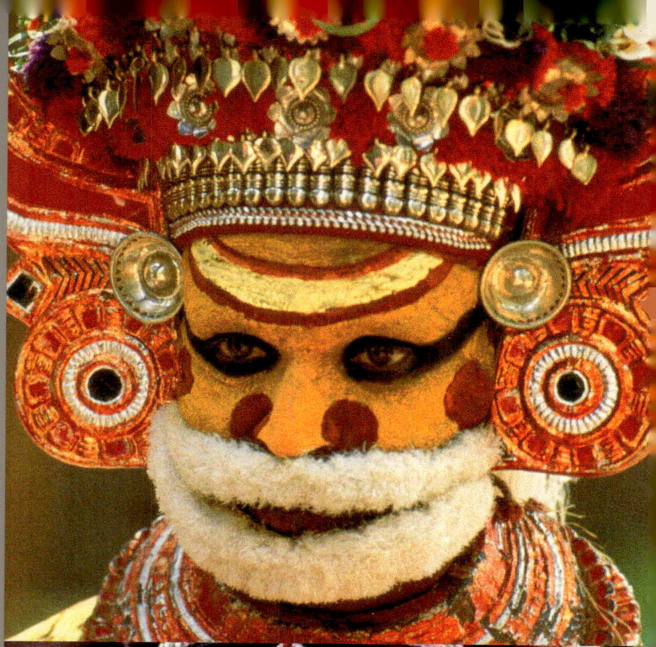

Rechts:
Rot ist die dominierende Farbe in der bizarren Aufmachung dieses Teyyam-Tänzers. Bei dem Ritus aus Kerala wird durch einen tranceartigen Tanz die Anwesenheit der repräsentierten Gottheit, meist einer Muttergöttin, beschworen.

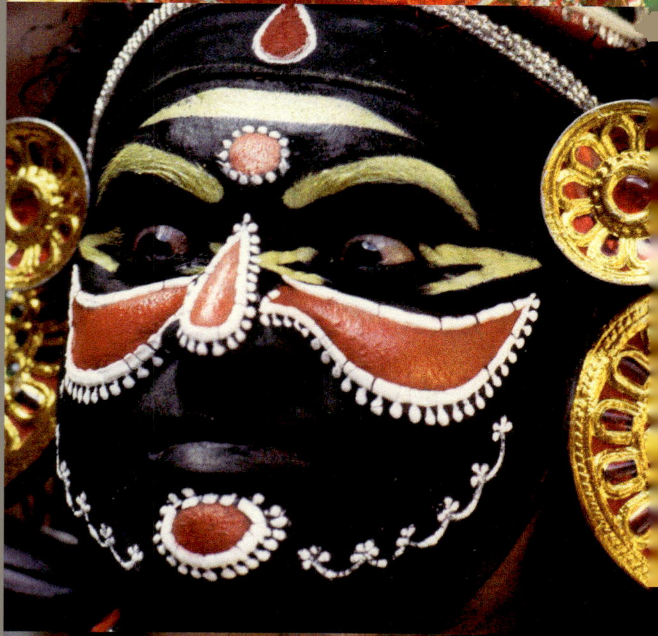

Rechts:
Das berühmte indische Tanztheater Kathakali weiß auch westliche Traditionen einzubinden. Das Bild zeigt einen Darsteller aus einer Kathakali-Version von »King Lear«.

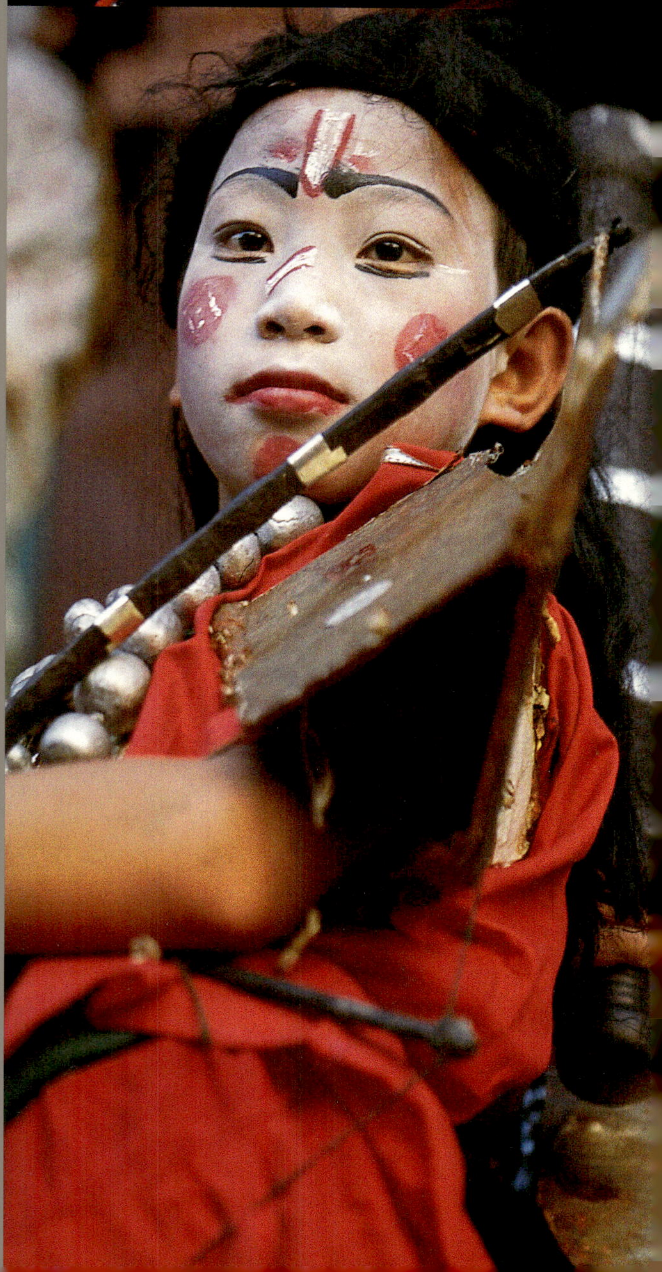

Rechts:
Szene vom Indra Jatra, dem Dankfest für den Hindu-Gott Indra. Diese junge Nepalesin mit dem u-förmigen Stirnzeichen wartet auf ihren Auftritt beim wichtigsten und farbenprächtigsten Festival Nepals.

KUMARI, DIE LEBENDE GÖTTIN IN NEPAL

Die mächtige und hochverehrte Muttergöttin trägt in Nepal den Namen Taleju und ist die Schutzgöttin der Königsdynastie. In ihren jungfräulichen Erscheinungsformen heißt sie Kumari, wörtlich Mädchen. In Kathmandu und einigen Dörfern der Himalayatäler werden Mädchen im Alter von drei bis vier Jahren unter besonderen Vorzeichen als Inkarnation der großen Göttin erkannt. Nach Eintritt der Menstruation werden sie von einer neuen Kumari abgelöst.

Die Kumari lebt, von ihrer Mutter und der Priesterschaft betreut, in einem reich mit Schnitzereien geschmückten Haustempel beim Königspalast. Lediglich an Festtagen verlässt sie den Tempel zu einer großen Wagenprozession. Sie trägt königlichen Schmuck, ist in reiche Gewänder gehüllt, aufwändig geschminkt und mit den rituellen Zeichen der Göttin versehen. Das Gesicht wird mit Reiswasser und Reispuder weiß gepudert, die Augen sind mit Lampenruß schwarz umrandet und die Stirn wird durch warme Rot- und Gelbtöne hervorgehoben. Den krönenden Abschluss des Make-up bildet das charakteristische mystische Weisheitsauge auf der Stirn.

Zu den Aufgaben der Kumari gehört es, dem König jährlich einen roten Punkt auf die Stirn zu tupfen und ihn damit für die neue Amtszeit zu segnen. Da ihr hellseherische Fähigkeiten zugeschrieben werden, wird sie von den Gläubigen und dem König vor wichtigen Entscheidungen konsultiert.

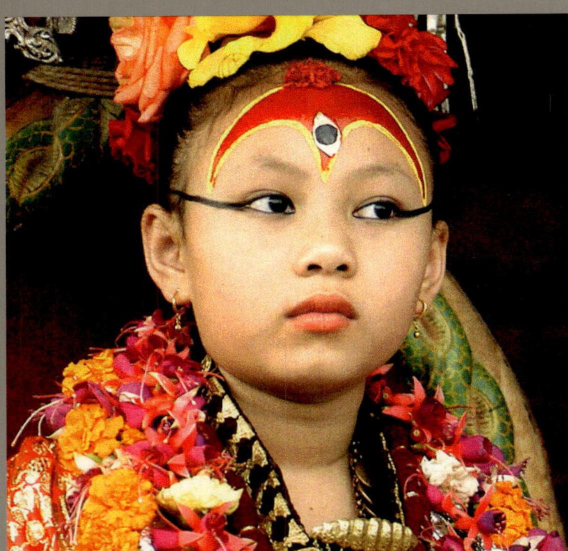

Die »lebende Göttin« Kumari bei einem religiösen Fest in Kathmandu im Juni 2004. Ihre Gesichtsbemalung besteht aus den schwarzen Linien im Augenbereich und dem roten Emblem auf der Stirn mit dem dritten Auge der Weisheit.

Etwa zwei Stunden dauert es, solch farbenprächtige Kathakali-Masken anzulegen. Und gar doppelt so lange – etwa vier Stunden – ist man damit beschäftigt, das Make-up wieder abzunehmen. So verwundert es nicht, dass der Chouttikkaran, wie der »Chefvisagist« beim Kathakali genannt wird, eine der wichtigsten Persönlichkeiten ist.

Farben der Gefühle im Tanztheater Kathakali

Eine unverkennbar eigene Kultur des Tanztheaters hat sich in Kerala, einer der fruchtbarsten Regionen Südindiens, mit dem Kathakali entwickelt. Kathakali ist Poesie, Musik, Tanz und Schauspiel zugleich und ist in hohem Maße stilisiert – durch die Dramaturgie, die prachtvolle Kostümierung und die maskenähnliche Gesichtsbemalung. Mythische Erzählungen, *katha,* werden von Sängern rezitiert und gesungen, von Musikern mit ihren Instrumenten untermalt und von ausschließlich männlichen Darstellern ausdrucksstark in Szene gesetzt.

Eine der Besonderheiten des Kathakali ist es, dass die Darsteller selbst nicht sprechen oder singen. Vielmehr übersetzen und interpretieren sie die gesungene Erzählung in Körpersprache, Handgesten und ausdrucksstarkes Mienenspiel. Die mehr als 600 festgelegten Handgesten und die Vielzahl der Stimmungen, die durch die Gesichts- und Augenbewegungen gemeistert werden, wurden im Laufe der 300-jährigen Geschichte des Kathakali verfeinert.

Kathakali verbindet klassische indische Tanz- und Theatertraditionen mit Überlieferungen des ursprünglichen Volkstheaters. Die Handgesten und die Mimik wurden vom Kutiyattam adaptiert, der einzigen überlieferten Form des Sanskrittheaters in Kerala. Der Tanzstil, die Körperbewegungen und der Rhythmus gehen auf Einflüsse des einstmals weit verbreiteten Tanzdramas Krishnattam zurück. Als Akt der Verehrung wird es heute allerdings nur noch im Krishnatempel zu Guruvayoor praktiziert. Akrobatische und rituelle Elemente gehen auf religiöse Kampfkünste zurück. Die Vokalmusik verbindet die Tradition der südindischen Karnataka-Musik mit regionalen Musikstilen. Dabei ist die horizontale Trommel *madalam* das zentrale Musikinstrument.

Der direkte Vorläufer des Kathakali war Ramanattam, eine Theaterform, die Ereignisse des großen Sanskritepos Ramajana zur Aufführung bringt. Das Ramajana erzählt von der Lebens- und Liebesgeschichte des Königs Rama und dessen Frau Sita. Der Maharadscha von Kottayam förderte im 17. Jahrhundert die Entwicklung des Ramanattam, da er der Popularität des gottverehrenden Tanzdramas Krishnattam eine königliche Variante entgegensetzen wollte.

Das aktuelle Erzählrepertoire des Kathakali basiert neben dem Ramajana auf dem Heldenepos Mahabharata, den Puranas – mythischen Erzählungen von Göttern und Königen – sowie weiteren populären Lebens- und Liebesabenteuern von Königen, die überwiegend belehrender Natur sind. Durch die Mythenstoffe besitzt das Kathakali auch heute noch gottverehrende Züge, selbst wenn die Aufführungsorte nicht mehr Tempel oder Königshof sind, sondern öffentliche Bühnen.

Die Darsteller gehörten früher ausschließlich der Kaste der Nair an und die Kunst wurde von den Vätern an die Söhne weitergegeben. Heute steht die Ausbildung allen talentierten männlichen Bewerbern offen. Große Berühmtheit hat die staatliche Tanzschule Kerala Kala Mandalam in Cheruthuruthy erlangt. Die Ausbildung kann bis zu zehn Jahren dauern und beginnt zwischen dem 10. und 14. Lebensjahr.

In der indischen Dramentheorie wurde ein Repertoire an stilisierten Darstellungsformen entwickelt, das feinste Schattierungen des seelischen Ausdrucks durch Tanz, Körpersprache, Handgesten und Mimik auszudrücken vermag. Die Beherrschung dieser Stilmittel erfordert

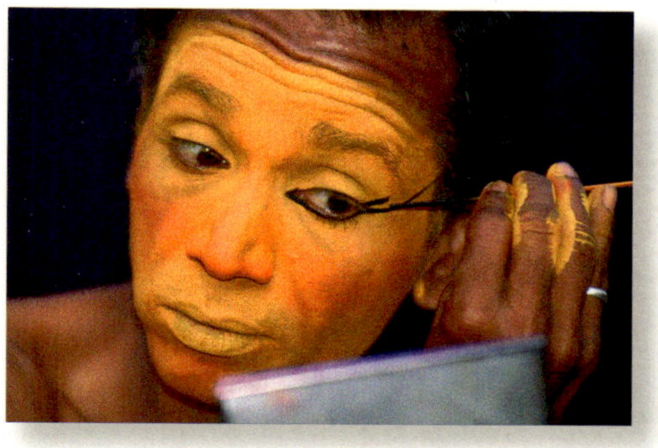

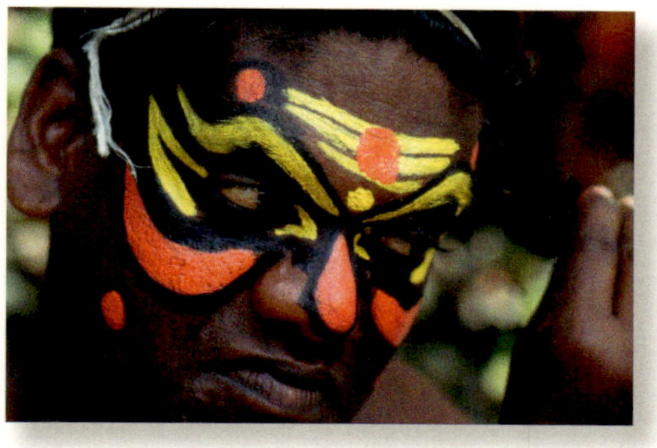

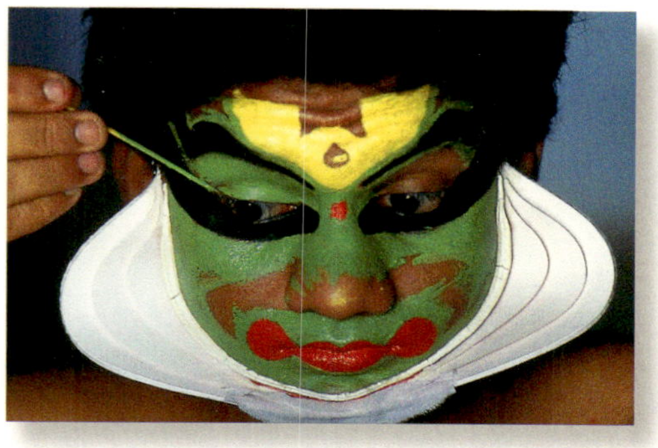

eine perfekte Muskelkontrolle. Die Rollen im Kathakali sind nach Typen klassifiziert, deren Charakter auch in der Farbigkeit der aufwändigen Schminkmuster zum Tragen kommt. Die Farben symbolisieren die vorherrschenden Leidenschaften und Emotionen der Figuren. Blaugrün repräsentiert göttliche und heroische Züge, Rot steht für Niedertracht, Bosheit und Zorn, Schwarz symbolisiert abscheuerregende und dämonische Eigenschaften und Weiß steht für fromme Charaktereigenschaften. Die Symbolkraft der Farben weist Parallelen zu den Farben der Götter auf, die deren unterschiedliche Eigenschaften versinnbildlichen.

In der Gesichtsbemalung der Protagonisten Krishna und Rama beispielsweise herrscht die Farbe Blaugrün vor, und Hanuman, der treue und fromme Affengott und Weggefährte Ramas, wird durch die Farbe Weiß repräsentiert.

Die Rötung der weißen Augäpfel mit Hilfe von Pflanzensamen, die in die Augen gerieben werden, rundet die aufwändige Gesichtsbemalung ab. So wird das Spiel der Augen wirkungsvoll betont. Die angestrebte vollkommene Identifikation der Darsteller mit ihrer Rolle wird durch die prachtvollen, voluminösen und farbenfrohen Kostüme, den schweren Schmuck und die Kopfbedeckungen vervollständigt.

Während der bis zu vierstündigen Aufführung wird eine Spannung erzeugt, die sich in den lebhaften Reaktionen des Publikums und der emotionsgeladenen Atmosphäre widerspiegelt. Weltweit genießt Kathakali aufgrund seiner erzählerischen, dramaturgischen und ästhetischen Qualitäten einen beachtlichen Ruf.

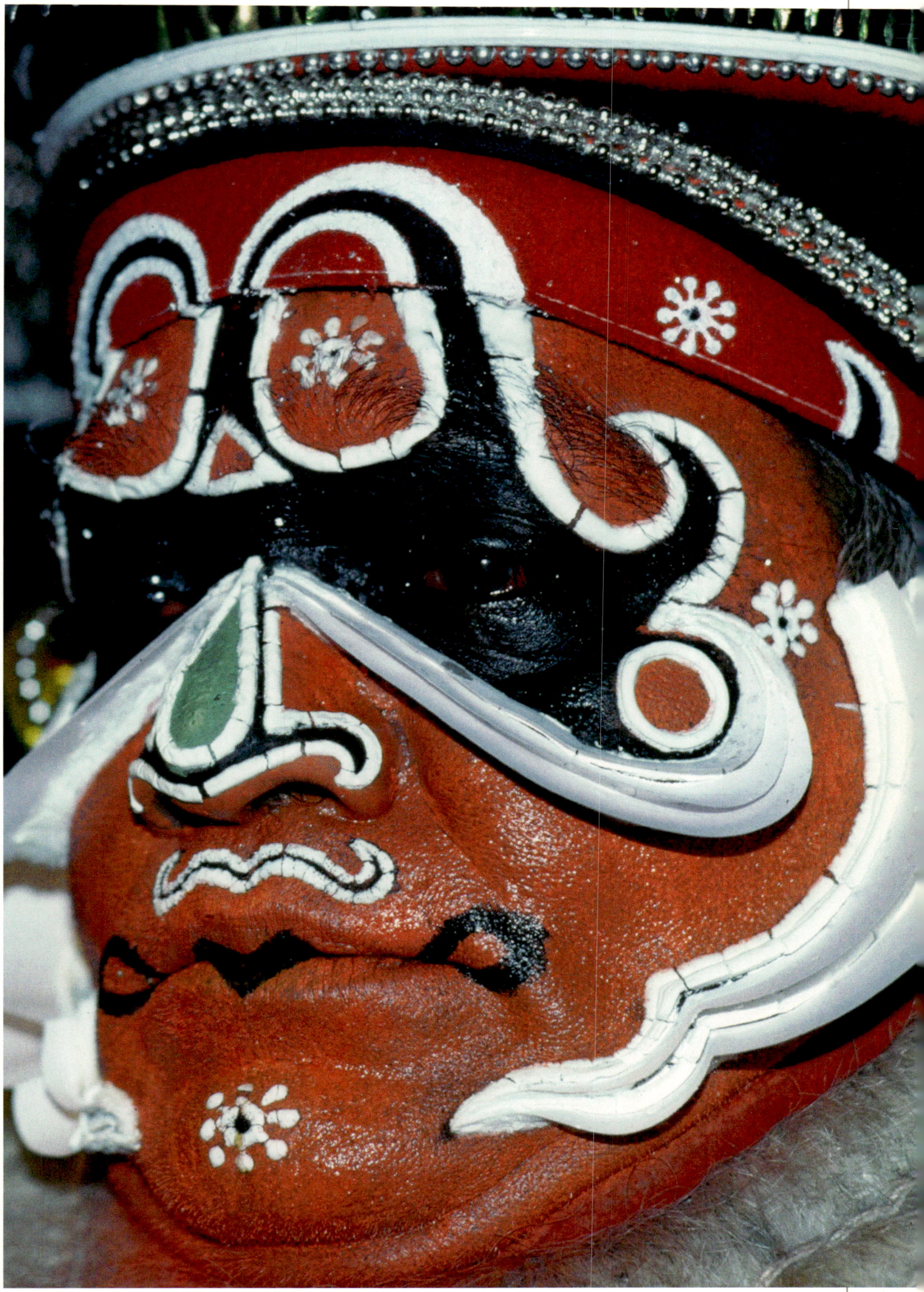

Kathakali-Tänzer in der Maske von Hanuman. Im altindischen Epos Ramajana unterstützt der Affenführer Hanuman den Prinzen Rama bei dessen Kampf gegen den Dämonenkönig Rahwana.

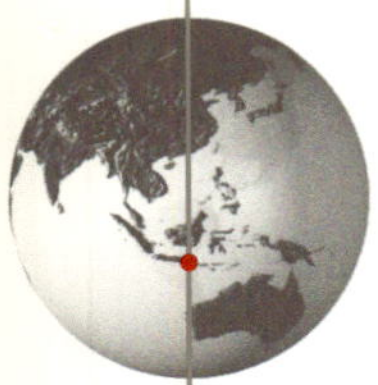

Bali, das politisch zu Indonesien gehört, ist die westlichste der Kleinen Sundainseln. Die Kultur der Balinesen wird vom Hinduismus geprägt, aber auch Elemente des Buddhismus und alte Traditionen spielen eine Rolle. Gamelanmusik, Tempeltänze, Hahnenkämpfe, Tieropfer und Kastengliederung gehören bis heute zum Kulturbild dieser Insel.

BaLI

tanz aLs medium reLigiöser Botschaften

Bali ist bekannt für seine hoch entwickelte Tanzkunst und die Vielfältigkeit der Tanzformen. In ihnen verschmelzen verschiedenartige Mittel des dramatischen Ausdrucks: Tanz, Theater, Pantomime und (Masken-)Kostüme bilden eine bunte Mischung, deren Dynamik von der begleitenden Gamelan-Musik getragen wird. Die Aufführungen sind traditionell an kulturelle und religiöse Ereignisse gebunden. Im rituellen Kontext ist Tanz ein Mittel zum Transport religiöser Botschaften. Diese richten sich stets an zwei Zuschauergruppen: an Menschen und an Gottheiten. Die prachtvolle Aufmachung der Tänzerinnen und Tänzer unterstützt diese mediale Wirkung.

Die Tänzerinnen des sakralen Tanzes Rejang – ein Tanz zu Ehren der Reisgöttin Sri – reiben sich vor einem Tanzereignis mit einer stark duftenden Substanz ein, einer Mischung aus zerriebener Gelbwurzel, Sandelholz und weiteren Zutaten. Der Geruch des einbalsamierten Körpers vermischt sich mit dem Duft der zahlreichen Frangipaniblüten, die kunstvoll zu einer Krone arrangiert und von den Tänzerinnen als Kopfschmuck getragen werden. Mittels dieses Duftes wird der Göttin von dem Tanz Kunde gegeben.

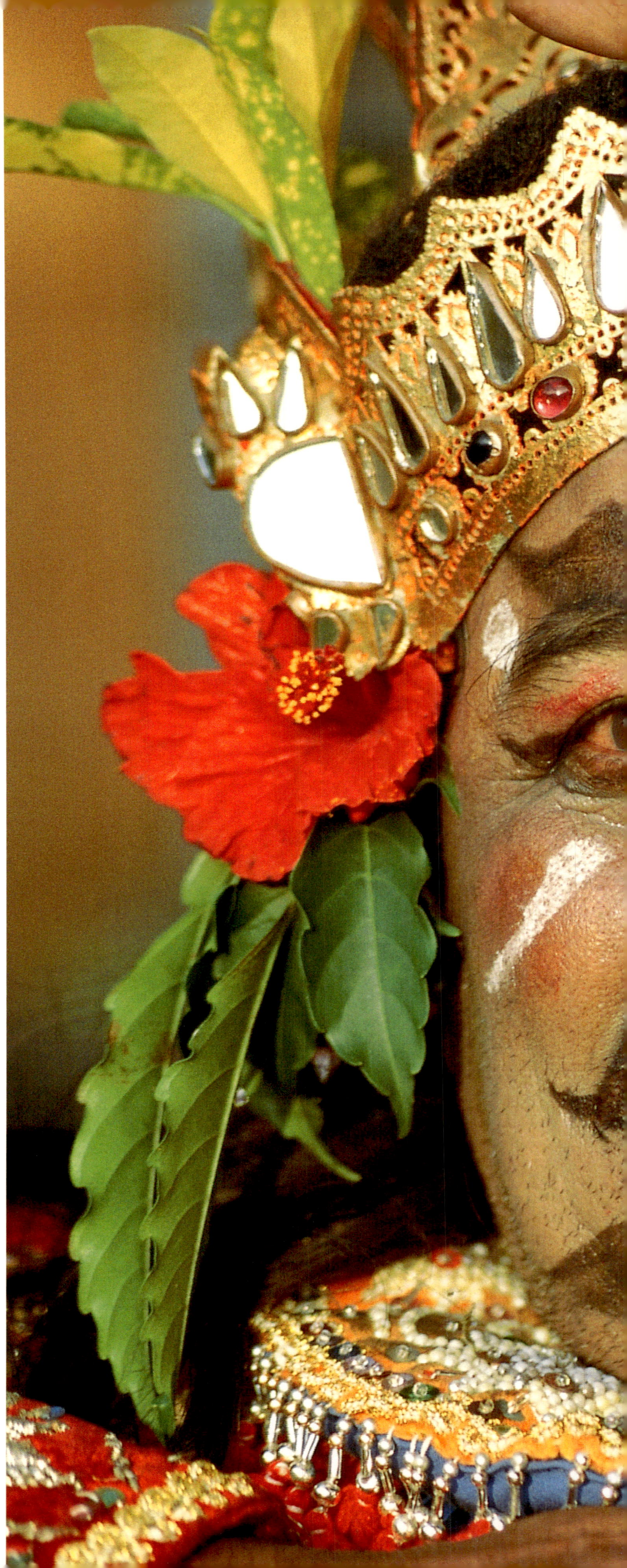

Einer der bekanntesten Tänze Balis ist der Kecak. Begleitet von einem Männerchor stellen die Tänzer Szenen aus dem Ramajana-Epos dar. Die Frau des göttlichen Prinzen Rama wird von König Rahwana entführt, dessen Darsteller mit einer imposanten Schminkmaske auftreten.

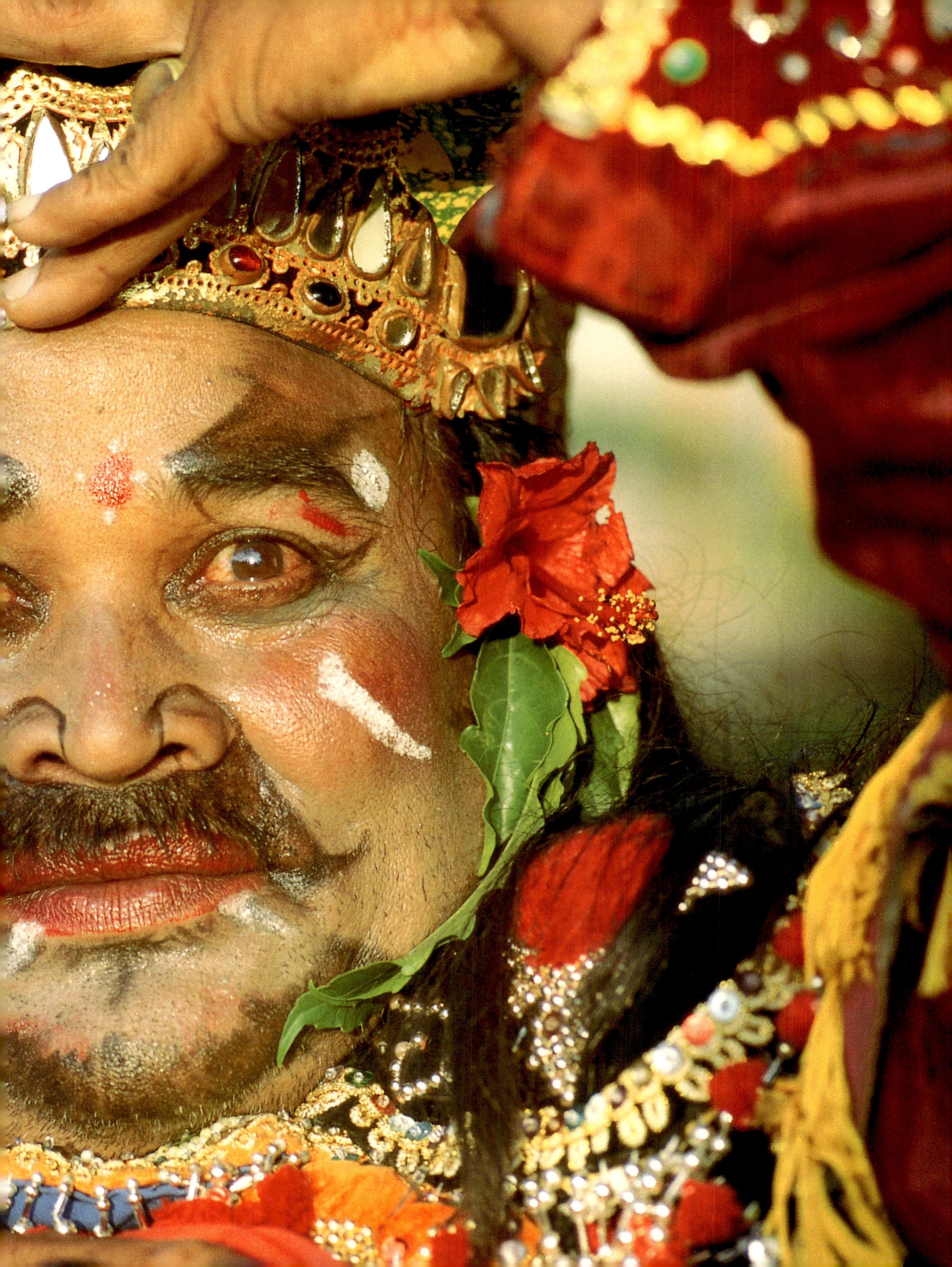

tanztheater auf bali

der tanz hat in der balinesischen gesellschaft eine große bedeutung. kaum eine religiöse zeremonie findet ohne ein tanzdrama statt – der tanz als botschaft und huldigung an die götter.

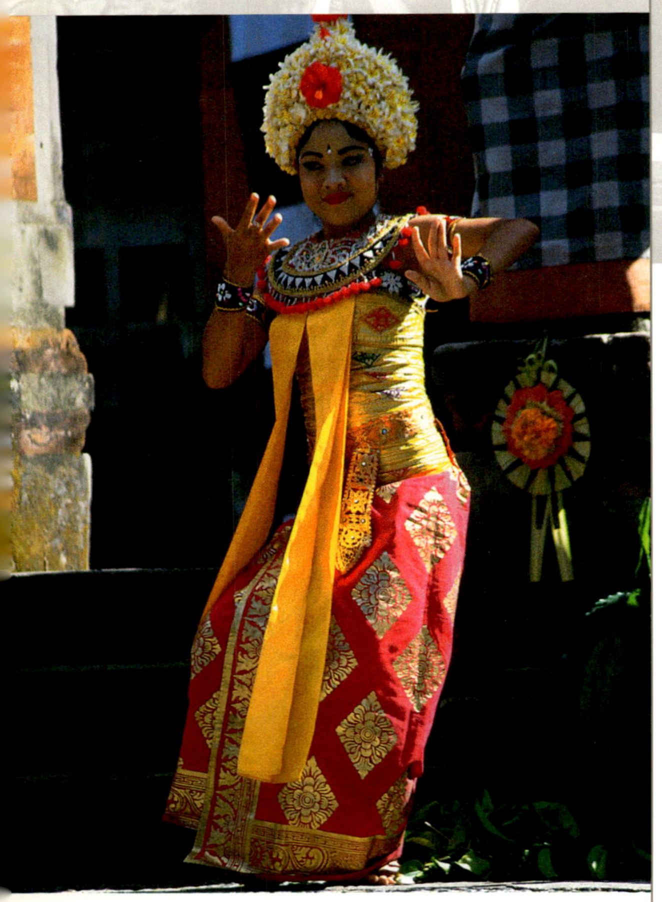

Jeder Schritt, jede Geste, ja jeder Lidschlag der in Sarongs aus Goldbrokat gekleideten Tänzerinnen sind beim Légong vorgeschrieben und haben eine bestimmte Bedeutung. Auch für das Make-up gibt es Regeln: Es besteht aus einem Stirnmal, einer Betonung der Augenpartie und einer auf die Wange gemalten Haarsträhne.

Die Tänzerinnen beim rituellen Rejang-Tanz werden in Gewänder gehüllt, die aus mehreren Stoffbahnen bestehen und so fest um den Körper gewickelt sind, dass dieser in einer Art Kokon verschwindet. Die natürlichen Konturen des menschlichen Körpers, die an die reale Welt erinnern, werden zugunsten eines Konzeptes der imaginären Welt überwunden. Der Körper wird zu einer Projektionsfläche, auf die mittels der Stoffe wesentliche Akzente neu gesetzt werden können. Die Einschnürung des Oberkörpers und insbesondere der Brüste ist das Gebot der rituellen Reinheit. Diese ist gegeben, da nur Frauen einer Tempelgemeinde den Tanz darbieten dürfen, die noch vor der Menarche stehen, Jungfrau sind oder die Menopause bereits durchlebt haben. Die gleichzeitige Betonung des Unterleibs und des Gesäßes durch herunterhängende Schals, die bei jeder Bewegung frei flattern, unterstreicht die vorhandene Sexualität und Fruchtbarkeit, die im Verlauf des Tanzrituals transzendiert werden. Die Bewegungen der Tänzerinnen gelten als Besitz der Göttin und symbolisieren die lebenspendende Kraft der Reisgöttin Sri. Die angestrebte Beherrschung menschlicher Eigenschaften wird von den Tänzerinnen auch im Alltag demonstrativ gelebt. Sie rücken somit in die Nähe idealisierter Göttinnen.

Ein (ver-)bindendes Medium sind die Kleidungsstoffe. Sie sind Träger von Energien zur Abwehr von Schaden und zum Schutz vor Unglück. Auf symbolischer Ebene besitzen sie eine bindende Kraft: Sie vereinen die sich antagonistisch gegenüberstehenden himmlischen und unterirdischen Kräfte, denen der Mensch nach balinesischer Weltsicht ausgeliefert ist.

Die mediale Qualität der Textilien ist in den zeremoniellen und profanen Tänzen größtenteils verloren gegangen. Insbesondere das Vordringen des Tourismus und das Bestreben der Kulturpolitik, die dörflichen Tanztraditionen zu professionalisieren, führten zur zunehmenden Kommerzialisierung des Tanzes. Alle Tänze, die nicht an Rituale gebunden sind und somit vornehmlich für die irdischen Zuschauer bestimmt sind, werden als darstellende Künste an der Tanzakademie gelehrt. Zu diesen zählt auch der weltberühmte Légong, der anmutigste und wohl femininste unter den klassischen Tänzen Balis. Kopf- und Körperschmuckformen erinnern an die Kostüme der Rejang-Tänzerinnen. Das Make-up ist vom Schönheitsideal hinduistischer Gottheiten inspiriert: ein Stirnmal als Segenszeichen und die Betonung der Augen durch schwarze Schminke.

Die Expressivität des Tanzes beruht infolge der einschnürenden Enge der Kleidung vor allem auf Kopf- und Armbewegungen, die einer strengen Choreographie folgen. Mit Hilfe der differenzierten Augengestiken, *nyleclet,* und der symbolträchtigen Gebärden- und Fingersprache, *mudra,* stellen die Tänzerinnen eine königliche Legende aus dem 13. Jahrhundert dar.

Kecak und Barong

Ebenso wie der Légong zählt der Kecak, der so genannte »Affentanz«, zu den Schautänzen mit eher profanem Charakter. Die Geschichte dieses Tanzes belegt den ständigen Wandel balinesischer Tanzformen. Der spektakuläre, oft mit fanatischer Hingabe dargebotene Kecak war ursprünglich ein Männerchor, der in Ergänzung zu einem Frauenchor Sanghang-Aufführungen – balinesische Trancetänze – begleitete. In seiner heutigen Form ist er eine Schöpfung der 30er-Jahre. An seiner Transformation war der deutsche

Bei den balinesischen Tanzdramen spielen Masken eine wesentliche Rolle. Topeng ist das balinesische Wort für Maske. Bei religiösen Festen wird oft das Tanzdrama Topeng Pajegan aufgeführt, bei dem ein einzelner Tänzer sich vor den Zuschauern mit Hilfe von Masken in verschiedene Personen verwandelt (links). Das rechte Bild zeigt einen Darsteller mit dem Maskenkostüm der Hexe Rangda während eines Barong-Tanzes.

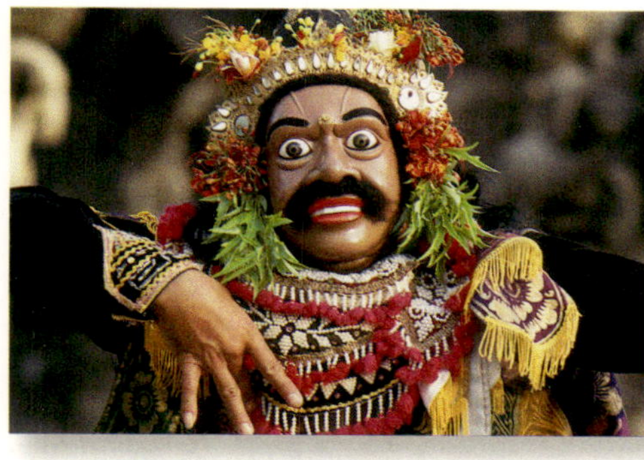

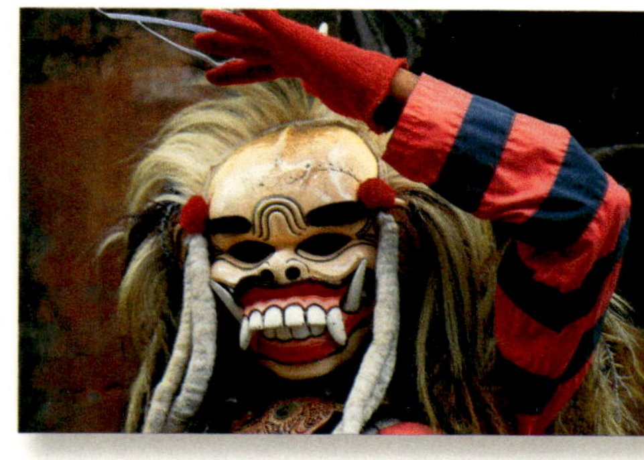

Maler Walter Spies beteiligt, der im Zusammenwirken mit balinesischen Tänzern die Choreographie des Kecak für den Film »Die Insel der Dämonen« (1932) von Victor von Plessen übernahm. Die im Kreis auf dem Boden sitzende Gruppe der Männer wurde mit anderen TänzerInnen ergänzt und in der Mitte des Kreises wurden Szenen aus dem hinduistischen Epos Ramajana getanzt. Es wurde mit den Protaganisten Prinz Rama, seiner geraubten Gattin Sita, dem Affenführer Hanuman und seinem Gefolge eine Handlung um den Kecak aufgebaut. Dieses Tanzereignis wurde in den 60er-Jahren weiterentwickelt. Bis zu 100 mit einem schwarz-weiß karierten Hüfttuch, *sarong*, bekleidete Männer mimen das von Hanuman angeführte Affenheer. Mit lauten »Cak ke-cak kecak«-Rufen imitieren sie ein Gamelan-Orchester.

Die Dynamik des Barong-Tanzdramas beruht hingegen auf dem eindrucksvollen Maskenspiel. Im religiösen Kontext waren Ereignisse, die das Kräftegleichgewicht von Gut und Böse in einer Dorfgemeinschaft gefährdeten, Anlass für die Aufführung des Dramas. Die Hauptakteure sind Barong und Rangda. Der Barong ist ein mythisches Fabelwesen – meist in löwenähnlicher Gestalt –, das als Beschützer der Menschheit das positive Prinzip verkörpert. Es beherrscht die weiße Magie, die magischen Kräfte, die dem Guten dienen. Als Herrin der schwarzen Magie dagegen symbolisiert die Hexe Rangda, eine Manifestation der hinduistischen Muttergöttin Durga, das zerstörerische Prinzip.

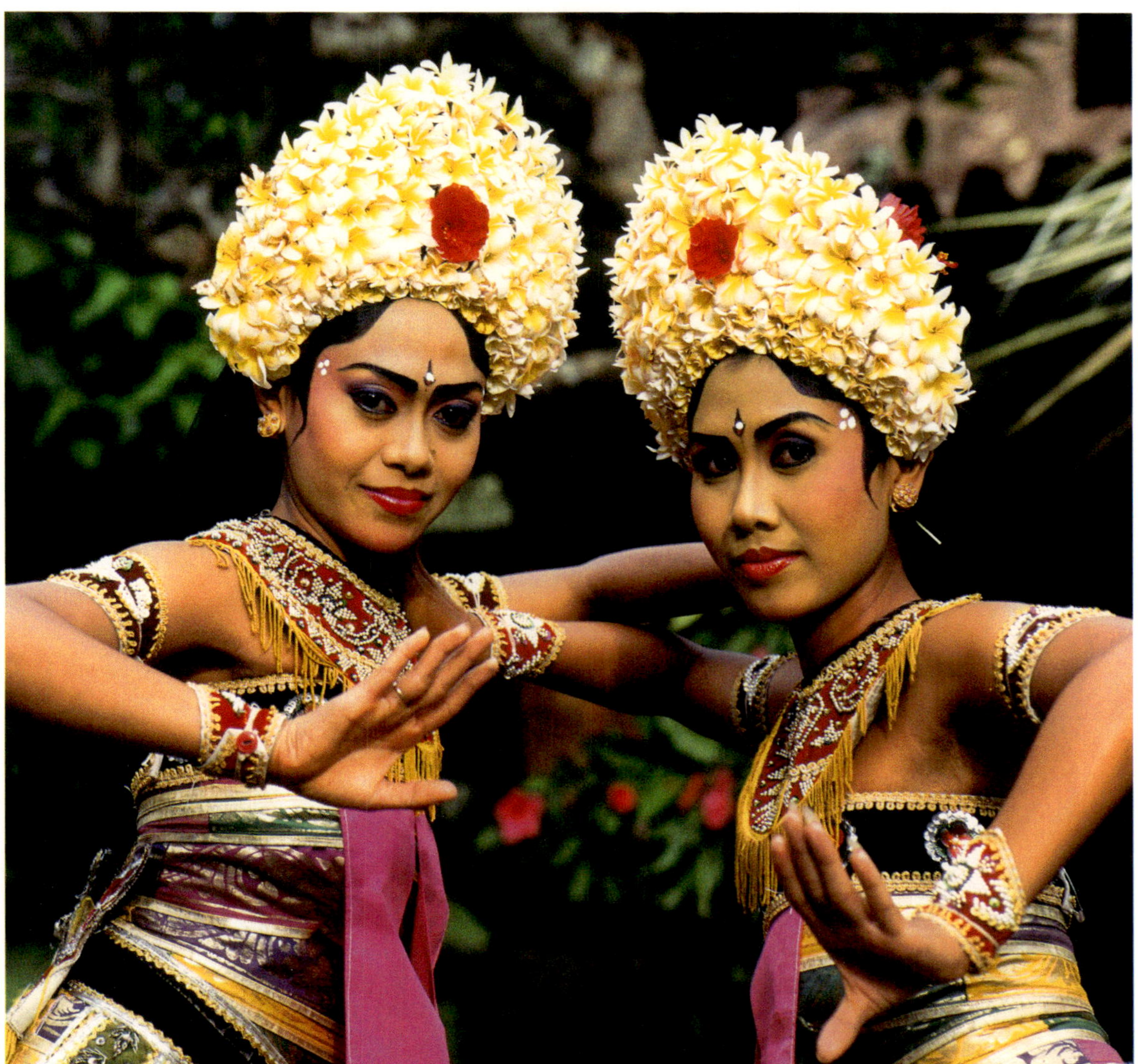

Zwei gut aufeinander eingespielte Akteure schlüpfen in das Maskenkostüm des Barong, das aus gebleichten Fibern der Palmlilie bzw. Fibern der Zuckerpalme gearbeitet ist. Besonders an Kopf, Rücken und Schwanz ist es mit perforiertem und mit Spiegelstückchen verziertem Leder, das vergoldet oder goldbemalt ist, geschmückt. Die Maske, aus rotbemaltem Holz geschnitzt, ist ein furchterregendes Gesicht mit hervorstehenden Augen, riesigen Fangzähnen, beweglichem Unterkiefer und langem Bart. Dieser wird aus Menschenhaar gefertigt und gilt als heilig. Er ist der Sitz der weißen Magie.

Rangda wird von einem Mann dargestellt, der ein zerrissenes Kostüm trägt. Die Maske ist dem Barong-Gesicht ähnlich: hervortretende Augen, lange Fangzähne und eine aus dem Mund hängende lange rote Zunge. Zu ihrem Erscheinungsbild gehören: struppiges Haar, mit Sägespänen gefüllte Hängebrüste und Stoffwürste, die um ihren Hals hängende Eingeweide versinnbildlichen. Krallenartige, lange Fingernägel schwingen ein weißes Tuch, das der Sitz der schwarzen Magie ist.

Wenn Barong und Rangda auf dem Höhepunkt des Dramas aufeinander treffen und sich ihre Zauberkräfte entgegenschleudern, kommt es zu einem erbitterten Kampf, der jedoch unentschieden bleibt. Nach balinesischer Glaubensvorstellung wird die Welt dualistisch regiert.

Auch beim Barong treten Tänzerinnen auf. Typisch auch hier die Blütenkrone, die aufgemalten Haarsträhnen und der an Stirn und Augenwinkeln aufgeklebte Schmuck.

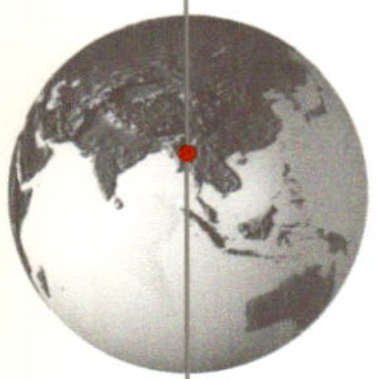

Myanmar liegt zwischen Bangladesch und Thailand und grenzt an den Golf von Bengalen. Seit der Unabhängigkeit 1948 wird das von einer Militärdiktatur regierte Land von ethnischen Konflikten erschüttert. Über zwei Drittel der Einwohner sind Birmanen; in teils halbautonomen Gebieten leben kleinere ethnische Gruppen, wie die Karen, Shan, Mon, Chin, Kachin u. a.

myanmar

tattoos und gelber gesichtspuder

Art und Formen des Körperschmucks in Myanmar, wie Birma heute heißt, sind so vielfältig wie die Zahl der ethnischen Gruppen, die in diesem Land leben. Schon Erfahrungs- und Erlebnisberichte aus der englischen Kolonialzeit erzählen von fremdartigen »Hosentatauierungen« der Birmanen und Shan, von den Gesichtstattoos der Frauen der Chin, den Karen, deren Körper fast ganz mit Tatauierungen bedeckt ist, und von Frauen und Kindern, die als einzigen Schmuck gelblichen Gesichtspuder auftragen. Die Tatauierungen sollten dabei die unterschiedlichsten Funktionen erfüllen. So dienten sie als Amulette, die ihren Träger vor unheilvollen Kräften und bösen Geistern schützen und ihm Kraft und Stärke verleihen. Bestimmte Muster sollten angeblich sogar vor Schlangenbissen, Gewehrkugeln und Messern schützen. Manche Frauen in Rangun trugen Tatauierungen, um das Interesse der englischen Kolonialherren auf sich zu ziehen. Schüler ließen sich Amulette anbringen, die sie vor dem Rohrstock der Lehrer schützen sollten. Woher die Tradition des Tatauierens in Birma stammt und wann sie begründet wurde, liegt noch im Dunkeln.

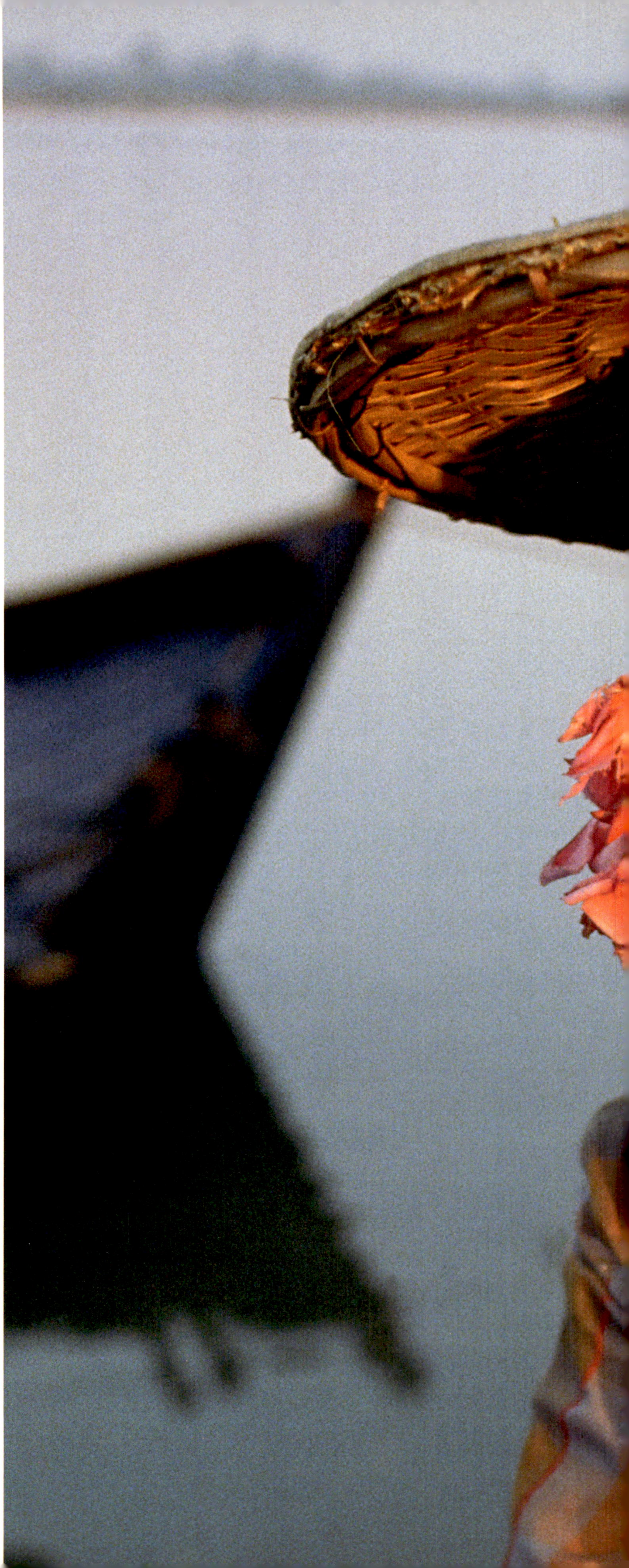

Diese Frau an einem Bootsanleger am Irrawaddy, dem Hauptstrom Myanmars, hat auf Nase und Wangen *thánakkâ*, den traditionellen Gesichtspuder, aufgetragen. Er akzentuiert nicht nur das Gesicht, sondern schützt auch die Haut vor UV-Strahlung und beugt Faltenbildung vor.

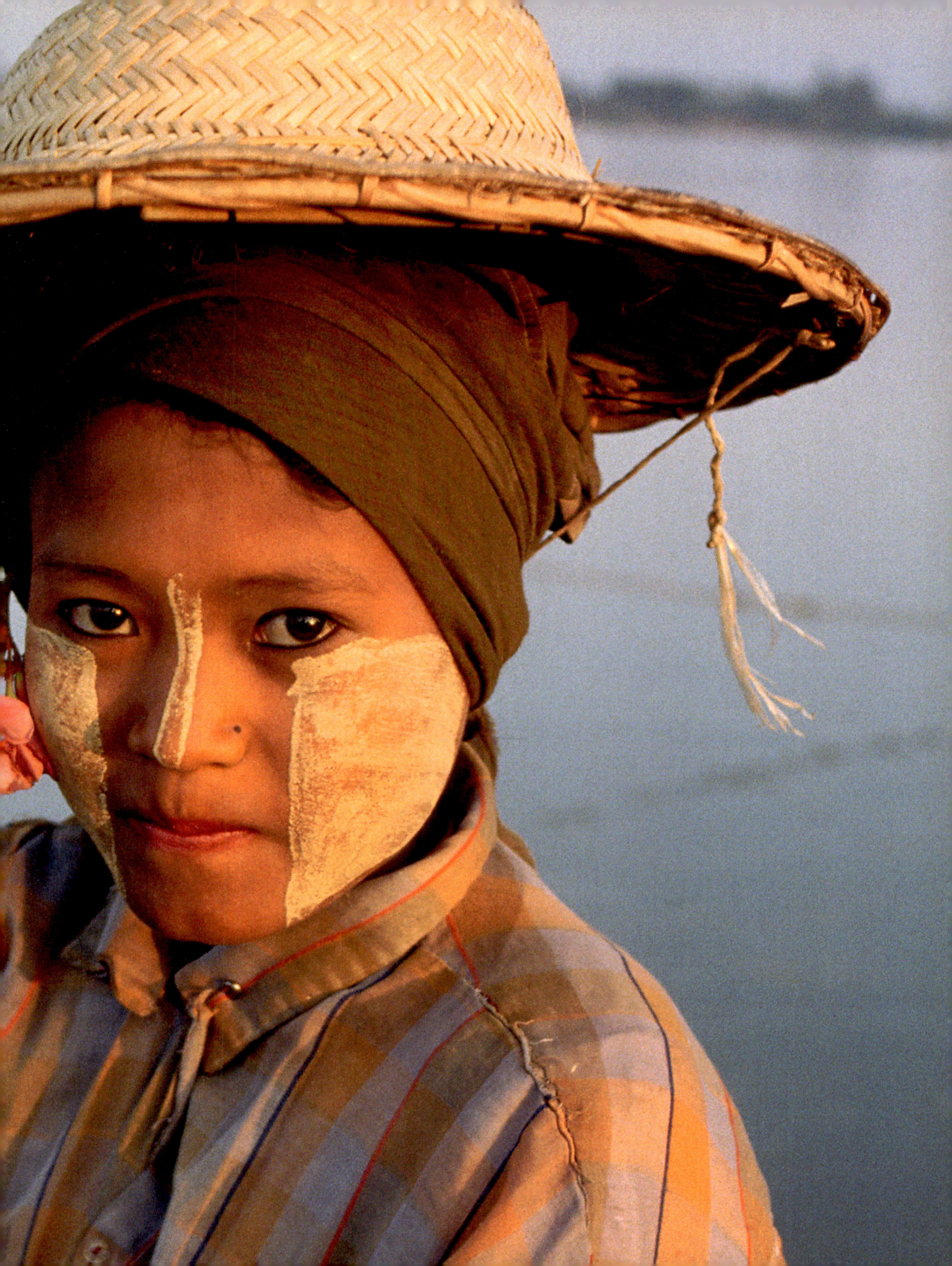

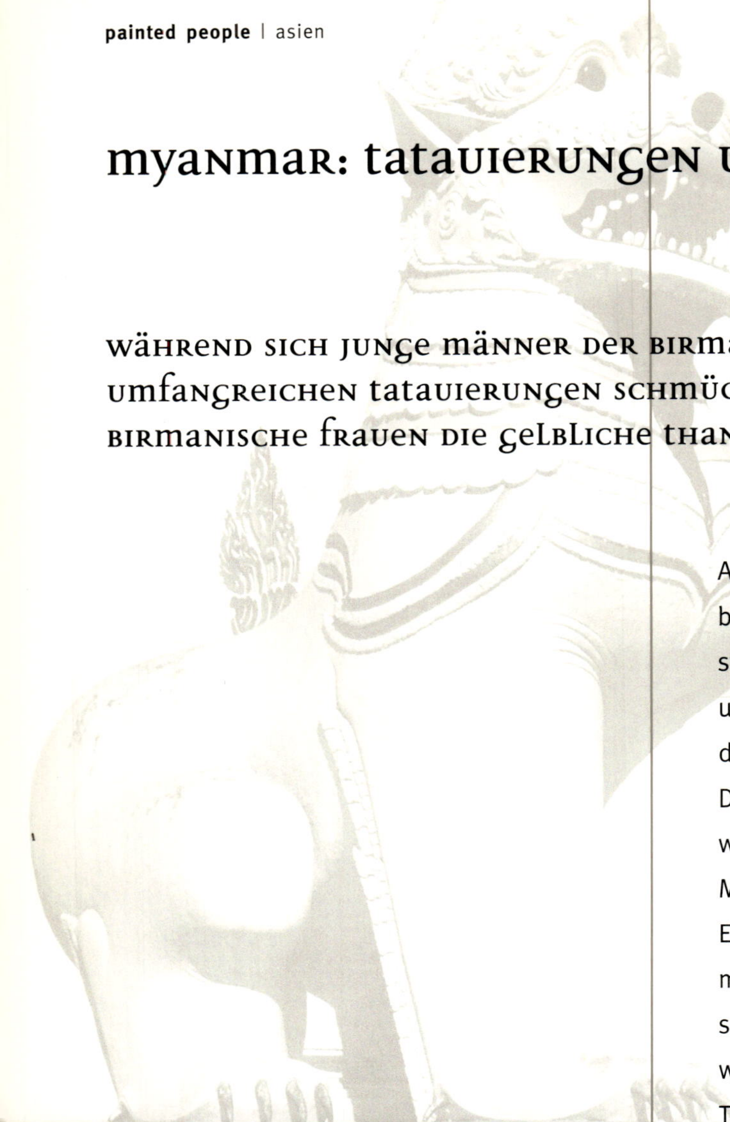

myanmar: tatauierungen und thanákkâ

während sich junge männer der birmanen und der shan mit umfangreichen tatauierungen schmücken lassen, bevorzugen birmanische frauen die gelbliche thanákkâ-paste.

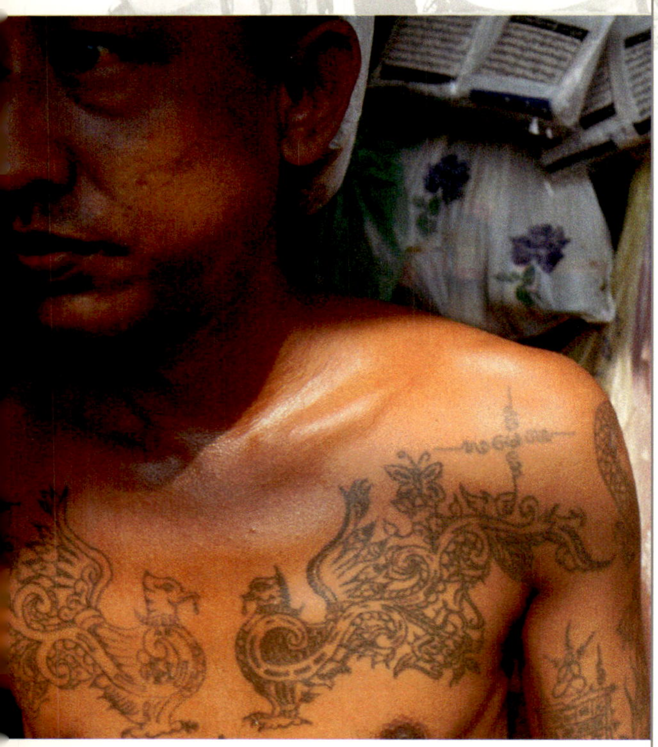

Einst galten Männer ohne Tatuierung in Birma als unmännlich. Auch heute noch lassen sich birmanische Männer tatauieren. Bevorzugte Motive sind Tiere, Götterdarstellungen und mythische Wesen, wie etwa der Vogel Hinthar, das Reittier Brahmas, oder auch löwenartige Wesen der birmanischen Mythologie, die als Wächterfiguren vor heiligen Plätzen aufgestellt werden.

Auch heute noch schmücken sich viele junge birmanische Männer mit Tatauierungen. Sie stellen damit ihre Männlichkeit und ihre Stärke unter Beweis. Schon in jungen Jahren wird mit der äußerst schmerzhaften Prozedur begonnen. Der Tatauierer *(sayah)* verwendet dafür eine etwa 60 cm lange Röhre, die am Ende mit einem Messinggewicht beschwert wird. Am anderen Ende ist das etwa 15 cm lange Tatauierinstrument *(yat)* angebracht. Seine Spitze ist so gespalten, dass zwei bis zehn Nadeln gebildet werden, die den Farbstoff halten. Die schwarze Tatauierfarbe wird aus dem Ruß von Sesamöl oder Kerosin gewonnen. Die wässerige Lösung wird dann in einem Gefäß aufbewahrt. Zunächst zeichnet der Tatauierer mit einer abwaschbaren Farbe die gewünschten Motive auf. Erfahrene Tatauierer führen Musterbücher mit sich, aus denen man seine Motive auswählen kann. Bei der ersten Behandlung sticht der *sayah* nur vereinzelt Tatauierungen auf den Oberschenkeln ein. Den ganzen Bereich auf einmal zu tatauieren wäre für die jungen Knaben zu schmerzhaft. Wegen der Gefahr möglicher Schwellungen und Entzündungen oder sogar einer tödlichen Blutvergiftung ist für viele außerdem das Risiko zu hoch. Um die Schmerzen erträglich zu machen, wurde früher oft Opium verabreicht.

Typische Motive sind Tiger, Katzen, Affen und Elefanten. Auch Abbildungen der im Volksglauben verehrten Lokalgottheiten *(Nats)* und Dämonen *(Belus)* gehören dazu. Sehr beliebt sind auch Mischwesen, die so genannten Tiger-*belus*. Jedes Bild wird von einem ovalen Rahmen aus birmanischen Buchstaben oder gestrichelten Linien umgeben, freie Stellen werden ähnlich ausgefüllt. Bogenförmige Verzierungen schließen Ober- und Unterkante des tatauierten Bereiches ab.

Im Lauf der Jahre fügt sich so ein Muster an das andere. Beim Eintritt ins Mannesalter muss die Tatauierung abgeschlossen sein. Der gesamte Bereich vom Bauchnabel abwärts bis hinunter zu den Knien ist dann mit blauschwarzen Mustern bedeckt. Sieht man sie aus der Ferne, so könnte man glauben, daß die Männer enganliegende Kniehosen tragen.

Die Shan, eine Sammelbezeichnung für verschiedene Thai sprechende Gruppen, die vor allem im östlichen Hochland Myanmars ansässig sind, tragen weitaus mehr Tatauierungen als die Birmanen. Ihre Motive reichen bis zu den Füßen und über den Nabel hinauf, während von der oberen Begrenzungslinie ausgehend Strahlen Brust und Rücken bedecken.

Tatauierte Amulette

Am Oberkörper, an den Armen und am Rücken und manchmal sogar auf dem eigens dafür kahl geschorenen Kopf lassen sich Birmanen gerne Tatauierungen in zinnoberroter Farbe anbringen. Diese Amulette sollen Krankheiten, Gefahren und den Einfluss böser Mächte abwehren und ihrem Träger übernatürliche Kräfte und Glück verleihen. Die Motive sind auch hier vielfältig: Echsen, Vögel, magische Figuren oder Zeichen sowie religiöse Darstellungen und buddhistische Verse sind populär. Manchmal bestehen die Amulette auch nur aus ein paar Punkten zwischen den Augen, oberhalb der Ohren und auf dem Kinn.

Die Shan unterscheiden drei verschiedene Gruppen von Amuletten: *Acun* bewirken, dass ihr Träger von anderen geliebt oder gefürchtet wird; *yapeya* stärken seine Beredsamkeit und damit sein soziales Prestige. *Kat*- oder *pik*-Tatauierungen errichten eine Art unsichtbaren

Bei den Chin sind die ausgeprägten Muster im Gesicht der Frauen auffällig. Nach einer alten Überlieferung entwickelte sich bei dieser Gruppe die Gewohnheit, sich tatauieren zu lassen, bereits vor 1000 Jahren. Damals wurden oft Chin-Frauen von Birmanen verschleppt. In ihrer Angst tatauierten die Frauen ihre Gesichter, um möglichst unattraktiv zu erscheinen, andererseits war so ihre Zugehörigkeit zu den Chin leicht zu erkennen.

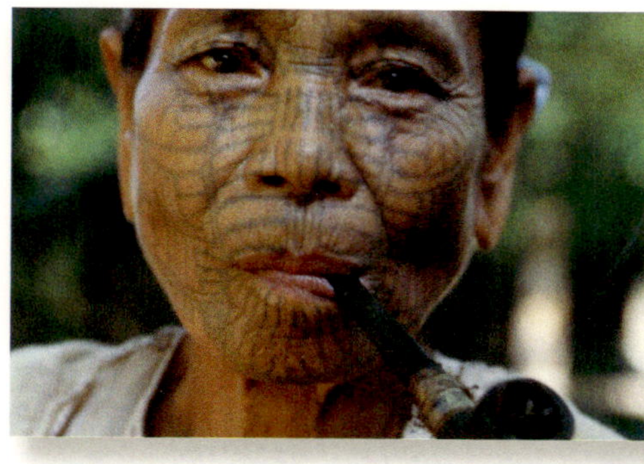

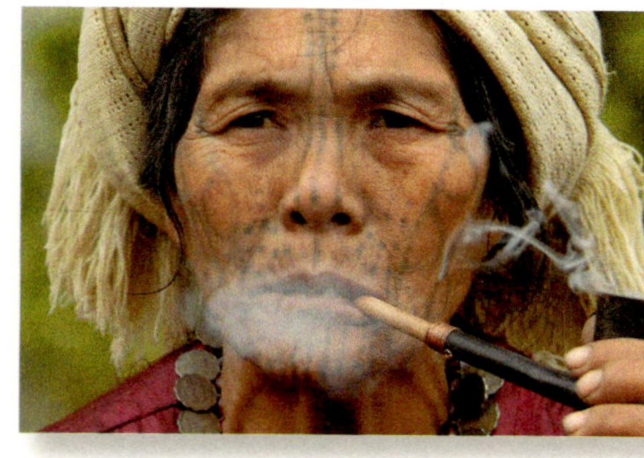

Schutzschild um ihren Träger, der ihn vor Tierbissen aller Art, Messerstichen und Kugeln schützen soll. Das Tatauieren von Amuletten wird von Bittgesängen und Opfern begleitet. Die Farbe für die genannten Zwecke wird oftmals mit Medizin vermischt. *Acun* und *yapeya*-Tattoos werden gewöhnlich in roter Farbe aufgebracht, *kat*-Tatauierungen in schwarzer.

Shan-Frauen tragen kaum Tatauierungen. Gelegentlich zieren ein paar Punkte als Schönheitsmal den Nacken. In alten Reiseberichten kann man allerdings nachlesen, dass manches Mädchen sich ein Amulett an einer nicht sichtbaren Stelle des Körpers anbringen ließ, um so die Liebe eines Angebeteten auf sich zu ziehen.

Thanákkâ

Birmaninnen lassen sich kaum tatauieren. Ihr Hauptkosmetikartikel ist der gelbliche Gesichtspuder *(thanákkâ)*, der Stirn, Wangen und Nasenrücken ziert. Manchmal wird er auch auf das gesamte Gesicht aufgetragen. Neben der kosmetischen Verschönerung soll die Paste auch gegen Hitzeausschlag und Sonnenbrand wirken. Bei der Herstellung der *thanákkâ*-Paste wird die cremefarbene Rinde des Zitrusbaumes *Murraya exotica* verarbeitet. Auf einem Stein wird die Rinde mit Wasser zu einer Paste vermengt, die mit gemahlenem Sandelholz parfümiert wird. Diese Creme wird auf das Gesicht aufgetragen. Nachdem sie angetrocknet ist, wird die überschüssige Paste wieder abgerieben. Am Abend wird die Farbe mit Wasser abgewaschen, bei besonderen Anlässen wird sie auch über Nacht auf dem Gesicht gelassen.

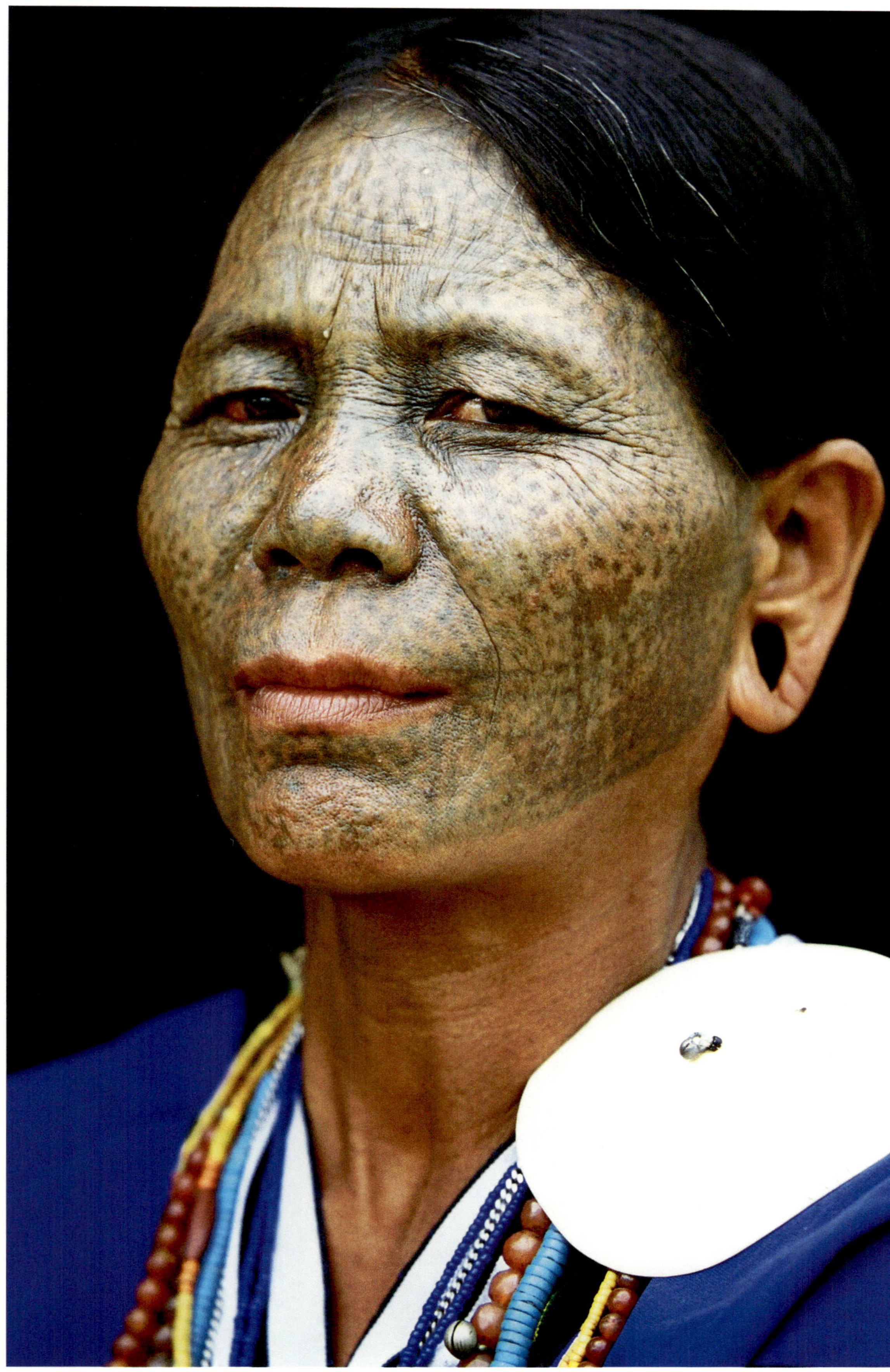

Diese Frau aus Mindat im südlichen Chin-Staat hat sich ihr ganzes Gesicht tatauieren lassen und trägt große Ohrpflöcke.

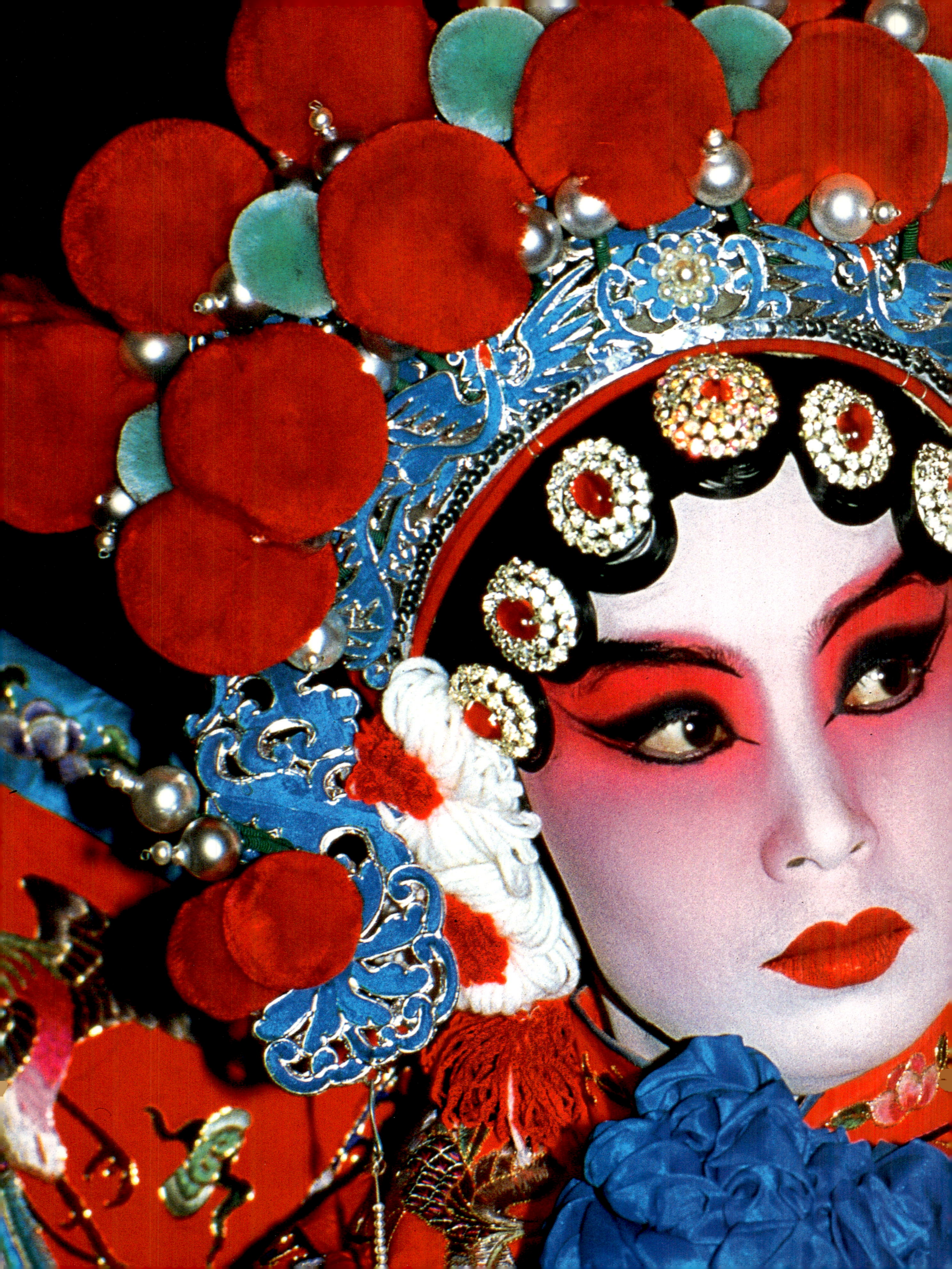

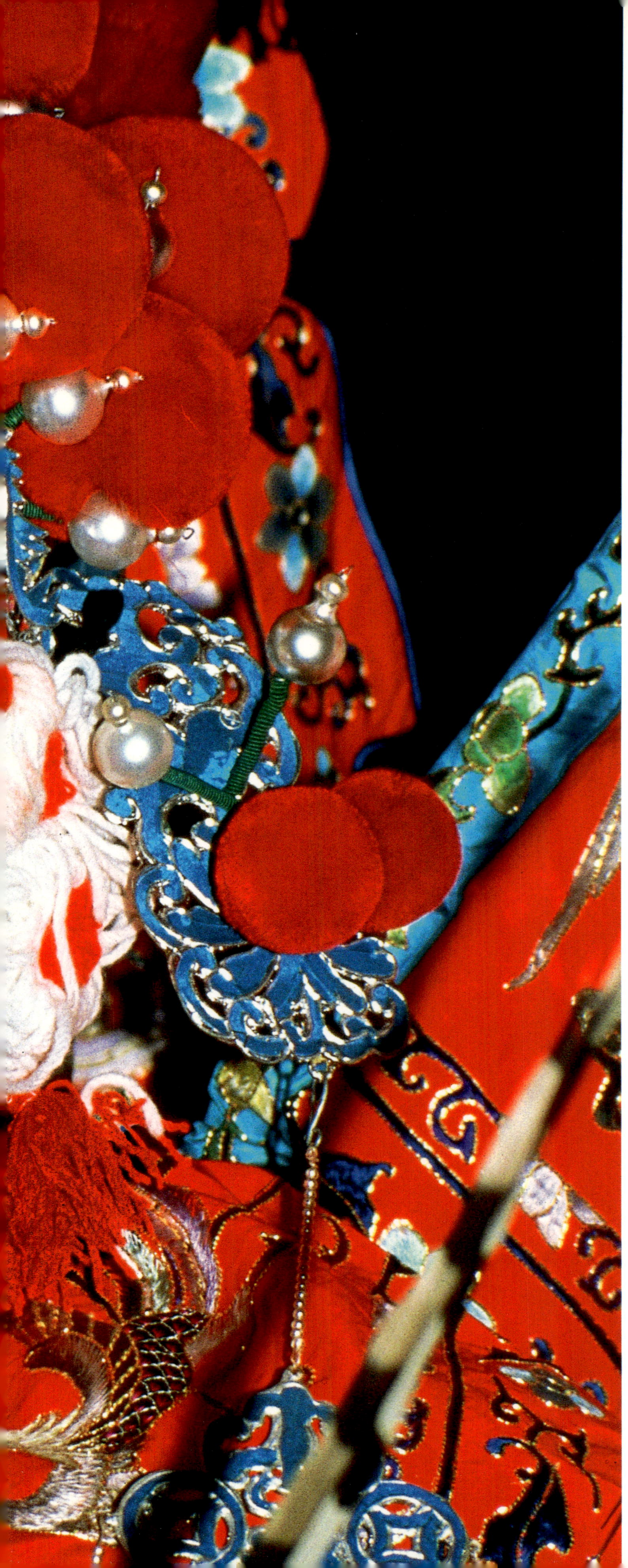

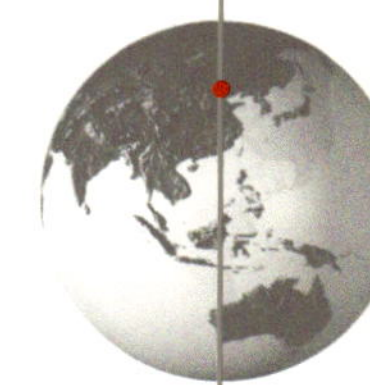

Trotz der gewaltigen territorialen Ausdehnung eint die Menschen Chinas eine gemeinsame kulturelle Tradition und Identität. Die dennoch existierenden zahlreichen regionalen Unterschiede zeigen sich besonders in den verschiedenen Theaterstilen.

CHINA

OPERNMASKEN – DIE SPRACHE DER FARBEN

Die Peking-Oper steht am Ende einer langen Entwicklungsgeschichte des chinesischen Theaters, die man heute bis zu rituellen Tänzen des 3. Jahrtausends v. Chr. zurückverfolgen kann. In ihr vereinten sich vor etwa 200 Jahren verschiedene Theatertraditionen. Im Jahre 1790 rief der Qianlong-Kaiser zur Feier seines 80. Geburtstags Theatergruppen aus allen Teilen seines Reiches zu den großen Feierlichkeiten in die Hauptstadt Peking. Erstmals trafen die verschiedenen lokalen Theatergruppen in so großer Zahl aufeinander. Sie tauschten sich aus und entwickelten gemeinsam neue Konzepte.

Chinesische Opernschauspieler beeindrucken ihr Publikum nicht durch »realistische« Rolleninterpretationen, sondern durch die eindeutige Darstellung eines klar definierten Charaktertyps. Das präzise Beherrschen von Mimik und Gesten sorgt so neben den auffälligen Schminkmasken für die schnelle Identifizierung einer Rolle – hier ist es die einer *daomadan*, einer kriegerischen Frauenrolle.

Die heute ausgeprägteste und gleichzeitig auch bekannteste Theaterform ist das damals ins Leben gerufene »Theater der Hauptstadt« (*jingju*), das im Westen unter dem Namen Peking-Oper bekannt geworden ist. Die farbenprächtigen Kostüme, der reiche Kopfschmuck und nicht zuletzt die zahllosen farbigen Schminkmasken sind neben der ungewöhnlichen Musik und der kargen Bühnengestaltung für den westlichen Betrachter eine reizvolle Herausforderung.

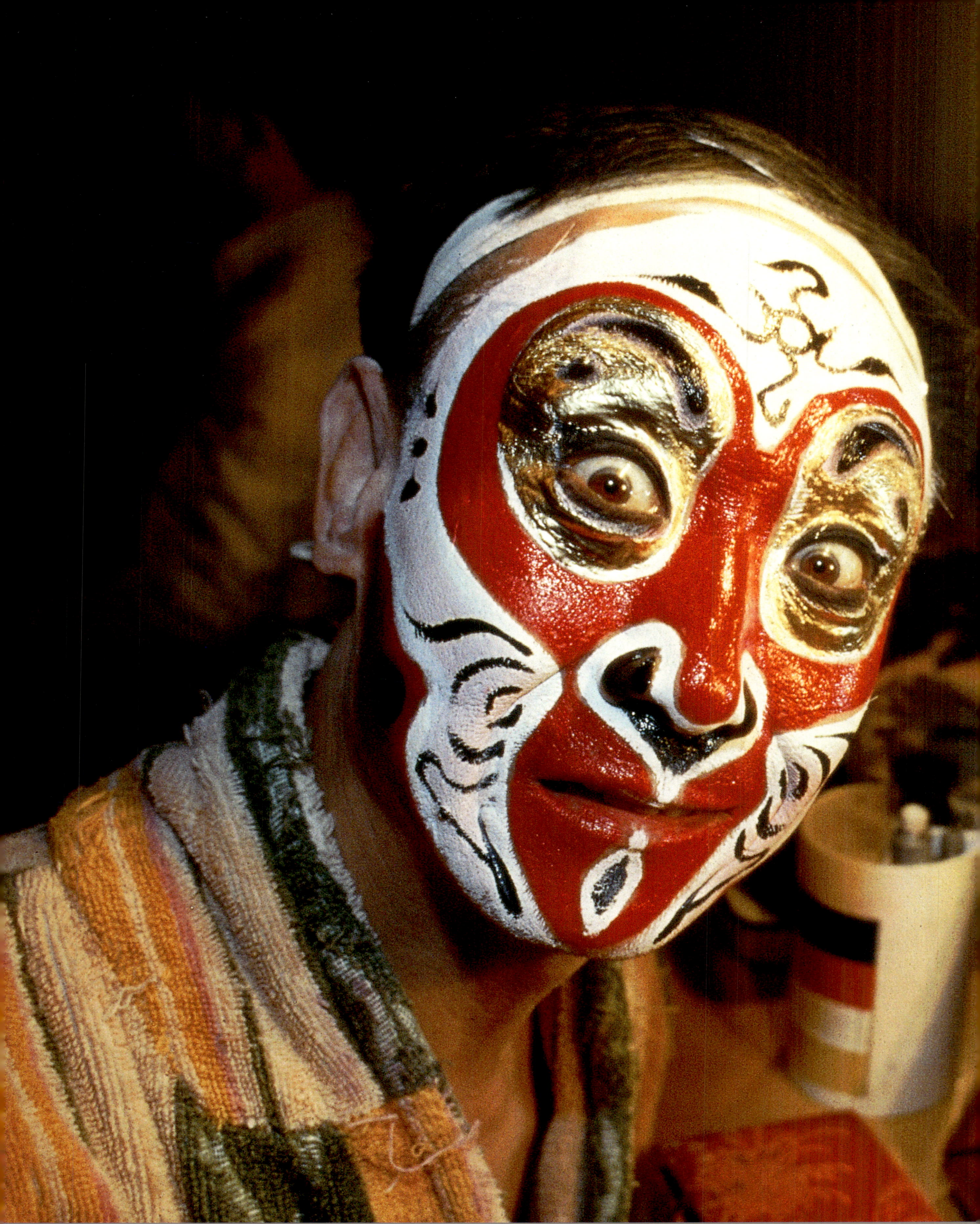

Dieser Schauspieler hat sich gerade für eine der populärsten Rollen der Peking-Oper geschminkt: Er stellt den Affenkönig Sun Wukong dar, eine Paraderolle für Akrobaten. Die Schminkmaske betont das »Affenhafte«, Bewegungen wie Augenrollen oder Lippenschmatzen werden durch sie hervorgehoben.

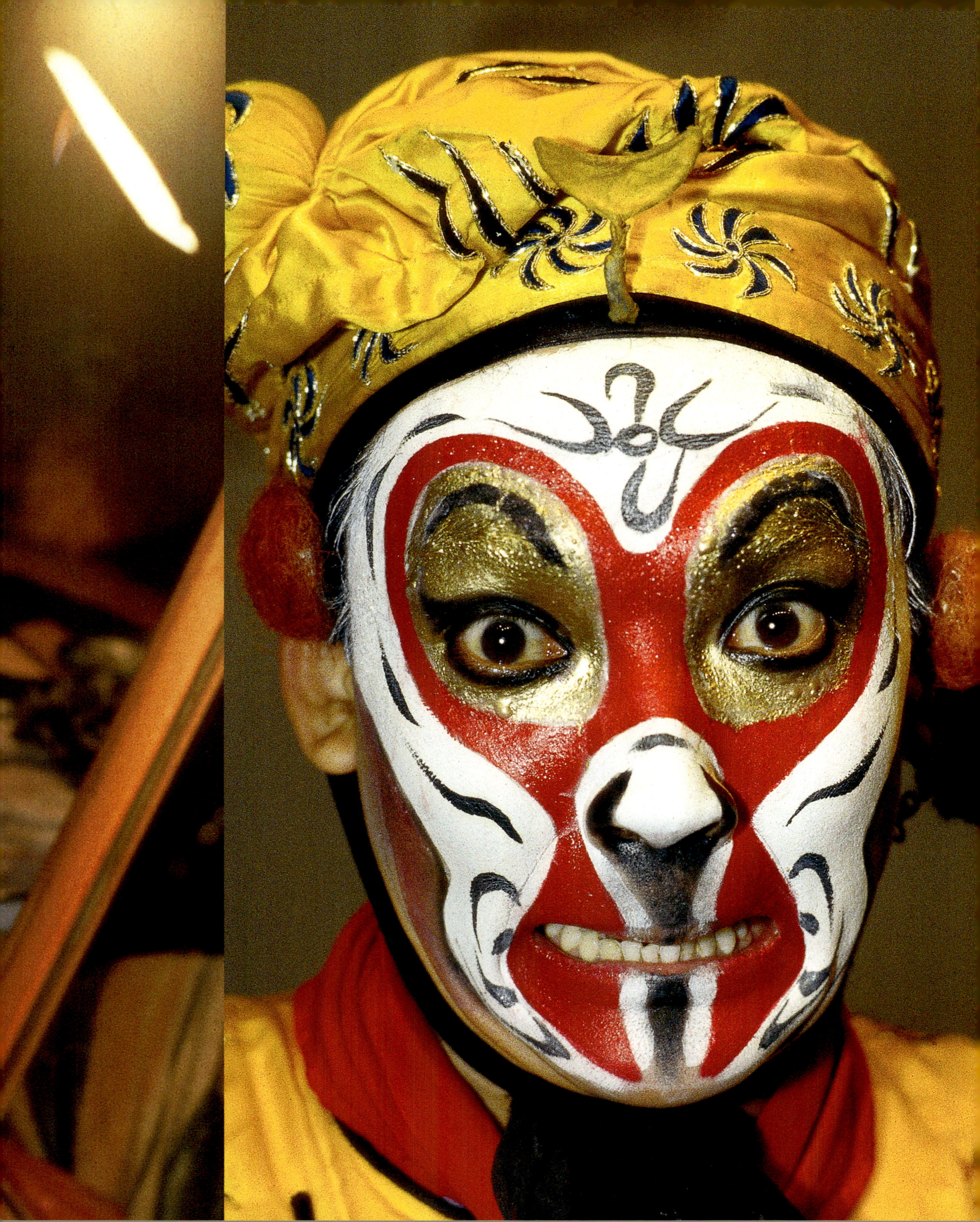

Ein anderer Schauspieler in der Maske des Sun Wukong: Obwohl die Grundzüge der Maske durch Überlieferung festgelegt sind, verwendet jeder Darsteller – wie ein Markenzeichen – seine eigene Schminkvariante.

Die Schminkmasken der Peking-Oper

Die chinesische Oper lebt von den Symbolen: einzelne Requisiten stehen für ganze Bühnenbilder, Farben und Linien der Schminkmasken charakterisieren eine Rolle auf den ersten Blick.

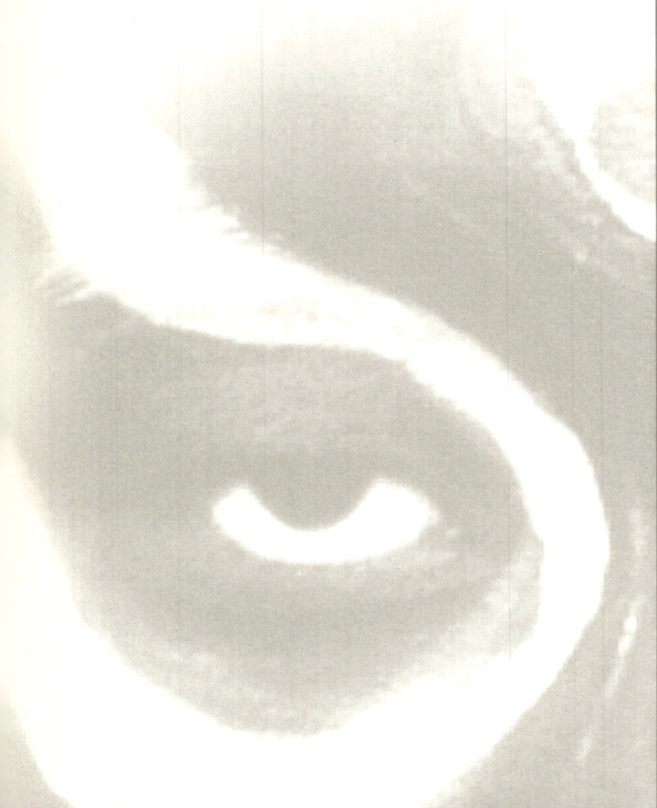

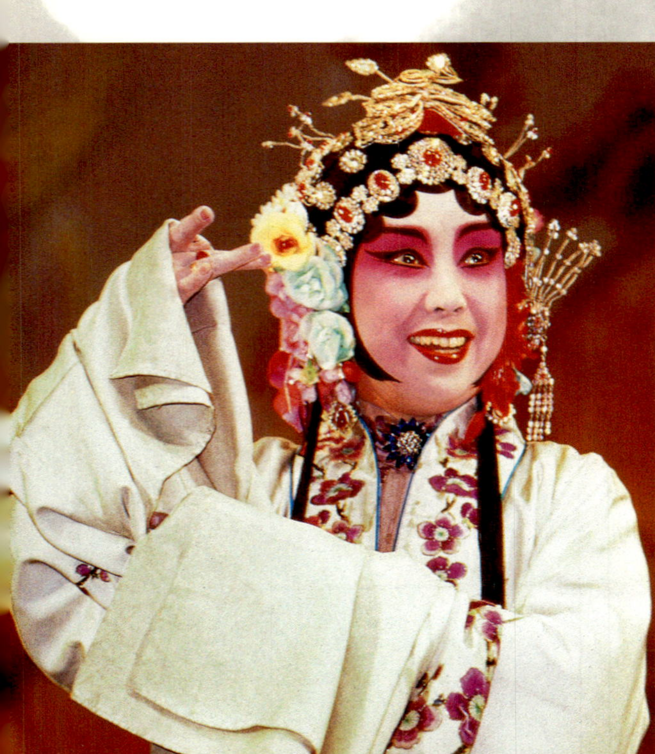

Auch heute noch werden an vielen Bühnen Frauenrollen von Männern verkörpert. Schminkmaske und einstudierte Gestik erzeugen eine Illusion von Weiblichkeit.

Anders als die europäische Oper kennt die Peking-Oper keine berühmten Komponisten und herausragenden Librettisten. Auch aufwändige, technisch ausgeklügelte und bei jeder Szene wechselnde Bühnenkonstruktionen fehlen. Die ganze Kraft und Dynamik, die sie vermittelt, liegt vielmehr in der körperlichen und gefühlvollen Ausdruckskraft der Darsteller. In keiner anderen Theaterform vereinigen die Schauspieler Gesang, Dialog und Schauspiel in Kombination mit akrobatischen Kampf- und Tanzszenen so perfekt wie in der Peking-Oper. Schon in sehr jungen Jahren werden aussichtsreiche Schauspielanwärter in besonderen Schulen in die schwierige Kunst dieser Theaterform mit all ihren Fächern wie Ballett, Gesang, Pantomime und Akrobatik eingeweiht.

Die Schauspieler erlernen auch die Kunst des Schminkens. Später müssen sie sich vor jeder Aufführung in langwieriger Arbeit selbst die Masken auflegen.

Helden und Clowns: Die Rollentypen

Heute sind in der Peking-Oper vier Rollentypen vertreten, die ihrerseits noch in verschiedene Gruppen aufgeteilt werden können. Die Rollenfächer wurden dabei im Laufe der Zeit stark vereinfacht und vereinheitlicht. Die vier Hauptgruppen sind: Der Clown (*chou*), die Frauenrolle (*dan*), der männliche Held (*sheng*) und der männliche Abenteurer, der auch als Schminkmaskenrolle (*jing*) bezeichnet wird.

Die Clowns sind nicht nur Spaßmacher am Rande, sie können auch eine Hauptrolle übernehmen. Stets haftet ihnen jedoch etwas Linkisches, Ungeschicktes an. Sie sind leicht an ihrer charakteristischen weißen Bemalung um Augen oder Nase zu erkennen.

Bis ins 19. Jahrhundert galt es als unschicklich, dass Frauen und Männer zusammen auf der Bühne auftreten. Aus diesem Grunde wurden bis dahin die Frauenrollen von Männern gespielt. Um deren Gesichter dennoch weiblich erscheinen zu lassen, wurden die Augen dem typischen Schönheitsideal folgend mandelförmig durch schwarze Schminke betont. Kinn, Nasenrücken und Stirn blieben hell. Auf den Wangen und um die Augen gab ein rosa Puder dem sonst weiß geschminkten Gesicht eine schmale, weibliche Kontur.

Die männlichen Helden werden ähnlich den Frauen relativ einfach in Weiß und Rosa mit schwarz betonten Augen und Augenbrauen geschminkt.

Am auffälligsten und aufwändigsten sind die Gesichter der »Schminkmaskenrollen«. Sie stellen Götter und Geister, berühmte Generäle, Bösewichter, historische Figuren oder auch Abenteurer dar. Durch die Farben einer Schminkmaske können ihrem Träger bestimmte Eigenschaften zugeordnet werden. Masken, bei denen nur eine Farbe dominiert, deuten auf einen geradlinigen Charakter hin. Sind mehrere Farben vertreten, zeigt ihr Träger verschiedene Charaktereigenschaften. Anhand der Farben und der Linienführung der Maske kann die dargestellte Rolle auf den ersten Blick erkannt werden.

In Gesichtern lesen

Um besondere Eigenschaften der Figuren zu unterstreichen, bedienen sich die Schminkmasken auch gängiger Darstellungen aus der chinesischen Kunst. So findet man das Yin-Yang-Symbol, Wolkenmotive oder Fledermäuse. Auch besondere Waffen, die bestimmte

Volkstümliche Papierschnitte zeigen einige Schminkmasken der Peking-Oper: Die Wimpel auf dem Rücken (links) symbolisieren die Befehlsgewalt dieses Generals. Rot und Schwarz weisen ihn als loyal, mutig und gerecht aus. Die mittlere Darstellung zeigt den Affenkönig Sun Wukong, rechts ist eine raubvogelartige »Tiergottheit« zu sehen.

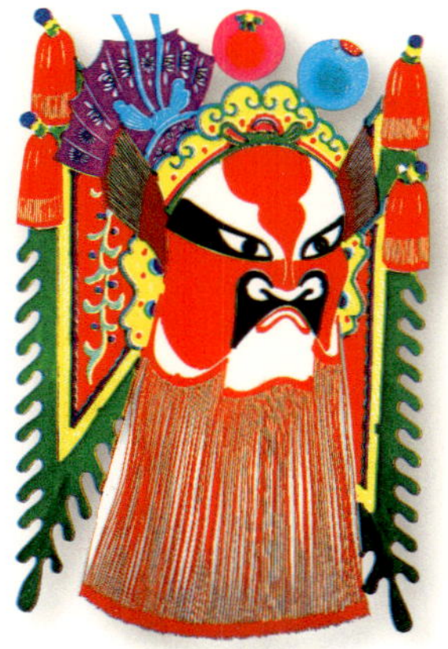

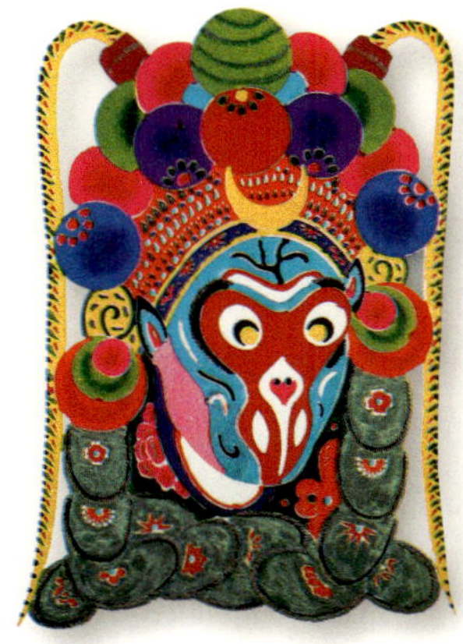

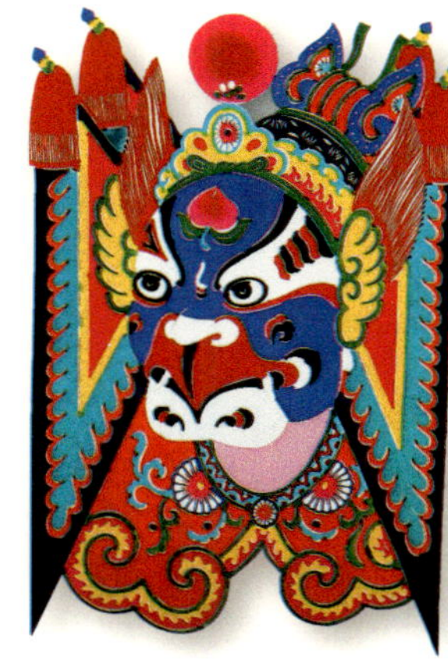

Krieger bekanntermaßen mit sich führen, werden in verkleinerter Form in die Gesichtsbemalung einbezogen. Wie in einem Buch kann der kundige Besucher der Peking-Oper in jedem Gesicht lesen und seine Charaktereigenschaften, den Guten und den Bösen erkennen.

Dieses Wiedererkennen bekannter Figuren ist allein schon deshalb wichtig, da es während einer Aufführung zumeist kein festgelegtes Programm gibt und die Zuschauer oft unvermittelt mit einem Potpourri verschiedener Akte aus ganz unterschiedlichen Dramen konfrontiert werden. So können kenntnisreiche Theaterbesucher die Masken auch anhand der Beinamen ihrer Träger erkennen. Beispielsweise ziert das Gesicht des berühmten songzeitlichen Kriegers Xu Shiying, der auch unter dem Namen »grüngesichtiger Tiger« bekannt war, eine hauptsächlich in Grün gehaltene Maske, deren Mund die Form eines Tigermauls hat.

Vergängliche Kunstwerke

Auf das gesäuberte und grundierte Gesicht zeichnet der Schauspieler zunächst die Umrisslinien der Maske. Dabei hält er den Pinsel vor sein Gesicht. Dann dreht und wendet er geschickt und mit erstaunlicher Geschwindigkeit sowohl Pinsel als auch Kopf, um mit gleitenden Bewegungen die Umrisse des Musters aus seinem Gesicht herauszuarbeiten. Neben der »sanften Berührung« (*rou*), dem »Wischen« (*mou*) und dem »Brechen« (*po*) ist der »Haken« (*gou*) eine der vier Haupttechniken bei der Gesichtsbemalung. Sie findet bei allen

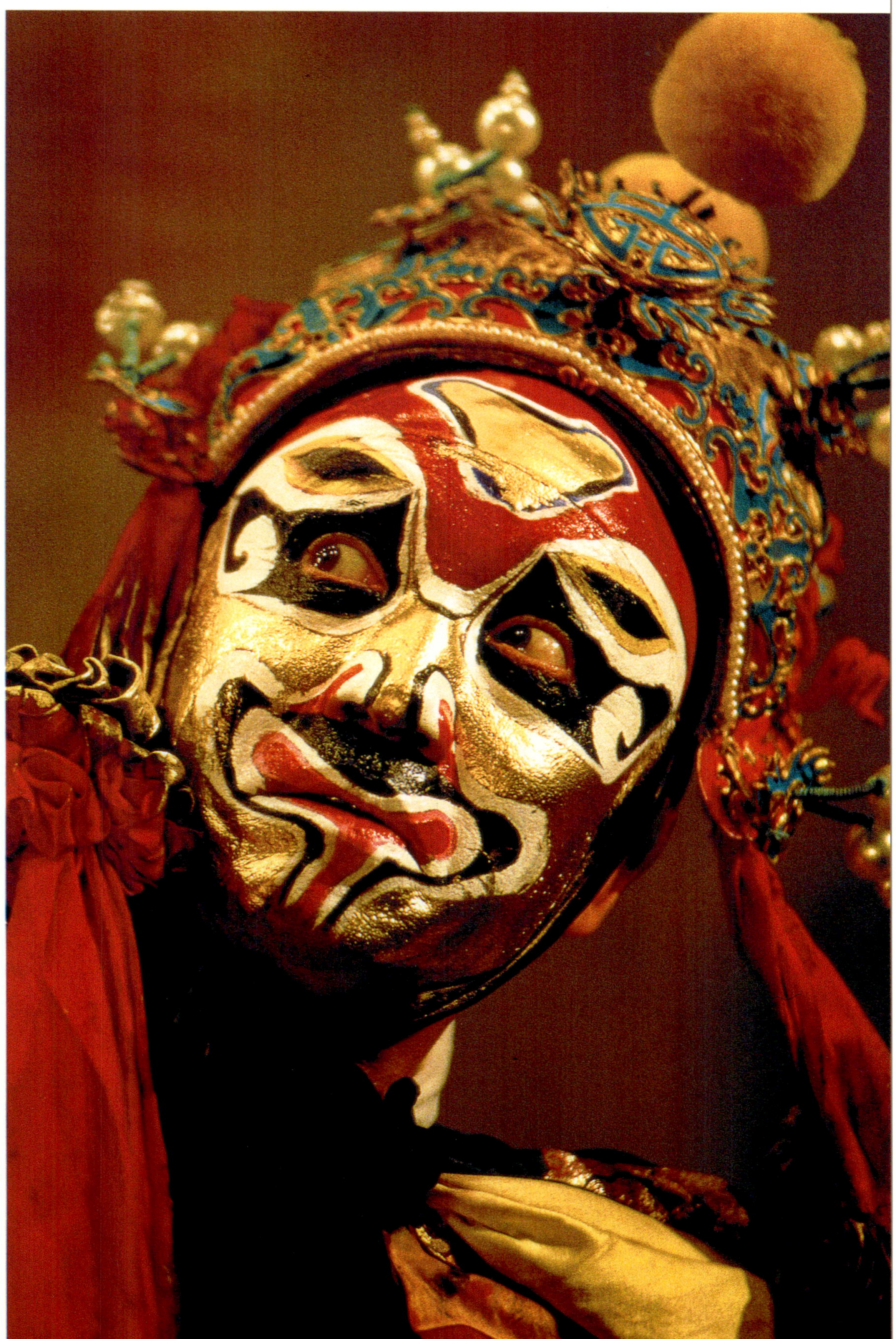

Erkennbar ein Gott: Die goldene Farbe in der Gesichtsbemalung weist auf eine Figur aus dem Reich des Übersinnlichen hin.

Die Symbolik der Farben in der Peking-Oper

Anfangs verwendeten die Schauspieler für die Masken nur einfache Farben wie Rot, Schwarz, Violett, Blau, Gelb, Grün und Weiß. Durch die sich immer stärker voneinander abgrenzenden Rollentypen wurden sie später durch Altrot, Rosa, Grau und Braun sowie Gold und Silber ergänzt. Den verschiedenen Farben lassen sich in der Regel folgende Charaktereigenschaften zuordnen:

Rot: erregt, loyal, mutig, besonders dynamisch.

Weiß (ganzes Gesicht): verräterisch bis zum Äußersten, das Böse schlechthin.

Weiß (bis zur Mitte der Stirn): böse, grausam, aufrührerisch.

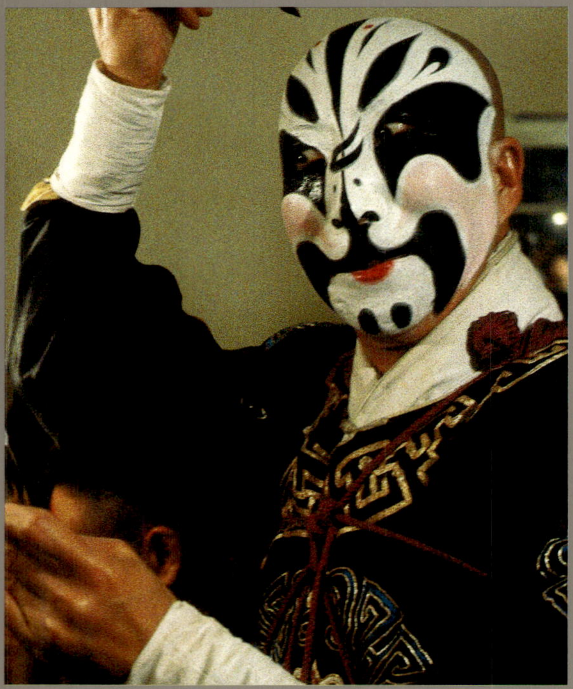

Mit schwungvollem Pinselstrich vollendet der Darsteller die Maske eines Ehrfurcht gebietenden Feldherrn.

Schwarz (auch im Wechsel mit Weiß): gerecht, feierlich, Ehrfurcht gebietend, unbekümmert, mutig.

Blau: wild, entschlossen, tapfer.

Grün: eigensinnig, bösartig, wild.

Gelb: brutal, kämpferisch, abenteuerlich.

Braun: ähnlich wie Rot, aber ruhiger und ernsthafter.

Gold (oder Silber): göttlich, magisch, außergewöhnlich.

Rosa: rote Farbe im Alter.

Grau: wird hinzugefügt, um Alter anzudeuten.

Purpur: »gealtertes« Schwarz, das feurige Temperament ist im Alter etwas abgekühlt.

Nach dem Grundieren und Schminken des Gesichts wird zuerst das eigene Haar abgedeckt, bevor die einzelnen Teile der Perücke angelegt werden. Ein Kopfputz bildet den Abschluss.

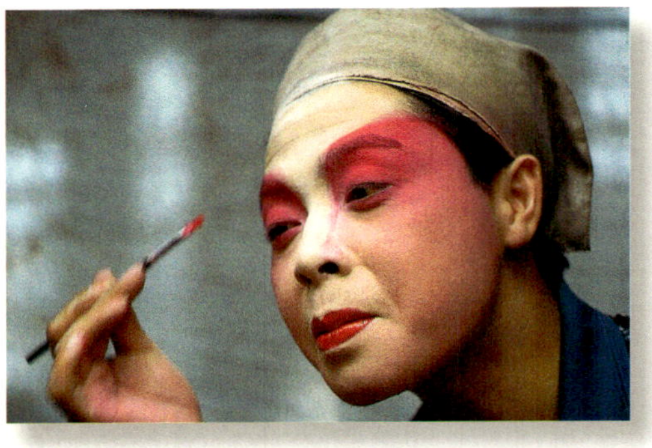

Schminkmasken Verwendung. Aus diesem Grunde ist der Name für die Schminkmasken im allgemeinen auch »Hakengesicht« (*goulian*). Die Technik der »sanften Berührung« wendet man bei ganz in Schwarz oder ganz in Weiß gehaltenen Masken an, wobei die Schminke mit der Hand über das ganze Gesicht verteilt wird. Für eine in Weiß gehaltene Maske oder eine komische Maske kommt die Methode des »Wischens« zum Zug. In Wasser gelöste weiße Farbe wird dann entweder auf das ganze Gesicht oder, wie es bei der Rolle des Clowns vorgeschrieben ist, im Bereich der Nase und der Augen aufgetragen. »Brechen« bezeichnet das Aufeinanderstoßen und die Kombination von verschiedenen Farben und Zeichnungen, um die Eigenschaften von vielschichtigen Charakteren herauszuarbeiten.

Die Bühne als Raum der Phantasie

So prachtvoll die Darsteller gekleidet und geschminkt sind, so schlicht ist die Bühnengestaltung der Peking-Oper. Früher gingen die Schauspielertruppen oft auf Wanderschaft. Darum musste die Bühne schnell auf- und abzubauen sein. Auch heute noch besteht das Bühnenbild häufig nur aus Tisch und Stuhl. Die Bedeutung dieses Aufbaus kann sich mit dem Thema und der Szene eines Stückes ändern. Wieder ist die Vorstellungskraft der Zuschauer gefragt. So kann ein Stuhl auf einem Tisch einen Hügel versinnbildlichen oder ein Stuhl vor dem Tisch ein Zimmer.

Je einfacher die gestalterischen Mittel des Bühnenbildes sind, desto bedeutender werden Erscheinungsbild und Gestik der Schauspieler. Neben Masken, Kleidung, Frisuren, Bärten, Kopfbedeckungen und Schmuck geben

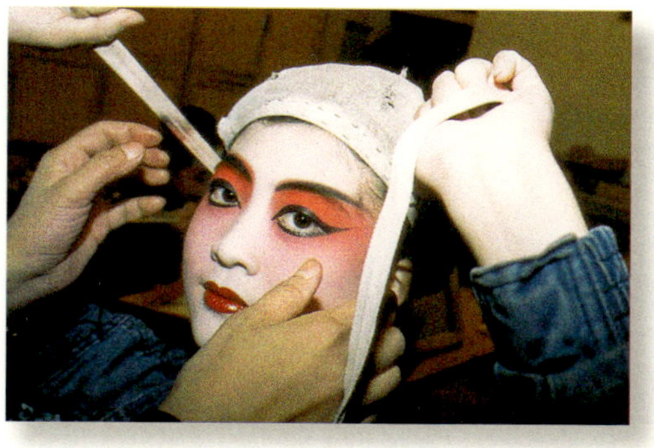
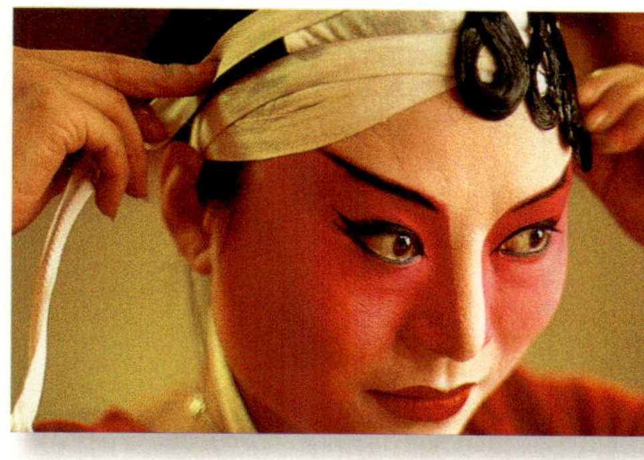
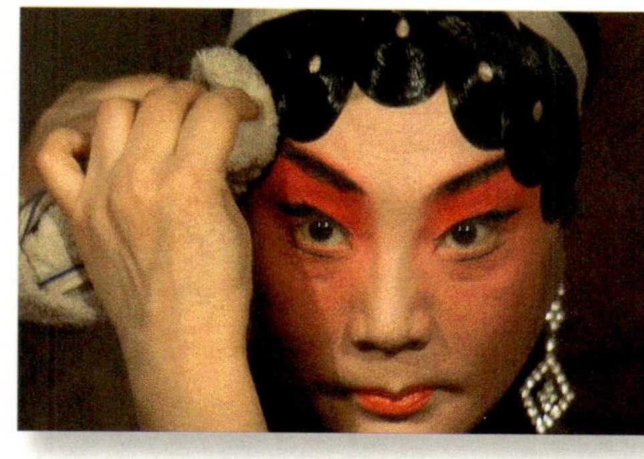

bestimmte Requisiten wie Wedel, Waffen und Fächer sowie deren Handhabung Aufschluss über die Bestimmung der jeweiligen Rolle.

Die ersten Regeln zur farblichen Gestaltung der Theatermasken legte man wohl bereits vor etwa 1000 Jahren fest. Zur Belustigung der Zuschauer wurden die Gesichter der Komödianten grotesk geschminkt. Später schminkten sich dann auch Darsteller anderer Rollen. Genaue Regeln kannte man aber in dieser Zeit noch nicht. Bis ins 17. Jahrhundert weisen die Masken einfache, wenig abgewandelte Formen auf. Mit der wachsenden Popularität der Romanliteratur vergrößerte sich die Zahl der zu spielenden Rollen enorm. Um sie dennoch voneinander unterscheiden zu können, wurden immer ausgefeiltere Regeln für die Gestaltung von Masken und Kostümierung der einzelnen Rollen aufgestellt.

Die Begründung der Peking-Oper im ausgehenden 18. Jahrhundert beschleunigte diese Entwicklung. Die begabten Künstler dieser neuen Theaterform schufen durch Übertreibung, Verallgemeinerung und Belebung der Gesichtsmasken eine Vielzahl von neuen, farbenprächtigen Masken. Neben der zunehmenden Zahl der verwendeten Schminkfarben wurde der formale Aufbau der Masken immer komplizierter. So sehen heute viele Liebhaber und Kenner der Peking-Oper den Höhepunkt der Kunst der Schminkmasken erst zu Beginn des 20. Jahrhunderts.

Die Stoffe der Peking-Oper

Das Repertoire der Peking-Oper machen hauptsächlich sehr alte traditionelle Stoffe aus, rund 2000 Stücke könnten zur Aufführung gelangen. Diese werden grob in lyrische (*wen*) und kämpferische (*wu*) Stücke unterschieden. Während bei Ersteren die Welt menschlicher Schicksale meist durch monologhafte Arien behandelt wird, bieten Letztere oftmals kurzweilige Akrobatik. Neben kurzen, anekdotenhaften Episoden werden vor allem immer wieder einzelne Szenen aus langen epischen Dramen aufgeführt. Diese basieren in ihrer heutigen Form in der Regel auf berühmten Romanen aus der Zeit der Ming- und Qing-Dynastie, die ihrerseits wiederum meistens auf Vorlagen von früheren Geschichtenerzählern und Schauspielern zurückgehen.

Volkstümliche Theateraufführung in Westchina: Auch wenn sich die »ländlichen« Opern auf den ersten Blick von der hohen Kunst der Peking-Oper unterscheiden – vor allem durch die Schlichtheit der Masken –, besitzen beide Theaterformen gemeinsame Ursprünge und greifen oft auf das gleiche Repertoire an literarischen Vorlagen zurück.

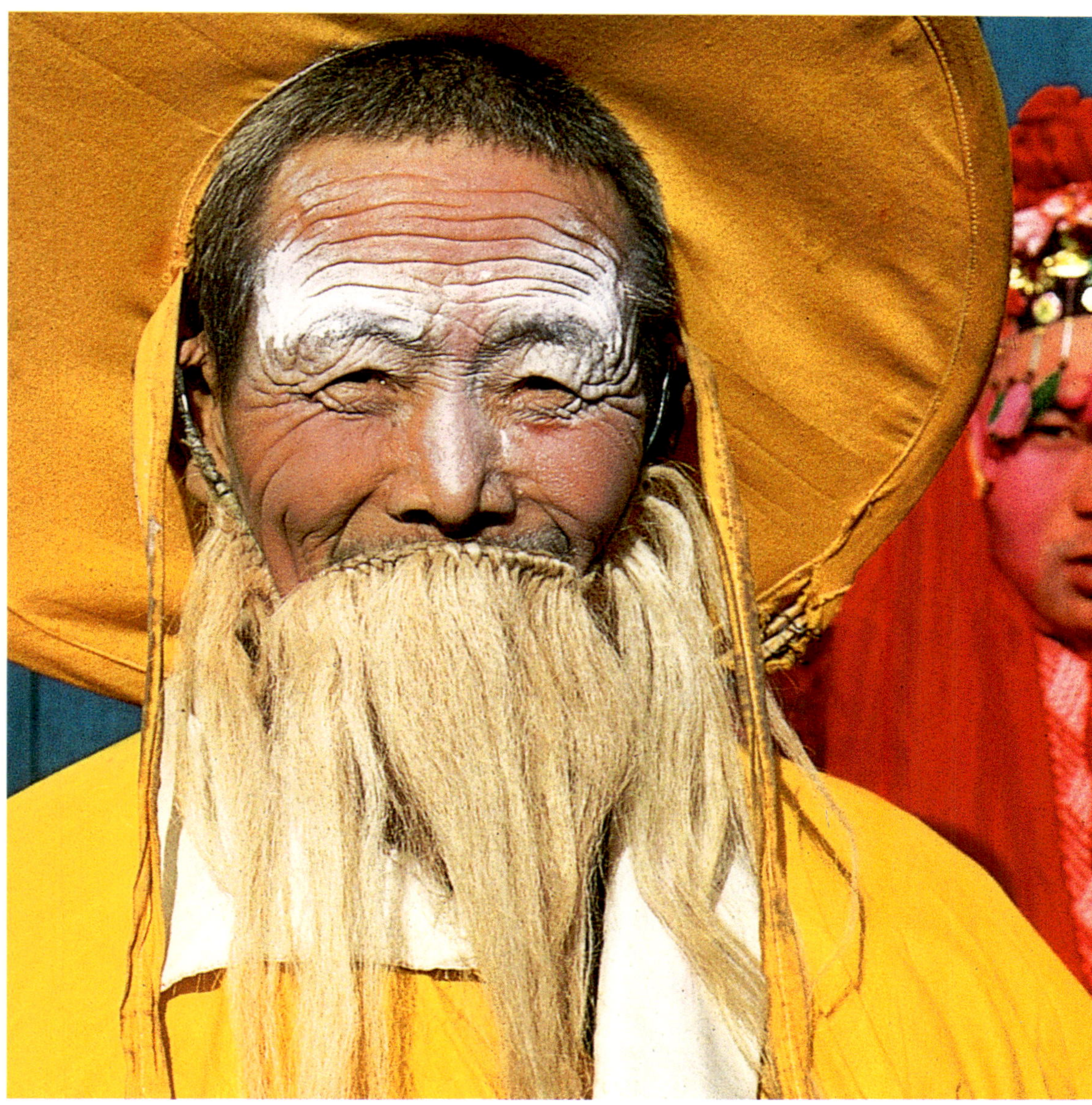

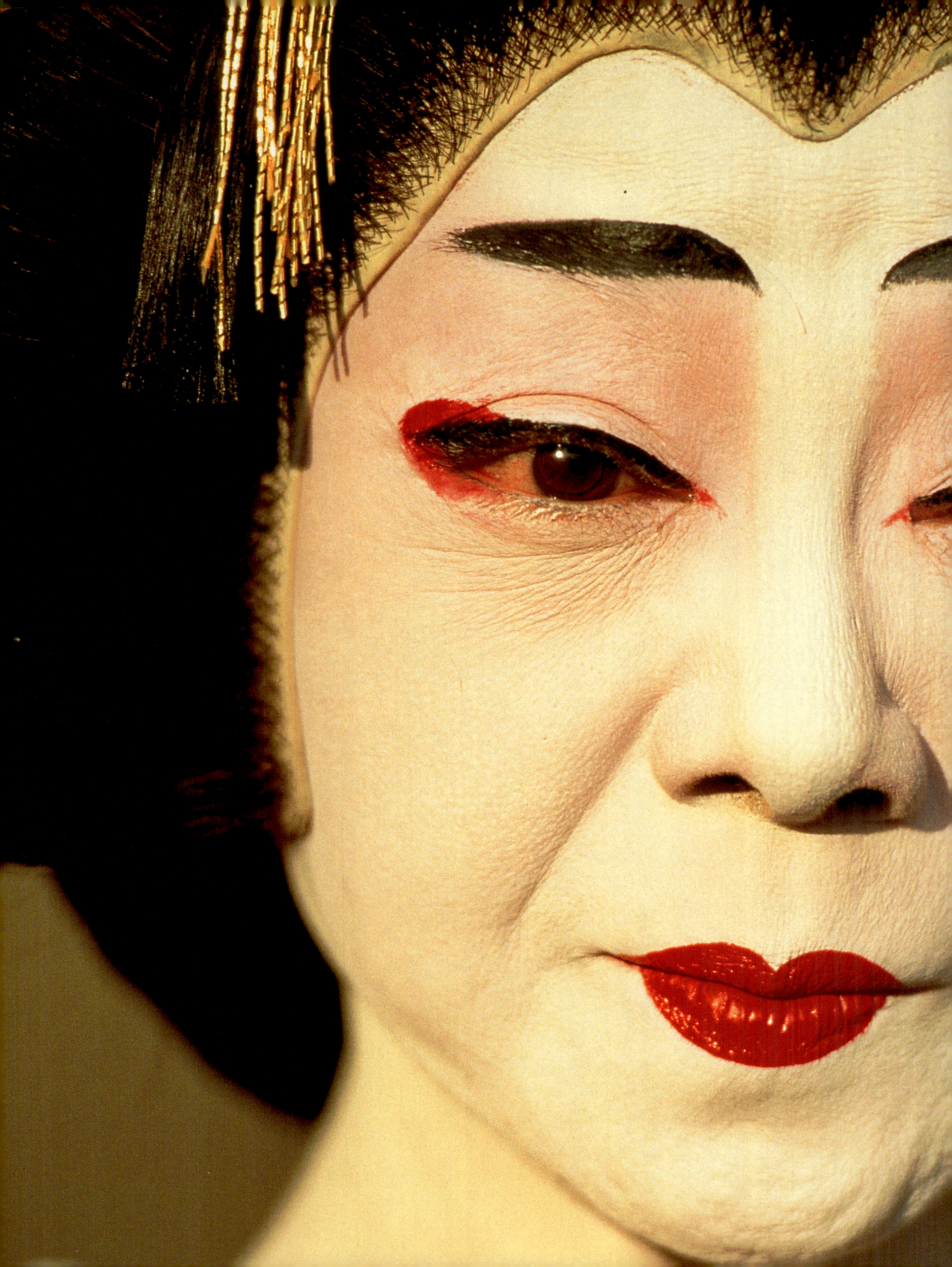

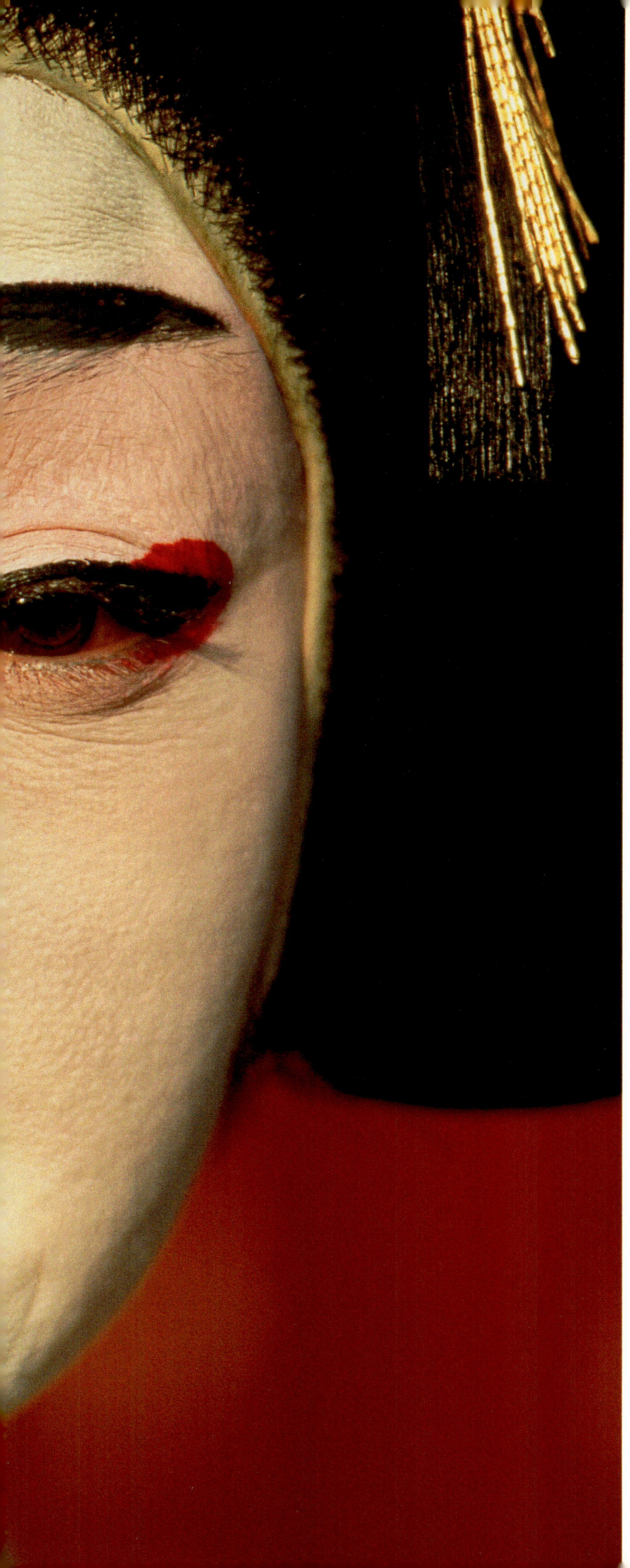

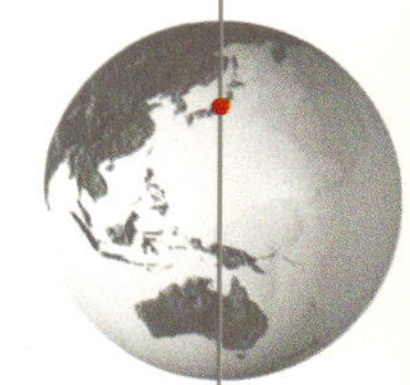

Erst 1868 mit der Meiji-Reform hat sich Japan, das bis dahin in weitgehender Isolation lebte, der Außenwelt geöffnet. Seitdem hat sich dort auf fast allen Gebieten ein rasanter Wandel vollzogen. Über alle Veränderungen hinweg jedoch hat die japanische Kultur immer ganz eigenständige Ausprägungen entwickelt.

Japan

körperkunst und kunstkörper

Die weißen Gesichter der Geishas, die Schminkmasken des Kabuki-Theaters und Tätowierungen, die fast den ganzen Körper bedecken: In Europa haben diese Formen japanischer Körperkunst immer wieder große Faszination hervorgerufen. Bekannt geworden sind sie vor allem durch die japanischen Holzschnitte sowie in neuerer Zeit durch internationalen Theateraustausch, Ausstellungen und populäre Literatur. Der Körperschmuck wird zum Ausdruck einer Kultur, die exotisch und zugleich traditionell und modern erscheint. Die bemalten Gesichter des Theaters werden zu Typen, zu Masken, und erscheinen doch niemals starr. Durch Bewegungen, Auftreten, Mimik und Gestik werden sie lebendig. Die Schauspielkünste der Darsteller scheinen sogar die hölzernen Vorsatzmasken des Nô-Theaters zum Leben zu erwecken. Die traditionelle Kunst des Tätowierens in Japan unterscheidet sich in Konzept und Technik deutlich von den heutigen Tattoos im Westen. Die großflächigen Kompositionen, in Fachkreisen *suit* (Anzug) genannt, stellen in ihrem Motivreichtum oftmals die Vorbilder der kleinen, heute in Japan zunehmend populären Einzelmotive.

Markantes Erkennungszeichen einer Geisha sind das weiß geschminkte Gesicht und die rot bemalten Lippen. Variationen, die meist einer Mode folgen, gibt es auch hier: Die Geisha im Bild hat am rechten Augenlid Rouge aufgetragen.

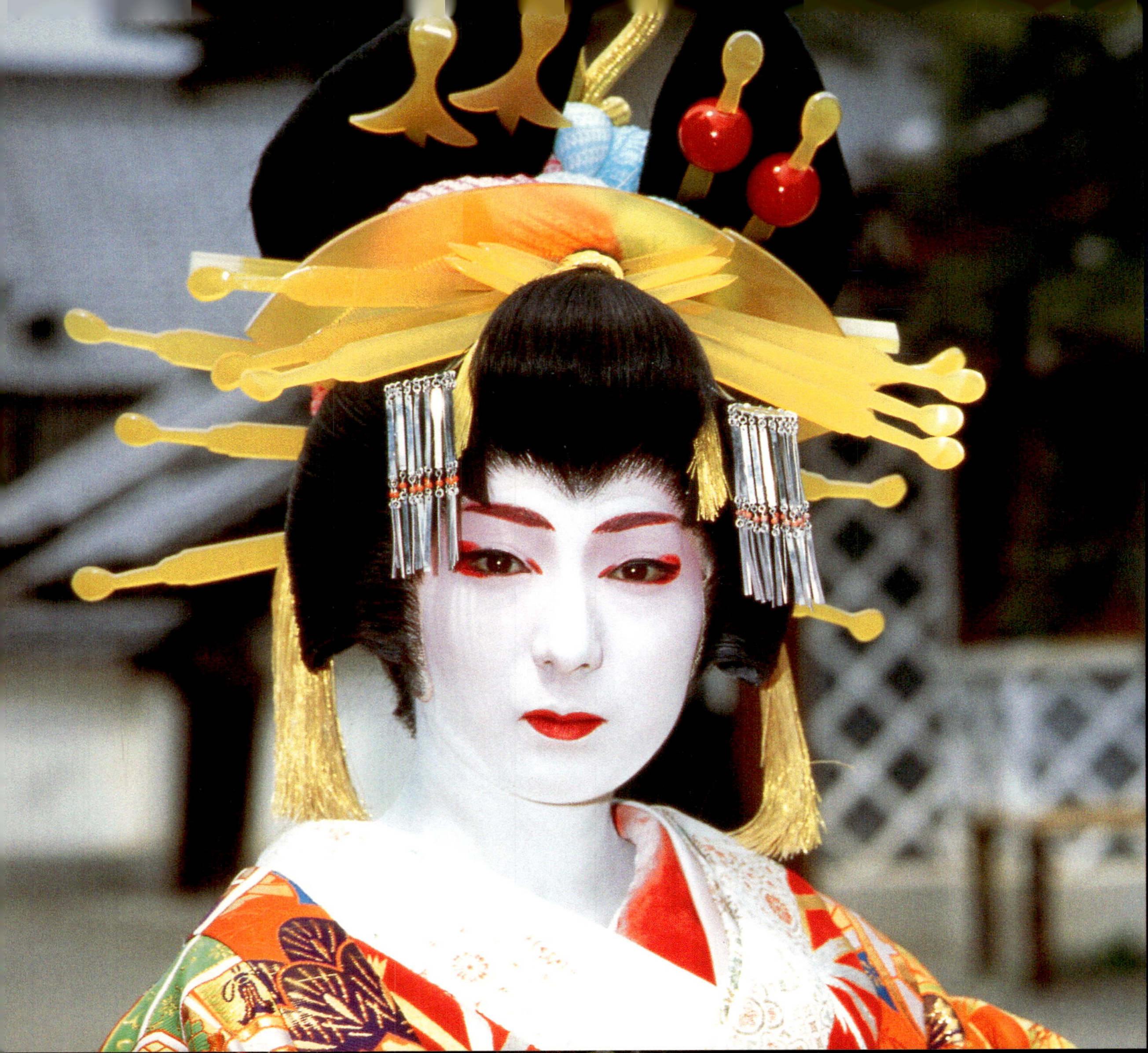

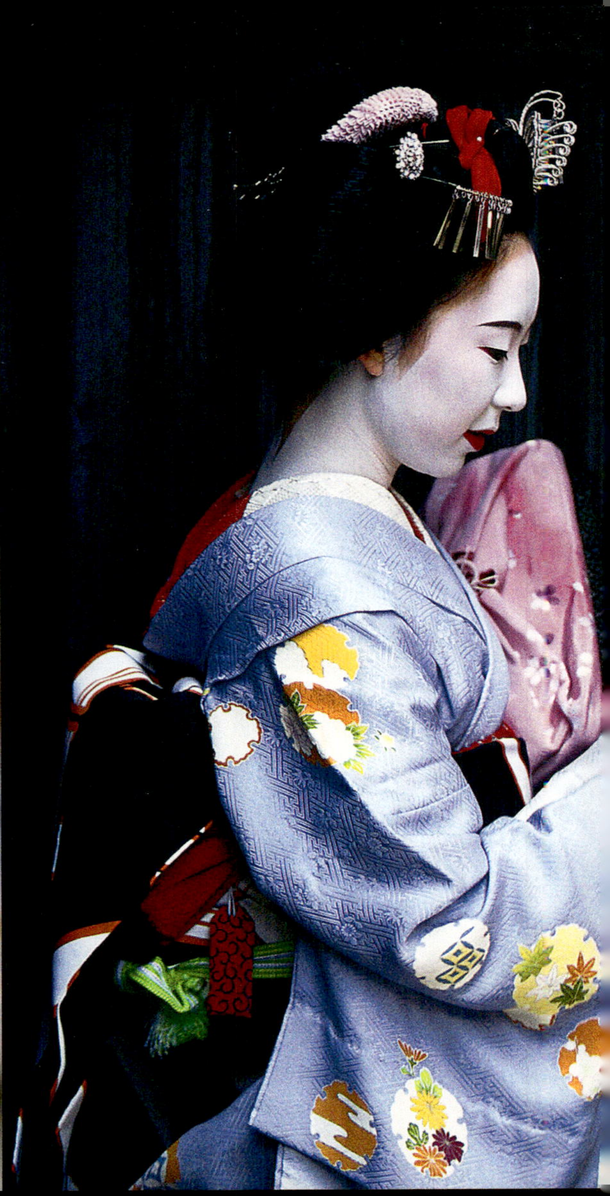

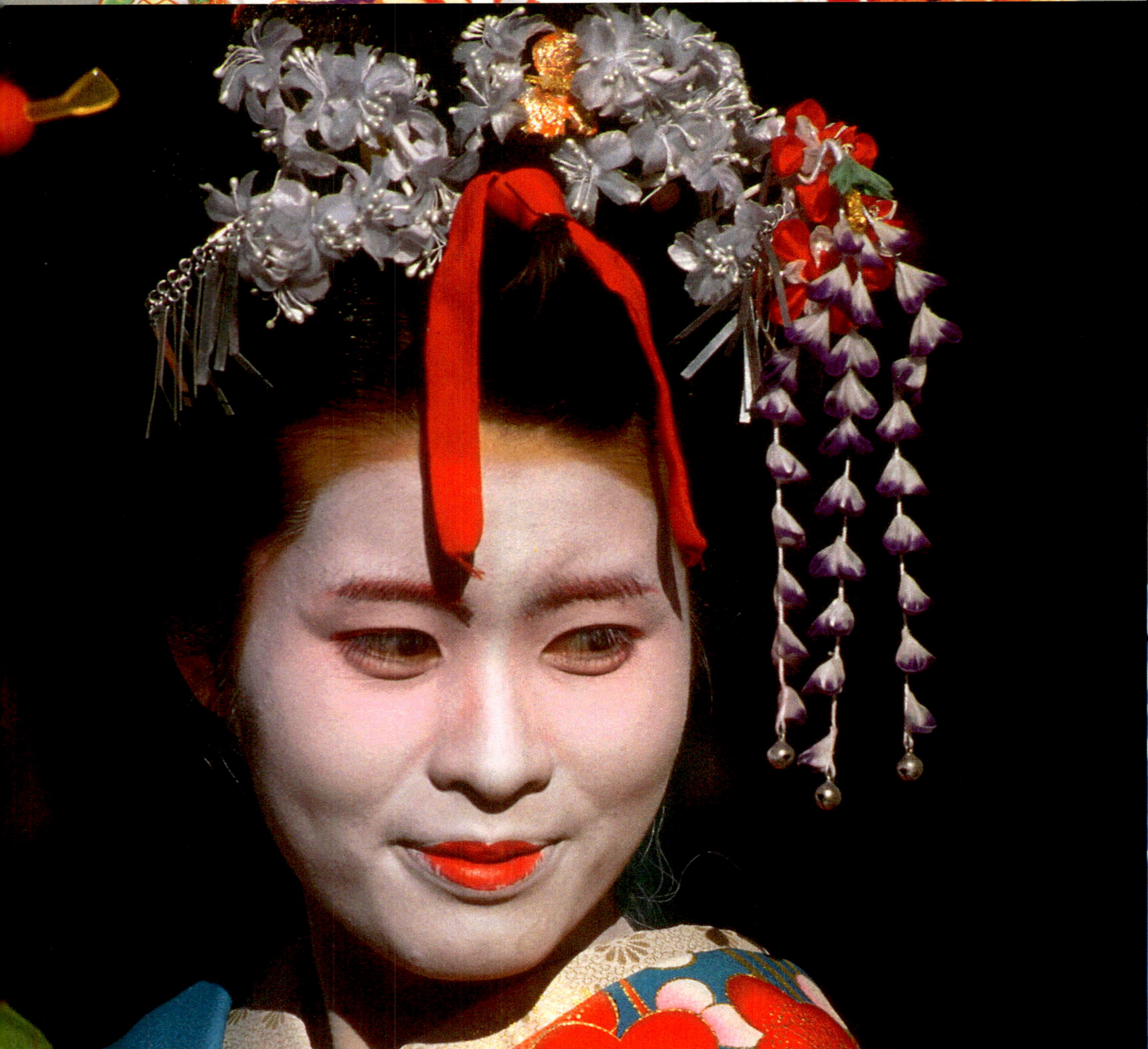

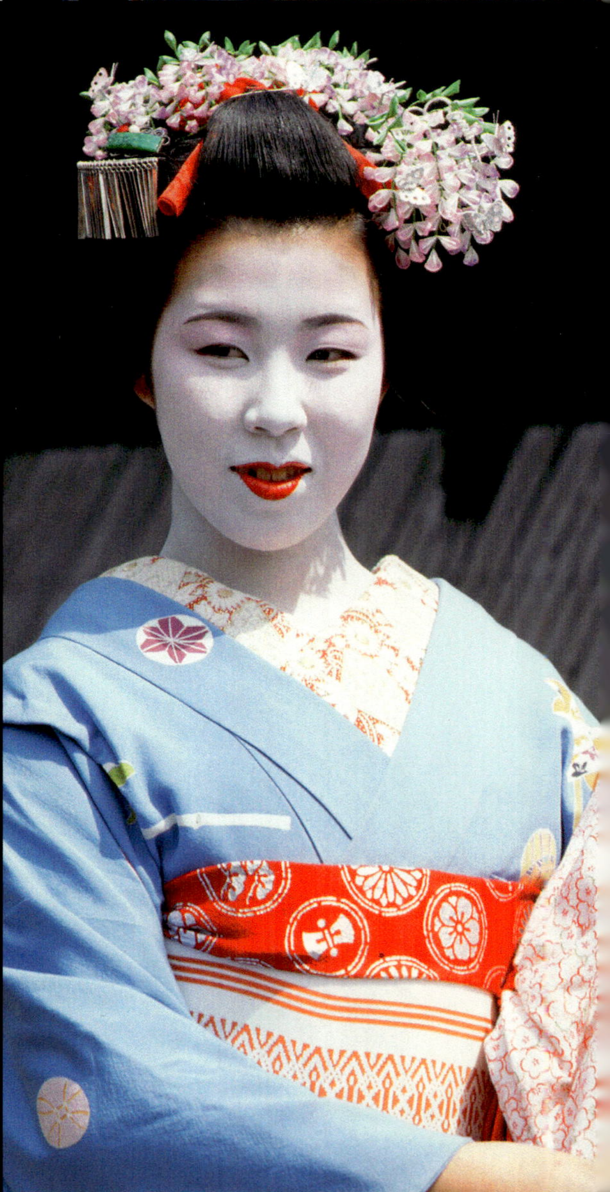

Oben: Im Museumsdorf Edo-Mura bei Nikko werden die Tage des Tokugawa-Shogunats wieder lebendig. Solch opulenten Kopfputz mag eine Geisha vor 200 Jahren getragen haben.

Unten: Lächelnde Maiko aus der Kaiserstadt Kyoto. Maiko nennt man junge Mädchen, die an einer traditionellen Geisha-Schule in Kyoto zu Geishas ausgebildet werden.

Oben: Zwei Maikos bewundern gegenseitig ihre Kimonos. Ein wichtiges traditionelles Accessoire ist das rote Brustband, das oftmals wertvoller war als der ganze Kimono.

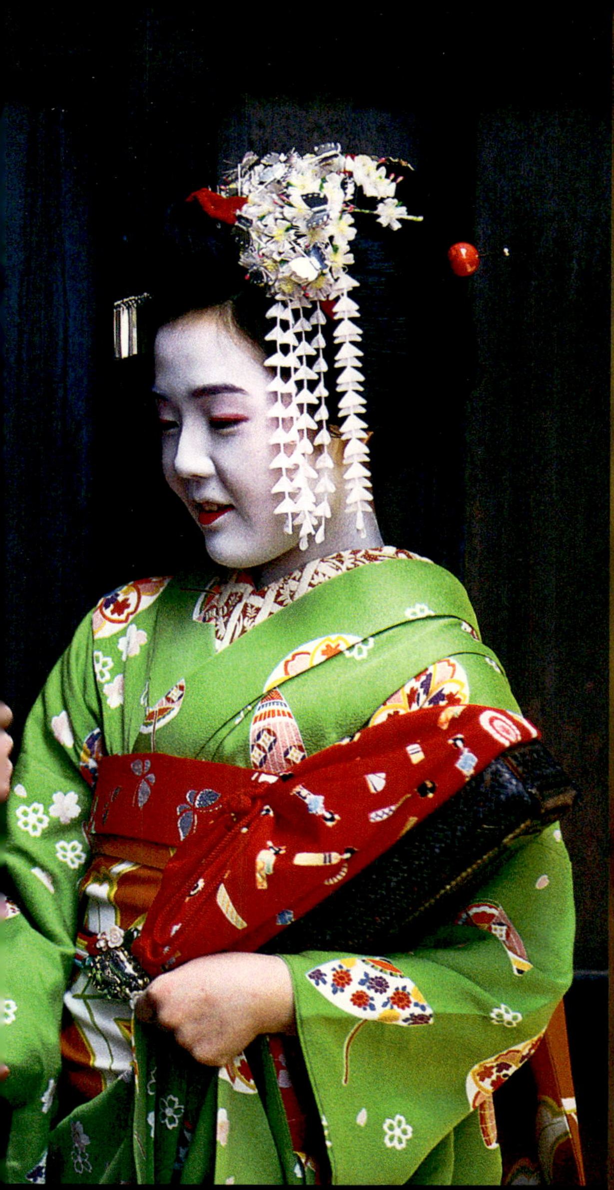

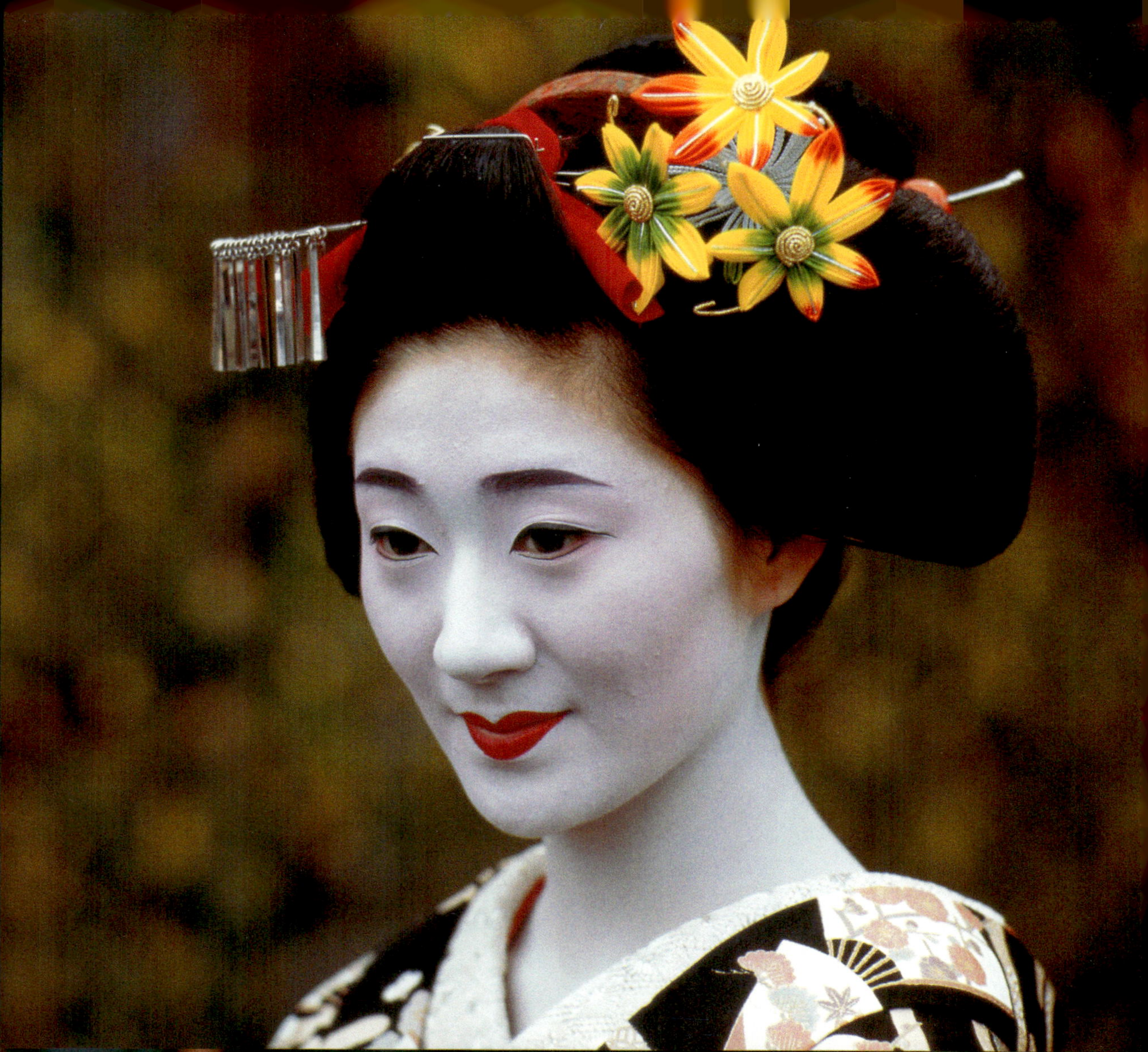

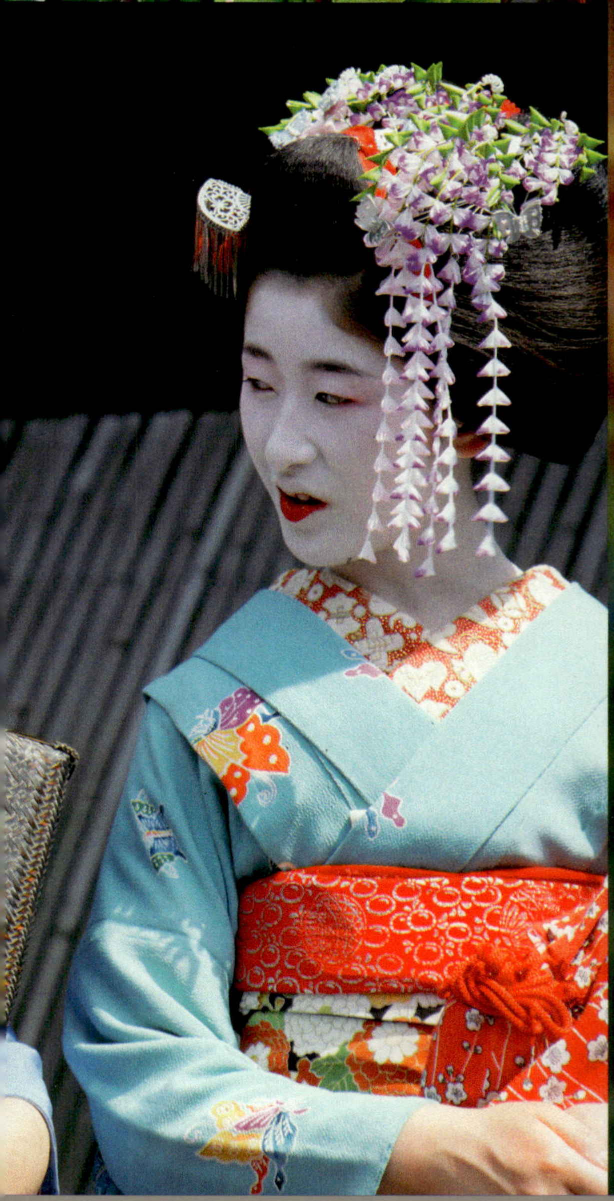

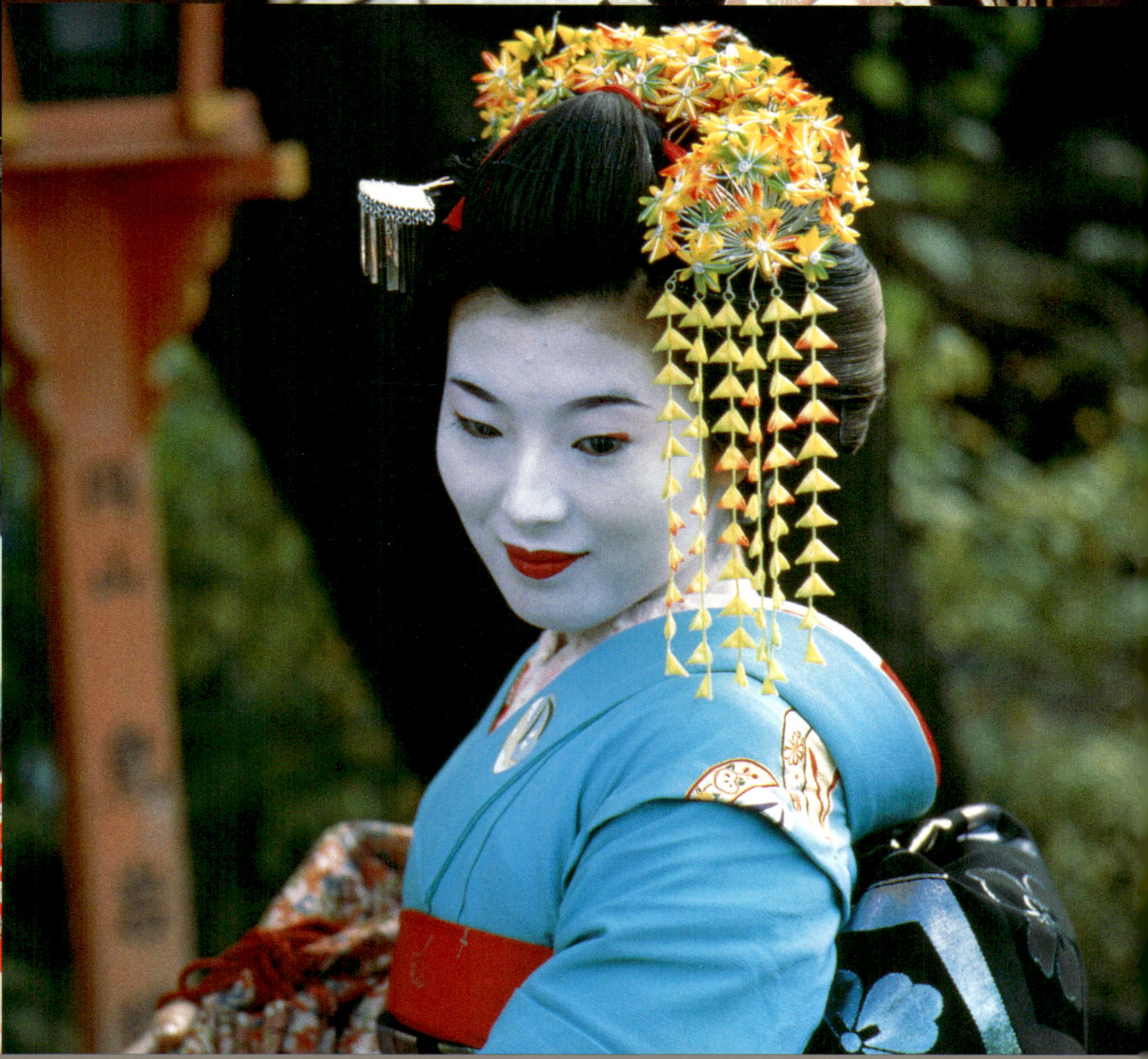

Unten: Das weiße Make-up dieser beiden Maikos lässt noch einen schmalen Streifen nackter Haut unbedeckt, bis ihre Ausbildung zur Geisha beendet ist.

Oben: Während ihrer Ausbildung zu einer Geisha trägt eine Maiko bis zu fünf verschiedene klassische Frisurstile, die sich nur durch winzige Details voneinander unterscheiden.

Unten: Wundervolles Kanzashi nennt man den Haarschmuck von Geishas. Die Accessoires sind aus Seide, Lackholz, Bakelit, Edelmetallen, Muscheln und Blumen sowie neuerdings auch Plastik.

Geishas, Theatermasken und Tätowierungen

In der traditionellen Ästhetik Japans spielt das bemalte Gesicht als Schönheitsideal und als künstlerisches Element im Theater eine wesentliche Rolle. Große Bedeutung hatte auch die Tätowierkunst.

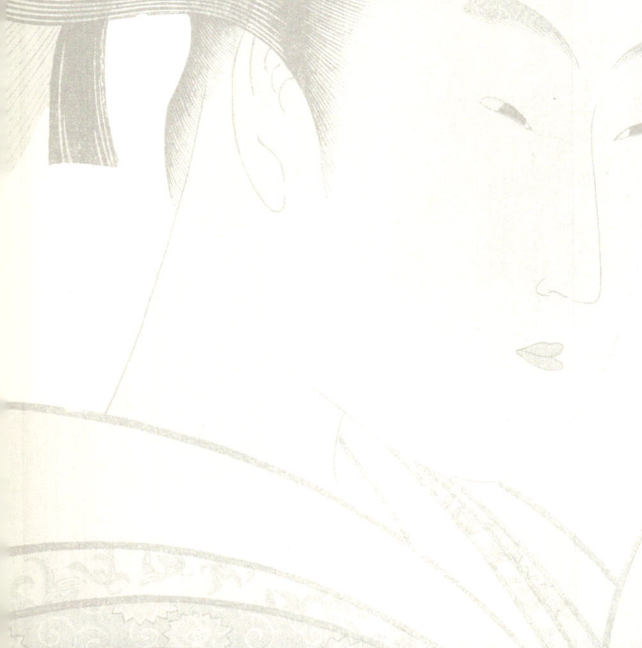

Geishas – übersetzt etwa »jemand, der von den Künsten lebt« – wohnten und arbeiteten traditionell in bestimmten Stadtteilen Kyotos und Tokyos, die der abendlichen Unterhaltung wohlhabender und einflussreicher Herren gewidmet waren. Es ist vor allem die perfekte Beherrschung von Gesang, Tanz, dem Spiel der dreisaitigen Shamisen und der Teezeremonie, die die Geishas auszeichnet. Jede ihrer Bewegungen und Gesten ist erlernt und erprobt, sie verstehen sich auf anregende, intellektuelle Konversation sowie auf allerhand Gesellschaftsspiele. Stets wissen sie, ihre Fähigkeiten genau entsprechend dem Geschmack und der Laune der Gäste einzusetzen.

Ursprünglich waren es Männer, die seit dem 17. Jahrhundert als Spaßmacher und Musikanten auf Festen mit Freudendamen und ihren Kunden in Erscheinung traten. Sie unterhielten die Festgesellschaft durch ihre musikalischen Darbietungen und ihr humorvolles Geplauder. Im Lauf der Zeit wurden sie mehr und mehr durch Frauen ersetzt. 1779 schließlich wurden die Geishas als eigene Berufsgruppe registriert, deren Verhaltenskodex durch Gesetze geregelt war; so war es beispielsweise den Geishas damals noch nicht erlaubt, sich neben den Gästen niederzulassen, sie hätten damit den registrierten Prostituierten Konkurrenz gemacht. Erst später übernahmen sie auch die Rolle von Tischdamen, welche die Herren unterhielten und sie während des Essens und Trinkens bedienten. Weiterführende Dienste waren nicht vorgesehen, wenngleich Geishas durchaus intime Verhältnisse zu ausgewählten Kunden haben konnten.

Für das richtige Auftreten benötigt eine Geisha eine aufwändige Garderobe von mehreren erlesenen Kimonos. Diese waren im Lauf der Zeit dem Diktat der Mode und den damit einhergehenden Wandlungen unterworfen, wie auch die diversen Accessoires, die eine Geisha bei sich zu tragen pflegte. Geishas nahmen dabei oftmals eine Vorreiterrolle für die neuesten Modetrends ein. Für das Erscheinungsbild wesentlich sind auch die stets kunstvollen Frisuren.

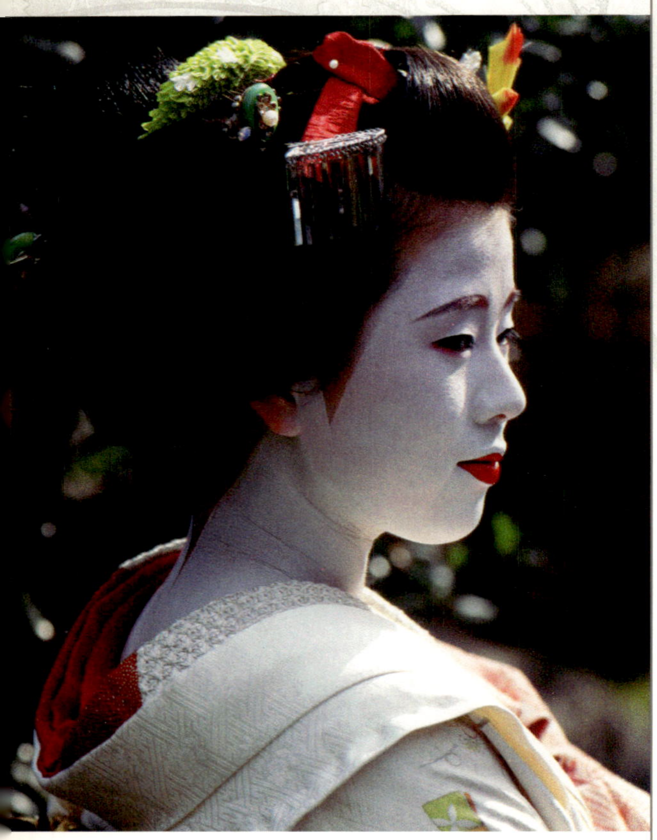

Dem Nacken einer Frau wird in Japan eine besondere erotische Wirkung zugesprochen. Dies wird auch durch die Bemalung betont: Die weiße Schminke läuft im Nacken in zwei weißen Spitzen aus, zwischen denen ein Streifen nackter Haut sichtbar bleibt.

Strenges Weiß und rote Lippen

Eines der wichtigsten Attribute einer Geisha ist ihr weiß geschminktes Gesicht, ehemals Schönheitsideal der aristokratischen Gesellschaft der alten Hauptstadt Kyoto während der Heian-Periode (794–1185). Die weiße Farbe, die auf das ganze Gesicht sowie auf Hals und Nacken aufgetragen wird, verleiht den Geishas eine fast unnatürliche, maskenhafte Schönheit. Früher verwendete man dafür Bleiweiß, eine giftige Farbe, deren Zerstörungen man noch lange auf der ungeschminkten Haut älterer Geishas sehen konnte. 1934 wurde dieser Farbstoff schließlich verboten. Die Form der rot bemalten Lippen folgte stets der Mode, so galt es beispielsweise eine Weile lang als schick, nur die Unterlippe zu schminken.

Die Gesichter der Geishas werden durch die Schminke stilisiert, ihrer individuellen Züge aber nicht ganz beraubt, da diese sich in den Konturen von Stirn, Wangen und insbesondere in den Augen widerspiegeln. In ihren kleinen Variationen unterstreichen die rot bemalten Lippen und angedeutete rote Schattierungen auf den Wangen ebenfalls den persönlichen Typ. Ein leicht asymmetrisch geschminkter Mund oder eine verwischte Kante mögen wie eine unbeabsichtigte Unregelmäßigkeit wirken, bringen aber gezielt Lebendigkeit und Persönlichkeit in die Maske.

Auch wenn Geishas einen aufwändigen Verhaltenskodex beherrschen müssen und eine ihrer Hauptaufgaben die geist- und kunstvolle Unterhaltung vornehmer Gesellschaften ist, so sind sie doch auch fest im Leben verwurzelt. Eine Geisha winkt auf dem Weg zur Arbeit in Gion, dem Geisha-Bezirk von Kyoto, einer Mutter und deren Kind zu (links), ihre Kollegin überprüft im Taxi ihr Make-up.

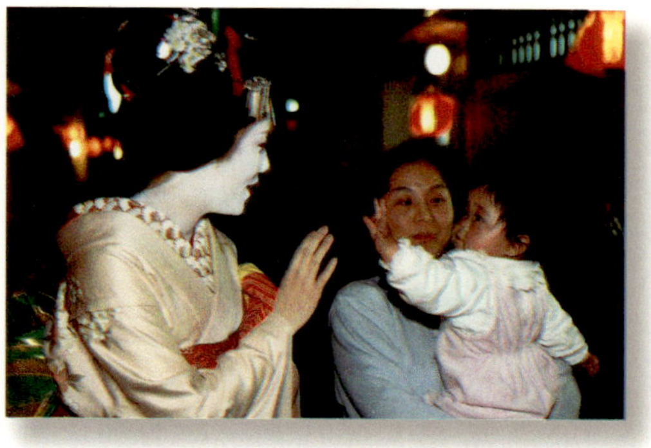

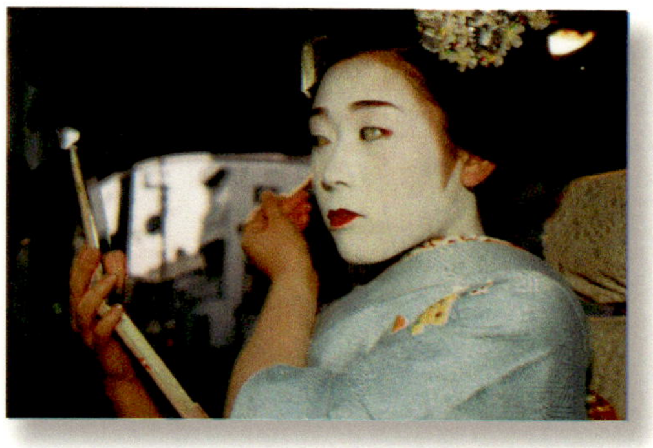

Der Nacken einer Frau gilt als besonders erotischer Körperteil. Ihn zieren die beiden typischen langgezogenen weißen Spitzen, zwischen denen die bloße Haut sichtbar wird – gerade so, als blickte man durch die leicht geöffneten Finger einer Hand.

Jede Geisha lebt in einem sozialen Netz mit familienähnlichen Beziehungen zwischen den einzelnen Frauen. In ihrem jeweiligen Viertel ist sie an ein bestimmtes Haus gebunden, dem die so genannte »Mutter« vorsteht. Für die Einführung in die Gesellschaft sorgt eine »Ältere Schwester«, die ihrerseits nicht notwendigerweise aus demselben Haus kommen muss. Außerdem ist jede Geisha in einem bestimmten Büro registriert, das ihren Terminkalender organisiert.

Im späten 19. Jahrhundert hatte sich in den Geisha-Vierteln Kyotos die Tradition entwickelt, jährlich öffentliche Tanzaufführungen abzuhalten, in denen die Geishas ihre künstlerischen Talente einem breiteren Publikum zeigten.

Nachdem die Unterhaltung durch Geishas in den 40er-Jahren zeitweilig verboten wurde, fanden sich in Japan Ende der 70er-Jahre noch etwa 17 000 Vertreterinnen dieser Berufsgruppe. In jüngerer Zeit ist diese Zahl in Japan immer mehr zurückgegangen. Einerseits ist der Beruf mühsam zu erlernen, andererseits finden mehr und mehr Gäste gefallen an Hostessen westlichen Typs, da sie mit der Etikette und den Künsten des alten Japan nicht mehr vertraut sind. Dennoch machen die individuelle Begabung und Schönheit einzelner Geishas sie auch heute noch in bestimmten Kreisen zu Stars.

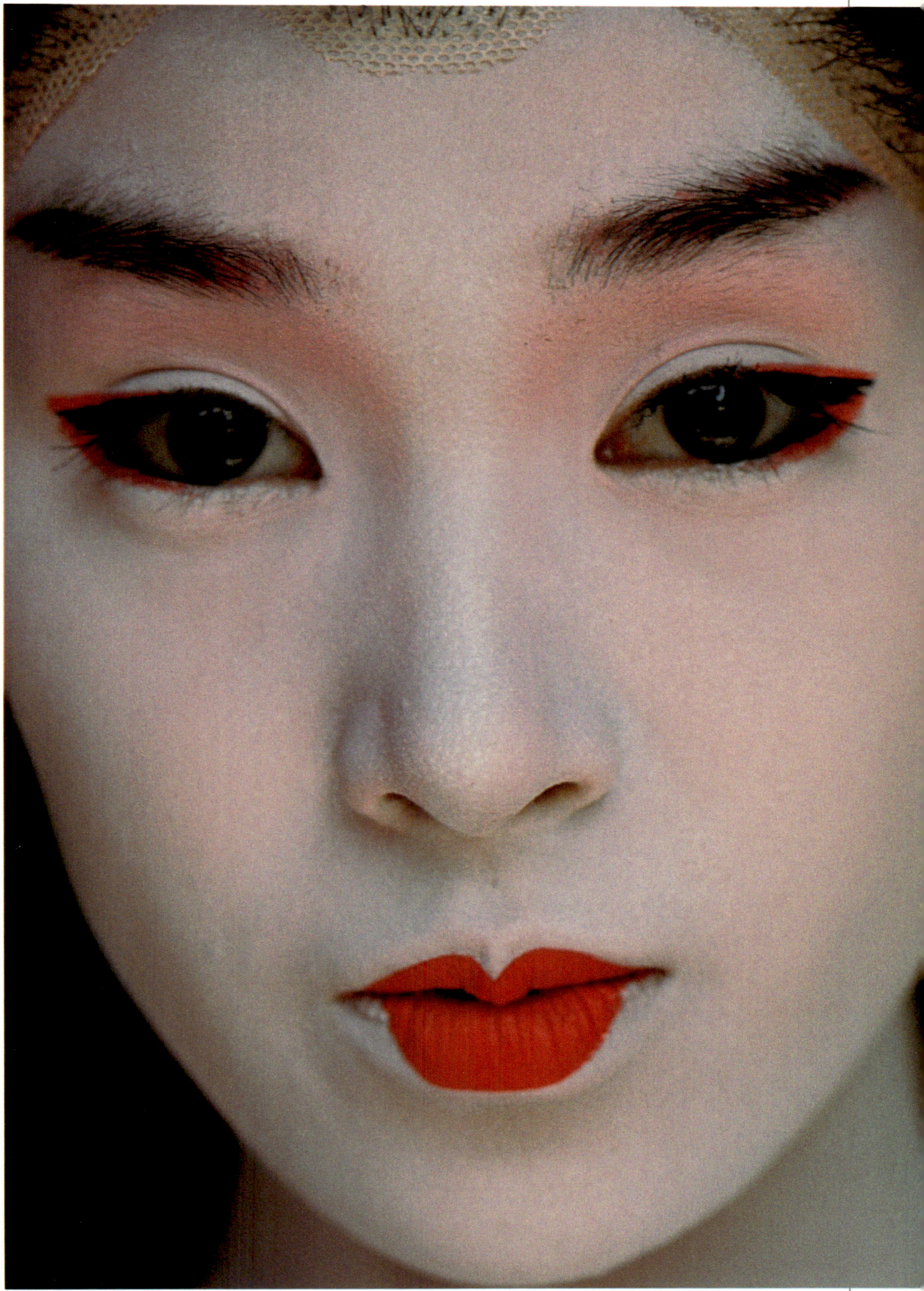

Maskenhafte Schönheit spiegelt das weiß geschminkte Gesicht dieser Geisha wider. Die weiße Gesichtsfarbe war einst ein Schönheitsideal der japanischen Aristokratie.

Kabuki-Schauspieler bereiten sich in der Maske auf ihren Auftritt vor. Grundlagen des Kabuki sind die weiße Gesichtsschminke und fantastische Kostüme. Auf den drei Bildern links ist der legendäre Onoe Baiko zu sehen, einer der berühmtesten *onnagata*, wie man die männlichen Darsteller weiblicher Charaktere im Kabuki nennt.

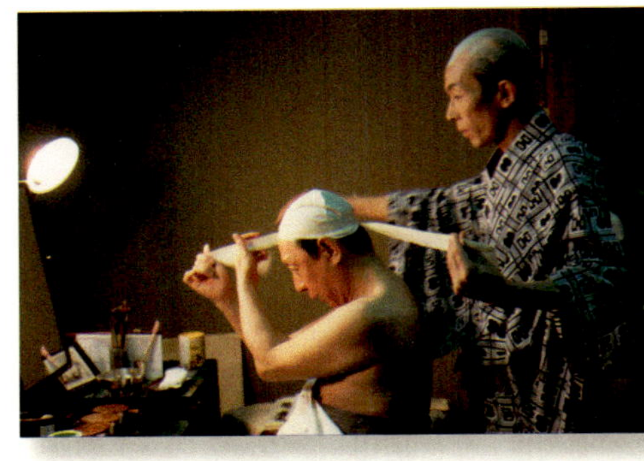

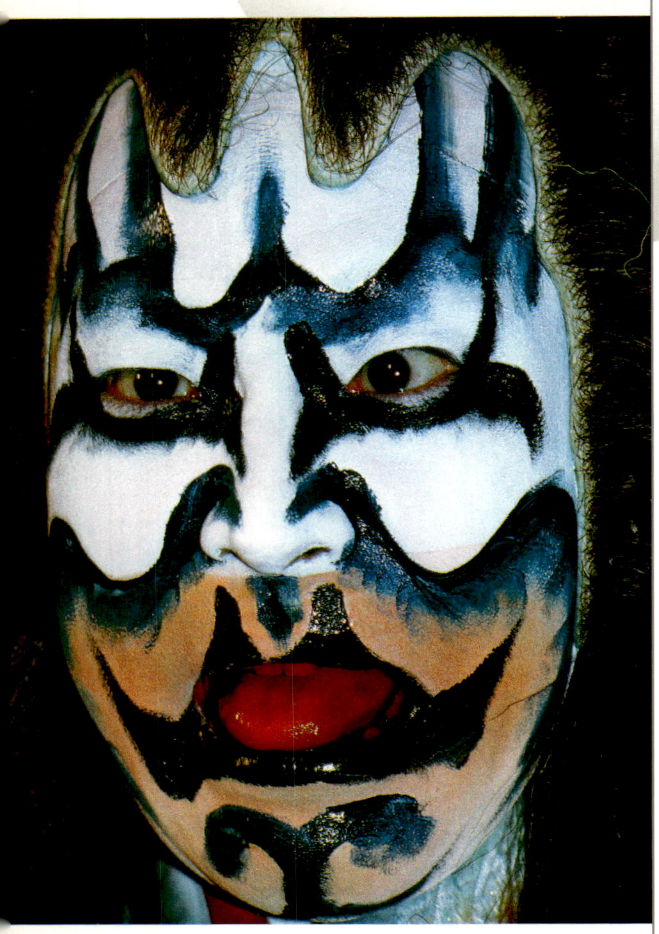

Ein Kabuki-Schauspieler hat sich das Gesicht für die Rolle des menschenfressenden Dämons von Kurozuka geschminkt.

Theatermasken: Kabuki und Nô

Kabuki und Nô, die beiden »großen« Theaterformen der japanischen Tradition, verwenden beide Masken. Doch während die Spieler des eher intellektuellen Nô ihre Gesichter hinter geschnitzten und bemalten Vorsatzmasken verbergen, tragen die Helden des »bürgerlichen« Kabuki bunte Schminkmasken. Der Anfang des Kabuki wird mit der Tänzerin Izumo no Okuni in Verbindung gebracht, die im 17. Jahrhundert in Kyoto auftrat. Es entwickelte sich als Theater zur Unterhaltung der bürgerlichen Schichten – der Name stammt aus der Umgangssprache jener Zeit und bezeichnet exzentrisches Verhalten. Wie fast alles unterlag auch das Kabuki der Zensur der Tokugawa-Zentralregierung. 1629 erließ diese ein Verbot, das Frauen von den Bühnen des Kabuki verbannte. Daraufhin spielten Männer die Rollen der Frauen. Sie entwickelten ein Rollenfach, das sich auf die Darstellung weiblicher Charaktere spezialisiert hat: die *onnagata*. Diese Schauspieler sind hoch angesehen und machen ein intensives Training durch. Ihre Kunst wird als Höhepunkt der Kabuki-Aufführung verstanden, heutzutage ist das Kabuki ohne die *onnagata* undenkbar. Zur Darstellungskunst der *onnagata* gehört eine besondere, festgelegte Körperhaltung. Die zusammengepressten Knie, die Geschwindigkeit der Bewegungen, die Handstellungen, die Drehungen des Kopfes, alles ist darauf abgestimmt, um zu einer männlichen Darstellung der weiblichen Anmut *(iroke)* zu gelangen. Die *onnagata* tragen sehr weite Kimonos mit weit ausgeschnittenen Ärmeln und große Perücken.

Das Gesicht wird weiß geschminkt, die Augen werden durch zarte Linien so nachgezeichnet, daß sie femininer wirken, das Gleiche gilt für die Lippenschminke. Neben den *onnagata* besteht ein Kabuki-Ensemble aus den Darstellern der männlichen Rollen *(tachiyaku),* den Musikern und Bühnenhelfern.

Die Figuren des Kabuki sind keine psychologisch ausgeformten Charaktere, sondern Typen. Dazu gehören beispielsweise Helden, junge Frauen, Kurtisanen oder böse Geister. Für jeden der Typen gibt es eine bestimmte Art der Gesichtsbemalung. Die farbige Schminke wird dabei stets auf eine weiße Grundierung des Gesichts aufgetragen. Das Antlitz eines Helden kann beispielsweise durch die Farben Rot, Blau oder Schwarz gekennzeichnet werden.

Das Kabuki spiegelt noch heute die gesellschaftlichen Konventionen und Traditionen der Edo-Zeit wider. Das Repertoire des Kabuki lässt sich in drei Kategorien unterscheiden. Zunächst sind die historischen Stücke zu nennen, die besondere Ereignisse der japanischen Historie lebendig halten. Weiterhin gibt es die aus dem Nô übernommenen Arienstücke, bei denen einer einzelnen Rolle die ganze Aufmerksamkeit des Publikums gehört. Als bürgerliche Stücke kann man die dritte Kategorie bezeichnen, die vor allem Unterhaltsames bietet: Liebe, Eifersucht, Ehre und Heldentaten. Allen Stücken gemeinsam ist, dass sich die Erwartungen des Publikums auf die Fertigkeiten der Darsteller richten, die die bekannten Stellen eines Stückes mit ihrem schauspielerischen Können zu bewältigen haben. In diesen Zusammenhang gehört auch das *mie:* Posen der Erstarrung, in denen die Schauspieler an einem dramatischen Höhepunkt eine Zeit lang bewegungslos verharren. In diesen Momenten entfalten die prächtigen Kostüme und die stilisierte Gesichtsschminke des Kabuki ihre größte Wirkung, was die Zuschauer ihrerseits durch laute Rufe würdigen.

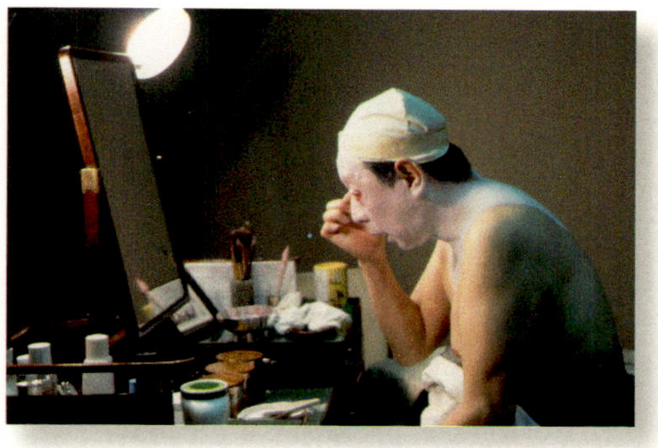

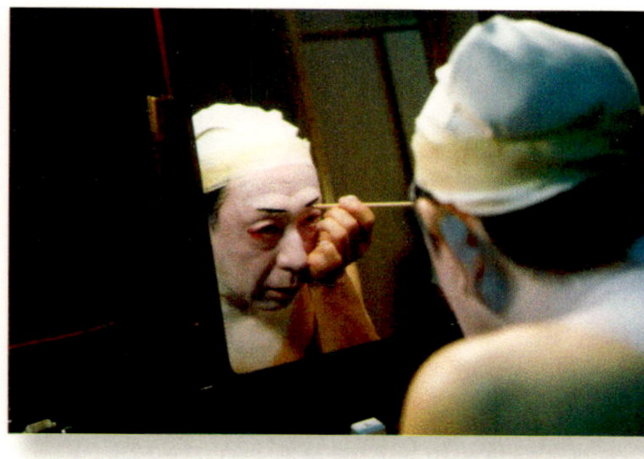

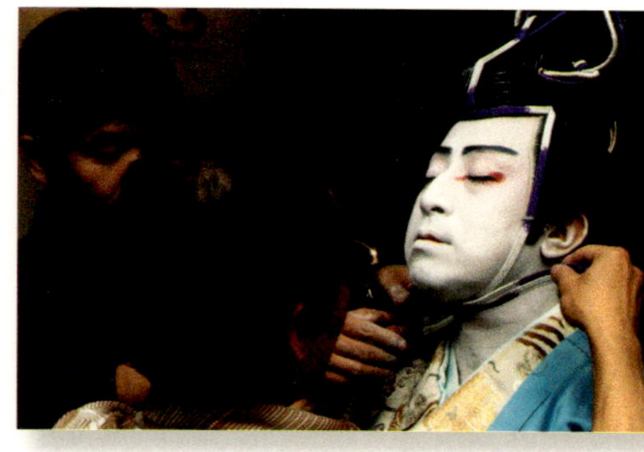

Die zweite im Westen gut bekannte Theaterform Japans ist das Nô, dessen Ursprung im 13. Jahrhundert liegt. Es entwickelte sich aus dem mittelalterlichen Sarugaku-Theater und erreichte seine jetzige Form im 16. Jahrhundert. Zu dieser Zeit diente das Nô als Unterhaltung des japanischen Adels. Da es in religiösem Zusammenhang aufgeführt wurde, ist seine Kunsttheorie durch zenbuddhistische Prinzipien beeinflusst.

Einer der bedeutendsten Nô-Theoretiker und -Autoren ist Zeami (1363–1443), der alleine die Hälfte des heute noch existierenden Kanons von rund 200 Nô-Stücken verfasst hat. Die Beziehung zwischen den Elementen Tanz, Bewegung, Mimik, Musik und Text wurde im Lauf der Zeit verfeinert: Sie wurden zu einem festen System, dessen meisterliche Beherrschung als die eigentliche Kunst des Nô verstanden wird.

Nur die Hauptdarsteller *(shite)* und manchmal ihre Begleitpersonen *(shitetsure)* dürfen Masken tragen. Die Nebendarsteller und deren Begleitpersonen sind stets unmaskiert. Mit Ausnahme der Dämonenfiguren sind alle Masken kleiner als das Gesicht des Schauspielers. Sie berücksichtigen zwar die Gesichtsform, sind aber stilisiert und scheinbar »ausdruckslos«. Die etwa 50 Grundtypen dieser Masken lassen sich in folgende Haupttypen unterteilen: göttliche alte Männer *(okina)*, übernatürliche Wesen *(jinki)*, einschließlich Dämonen *(kishin)* und Geister *(rei)*, weiterhin alte Männer *(jô)*, Männer *(otoko)*, Kinder *(chijo)*, Frauen *(onna)*, alte Frauen *(uba)* sowie Spezialmasken, die nur in einzelnen Stücken auftreten.

Im Nô ist die Darstellung von Emotionen eines inneren Wesens das zentrale Element der Aufführung. Nicht eine spannende dramatische Handlung, sondern »Urgefühle« sollen gezeigt werden. Da der Schauspieler eine Maske trägt und sein Gesichtsausdruck nicht sichtbar ist, muss dies durch andere Mittel erreicht werden. Und weil die Masken selbst keine individuellen plastischen Gesichtszüge besitzen, werden durch die Bemalung Eigenschaften wie zum Beispiel Schönheit, Würde, Trauer oder Alter symbolisiert. Der Schauspieler erfüllt dann durch seine Stimmlage und das Einsetzen von Körperbewegung und Stillhalten die Figur mit Ausdruck. Die überaus prächtigen Kostüme und die sparsame Requisite vervollständigen die Charakterisierung.

Der berühmte Kabuki-Schauspieler Kankuro Nakamura in pittoresker Aufmachung bei einer Sondervorstellung in Naruto nahe bei Tokyo im Januar 2001.

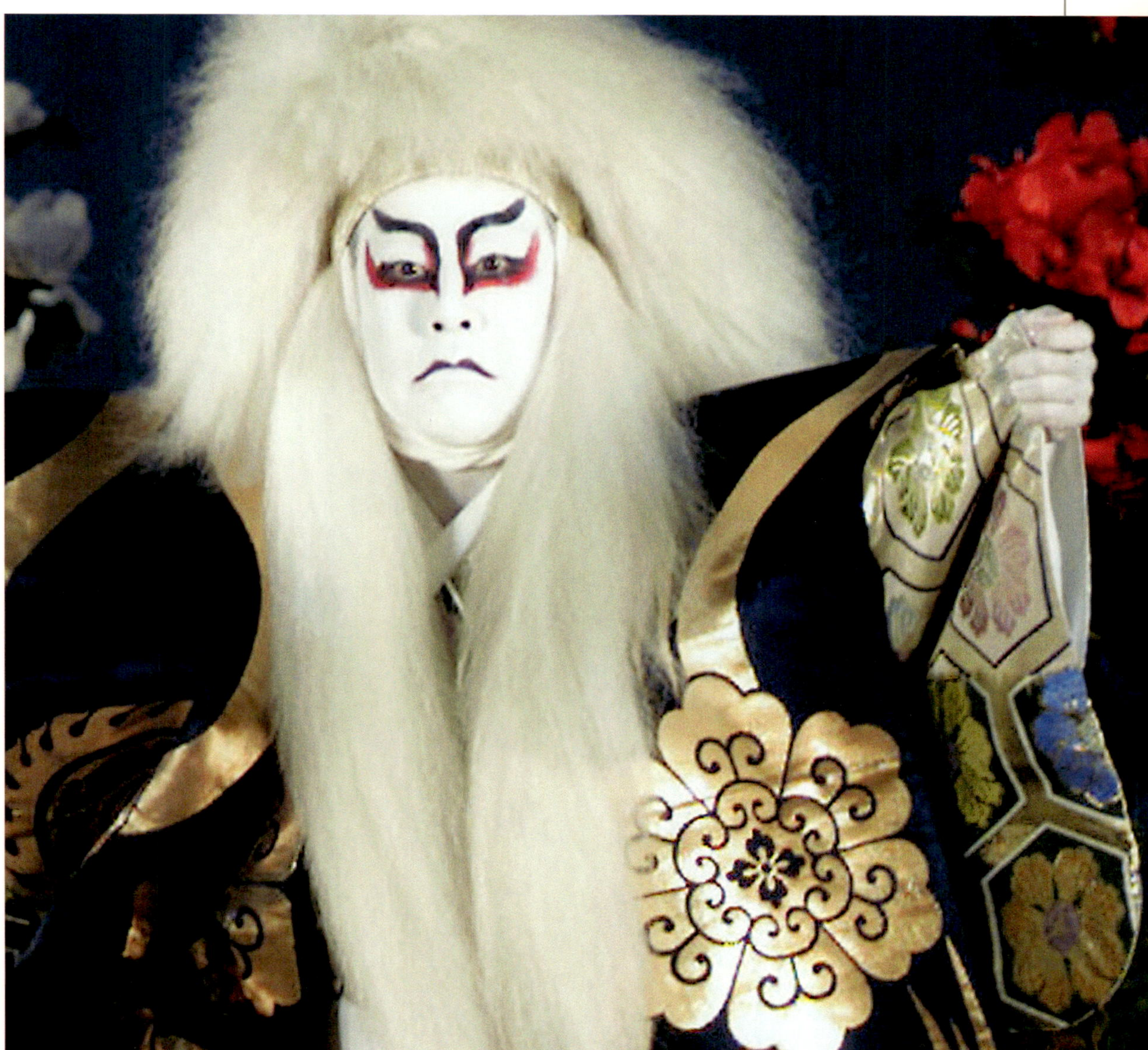

ukiyo-e

Die »Bilder der fließenden Welt«, wie die wörtliche Übersetzung von *ukiyo-e* lautet, zeigen Szenen aus Kabuki-Stücken, Kabuki-Darsteller, Geishas, berühmte Kurtisanen und Erotisches oder auch berühmte Landschaften sowie historische Szenen.

Zwischen den Holzschnittkünstlern und den Tätowiermeistern bestand eine Art wechselseitiger Inspiration. Neben Schaupielern und Kurtisanen waren auch tätowierte Personen ein beliebtes Sujet der klassischen Farbholzschnitte, der so genannten »Brokatbilder« *(nishiki-e)*. Umgekehrt orientierten sich die Tätowierer an der Art der modernen Darstellung – eben an den Holzdrucken. Die Kunst des Holzschnitts erreichte im 17. Jahrhundert ihren Höhepunkt. Die Arbeiten von Vertretern des Ukiyo-e wie Kitagawa Utamaro (1754–1806), Katsushika Hokusai (1760–1849) und Ando Hiroshige (1797–1858) hatten im späten 19. Jahrhundert großen Einfluss auf die europäischen Künstler der klassischen Moderne. Der Impressionist Claude Monet (1880–1926) wurde zum begeisterten Sammler von japanischen Holzschnitten. Bei seiner Arbeit an den »Frauen nach dem Bade« ließ sich Edgar Degas (1834–1917) von den Darstellungen der Geishas inspirieren. Auch Henri de Toulouse-Lautrec (1864–1901) bediente sich bei seiner Plakatkunst der Ausdruckskraft und Farbkontraste der Porträts der Kabuki-Darsteller.

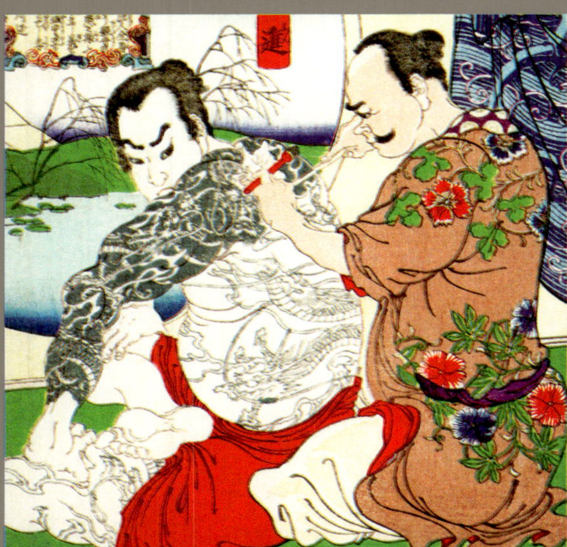

Szene aus »Suikoden«, einem Bilderzyklus über heroische Außenseiter. Die Motive gehen auf eine populäre chinesische Erzählung zurück. Hier wird der Held Kumonryu, auch »Neun Drachen« genannt, mit Motiven seines Spitznamens tätowiert.

Die japanische Tätowierkunst beruht auf großflächigen Mustern, die oft vom Rücken ausgehen. Die Bilder links und rechts stammen von 1955 und zeigen den Tätowierkünstler Tokumitsu Uchida. Im linken Bild hat er die Vorzeichnung aufgebracht, im rechten ist er mit der Tätowiernadel bei der Arbeit. Im Bild in der Mitte demonstriert Horiyoshi III. bei einer Veranstaltung in Tokyo im Jahr 2005 sein Können.

Tätowierungen

Die Welt der Vergnügungen, der Theater und Puppenspiele, der Sumo-Ringer und Geishas spiegelte sich in den Arbeiten der Holzschnittkünstler, die Romane illustrierten und für Theateraufführungen warben. Diese Holzschnitte spielen auch eine große Rolle für die Weiterentwicklung einer anderen Art von Körperkunst, der Tätowierung, die allgemein mit den niederen Schichten der Bevölkerung in Verbindung gebracht wird. Die Kunst der Tätowierung wird im Japan des 20. Jahrhunderts fast ausschließlich mit den Kreisen der organisierten Halbwelt, den Yakuza assoziiert, die sie als Zeichen des Mutes und der Loyalität tragen. Dabei stellen diese nur einen Teil derjenigen, die sich ursprünglich aus den verschiedensten Gründen ihre Körper mit farbenprächtigen Tätowierungen schmücken ließen. Zu ihren Blütezeiten erfreuten sich Tätowierungen bei den Arbeitern, beispielsweise auch Feuerwehrleuten, sowie in der Welt der Unterhaltung und im Bereich der Religion großer Beliebtheit.

Die traditionellen japanischen Tätowierungen, *nihon irezumi,* unterscheiden sich sowohl in Technik als auch Konzeption der Bilder von den heute modernen Formen. Es handelt sich nicht um vereinzelte kleinere Motive, sondern um ein ausgewogenes Gesamtbild, das vom Rücken ausgeht und sich auf Arme, Beine und Brust erstreckt. Die Haut vom Hals bis zur Brust und die Unterarme werden jedoch frei gelassen, sodass Hemd und Anzug getragen werden können, ohne die Tätowierungen zu zeigen. Die Künstler der japanischen Tätowierung arbeiten mit verschiedenen Arten von Nadeln, die es erlauben, die Farben auf unterschiedliche Weise in die Haut einzuführen. So entsteht eine große Bandbreite von Farbschattierungen, die eine besondere Lebendigkeit der Darstellung ermöglicht.

Die Geschichte der Tätowierungen in Japan reicht weit zurück. Über 2000 Jahre alte Tonfiguren, die Bemalungen und Gravuren in den Gesichtern aufweisen, deuten darauf hin, dass bereits damals tätowiert wurde. Erste schriftliche Belege für japanische Männer, deren Gesichter und Körper mit Tätowierungen bedeckt waren, stammen aus chinesischen Quellen des 3. Jahrhunderts n. Chr. Man sagte den Tätowierungen nach, sie könnten beim Schwimmen gefährliche Tiere abwehren. Die Chinesen betrachteten das Tätowieren als äußerst barbarischen Brauch – eine Einstellung, die die japanische Oberschicht mit zunehmenden Einfluss der chinesischen Kultur auf Japan seit dem 7. Jahrhundert teilte. Aus dieser Zeit stammen auch erste japanische Quellen, die Tätowierungen auf den Armen oder sogar auf der Stirn als besonders harte Form der Bestrafung angeben, durch die der Betroffene aus dem gesellschaftlichen Leben ausgestoßen wurde.

Im 17. Jahrhundert hatte sich aus der Schande der Bestraften eine Art Stolz entwickelt. Man ging dazu über, die Straftätowierungen durch größere, schmückende Muster zu überdecken. Allmählich wurden Tätowierungen nicht nur in der Halbwelt, sondern auch in weiten Kreisen der Bevölkerung, vor allem bei den unteren, körperlich arbeitenden Schichten, beliebt.

In Berichten aus dieser Zeit bestätigen Liebende ihre immerwährende Treue, indem sie den Namen des oder der Geliebten in Verbindung mit dem Schriftzeichen für »Leben« tätowieren ließen. Andere wählten als Motiv je eine Hälfte eines Symbols, das erst durch Händehalten vollständig wurde. Versteckte Tätowierungen

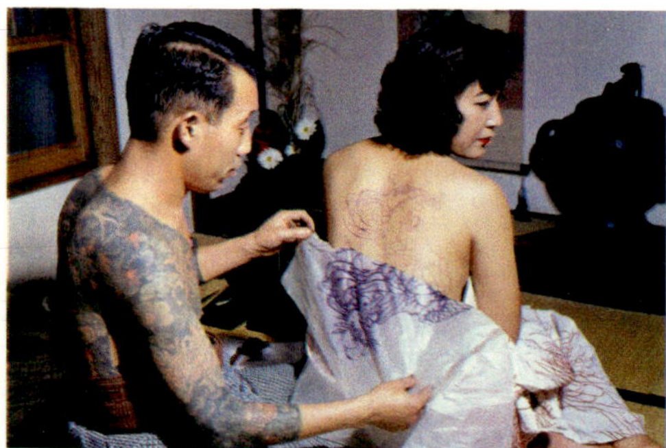

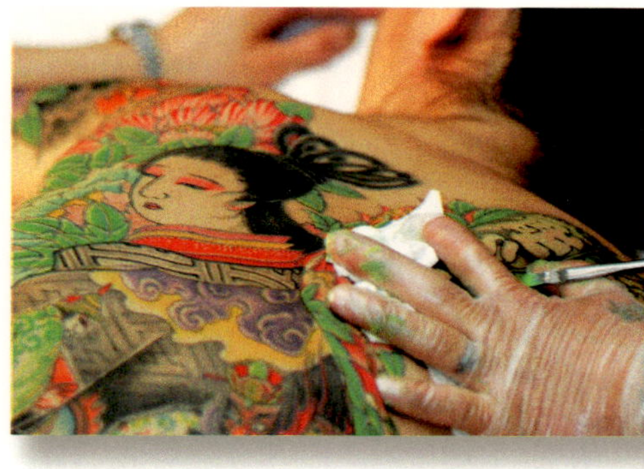

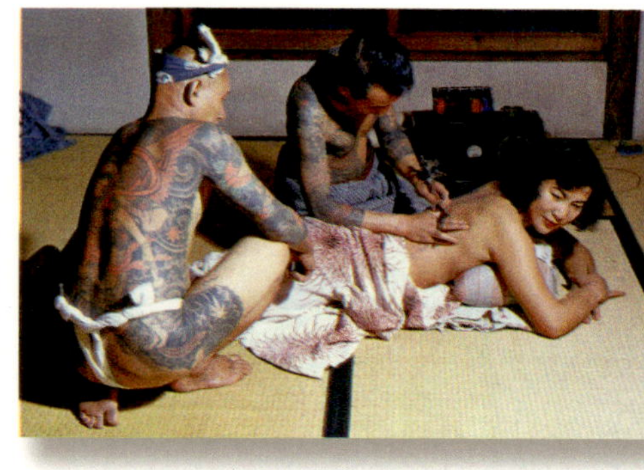

spielten auch in den Stücken des Kabuki-Theaters eine Rolle, etwa als Wiedererkennungszeichen lang vermisster Liebender. Anhänger des Buddhismus wiederum leisteten mit Tätowierungen religiöse Schwüre in Form von Bodhisattva-Darstellungen oder religiösen Formeln.

Weitere beliebte Motive waren Darstellungen von Szenen und Figuren aus dem chinesischen Heldenroman »Die Räuber vom Li-angshan-Moor«, der sich damals in Japan großer Popularität erfreute. Die berühmtesten Illustrationen dieses Romans stammen vom Holzschnittkünstler Utagawa Kuniyoshi (1798–1861). Seine Darstellungen der verschiedenartig tätowierten Helden wurden von den Meistern der Tätowierkunst als Vorlagen benutzt und förderten die Popularität großflächiger Muster. Dabei wurden Landschafts- sowie Pflanzen- und Tierdarstellungen mit oft symbolischer Bedeutung durch Wellen und Wolken umrahmt. Zu den Motiven zählen Kranich, Drache, Schlange und Tiger.

Zu Beginn der Meiji-Reformen, als Japan sich dem Westen öffnete, wurden Tätowierungen verboten (1872). Die Regierung hielt sie für »barbarisch«. Bald allerdings durften im Ausländerviertel Yokohamas Geschäfte wieder eröffnen, wo sich Ausländer aus dem Westen bei alten Meistern tätowieren ließen. Heute hat die Kunst der Tätowierung in Japan neue Popularität gewonnen, wenngleich sich nur wenige für eine Tätowierung größerer Flächen des Körpers entscheiden und statt dessen einzelne Muster und Motive bevorzugen.

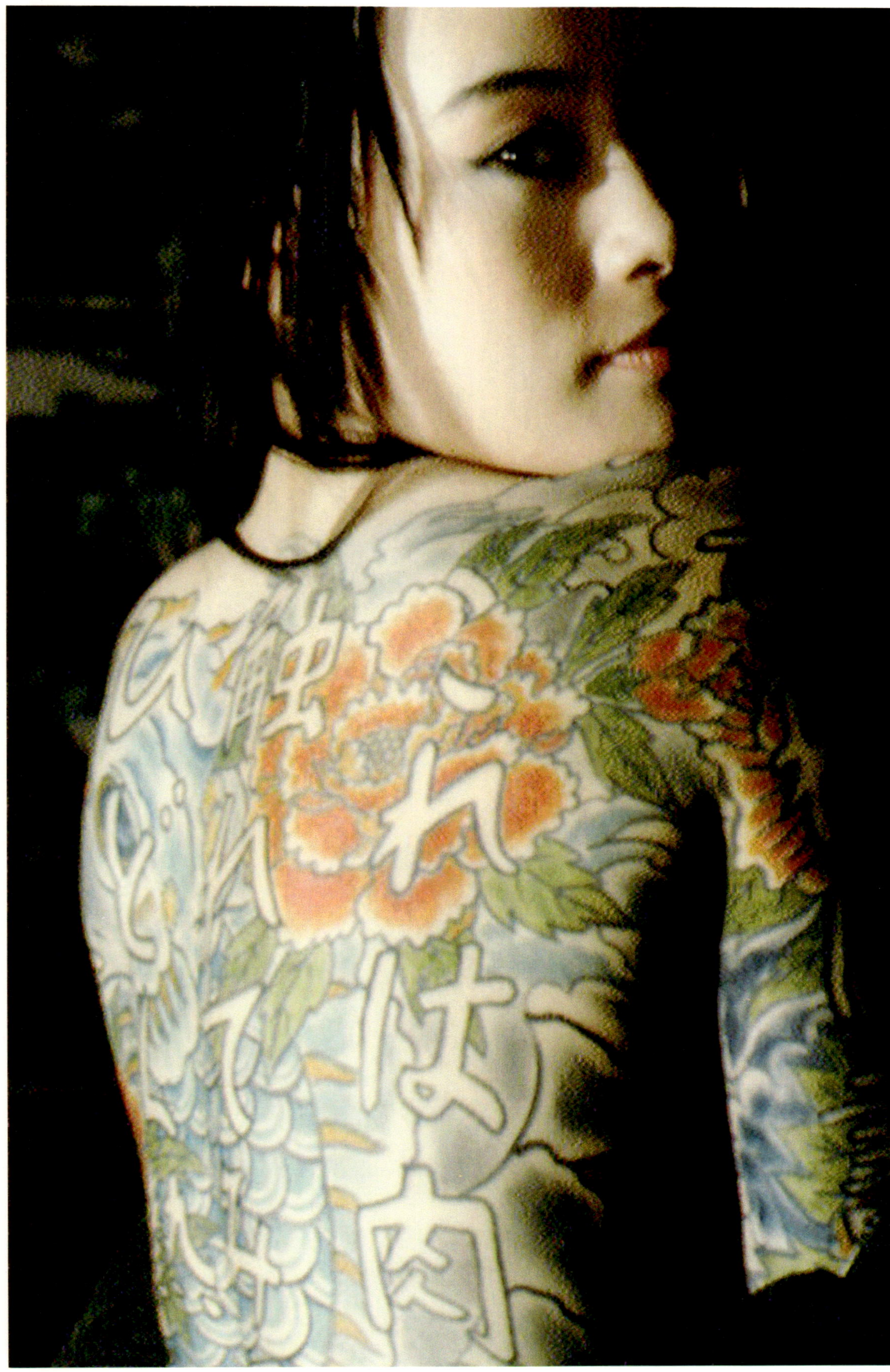

Im Mittelpunkt des Films »Die Bettlektüre« des englischen Regisseurs und Malers Peter Greenaway (1996) steht die junge Japanerin Nagiko (Vivian Wu), die ihre Leidenschaft dadurch auslebt, dass sie sich ihren Körper mit großflächigen kalligrafischen Schriftzeichen bemalen lässt.

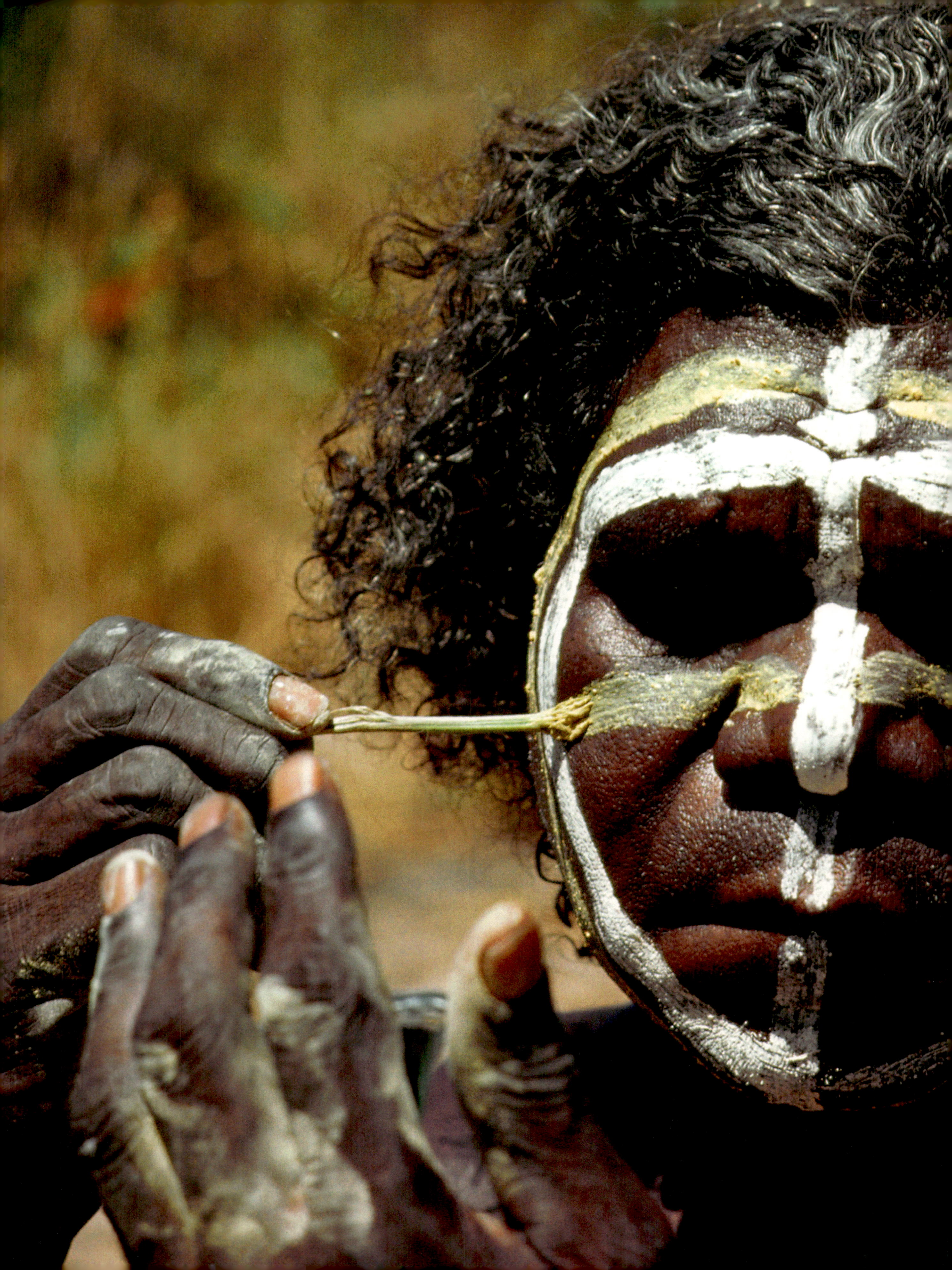

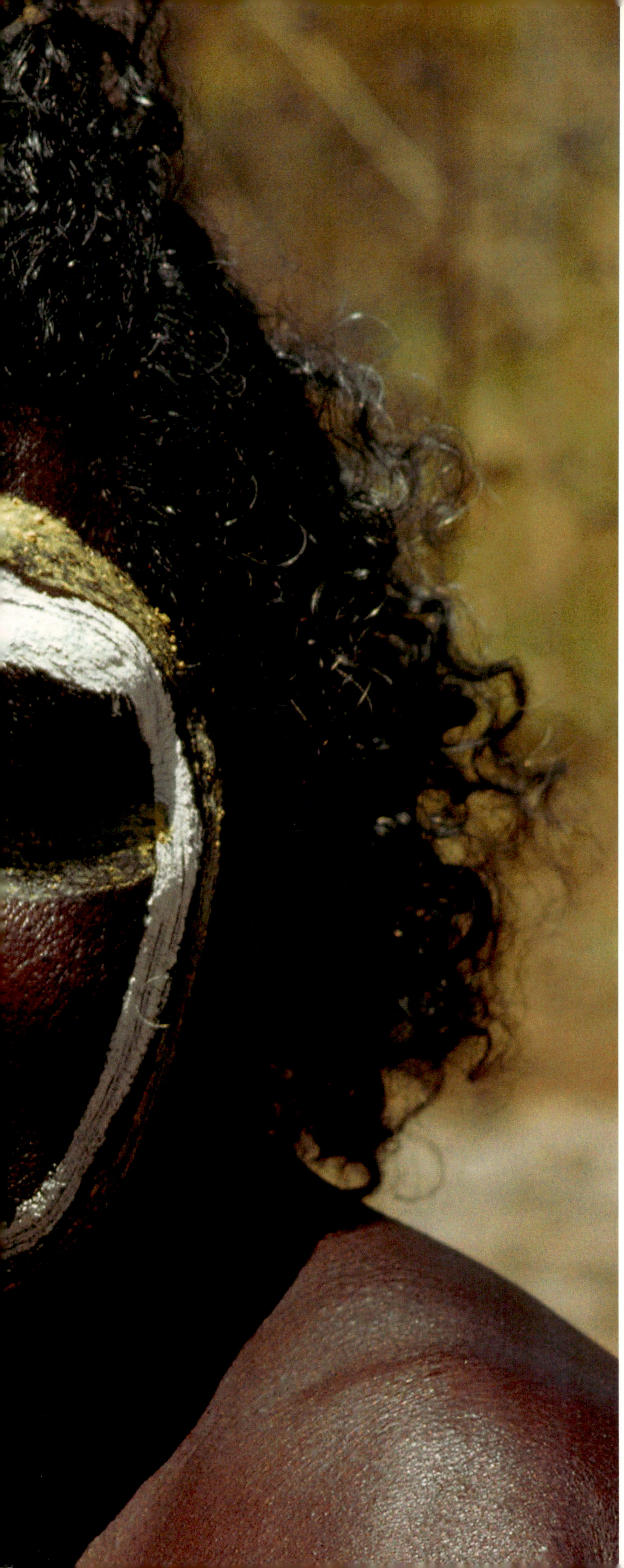

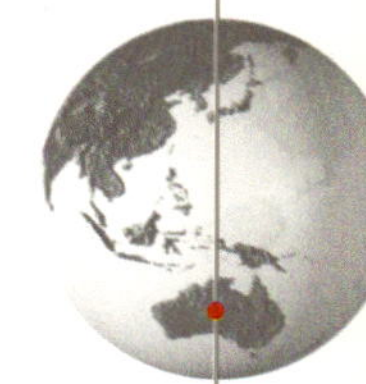

Als Aborigines wird die indigene Bevölkerung Australiens bezeichnet. Sie gehören zu einer Völkergruppe, die vor 50 000 Jahren von Südostasien aus den Kontinent besiedelte. Als die Europäer begannen Australien zu kolonisieren, gab es etwa 700 verschiedene Bevölkerungsgruppen und 250 eigenständige Sprachen, von denen heute noch 50 gesprochen werden.

australien

die kunst der aborigines – tausendjährige tradition mit ungeahnter popularität

Seit der »Entdeckung« des australischen Kontinents und seiner Bewohner, der Aborigines, galten diese in der westlichen Welt als Inbegriff des Fremden. Tiefgreifende kulturelle Unterschiede trennten sie von den weißen Einwanderern, und so stellten die oftmals fälschlich als »Steinzeitmenschen« bezeichneten Aborigines lange Zeit vor allem eine Herausforderung für Abenteurer, Forscher und Missionare dar. Ihre kaum repräsentative Kunst und Kultur konnte dem europäischen Gegenüber nur wenig Respekt einflößen und wurde Opfer einer weitreichenden Zerstörung. Ihrer natürlichen und ideellen Lebensgrundlagen beraubt, fristeten die Nachkommen der Ureinwohner ein Leben in Verelendung und Hoffnungslosigkeit am Rande der modernen australischen Gesellschaft. Doch in den letzten Jahrzehnten traten die Aborigines aus dem Schatten und gewannen immer mehr an Selbstbewusstsein. Insbesondere ihre zeitgenössische Kunst, die bewusste Transformation traditioneller Vorlagen, spielt dabei eine tragende Rolle. Sie war ausschlaggebend für eine bis dahin nicht gekannte Popularität der Mythologie und Kunst der Aborigines.

Mit akkuratem Pinselstrich zeichnet dieser Tiwi-Mann aus Arnhemland ein Muster aus weißen und ockerfarbenen Kreisen und Linien auf sein Gesicht. Die Motive der Bemalung beziehen sich meist auf die mythischen Ursprünge einer Gruppe.

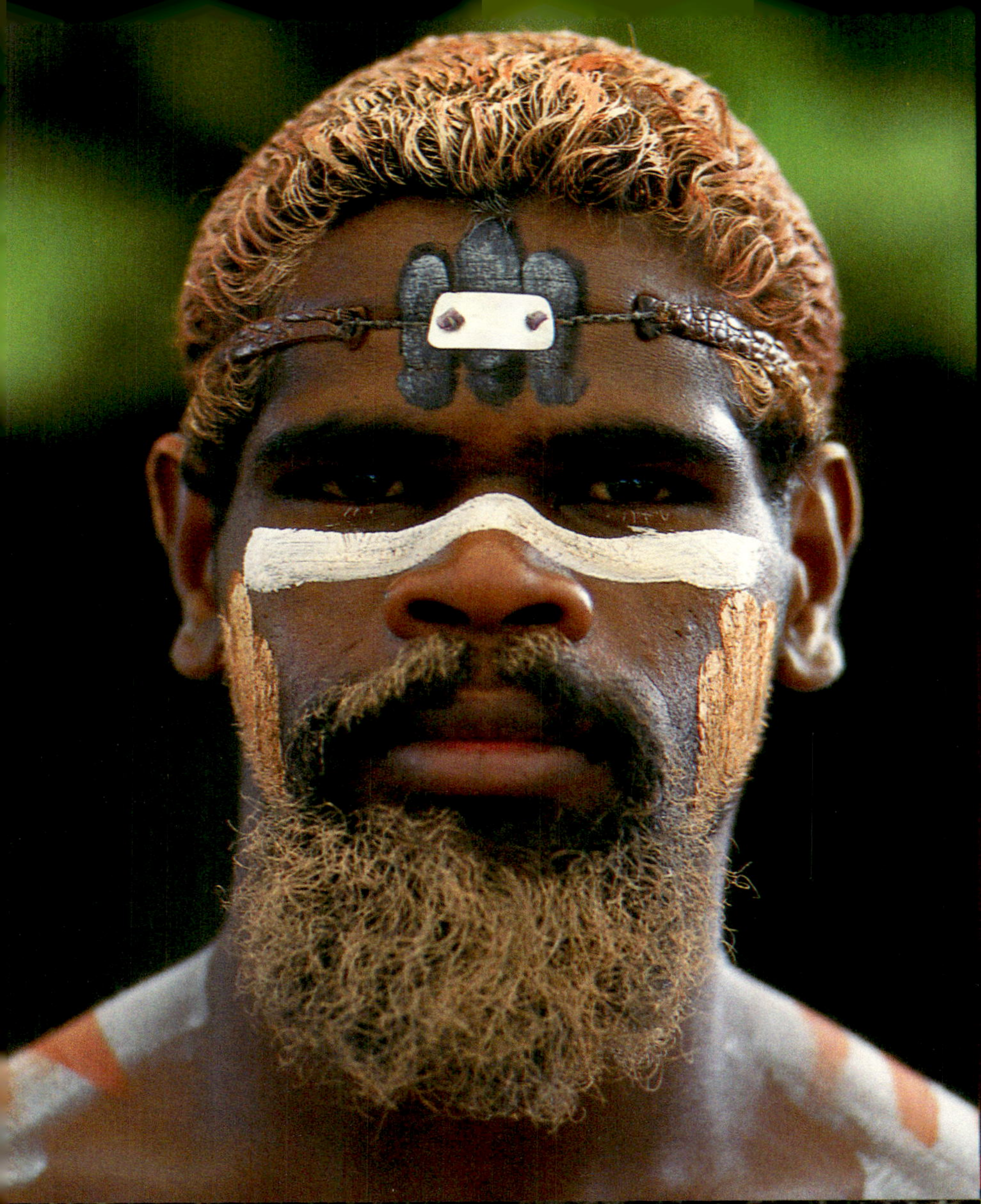

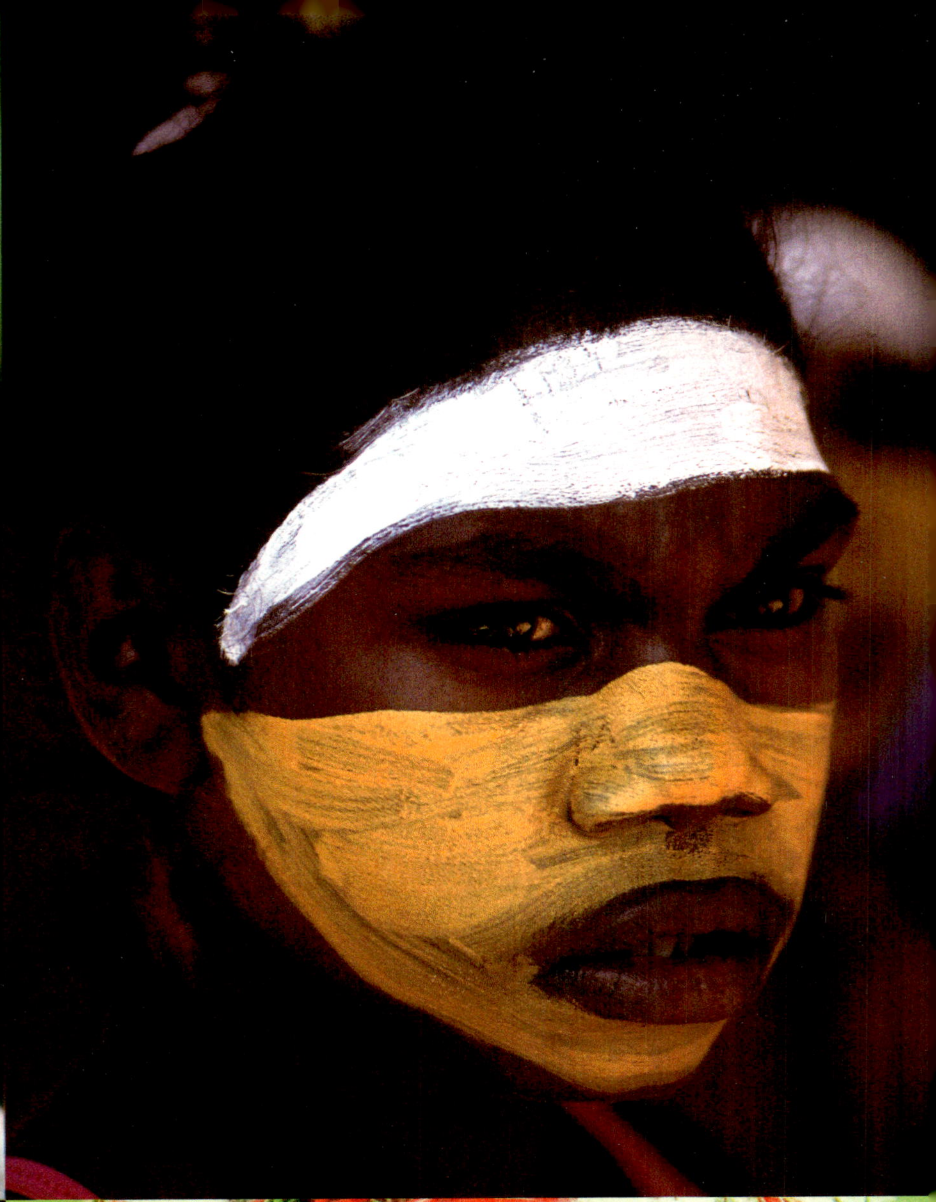

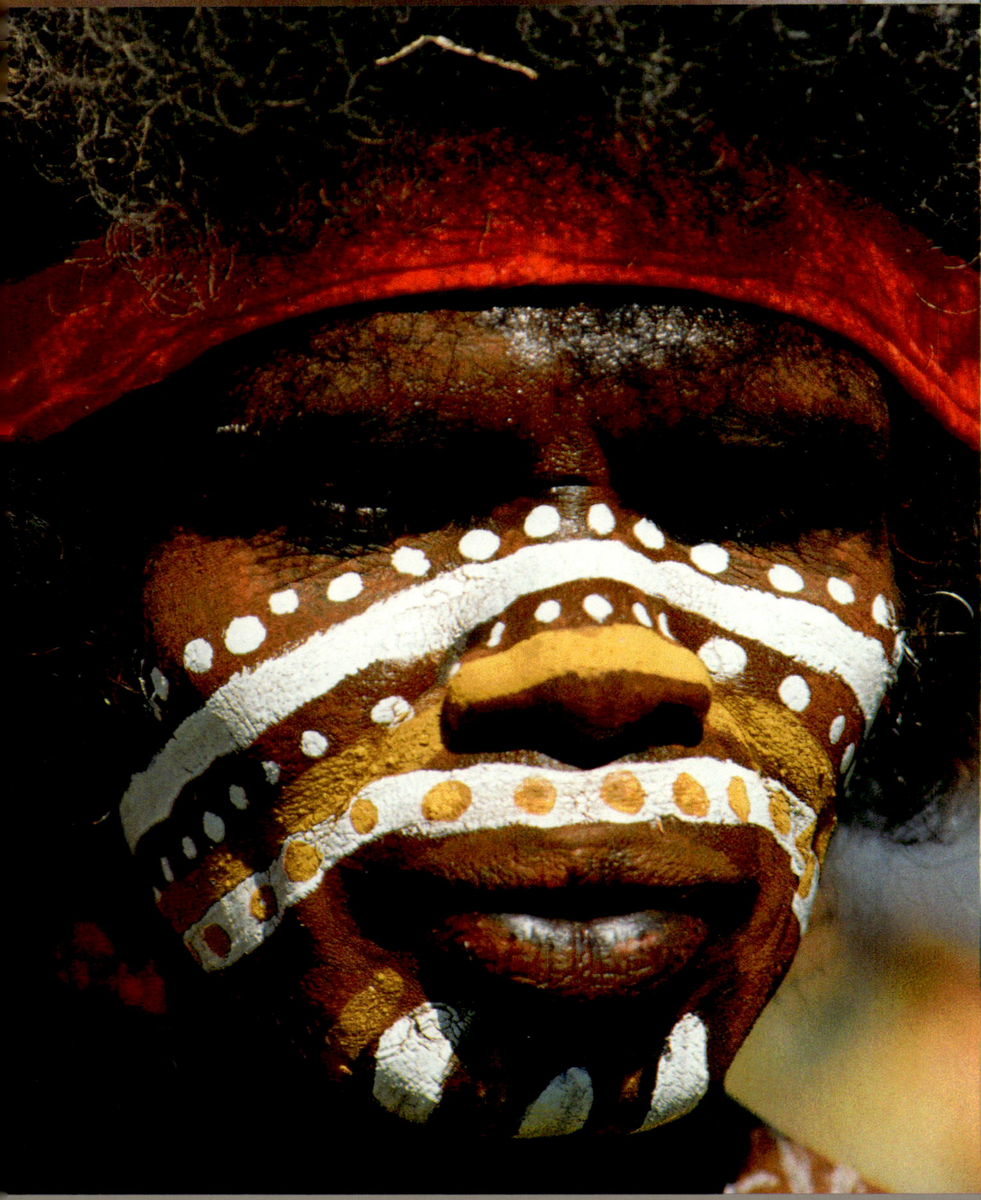

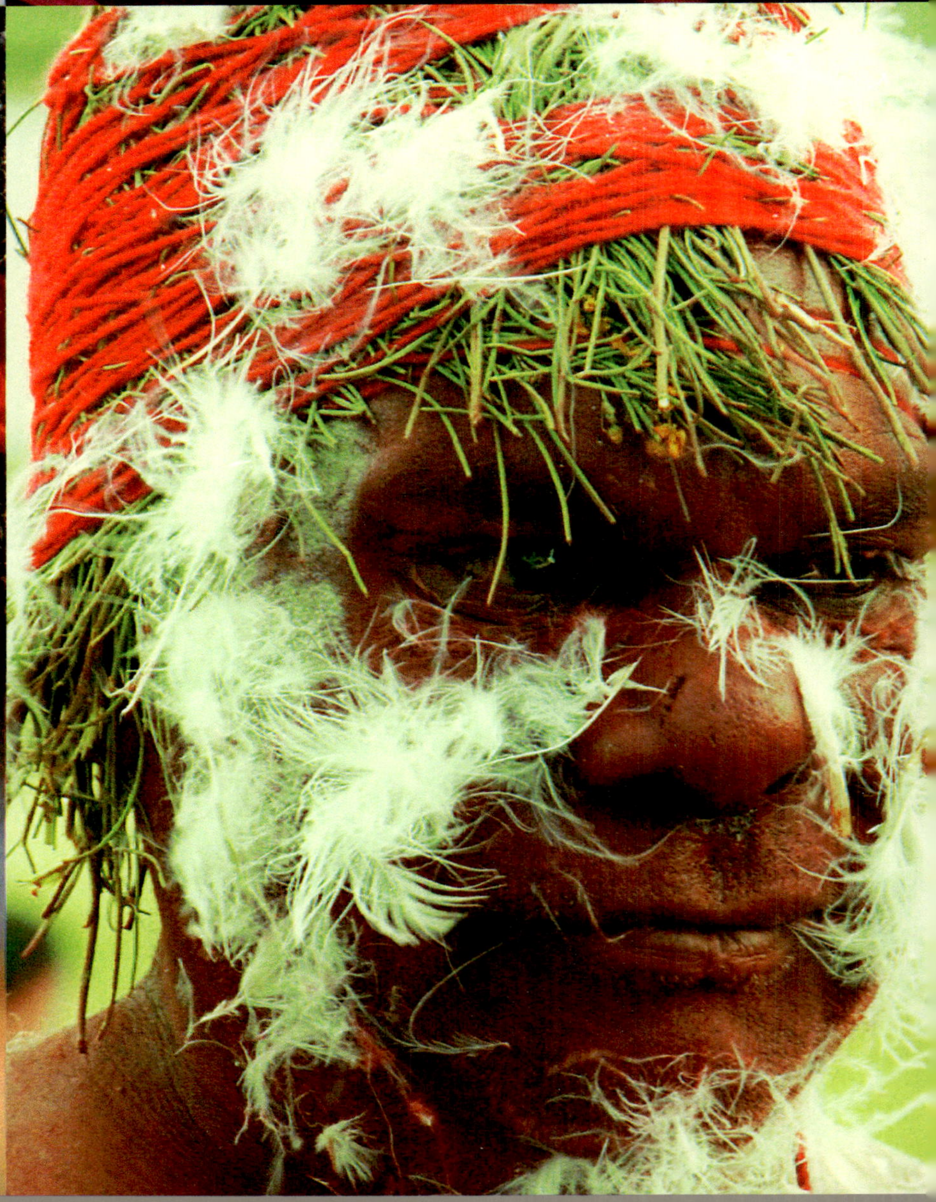

Oben: Ein Mitglied des Tjapukai Dance Theatre unweit von Cairns in Queensland. Mit der Gründung dieser Aborigines-Tanzgruppe 1987 wurde auch die Kunst der Körperbemalung wiederbelebt.
Unten: Ein Mann aus der Karadu-Region mit einem Band- und Punktmuster aus Weiß und Ocker.

Oben: Ein Junge des Gumanji-Klans mit imposantem »Make-up« beim Garma-Festival in Arnhemland.
Unten: Mit Federbällchen aus Flaumfedern und Gräsern, den Kopf umwickelt mit roten Bändern, hat sich dieser Arrernte-Mann für das Yeperenye-Festival in Alice Springs herausgeputzt.

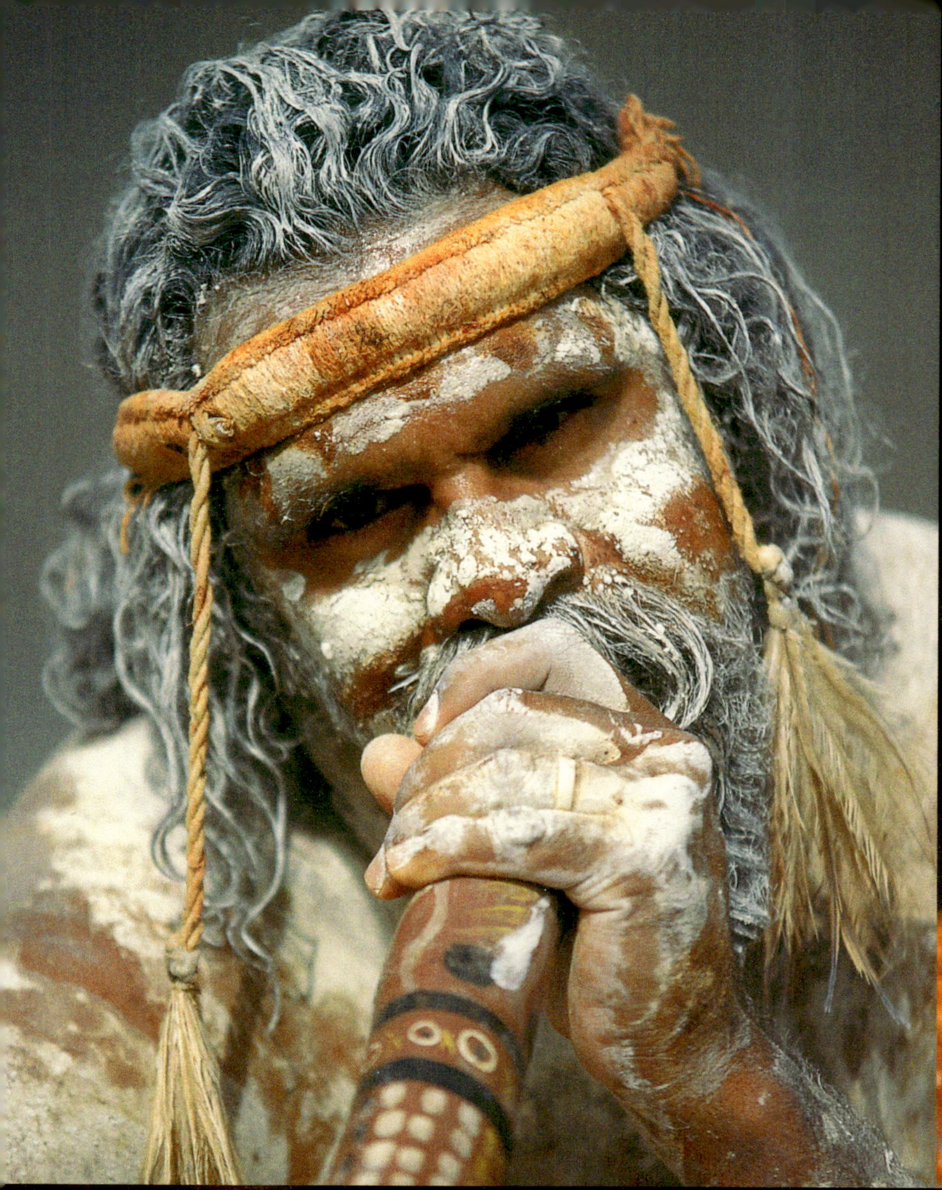

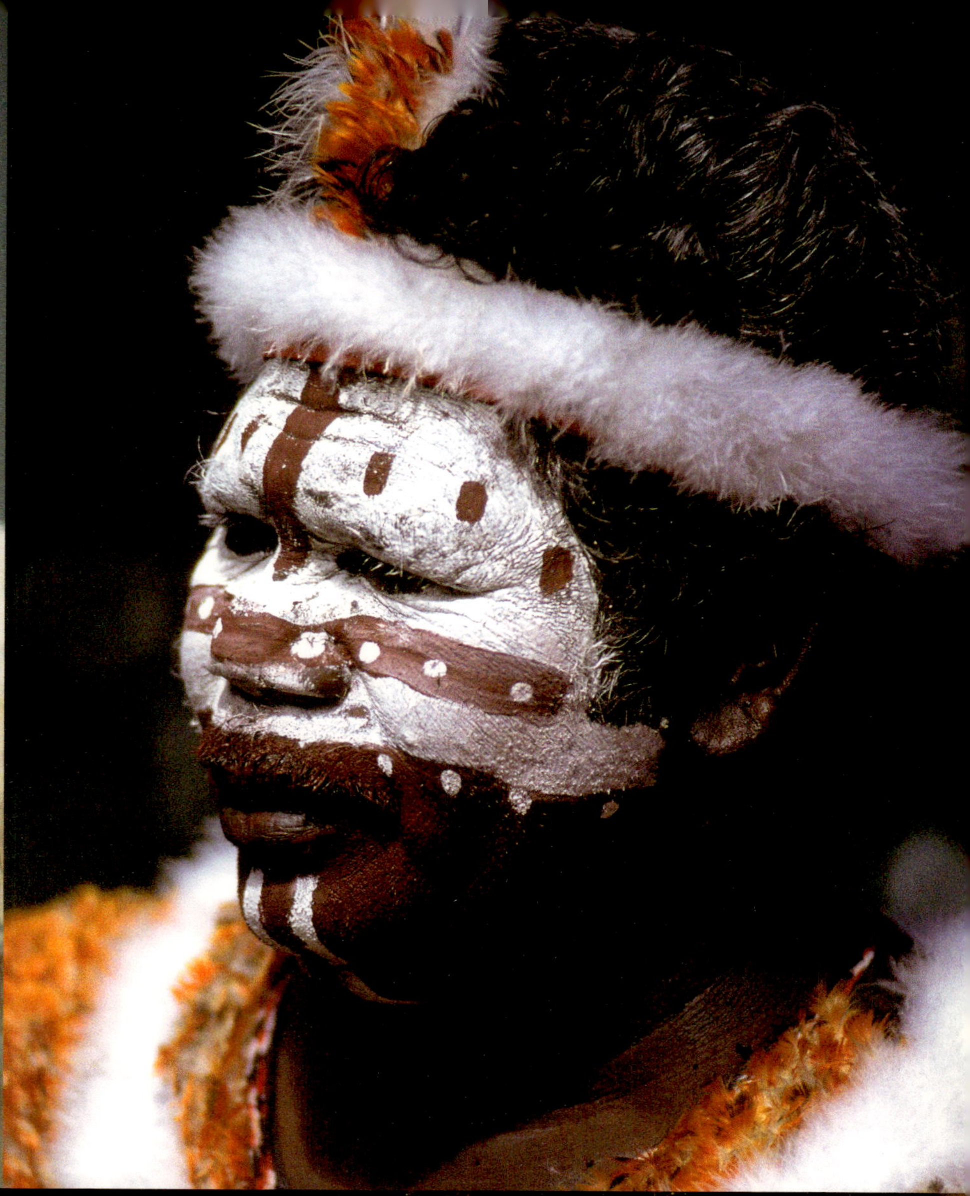

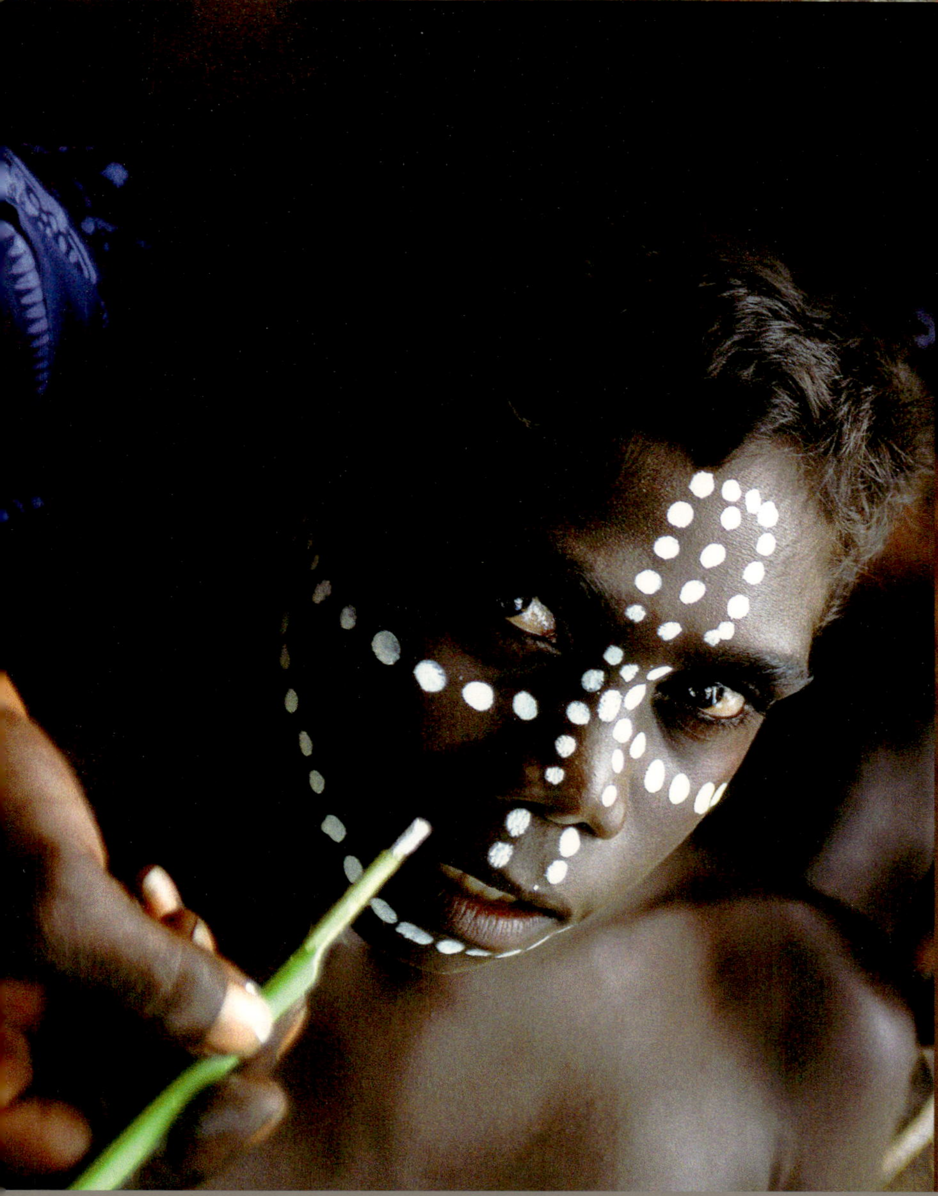

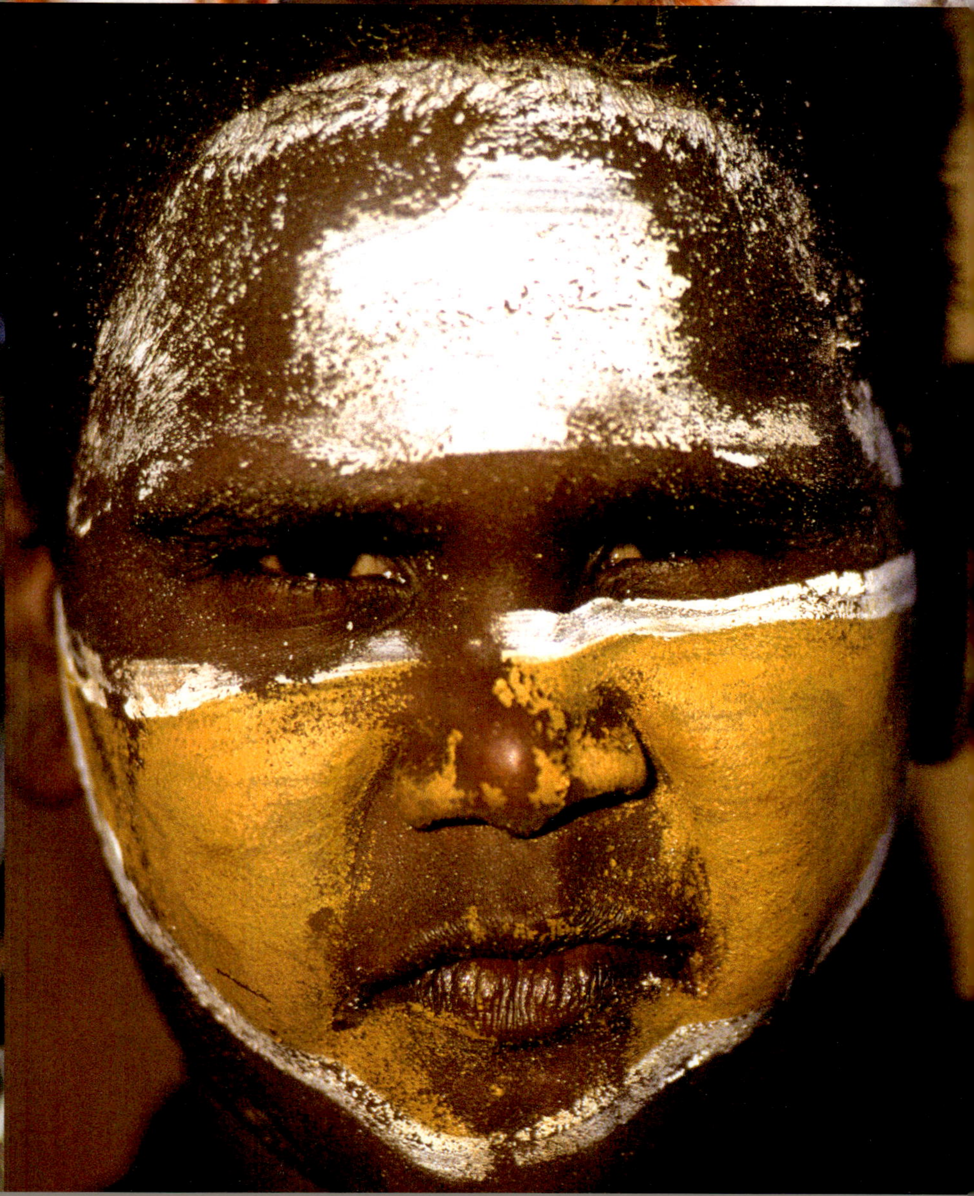

Oben: Das Didgeridoo wird bei traditionellen Zeremonien gespielt. Das typische Blasinstrument der Aborigines wird aus Eukalyptusholz hergestellt, das von Termiten ausgehöhlt wurde.
Unten: Für eine Initiationszeremonie wird dieser Yolngu-Junge aus Arnhemland geschmückt.

Oben: Neben der Farbe sind Federn ein wichtiges Schmuckelement. Die eindrucksvolle Gesichtsbemalung dieses Mannes aus Arnhemland wird gekrönt durch ein Stirnband aus Lorifedern.
Unten: Ebenso für das Garma-Festival hat sich dieser Junge üppig mit Weiß und Ocker bemalt.

aborigines – mitgerissen im strudel der zeit

die körperbemalung ist eine der wesentlichen künstlerischen ausdrucksformen der australischen ureinwohner und steht in enger beziehung zu ihrer schöpfungsmythologie.

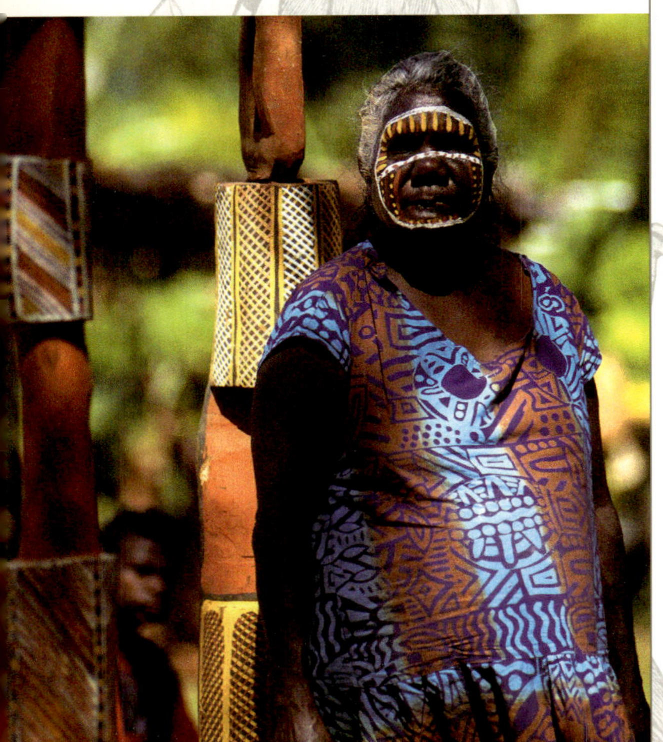

Eine Tiwi-Frau aus Nguiu auf Bathurst Island hat ihr Gesicht mit weißen, gelben und roten Linien- und Strichmustern bemalt. Im Hintergrund sind Begräbnispfosten, so genannte Pukumani, zu erkennen. Weiß ist bei den Aborigines auch die Farbe der Trauer.

Im Jahr 1788, als die Einwanderung der Europäer auf dem australischen Kontinent begann, hatte die einzigartige Kunst und Kultur seiner Ureinwohner bereits 50 000 Jahre hinter sich. Die seitdem vergangenen rund 200 Jahre haben dramatische Veränderungen für die Aborigines bewirkt, denn der Einfluss der Fremden auf ihre Kultur war verheerend.

Nicht nur in australischen Schulbüchern wurde die Lebensweise der Ureinwohner bis in die jüngere Vergangenheit als »primitiv« beschrieben. Tatsächlich aber führten viele der Kulturgemeinschaften der Aborigines ein an Landschaft und Klima hervorragend angepasstes Leben auf Wanderschaft, das eine auf das Notwendigste beschränkte materielle Kultur erforderte. Dass in den Küstenregionen und entlang der Flüsse Westaustraliens noch in der Mitte des 19. Jahrhunderts feste Siedlungen Feldbau betreibender Aborigines-Gesellschaften bestanden haben, ist heute völlig in Vergessenheit geraten.

Die Kulturgemeinschaften in den wüstenähnlichen Gebieten im Landesinneren lebten traditionell vom Jagen und Sammeln. Dabei folgten die meist nur wenige Personen zählenden Familien auf seit langem benutzten Wegen den Nahrungsvorkommen, die sich entsprechend der klimatischen Bedingungen verlagerten. Feste Punkte in der Landschaft, heilige Plätze, die mit der Schöpfungsmythologie in Verbindung stehen, markierten die Wege der Wanderschaft. Mehrere Familien bildeten einen Klan, der nur in der fruchtbaren Regenzeit, wenn ausreichend Nahrung zur Verfügung stand, als größere Kulturgemeinschaft zusammenkam, um die heiligen Riten zu vollziehen.

Die Sozialstrukturen der Aborigines gelten als außerordentlich komplex, ebenso wie die Sprachen, die sie hervorbrachten. Die von Wissenschaftlern festgestellten, ursprünglich etwa 700 verschiedenen so genannten »Stämme« waren in erster Linie Sprachgruppen. Diese lassen sich in über 250 eigenständige Sprachen zusammenfassen, von denen heute noch etwa 50 lebendig sind. Hinzu kommen die vielfältigen Zeichensprachen der Aborigines, die beispielsweise bei der Jagd angewendet oder von Witwen benutzt wurden, die in der Trauerzeit ein Schweigegebot befolgen mussten.

Schöpfungsgeschichte

Der Schatz an Mythen, Erzählungen und Gesängen der Aborigines ist vielfältig und bildet die Grundlage ihrer bildlichen Darstellungen auch in der Körperkunst. Eine in Grundzügen übereinstimmende mythologische Schöpfungsgeschichte verbindet sie – ein Weltbild, in dem der Mensch Teil der ihn umgebenden Natur ist. So erzählen sich die zentralaustralischen Aranda, dass die Erde einstmals eine kahle Ebene war, zeitlos und noch nicht erschaffen. Aus ihrer Oberfläche traten viele übernatürliche Wesen hervor, die alle heute noch sichtbaren Formen der Landschaft schufen. Einige von ihnen öffneten den Menschen Augen, Mund und Nase, formten ihre Gliedmaßen und lehrten sie zu überleben: Feuer machen, Nahrung zubereiten und Waffen herstellen. Sie waren außerdem Kulturschaffende, sie gaben den Menschen die Initiationsriten und die heiligen Lieder. Nach vollbrachtem Werk kehrten sie wieder in die Erde zurück, um sich auszuruhen, oder verwandelten sich in heilige Felsen, Bäume oder heilige Kultgegenstände, die *tjurunga*. Jedem dieser Vorfahren wurde ein Tier oder eine Pflanze zugeordnet, die wir als Totem bezeichnen. Die

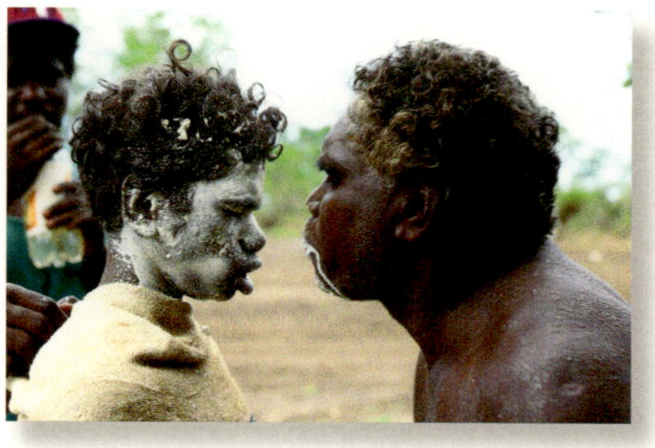

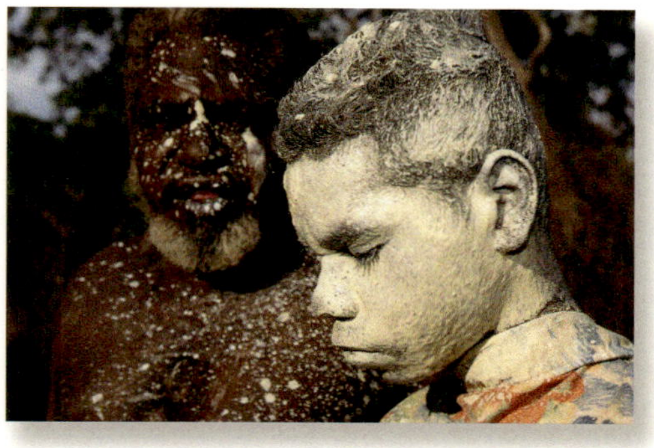

Initiationszeremonien, bei denen man innerhalb eines rituellen Rahmens in einen neuen Lebensabschnitt übertritt, bilden immer einen Anlass für festliche Gesichtsbemalungen. Ein naher Verwandter spuckt weißen Lehm auf das Gesicht eines jungen Initianden aus Arnhemland (linkes Bild); schließlich ist das Gesicht nahezu vollständig mit Lehm bedeckt (rechts).

Orte, an denen die Totemvorfahren wieder in den Boden eingingen oder sich verwandelten, wurden zu Totemzentren. Jeder Mensch war durch die totemistische Verbindung an einen bestimmten Ort gebunden.

Mythologie und Kunst

Einstmals konnte jeder initiierte Mann sakrale Gegenstände herstellen, die wie die *tjurungas* mit geheimen Symbolen und Mustern versehen wurden. Aber auch profane Gegenstände wie Schilde und Werkzeuge wurden mit Mustern aus dem sakralen Bereich der Mythologie bemalt.

Streng geheim waren die Muster der Bodengemälde Zentralaustraliens, die ein wichtiger Bestandteil vieler Zeremonien waren. Sie wurden mit größter Sorgfalt hergestellt und durften bei Todesstrafe keinesfalls von Unbefugten erblickt werden. Sie wurden nach der Beendigung einer Zeremonie sorgsam verwischt.

Für die Ewigkeit bestimmt waren nur die berühmten Felsenbildgalerien der Aborigines. Man unterscheidet verschiedene Stile: Im filigranen Röntgenstil des nordaustralischen Arnhemlands wurden neben Tierdarstellungen auch häufig menschliche Wesen dargestellt, deren Körper »durchsichtig« sind, also Skelett und Organe aufweisen. Bisweilen zeigen die Figuren auch Körperbemalungen, die sich bestimmten heiligen Zeremonien zuordnen lassen.

Körperbemalung in Zentralaustralien: Farben und Ornamente

Die Kunst des alten Australien wurde von vier Farben dominiert: Weiß, Schwarz, Rot und Gelb. Die weiße Farbe wurde aus Kalk oder Pfeifenton gewonnen. Es ist die Farbe der Trauer, mit

Moderne Malerei der Aborigines – Kunst zwischen Kommerz und Politik

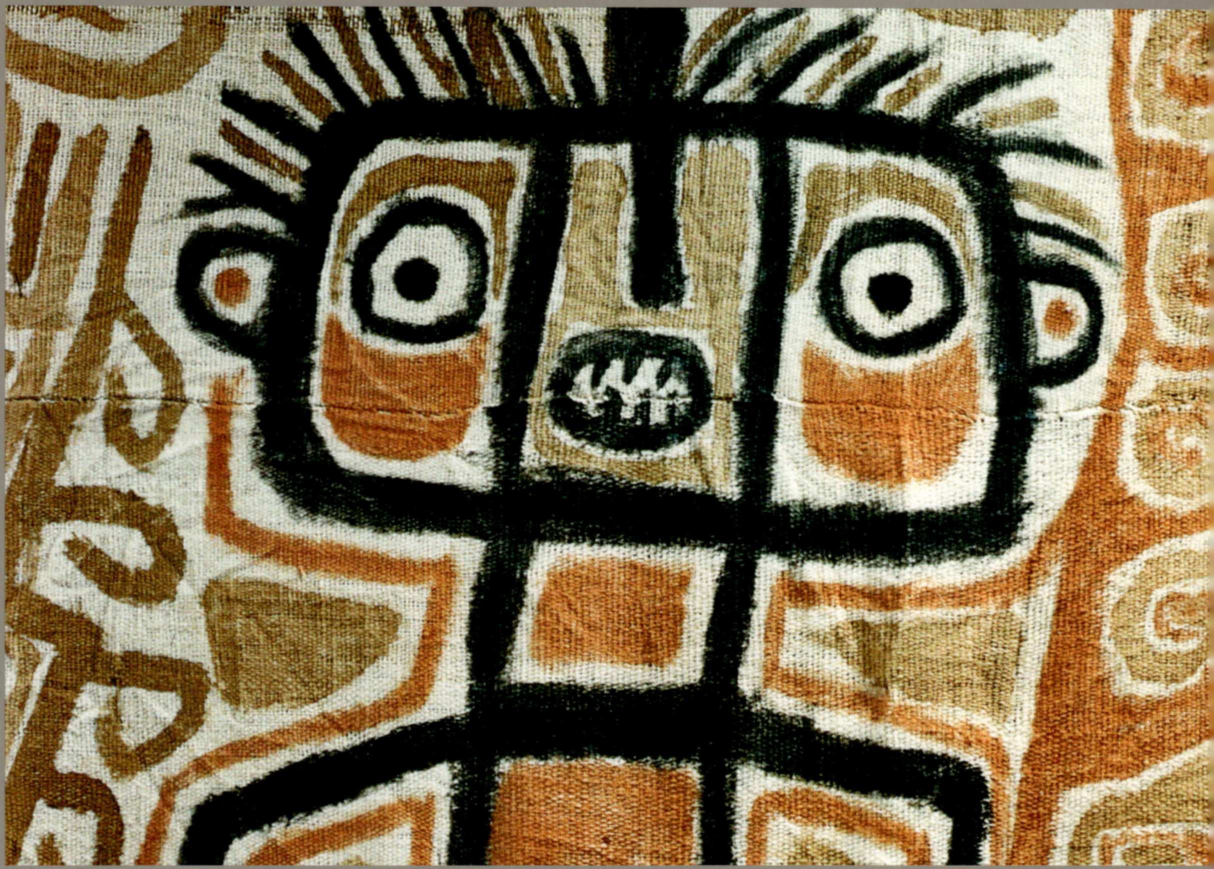

Die Bedeutung der Kunst, insbesondere der Malerei, ist in den Augen vieler Aborigines seit dem Jahr 1788 ungebrochen, denn sie ist heute zu einer Ausdrucksform in ihrem Ringen um soziale Gerechtigkeit geworden. So wurde am 28. August 1963 die so genannte »Bark-Petition« dem australischen Parlament vorgelegt. Dieser Hilferuf aller Klans, deren Gebiet vom Abbau von Uran und Bauxit durch große Bergbau-Gesellschaften bedroht war, wurde in Form eines traditionellen Rindenbildes vorgebracht. Einer der ersten namentlich bekannten Aborigines-Künstler war Albert Namatjira (1902–1959). Für ihn und viele, die ihm nachfolgten, war die Malerei eine Waffe im Kampf um Anerkennung und Landrechte. Er malte sein Land, das der zentralaustralischen Arrernte, im modernen, westlichen Stil unter Verwendung greller Acrylfarben. Sein Anliegen, alle Menschen mit Hilfe seiner Kunst auf das gültige Anrecht und die immerwährende Verbindung seines Volkes mit dem von ihnen seit Jahrtausenden bewohnten Gebiet hinzuweisen, wurde vielfach missverstanden. Die Früchte seiner Bestrebungen konnte er nicht mehr ernten: Selbst sein Vermögen eröffnete ihm zu seiner Zeit nicht die Möglichkeit, ein Haus auf dem Land seiner Vorfahren zu erwerben. Als kommerzielle »Airport-Art« und wegen ihrer mangelnden Authentizität im Kreuzfeuer der Kritik, sind die zeitgenössischen Werke der Aborigines doch Zeichen eines lebendigen Prozesses veränderlicher Ästhetik. Sie sind zwar mit Bezug auf alte Riten angefertigt, unterscheiden sich jedoch grundlegend von den traditionellen, kurzlebigen Werken, die nur für initiierte Teilnehmer sakraler Zeremonien gedacht waren. Vielfach werden nicht einmal die Zeichen der eigenen Herkunftsgesellschaft des Künstlers eingesetzt, und dennoch gibt die Kunst ihm Bestätigung und ist zugleich Medium sozialer Gerechtigkeit.

Rinde war und ist ein bevorzugtes Material der Aborigines-Kunst. Die moderne Rindenmalerei nimmt, wie dieses Detail zeigt, Form und Symbolsprache der traditionellen Kunst auf.

Weiße Linien- und Punktmuster zieren das Gesicht dieses Tiwi-Mannes von Bathurst Island. Für die Herstellung der weißen Farbe verwenden die Aborigines Pfeifenton, Gips oder Kalk.

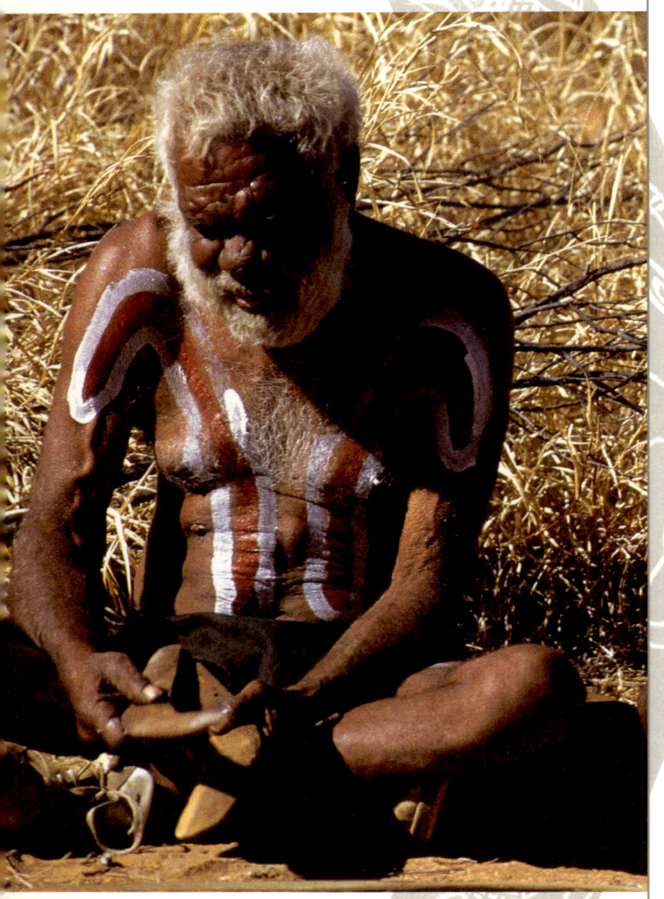

Ein am Oberkörper und den Armen bemalter Mann des Walpiri-Clans aus der Western Desert in Zentralaustralien schlägt mit Bumerangs den Rhythmus für ein Corroboree, eine hauptsächlich aus Tänzen und Liedern bestehende Initiationszeremonie für junge Männer und Frauen.

der sich eine trauernde Witwe auch vor dem Geist des Verstorbenen verbarg. Schwarz trat häufig im Zusammenhang mit der verwirklichten Rache auf – schwarze Striche auf den Körpern der Krieger signalisierten ihren Triumph. Den besten schwarzen Farbstoff stellte man her, indem man die Rinde des Hakeabaums verkohlte. Roter Ocker war die am häufigsten gebrauchte und gleichzeitig die kostbarste Farbe, denn es gab nur wenige Fundstellen. Ebenso wie der weniger gebrauchte gelbe Ocker war er begehrtes Handelsobjekt, denn für die Bemalung des Körpers bei heiligen Zeremonien und die Erneuerung der Felsbilder, Rindenbilder und Kultgegenstände war sein Besitz unerlässlich. Rot – die Farbe der Freude und des Lebens – wurde bei festlichen Anlässen wie dem Ende der Witwentrauer auf den Körper der Festteilnehmer aufgebracht. Das seltener zur Anwendung gebrachte Gelb steht für Feuer, Zorn und Kampfeslust. Gern wurde es als Hintergrund für die allgegenwärtigen weißen Punktornamente benutzt. Um das Farbspektrum etwas zu erweitern, wurde roter Ocker mit weißem Pfeifenton zu verschiedenen Rotabstufungen vermischt. Seltener kam zu Puder verarbeitetes Manganoxid zur Anwendung, das der Haut eine perlgraue Farbe verleiht.

Besonders eindrucksvolle Effekte erreichte man neben der Bemalung der nackten Haut auch durch das aufwändige Bekleben mit den Flaumfedern von Emu, Adler, Geier, Kakadu und Papagei, was allerdings nur in bestimmten Zusammenhängen erlaubt und nur von kurzer Dauer war. Die Federn wurden dabei mit Eiklar oder Blut aufgeklebt. Die Flaumfedern einer *eagle-hawk* genannten Falkenart spielten bei sakralen Feierlichkeiten eine bedeutende Rolle. Bei der Vermehrungszeremonie der Aranda-Männer des Känguru-Totems symbolisieren sie die männlichen und weiblichen Fortpflanzungssekrete der Kängurus.

Starke Kontraste waren bei der Körperbemalung beliebt. Sie wurden meist mit weißen Punkten erzielt, die beispielsweise schwarze oder rote Kreise, Spiralen oder geschwungene Linien begleiten oder einschließen. Bei heiligen Zeremonien verkörperten die Teilnehmer mit Hilfe dieser Gesichts- und Körpergestaltung bestimmte Totemtiere oder -objekte, deren Eigenschaften auch durch ausdrucksstarke Tänze dargestellt wurden. Heute werden solche Tänze hauptsächlich von professionellen Tanzgruppen aufgeführt, die anstelle der traditionellen Erdfarben meist moderne, stark leuchtende Industrieprodukte verwenden.

Schmucknarben

Die Bemalung stellte jedoch bei weitem nicht den einzigen Körperschmuck der Australier dar. Auch operative Eingriffe zum Zweck der Verschönerung waren üblich. Vielfältige Narbenmuster wurden durch Einschnitte in die Haut erreicht, die mit Fremdstoffen (Ocker, Lehm oder Holzkohle) verunreinigt wurden, sodass sich breite Schmucknarben bildeten. Teilweise dienten sie der Zierde, teilweise wurden sie auch im Zuge von Trauerritualen angebracht. Auch anlässlich der Initiationsriten beim Erreichen der Pubertät gab es unterschiedliche körperliche Praktiken. In einigen Regionen wurde den Jungen ein Schneidezahn ausgeschlagen, in anderen wurden die Arme und der Rücken durch Schnitte mit Narben gekennzeichnet. Schmucknarben stehen jedoch nicht mit der Markierung irgendeiner Klan- oder Gruppenzugehörigkeit in Verbindung.

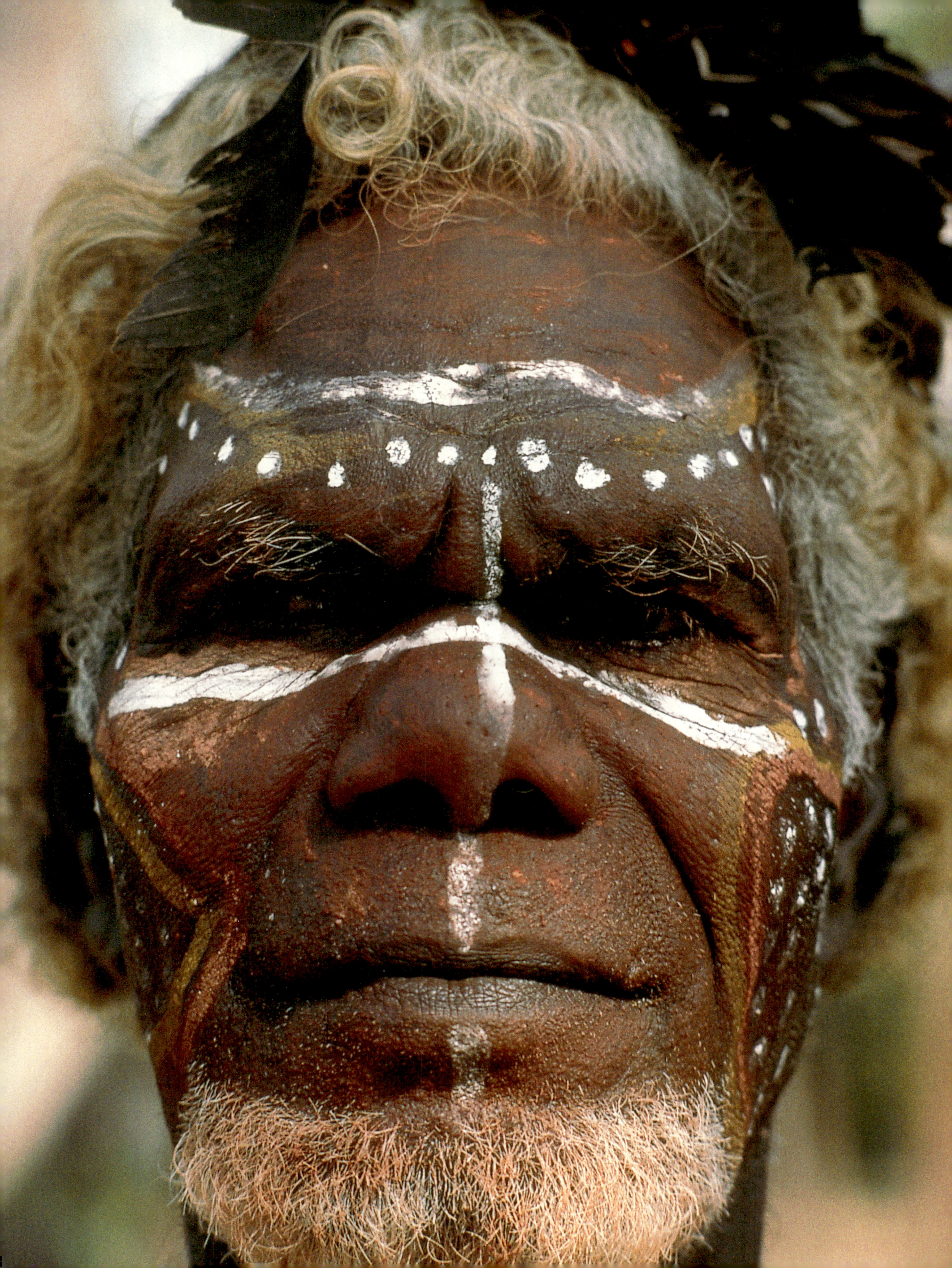

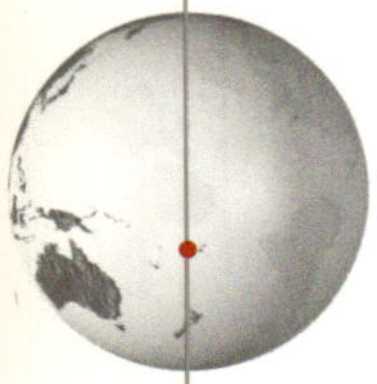

Mit Polynesien wird die weitverstreute Inselwelt in der Osthälfte des Pazifiks bezeichnet. Neben Neuseeland, Hawaii und der Osterinsel umfasst Polynesien die Cook-, Gambier-, Gesellschafts-, Kermadec-, Line-, Marquesas-, Phoenix-, Samoa-, Tokelau-, Tonga-, Tuamotu- und Tubuai-Inseln sowie weitere Inselgruppen.

Neuseeland und Polynesien

tatau – meister filigraner tätowierkunst

Polynesien – so wird jenes geografische Dreieck im Südpazifik genannt, das sich zwischen den Inselgruppen Hawaii im Norden, Neuseeland im Südwesten und den Osterinseln im Südosten erstreckt. Die Lapita-Kultur, deren rund 3000 Jahre alte Überreste in Westpolynesien ausgegraben wurden, gilt als die Wiege der Polynesier, die im Lauf der Jahrhunderte über Tausende von Seemeilen hinweg eine große kulturelle und gesellschaftliche Vielfalt entwickelten. Diese Region ist uns auch als »Südsee« geläufig – ein Wort, mit dem sich europäische Sehnsüchte bis heute verbinden. Der Traum vom glücklichen Leben unter südlicher Sonne hat diese Inselwelt seit ihrer Entdeckung durch europäische Weltumsegler wie Louis-Antoine de Bougainville und James Cook im späten 18. Jahrhundert begleitet. Hier meinten die Europäer das Paradies gefunden zu haben – in dem die Menschen mit sich selbst und der Natur in Einklang lebten. Die Bewohner dieses irdischen Paradieses verstanden sich allerdings darauf, der Natur etwas nachzuhelfen: Mit größter handwerklicher Meisterschaft hatten sie ihre Körper zu wandelnden Kunstwerken geformt.

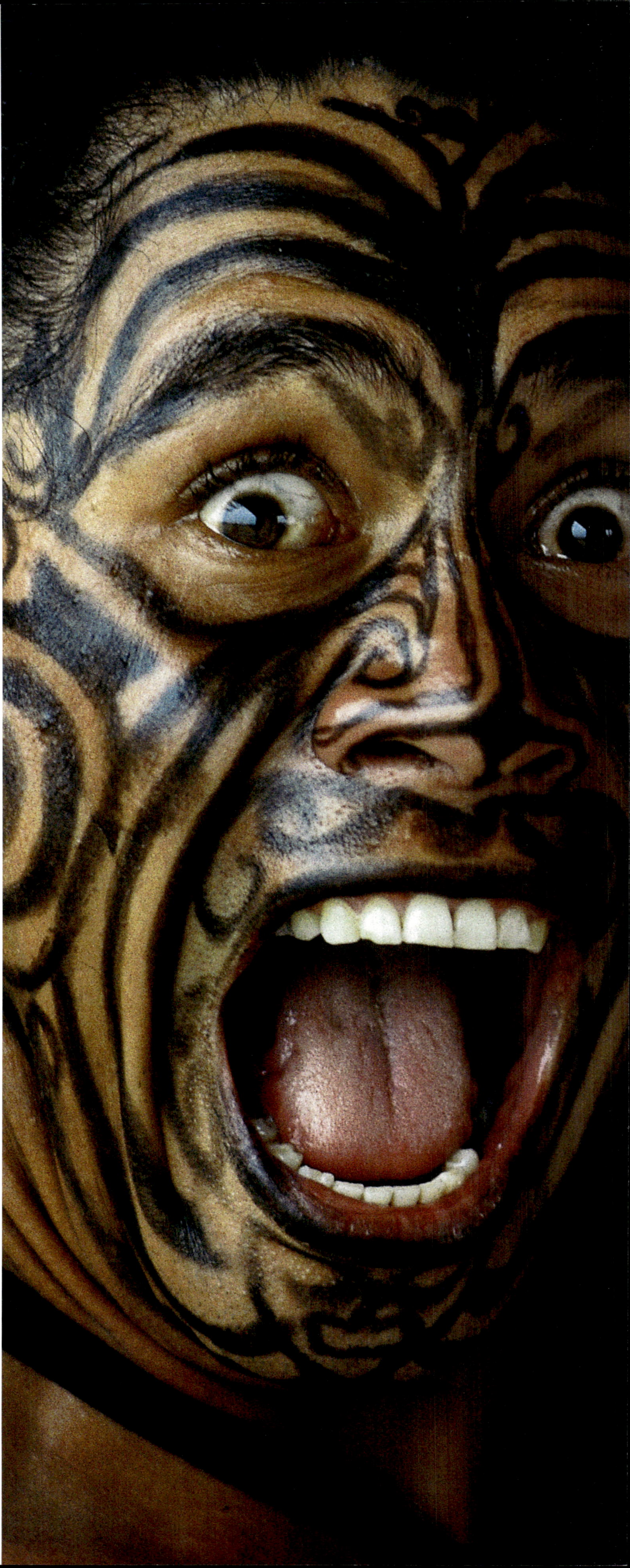

Zwei Maori bei der traditionellen Kriegstanzpose, bei der das Herausstrecken der Zunge den Gegner abschrecken sollte. Die Gesichter sind mit den charakteristischen großflächigen Spiralmustern versehen, heute meist aufgemalt und nicht tatauiert.

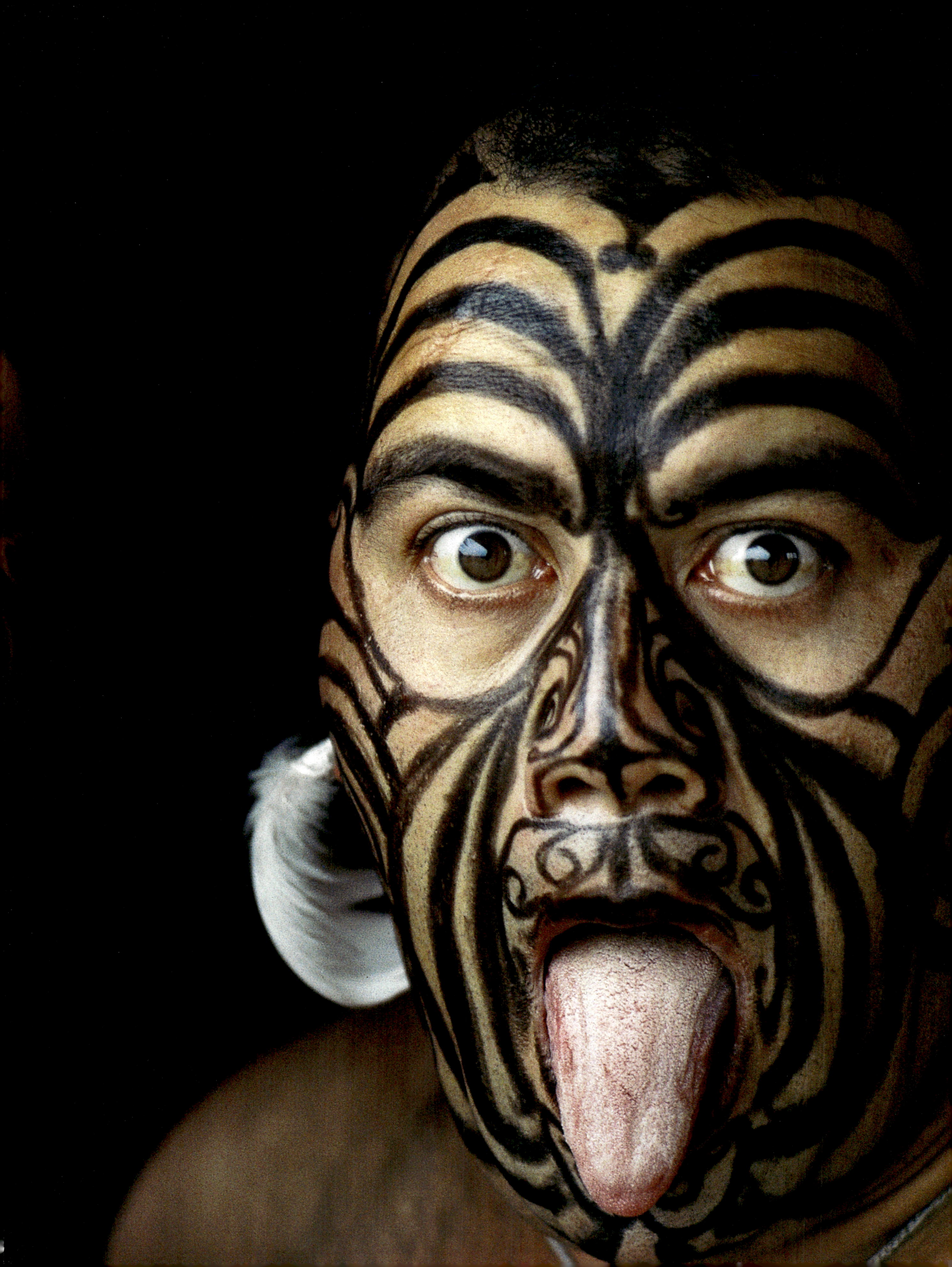

Polynesien: Stärke durch Schmerz – passive Helden

Die komplexen filigranen Ornamente polynesischer Tatauierung dienten dem Schutz des Trägers und waren sichtbares Zeichen für seine Abstammung und seine gesellschaftliche Position.

tatau, tattoo, tätowierung

Kein anderes polynesisches Wort ist in so viele westliche Sprachen eingegangen wie das tahitianische *tatau.* Ausdruck wie Technik sind im gesamten polynesischen Raum ähnlich, ihr Ursprung liegt weit zurück – manche Funde von Tatauierwerkzeugen sind etwa 3000 Jahre alt. Ein kleiner Stab, der wie ein Hammer verwendet wird, treibt dabei den Tatauierkamm in die Haut. Dieser Kamm ist ein langstieliges Instrument aus Holz oder Knochen, das in einer Reihe kleiner Spitzen endet, die das dunkle Farbpigment in die unteren Hautschichten einbringen. Der ölige Farbstoff wird meist aus dem Ruß von Holz, Nüssen oder Samen hergestellt und mit tierischem oder pflanzlichem Fett vermengt – die Mischung war früher ein sorgsam gehüteter Schatz jeder Familie.

Das Tatauieren an sich ist jedoch keine polynesische Erfindung, sondern weltweit verbreitet. Auch die frühen Europäer, wie beispielsweise die Kelten, waren in dieser Weise gezeichnet; im Zuge der Christianisierung verlor sich die Praxis. Die Südsee-Euphorie des 18. Jahrhunderts brachte die Tätowierung nach Europa zurück.

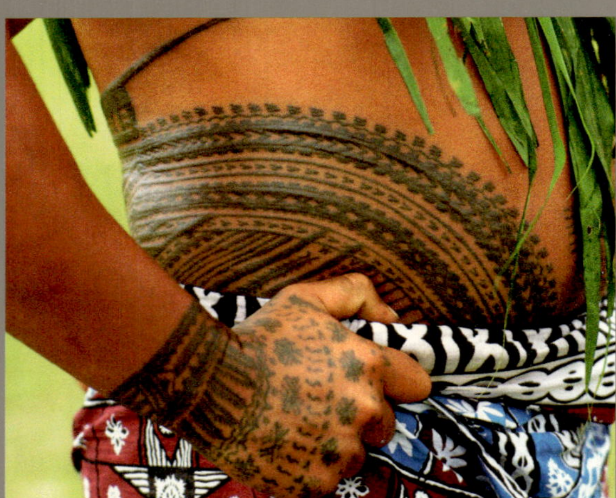

Ein Mann aus Westsamoa mit ausgeprägten Tattoomustern auf Hand, Hüfte und Bauch. Die Samoaner haben es auf dem Gebiet der Tätowierkunst zu besonderer Meisterschaft gebracht.

Am Anfang steht der Schmerz. Die Feinheit der Ornamentik und die Leichtigkeit der Linien polynesischer Tatauierung lassen leicht vergessen, dass dieser Schmuck, von Europäern früher oft mit spitzenbesetzter Kleidung verglichen, in einem schmerzhaften und gefahrvollen Prozess entsteht. Dieser ist von ebenso großer Bedeutung wie sein Ergebnis und bedarf allergrößter Sorgfalt. Denn die Gefahr des Tatauierens ist nicht nur körperlich – durch Entzündung und Überanstrengung –, sie kann vor allem die Seele, die Lebensessenz eines Menschen betreffen. Körper und Geist, innere und äußere Kraft sind eng verbunden und so ist es eine heikle Angelegenheit, das Blut eines Menschen zu vergießen. Personen von großer spiritueller Macht oder besonders hoher Abkunft waren daher oft zu sehr *tapu,* zu sehr von einer besonderen Kraft durchströmt, um überhaupt tatauiert zu werden. Aber auch bei »Normalsterblichen« war dieser Vorgang *tapu:* ein besonderes Ereignis, das meist in der Abgeschiedenheit einer eigens errichteten Hütte nach genauen Regeln stattfand. Der Tatauiermeister und seine Helfer rezitierten Gesänge und Formeln, die dem Tatauierten in seinem Kampf mit dem Schmerz helfen sollten, indem sie ihn in einen tranceartigen Zustand versetzten. Zugleich sollte die Kraft dieser Gesänge im Tatauiervorgang in den Körper des Patienten übergehen – so die Interpretation der ethnologischen Forschung.

Die Tatauierung, von nun an die »zweite Haut« einer Person, hatte eine doppelte Funktion: Zum einen sollte sie vor äußeren Angriffen schützen, seien diese physischer oder metaphysischer Natur. Zum anderen sollte sie die Lebensessenz des Einzelnen bewahren und eine für beide Seiten gefahrvolle Berührung mit den fremden Kräften der Umwelt verhindern.

Auf Hawaii sollten beispielsweise die asymmetrischen Tatauierungen der Krieger wie eine Rüstung wirken. Die Fürsten dieser neben Tahiti und Tonga am stärksten hierarchisch organisierten Gesellschaft waren mit grafischen Motiven wie Dreiecksfolgen, Zickzacklinien und Bögen gezeichnet, die vermutlich ihre Abstammung von den Göttern darstellten. Im Verlauf des 19. Jahrhunderts verlor der »magische« Zusammenhang der Tatauierung seine Bedeutung, die Motive wurden rein figürlich-dekorativ. Auch auf Tahiti verbreiteten sich »exotische« Motive: Ziegen, Musketen, Jagdhörner, Fächer, Zahlen und lateinische Buchstaben lösten die abstrakten, flächigen Motive der tahitianischen Tradition ab, die Hüften und Gesäß bedeckt hatten.

Selbst auf den Marquesasinseln, in jener Gesellschaft also, die das Tatauieren zu größter Vollendung gebracht hatte, hat diese Kunstform nur bis zur Mitte des 19. Jahrhunderts überlebt. Die Marquesaner waren am gesamten Körper tatauiert, ein Werk, dessen Grundzüge gegen Ende der Pubertät angelegt wurden, um im Lauf der Jahre nach und nach vollendet zu werden. Auch die Frauen waren reicher tatauiert als sonst in Polynesien üblich. Man kennt nahezu 200 verschiedene Motive, die in immer neuen Variationen angeordnet werden konnten. Neben dem für die ganze Region typischen Grundmuster, der Aufteilung der tatauierten Fläche in rechteckige oder dreieckige Segmente, die eingeschwärzt oder mit Ornamenten ausgefüllt wurden, ist dabei das Motiv der »leuchtenden Augen« zu erwähnen – ein stilisiertes Gesicht, das spirituelle Wesen darstellt, deren Blick Böses abwehrt.

Bemerkenswert ist die Tradition Samoas, denn sie wurde bis in die Gegenwart weitergeführt. Damals wie heute: die Samoaner sind

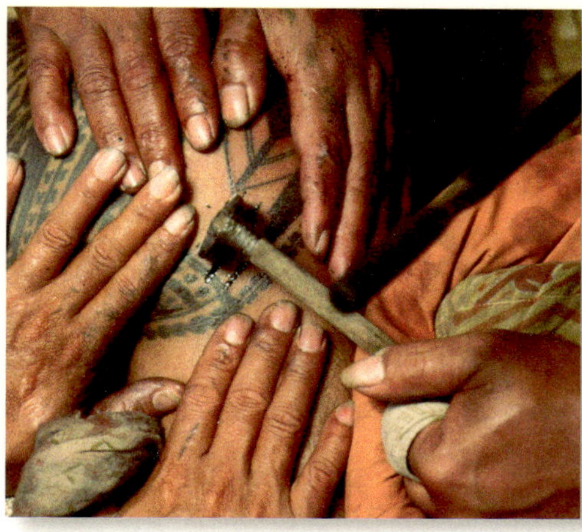

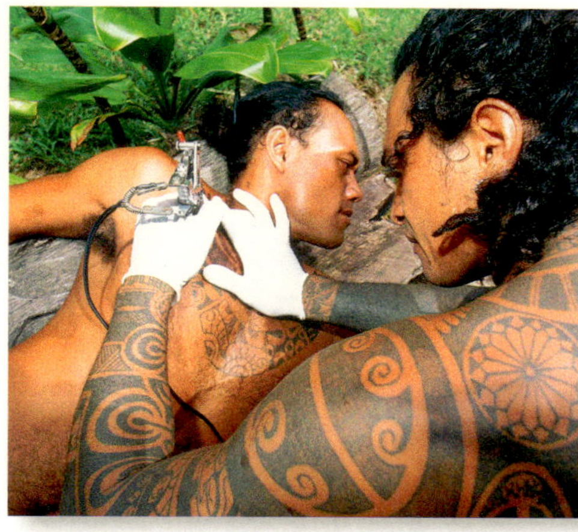

Ein Samoaner wird gerade auf traditionelle Weise tatauiert (links). Dabei werden mit einem Tatauierkamm, der vorher in eine aus Ruß und Kokosöl bestehende Farbpaste getaucht wurde, Muster in die Haut geschlagen. Heute werden die Tattoos jedoch meist durch Einsatz modernster Technik appliziert, wie bei diesem Mann von den Marquesasinseln (rechts).

Meister der Tatauierung. Einst ließ die Oberschicht des benachbarten Tonga Spezialisten aus Samoa kommen – in vielen Teilen Polynesiens sind noch heute samoanische Tattookünstler tätig. Die Tatauierung der jungen samoanischen Männer wurde gegen Ende der Pubertät, mit etwa 15 Jahren, vollzogen. An der Zeremonie, die vier bis sechs Wochen dauern konnte, war die gesamte Gemeinschaft eines Dorfes oder einer Region beteiligt. Wichtigste Akteure waren der regionale Führer, *matai,* der das Ereignis ausrichtete, und sein Sohn: Dessen Tatauierung war das zentrale Ereignis. Mit ihm zusammen wurden die Söhne aus der Anhängerschaft des *matai* tatauiert, die zukünftige Gefolgschaft des designierten Nachfolgers. Für die Kosten der Tatauierung, für die Verpflegung der Tatauiermeister, der Familien und Gäste über Wochen hinweg sowie für die obligatorischen Geschenke am Ende der mit Feiern, Tanz und Wettkämpfen verbrachten Zeit war der *matai* verantwortlich. Mit dieser großen Investition stellte er sein politisches und wirtschaftliches Gewicht unter Beweis. Für die jungen Männer war die Zeremonie das Ende ihrer Jugend, die Aufnahme in die Erwachsenenwelt: Mit der zuletzt angebrachten Markierung des Bauchnabels wurde noch einmal und endgültig die Nabelschnur durchgeschnitten. Ihre Tatauierung war der erste Beweis für Tapferkeit und Durchhaltevermögen, doch sie war erst der Anfang ihrer Laufbahn: Hier waren sie die »passiven Helden«, die in einem leidvollen Vorgang ihre »Ausrüstung« erhielten für den Beginn ihrer aktiven Karriere als Männer, Krieger und vielleicht Führer ihrer Gesellschaft.

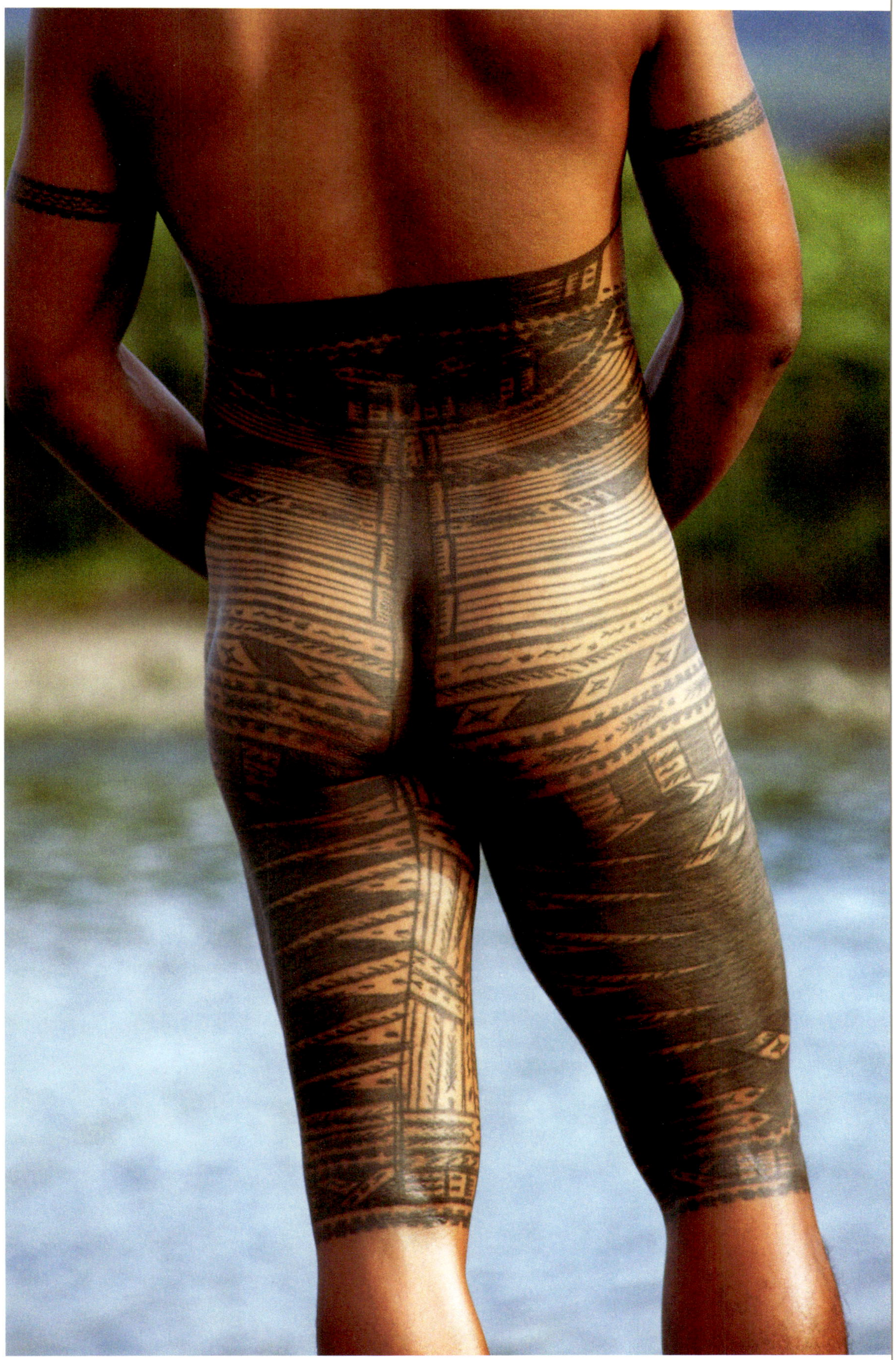

Eine großflächige Tatauierung auf Gesäß und Beinen ziert diesen Samoaner.

Die Maori – kunstvolle Gesichtsmuster

Moko heißt die traditionelle Gesichtstatauierung der Maori. Anders als die Körpertattoos wurden die Gesichtsornamente früher mit einem Meißel reliefartig in die Haut »geschnitzt«. Heutzutage werden die Motive oft nur mehr per Farbe aufgetragen. Diverse Spielarten des so genannten Spiralstils zeigen diese drei jungen Männer.

Die Tatauierung des Gesichts mit spiralförmigen Mustern hatte bei den Maori Neuseelands eine herausragende Bedeutung und wurde in einer einzigartigen Technik ausgeführt.

Ein Gesicht wie eine Maske, bedeckt mit einem Muster feiner schwarzer Linien, die seine Züge verfremden und zugleich betonen – so präsentieren sich Neuseelands Maori-Tänzer heute dem touristischen Besucher. Imposant und furchteinflößend wirkt diese Gesichtsbemalung – umso mehr, wenn ein *haka* vorgeführt wird, die berühmte traditionelle »Kriegstanzpose« der Maori, bei der die Männer unter lautem Rufen und großen Gesten ihre Augen rollen und die Zungen weit herausstrecken, um den Gegner einzuschüchtern.

Moko – die Kunst der Unterwelt

So bemalt betrat einstmals auch der mythische Held Mataora die Unterwelt, auf der Suche nach seiner Frau Niwareka, der Tochter des Unterweltgottes Uetonga, die ihn im Streit verlassen hatte. Doch Uetonga lachte nur und wischte die Farbe von Mataoras Gesicht; denn die Unterwelt-Bewohner trugen eine kunstvolle und unzerstörbare Gesichtstatauierung: das *moko*. Voll Scham über seine Blöße bat Mataora um diese Tatauierung und Uetonga entsprach seiner Bitte. Als Mataora unter den Schmerzen der Prozedur Klagelieder auf seine verlorene Liebe sang, wurde das Herz seiner Frau gerührt und sie verzieh ihm. Gemeinsam kehrten sie zurück in die Welt der Menschen. Mit sich brachten sie die hohen Künste der Maori: das Weben, das Schnitzen und die Kunst der Tatauierung.

So besitzen das Schnitzen und das Tatauieren eine enge Verbindung – und dies nicht nur im Mythos. Denn *moko*, die Gesichtstatauierung der Männer, wurde in Neuseeland in einer einzigartigen Technik ausgeführt: Sie wurde in die Haut »geschnitzt«. Mithilfe eines kleinen Meißels schlug der Tatauiermeister Kerben in die Haut, in die dann mit einem gezackten Meißel das Farbpigment eingebracht wurde. Damit entstand eine einzigartige Kombination von farbiger Zeichnung und Halbrelief, die, den individuellen Zügen folgend, das ganze Gesicht überformte. Das *moko* wurde im so genannten Spiralstil ausgeführt, für dessen schwungvolle Linienführung heute vor allem die neuseeländische Holzschnitzkunst bekannt ist. Muster dieser Art finden sich auch in der Malerei – und in der Körpertatauierung der Männer. Diese wurde, ebenso wie die Gesichtstatauierung der Frauen, nicht »eingemeißelt«, sondern in der klassischen polynesischen Technik mit dem Tatauierkamm in die Haut eingebracht. Ein häufiges Motiv ist *puhoro*, das die Balken der Maori-Versammlungshäuser ebenso zierte wie die männlichen Oberschenkel: Seine weich geschwungene weiße Linie auf dunklem Grund soll das Ranken eines Süßkartoffelschösslings darstellen, der wichtigsten Nahrungspflanze der traditionellen Maori-Kultur. Das Gesäß wiederum wurde der Körperform folgend von zwei großen schwarzen Spiralen bedeckt. Die Harmonie und Symmetrie der Ornamentik faszinierte und befremdete die europäischen »Entdecker«: »Es ist unmöglich, die ungeheure Eleganz und Ausgewogenheit der Formen nicht zu bewundern«, schrieb der britische Naturforscher Joseph Banks im 18. Jahrhundert, »sie scheinen wie die Muster alter Ziselierungen auf Gold und Silber.«

Individuelle Muster als Zeichen der Identität

Über die Bedeutung dieser Zeichen ist viel spekuliert worden; eine Rekonstruktion ist umso schwieriger, da die Tradition der Tatauierung in Neuseeland nicht ungebrochen fortbestand. Am

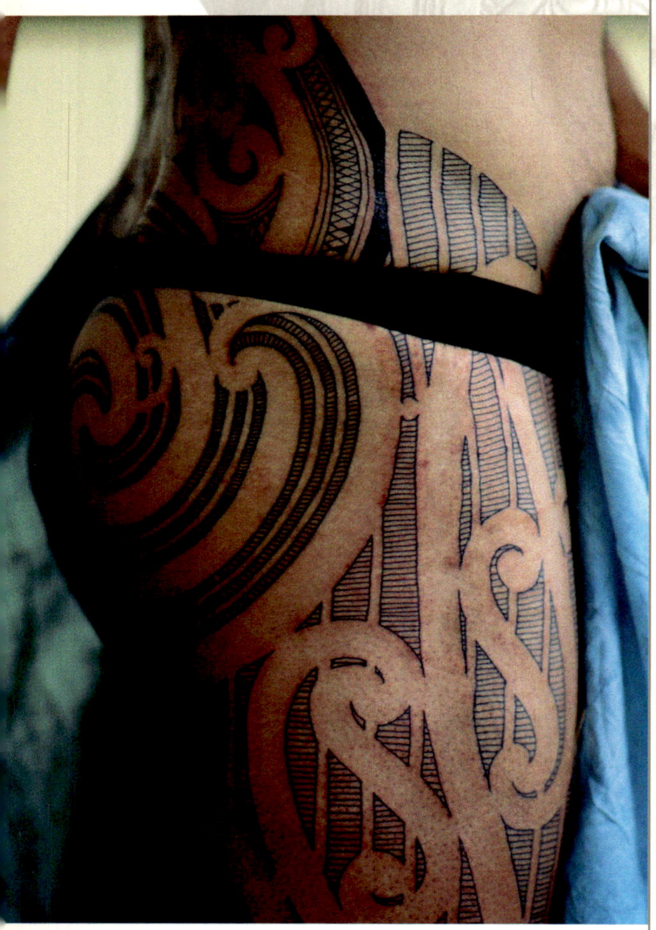

Anklänge an *puhoro*, die klassischen Spiralmuster am Gesäß, sowie die traditionelle Holzschnitzkunst der Maori zeigen sich in dieser Ganzkörper-Tätowierung.

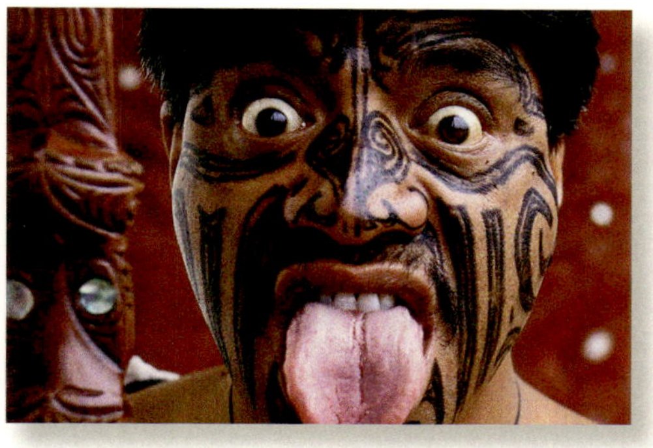
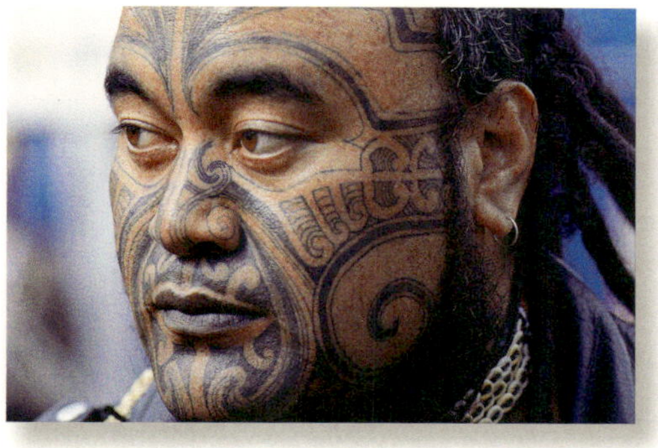
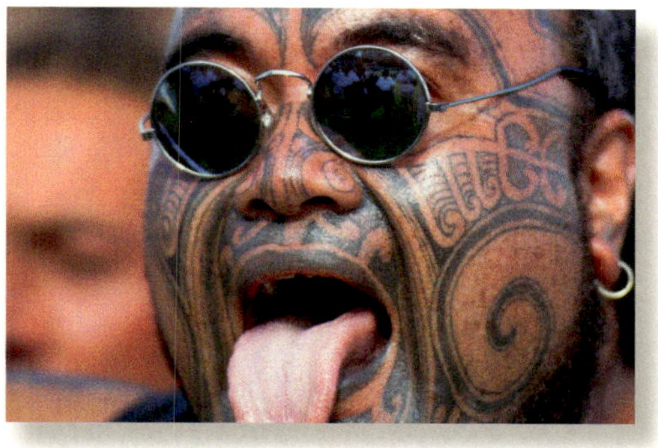

kunstvollsten waren die *moko* der Stammesfürsten, doch handelte es sich hier nicht um Rangabzeichen. Jeder freie Maori hatte das Recht – und den Ehrgeiz –, ein vollständiges *moko* zu erlangen. Neben dem Status der Anführer dürfte daher vor allem ihre größeres ökonomisches Potenzial ausschlaggebend gewesen sein, denn die Ausführung durch einen berühmten Tatauiermeister, einen *tohunga ta moko,* war eine kostspielige Angelegenheit. Einige Forscher vermuten in den Ornamenten die Nachzeichnung der Genealogie eines Mannes oder einer Frau, wobei die rechte Hälfte die Seite des Vaters, die linke die Seite der Mutter darstellte – eine Art »im Gesicht getragener Stammbaum« also. Er zeigte nicht nur die familiären Verhältnisse des Einzelnen, sondern auch seinen sozialen Status, denn dieser wurde in der neuseeländischen Gesellschaft wesentlich durch seine Herkunft bestimmt. Andere Wissenschaftler sehen das *moko* als den Ausdruck einer idealen Persönlichkeit, deren Eigenschaften und Tugenden durch die Symbole repräsentiert wurden – Ideale, wie sie die (gleichfalls tatauierten) Ahnen verkörperten und nach denen die Lebenden strebten.

Unstrittig ist allerdings, daß das *moko* vor allem eines war: Ausdruck der individuellen Persönlichkeit. So ähnlich sie auf den ersten Blick wirkten, so gleiche doch keines einem anderen, beobachtete schon James Cook. Als die ersten Landverträge zwischen Maori-Führern und den britischen Kolonisten geschlossen wurden, »unterschrieben« viele von ihnen, in-

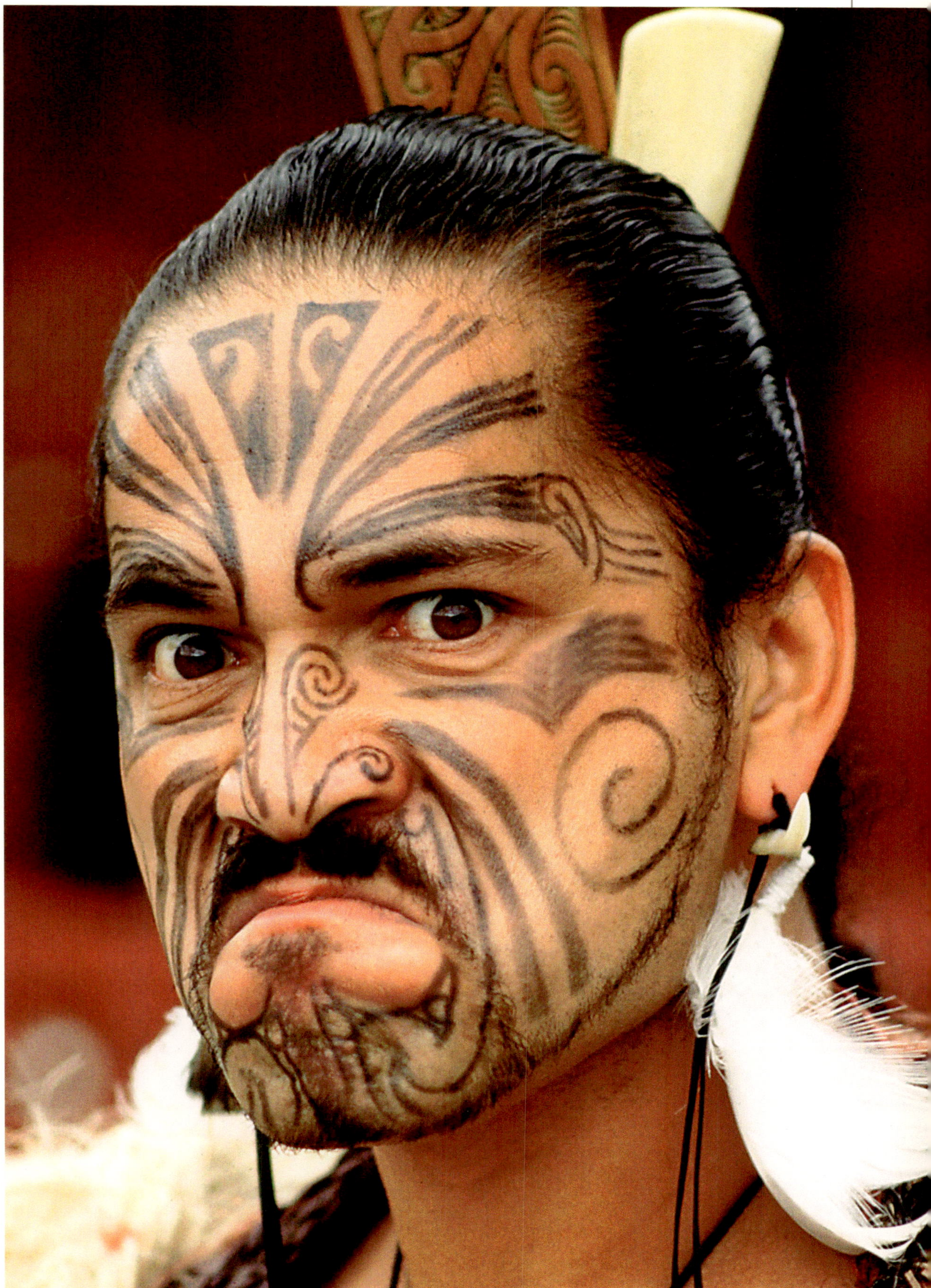

Ein *moko* war für die Maori wie eine Art Code, der Aufschluss über den Status und die Herkunft seines Trägers gab. Im Zuge eines neuen Selbstbewusstseins lassen manche Maori heute wieder ihr Gesicht tatauieren – meist mit modernen Techniken.

Zu einem eindrucksvollen Gesamtkunstwerk fügt sich bei diesem Mann das ausladende *moko*, das Gesicht und Oberkörper einbezieht. Der Ursprung der traditionellen Motive und Muster lässt sich nicht ganz eindeutig klären. Vermutlich handelt es sich um das Abbild einer Ahnenreihe. Heutzutage gibt es zudem auch westliche Einflüsse. Ganz sicher jedoch ist ein *moko* für seinen Träger ein Zeichen unverwechselbarer Identität.

dem sie ihr *moko* auf das Papier zeichneten – ohne die Hilfe eines Spiegels und mit großer Genauigkeit, wie die Europäer verwundert feststellten. Ein Bild, unverwechselbar wie eine Unterschrift, doch von größerem symbolischen Gewicht. Denn das *moko* war untrennbar mit der Person, ihrem Prestige und ihrer inneren Kraft und Macht verbunden. So waren tatauierte Köpfe auch begehrte Kriegstrophäen, die auf Pfählen zur Schau gestellt wurden. Köpfe der eigenen Führer wurden dagegen respektvoll konserviert und in Ehren gehalten. Weniger respektvoll verhielten sich die Europäer. Als Banks einen konservierten Kopf 1770 nach England brachte, löste er einen schwungvollen Handel mit Maori-Köpfen aus.

Tradition und neues Selbstbewusstsein

Die traditionelle Gesellschaft der Maori wird als von kriegerischem Ethos geprägt beschrieben. Stärke und Aggressivität hatten als ideale Tugenden einen hohen Stellenwert, in der bewaffneten Auseinandersetzung wie im friedlichen Wettbewerb. Zwar war diese Gesellschaft hierarchisch gegliedert, gab es höherrangige Familien, aus denen sich die politische Führerschaft rekrutierte, aber letztlich war die Position des Einzelnen von seinem Erfolg im sozialen Wettbewerb abhängig. Nahrungsmittelvorräte und fruchtbares Land waren in der für polynesische Verhältnisse sehr unwirtlichen Umwelt Neuseelands ein knappes und damit heftig umkämpftes Gut. Die Rolle des Kriegers war so fester Bestandteil des männlichen Selbstverständnisses – und das *moko* galt wohl als ihr Zeichen. So erklärt sich auch, warum diese Praxis nach 1860 aufgegeben wurde, als die Maori den letzten großen bewaffneten Kampf um ihr Land und ihre politische Souveränität gegen die britische Kolonialmacht verloren hatten.

Anders verhält es sich mit der Gesichtstatauierung der Frauen, ihren dunkel gefärbten Lippen und Spiralornamenten am Kinn und um den Mund. Sie sollte weniger Aggressivität als vielmehr Attraktivität zum Ausdruck bringen und überdauerte die Kolonisation bis ins frühe 20. Jahrhundert. Damit wurde sie auch zu einem Bindeglied zwischen der traditionellen Kultur, die unter dem großen Verlust an Menschenleben und dem Anpassungsdruck im Zuge der britischen Kolonisation erheblich gelitten hatte, und der Renaissance dieser Kultur in der Gegenwart. Denn seit den 20er-Jahren und stärker noch seit den 70er-Jahren formiert sich ein neues Selbstbewußtsein der Maori, ein neuer Stolz auf *maoritanga,* den »Maori way of life«. Sprache, Kunst, Tanz, die Tradition der Versammlungshäuser wurden wiederbelebt – jetzt jedoch im Zeichen einer stammesübergreifenden kulturellen Identität, die sich trotzig gegen die Dominanz der weißen Neuseeländer stellt, von denen die Maori an den unteren Rand der Gesellschaft abgedrängt wurden. In diesem Zusammenhang gewinnt auch die Tatauierung einen neuen Stellenwert. Die traditionellen Formen und Muster der männlichen Körpertatauierung, *ta puhoro,* sind heute wieder zu sehen. Dies im Übrigen ohne Berührungsängste und allzu großen Purismus: Auch Kombinationen mit Tätowierungen im Stil und in der Bildersprache europäischer Tradition sind zu finden. Selbst das *moko* scheint eine Renaissance zu erleben, heute allerdings nicht mehr »eingemeißelt«, sondern mit der elektrischen Tätowiernadel gezeichnet. Die Kunst der Tatauierung wird so zum Sinnbild von Aotearoa, dem Neuseeland der Maori von heute.

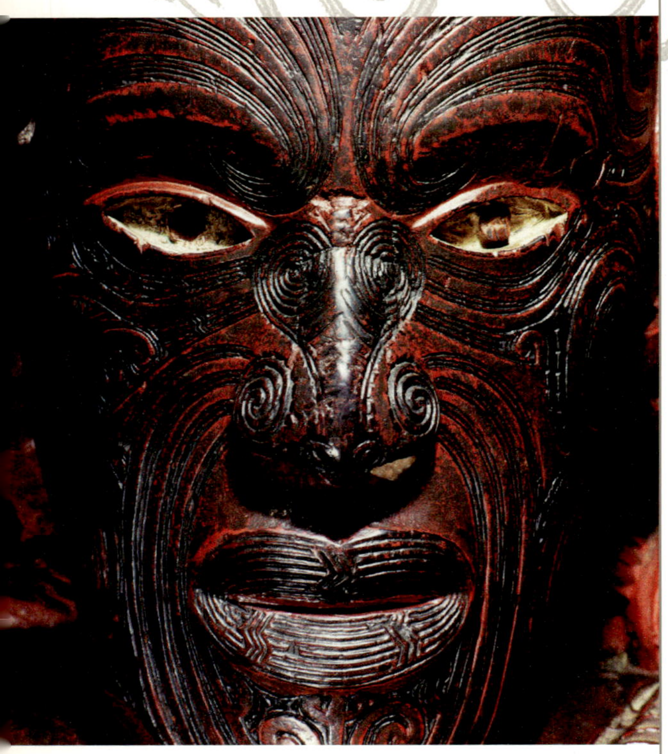

Die gegenseitige Durchdringung von Tatauier- und Holzschnittkunst repräsentiert dieses Selbstporträt des Maori-Meisterschnitzers Raharuhi Rukupo aus dem Jahr 1842.

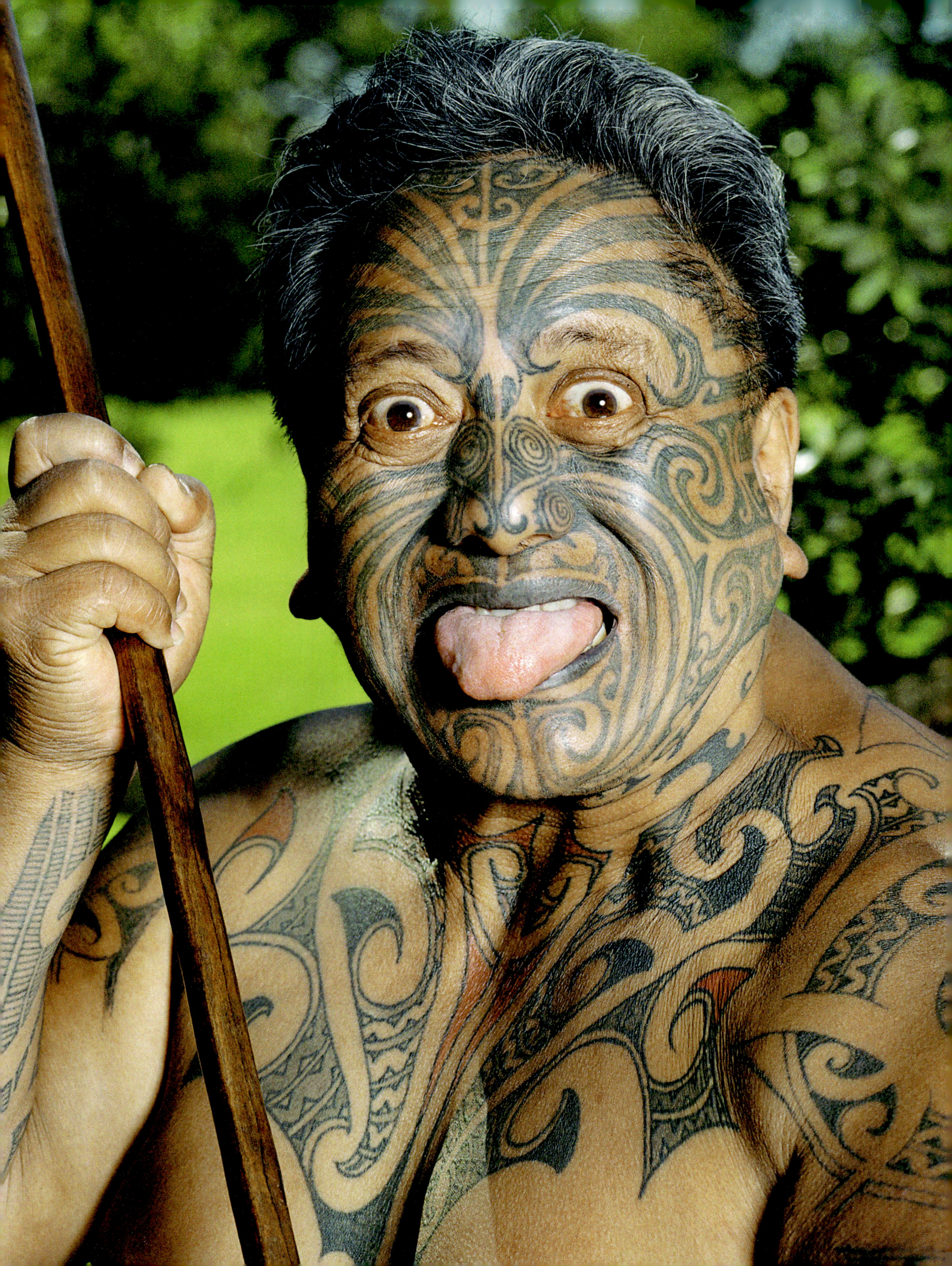

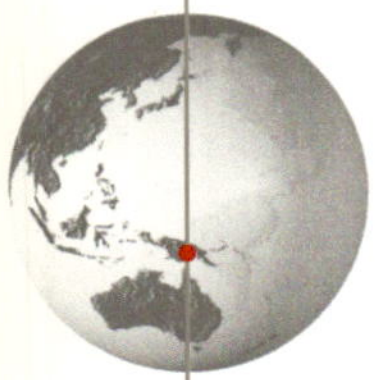

Während der westliche Teil der zu Melanesien zählenden Insel Neuguinea unter dem Namen West Papua (früher Irian Jaya) zu Indonesien gehört, ist der Osten der Insel als Papua-Neuguinea ein selbstständiger Staat. Hier leben etwa drei Viertel der Bevölkerung.

Neuguinea

Prachtvoll wie Paradiesvögel – imposante Farben als Statussymbole

Neuguinea, tropische Wildnis, Heimat der letzten Steinzeitkrieger – so wird die zweitgrößte Insel der Welt bis heute in den Medien präsentiert. Solche Klischees lassen leicht vergessen, dass die Papua im Laufe der Jahrhunderte mehr als 700 Kulturen mit ebenso vielen Sprachen hervorgebracht haben. Mag ihre Technologie – Steinaxt und hölzerner Grabstock – in unseren Augen primitiv sein, ihr hochkarätiges künstlerisches Schaffen hat Reisende und Forscher von jeher beeindruckt. Die Körperkunst haben vor allem die Bewohner des zentralen Hochlandes zu höchster Vollendung gebracht: Bemalt, geölt, mit Ketten, Armreifen, auffallendem Nasen- und Ohrschmuck behängt, mit Tuch und Blätterschurz bekleidet, obenauf der imposante Kopfschmuck aus Haar, Fell, Blumen, Muscheln und Federn – so wird der menschliche Körper in stundenlanger Arbeit zum Gesamtkunstwerk gestaltet. Ein Kunstwerk, dessen Botschaft nur der versteht, der die Bedeutung seiner Symbole kennt. Denn nicht überall auf der Welt haben beispielsweise Farben den gleichen Sinngehalt.

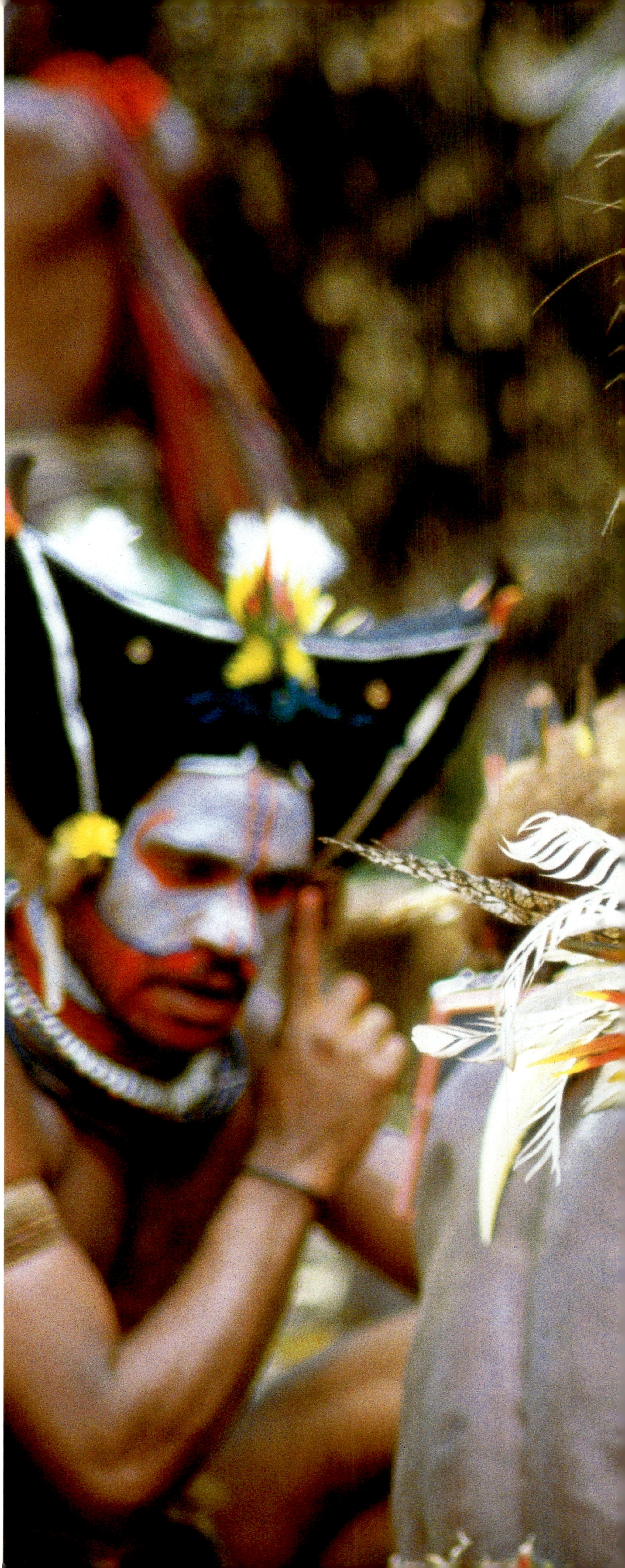

Die wegen ihres aufwändigen Kopfschmucks oft als »Perückenmänner« bezeichneten Huli sind die wohl populärsten Einwohner Papua-Neuguineas. Ihr äußerst reicher Schmuck und ihre farbenprächtige Körperbemalung sind heute vorwiegend Gegenstand touristischen Interesses.

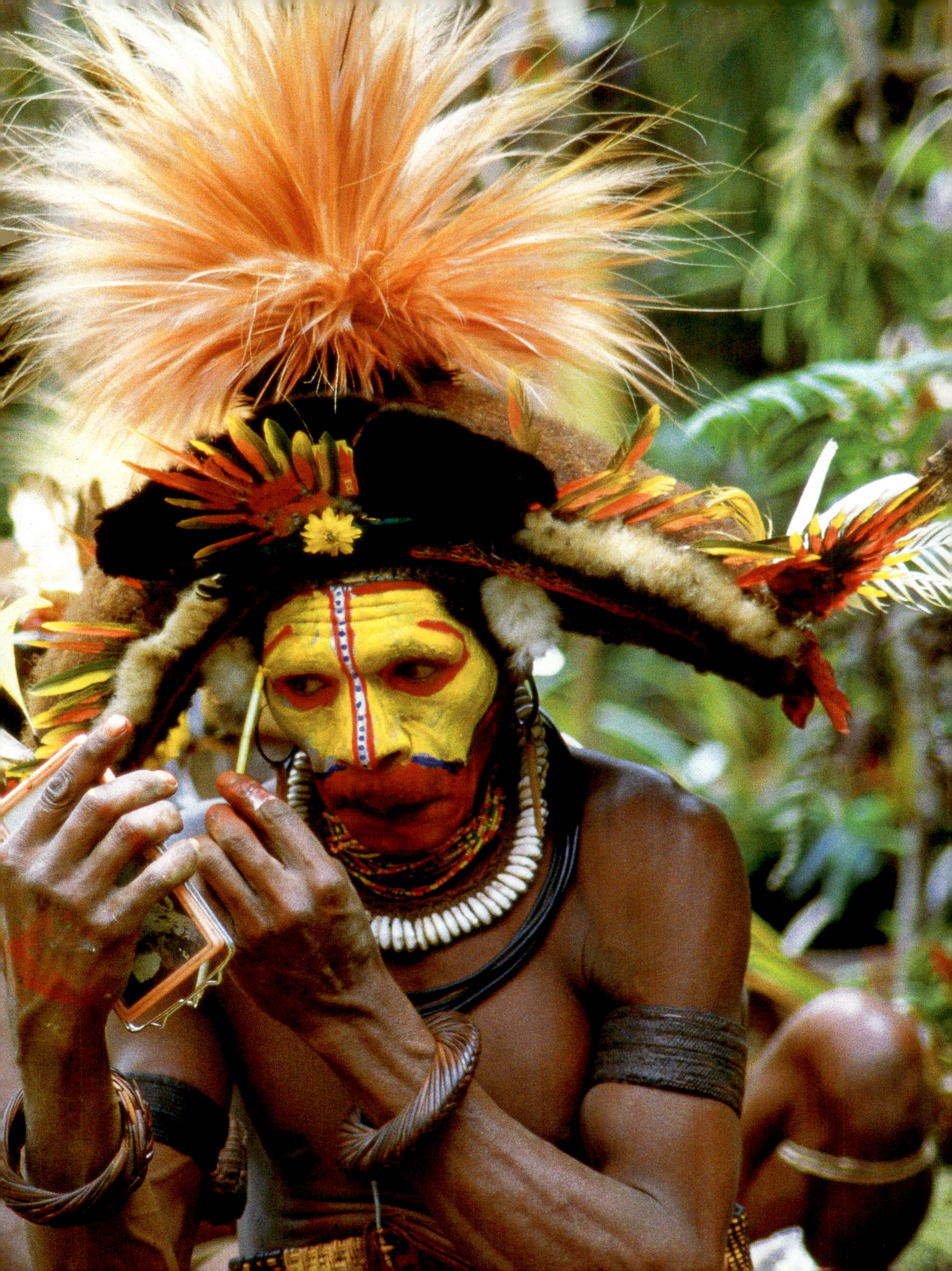

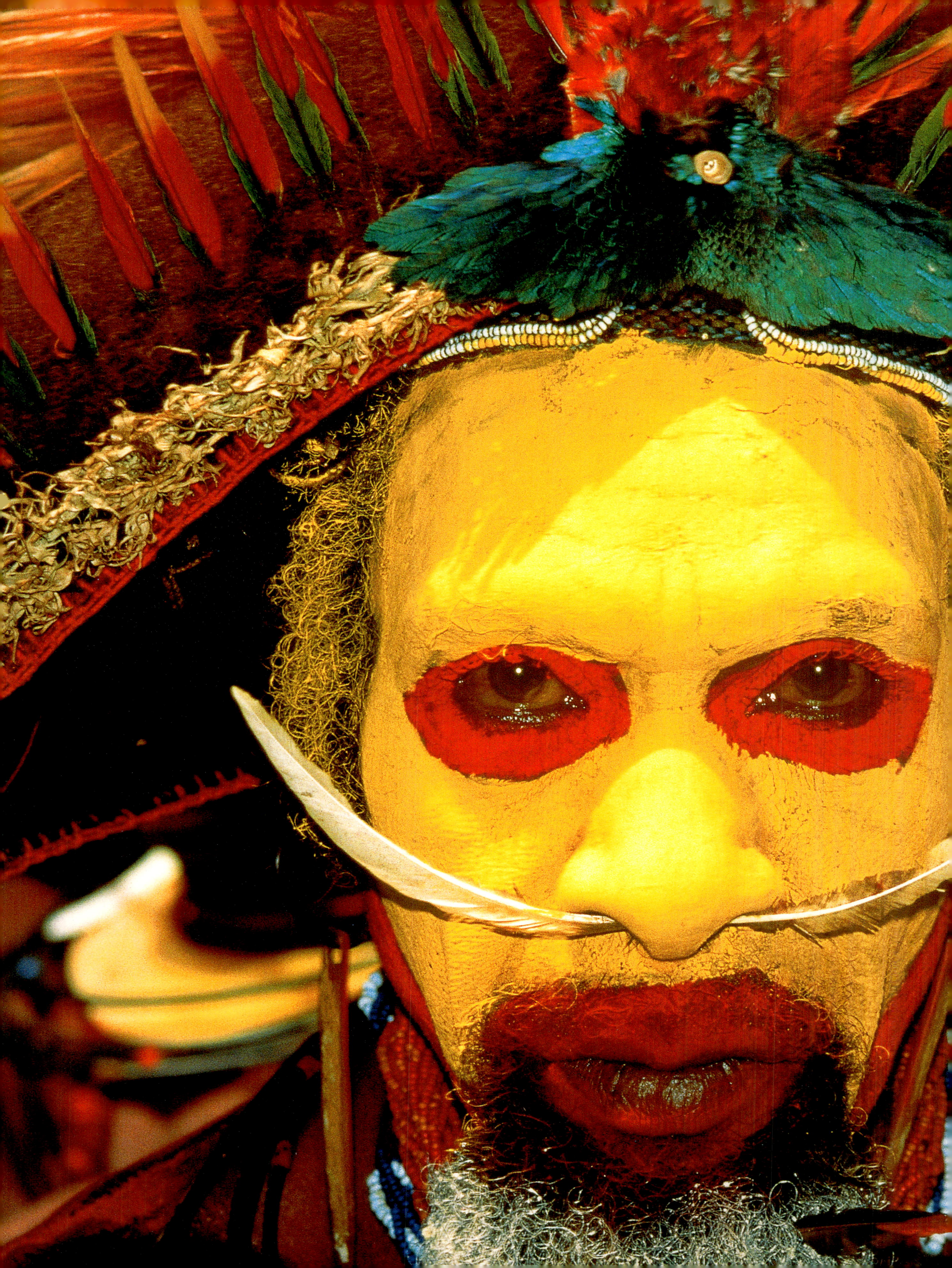

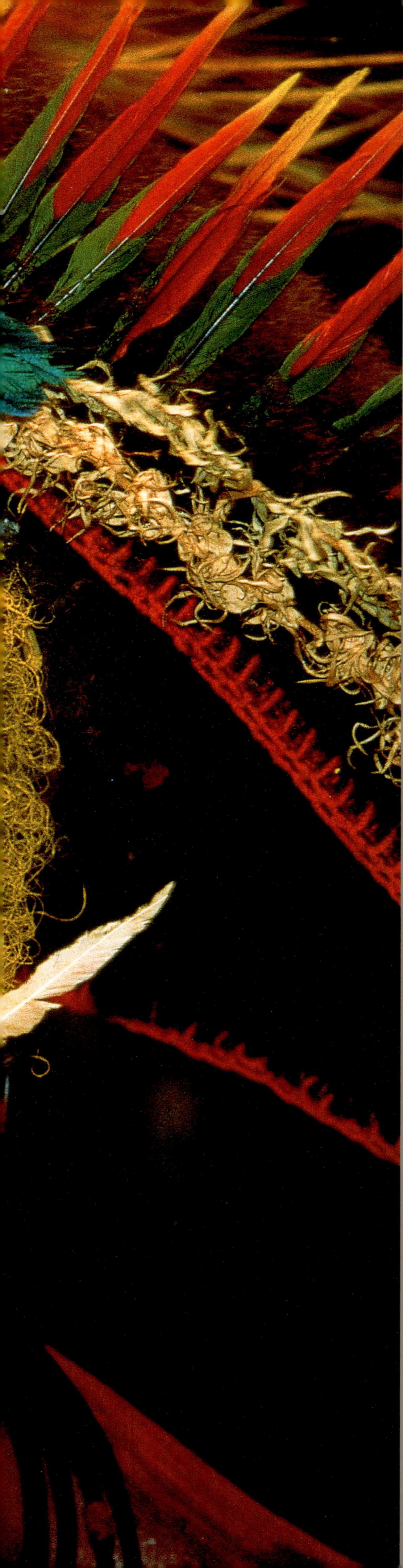

Links:
Ein für ein Fest geschmückter Huli aus dem südlichen Hochland Papua-Neuguineas. Die in der Regel aus dem eigenen Haupthaar gefertigten Perücken sind ein Zeichen von Kraft und Männlichkeit.

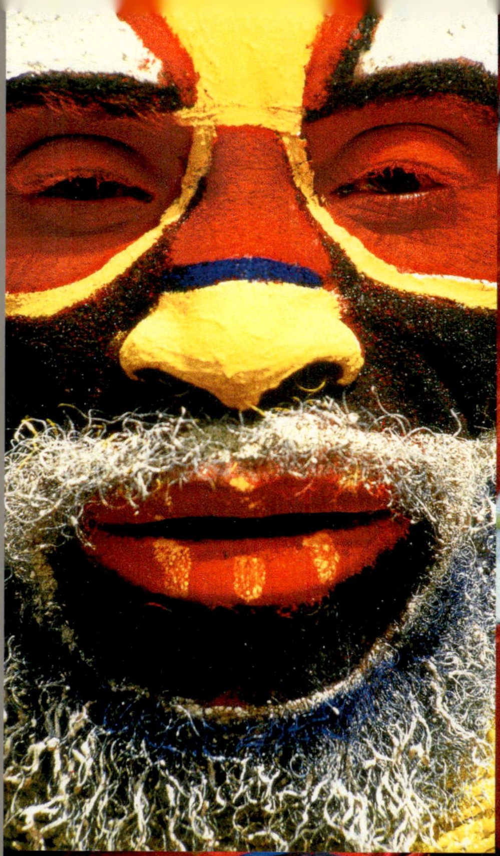

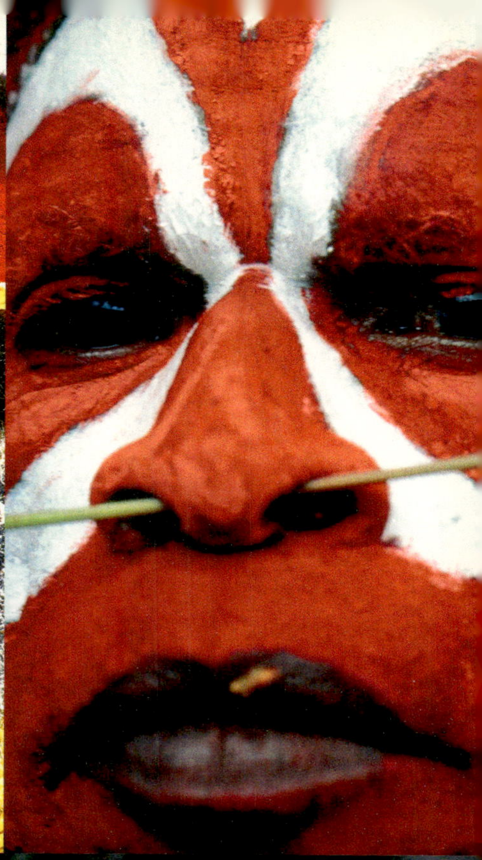

Rechts:
Mit Holzkohle, weißem Ton und grellen Farben hat dieser Mendi aus dem südlichen Hochland seine festliche Gesichtsbemalung angelegt.

Rechts außen:
Gerade in den eher einfachen Gesichtsbemalungen zeigt sich die Kunstfertigkeit der Papua besonders deutlich.

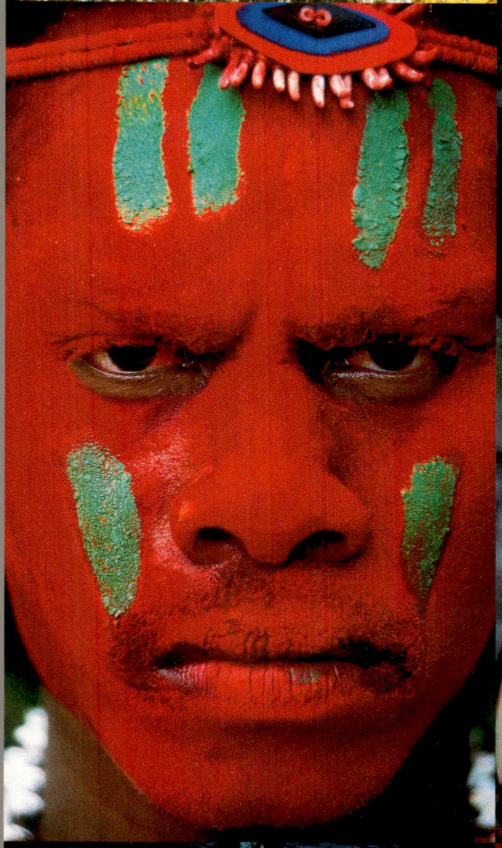

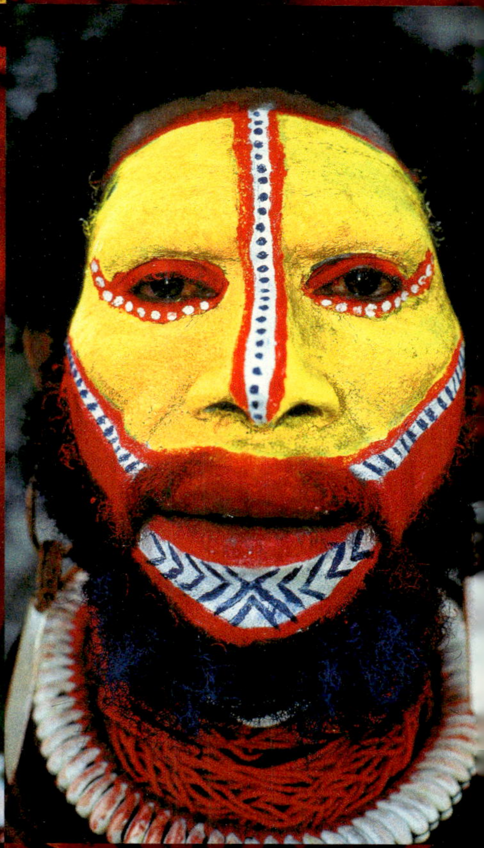

Rechts:
Bei den meisten Gesellschaften Papua-Neuguineas nimmt die »Blutfarbe« Rot eine Sonderstellung ein, ihr werden besondere magische Fähigkeiten zugeschrieben.

Rechts außen:
Obwohl die Farben der Papua insbesondere auch die Charaktermerkmale der Träger symbolisieren, soll das eigene Gesicht dennoch unerkannt bleiben. So betonen geometrische Zeichnungen die Gesichtszüge, lenken gleichzeitig aber auch von ihnen ab.

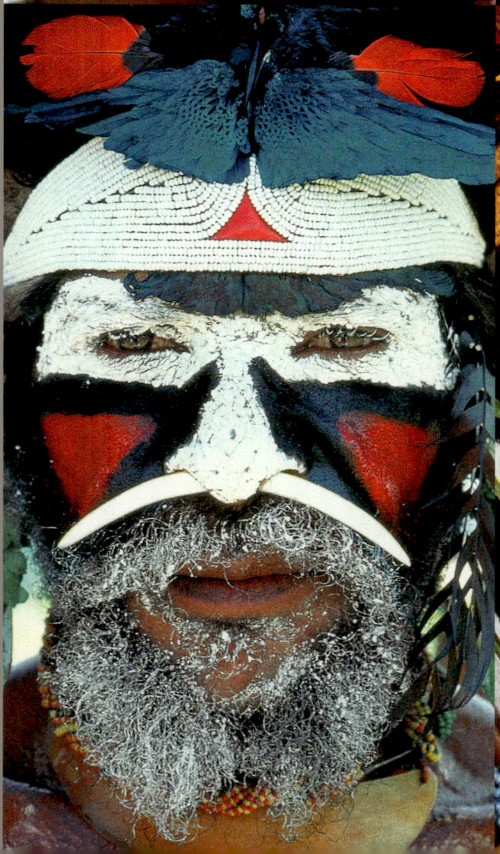

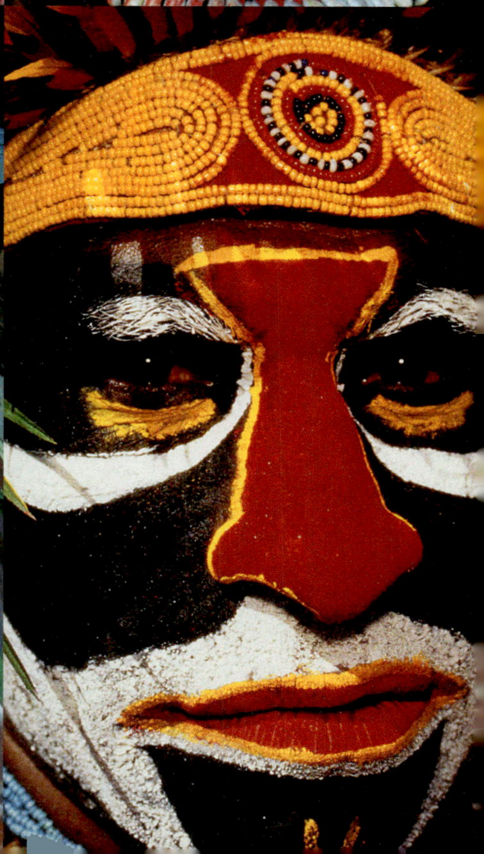

Rechts:
Der Nasenschmuck aus Eberhauern symbolisiert Kraft und Stärke – wie auch die schwarze Gesichtsfarbe.

Rechts außen:
Oftmals steht die rote Gesichtsfarbe auch für wirtschaftliche Prosperität.

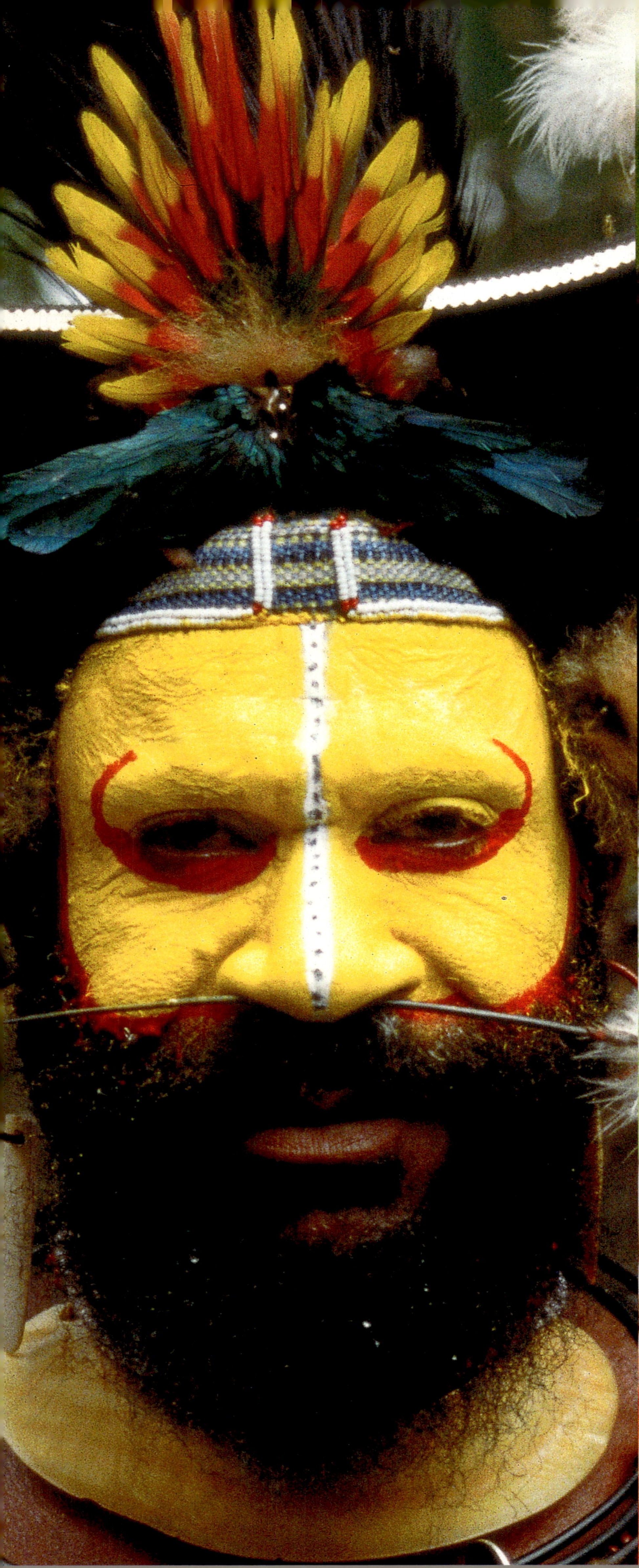

Mitunter sorgt nur der Tourismus für ein Fortbestehen bestimmter Traditionen. Besonders die Huli mit ihren beeindruckenden Perücken und farbenprächtigen Bemalungen sind immer wieder ein begehrtes Fotomotiv.

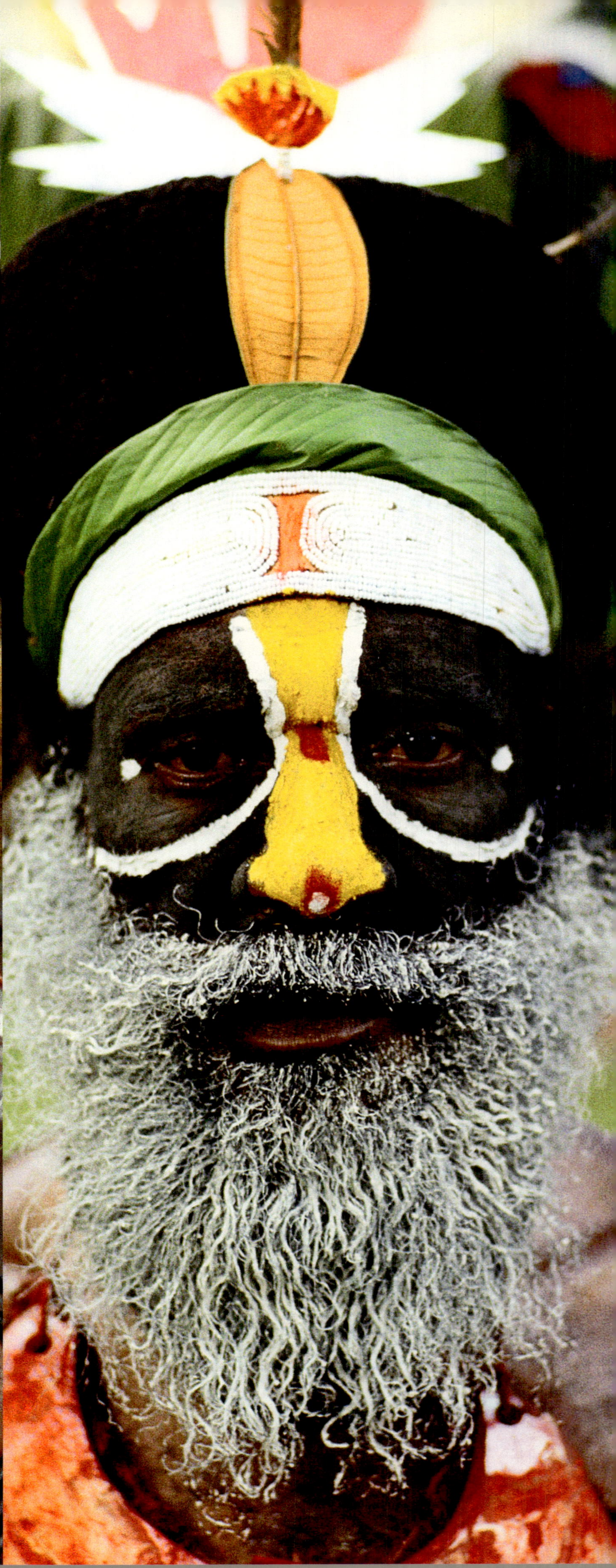

Das Einfärben des Bartes mit weißer Tonerde ist in ganz Papua verbreitet. Männer, die keinen Bart tragen, bemalen sich manchmal die Wangen mit weißen Linien.

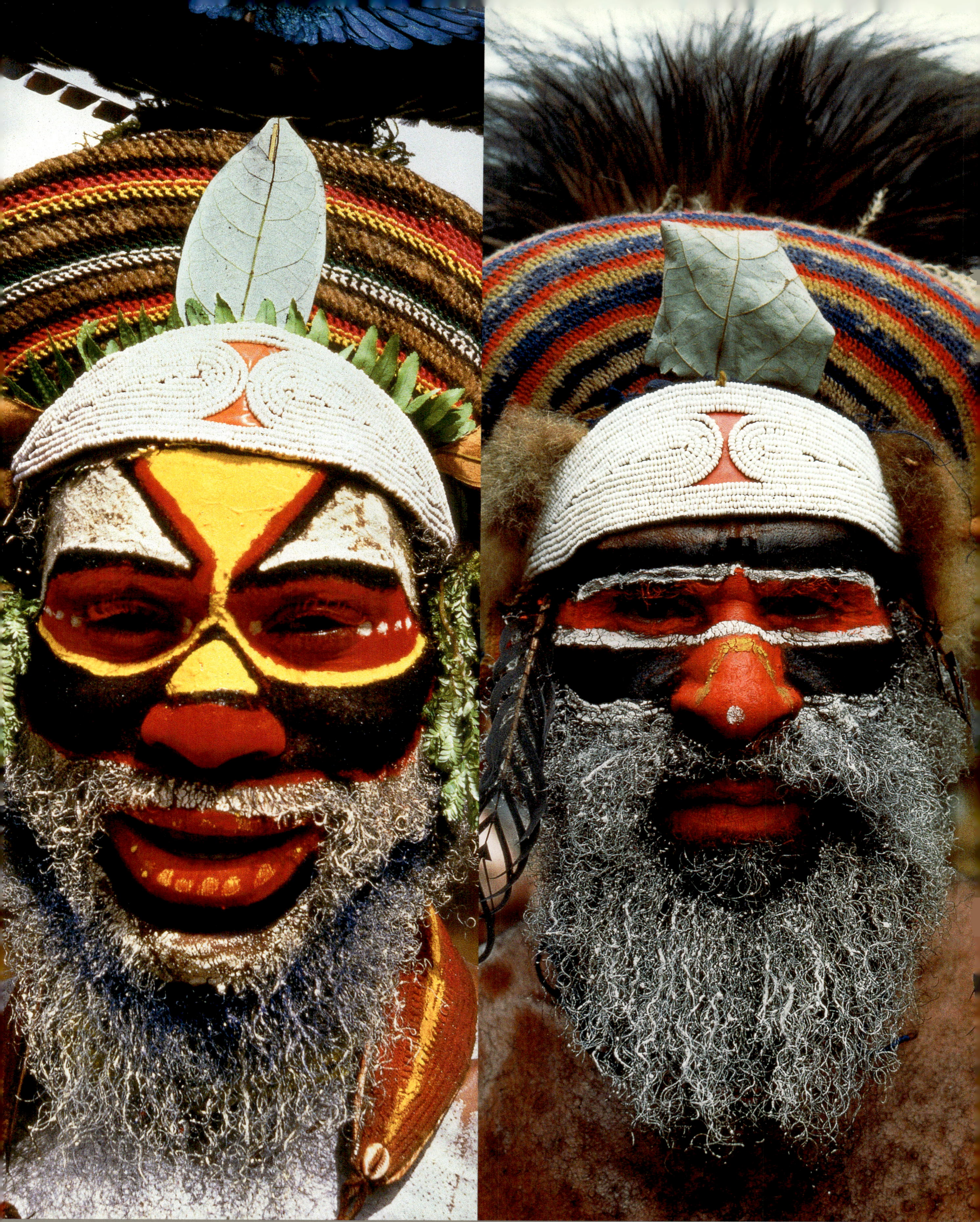

Oftmals können sich Gesichtsbemalungen und Kopfschmuck von zwei Papua aus weit voneinander entfernten Gegenden – hier Beispiele aus dem westlichen und dem südlichen Hochland – ähnlicher sehen als die von Männern aus dem gleichen Dorf. Trotz grundlegender Übereinstimmungen pflegt jeder Mann bei der Gestaltung seines Gesichts seine »persönliche Note«.

Körperschmuck und Prestige: am schönsten ist, wer am meisten gibt

Farben, Formen und Materialien stehen für die Ideale der Gesellschaften Neuguineas – Stärke, Mut, Schönheit, Großzügigkeit, Offenheit und nicht zuletzt einen kreativen Geist.

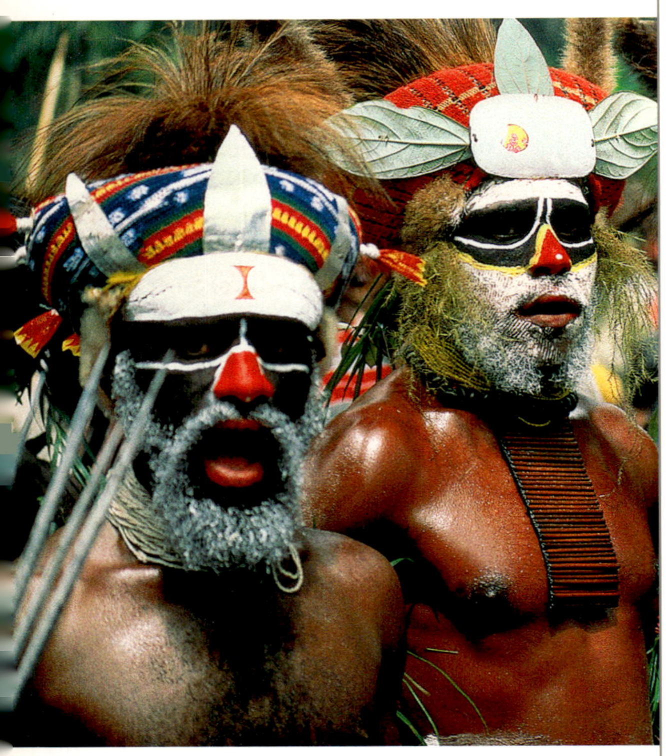

Diese Männer aus dem westlichen Hochland Papua-Neuguineas haben ihre Gesichter mit Holzkohle, weißem Ton und leuchtend bunten Industriefarben bemalt.

Treten die Männer einander auf Festen prächtig geschmückt gegenüber, war die Wahl ihres Körperschmucks nicht allein ihrem persönlichen Geschmack überlassen. Die Farben der Körperbemalung, ihre Anordnung sowie die verschiedenen Formen von beweglichem Schmuck sind in ihrer Verwendung genau festgelegt. Sie sind abhängig vom Status, den der Einzelne in der Gesellschaft einnimmt oder für sich beansprucht, vor allem aber vom Anlass und der Rolle, die er dabei spielt. In der Regel tritt er zudem als Teil einer Gruppe auf, deren aufeinander abgestimmtes Erscheinungsbild Stärke und Einigkeit demonstrieren soll. Obwohl diese Gesellschaften vom individuellen Wettbewerb um Einfluss und Ansehen bestimmt sind, gilt der Einzelne wenig, wenn er nicht eine Gruppe von Verwandten und Freunden um sich scharen kann, die ihn unterstützt.

Großzügigkeit als Basis gesellschaftlicher Anerkennung

Besonders deutlich wird dies auf den Austauschfesten, die in den Kulturen des Hochlands einen zentralen Platz im gesellschaftlichen Leben einnehmen. Bei den Festen wird das Grundprinzip dieser Gesellschaften sichtbar: Der Austausch von Gütern ist die Basis eines weit gespannten Netzes von sozialen Beziehungen, das jeder Einzelne und jede Gruppe mit anderen unterhält. So werden nicht nur Verpflichtungen geschaffen, die wiederum Früchte tragen, denn jede Gabe erfordert zu einem späteren Zeitpunkt eine genau ausgewogene Gegengabe. So werden auch das persönliche Prestige, das Ansehen und die Macht eines Mannes gefestigt, denn am meisten gilt hier derjenige, der am meisten gibt.

Politische Macht ist in diesen Gesellschaften nicht an ein Amt gebunden, sie hängt nicht von Adelstitel oder Geburtsrecht ab und wird auch nicht durch Wahl bestimmt. Wer sich in seiner Gemeinschaft auszeichnet, weil er ein guter Gärtner, Krieger, Redner, vor allem aber ein guter »Manager« ist, hat die Chance zum so genannten Big Man, zum Großen Mann, aufzusteigen. Wenn er durch geschicktes Investieren in die Belange anderer (oft seiner Verwandten) eine Gruppe von Unterstützern um sich gesammelt hat, kann er auf einem über Monate oder Jahre vorbereiteten Austauschfest mit einer Fülle an Gaben aufwarten, die seinen Ruhm als Big Man begründen und mehren.

Diese Feste sind große Ereignisse, auf denen nicht nur wertvolle Schmuckstücke aus Muscheln ihren Besitzer wechseln, sondern meistens auch eine große Zahl von Schweinen geschlachtet und unter den Anwesenden verteilt wird. Im Rahmen der Feierlichkeiten werden Reden gehalten, hier präsentieren sich die Männer im schönsten Tanzschmuck. Dabei ist es der Gebergruppe vorbehalten, den prächtigsten, mit langen Paradiesvogelfedern gekrönten Kopfputz zur Schau zu stellen, während sich die Nehmergruppe zurückhaltender mit kleinem Kopfschmuck zeigt; bei der Bemalung ist Schwarz die Farbe der Geber, Gelb die der Nehmer. Mit rhythmischen Tanzschritten, oftmals begleitet von der mitgeführten Trommel und unter Gesang, bringen die Tänzer ihren Körperschmuck erst richtig zur Geltung.

Das Innere nach außen tragen

Die Farben und Federn des Körperschmucks sind nicht nur äußerlicher Dekor der Feste, auf denen die Papua ihre Stärke präsentieren und

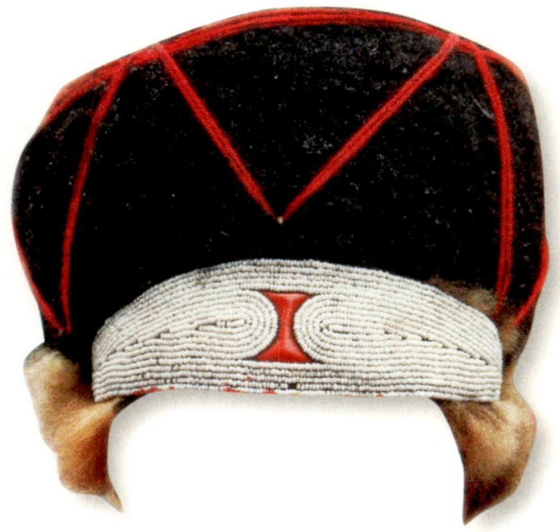

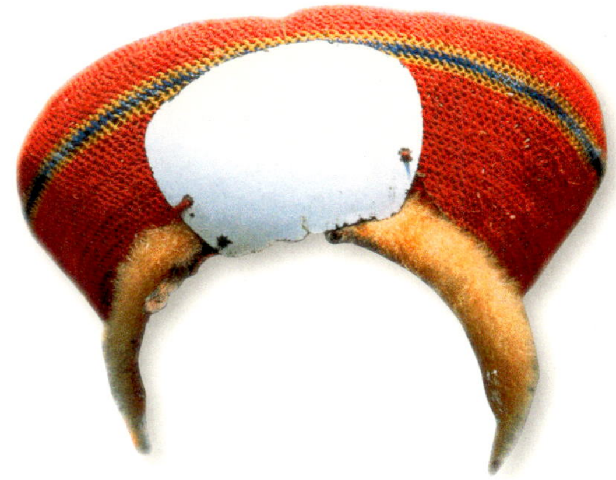

Die Papua – hier Beispiele aus dem westlichen Hochland – verzieren ihren Kopfputz mit Muscheln, Haar und Federn – kostspielige Rohstoffe. So demonstrieren sie gesellschaftliches Prestige. Das Tragen des Kopfschmucks bei bestimmten Riten und Festen ist streng geregelt.

ihr Prestige vermehren. Sie sind auch nicht reines »Imponiergehabe« – wenn der Kopfschmuck beispielsweise die Körpergröße erhöht und den Tänzer noch viel imposanter wirken lässt – oder Ausdruck von ästhetischen Idealen – wenn das Öl die muskulöse Figur zum Glänzen bringt. Den Tänzern geht es nicht darum, ihre individuellen Gesichtszüge zu unterstreichen, im Gegenteil: Wer sofort zu erkennen ist, ist nach Ansicht der Papua schlecht geschmückt. Die Verfremdung verstärkt nicht nur den Effekt, sie transportiert auch die wichtigste Botschaft der Körperbemalung. Indem sie das individuelle Äußere, die Alltagsgestalt der Person verhüllt, gibt sie den Blick frei auf sein eigentliches Ich. Der Körperschmuck trägt nach außen, was im Inneren des Menschen verborgen liegt: seine Eigenschaften und Fähigkeiten – im Schmuck drückt sich das Ideal einer Persönlichkeit aus.

Farben – eine Frage des Charakters

So sind die äußeren Zeichen mit Charaktereigenschaften und kulturellen Werten verbunden: Das Schwarz der Gesichtsbemalung etwa steht für Stärke und Aggressivität – Eigenschaften, die sowohl im kriegerischen Konflikt wie im wirtschaftlichen Wettbewerb bedeutend sind. Gelb dagegen bedeutet Zugänglichkeit und Attraktivität, generell Eigenschaften der helleren Farben, wie sie beispielsweise in den Gesellschaften um Mount Hagen auch von den Frauen getragen werden.

Die Eberhauer symbolisieren Kraft – wie auch die aus dem eigenen Haar gefertigten Pe-

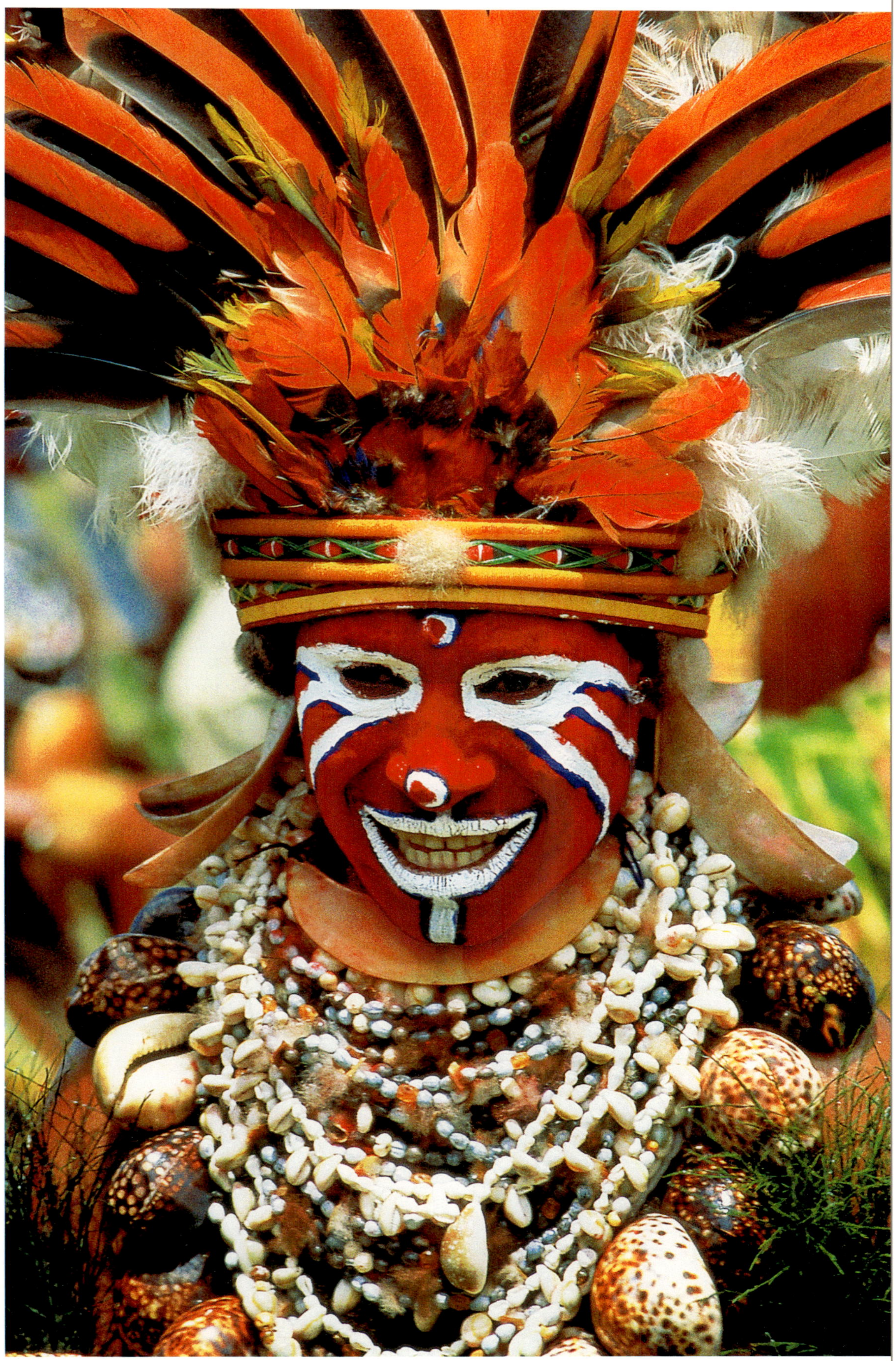

Der Kopfputz dieser festlich geschmückten Frau besteht aus unzähligen farbenprächtigen Federn und ist über einen Meter hoch.

eine »Rüstung« aus Lehm

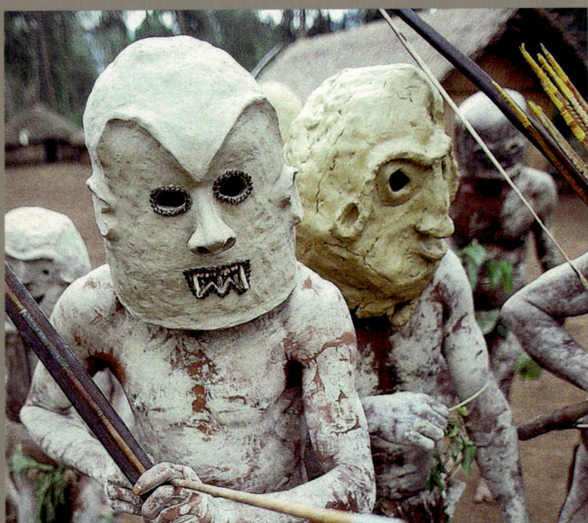

Die martialisch blickenden Masken der *mud men* sollen den Feind in die Flucht schlagen.

Besonders bizarr erscheinen die so genannten *mud men*, Tanzmasken der Goroka im Asarotal des östlichen Hochlands. Die oft mit Hörnern und Zähnen bewehrten, aus Ton gefertigten Masken werden von den Männern für bestimmte Feste angelegt. Die Tänzer bestreichen auch den Körper mit einer dicken Lehmschicht, sodass er gepanzert wirkt; in den Händen tragen sie Speere, Pfeil und Bogen.

Damit erinnern die Goroka an einen Mythos, der auch die Entstehung dieser Verkleidung erklärt: Als ihre Ahnen eines Tages von einer zahlenmäßig überlegenen feindlichen Gruppe angegriffen wurden, versteckten sich die Krieger zunächst im Uferschlamm des Flusses. Als sie schließlich den Gegnern entgegeneilten, war ihr Körper vollständig mit getrocknetem Lehm bedeckt – ein so befremdlicher Anblick, dass ihre Feinde sie für böse Geister hielten und schleunigst die Flucht ergriffen.

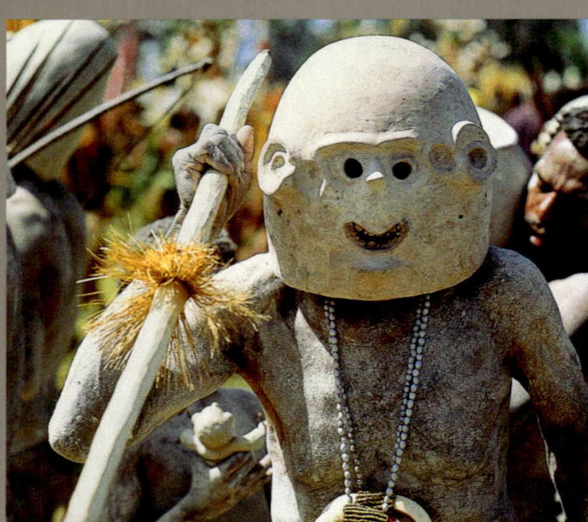

Den gesamten Körper mit Schlamm bedeckt, wirken die *mud men* wie übernatürliche Wesen.

Das Bestreichen des Gesichts oder des ganzen Körpers mit Kalk oder Lehm gilt als Zeichen der Trauer. Diese Witwe aus dem südlichen Hochland hat sich mit Lehm bemalt und trägt Trauerschmuck.

rücken. Denn kräftiger Haarwuchs wird mit Männlichkeit in Verbindung gebracht, Haarausfall dagegen gilt als Zeichen der Schwäche.

Die Bedeutung der Federn ist von den Eigenschaften bestimmt, die den jeweiligen Vögeln nachgesagt werden: Der Kasuar gilt als neugierig, aber auch weise, der Paradiesvogel als stolz und als Meister der Darstellung, der vor großem Publikum brillieren kann. So ahmen die Tänzer auch manchmal die Balztänze des Paradiesvogels nach, imitieren seinen Ruf, wenn sie wie er mit wippenden Tanzbewegungen die Federpracht zum Schwingen bringen.

Lehm als schützende Hülle: Bemalung als Zeichen der Trauer

Wenn sich Menschen bemalen, dann nicht immer, um sich zu schmücken und Wohlbefinden zu demonstrieren, denn oft ist der Anlass auch Trauer. In vielen Kulturen beginnt beim Tod eines Menschen für seine Angehörigen eine längere, zum Teil jahrelange Trauerzeit, die durch Totenfeste und auch Verhaltensregeln im Alltag bestimmt ist. Als äußeres Zeichen dieser Trauer bestreichen sich die Hinterbliebenen mit Asche, Kalk oder verschiedenfarbigem Lehm, in einigen Regionen gibt es sogar speziellen Trauerschmuck aus den so genannten Hiobstränen (Samen der *Coix lacrimae*), der wie ein Witwenschleier das Gesicht und zum Teil auch den Körper bedeckt. Der Körper wird verhüllt, erscheint matt und grau wie der Körper des Toten selbst.

Die Bemalung mit Asche und Lehm ist nicht allein das deutlich sichtbare Zeichen, dass sich ein Mensch in Trauer befindet, sie ist auch eine Schutzhülle für die durch den Verlust geschwächten Hinterbliebenen – ein Schutz, der sich nicht nur nach außen richten muss. Beispielsweise sehen die Dani im westlichen Hochland (heute West Papua) auch im Totengeist selbst eine Gefahr. Unruhig und rachsüchtig gegenüber den noch Lebenden verbleibt er eine Zeit lang in ihrem Wohnbereich, bevor er seinen früheren Lebensraum verlässt. Auch wenn die Ahnen oder Ahnengeister in vielen Kulturen meist wohlwollende Helfer sind, die ihre Nachkommen stützen und stärken, wenn diese sich richtig verhalten, so ist der Geist eines frisch Verstorbenen gefährlich, vor allem für seine Familie. Die Frauen der Dani versuchen daher, sich durch Lehm unkenntlich zu machen, damit der Geist sie nicht findet. Erst wenn der Tote endgültig aus der Welt der Lebenden verabschiedet ist, wenn die Lücke, die ins soziale Beziehungsnetz der Gruppe gerissen wurde, in Totenfesten geschlossen ist, wird die »Trauerkleidung« abgelegt.

Initiation als symbolischer Tod

Die Initiation führt die Jungen von der Welt der Frauen und Kinder endgültig über in die Welt der Männer. In einer Wochen oder Monate dauernden Phase der Abgeschlossenheit erlernen sie die religiösen Geheimnisse der Männerwelt und ihre Männlichkeit wird auf die Probe gestellt. Dieser Übergang wird oft wie ein symbolischer Tod interpretiert: Der Junge »stirbt«, um als neuer Mann wiedergeboren zu werden. Als äußeres Zeichen dieses »Todes« wird der Körper der Initianden in dieser Phase mit Kalk oder Asche bestrichen. Bei ihrer »Wiedergeburt«, ihrer Rückkehr in die Gemeinschaft, präsentieren sie sich zum ersten Mal im reichen Schmuck der Männer.

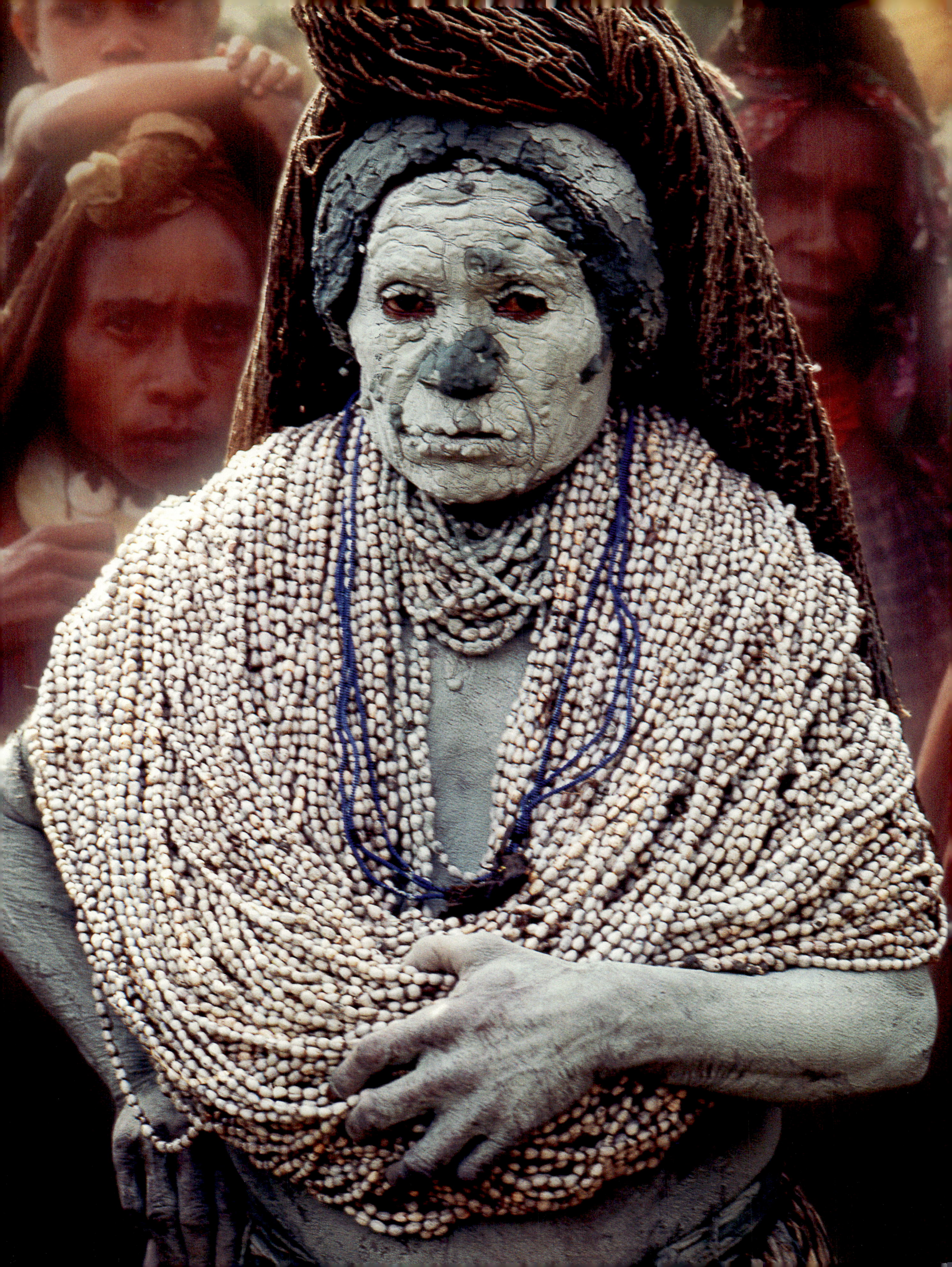

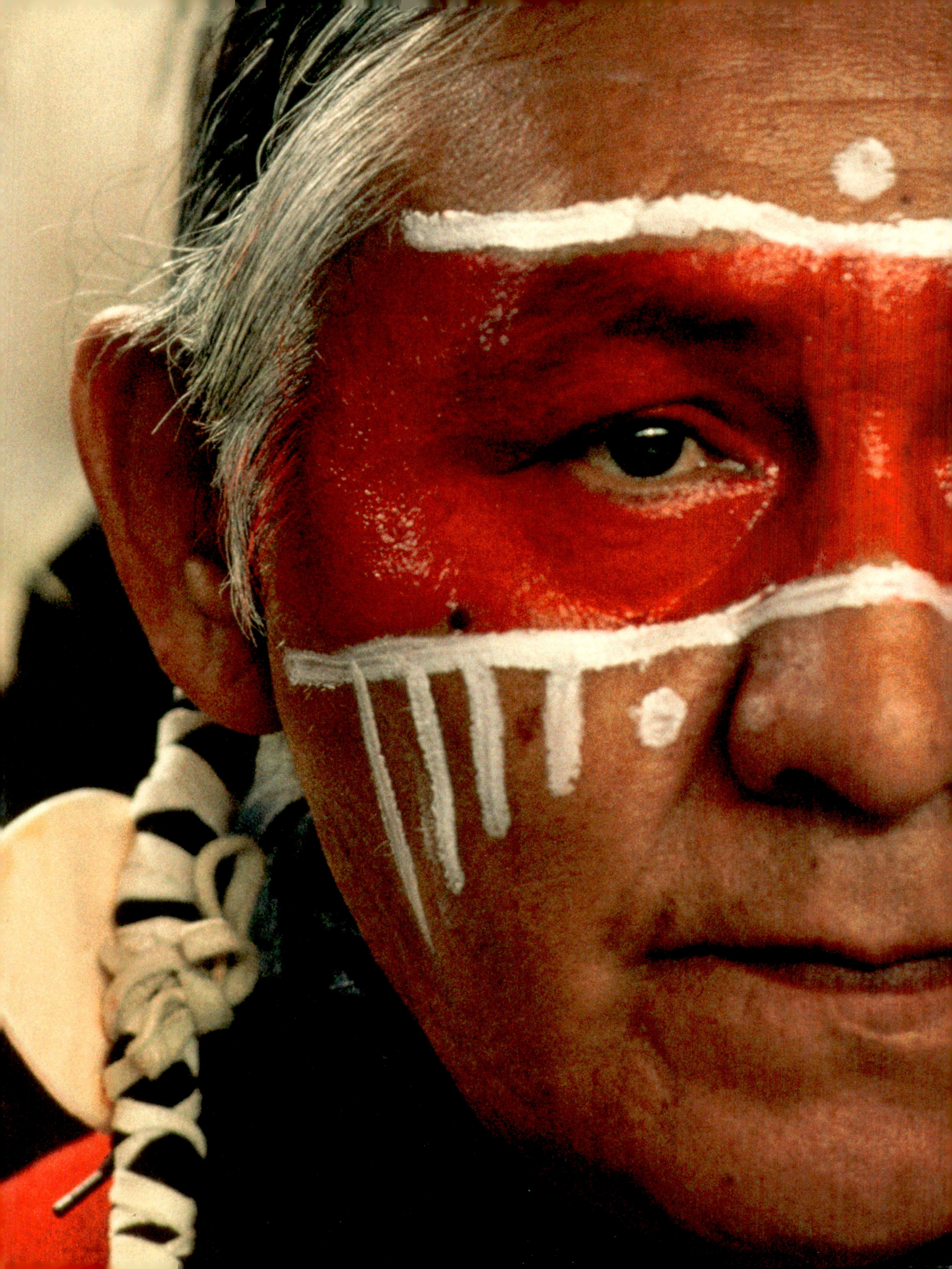

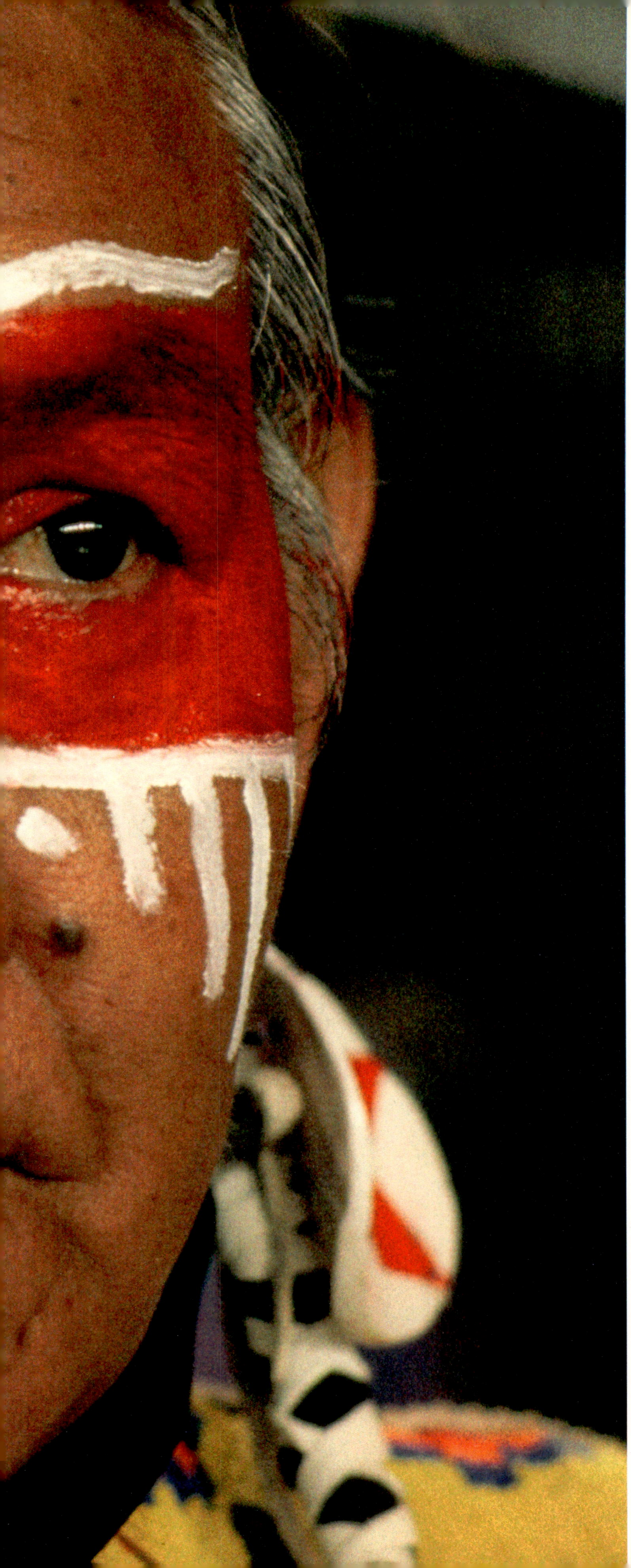

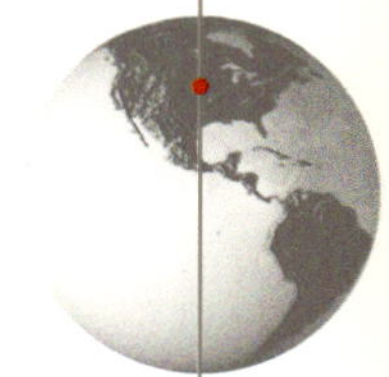

Die Indianer Nordamerikas leben in den USA und in Kanada. Einstmals hatten sie völlig verschiedene Lebensweisen, die von Jagd, Fischfang oder dem Anbau von Kulturpflanzen geprägt waren. Bis heute spiegeln sich in Riten und Zeremonien diese unterschiedlichen Kulturen.

INDIANISCHES NORDAMERIKA

VON »ROTHÄUTEN« UND ANDEREN INDIANERN

»Rothäute« – diese Bezeichnung der Indianer Nordamerikas wird heute als Schimpfwort geächtet. Doch nicht ihrer natürlichen Hautfarbe, sondern der roten Körperbemalung der frühzeitig ausgelöschten Beothuk verdanken sie ursprünglich diesen Namen. Welche Bedeutung die Körperkunst für die Indianer selbst hatte, offenbart sich auch in den Gruppenbezeichnungen. Die Plains-Cree nannten sich selbst »die bemalten Leute«; die Arapaho wurden von den Piegan als die »Rot Tatauierten« bezeichnet. So vielfältig wie die indianischen Kulturen von Alaska bis Mexiko waren auch die Möglichkeiten der Verzierungen am Körper. Sie sollten einen Menschen nicht nur verschönern: Über Gruppenzugehörigkeit, Status, Alter und Geschlecht des Einzelnen mussten sie Auskunft geben und darüber hinaus noch unterschiedlichsten Anlässen gerecht werden. Was es bedeutet, Indianer zu sein, musste im 20. Jahrhundert neu bestimmt werden. Eine neue indianische Identität bildete sich heraus, die stammesübergreifend überlieferte Elemente mit modernen vereint. Und so präsentiert sich auch der Körperschmuck bei den mit neuem Leben erfüllten traditionellen Tänzen.

Gesichtsbemalung war bei den nordamerikanischen Indianern einst weit verbreitet – und zwar nicht nur als »Kriegsbemalung«. Heute wird diese Tradition meist bei Festivals gepflegt, wie es etwa dieser Indianer beim Red Earth Festival in Oklahoma tut.

Kriegsbemalung und Federhaube: alte Bilder und neue Traditionen

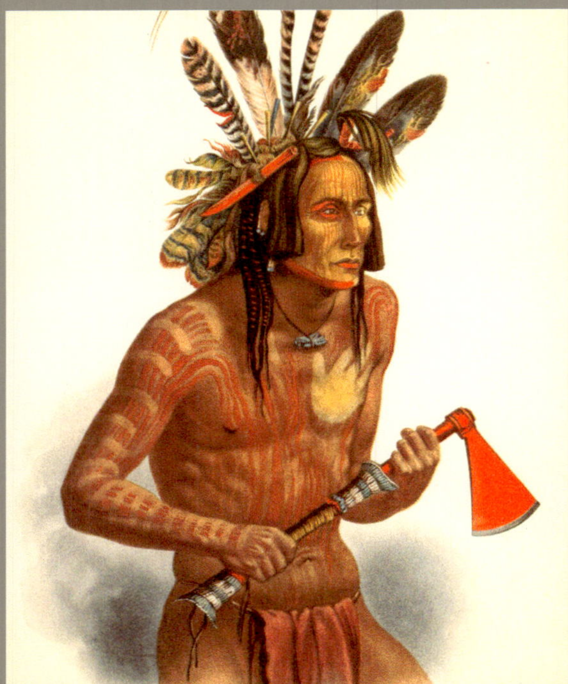

Auf historischen Abbildungen werden Indianer meist idealisiert mit traditioneller Körperbemalung und Federhaube dargestellt, wie etwa der Mandan-Häuptling Mató-Tópe auf diesem Kupferstich von Johann Hürlimann (nach einer Zeichnung von Karl Bodmer, um 1840). Rechts: ein Wailaki-Indianer mit weiß geschminktem Gesicht und Federhaube bei einem Powwow im Warm-Springs-Reservat in Oregon.

Unterworfen, dezimiert, in Reservate umgesiedelt, missioniert und »zivilisiert« wurden die verschiedensten Indianergruppen Nordamerikas im 19. Jahrhundert, als die Weißen den Kontinent in Besitz nahmen. Zahlreiche Maler und Fotografen wie Karl Bodmer, George Catlin oder Edward Curtis versuchten, die »verschwindende Rasse« in ihren Bildern festzuhalten. Bunt bemalte, mit imposanten Federhauben geschmückte Plains- und Prärie-Indianer waren das beliebteste Motiv. Diese historische und regionale Momentaufnahme prägt bis in unsere Zeit das Klischee des Indianers bei Europäern – und mittlerweile selbst bei manchem Indianer.

Tatauierungen und Bemalungen, manchmal beides kombiniert, zierten damals die Gesichter und Körper von Männern und Frauen der unterschiedlichen indianischen Gesellschaften.

Gruppenübergreifend waren Rot bei Alltagsbemalungen und Schwarz bei Trauernden beliebt. Rote Punkte oder Kreise auf den Wangen waren bei den Plains- und Prärie-Indianern derart gängig, dass in ihrer Zeichensprache das Deuten auf die Wangen »rot« bedeutete.

Die Rückbesinnung auf diesen traditionellen Körperschmuck ist heute ein wesentliches Moment eines neuen Selbstbewusstseins und Selbstverständnisses der Indianer.

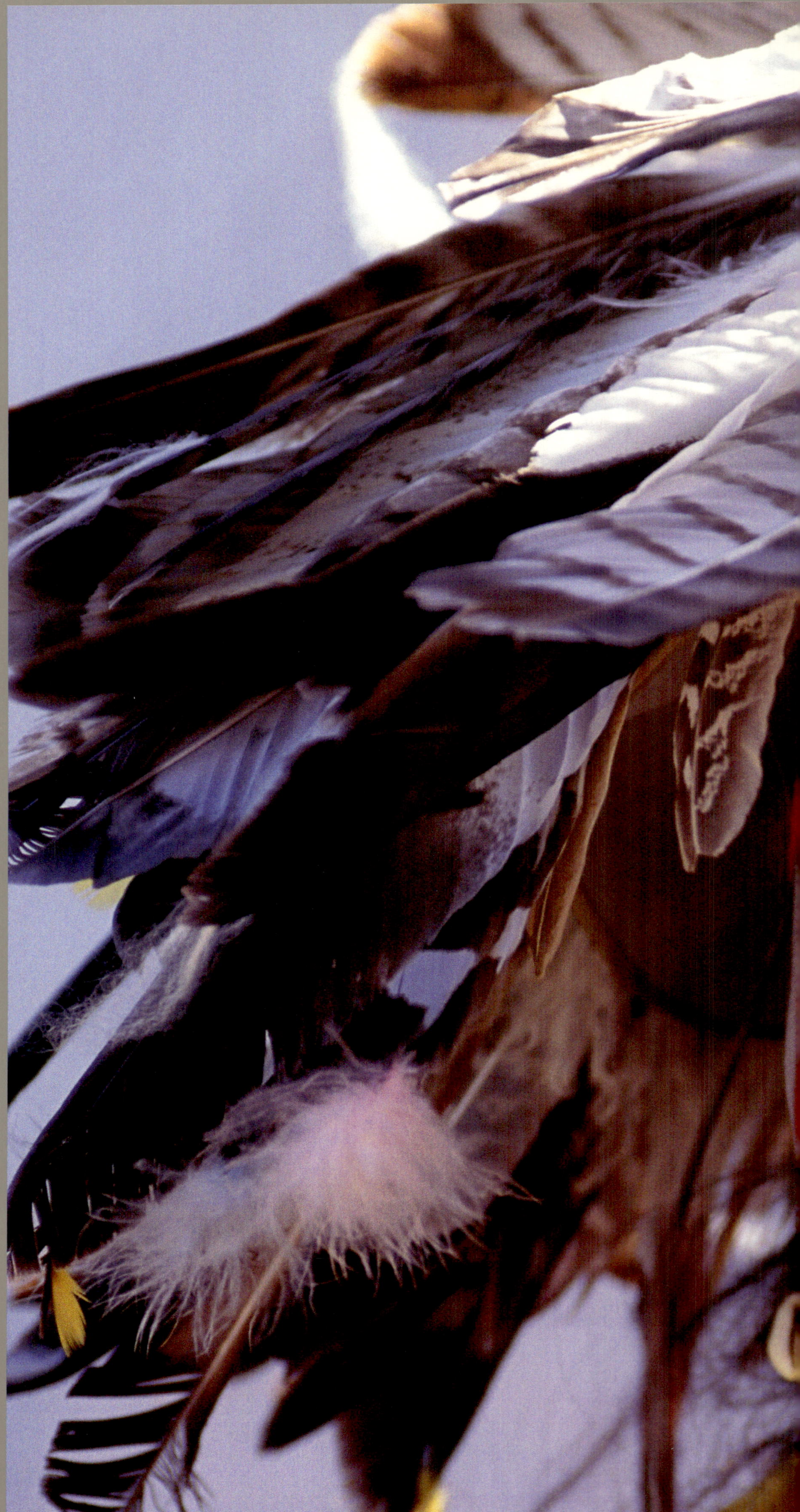

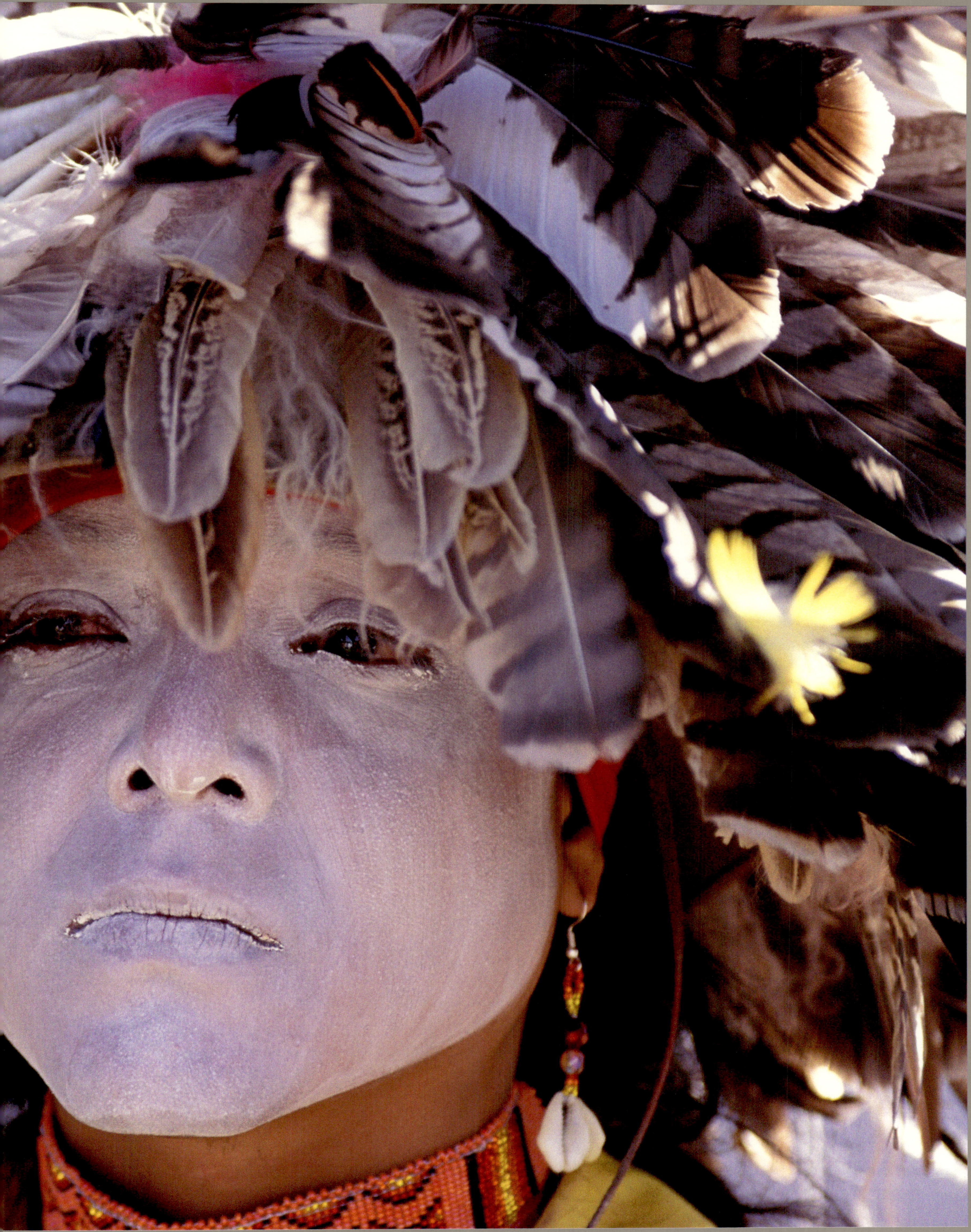

farbenprächtige powwows für alle

Powwows sind nicht nur eine Touristenattraktion. Über einstige Stammesgrenzen hinweg verbinden sie alte Traditionen der nordamerikanischen Indianer mit zeitgemäßen Neuerungen.

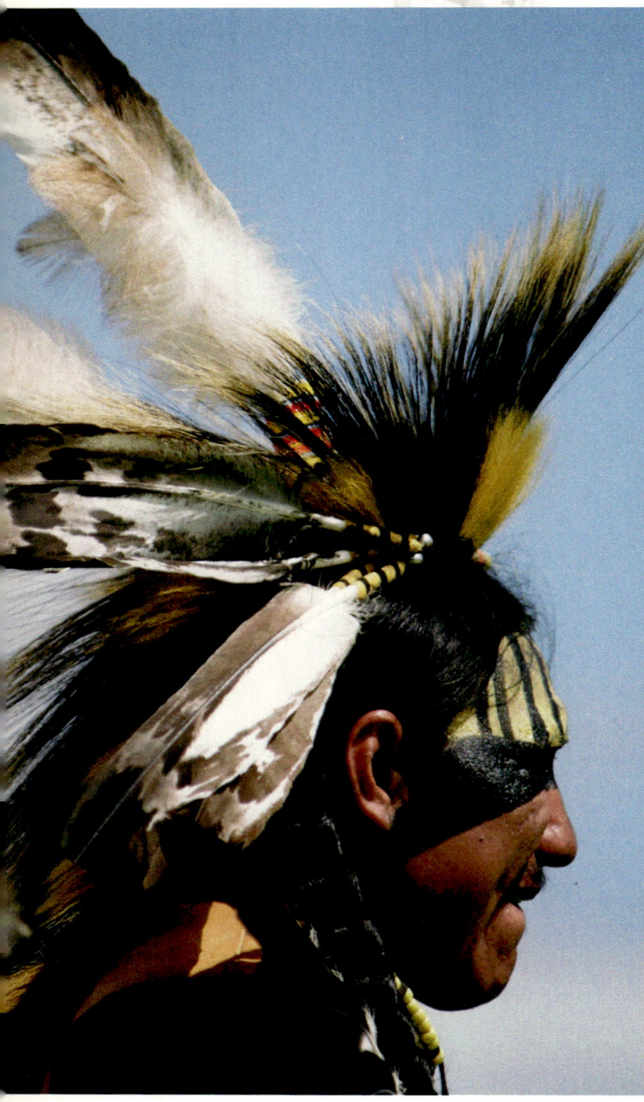

Ein Blackfoot-Indianer beim Powwow in Browning in Montana. Die Blackfoot sind Prärieindianer und gehören zur Algonkin-Sprachfamilie. Ihr Name kommt vermutlich daher, dass sie durch Asche schwarz gefärbte Mokassins trugen.

Heute nimmt fast jeder Indianer Nordamerikas an mindestens einem Powwow teil, ob als Tänzer oder Zuschauer. Das Algonkin-Wort *powwow* bezeichnete ursprünglich einen Medizinmann. Unter seiner Leitung wurden einst bei den Lakota Tänze und rituelle Handlungen aufgeführt, um Kranke zu heilen und Erfolg bei Jagd und Krieg zu sichern. Heute erfreuen sich die Powwows als Veranstaltungen für Indianer aller Stämme enormer Beliebtheit – über 1000 Veranstaltungen finden jährlich in ganz Nordamerika statt. Für Touristen sind sie ein folkloristisches Spektakel, für viele Indianer hingegen eine Ehrung alter Traditionen in einem neuen Gewand und damit Ausdruck einer neu entwickelten Identität.

Im Zentrum des indianischen Selbstbewusstseins steht heute das Schlagwort vom »Pan-Indianismus«. Über alte Stammesgrenzen hinweg werden die Gemeinsamkeiten der Indianer Nordamerikas betont. Ihre gemeinsame Geschichte im Kampf gegen die Weißen, die seit Anfang des 20. Jahrhunderts einsetzende Rückbesinnung auf Traditionen sowie das Bemühen um Anerkennung als Indianer bilden die Basis dieser stammesübergreifenden Identität. Das neue Image vom »Indianer« setzt sich aus Elementen verschiedenster Gesellschaften zusammen. Vor allem die Charakteristika der Plains- und Prärie-Kulturen wurden zum Zeichen panindianischer Identität und erleben so eine neue Blüte.

Ende des 19. Jahrhunderts hatte die US-amerikanische Regierung fast alle indianischen Zeremonien verboten. Wertvolles Wissen ging verloren, da es nicht mehr von Generation zu Generation weitergegeben werden konnte. Auf der Suche nach Informationen zu Tänzen und Bemalungen durchstöbern viele Indianer heute die Berichte und Bildbände über ihre Vorfahren. Gerne greifen sie auch bei den Körper- und Gesichtsbemalungen für Powwows auf die früher für das Plains- und Prärie-Gebiet typischen Merkmale zurück. Zwar gab es einen weiten Spielraum für Farben und Muster, doch konnte nicht jeder einfach malen, was ihm in den Sinn kam.

So zeichnete das Motiv der Hand einen äußerst tapferen Krieger aus: Er hatte einen Feind in einem Kampf Mann gegen Mann berührt – was mehr galt als die Tötung des Feindes. Dieses Motiv wird auch als Gefangennahme eines Feindes interpretiert. Eine Zickzacklinie wiederum – asymmetrisch ins Gesicht gemalt – stellt einen Blitz dar.

Bei den Farben dominieren heute wie früher Rot und Schwarz, gängig sind auch Gelb, Blau und Grün. Kombinationen von Rot und Schwarz symbolisieren die Dualität der Weltordnung: Rot ist die Farbe des Blutes, die Lebensfarbe, und wird mit den Begriffen »weiblich« und »positiv« assoziiert. Schwarz, als Farbe des Todes, wird mit »männlich« und »negativ« verbunden. Kriegsbemalungen mit einer roten und einer schwarzen Gesichtshälfte führten früher die Ambivalenz der kriegerischen Aktion vor Augen: Erfolg oder Misserfolg, Leben oder Tod.

Traditionelle Formen und neue Inhalte

Heute sind der Fantasie des Einzelnen keine Grenzen mehr gesetzt – erlaubt ist, was gefällt. Auch bei Kleidung und Schmuck wurden alte Formen und Symbole mit neuen Inhalten gefüllt; moderne Elemente kamen hinzu. Manch ausgediente Baseballmütze ziert, mit einer langen Schleppe aus Adlerfedern geschmückt, das Haupt eines Powwow-Tänzers. Im Plains-Gebiet galt früher die Adlerfeder als Auszeichnung für eine heldenhafte Leistung im Krieg und für

Die Vorbereitung für ein Powwow braucht einige Zeit. Für Bemalung, Kopfschmuck und Kleidung wird meist auf den tradierten Formenschatz zurückgegriffen, doch auch individuelle und moderne Elemente werden geschätzt. Gemeinschaftstänze und Tanzwettbewerbe stehen im Zentrum eines Powwows. Sie werden jedoch von den Teilnehmern nie als Show begriffen, sondern haben stets den Charakter des Feierlichen.

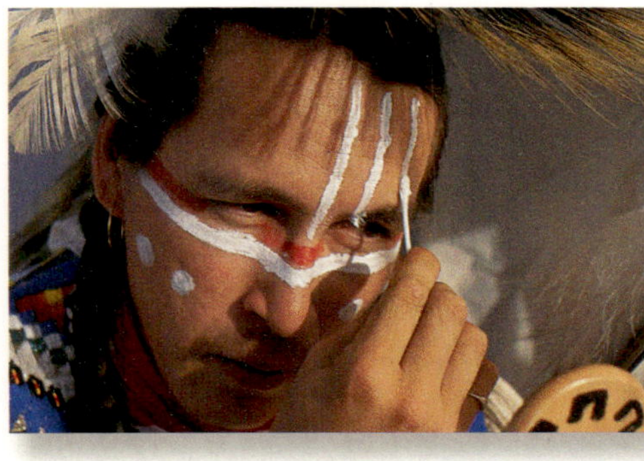

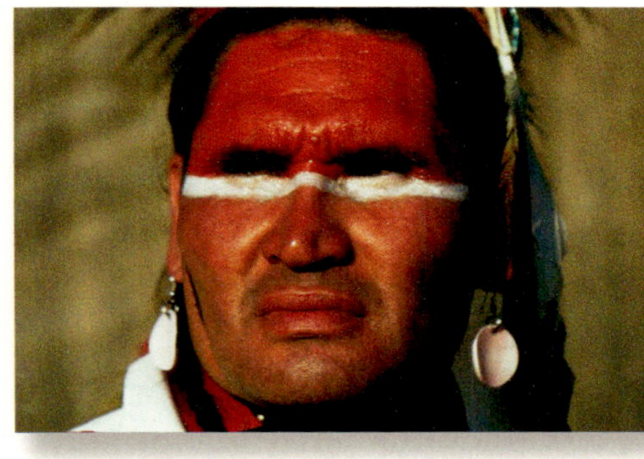

Verdienste um die Gemeinschaft. Heute können Indianer die Federn des unter Naturschutz stehenden Tieres für ihre Tanzkleidung bei staatlichen Stellen beantragen. Die Federhaube wurde zum Kennzeichen panindianischer Identität, aber auch Perlenarbeiten, Silberschmuck oder Lederkleidung mit Fransen gehören mittlerweile dazu. Prächtig und farbenfroh: So wollen sich die bis zu 1500 Teilnehmer – Männer, Frauen und Kinder – bei den Powwows präsentieren.

Die Verbindung von gestern und heute ist charakteristisch für Powwows: Frauen wurden als Tänzerinnen zugelassen, neue Tänze, Teilnahmegebühren und Preisgelder eingeführt. Wenn der Adlerstab präsentiert wird, die amerikanische und die kanadische Flagge gehisst werden und sich die Kriegsveteranen erheben, herrscht ehrfürchtiges Schweigen.

Meist ein ganzes Wochenende lang wird unter der Leitung eines Medizinmannes gesungen, getrommelt und getanzt. Vorgeführt werden dabei Tänze für alle – Männer wie Frauen –, Rundtänze, aber auch traditionelle Stammestänze. Indianerrodeos, überlieferte Spiele oder Präsentationen indianischen Kunsthandwerks erweitern die Palette der Veranstaltungen. Neben Maiskolben und anderen indianischen Speisen werden Hamburger, Eiscreme und Coca-Cola verkauft.

Preisgelder winken den besten Tänzern und den schönsten Aufmachungen. Einige Tänzer und Tänzerinnen ziehen nahezu professionell von einem Powwow zum nächsten: Sie bestreiten von den Preisgeldern ihren Lebensunterhalt. Andererseits helfen die Wettbewerbe und Geldpreise, das Interesse für die alten Sitten und Gebräuche zu wecken, sie zu ehren und zu bewahren. Schließlich kann nur ein meisterhafter Tänzer mit einem sorgfältig ausgearbeiteten Kostüm ein Preisgeld gewinnen – und dazu muss er sich intensiv mit seiner Kultur auseinandergesetzt haben. Mit großem Ernst bewegen sich bereits die Kleinsten zum Rhythmus der Trommeln in Tanzschritten, die sie oftmals wochenlang zu Hause unter Aufsicht der Großeltern eingeübt haben. Beim Anblick der Kinder erfüllt die Alten Stolz und Hoffnung.

Dieser Junge bei einem Powwow in Grand Prairie in Texas hat sein Gesicht eindrucksvoll mit roter, weißer und schwarzer Farbe bemalt. Er trägt einen traditionellen Haarschmuck aus Federn und Pferdehaaren.

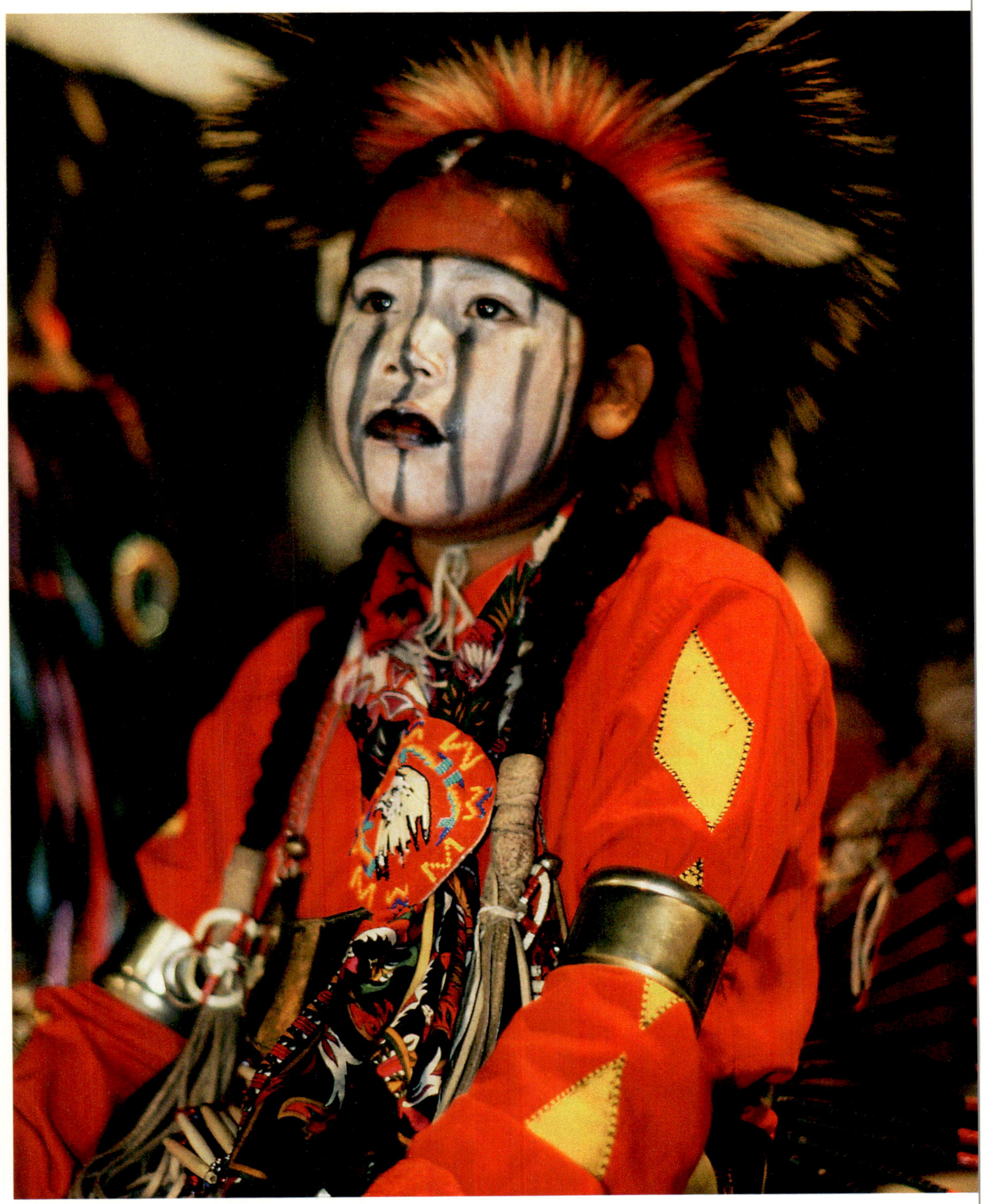

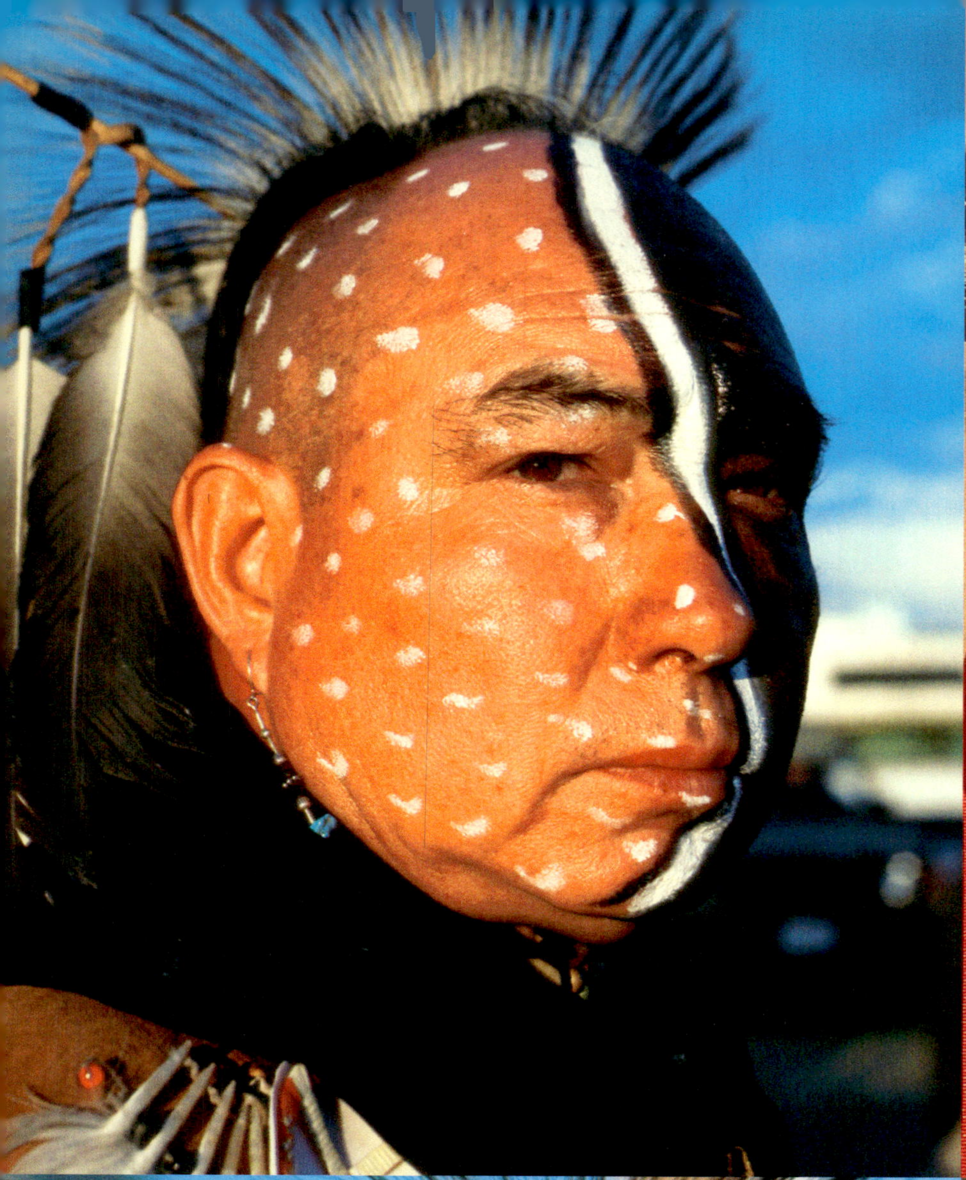
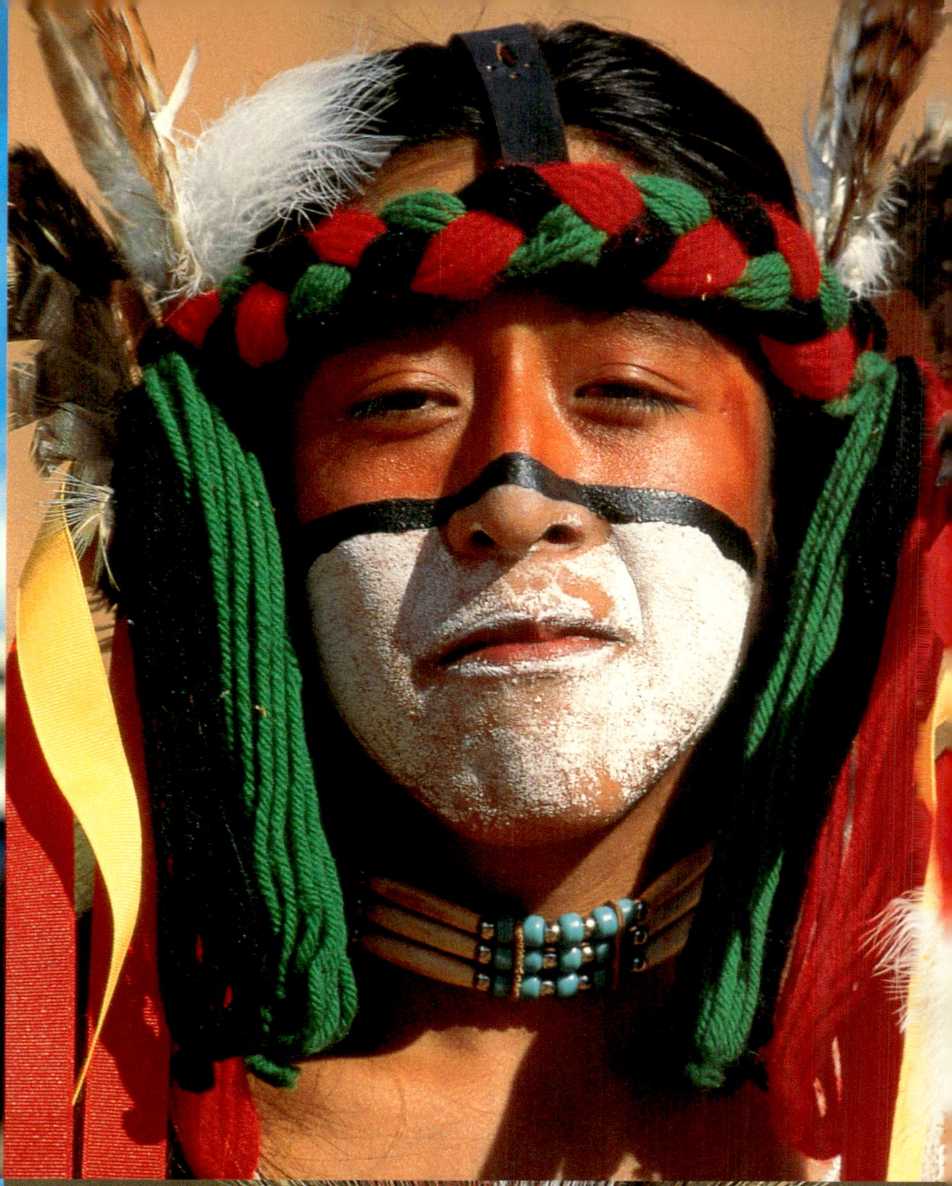
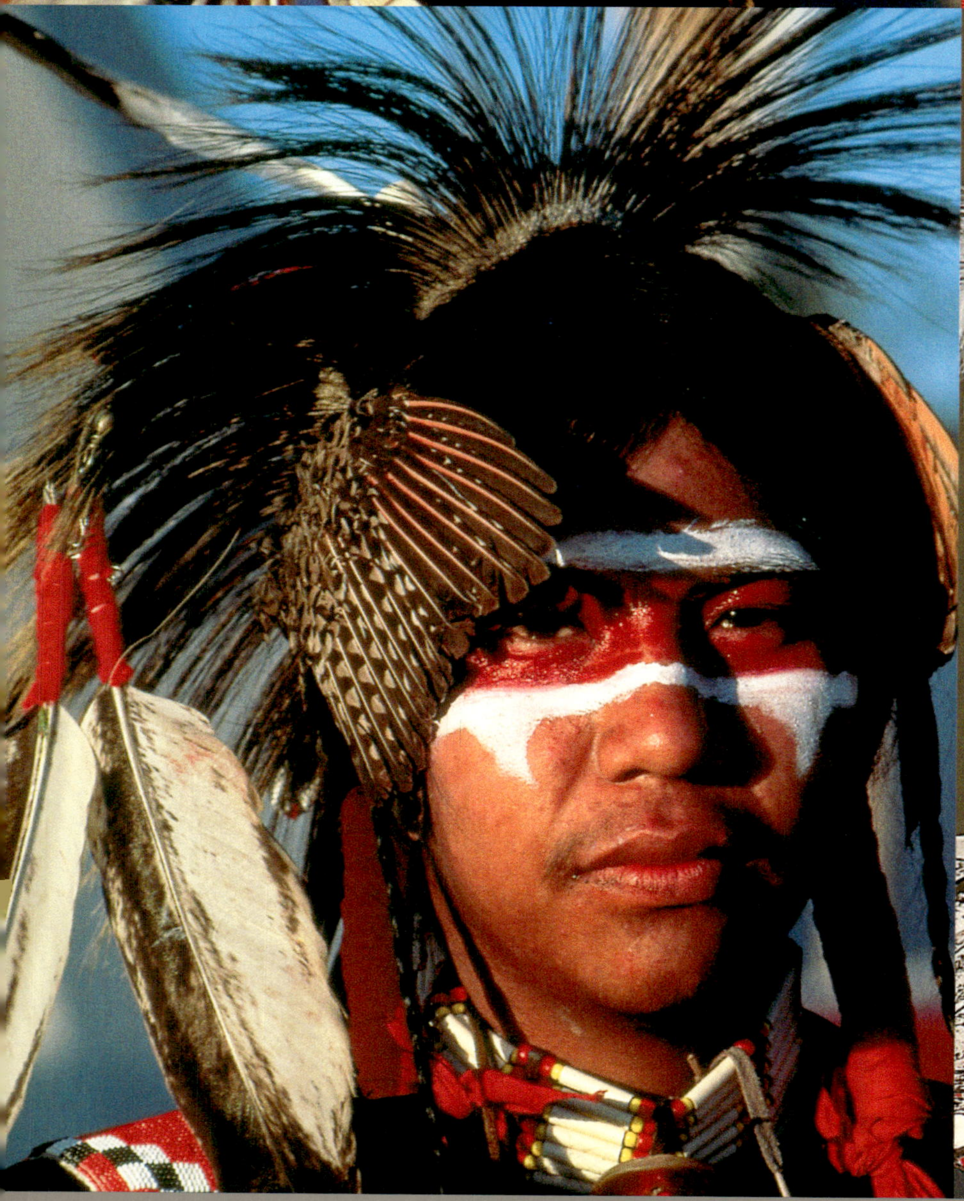
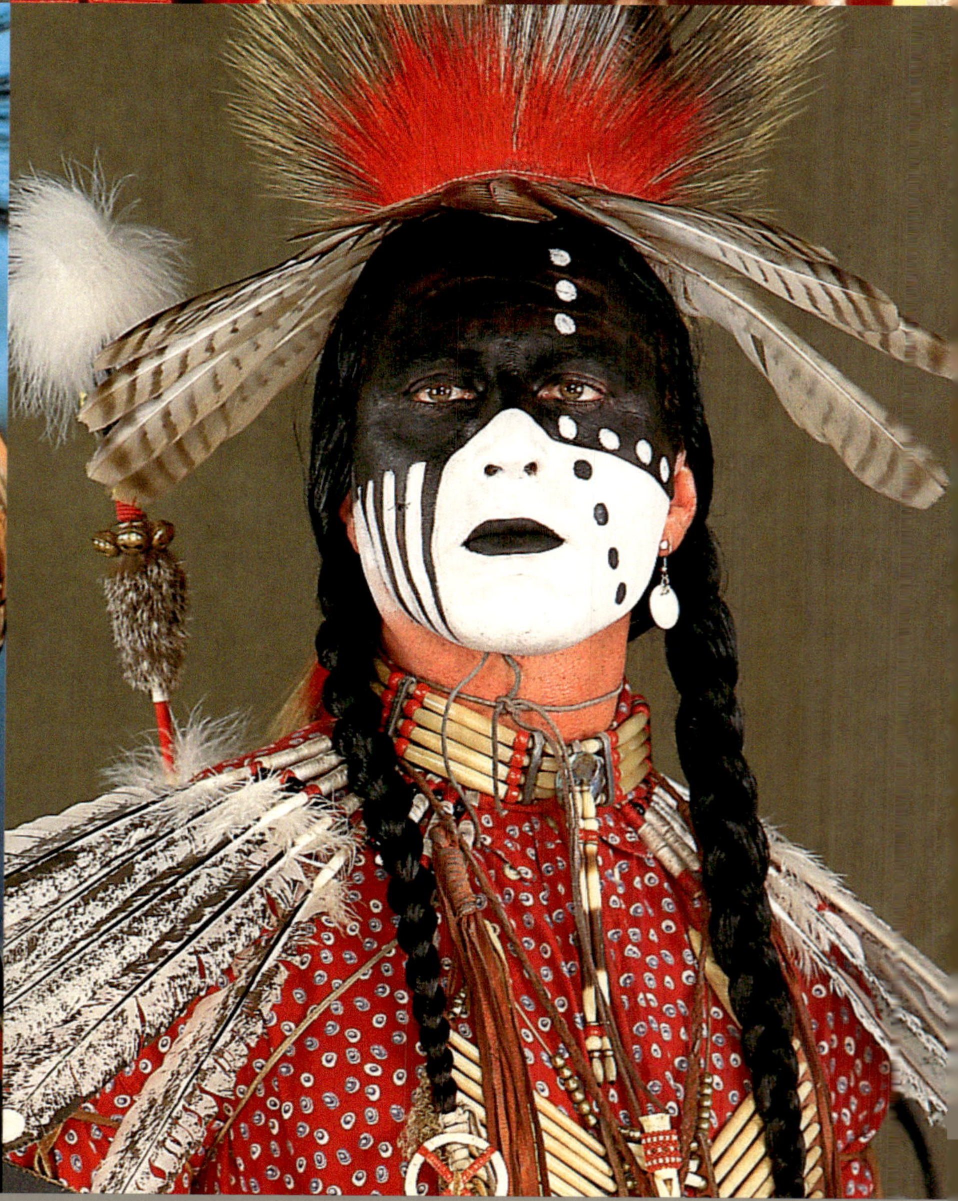

Oben: Pete Fee von den Iowa in Kansas und Nebraska hat sich mit Irokesenschnitt und weiß-schwarzer Gesichtsbemalung für das Powwow geschmückt.
Unten: Die Farbe Rot steht für die Erde, für Lebensfreude und Erfolg, aber auch für den Krieg.

Oben und Unten: Die Bemalung war für die Indianer eine Art Zeichensystem, das Auskunft über Herkunft und Status einer Person geben konnte. Darüber hinaus war sie – und ist es auch heute – ein ganz persönliches Statement, das Gefühle oder auch spirituelle Erfahrungen dokumentiert.

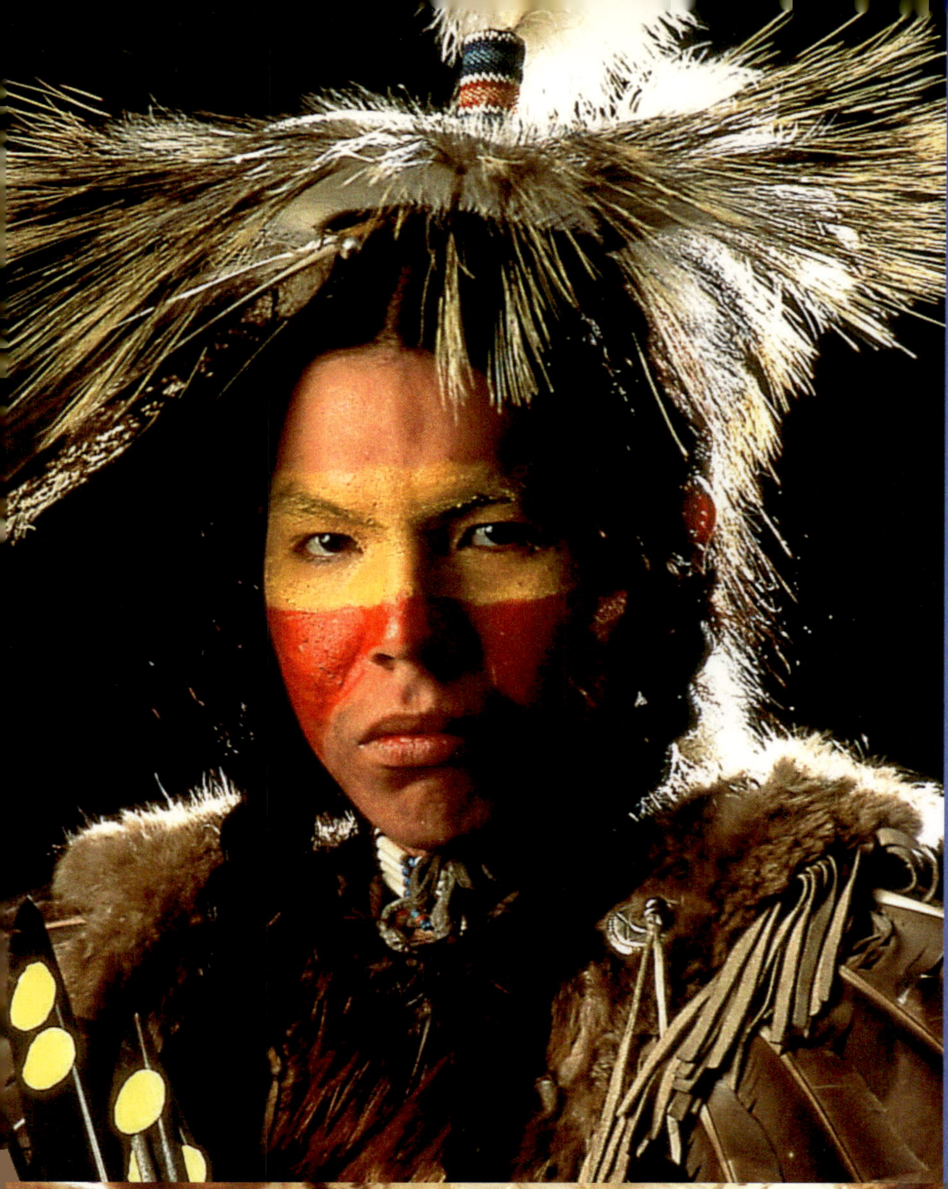

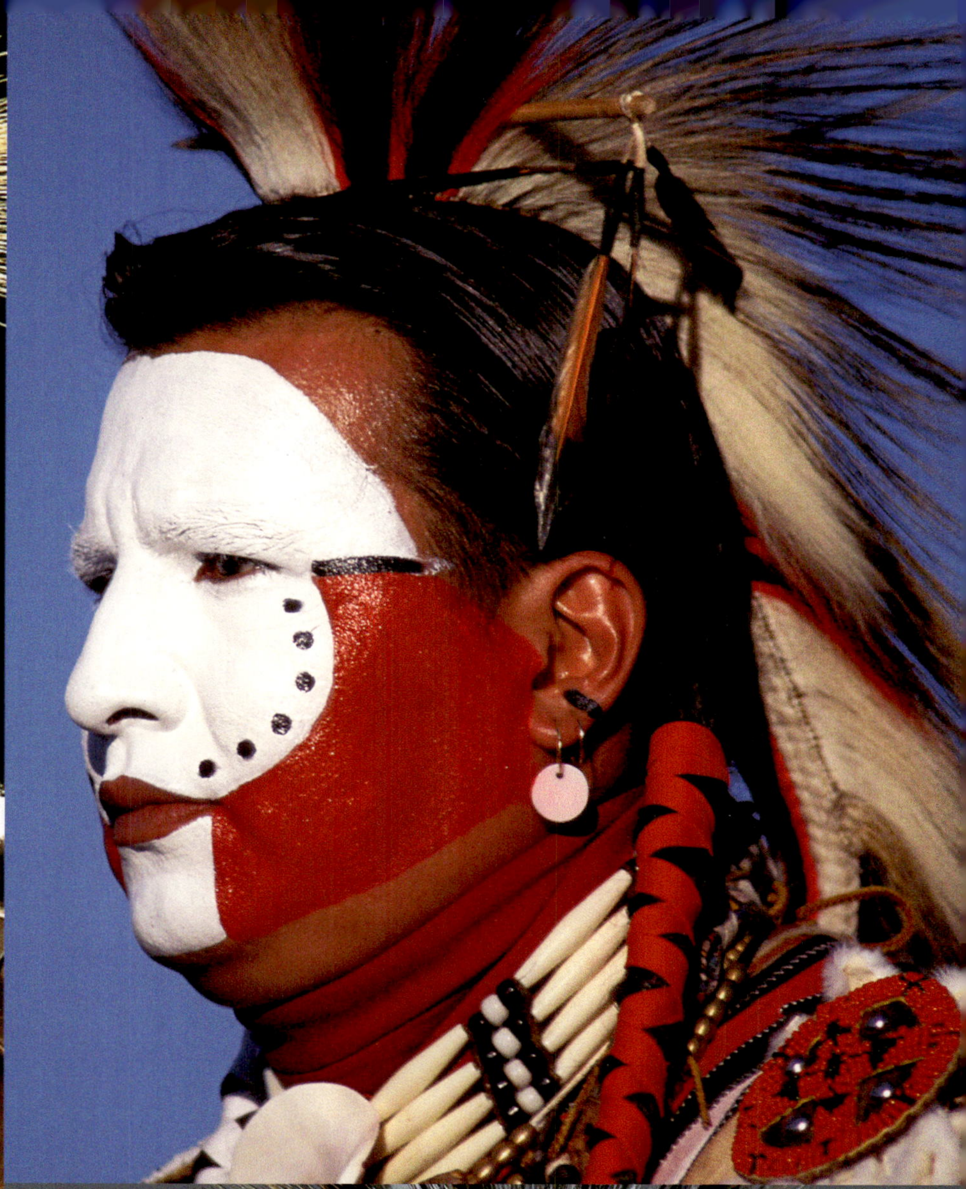

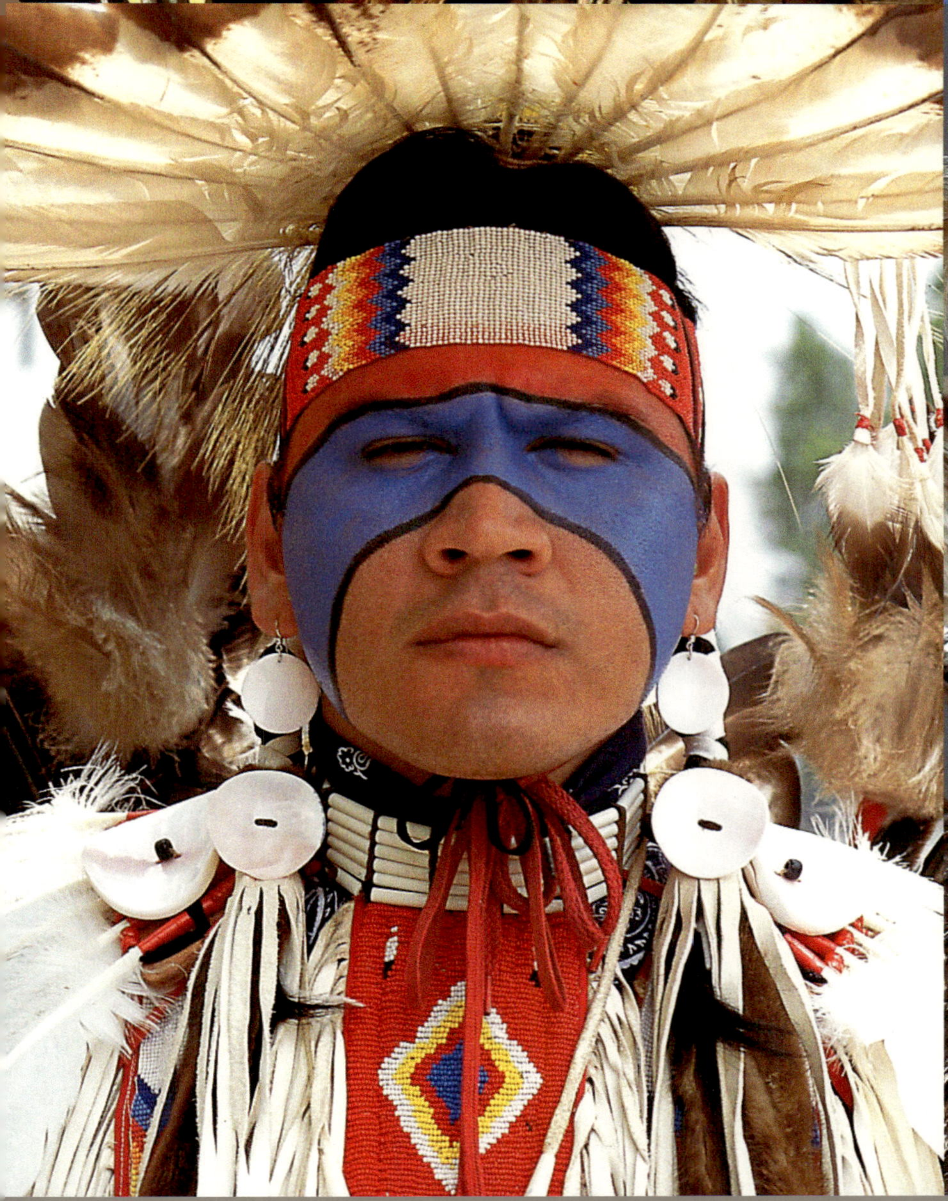

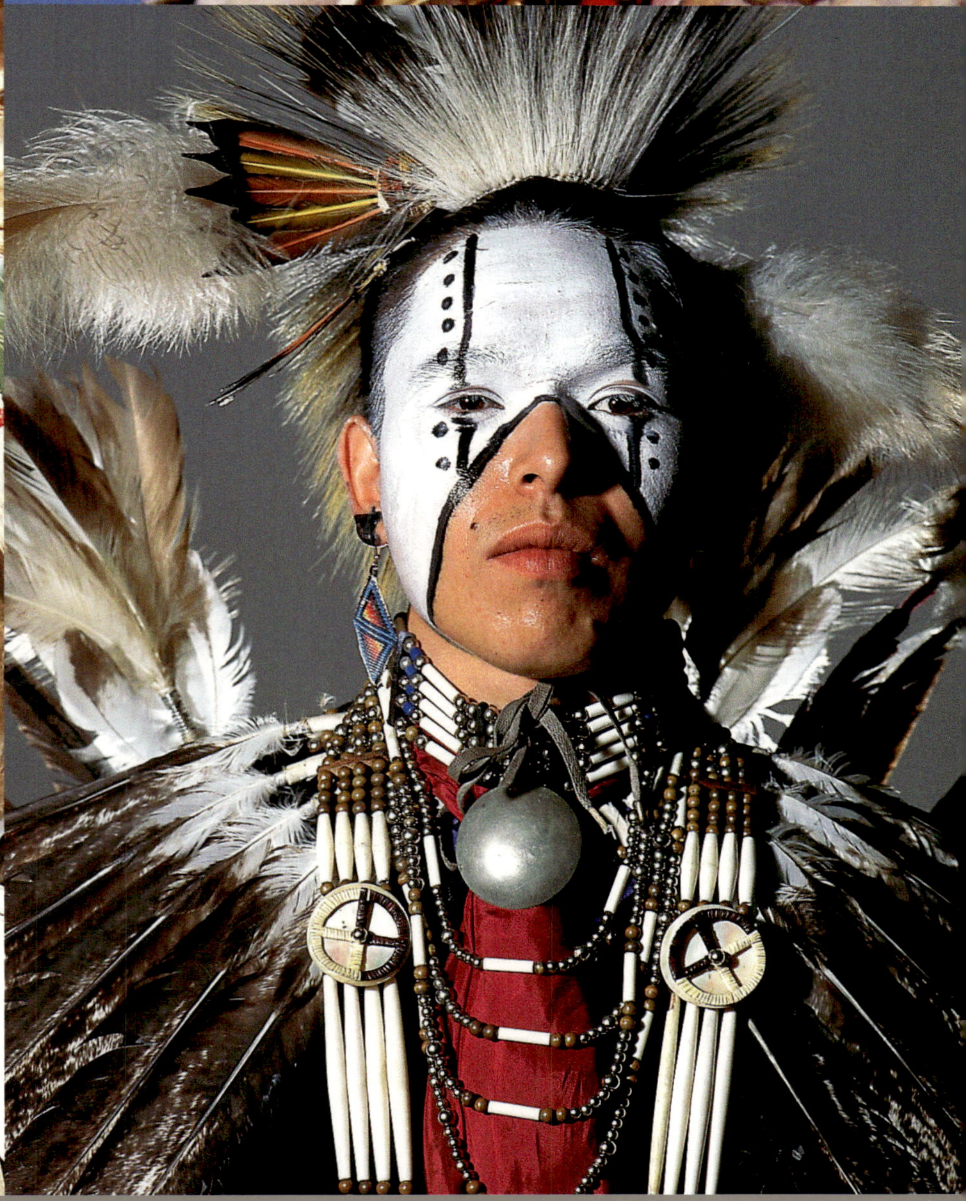

Oben: Rot und Gelb wurden bei vielen Stämmen vor allem für die Kriegsbemalung kombiniert.
Unten: Dieser Pawnee-Indianer hat sich für das Red Earth Festival geschmückt, das alljährlich in Oklahoma City stattfindet und das größte Indianertreffen in Nordamerika ist.

Oben: Ein Powwow-Tänzer bei den North American Indian Days der Blackfeet in Browning, Montana.
Unten: Dieser Apache mit seinem eindrucksvollen Umhang aus Adlerfedern und dem Kopfputz aus Tierhaaren und Federn hat die weiße Bemalung mit schwarzen Punkten und Linien akzentuiert.

apachen: gelb als symbol der reife

die apachen zählen zu den populärsten indianerstämmen. weniger bekannt ist, dass die pubertätszeremonie eines apachen-mädchens für die gesamte gemeinschaft ein wichtiges ereignis ist.

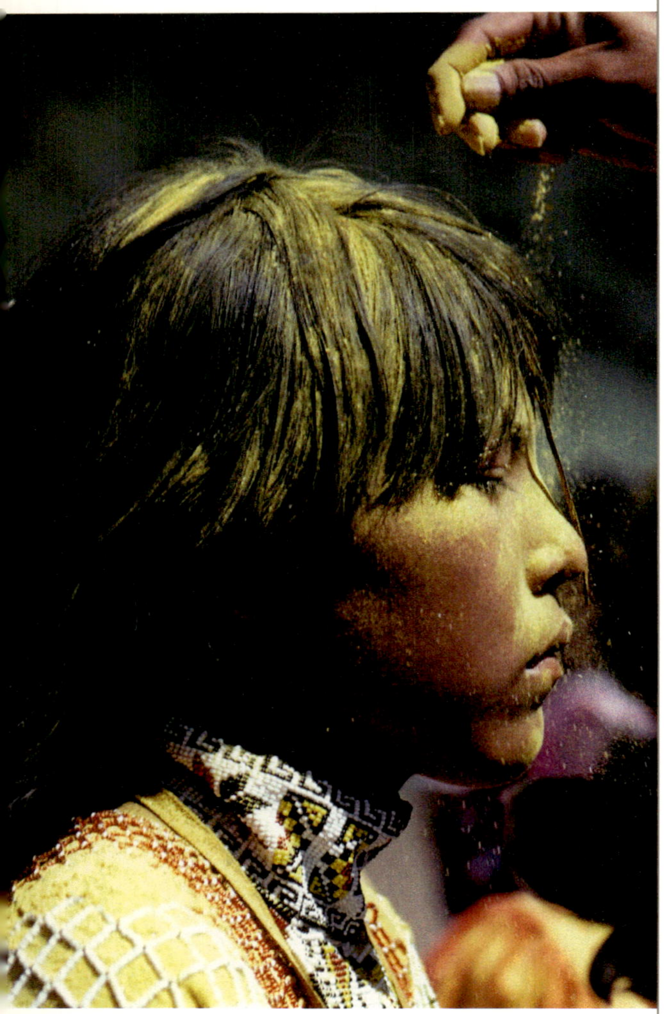

Anlässlich der White-Painted-Woman-Zeremonie wird ein Apachen-Mädchen mit gelbem Blütenstaub bestrichen. Mit diesem Initiationsritus wird der Übertritt des Mädchens ins Erwachsenenleben besiegelt.

Mit einem Farbauftrag von weißem Lehm und gelbem Blütenstaub endet die Pubertätszeremonie *na ich es* für eine Chiricahua-Apachin. Die weiße Farbe bezieht sich auf die Körperbemalung ihrer ersten Trägerin: White Painted Woman, die »weiß bemalte Frau«. Diese mythische Gestalt ist das Symbol der Chiricahua-Apachen für Fruchtbarkeit und Langlebigkeit. Das Mädchen wird während der gesamten Feier mit White Painted Woman identifiziert und auch mit diesem Namen angesprochen.

Gelber Blütenstaub ist ein wesentlicher Bestandteil dieser Zeremonie. Er stammt von Bäumen, die Früchte oder Nüsse tragen, und ist ein Symbol für Wachstum und Entwicklung: Auf die Pollen und auf die Jahreszeit des Wachstums folgen Früchte – ein Sinnbild der Verheißung, dass das Mädchen zur Frau wird und damit selbst »Früchte« tragen wird, aber auch – was einst ihre Hauptaufgabe war – Früchte sammeln wird.

Mit dem gelben Blütenstaub wird das Mädchen zu bestimmten Zeitpunkten der Feier in rituell festgelegter Weise an Gesicht und Haupt bestrichen und damit gesegnet. Der Segen wird gegenseitig erteilt, denn auch das Mädchen bestreicht wiederum die Festteilnehmer an einigen Stellen des Gesichts mit Pollen. Das Mädchen darf den Blütenstaub während der gesamten Dauer des Festes nicht abwaschen – strömender Regen würde sonst die Feier verderben. Am Ende der Zeremonie, manchmal also erst nach acht Tagen, werden Haare und Gesicht des Mädchens gewaschen. Gelb wie der Blütenstaub ist auch die Farbe ihres aufwändig verzierten, speziell für diese Feier angefertigten Gewandes aus gegerbtem Hirschleder.

Die Pubertätszeremonie markiert den Eintritt eines Mädchens in das Leben einer erwachsenen, heiratsfähigen Frau. Mit der Zeremonie anlässlich der ersten Menstruation schenkt ihm die Familie ihre spirituellen Segenswünsche. Lange vorher hatte das Mädchen bereits entschieden, ob das Ritual abgehalten werden soll. Je nach Vermögen kann die Familie eine eintägige Feier im kleineren Kreis oder eine mehrtägige Zeremonie mit weit über 100 Leuten ausrichten.

Die Feier soll das Mädchen mit den Eigenschaften versehen, die es als Erwachsene braucht: körperliche Stärke, einen ausgeglichenen Charakter, materiellen Wohlstand sowie ein langes und gesundes Leben. Unterstützt von einer Patin, einer Frau mit gutem Ruf, führt das Mädchen verschiedene symbolische Handlungen aus – begleitet von Trommeln und den heiligen Gesängen des Medizinmanns –, heilt Kranke und segnet die Gäste. Nicht nur die langen Tänze machen das Ritual derart anstrengend, dass manche Mädchen zusammenbrechen.

Die Gefeierte wird mit Geschenken und Liedern überhäuft und in ihre Pflichten und Rechte als Frau eingewiesen. Zwar sind ihr Einschränkungen auferlegt, doch wenn sie sich im Übergangszeitraum angemessen verhält, wird sie sich stets als gute Frau benehmen. Sie ist Mittelpunkt eines wichtigen sozialen und rituellen Ereignisses und gleicht so lange einem übernatürlichen Wesen. Ihre formale Einführung in die Welt der Erwachsenen kennzeichnen Überfluss, rituelle Beschütztheit und Festlichkeit.

Die Chiricahua-Apachen sind bekannt als die letzten Indianer, die unter ihrem Führer Geronimo die Waffen gestreckt haben. 1886 ergaben sich der Häuptling und seine wenigen Getreuen einer Übermacht Soldaten. Die Mädchen-Pubertätszeremonie haben die Chiricahua, wie andere Apachen auch, nie aufgegeben. Sie ist heute die wichtigste und größte Gemeinschaftszere-

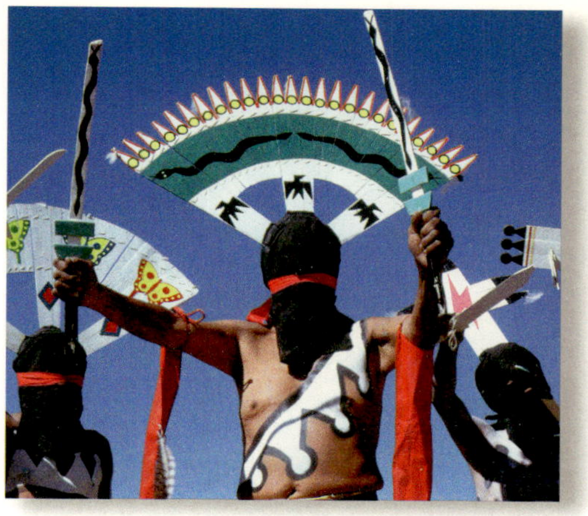

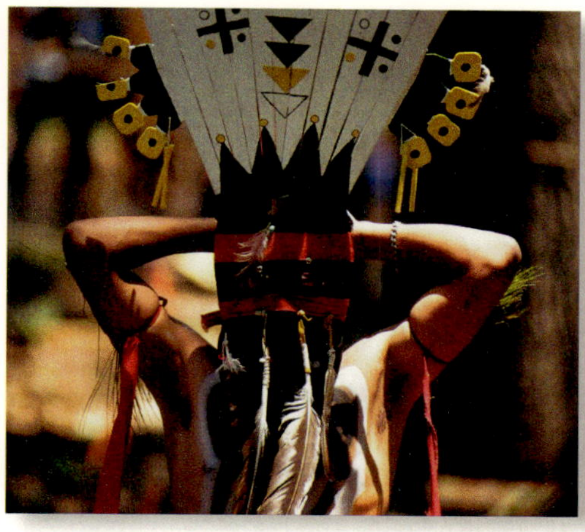

Ein wichtiger Bestandteil des White-Painted-Woman-Ritus ist der Auftritt der Gan-Tänzer. Mit ihren schwarzen Masken und den bizarr anmutenden hölzernen Kopfaufsätzen verkörpern sie Berggeister. Zu monotonem Trommelschlag das Schwirrholz schwingend tanzen die Mimen vier Tage und Nächte lang. Dadurch sollen Krankheit und Unglück von der Gemeinschaft fern gehalten werden.

monie und wird für die meisten Mädchen abgehalten. Mit ihr drücken die Apachen auch ihre gemeinsame Identität aus. Sie feiern den Fortbestand ihrer Kultur und ihrer Werte – trotz eines generationenlangen Überlebenskampfes. Da Verwandtschaft über die mütterliche Linie definiert wird, ist es ein besonders zu feierndes Ereignis, wenn ein Mädchen zur Frau und somit heiratsfähig wird. Zudem werden die verwandtschaftlichen Beziehungen durch das Fest gefestigt, denn Kosten und Organisation würden eine einzige Familie überfordern.

Doch auch das Vergnügen kommt dabei nicht zu kurz: Das Festessen, der soziale Austausch, das gesellschaftliche Tanzen am Abend und der Auftritt der farbenprächtigen Maskentänzer locken viele Gäste von nah und fern an.

Mit großer Theatralik betreten die Gan-Tänzer den Platz und bewegen sich im Schein des Feuers. Sie verkörpern die Berggeister, übermenschliche Wesen, die gekommen sind, um die Gemeinschaft vor Krankheit und Unglück zu bewahren. In den vier heiligen Farben Schwarz, Weiß, Gelb und Blau sind Oberkörper, Arme und Hals der Tänzer bemalt, aber auch die imposanten kronenartigen Holzaufsätze auf ihren Köpfen. Die Farben und Muster werden von einem Spezialisten erträumt, nur er kennt ihre genaue Bedeutung. Häufige Motive sind Sonne, Morgenstern, Schlangen, Blitze und Berge. Mit ihren Bermalungen, dem Kopfschmuck, den gelben Mokassins und den gelben Hirschlederröcken mit Glöckchen sowie einem über den Kopf gestülpten Tuch bilden die Tänzer ein einzigartiges Gesamtkunstwerk.

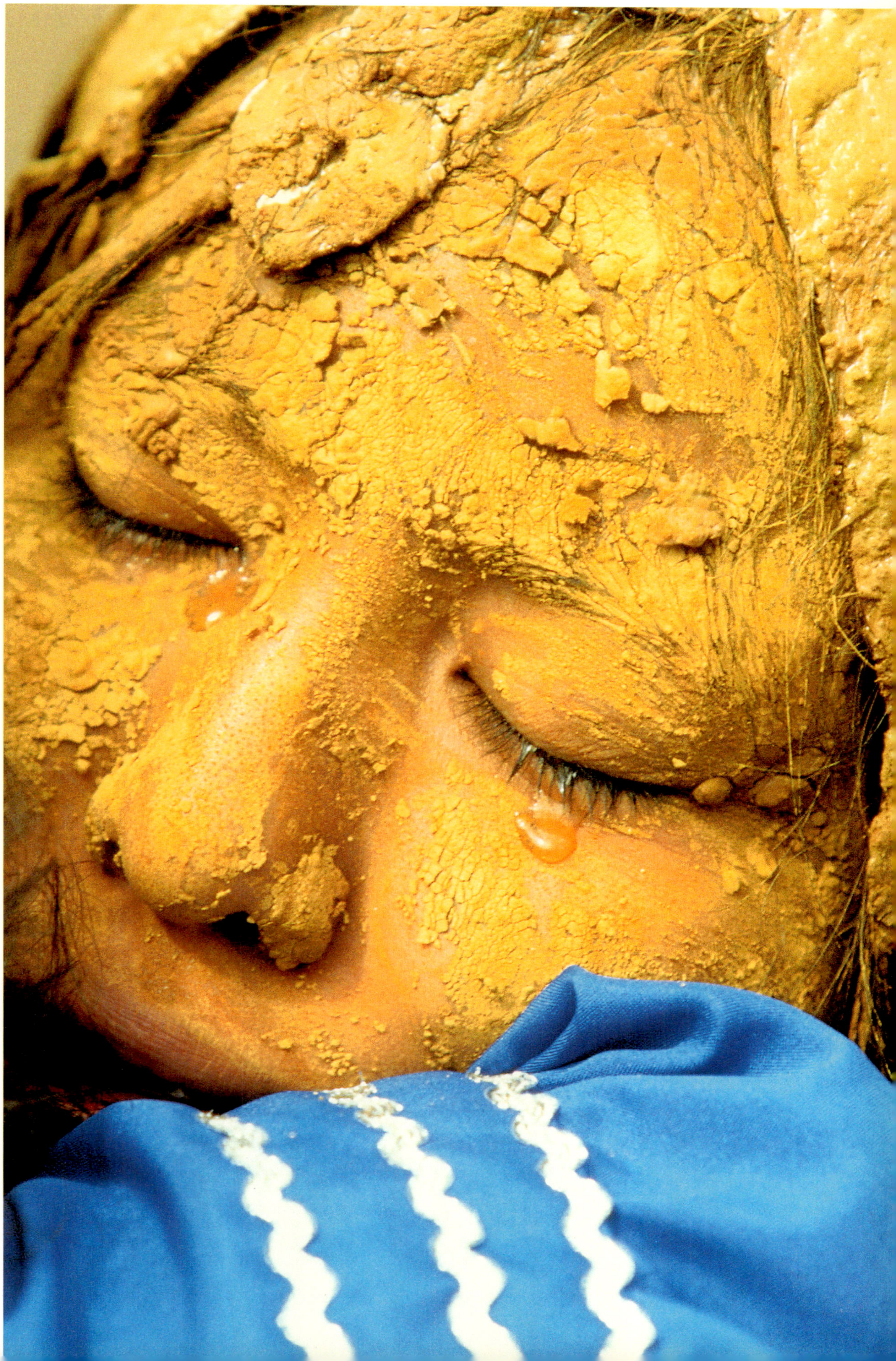

Ein mit Lehm und Blütenstaub bestrichenes, erschöpftes Mädchen am Ende der White-Painted-Woman-Zeremonie. Die gelbe Pollenfarbe soll Fruchtbarkeit und Wachstum symbolisieren.

Die Indianer des Südwestens

Die im Südwesten der USA lebenden Navajo sind heute die größte indianische Bevölkerungsgruppe in den USA. Inmitten der Navajo-Reservation wohnen auch die Hopi, die zur Pueblo-Kultur gehören.

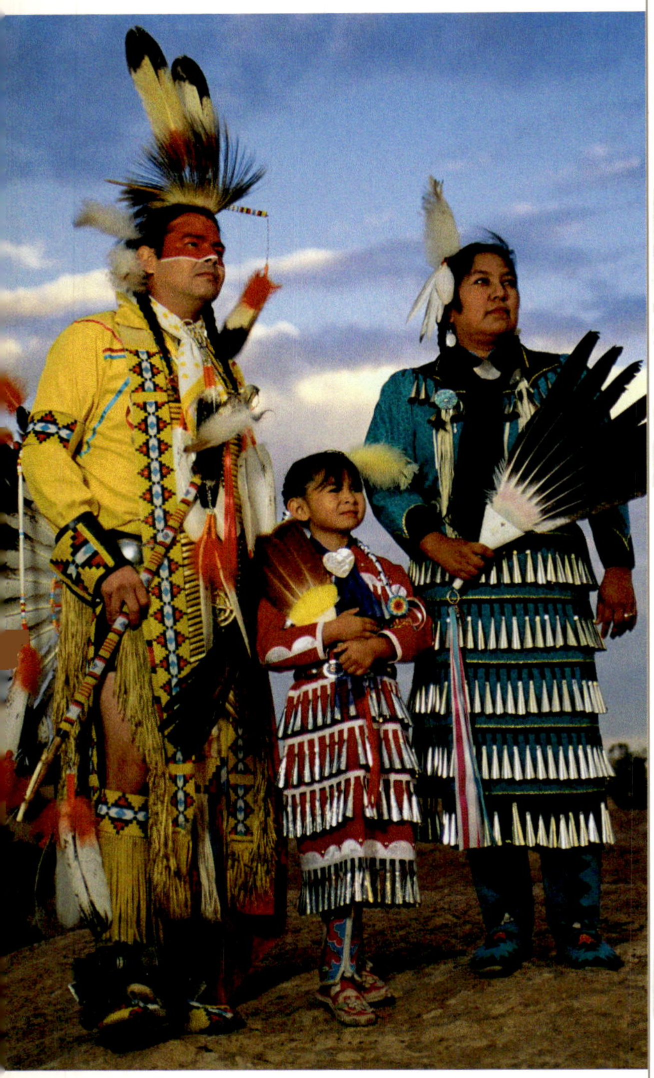

Die Navajo haben ein sehr komplexes System von Riten und Kulten entwickelt, was sich auch in Kleidung und Schmuck widerspiegelt. Hier hat sich eine Navajo-Familie mit prächtigen Gewändern, Federschmuck, Fächern, Zeremonialstab und Gesichtsbemalung für einen festlichen Anlass geschmückt.

»Los Apaches del Navaju« – schon in dieser Bezeichnung der Spanier für die Navajo spiegelt sich die enge Verwandtschaft beider Gruppen wider. Navajo und Apachen wanderten vor etwa 500 Jahren aus der Subarktis in den Südwesten der USA ein. Vor allem Religion und Sprache weisen noch heute große Ähnlichkeiten auf. Auch in den Farben und Motiven der Körperbemalung, in den bei Zeremonien getragenen Kleidern und Schmuck sowie in den Festen und Tänzen selbst wird der gemeinsame Ursprung dieser beiden Gruppen deutlich. Im Lauf der Zeit haben sie außerdem von ihren Nachbarn im Südwesten, den Pueblo-Indianern, viele Elemente aufgegriffen, modifiziert und zu einem neuen Ganzen geformt.

Die Navajo haben sich, wie viele indianische Gesellschaften im Südwesten, ihre religiösen Traditionen und Zeremonien weitgehend bewahren können. In abgewandelter Form und oftmals ohne die rituell festgelegten Kostüme und Masken werden einige der Tänze heute auch für Touristen aufgeführt. Deren Bedarf an Folklore und Exotik wird dabei in ausreichendem Maße befriedigt, wie die große Beliebtheit dieser Veranstaltungen zeigt.

Die Kachina-Tänzer der Hopi-Indianer

Etwa 6000 Hopi leben in einem regenarmen Gebiet inmitten der Reservation der Navajo, der größten indianischen Bevölkerungsgruppe in den USA. Ihre Bekanntheit verdanken die Hopi auch den Kachinas, ihren Ahnengeistern, die nach ihrem Glauben zu bestimmten Zeiten auf der Erde weilen. Sie bringen Regen und sorgen für die Fruchtbarkeit von Feldern und Frauen. Dem jeweiligen Charakter des übermenschlichen Wesens in Aussehen und Tanzverhalten genau entsprechend, werden die Kachinas von Maskentänzern verkörpert. Körper und Gesicht in unterschiedlichsten Farben bemalt und mit verschiedensten Aufsätzen auf dem Kopf, bieten die Kachina-Tänzer einen prächtigen Anblick. Schwarz-weiß gestreift sind Körperbemalung und Kopfschmuck des respektlosen und lauten Clowns Koshare, während beim weißgekleideten Hirsch-Kachina ein Geweih den Kopf ziert. Selbst die »Jungfrau des gelben Maises« verkörpert ein Mann, denn Maskentänze sind Männerdomäne. Und auch eine Feder ist nicht gleich Feder. Adlerdaunen auf dem Kopf symbolisieren Regenwolken und damit Fruchtbarkeit, während Schwanzfedern von Raubvögeln kriegerische Kachinas kennzeichnen.

Als verkleinerte Abbilder der Tänzer machen geschnitzte Kachina-Figuren die Hopi-Kinder mit den über 250 verschiedenen Ahnenwesen vertraut. Jedes Detail dieser übermenschlichen Wesen – Bemalung, Kleidung, Schmuck – ist exakt wiedergegeben. Ein Mädchen erhält bereits kurz nach seiner Geburt vom leiblichen oder sozialen Vater seine erste Kachina-Figur, die es wie ein Baby behandelt. Die Holzfigur symbolisiert das Kind, welches die Tochter eines Tages gebären soll – ein Symbol für das Fortbestehen der Familie.

Große Popularität erlangten die Hopi in den letzten Jahrzehnten als »Hüter der Erde«, zu denen sie sich berufen fühlten und berufen wurden. Zu gut passt diese Stilisierung als »Ökoheilige« und nahezu spirituelle Übermenschen ins Weltbild sinnsuchender »Weißer«, als dass nicht auch Indianer anderer Gruppen dieses Bild zu ihrem Vorteil zu nutzen versucht hätten. Das neue Image »des Indianers« trug zwar zu einem positiven politischen und sozialen Wandel bei. Der Einklang mit der Natur ist und war aber

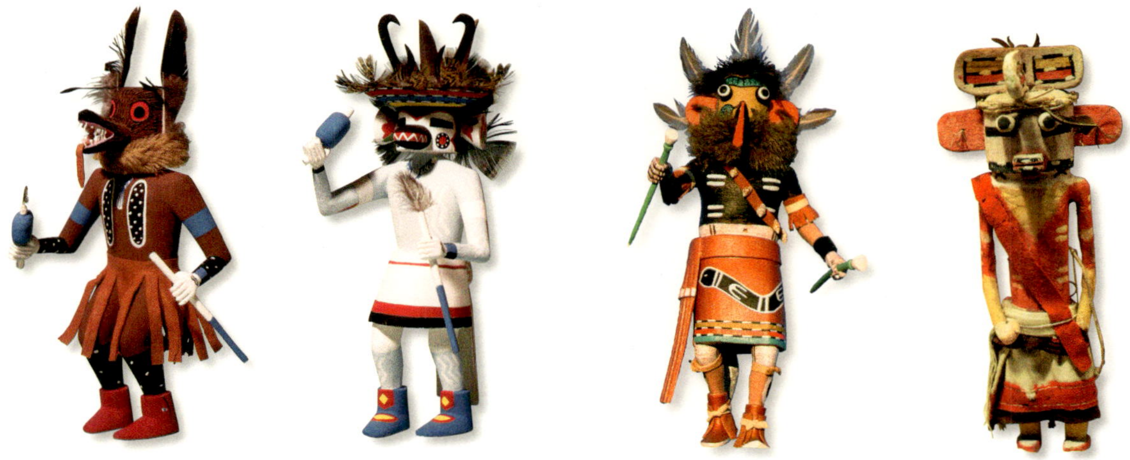

Handgeschnitzte Kachina-Figuren der Hopi-Indianer. Kachinas sind eigentlich Ahnengeister, die gelegentlich zu den Menschen zurückkehren, indem sie von maskierten Tänzern verkörpert werden. Die Kachina-Puppen sind die detailgenau verkleinerten Abbilder, die bereits die Kinder der Hopi mit der Welt der Ahnen vertraut machen sollen.

auch bei den Indianern auf jahrhundertelange Erfahrung zurückzuführen – sie zogen eine Lehre aus den von ihnen selbst verursachten Umweltzerstörungen, welche die Aufgabe angestammter Lebensgebiete und enorme Völkerwanderungen nach sich zogen. Doch viele »Schamanen«, »Älteste« oder andere selbsternannte Sprecher, die mit ihrer so genannten indianischen Philosophie die Weißen beglücken, sind in ihrer Heimat äußerst umstritten – vor allem weil sie nicht durch ihre Gruppe für diese Aufgaben autorisiert worden sind.

Das Beispiel der Hopi führt uns die abwechselnde Stilisierung der Indianer zu Unter- oder Übermenschen als jeweils erwünschtem Gegenentwurf zur eigenen Gesellschaft deutlich vor Augen. Doch auch sie sind nur gewöhnliche Menschen, mit allen Schwächen und Stärken.

Navajo-Indianer mit ausladender Kopfbedeckung aus Eulenfedern, die zusammen mit der schwarzen Gesichtsbemalung eine eindrucksvolle Aufmachung bilden.

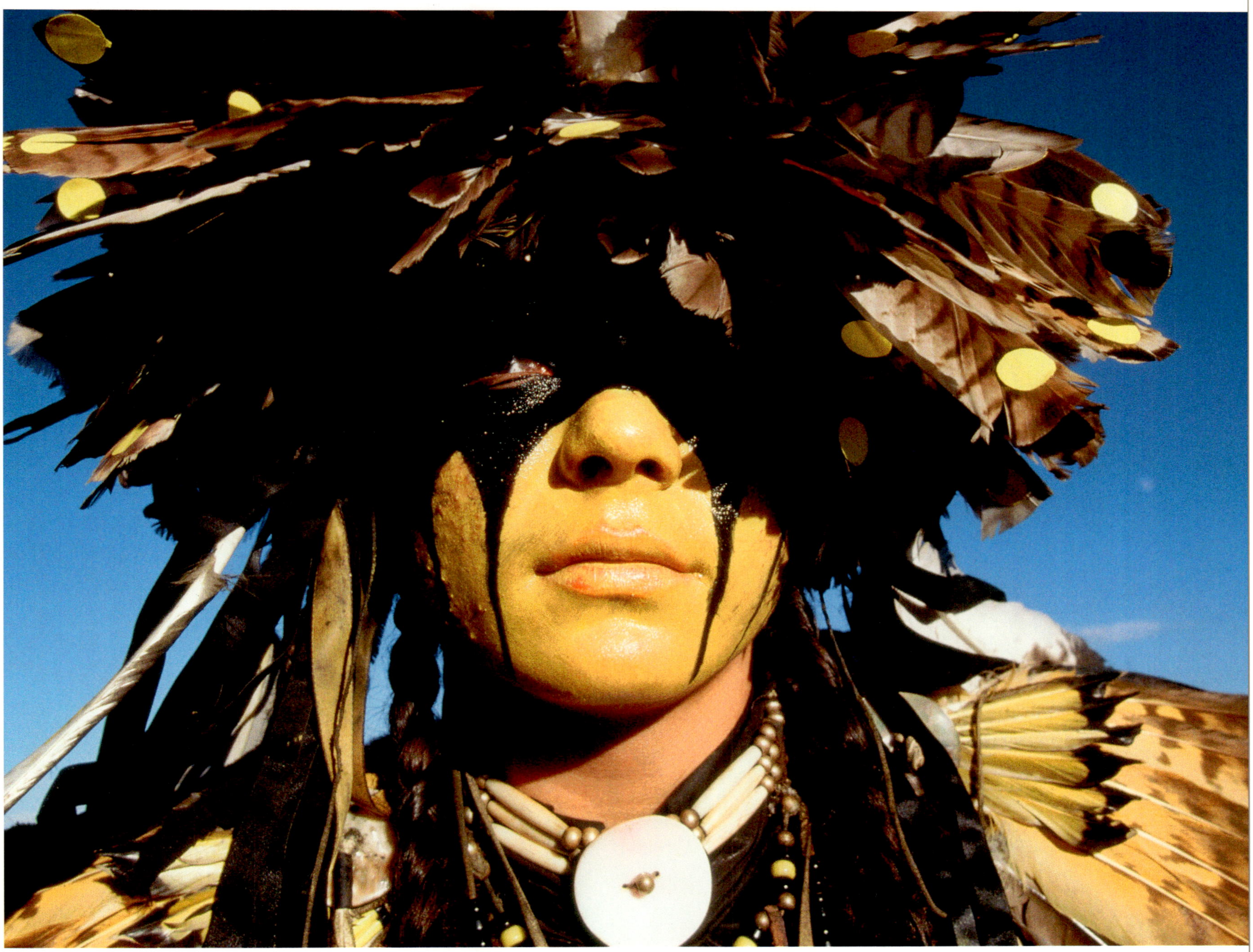

Nordwestküste: Wappen auf der Haut

Bedeutende künstlerische Leistungen auf dem Gebiet der plastischen Kunst und Malerei, vor allem der Maskenschnitzerei, haben die Haida nördlich von Vancouver Island vollbracht. Die drei nebenstehenden Masken repräsentieren die stilistische Vielfalt ihrer Schöpfer. Diese Masken dienten in der Regel schamanistischen Ritualen.

Der Reichtum ihrer natürlichen Umgebung ermöglichte es den Indianern der Nordwestküste, ihre Körper und ihre Gebrauchsgegenstände mit viel Aufwand an Zeit und Kosten zu verzieren.

Als Indianer des 21. Jahrhunderts – in der eigenen Kultur verwurzelt, doch für Neuerungen und Wandlungen offen: So wollen die meisten der nordamerikanischen Indianer heute leben. Das Verhältnis zwischen traditioneller Stammesgebundenheit und neuer, individueller Freiheit muss jeder Einzelne für sich selbst bestimmen. Kunst und Kunsthandwerk machen das Spektrum der Möglichkeiten besonders anschaulich. Mit Kreativität und Fantasie experimentieren viele der Künstler mit dem Überlieferten, nehmen traditionelle Elemente aus ihrem ursprünglichen Kontext heraus und stellen sie in einen neuen, fügen neue Materialien, Formen und Symbole hinzu. Auch bei den Indianern der Nordwestküste, den Haida, Tlingit, Kwakiutl und anderen Gruppen, sind diese Veränderungen und Tendenzen zu beobachten.

Die Haida besaßen die aufwändigsten Tatauierungen in ganz Nordamerika: Auf Brust und Rücken, Schienbein und Fußrücken, Armen und Händen, ja selbst an den unteren Fingergliedern brachten hochangesehene Spezialisten kunstvolle Verzierungen an. Die Körperformen wurden dabei nicht betont, denn nicht eine Verschönerung, sondern vielmehr die Bedeutung der Motive als heraldische Zeichen stand im Vordergrund. Tierdarstellungen waren dabei die Hauptmotive ihrer Kunst – am Körper wie auch an materiellen Objekten.

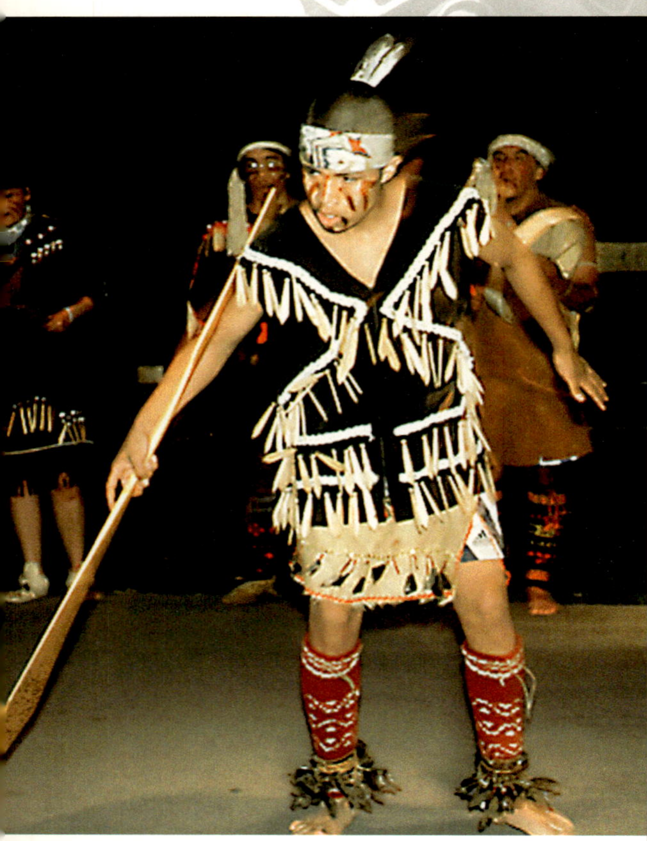

Die Potlatch-Feste der Nordwestküsten-Indianer konnten sich über mehrere Tage und Wochen hinziehen. Neben dem Verteilen von Geschenken durch den Gastgeber standen Reden und Tanzaufführungen auf dem Programm, wobei die Tänzer mit Masken oder bemalt auftraten.

Tiermotive der Haida

Unterschiedliche Familien, Klane und Abstammungslinien oder Dorfhälften wurden mit einem bestimmten Tiersymbol identifiziert, beispielsweise mit dem Raben, dem Adler, dem Schwertwal oder dem Wolf. So wiesen die Hand- und Armmotive der Frauen ihre »Familienwappen« aus und zeigten dadurch auch an, wen ein Mann heiraten durfte und wen nicht.

Auch der Status in der Gesellschaft wurde durch die Tatauierungen ausgedrückt: Ein Bärenmotiv markierte beispielsweise seinen Träger als Mitglied des angesehenen Bärenklans. Wohlhabende Personen konnten sich die ausgefeiltesten Verzierungen leisten. Jahre vergingen, bis die schmerzhaften Tatauierungen bei verschiedenen Potlatch-Festen, verschwenderischen Feiern, fertiggestellt waren. Doch erst dann galten Mann oder Frau als erwachsene Mitglieder der Gesellschaft. Auch individuelle Positionen innerhalb der Gemeinschaft sowie ethnische Zugehörigkeit wurden auf der Haut sichtbar gemacht. Angesichts der bedeutungsschweren Botschaften der Verzierungen verwundert die strenge Normierung von Form und Inhalt nicht. Für den Stil der Nordwestküste waren und sind stark abstrahierte Symbole nach dem Pars-pro-Toto-Prinzip charakteristisch: Bestimmte anatomische Einzelmerkmale werden hervorgehoben und stehen stellvertretend für die Gesamtdarstellung. So sind Adler und Rabe an der Form ihrer Schnäbel zu unterscheiden, weniger an ihrer äußeren Gestalt. Typisch ist auch die Zerlegung einer Figur in zwei spiegelbildlich gegeneinander gelegte, identische Hälften. Ihre Binnengestaltung erscheint wie bei einer Röntgenaufnahme.

Mehrfarbige Tatauierungen – bei den Haida in Schwarz und Rot – waren eine Seltenheit in Nordamerika. Auch bei der Gesichtsbemalung der Männer und Frauen dominierten diese beiden Farben, die oftmals miteinander kombiniert wurden. Ebenso waren Blau-Grün-Töne beliebt.

Vielfältige Motive wie Bärentatzen, Schwäne oder Raben signalisierten die unterschiedlichen Positionen der Individuen. Die beeindruckenden

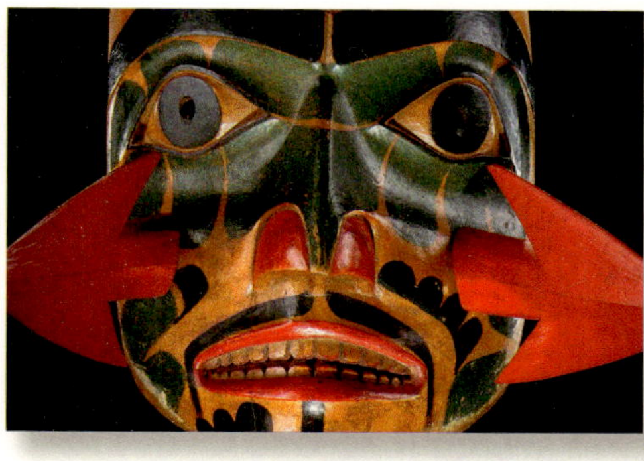

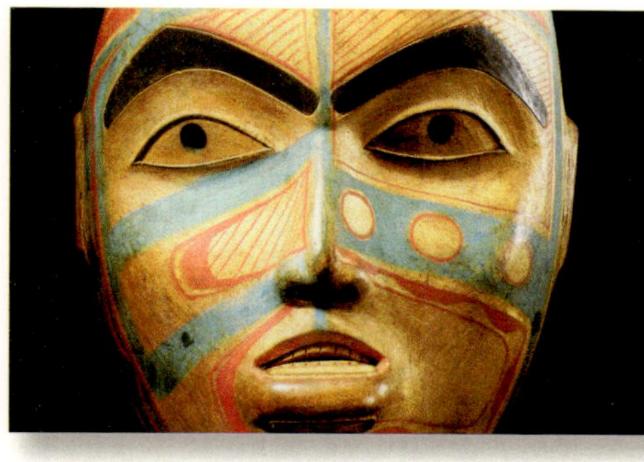

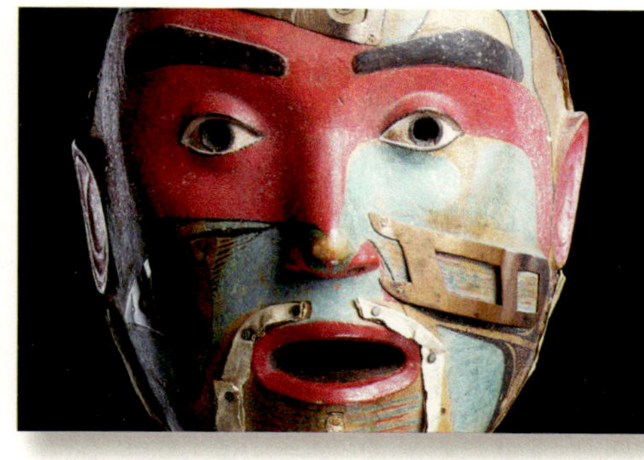

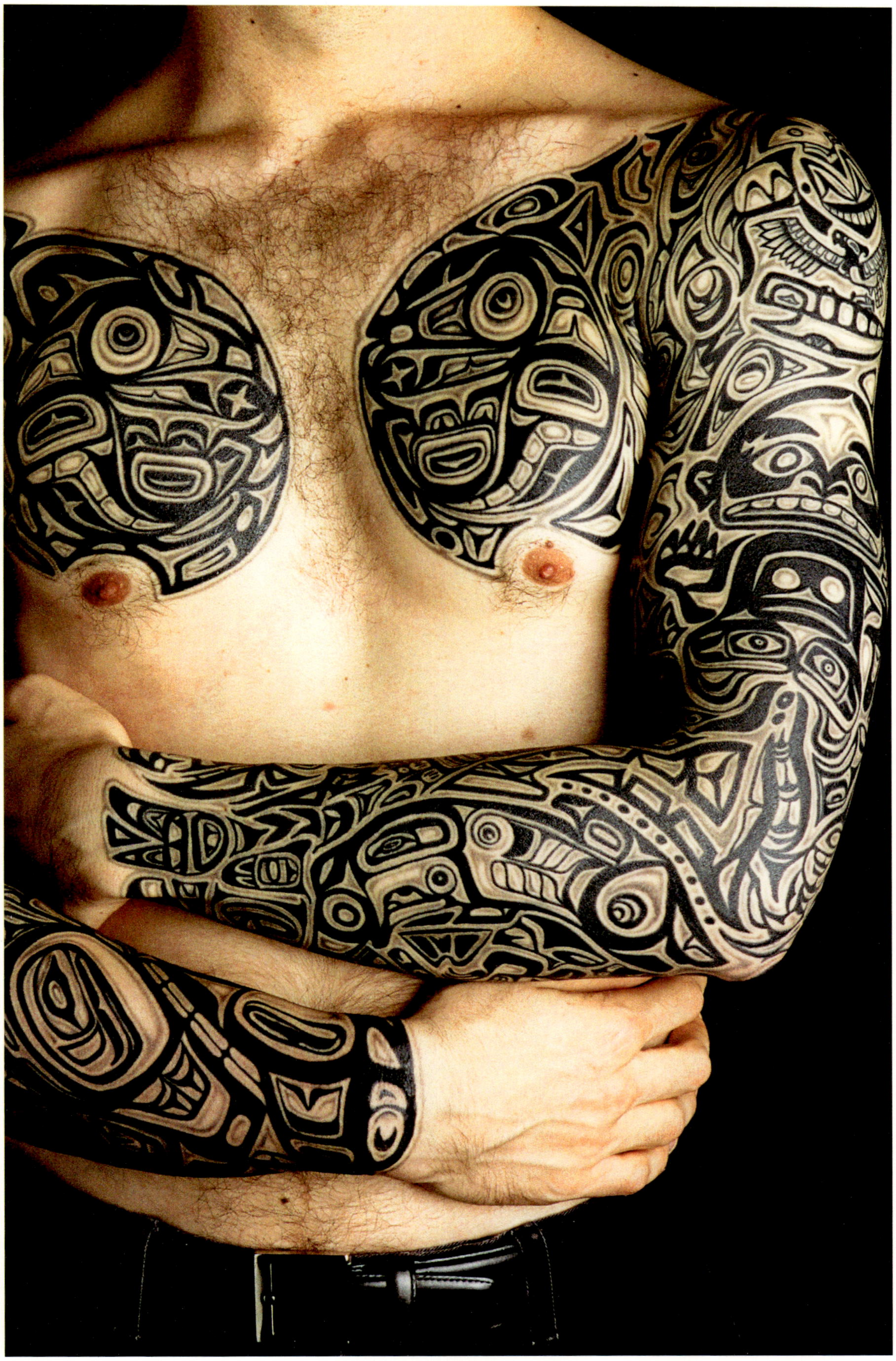

Tierdarstellungen der Körperkunst und insbesondere der Tatauierungen schmückten auch prachtvolle Hauspfosten, Decken und andere Gegenstände des häuslichen Bereichs.

Potlatch-Feste und Wappenpfähle

Wegen des natürlichen Reichtums aus Meer, Flüssen und Wäldern als »Überflussgesellschaften« bezeichnet, mussten die Kulturen der Nordwestküste Reichtum und Erfolg zur Schau stellen. Verschwenderische Potlatch-Feste wurden ausgerichtet, bei denen der Gastgeber durch das Verteilen von wertvollen Geschenken an die Gäste seinen Ruhm mehrte und seine Stellung in der Gesellschaft festigte. Das Wort *potlatch* kommt aus der Sprache der Chinook-Indianer und bedeutet »geben«. Der Ablauf der Potlatch-Feste war streng reglementiert und sie fanden aus unterschiedlichen Anlässen statt, wie Namengebung, Heirat oder Amtsantritt eines Häuptlings.

Auch Gegenstände wurden aufwändig verziert – wie die bis zu 15 Meter hohen Wappenpfähle, die mit reichen Schnitzereien und bunt bemalt die Häuser überragten. Diese Holzpfähle werden oftmals als »Totempfähle« bezeichnet, fälschlicherweise, denn die dargestellten Tiere – die Wappentiere eines Häuptlings oder einer Familie – werden nicht kultisch verehrt.

Aus diesem reichen kulturellen Erbe schöpfen noch heute zahlreiche Künstler der Nordwestküste. Kreativ und fantasievoll verwenden sie ihre kulturellen Wurzeln als »Setzlinge« ihrer neuen künstlerischen Freiheit.

Ganzkörpertattoo im unverwechselbaren Stil der Nordwestküsten-Indianer. Typisch sind die stark schematisierten Tiermotive (Rabe, Wolf, Biber, Wal) in Doppelprofildarstellung.

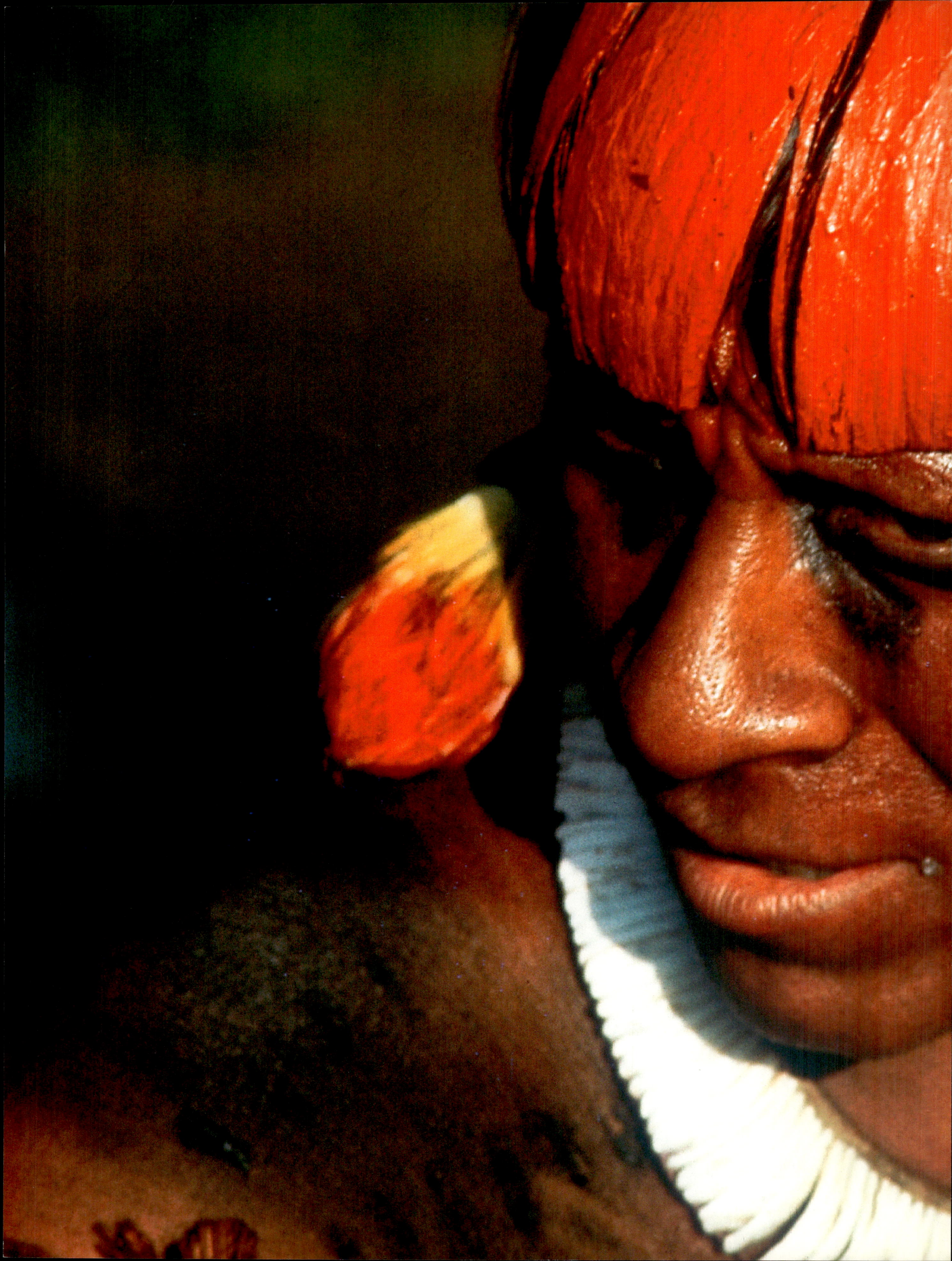

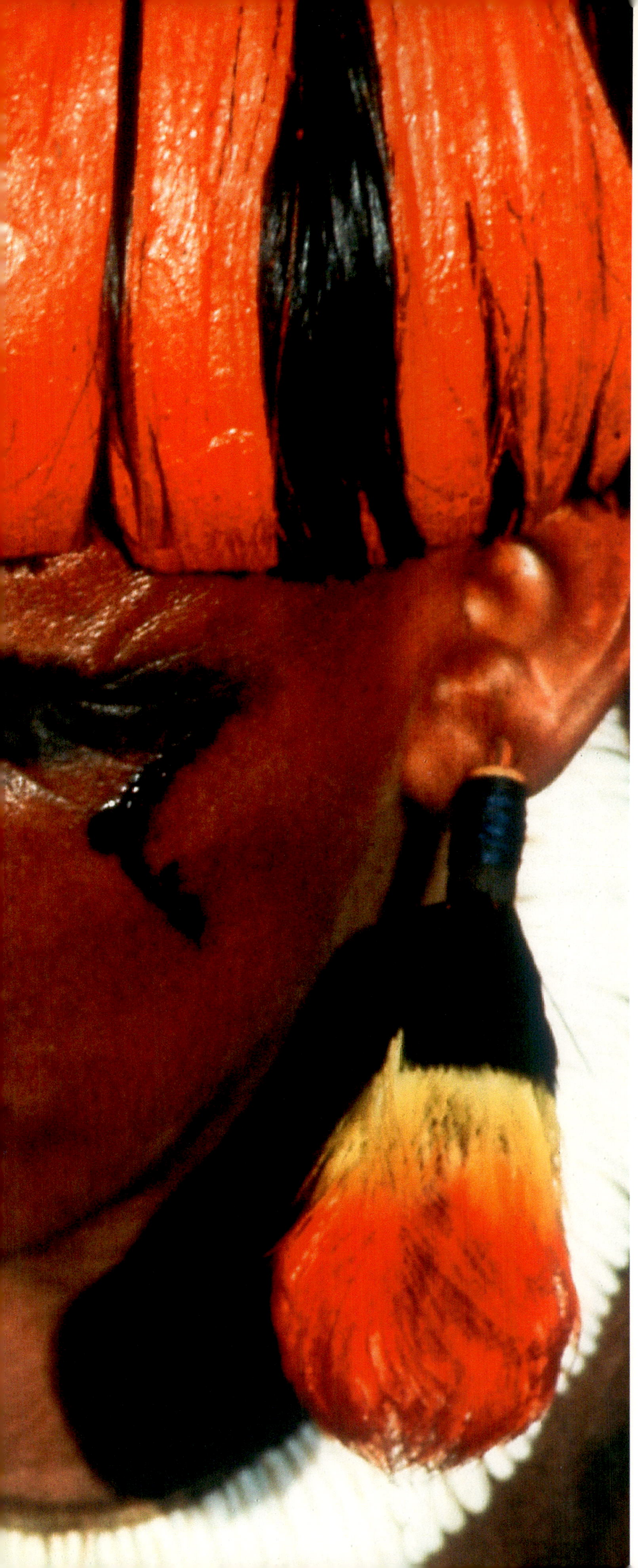

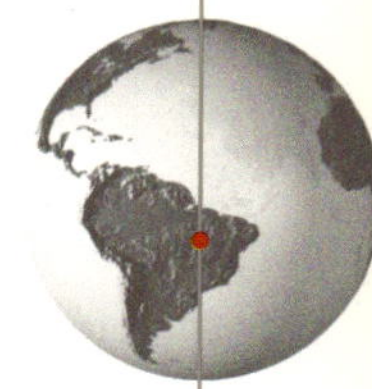

Schon vor Jahrhunderten haben sich am Alto Xingú (oberen Xingú) in Brasilien Gruppen verschiedener Herkunft und Sprache zu einer relativ homogenen kulturellen Gemeinschaft zusammengefunden. Zu den bekannteren Ethnien zählen die Kamayurá, die Mehinakú, die Kuikúro und die Waurá. Heute leben im 1961 gegründeten Parque Indígena do Xingu etwa 4000 Xinguanos unter Selbstverwaltung.

Indianisches Südamerika

Körperbemalung als unmittelbare Kunstform: Indianer im Alto Xingú

Die Kunst der Indianer Südamerikas spiegelt eine beeindruckende Verbindung aus schöpferischem und handwerklichem Können, spiritueller Welt und ritueller Handlung wider. Dabei nimmt die Körperbemalung eine besondere Stellung ein. Direkt auf die Haut aufgetragen, schafft sie eine zweite, soziale Haut. Mythologie, Sozialordnung und Persönlichkeit finden auf dem Körper eine individuelle Abbildung, die den Platz des Einzelnen innerhalb der Gesellschaft kennzeichnet. Zugleich trägt sie dem menschlichen Bedürfnis nach künstlerischem Ausdruck Rechnung. Manche indianische Gruppen tun das in reduzierter Form, andere entwickelten eine Variationsbreite an Motiven und Mustern, die den westlich geprägten und auch heute noch weit verbreiteten Blickwinkel von der »Gebrauchskunst der Primitiven« widerlegt. Die Bewohner im Gebiet der Quellflüsse des Rio Xingú in Brasilien, dem Alto Xingú, gelten als ausgewiesene Kunstliebhaber. Die Körperbemalung gehört dabei zu den wichtigsten Äußerungen. Sie ist eingebettet in Musik, Tanz, Maskenkult, Keramik und Schnitzerei, hat aber auch eine praktische, profane Seite: Sie schützt vor Sonnenstrahlen und Insekten!

Die herausgeputzten Xinguano-Männer verkörpern geradezu indianisches Selbstbewusstsein: Der Federschmuck und die kräftigen Farben der Bemalung von Gesicht und Frisur signalisieren den ungebrochenen Fortbestand alter Traditionen.

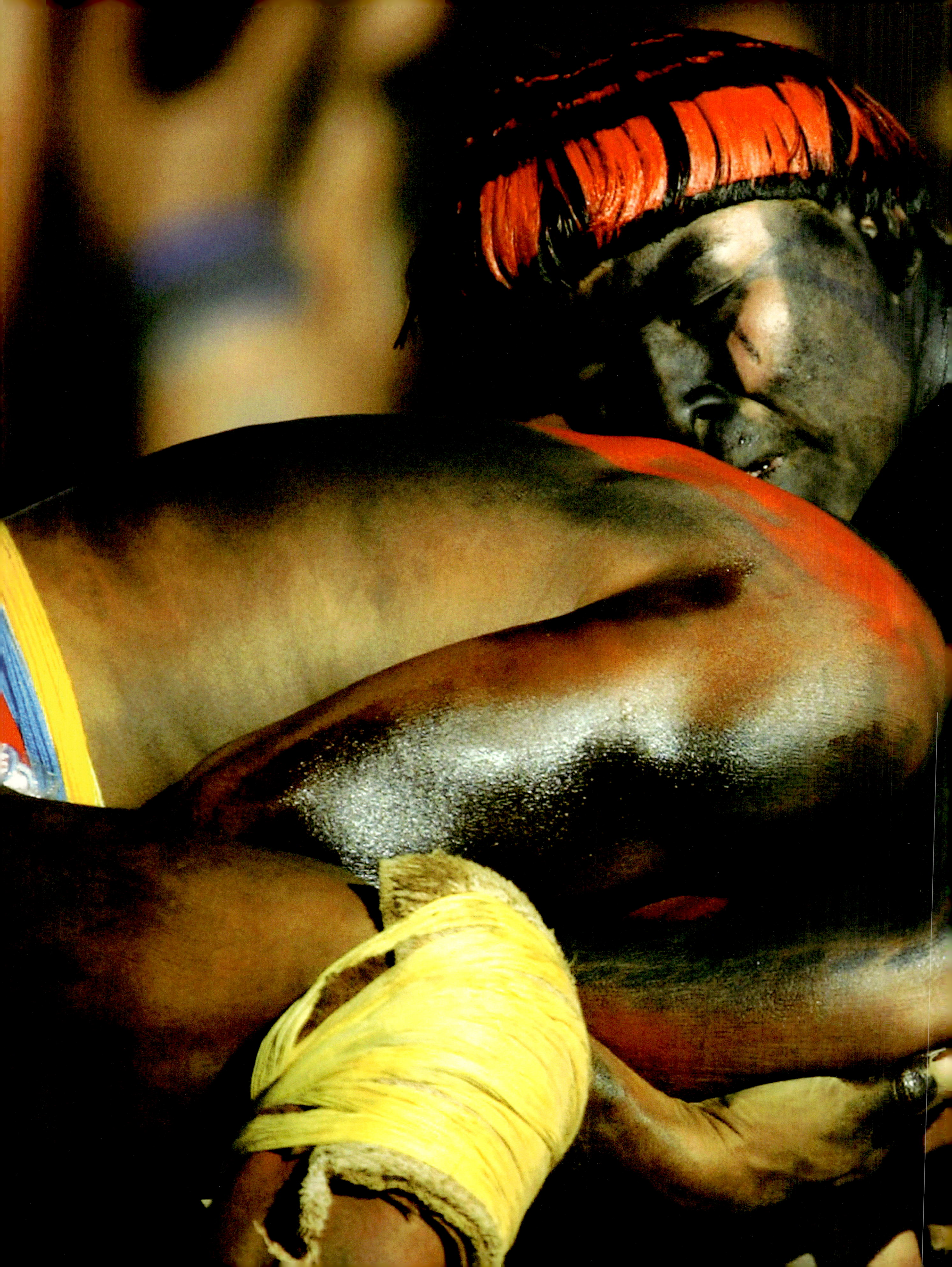

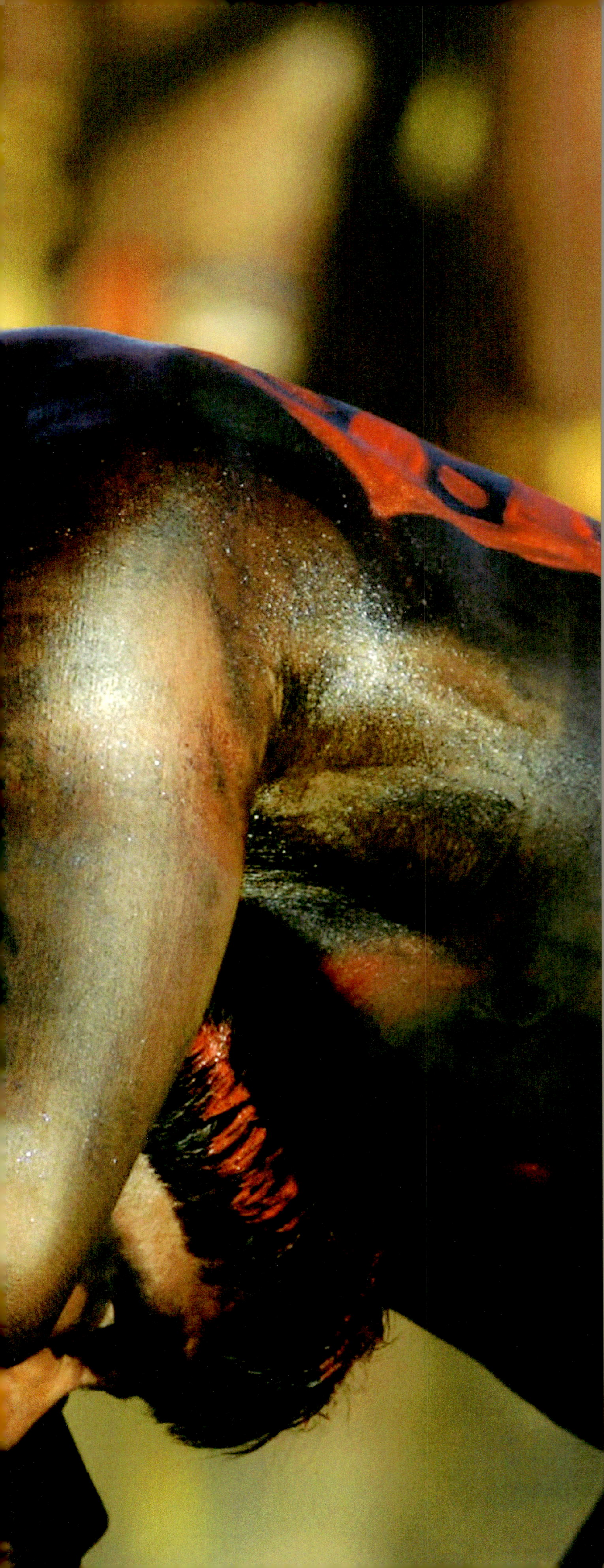

Links:
Spannungen bei Festen, an denen unterschiedliche Gruppen aus dem Alto-Xingú-Gebiet teilnehmen, werden sportlich genommen: Die jungen Männer messen sich im *huka-huka*-Ringkampf, einer Art indianischem Wrestling. Sieger ist, wer zuerst die Kniekehle seines Gegners berührt. Die Männer haben ihre Körper mit schwarzer Farbe bemalt. Muster auf dem Rücken erinnern an die Zeichnung von Jaguar und Anakonda.

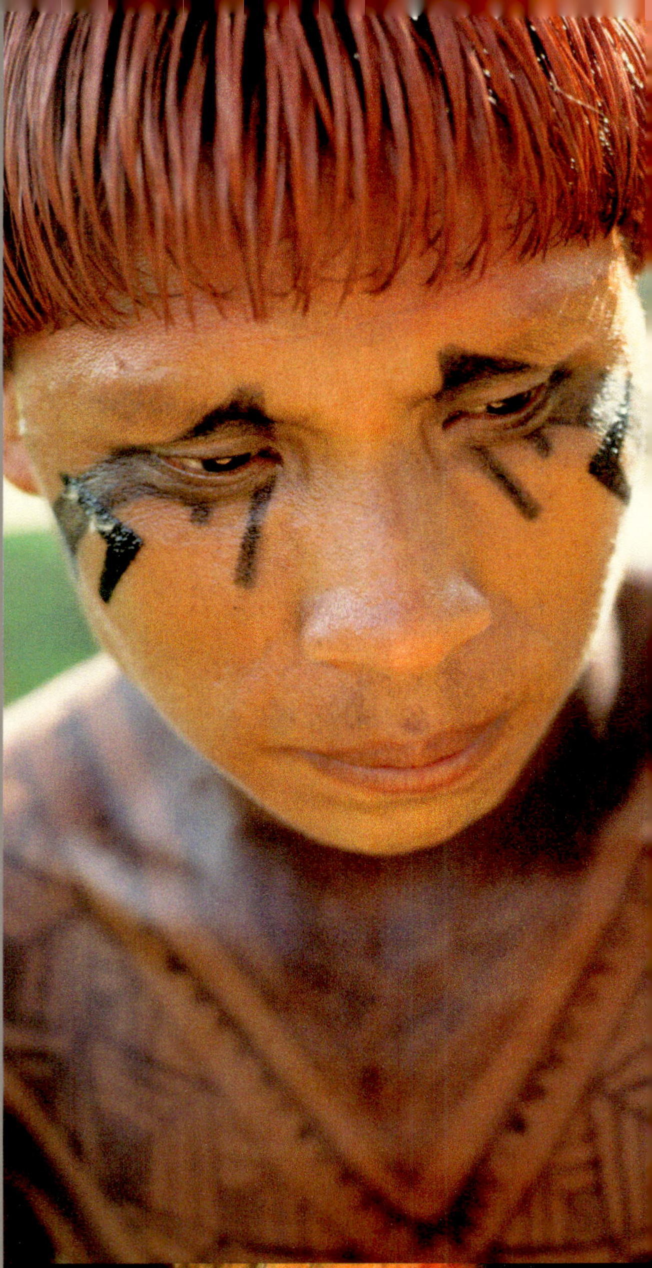

Rechts:
Das Auftragen schwarzer Farbe ist bei den Xinguanos das Privileg der Männer. Sie verfügen über ein großes Repertoire geometrischer Muster, die jedoch trotz ihrer Abstraktheit immer konkrete mythische Bilder und Begebenheiten vergegenwärtigen.

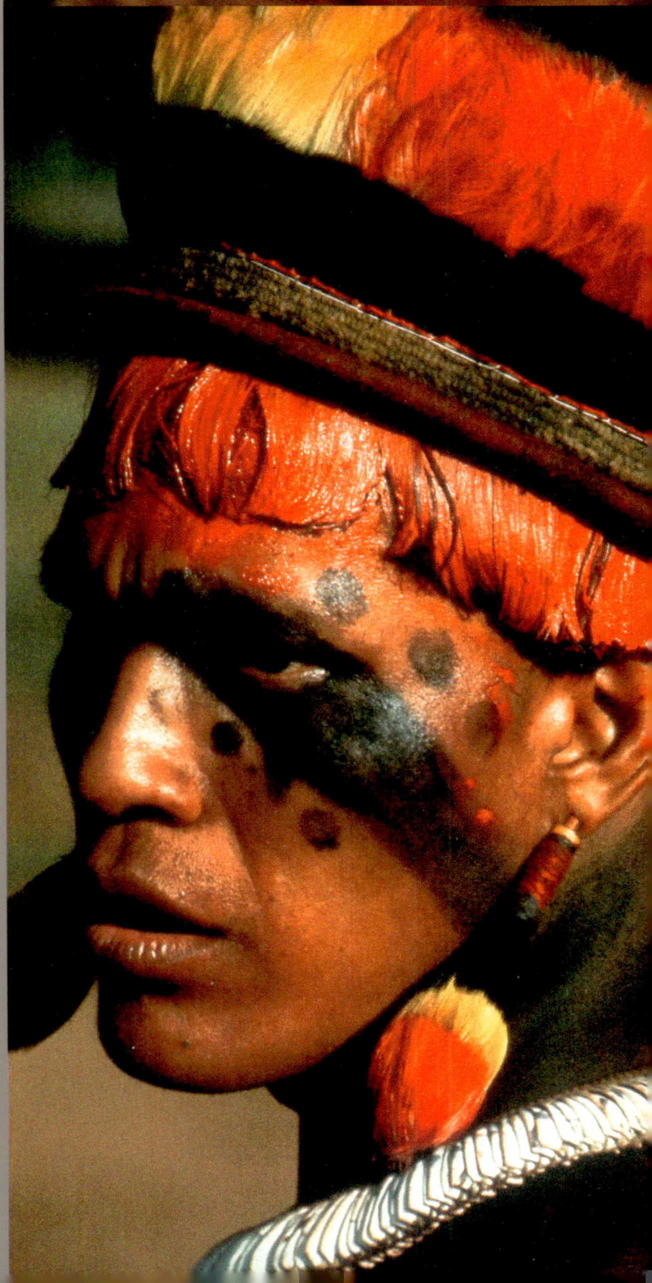

Rechts:
Der alltägliche Schmuck der Xinguanos aus Ohrgehängen und Halsketten wird zu Festzeiten durch Körperbemalung und das Tragen von Federkronen ergänzt. Die schwarzen Punkte im Gesicht dieses jungen Mannes verweisen auf die Fellzeichnung des Jaguars, der schwarze Streifen ist vermutlich ein Fischmotiv.

die xinguanos

fokus künstlerischen ausdrucks der xinguanos ist der menschliche körper: was als abstrakte zeichen erscheint, bündelt in wahrheit mythische vorstellungen, persönliche verfassung und sozialen status.

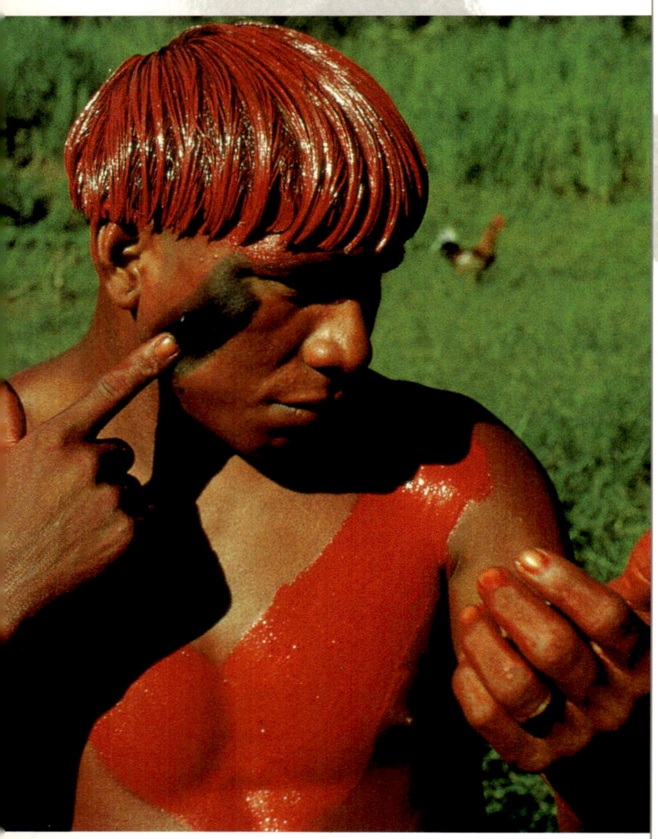

Zum Farbspektrum der Männer gehören Rot, Schwarz und Weiß, wobei die Beimischung von Pflanzenöl dem Farbauftrag besonderen Glanz verleiht. Bei aller rituellen Bedeutung darf das zutiefst menschliche Bedürfnis zu gefallen nicht vergessen werden.

Der Alto Xingú ist ein Indianerschutzgebiet, in dem Stammesgesetze die staatliche Gerichtsbarkeit ersetzen. In Brasilien spricht man bei dem zweitgrößten Strom des Landes auch vom »Fluss der Deutschen«, da deutschsprachige Wissenschaftler dort die ersten völkerkundlichen Forschungen durchführten. Am bekanntesten sind die so genannten Xingú-Expeditionen, die 1884 mit Karl von den Steinen begannen.

Die Indianer des Alto Xingú gehören fünf verschiedenen Sprachgruppen an: Aruak, Tupí, Karaibe, Gê und Trumai. Diese werden wiederum zu verbreiteten, größeren südamerikanischen Sprachfamilien gerechnet, wobei die Trumai keiner größeren Sprachgruppe zugeordnet werden können. Man geht davon aus, dass einzelne Gruppen dieser Sprachfamilien vor rund 200 Jahren im Alto Xingú ein Rückzugsgebiet fanden, in dem sie weitgehend abgeschirmt von westlichen Einflüssen bis heute überleben konnten. Nach ihrem Siedlungsgebiet und der durch Handelsbeziehungen, gemeinsame Feste sowie Heiraten zwischen den Stämmen vereinheitlichten Kultur werden sie als »Xinguanos« bezeichnet. Die Dörfer der Xinguanos sind meist kreisförmig angelegt. Im Zentrum steht das Männer- oder Flötenhaus, um das sich die oval geformten Wohnhäuser reihen.

Verbunden mit der mythischen Urzeit

Das Leben der Indianer des Alto Xingú ist durchzogen von einer Fülle festlicher Zeremonien, die sich nach dem Rythmus von Trocken- und Regenzeit, der Stellung von Sonne und Mond und bestimmten Lebensphasen der einzelnen Gruppenmitglieder richten. Ein Großteil der Feste findet während der Trockenzeit statt und bietet Anlass für die ausgiebige und facettenreiche Bemalung des Körpers. Diese drückt die Rolle des Einzelnen sowohl im Alltag als auch im rituellen Leben aus. Kunst – und das gilt nicht nur für die Körperbemalung – ist hier eng verbunden mit religiösen Vorstellungen und dient auch dazu, die mythische Urzeit in die Jetztzeit hinein wirken zu lassen. Der Akt des Malens an sich bedeutet Kontaktaufnahme mit den Geistern, die bei den Zeremonien durch Tänze und Gesänge erscheinen. Als Ornamente werden geometrische Muster sowie Tier- und Pflanzensymbole verwendet. Dabei unterscheiden die Xinguanos zwischen Tieren, die den Menschen beschützen, und Tieren, die man fürchtet, wobei dieselben Tiere oft beide Aspekte vereinen. Zur ersten Gruppe zählen Fischsymbole. Gängigstes Muster ist die Zeichnung einer Raute, deren Ecken durch kleine Dreiecke ausgefüllt sind. Sie steht für den kleinen Lagunenfisch. Zu den gefürchteten Tieren zählen Schlangen und der Jaguar. Die Gefährlichkeit des Tieres, beziehungsweise seiner übernatürlichen Entsprechung in Form von Geistwesen, wird durch das Symbol gebannt und geht dadurch auf den Träger über, dem es hilft, Feinde abzuwehren und sich Respekt zu verschaffen. Gleichzeitig bedeutet die Bemalung auch eine Bedrohung für den Träger, denn sie kann die Geister herbeirufen.

Kreise ahmen die Fellzeichnung des Jaguars nach, Zickzacklinien stehen für die Schlange. Jedes Tier, besonders Jaguar und Schlange, begegnet uns in unterschiedlichen Motiven, die je nach Anlass, Geschlecht, Alter und persönlichen Beweggründen des Trägers zum Einsatz kommen. Rot, Schwarz und Weiß sind die gebräuchlichen Farben. Rot, *urucú* oder *achiote,* wird aus den Samen des Strauches *Bixa orellana* gewonnen, Schwarz, *genipa,* aus den Früchten des Genipa-

Zwei Männer helfen sich gegenseitig bei der Festbemalung. Das Rückenmotiv des einen kombiniert die Zeichnung der beiden mächtigsten Bewohner des Tierreichs: Jaguar (Kreise) und Anakonda (Zickzacklinien). Eine Besonderheit der Körperkunst im Alto Xingú ist die Frisur: das Auftragen von Farbpaste auf die typische »Topffrisur« der Männer verleiht dem Haar eine helmartige Beschaffenheit (rechtes Bild).

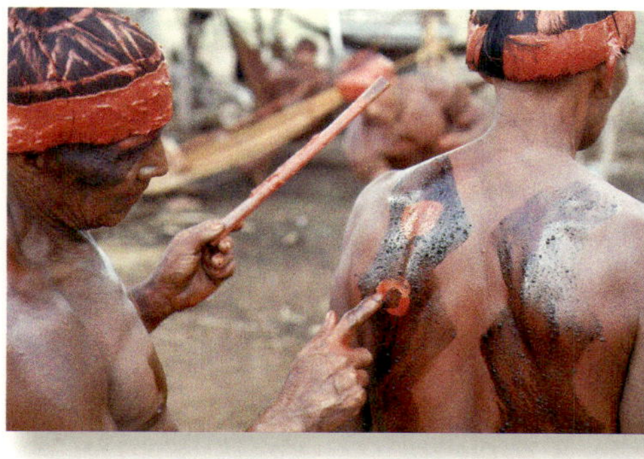

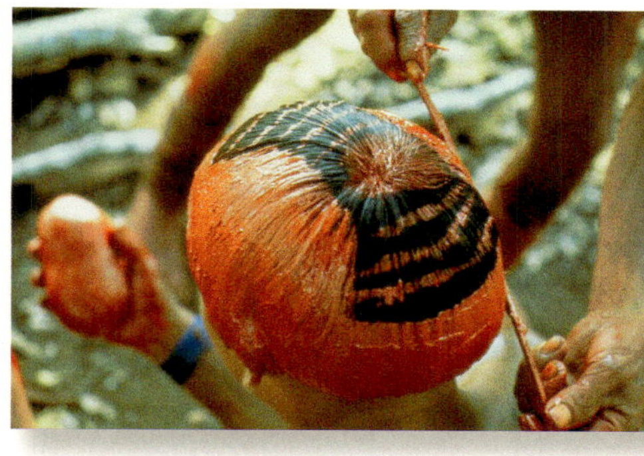

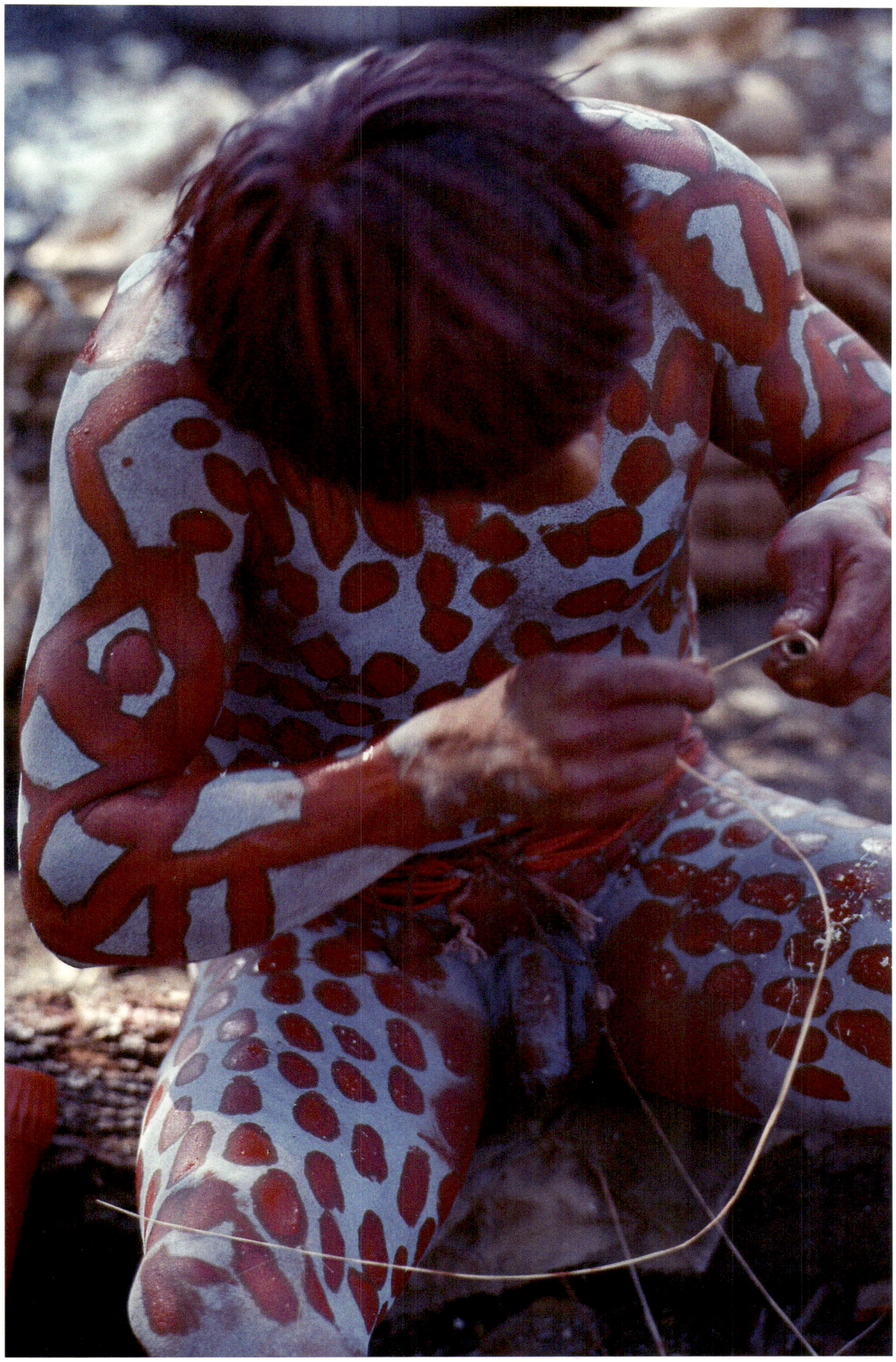

pobaumes *(Genipa americana)*. Oft verwendet man auch Holzkohle und Ruß. Eine Mischung aus kreideartigem Ton und Wasser ergibt die Farbe Weiß. Zusätzliches Einreiben mit Öl aus der Piquifrucht oder Fischfett lässt die Haut glänzen. Männer benutzen alle drei Farben und bemalen den ganzen Körper, einschließlich der Arme und Beine. Dabei gibt es keine Regel, welche Farbe als Grundierung und welche zum Auftrag der Ornamente dient. Die Auswahl ist aber an bestimmte Feste und Tänze gebunden. Bei besonderen Zeremonien bestreichen die Männer ihr Haupt mit einer dicken Schicht *urucú* und malen darauf schwarze Muster. Die Frauen verwenden fast ausschließlich Rot und bemalen sich – außer bei der Frauenzeremonie *yamarikumá* – immer nur die Beine. Manchmal nehmen sie *urucú* als Grundfarbe und zeichnen darauf schwarze Ornamente.

Die Muster erscheinen auch auf Gebrauchsgeräten wie Grabstöcken für Maniok oder Körben und Keramiken sowie auf zeremoniellen Gegenständen wie Schwirrhölzern, geschnitzten Figuren, Kalebassen und Masken. Bei manchen Festen oder Tänzen werden Masken aus Rindenbast, Baumwollgewebe oder Holz angelegt. Die Masken verkörpern tiergestaltige Geister und Dämonen, die von Zeit zu Zeit gebändigt werden müssen. Auch Vogelfedern werden zu farbenprächtigem Körperschmuck verarbeitet oder direkt auf die Haut aufgeklebt. Ein wichtiges Festelement sind Musikinstrumente, besonders die heiligen Flöten, die im Männerhaus aufbewahrt werden. Tage- und nächtelange Flötentänze leiten viele Feste und Zeremonien ein.

Ein Muster aus roten Tupfen auf Weiß soll das Mutum vorstellen, einen eher unscheinbaren Hühnervogel, dem die Xinguanos gleichwohl mythische Bedeutung zumessen.

Die Feste der Xinguanos

Das traditionelle Leben der Xinguanos ist geprägt von engen zeremoniellen Beziehungen der Dörfer untereinander. Höhepunkt ist dabei neben dem Yawarí-Kampfspiel das Kuarup-Fest.

Das Kuarup-Fest

Tod, Wiedergeburt und Fruchtbarkeit sowie die Pflege der Beziehungen mit anderen Indianergruppen sind die zentralen Punkte des Rituals. Zunächst fällen die Männer Baumstämme. Geschnitzt und bemalt, stellen sie die Toten des vergangenen Jahres dar und symbolisieren zugleich bestimmte mythische Wesen. Ihre Bemalung folgt der des Geschlechts des dargestellten Verstorbenen. Zu einem männlichen Toten kann beispielsweise das Fischsymbol gehören, zu einer weiblichen die Schlange. Die Bemalung wird durch Federschmuck und Baumwollfäden ergänzt. Ornamente und Musik verwandeln die Kuarup in etwas Gefährliches. Diese Gefahr dauert so lange an,

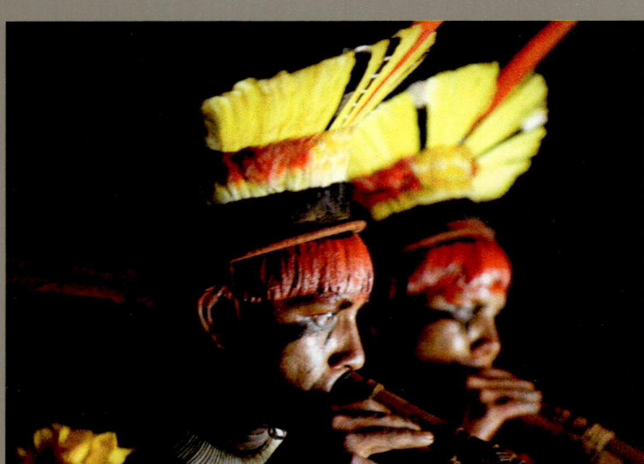

Yawalapití-Männer blasen die Uruá-Flöten: Die Herstellung dieser Flöten ist das Privileg von Häuptlingsfamilien; ihr Spiel begleitet den Tanz eines jungen Paares beim Kuarup-Totenfest, welcher den Triumph jungen Lebens über den Tod anzeigt.

bis die Totenseelen aus dem Dorf verjagt sind. Danach wirft man die Holzpfosten achtlos in den Fluss.

Die Bemalung der Teilnehmer des Festes folgt genau festgelegten Regeln. Der Bote ist mit dem Muster »Holzschemel« geschmückt. Die Trauernden tragen das Motiv des Pacúfisches. Die anderen Teilnehmer bemalen sich mit einem Muster aus Zickzacklinien. Nachts tanzen die Männer um die Pfosten, die Frauen singen. Dann betreten die Mädchen und Jungen den Platz. Bereits beschlossene Ehen werden nun durch gegenseitiges Haareschneiden öffentlich vollzogen.

Im Alto Xingú finden oft so genannte intertribale Feiern statt: Ein Dorf lädt Gäste aus anderen Dörfern ein. Ein Bote, der *páreat,* ist meistens tagelang unterwegs, um den befreundeten Gruppen die Einladung zu überbringen. Günther Hartmann, Leiter der siebten Xingú-Expedition von 1983, traf im Alto Xingú einen Boten, der bis auf einen breiten roten Strich zwischen Augen und Wangenknochen am ganzen Körper schwarz bemalt war. Die Gäste lagern außerhalb des Dorfes und werden vom *páreat* betreut. Bei jedem Fest sorgt ein Festleiter für den reibungslosen Ablauf. Anhand der Körperbemalung lassen sich Anfang, Dauer und Ende einer bestimmten Festperiode sowie die Funktionen der einzelnen Teilnehmer ablesen. Am Beginn der Zeremonien steht der rituelle Ringkampf *huka-huka.* Die Teilnehmer messen sich dabei in Schnelligkeit und Kraft. Bei intertribalen Festen kämpfen die Besten jeder Gruppe und auch die Häuptlinge gegeneinander. Unter den vielen Feiern sind die meisten dem männlichen Bereich zugeordnet. Das Kuarup-Totenfest zählt dabei zu den bedeutendsten.

Das Kuarup wird am Ende der Trockenzeit, also Ende August oder Anfang September, gefeiert. Es ist ein Fest der Erinnerung an die Verstorbenen des vergangenen Jahres. Zugleich begeht man die Initiation der Heranwachsenden, die mit der Zeremonie in die Erwachsenenwelt aufgenommen werden. Im Alto Xingú erzählt man sich den Mythos von Arakoni. Hier erfahren wir etwas über den Ursprung der Körperbemalung und das Kuarup: Arakoni und seine Schwester Kamayulalo schliefen kurz vor der Initiation miteinander. Arakoni, der mit dem Muster der Jabutí-Waldschildkröte bemalt war, hinterließ dabei auf dem Körper des Mädchens einen farbigen Abdruck. Da sich die Mädchen in dieser Phase nicht bemalen, wurde die Mutter mißtrauisch und forschte nach, welcher der Jungen dieses Muster trug. Arakoni war schnell entlarvt. Da verprügelte die Mutter beide und zerstörte Arakonis Besitz. Die Geschichte dieses Inzests verbreitete sich in Windeseile. Als selbst schon die Affen darüber sprachen, beschloss Arakoni, fortzugehen. Er bat einen Freund, nach seinem Weggang ein Totenfest, ein Kuarup, zu veranstalten. Dann verwandelte er sich in ein Tier und zog nach Morena, dem mythischen Ursprungsort, wo sich die Quellflüsse des Rio Xingú vereinen. Arakoni soll noch immer dort leben. Er hatte den Menschen die Motive zur Bemalung gezeigt und sie die richtigen Lieder für das Kuarup-Ritual gelehrt.

Das Yamarikumá-Ritual der Frauen

Das wichtigste Frauenfest, die Yamarikumá-Zeremonie, ist die Inszenierung eines Mythos, der berichtet, wie die Frauen aus Ärger über ihre Männer zu Geistwesen wurden: Vor der Initiation der Knaben, bei der die Ohrläppchen durchbohrt werden, brachen die Ehemänner zum Fischfang auf. Nachdem sie lange Zeit nicht heimkehrten, zog der Sohn des Häuptlings los, sie zu suchen. Er fand die Männer, doch sie versteckten die Fische und verwandelten sich in Wildschweine. Die Frau des Häuptlings vollzog daraufhin selbst die Initiation der Knaben und forderte alle Frauen auf, das Dorf zu verlassen. Sie malten sich mit rotem *achiote* die Motive der Männer auf, trugen deren Federschmuck und tanzten mit übergroßen, männlichen Schritten. Sie legten ihre Namen ab und bezeichneten sich als Yamarikumá-Geister. Singend zogen sie von Dorf zu Dorf und benutzten dabei unterirdische Tunnel, die ihnen ein alter Mann grub, den sie in ein

Das wichtigste Ereignis der Frauen im Alto Xingú ist das Yamarikumá-Fest. Die Frauen schmücken sich dabei mit der für Männer typischen Bemalung, tragen Federschmuck und Waffen und führen *huka-huka*-Kämpfe aus (linkes Bild). Rechts: Zwei Männer beim Kuarup-Fest. Die Muster verweisen auf Tiergeister, die feindliche Kräfte darstellen. Ihre Abbildung auf dem menschlichen Körper kommt dabei einer Zähmung gleich.

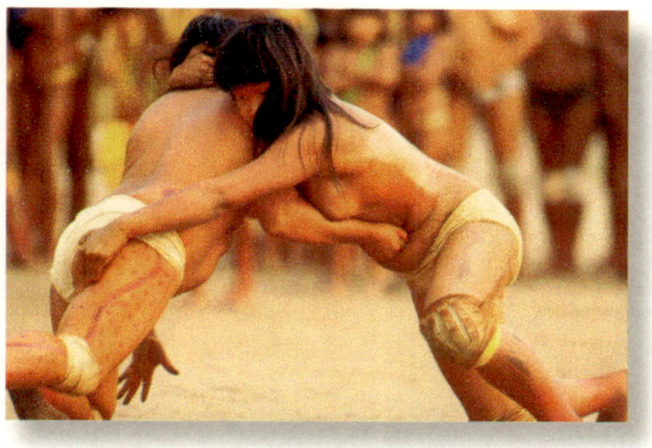

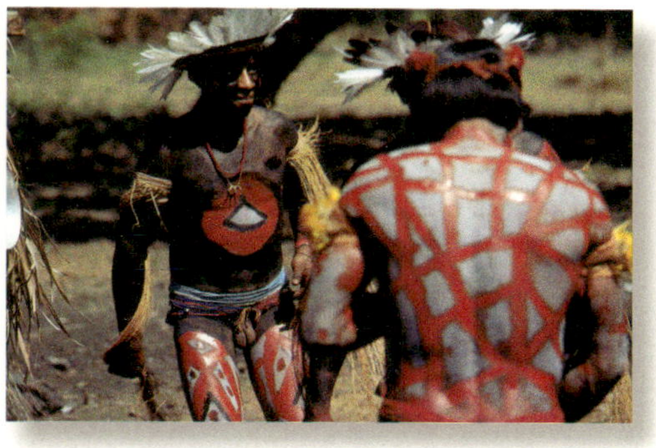

Gürteltier verwandelt hatten. Immer mehr Frauen schlossen sich dem Zug an.

Das Ritual findet zu Beginn der Regenzeit statt. Die Frauen singen die Yamarikumá-Lieder und legen männlichen Federschmuck und männliche Körperbemalung an. Sie tragen Pfeil und Bogen und führen die Ringkämpfe *huka-huka* durch, die sonst nur den Männern vorbehalten sind. Die Annahme männlicher Verhaltensweisen bewirkt eine zeitweilige rituelle Umkehrung der Welt. Das Fest beginnt mit einem Tanz der Frauen. Die Anführerin trägt dabei das männliche Motiv des Jaguars. Heute werden die im Mythos beschriebenen Muster wie Schildkröte und Fischgräten nicht mehr verwendet. Die Frauen vermeiden dies, da sonst die Gefahr der Wiederholung des mythischen Geschehens in der Realität zu groß wäre.

Der Xingú-Park übt nach wie vor eine große Integrationskraft auf andere, einst den Xinguanos feindlich gesinnte Stämme aus: Die Xikrin leben heute ebenfalls dort, ihre Körperkunst steht jedoch der Tradition ihrer Verwandten, der Kayapó, nahe.

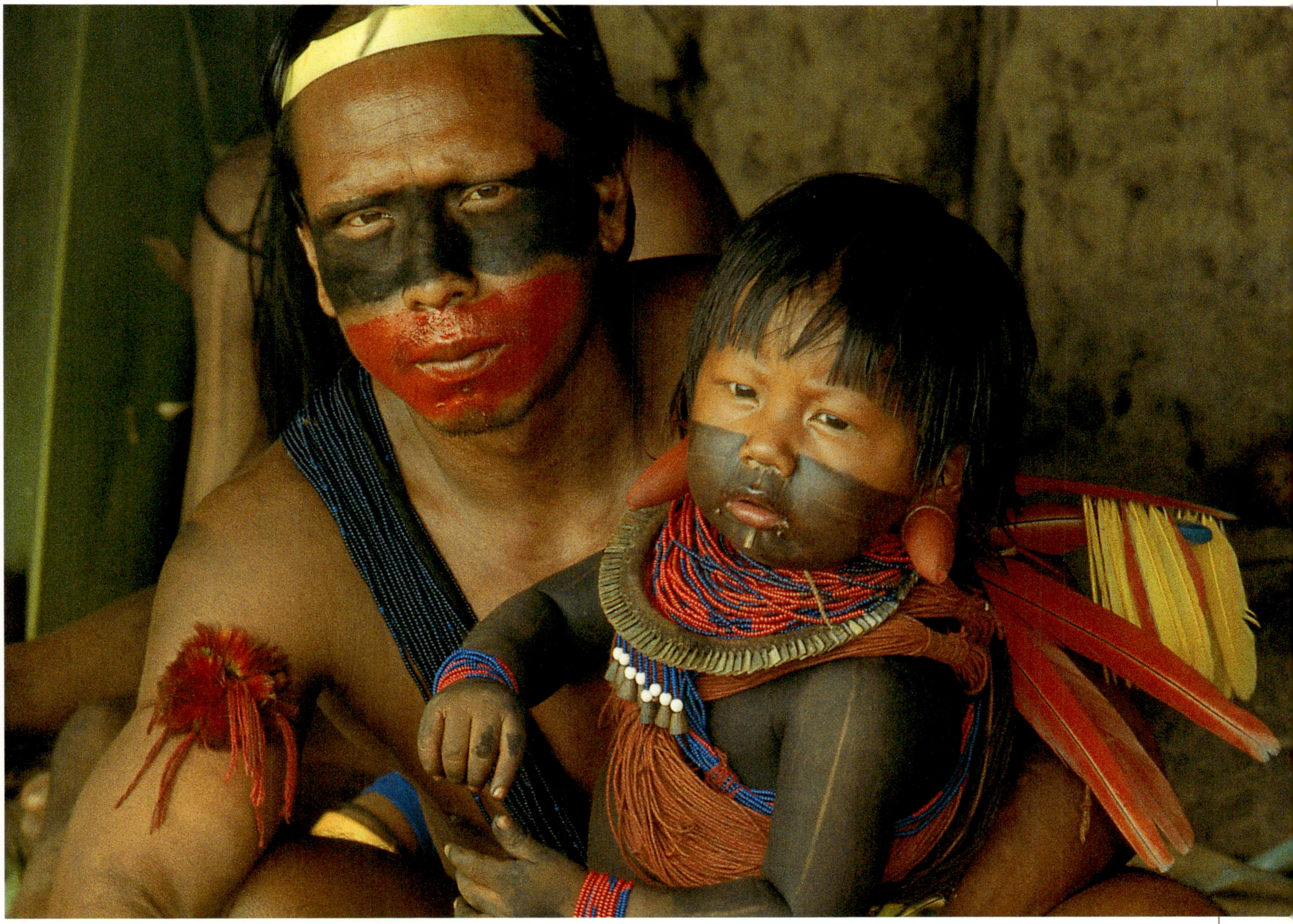

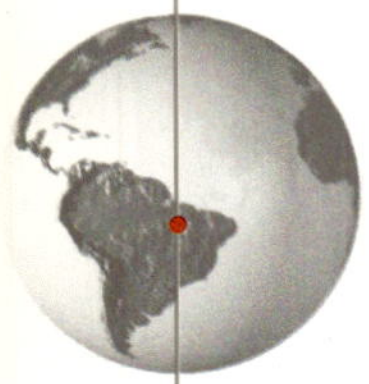

Die rund 5000 Kayapó in Zentralbrasilien, eine Volksgruppe der Gê-Sprachfamilie, haben ihre traditionelle Lebensweise weitgehend bewahren können. Ihren Ruf als »gefährliche Krieger« verstanden sie in die brasilianische Indianerbewegung einzubringen: Nicht zuletzt ihr spektakuläres Auftreten sicherte ihnen die Aufmerksamkeit der internationalen Medien.

Die Kayapó

Körper als Gesamtkunstwerk

In den brasilianischen Bundesstaaten Pará und Mato Grosso – im Alto Xingú und zwischen Rio Xingú und Rio Tocantins – leben die Schöpfer des vielleicht wunderbarsten und sicherlich ungewöhnlichsten Körperschmucks in ganz Südamerika. Die Kayapó oder Mebêngôkre beeindrucken nicht nur durch die reichhaltige Ornamentierung und kunstvolle Ausführung ihrer Körperbemalung, sondern verblüffen auch durch das Tragen von Unterlippenscheiben, die bis zu zehn Zentimeter Durchmesser erreichen können. Die Ästhetik dieses körperlichen Gesamtkunstwerkes aus Bemalung, Lippen- und Ohrschmuck, Frisur, prachtvollem Federschmuck und Armbändern folgt genau festgelegten Regeln. Sie sind wie eine symbolische Sprache und liefern Informationen über den sozialen Status, das Geschlecht, das Alter und die Befindlichkeit des Trägers. Viel Zeit und Übung sind notwendig, diese Sprache zu erlernen. Die Körperbemalung ist hauptsächlich den Frauen vorbehalten. In stundenlangen Malsitzungen schmücken sie bevorzugt ihre Kinder. Nur die Männer tragen Lippenscheiben. Sie sind typisch für die Altersklasse der Väter und ein Zeichen für das Talent, brillante Reden führen zu können.

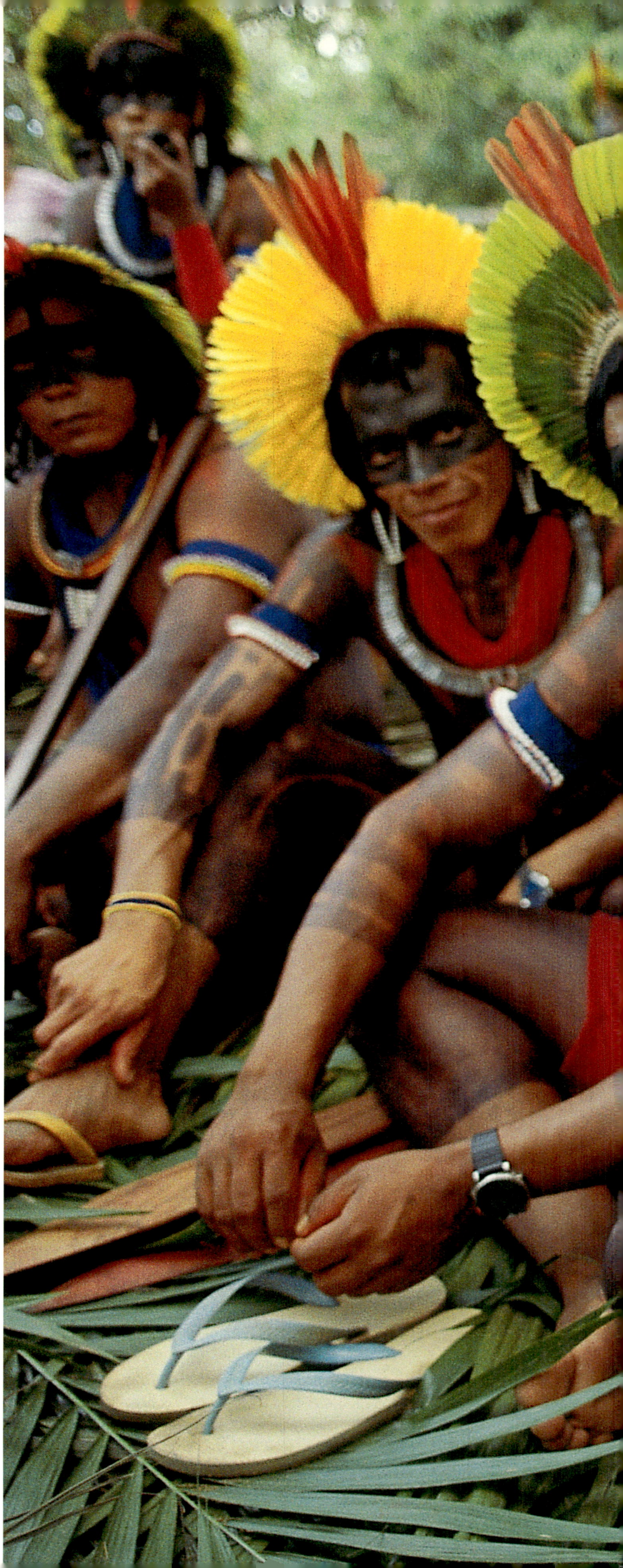

Die Kayapó zeichnen sich durch eine vielschichtige Sozialorganisation aus, die sie durch einen komplexen Körperschmuck sichtbar werden lassen. Bei festlichen Anlässen spielt neben der Bemalung von Gesicht und Körper vor allem der Federschmuck eine wesentliche Rolle.

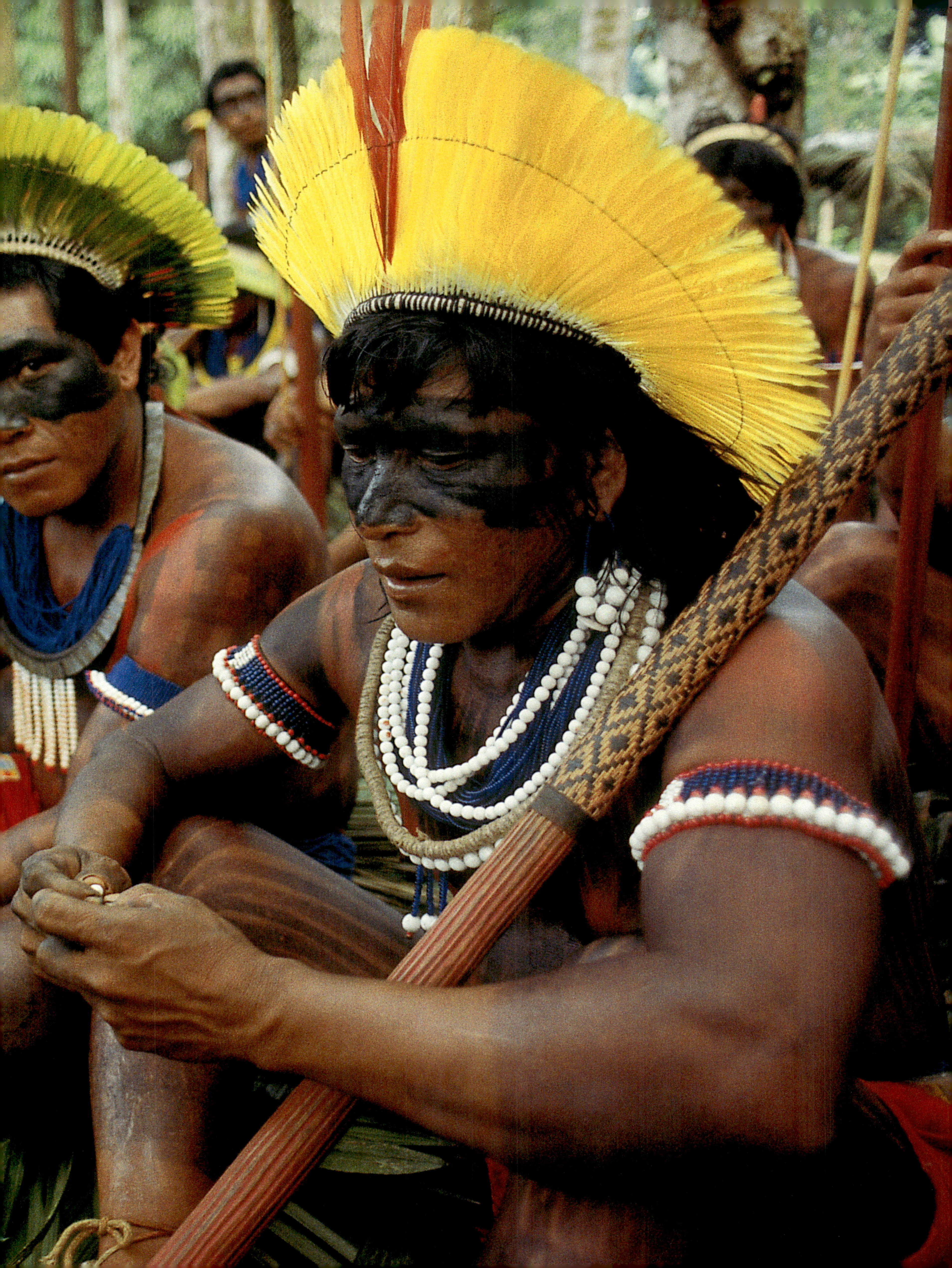

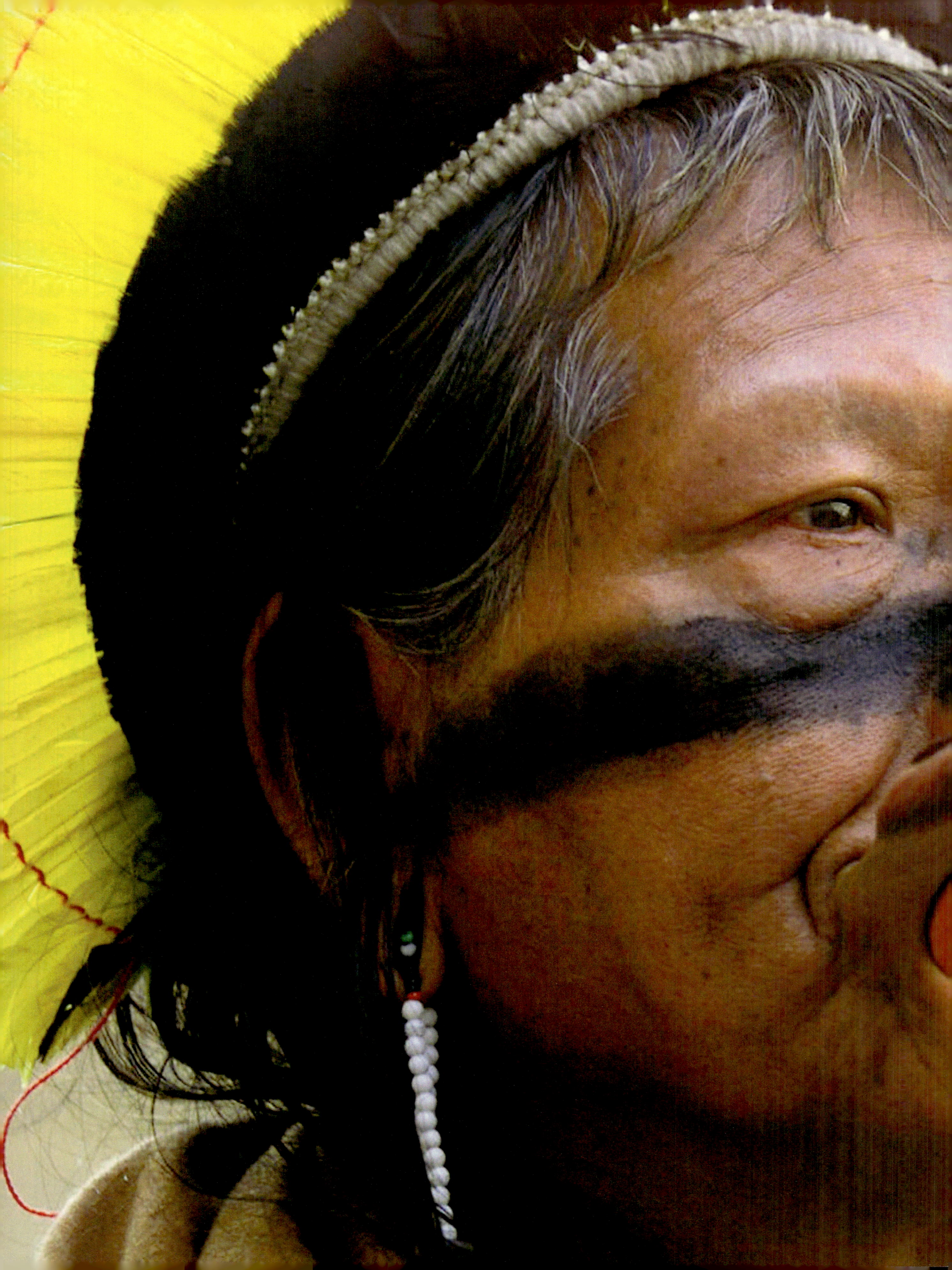

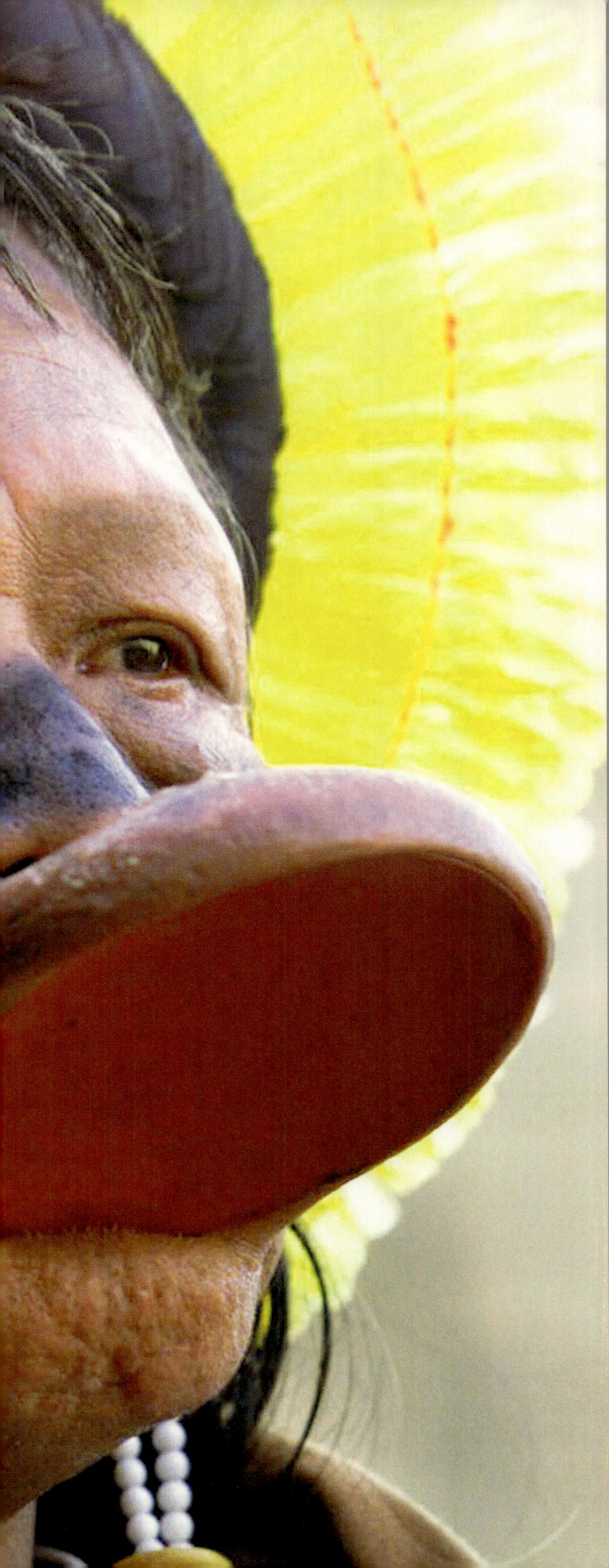

Links:
Der Körperschmuck der Kayapó-Indianer dokumentiert die Tugenden einer Person: Während Ohrpflöcke die Bereitschaft der Jugendlichen zum Zuhören signalisieren, betont die Lippenscheibe Redegabe und Befehlsgewalt eines erwachsenen Mannes. Im Bild der Kayapó-Anführer Raoni, eine der international bekannten Integrationsfiguren der Indianerbewegung in Brasilien.

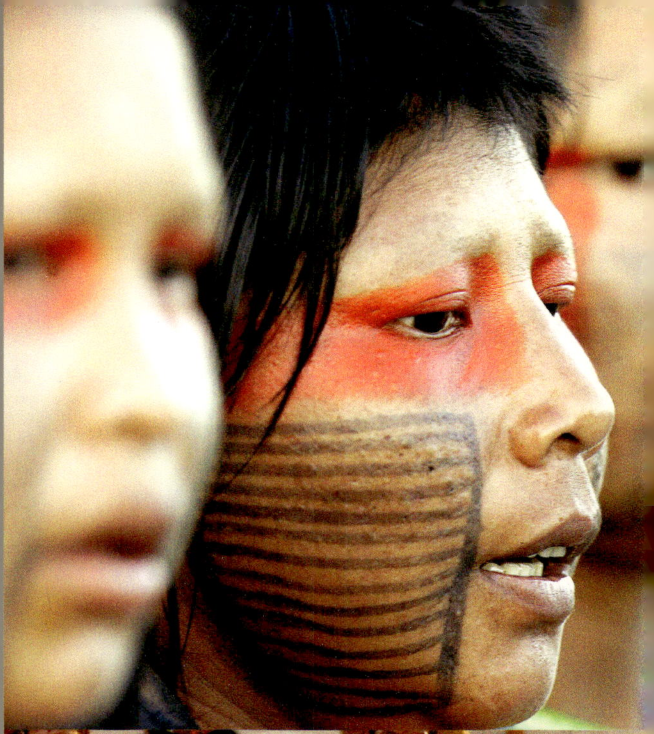

Rechts:
Die Haut gilt als Schutz der Person vor der Außenwelt: Auf ihr zeichnet sich der Widerstreit zwischen Leben (rot) und Tod (schwarz), zwischen Zivilisation und Wildnis ab.

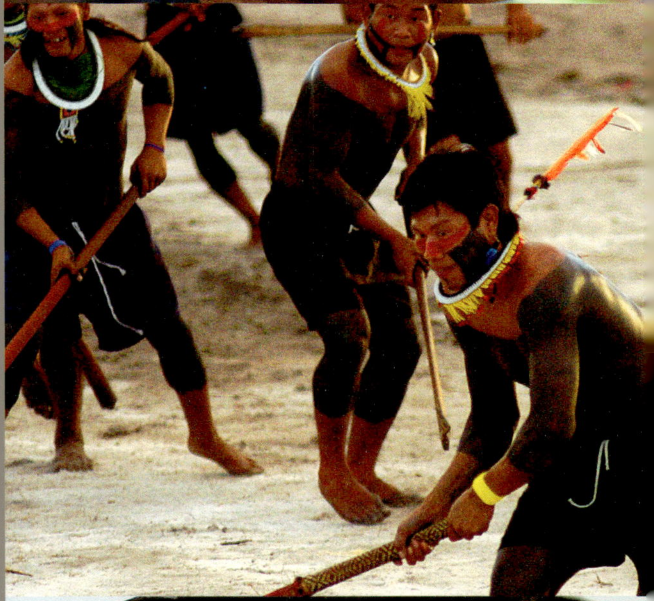

Rechts:
Die Kayapó und mit ihnen verwandte Gruppen spielen kosmologische und soziale Gegensätze gerne als Mannschaftssport aus: hier Kayapó-Männer beim *rõnkrã*, einer indianischen Form des Hockeys.

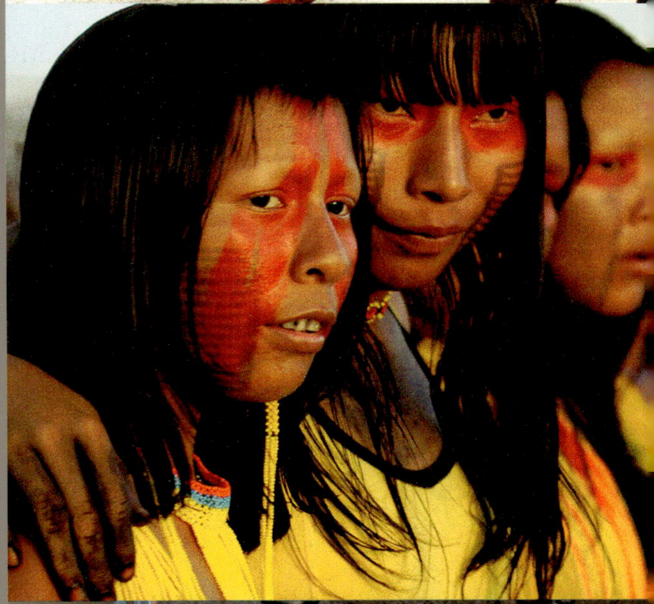

Rechts:
Fest der »bemalten Frauen« heißt eine der komplexen Zeremonien der Kayapó, worin besondere Namen, Schmuckgegenstände und Körperbemalungsmuster innerhalb von Verwandtschaftsgruppen weitergegeben werden.

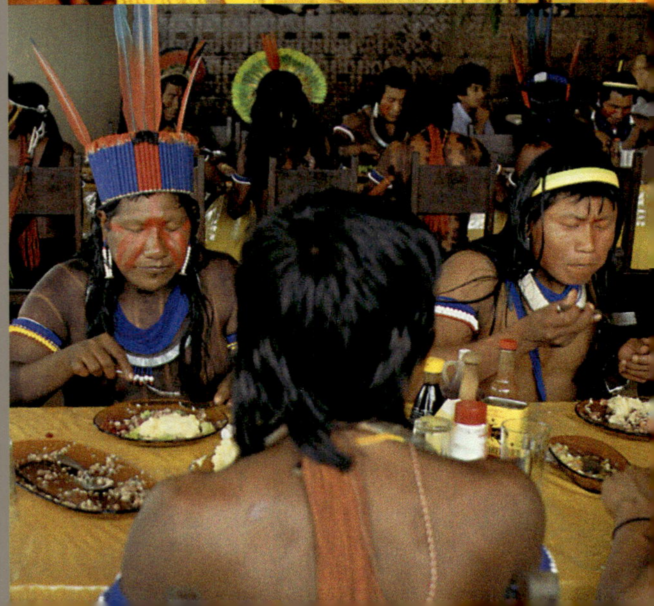

Rechts:
Auch auf überregionalen Versammlungen treten Kayapó-Politiker in ihren Farben auf: Der hohe soziale Organisationsgrad ihrer Gesellschaft ließ sich bestens in politische Durchschlagskraft umsetzen.

Die Farben der Kayapó

Über ihre natürliche Haut ziehen die Kayapó eine zweite, »soziale Haut«: sie signalisiert den Triumph der Kultur über die Natur, aber auch die Unterschiede im Gesellschaftsgefüge der Kayapó.

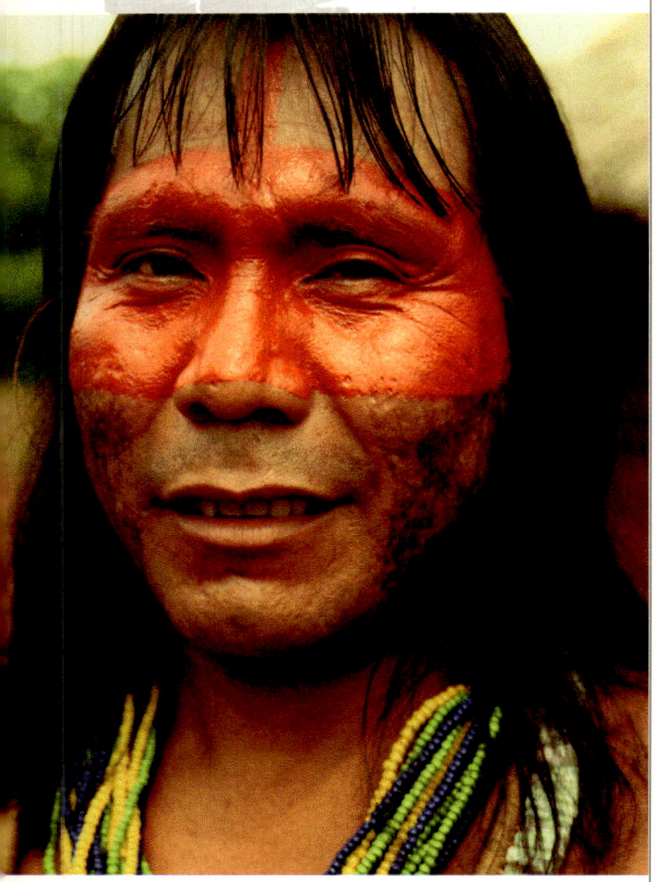

Dieser Kayapó-Mann hat einen Teil des Gesichts mit roter Farbe bemalt. Rot verbinden die Kayapó mit Körperkraft, Energie und Gesundheit. Die rote Farbe wird aus den Samen des Annatastrauchs *(Bixa orellana)*, in Brasilien *urucú* genannt, hergestellt.

Zur Bemalung ihrer Körper verwenden die Kayapó die Farben Rot *(Bixa orellana)*, Schwarz *(Genipa americana* und Holzkohle oder Ruß) und Weiß (Lehmerde). Rot symbolisiert Energie, Schnelligkeit und Gesundheit. Schwarz wird zum Auftragen der Ornamente eingesetzt. Die schwarze Farbe deutet die Zeit des Übergangs, die Grenze zwischen »wilder« Umgebung und sozialen Regeln an. Das Wort für Schwarz, *tyk*, steht bei den Kayapó für Tod. Schwarz wird auf den Rumpf und die oberen Teile der Gliedmaßen aufgetragen. Mit roter Farbe schmücken die Kayapó Gesicht, Arme, Beine und Füße. Rot wird auch zur Bemalung der Wangen und der geschorenen Kopffront eingesetzt. Schwarze Zeichnungen im Gesicht werden oft unverzüglich mit roter Farbe abgedeckt. Weiß, die Farbe der Seelen, kommt nur sehr selten zum Einsatz.

Die Muster bestehen aus einer Grundzeichnung in Form von Parallelstreifen, in die ein Motiv eingefügt wird – oder auch nicht. Der umfangreiche Vorrat an Bildmotiven bezieht sich auf verschiedene Aspekte der Umwelt: Tiere, Pflanzen und auch Gebrauchsgegenstände. Ihre Darstellung ist sehr stark stilisiert und kann ohne Erklärung nur schwer »gelesen« werden.

Der Lebenslauf eines Kayapó wird vornehmlich durch die Zugehörigkeit zu bestimmten Altersgruppen bestimmt. Damit verbunden sind spezielle soziale Regeln sowie spezifische Körperbemalung, Haartracht und Schmuck. Neugeborene und Säuglinge beiderlei Geschlechts gehören bis zum Alter von drei bis vier Jahren zur Klasse, die man die »kleinen Personen« nennt. In dieser Phase sind die Kayapó am prachtvollsten bemalt. Einzelne Muster wie die Zeichnung *a-ka-pruk*, die bei Erwachsenen nur noch in ein oder zwei Ausprägungen auftreten, finden sich bei den Kindern in vielfältigen Varianten. Mütter, Großmütter und auch andere weibliche Verwandte zeichnen mit Palmblattstielen komplexe lineare Motive auf Gesicht und Körper. Einige Tage nach der Geburt durchbohrt der Vater die Ohrläppchen des Kindes – bei einem Jungen wird außerdem die Unterlippe durchlöchert. Die Mutter bindet dem Kind rot gefärbte Baumwollbänder um Arme, Knöchel und Knie. Die Bänder werden mit zunehmendem Wachstum immer wieder ersetzt, die Durchbohrungen durch immer größere Holzpflöcke erweitert. Die Erwachsenen legen in den ersten zwei Monaten nach der Entbindung je nach Geschlecht und ihrer Beziehung zu dem Neugeborenen eine unterschiedliche Bemalung an, die anfangs nahezu täglich verändert wird. Wer sie zu lesen versteht, erkennt bestimmte rituelle Vorsichtsmaßnahmen, Statuszuweisungen oder Verwandtschaftssysteme.

Nachdem die Knaben entwöhnt sind, wechseln sie in die Altersklasse der »Jungen, die an dem Punkt sind, in das Haus der Männer einzutreten«. In dieser Klasse bereiten sie sich spielerisch auf ihre Zeit im Männerhaus vor. Als Zeichen für den Übergang vom Kleinkind zum Jüngling werden die Haare kurz geschnitten, die Bemalung wird reduziert. Dies drückt die teilweise Unabhängigkeit der Jungen von der mütterlichen Familie aus. Mit acht Jahren verlassen die Knaben endgültig die Eltern. Ein Vertreter des Vaters führt den Jungen zum Dorfplatz, bemalt seinen gesamten Körper mit schwarzer Farbe und bringt ihn anschließend in das Männerhaus, das sich in der Mitte des Dorfplatzes befindet. Von diesem Moment an übernehmen oft die Männer das Bemalen der Knaben.

In der Pubertät findet ein kleines Ritual statt, bei dem der Junge sein Penisfutteral und die erste, länglich geformte Lippenscheibe be-

Im Zentrum eines Kayapó-Dorfes befinden sich das Männerhaus und ein großer Platz, auf dem die Feste und Zeremonien abgehalten werden. Bei den Riten kann man drei Kategorien unterscheiden: die großen Feste der Namensgebung, jahreszeitliche und Jagdriten sowie die Zeremonien beim Übergang in eine Altersklasse. Männer und Frauen sind unterschiedlich bemalt. Das wichtigste Requisit der Männer ist der Federschmuck.

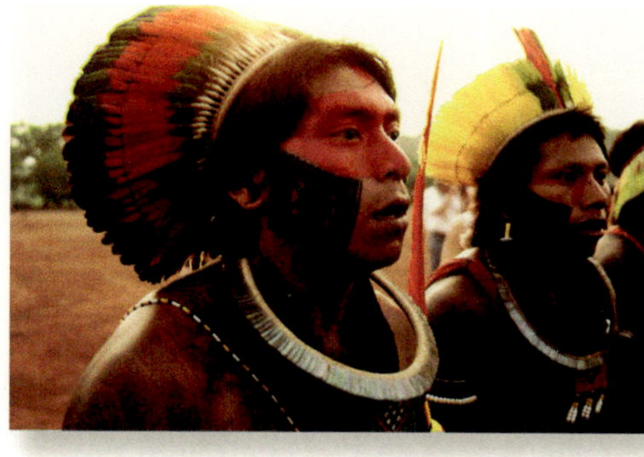

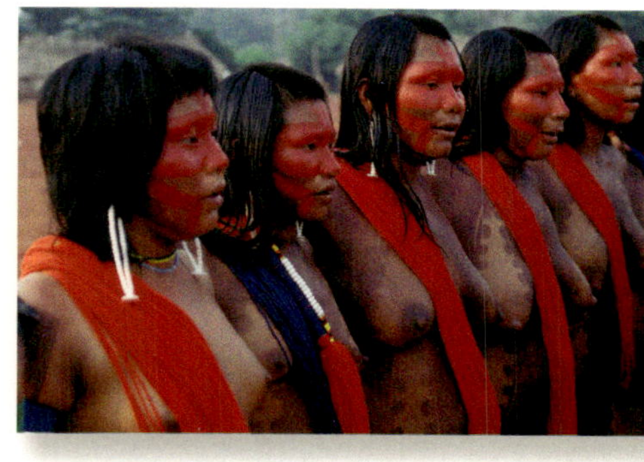

kommt. Er lässt sich nun auch wieder die Haare wachsen. Wenn er in die Klasse der Junggesellen (»die, die auf andere Weise schlafen«) aufgenommen ist, kann er sich mit einem Mädchen seiner Wahl verloben. Höhepunkt der Verlobungszeit sind Schwangerschaft und Geburt des ersten Kindes. Jetzt hat der Mann die Klasse der »Väter« erreicht. Er trägt die großen Lippenscheiben der Erwachsenen und zieht zu seiner Frau.

Das Leben der Kayapó-Mädchen verläuft in weniger differenzierten Altersklassen. Das liegt sicher auch daran, daß die weiblichen Kayapó das Haus ihrer Geburt nie verlassen müssen, denn bei den Kayapó zieht der Mann in die Familie der Frau. Die kleinen Mädchen tragen im Gegensatz zu den Knaben keine Ohrgehänge, ihnen werden auch nicht die Haare geschnitten, wenn sie entwöhnt sind. In der Pubertät malt eine Art Ersatzmutter der Heranwachsenden mit schwarzer Farbe breite Streifen auf Schenkel, Brüste und Arme und zerschneidet die roten Armbänder. Damit werden symbolisch die Bande zur Familie durchtrennt. Jetzt gehört das Mädchen zur Klasse derer, »die am Schenkel geschwärzt sind«. Sie kann Kontakt mit jungen Männern aufnehmen und ein Kind bekommen. Die Trennung von den Eltern dauert so lange, bis die junge Frau mit Mann und Kind im Elternhaus eine eigene Feuerstelle eröffnet hat. Sie nimmt nun an den regelmäßig stattfindenden Malsitzungen teil. Dort treffen sich ausschließlich verheiratete Frauen mit ihren Kindern, wählen bestimmte Motive aus und bemalen sich gegenseitig.

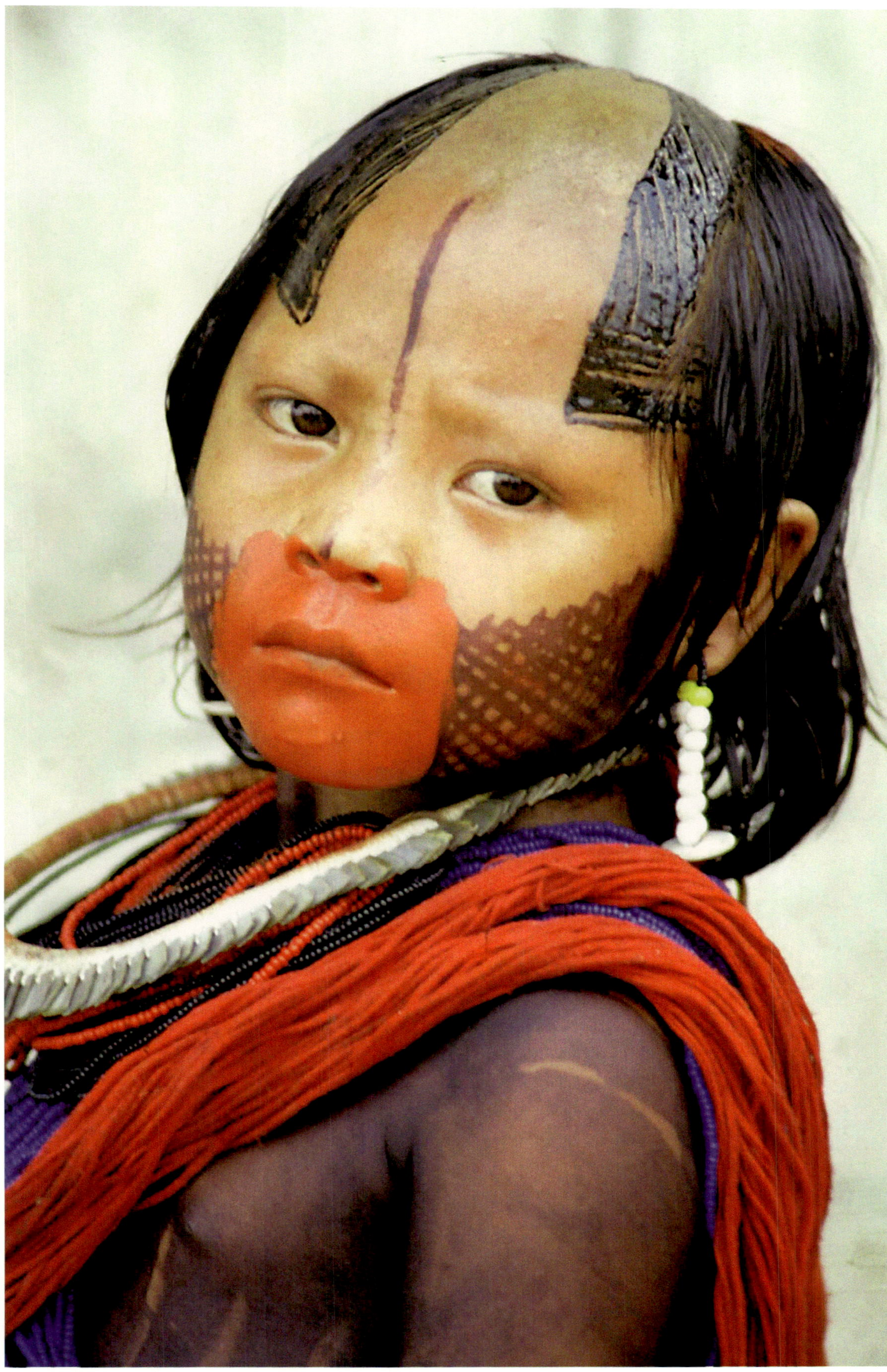

Durch die Bemalung werden Kayapó-Kinder zu »Schönen Menschen« gemacht: Die »wilden«, ungezähmten Anteile des Menschen werden so auf ästhetische Art »zivilisiert«.

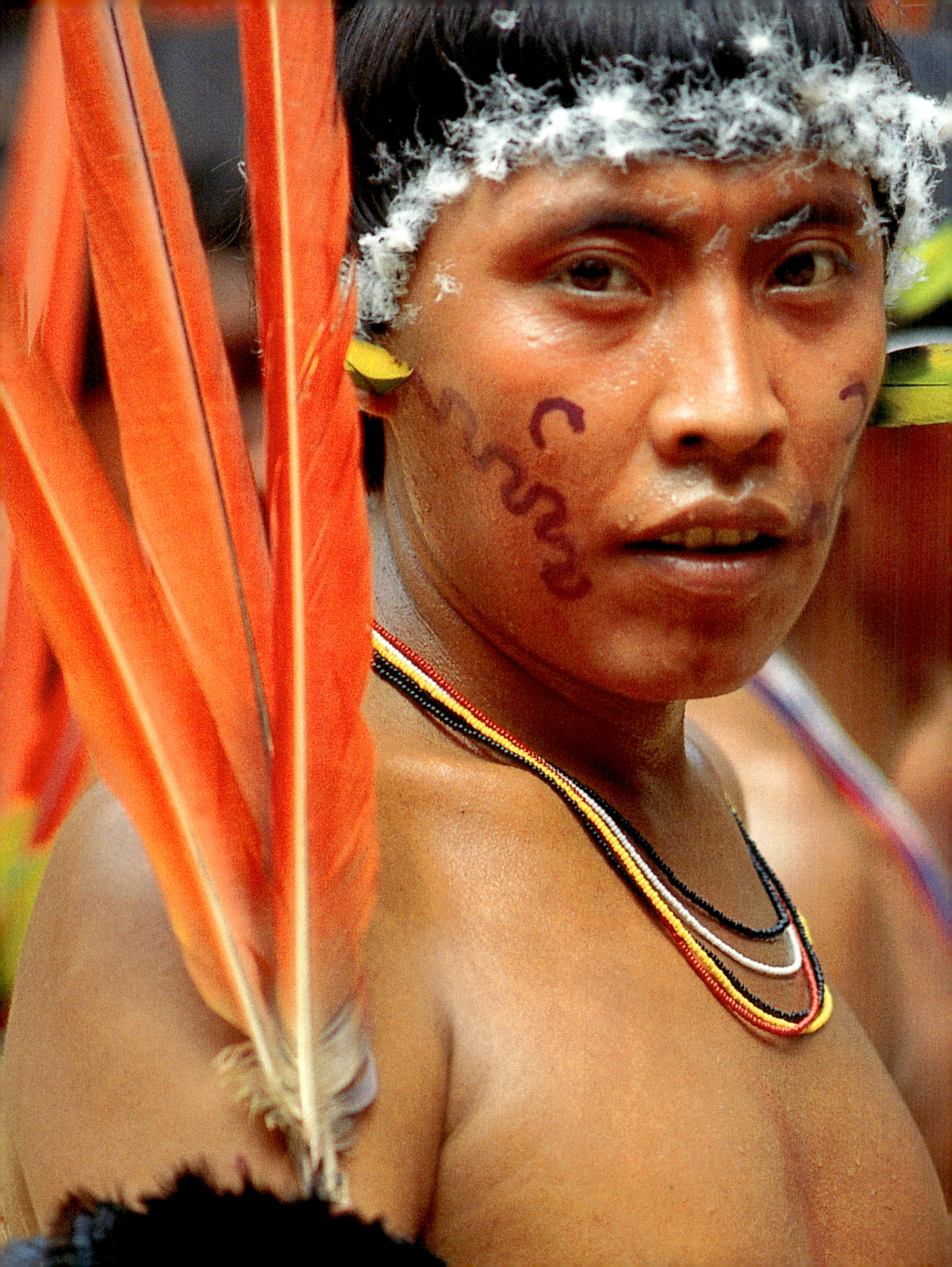

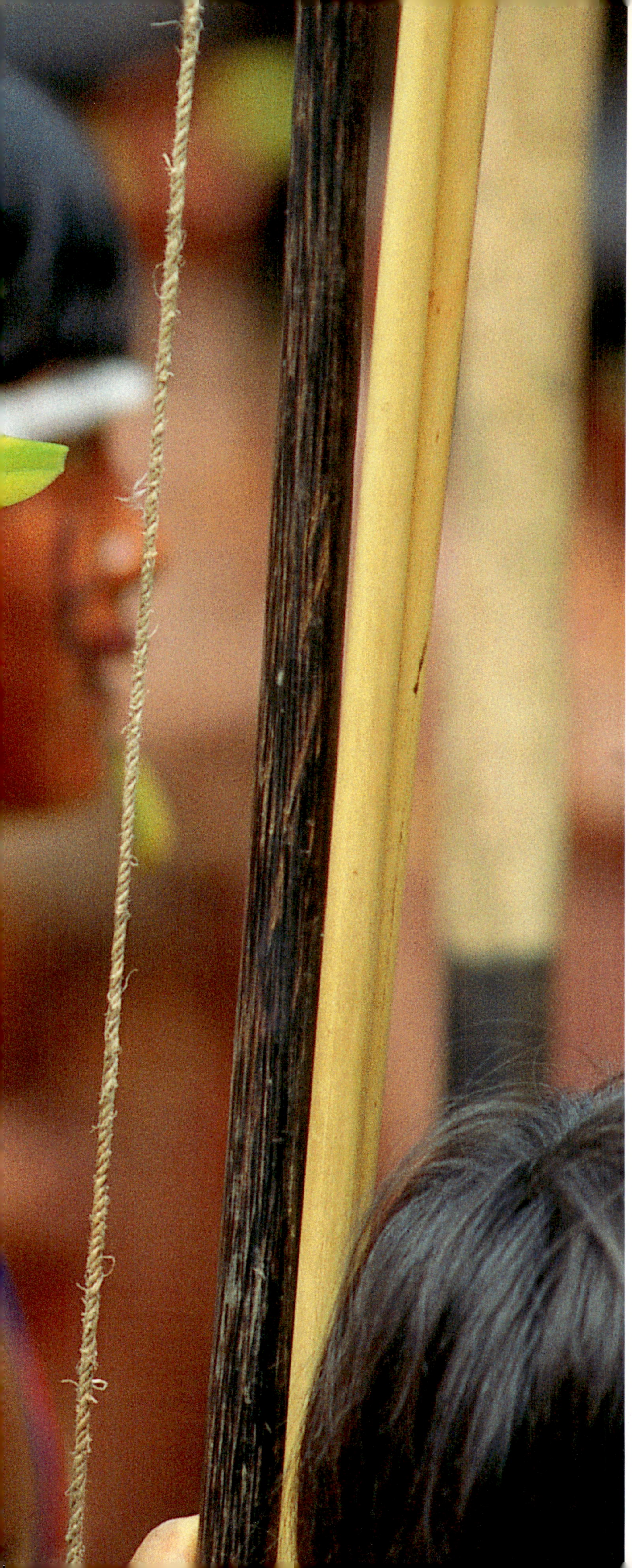

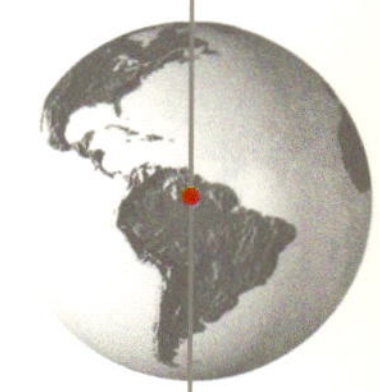

Im bergigen Grenzgebiet von Venezuela und Brasilien, an den nördlichen Zuflüssen des Amazonas und am Oberlauf des Orinoko leben die Yanomami. Die Abgeschiedenheit und Weitläufigkeit dieser Regenwaldregion schützte sie lange Zeit vor verhängnisvollen Begegnungen mit der modernen westlichen Zivilisation.

yanomami

jäger und sammler im amazonas-regenwald

Die Yanomami-Indianer zählten bis in die 70er-Jahre zu den wenigen Völkern Südamerikas, die ihre traditionelle Lebensweise vollkommen bewahren konnten. Ihren einfachen, rein funktionellen materiellen Gütern steht ein reiches und komplexes geistiges Leben gegenüber. Einfach heißt in diesem Fall auch einzigartig. Die Yanomami besitzen im Gegensatz zu ihren aruak- oder karaibsprechenden Nachbarn keine ausgeprägte Waldlandkultur. So verzichten sie beispielsweise auf Weberei, und auch die Töpferei spielt kaum eine Rolle. Sie benutzen auch das Flusssystem nicht zum Transport, sondern kennen ein ausgedehntes Wegenetz. In der Trockenzeit verlassen alle Bewohner für einige Zeit das gemeinsame Rundhaus *shabono*. Sie schlagen provisorische Lager im Urwald auf und jagen. Neben der Jagd leben sie von Ackerbau, Fischfang und vom Sammeln. Einfach, aber wirkungsvoll sind auch die Ornamente ihrer Körperbemalung. Sie beschränken sich auf wenige Elemente wie Schlangenlinien, Striche, Kreise oder Punkte. In ihrer vielfältigen Kombination geben die Motive die mythologische Welt und das ästhetische Gespür der Indianer wieder.

Ein Yanomami-Mann im Festschmuck: Wenn sich vormals rivalisierende Gruppen treffen, gilt es eine gute Figur zu machen. Zum Repertoire gehören Schlangenlinien aus Pflanzenfarbe, die Daunenfedern signalisieren friedliche Absichten.

Die Yanomami: Tierische Geister und Palmfrüchte

Anlässlich der Herbeirufung von Naturgeistern sowie beim Palmfruchtfest legen die Yanomami eine prächtige Körperbemalung an. Meist symbolisieren die Motive die Tiere des Regenwaldes.

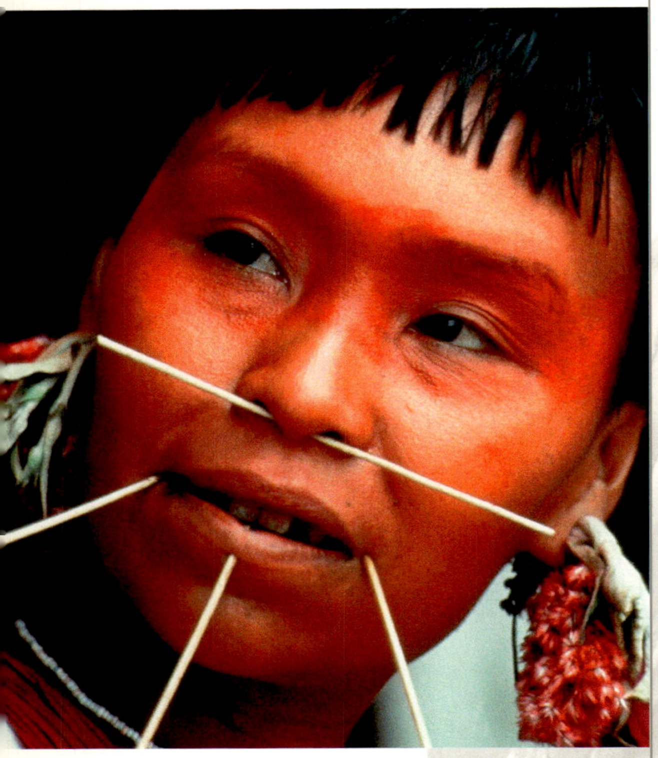

Yanomami-Frau mit dem charakteristischen Gesichtsschmuck erwachsener Frauen und roter Gesichtsbemalung: Rot wie Blut bedeutet Leben und steht dem Schwarz, das für die Kriegsbemalung und von Trauernden verwendet wird, entgegen.

Das relativ ungestörte Leben im äquatorialen Regenwald nahm Anfang der 70er Jahre sein Ende, als die brasilianische Regierung für ihren Teil der Yanomami-Region so genannte Entwicklungsprogramme beschloss. Militärposten, Flugpisten und Straßen wurden angelegt. Die Entdeckung wertvoller Bodenschätze, insbesondere von Gold und Diamanten, löste eine Invasion von *garimperiros,* Goldsuchern, aus. Der Kontakt mit ihnen brachte den Yanomami nicht nur Masern, Tuberkulose und Wurmkrankheiten, sondern auch westliche Konsumgüter. Europäische Kleidung, Schusswaffen und andere technische Geräte hielten im Umkreis von Missionsstationen, Flugplätzen und »weißen« Ansiedlungen Einzug. Ob sich mit diesen Gütern die eigene spirituelle Kultur und damit auch die Körperbemalung ändert, bleibt abzuwarten.

Dem profanen Charakter der täglichen Bemalung steht die sakrale Bedeutung bei Krankenheilung, Festen, Tänzen, Besuchen und auf Kriegszügen gegenüber. Dem Medizinmann oder *shaboliwa* steht eine Anzahl von Geistern, die *hekula,* zur Seite. Mit ihrer Hilfe kann er Krankheiten sowohl heilen als auch an Feinde verschicken. Man stellt sich die *hekula* als Naturgeister vor, die meist in Tiergestalt auftreten. Der *shaboliwa* zeigt durch seine Körperbemalung an, welchen Geist er anruft. Der weibliche *hekula* »Beutelratte« wird zum Beispiel durch eine ringförmige Körperbemalung symbolisiert. Sie entspricht der kreisförmigen Hautzeichnung um die Augen des Tieres. Ebenso gehören der Jaguar und andere Raubkatzen, verschiedene Fische, der Honigbär sowie Schlangen zum Repertoire der Hilfsgeister und damit auch zum Kanon der Motive. Zur Kontaktaufnahme mit den übernatürlichen Wesen benutzt der Medizinmann eine halluzinogene Mischung aus Baumrinde *(Virola elogenta)* und Samen *(Anadenthera peregrina).* Das zerriebene Pulver heißt *yopo* oder *ebena;* die Männer blasen es sich mit langen Bambusrohren gegenseitig in die Nase. Gehen Gesang und Tanz des Medizinmanns in Brüllen und die Nachahmung von Tierbewegungen über, ist der *hekula* gekommen. Die Heilung kann beginnen.

Rot *(Bixa orellana),* Schwarz *(Genipa americana* oder Holzkohle) und Weiß (Lehm) sind auch bei den Yanomami die gebräuchlichsten Farben. Der rote Farbstoff wird mit den Waldgeistern in Verbindung gebracht. Die weibliche Beutelratte soll die Herrin der Pflanze *Bixa orellana* sein. Schwarze, flächendeckende Körperbemalung wird in erster Linie vor einem Kriegszug aufgetragen. Teilweise Schwärzung erfolgt beim *yopo*-Ritual, Faust-Sitzkämpfen und bestimmten Szenen während eines Festes. Schwarz wird mit Tod assoziiert und von den Frauen als Trauerbemalung getragen. Bei der Anrufung des Spinnen-*hekula mamoriwe* wird der Körper mit weißer Asche bestrichen.

Totenfeste und Schattenseelen

Das Palmfruchtfest gehört zu den wichtigsten Feiern der Yanomami. Es beinhaltet die Ernte der Frucht der *pijiguao*-Palme, den Verzehr von Totenasche und den Empfang von Besuchern aus anderen Dörfern. Die Vorbereitungen beginnen mit den *heli*-Gesängen auf dem Dorfplatz. Kurz nach Einbruch der Dunkelheit tanzen und singen Männer und Frauen, um die Jagdtiere zu bezaubern. Nach einer etwa einwöchigen Jagd und der Palmfruchternte verlassen die Jungen und die Männer den Dorfplatz und schmücken sich für den *blaigai*-Rundtanz. Weiße Daunenfedern des Aasgeiers und schwarze Kapuziner-

Die Bemalung der Yanomami ahmt häufig die Haut- oder Fellzeichnung von Tieren des Regenwalds nach: Insbesondere prägnant gemusterte Tiere wie Jaguar oder Anakonda sind der Überzeugung amazonischer Indianer nach mit besonderer übernatürlicher Kraft ausgestattet.

affenschwänze dienen als Kopfbedeckung. Den Körper verzieren Muster aus Kreisen, Punkten, Schlangen- und Zickzacklinien. Sie sind in ihrer Ausführung individuell verschieden und verleihen dem Träger eine persönliche Note. Die Männer verkörpern beim Tanz bestimmte Wesen, die durch die Bemalung angedeutet werden. Wichtiger Bestandteil des mehrtägigen Festes ist das rituelle Verspeisen von Totenasche. Beim Tod eines Yanomami verbrennen die Angehörigen den Leichnam und zerstampfen dessen Überreste zu Pulver. Bei den Totenfesten wird ein Teil der Asche mit Bananensuppe vermischt und von den Angehörigen des Toten gegessen. Das Verbrennen des Leichnams und das vollständige Verspeisen der Asche während mehrerer Totenfeste sind Bedingung für den Aufstieg der Totenseele *nbolebe* zum Himmel. Andernfalls irrt sie als gefährlicher Geist *bole* umher. Die Totenseele verbindet sich mit der Schattenseele *no-neshi*. Die Schattenseele stellt das Alter Ego des Menschen dar und hält sich entweder im Menschen selbst oder in Tiergestalt im Wald auf. Bei den Waika symbolisiert ein Muster, das wie ein stilisierter Kamm aussieht, die männliche Schattenseele. Die weibliche Schattenseele beschreibt ein sonnenähnliches Motiv aus Kreis und Strahlen.

Nach dem Totenkult kommen die bemalten und geschmückten Gäste auf den Dorfplatz. Rituellen Sprechgesängen folgt das gemeinsame Schnupfen von *yopo*. Unter dem Einfluss der Droge kriechen die Männer über den Dorfplatz und toben schreiend durch die Hüttenparzellen des *shabono*. Sie setzen sich gegenüber oder hintereinander und schlagen sich gegenseitig mit der Handfläche auf den Rücken oder mit der Faust auf die Brust. Am Ende des Festes werden Geschenke an die Gäste verteilt.

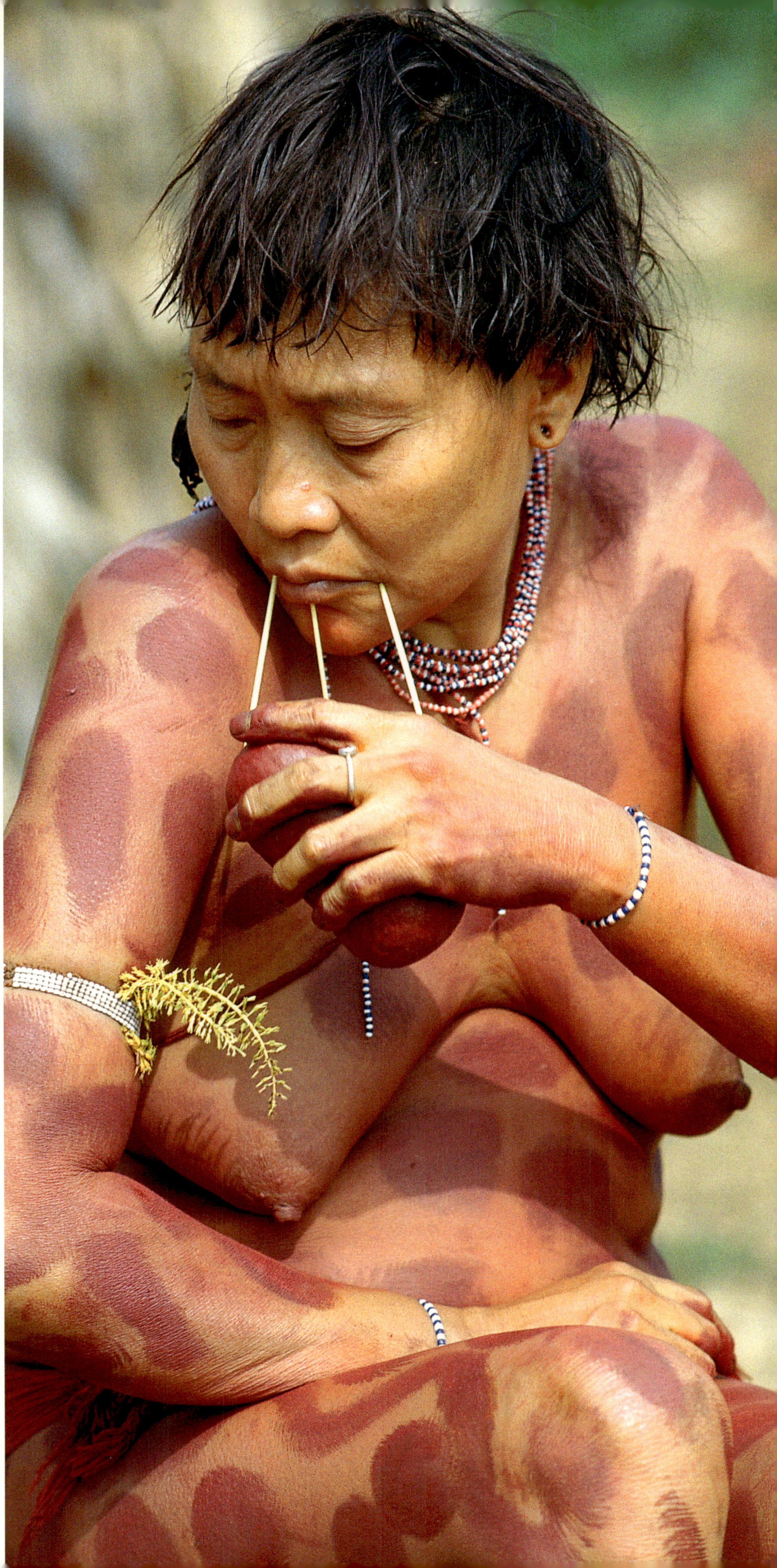

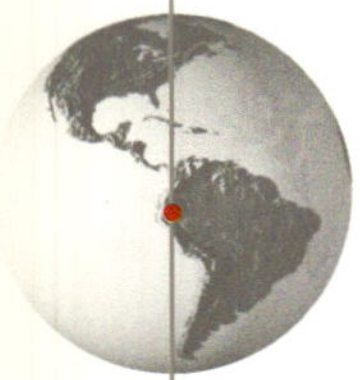

An dem von Regenwald bewachsenen Ostabhang der Anden, im Bereich der Grenze zwischen Ecuador und Peru, liegen die Siedlungsgebiete der Shuar, Aguaruna, Huambisa, Mayna und Achuar. Diese Indianergesellschaften wurden unter der westlichen Sammelbezeichnung »Jivaró« bekannt.

Jivaró

magische Ornamente

Ihren Ruf verdanken die Jivaró der Sitte, ihren Feinden die Köpfe abzuschneiden und sie auf etwa Faustgröße zu schrumpfen. *Tsantsas* – so werden diese Trophäen genannt – zogen Anfang des 20. Jahrhunderts die Aufmerksamkeit vieler Reisender und Ethnologen auf sich. Als makabere Souvenirs erzielten Schrumpfköpfe hohe Preise und führten bei den Jivaró zu immer ausgedehnteren Kriegszügen. Heute ist die Kopfjagd offiziell unterbunden, dafür ist mit Trophäen aus Ziegenhaut ein blühender Handel entstanden. Das große Siegesfest für die erfolgreichen Kopfjäger wich dem Fest des Faultier-Schrumpfkopfes. Nach den Mythen soll der erste Jivaró ein Faultier gewesen sein, aus dessen Kopf der erste Schrumpfkopf hergestellt wurde. Die Kopfjagd ist eng mit der komplizierten Seelenvorstellung der Jivaró verbunden. Diese findet wiederum Ausdruck in der individuellen Gesichts- und Körperbemalung. Männer und Frauen messen den Ornamenten große magische Bedeutung zu. Sie sind nicht einfach Schmuck, sondern geben Auskunft über die gesamte Persönlichkeit des Menschen. Sie schützen ihn vor Bedrohungen und dienen als Jagd- oder auch als Liebeszauber.

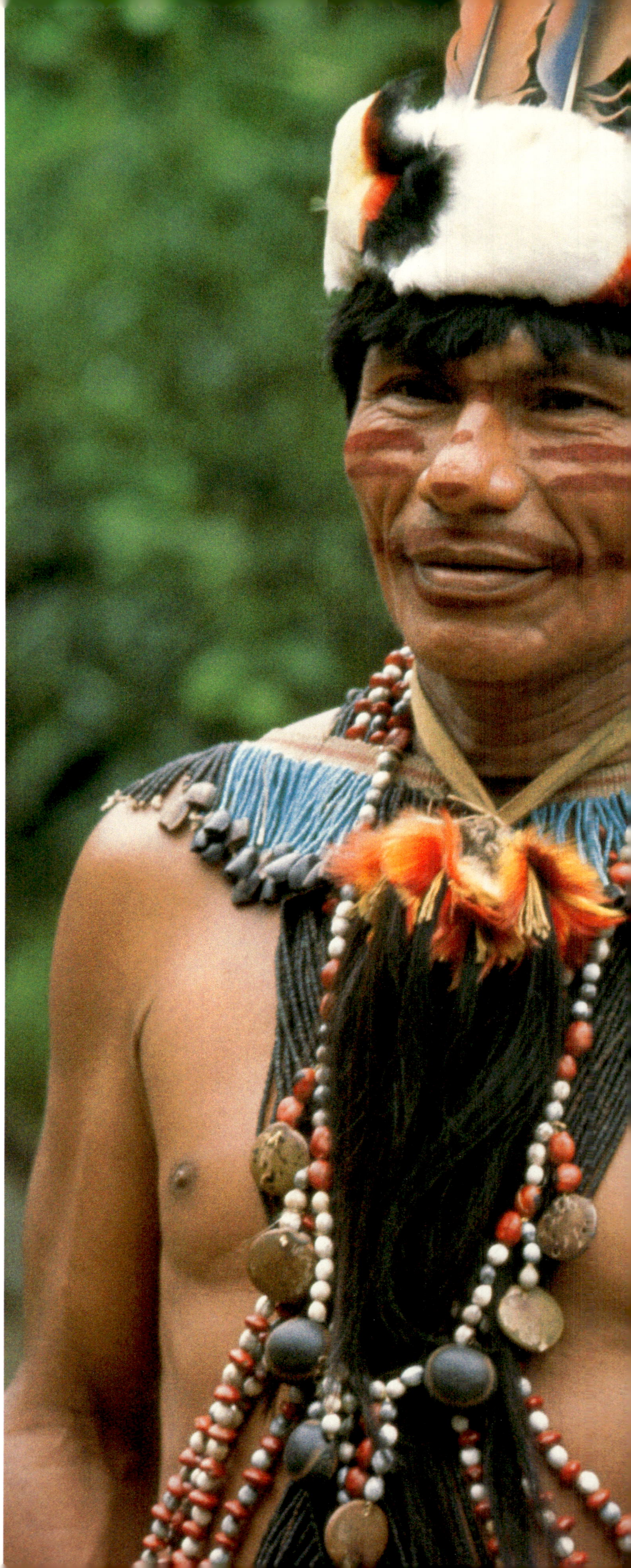

Zum Fest geschmückte Jívaro-Familie: der Mann trägt eine Federkrone *(tawasap)* und einen gewebten Kragen mit Klappern aus Fruchtschalen. Das Rot der Bemalung soll der Erdmutter Nunkui gefallen, die den Maniok gedeihen lässt, aber auch nach dem Blut der Kinder dürstet.

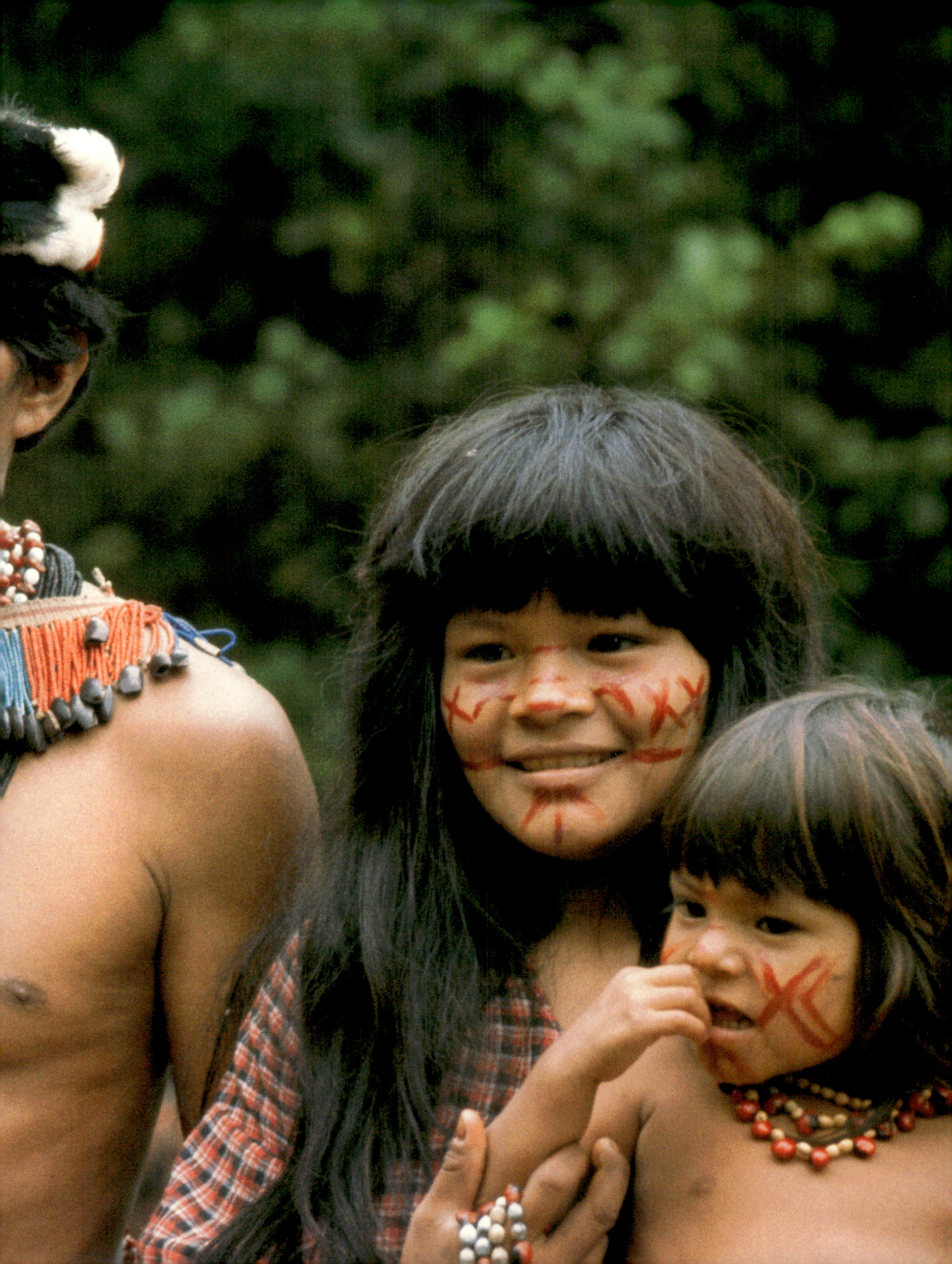

Die Jivaró: Visionen der Seelenkraft

Bei den Jivaró dienen Rituale dem Individuum, machtvolle Eigenschaften zu erwerben. Die visionäre Begegnung mit den Arutam-Wesen findet ihren ästhetischen Ausdruck in der Gesichtsbemalung.

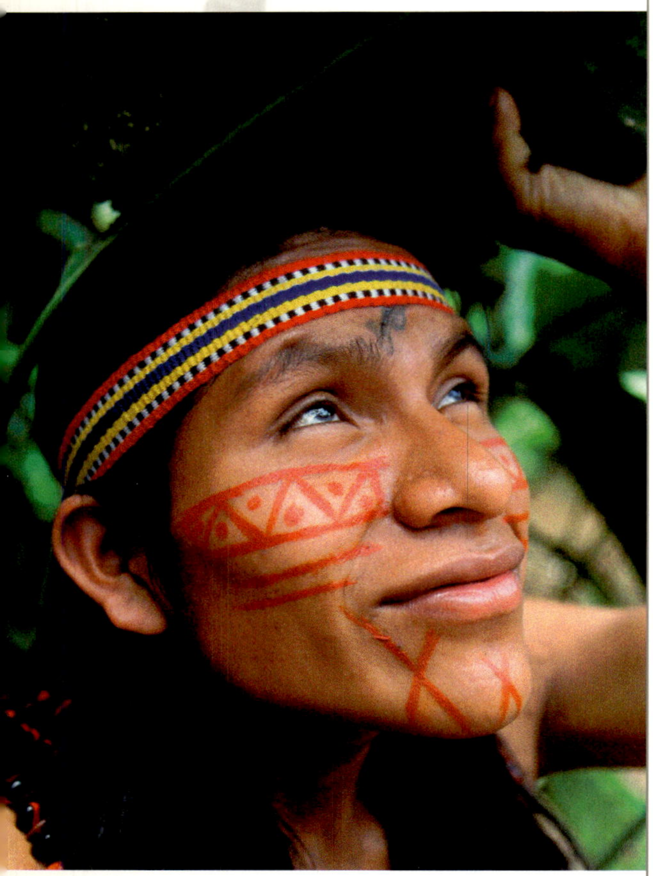

Die Muster der Gesichtsbemalung der Jivaró sind von der Farbzeichnung als besonders mächtig geltender Tiere wie Jaguar und Anakonda inspiriert. Die Bemalung macht ihre Träger dem mythischen Wesen ähnlich, als kultureller Akt »zivilisiert« sie aber auch deren oft maßlose Kräfte.

Die Jivaró unterscheiden drei verschiedene Seelenkräfte, *wakani,* die Grundlage ihres Lebensprinzips sind. Die wahre Seele, *nékas wakani,* besitzt jeder Mensch von Geburt an. Die Racheseele, *musiak wakani,* entweicht beim Tod dem Körper und muss durch bestimmte Rituale gebändigt werden. Die wichtigste Seelenkraft stellt *arutam wakani* dar, die allein den Männern vorbehalten ist und erworben werden muss.

Bereits im Alter von etwa sechs Jahren begibt sich der Jivaró-Junge mit seinem Vater auf der Suche nach einer Vision zu einem heiligen Wasserfall. Dort verbringen beide mehrere Tage, nehmen außer Rauschmitteln nichts zu sich und warten singend auf die Erscheinung der Vorfahren, auf *arutam.* Das *arutam* zeigt sich meist in Gestalt eines Jaguars oder einer Anakonda, aber auch als riesiger menschlicher Schädel oder als Feuerball. Ein Mann kann nie mehr als zwei *arutam*-Seelen besitzen. Diese schützen ihn vor tödlicher Gefahr. Jeder Jivaró-Mann entwickelt aus den allgemeinen Mustern der Körperbemalung seinen individuellen Vorrat an Motiven, um die Manifestation seiner *arutam*-Visionen zum Ausdruck zu bringen. Die Art des *arutams* bleibt dabei ein streng gehütetes Geheimnis, die Bemalung verrät lediglich die Intensität der persönlichen Botschaft an den Visionssucher.

Als bevorzugtes Ornament verwenden die Jivaró Schlangensymbole, die in der Regel aus einfachen oder sich kreuzenden Streifen, Zickzacklinien oder gefüllten Rauten bestehen. Letztere geben beispielsweise die Hautzeichnung der Giftschlange *yamurga* wieder. Die Bemalung weist auf der einen Seite den Träger als erfolgreichen Visionssucher aus und verdeutlicht seine Kraft und Stärke. Andererseits schützt sie gegen feindliche oder magische Bedrohungen wie den bösen Blick, Zauberei und Krankheiten. Sie dient aber auch als Liebeszauber, der Frauen betören kann und als Jagdzauber zum Anlocken der Tiere. Vor der Jagd werden selbst die Hunde bemalt.

Die Kopfjagd wird heute – zumindest offiziell – nicht mehr durchgeführt. Es finden aber nach wie vor Auseinandersetzungen zwischen Nachbarstämmen statt. Vor Kriegszügen tragen die Männer schwarze Farbe aus den Früchten des Genipapobaums *(Genipa americana)* auf Gesicht und Körper auf. Die Musterung mit runden Flecken auf der Haut sind der Anakonda, *pangi,* nachempfunden, einem der gefürchtetsten und am häufigsten dargestellten Tierdämonen. Derart »verkleidet« sind die Krieger nun nicht länger menschliche Wesen, sondern werden zu »Menschenfressern«, deren Bemalung den Gegner einschüchtern und den Träger unempfindlich für jedwede Gegenwehr machen soll. Die Betonung des Mundes unterstreicht diese Wirkung. Ein junger Mann wurde früher erst als Erwachsener anerkannt, wenn er einen Menschen getötet und aus dessen Kopf im Rahmen eines mehrtägigen Festes einen *tsantsa* hergestellt hatte. Heute nimmt er dazu einen Faultierkopf.

Nach einem Kriegszug, auf dem Feinde getötet wurden, feiert man ein Fest, bei dem sich die Krieger beziehungsweise Jünglinge bestimmten Reinigungszeremonien unterziehen müssen. Die Frauen bemalen sich mit schwarzen Ornamenten und empfangen die Männer mit lautem Gekreische, um den Geist des getöteten Feindes in die Enge zu treiben. Alle werden vom Schamanen mit Hühnerblut bespritzt, und der siegreiche Krieger bekommt mit diesem Blut zwei lange Striche von den Knöcheln bis zu den Knien aufgezeichnet. Als Zeichen für die endgültige Niederlage des Feindes zieht der

Ein Jívaro-Mann im Festtagsschmuck: Die feinen Linien der Gesichtsbemalung legen sich über die Alltagsperson wie die von den Halluzinogenen hervorgerufenen Muster über die physische Umwelt. Anstatt zu überdecken, »enthüllt« die Bemalung den mythischen Charakter der jenseitigen Welt, in der die Jívaro die eigentliche Realität vermuten.

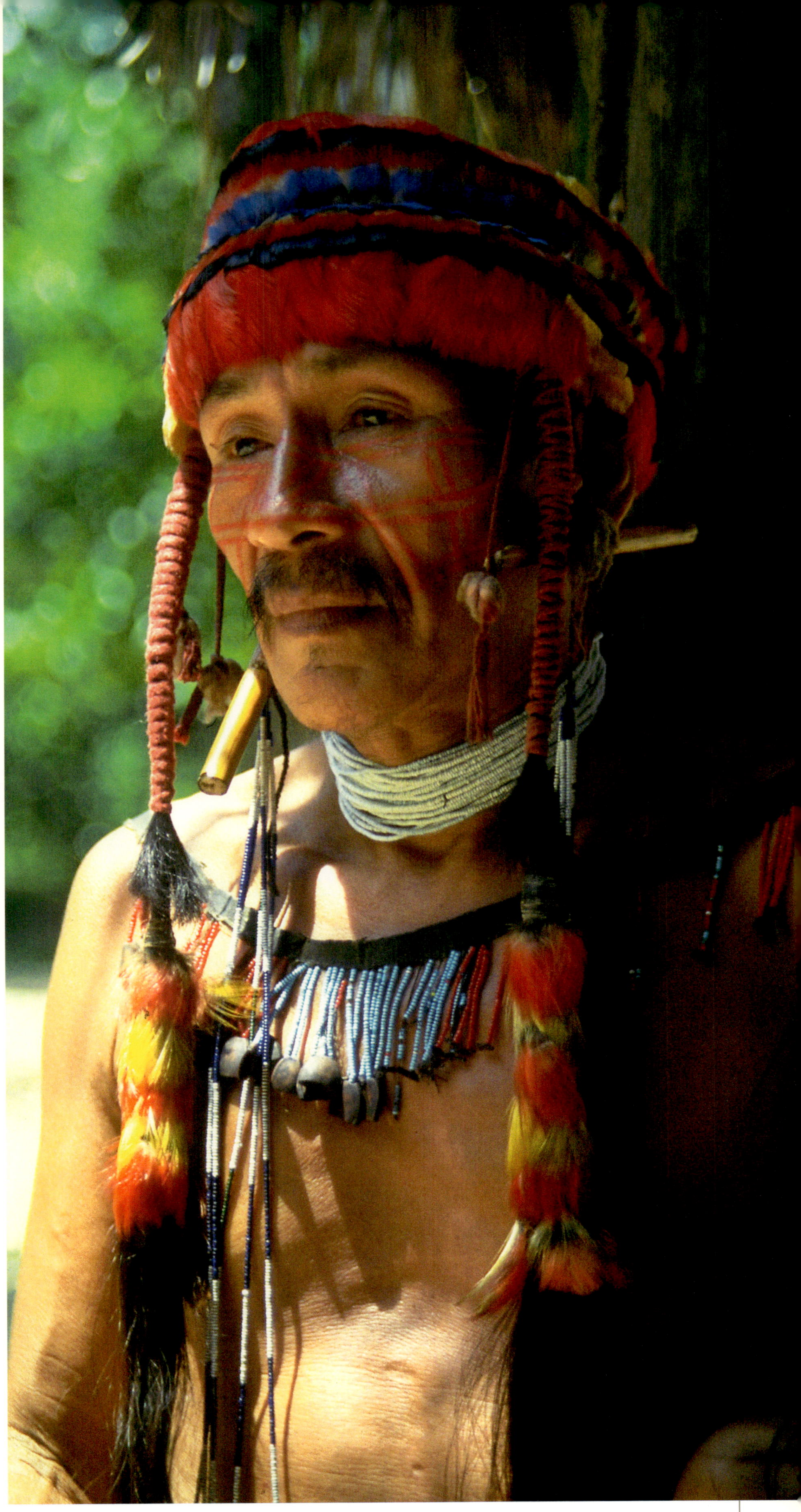

Schamane zwei Striche mit schwarzer *genipa* über die Lippen des Jägers und schwärzt sich selbst ebenfalls den Mund. Die Farbe symbolisiert nun nicht mehr Wildheit und Stärke, sondern soll vor der Rache des getöteten Feindes schützen. Drei bis vier Monate muss der Krieger bestimmte Fastengebote beachten und darf mit keiner Frau schlafen – er darf nicht einmal mit den Frauen in einem Raum nächtigen. Anschließend findet ein Fest statt, bei dessen Schlusszeremonie der Schamane dem Krieger Gesicht, Brust, Bauch, Arme und Beine bemalt. Dazu verwenden die Jivaró einen Holzzylinder, in den Ornamente eingeritzt sind. Dieser Zylinder wird in *genipa* getaucht und das Muster auf die Haut gerollt. Der Krieger ist nun unumschränkter Herrscher über den Geist des *tsantsas,* den er sich durch das Bändigen der Racheseele während des Schrumpfvorgangs gefügig gemacht hat. Er schreitet mit dem *tsantsa* über die Felder und durch das Haus und überträgt so die Kraft des gezähmten Feindes.

So wie das (erste) *tsantsa*-Fest für den Mann die Initiation bedeutet, so kennzeichnet das Tabakfest, *nua tsanku,* den Übergang in die Erwachsenenwelt für die Frauen. Dabei nimmt das Mädchen mit der Erdmutter Nunkui Verbindung auf. Nunkui gab den Menschen die Kulturpflanzen und richtete den Jetzt-Zustand der Welt ein. Die positive Wirkung von Nunkui ist allein den Frauen zugänglich. Während des viertägigen Festes trinkt das Mädchen Tabakwasser, das ihr halluzinatorische Träume beschert, in denen Nunkui erscheint und mit ihr spricht. Sie lernt die magischen Lieder für den Anbau der Pflanzen und die Aufzucht der Hunde. Am Ende des Festes bekommt das Mädchen neue Kleider, die Haare werden geschnitten und das Gesicht mit *genipa* bemalt.

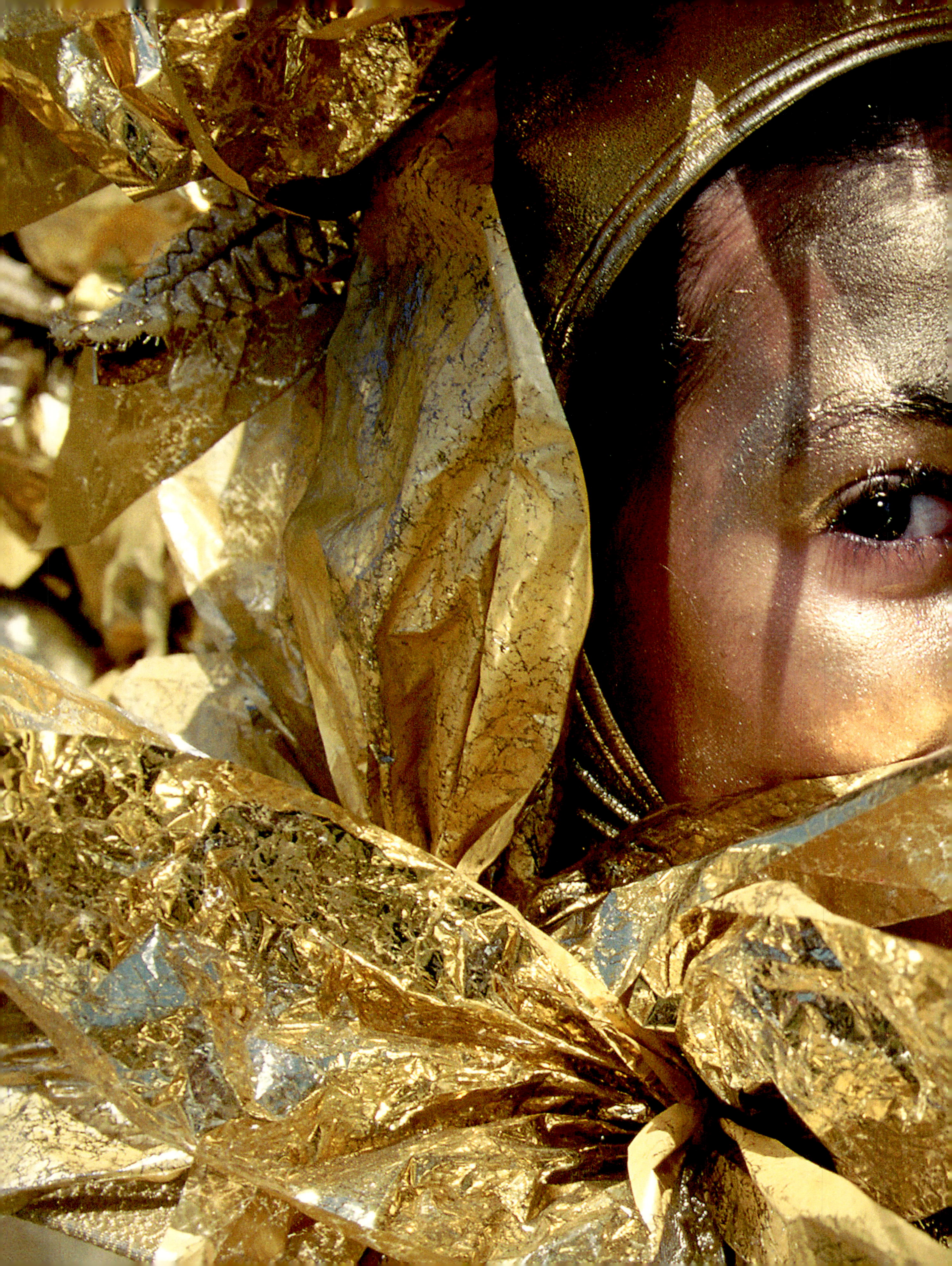

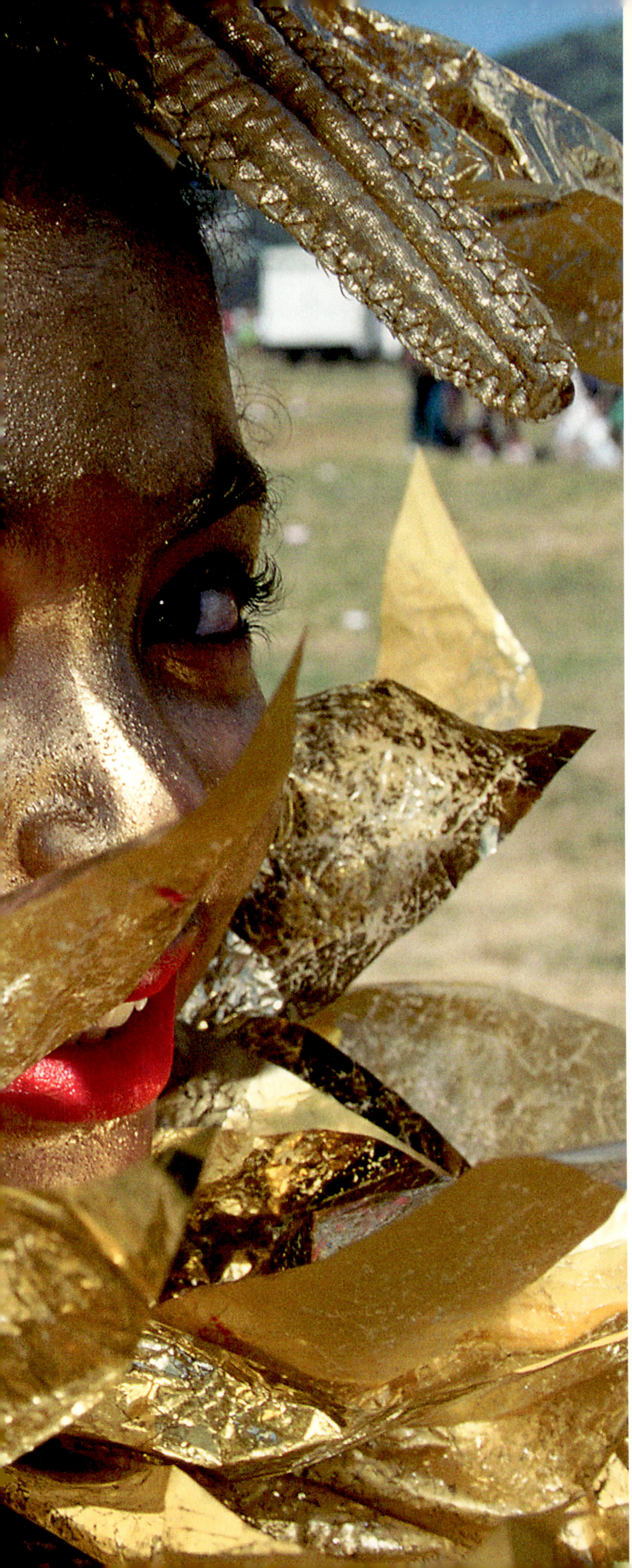

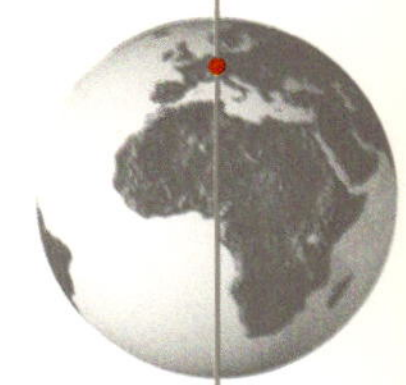

Painted People sind nicht nur ein Phänomen außereuropäischer Kulturen, sondern es gab und gibt sie auch in Europa. Paradebeispiel ist der Karneval. Hier hat zudem eine Art Export und Re-Import stattgefunden, bei dem sich Traditionen in Südamerika und in der Karibik weiterentwickelt haben, durch Immigration aber wieder nach Europa zurückgelangten.

Karneval, Zirkus und Theater

Bemalte Haut in der Moderne

Anders als zu Zeiten ihres Ursprunges, als Bemalung des Körpers und Maske stets im Zusammenhang mit der Beeinflussung höherer Mächte im Rahmen kultischer Handlungen auftrat, scheint die Bemalung des Körpers in der modernen westlichen Welt heute der puren Lust an der Verwandlung zu entspringen. Doch handelt es sich bei den farbenfrohen Körperdekors der Fußballfans wirklich nur um einen Ausdruck fröhlich-unbekümmerten Schwelgens in Farbe? Und warum zieht die bunte Glitzerwelt des Zirkus und der Karneval mit seinen mannigfaltigen Maskeraden nicht nur Kinder mit ihrer noch ungebrochenen Neugierde in ihren Bann? Die Leidenschaft für bunte Maskeraden beinhaltet weit mehr, als nur einen wohltuenden Kontrapunkt zu der uns allseits umgebenden Tristesse des Alltagslebens zu setzen. Tief verwurzelt scheint unser Bedürfnis nach Verwandlung zu sein. Denn optische Zeichen dienen dazu, dem Anderen mein Inneres zu offenbaren, Gefühle, Sehnsüchte und Phantasien nach außen zu tragen. Die Botschaften sind unbegrenzt in ihrer Vielfalt, wenn auch die aktuelle Mode ihre Ausdrucksformen in bestimmte Richtungen lenkt.

Der Karneval bietet eine Gelegenheit, in fremde Masken zu schlüpfen und mit den Identitäten zu spielen. Dieses Mädchen aus Trinidad trägt ein fantastisches Kostüm aus goldfarbenen Blättern und hat sein Gesicht im selben Farbton geschminkt.

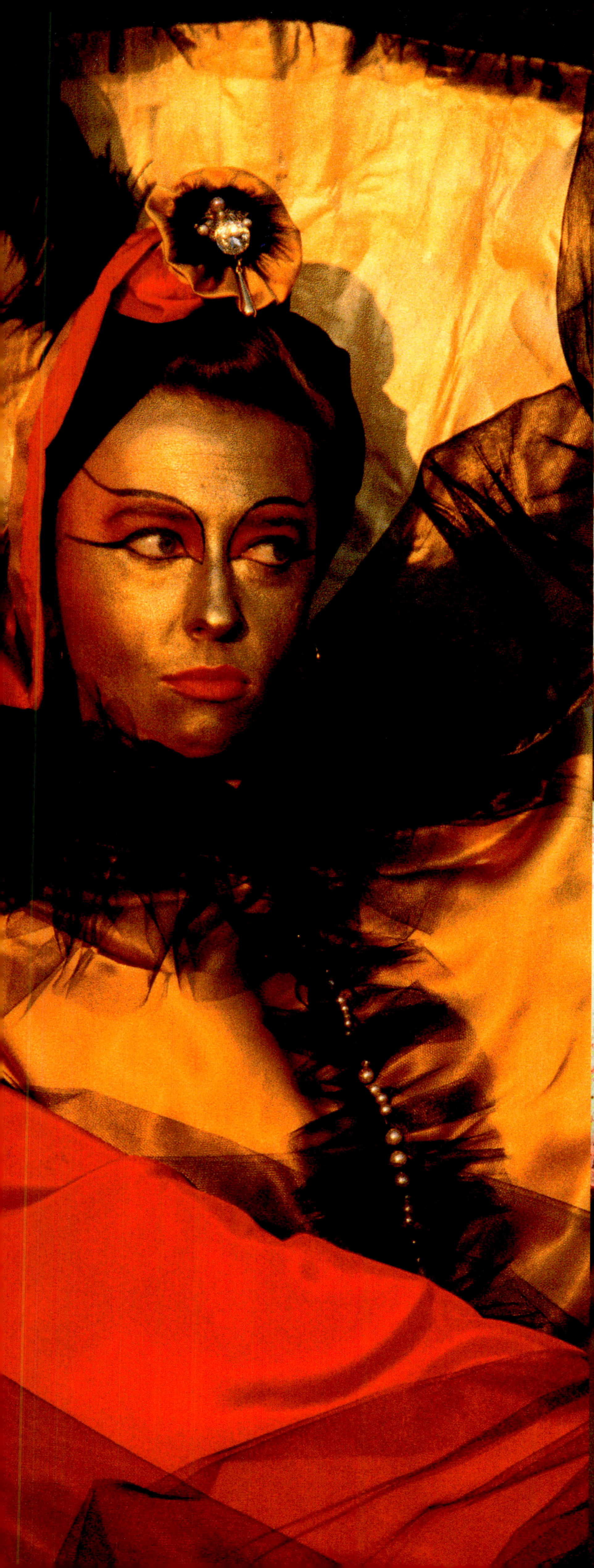
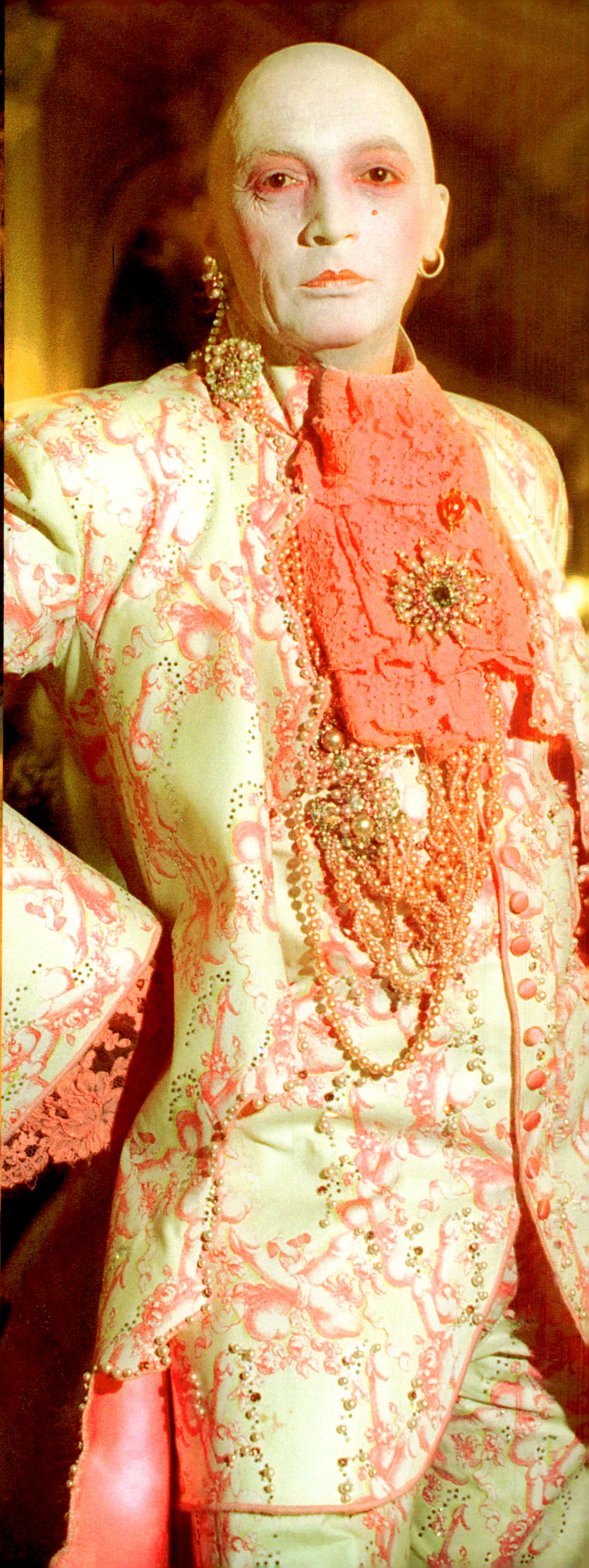

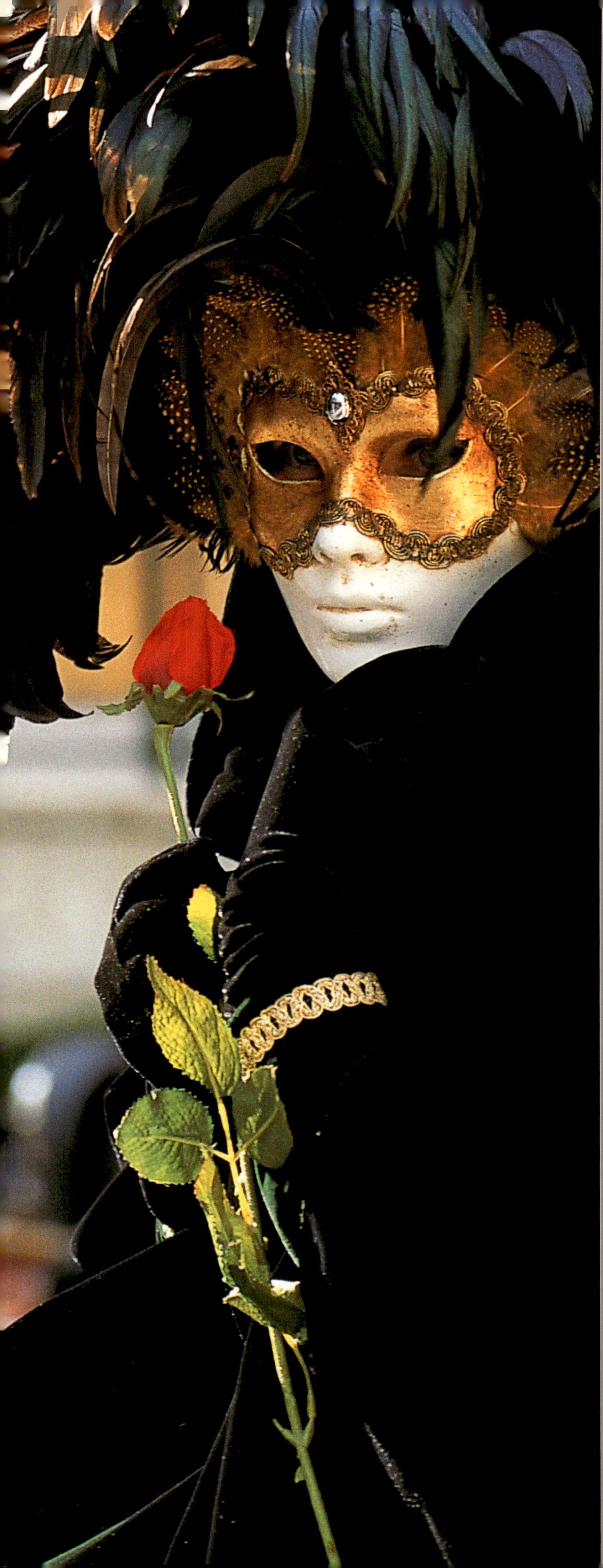

Links:
Schon im Mittelalter war das kosmopolitische Venedig der karnevalistische Mittelpunkt der Alten Welt. Eine wichtige Rolle für die Kostümierung spielte die Commedia dell'Arte, bei der die Schauspieler mit stets gleichen Masken Figuren wie Pulcinella, Colombina, Arlecchino oder Pantalone darstellen. Heute werden jedoch beim Karneval meist Fantasiekostüme getragen.

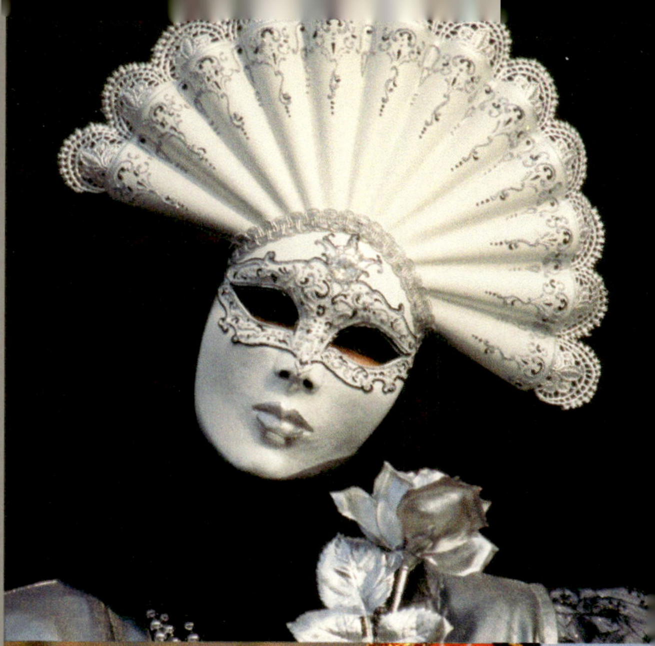

Rechts:
Auf der historischen Colombina-Maske, die lediglich die Augenpartie bedeckt, beruht diese imposante Fächermaske.

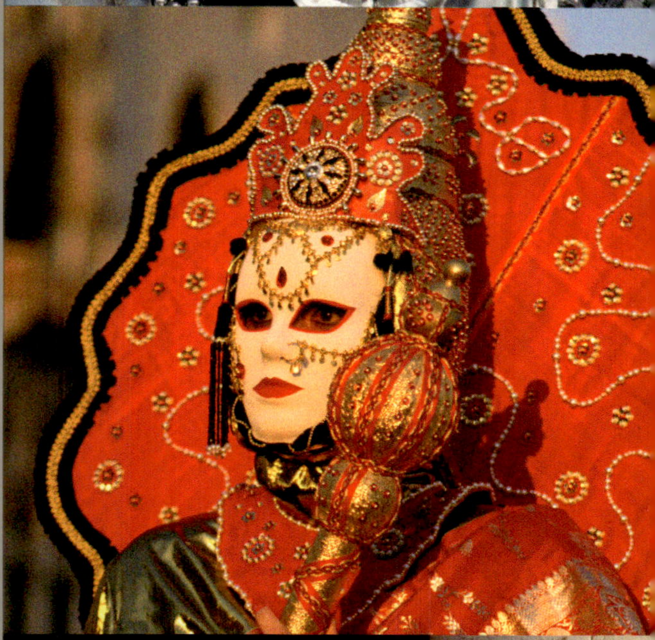

Rechts:
Der Fantasie sind beim Karneval von Venedig keine Grenzen gesetzt, wie dieser orientalisch kostümierte Mime beweist.

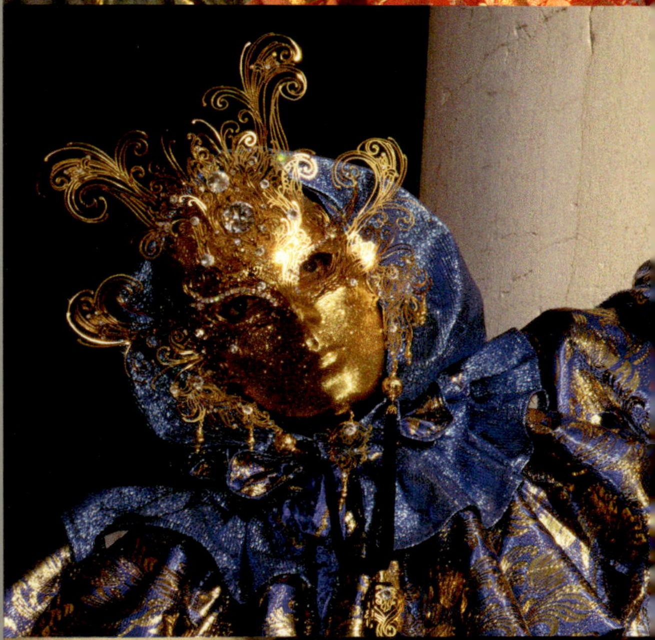

Rechts:
Als Faun mit einer prächtigen Gesichtsmaske und einem dazu passenden blau- und goldfarbenen Gewand hat sich diese Person kostümiert.

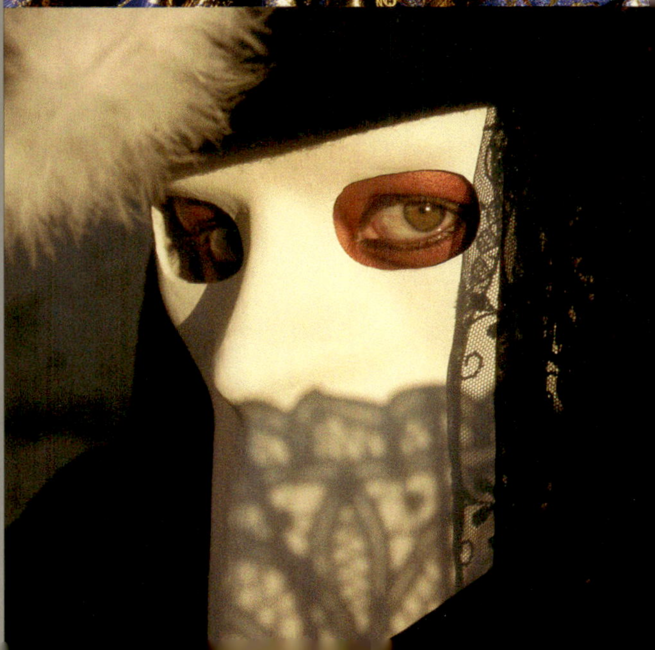

Rechts:
Eines der berühmtesten historischen Kostüme des Karnevals von Venedig ist die Bautta. Sie besteht aus einem dunklen Dreispitz, einem Spitzentuch aus schwarzer Seide und einer weißen Maske, die *larva* oder *volto* genannt wird. Damit konnten vornehme Herren unerkannt zu ihren Rendezvous gehen.

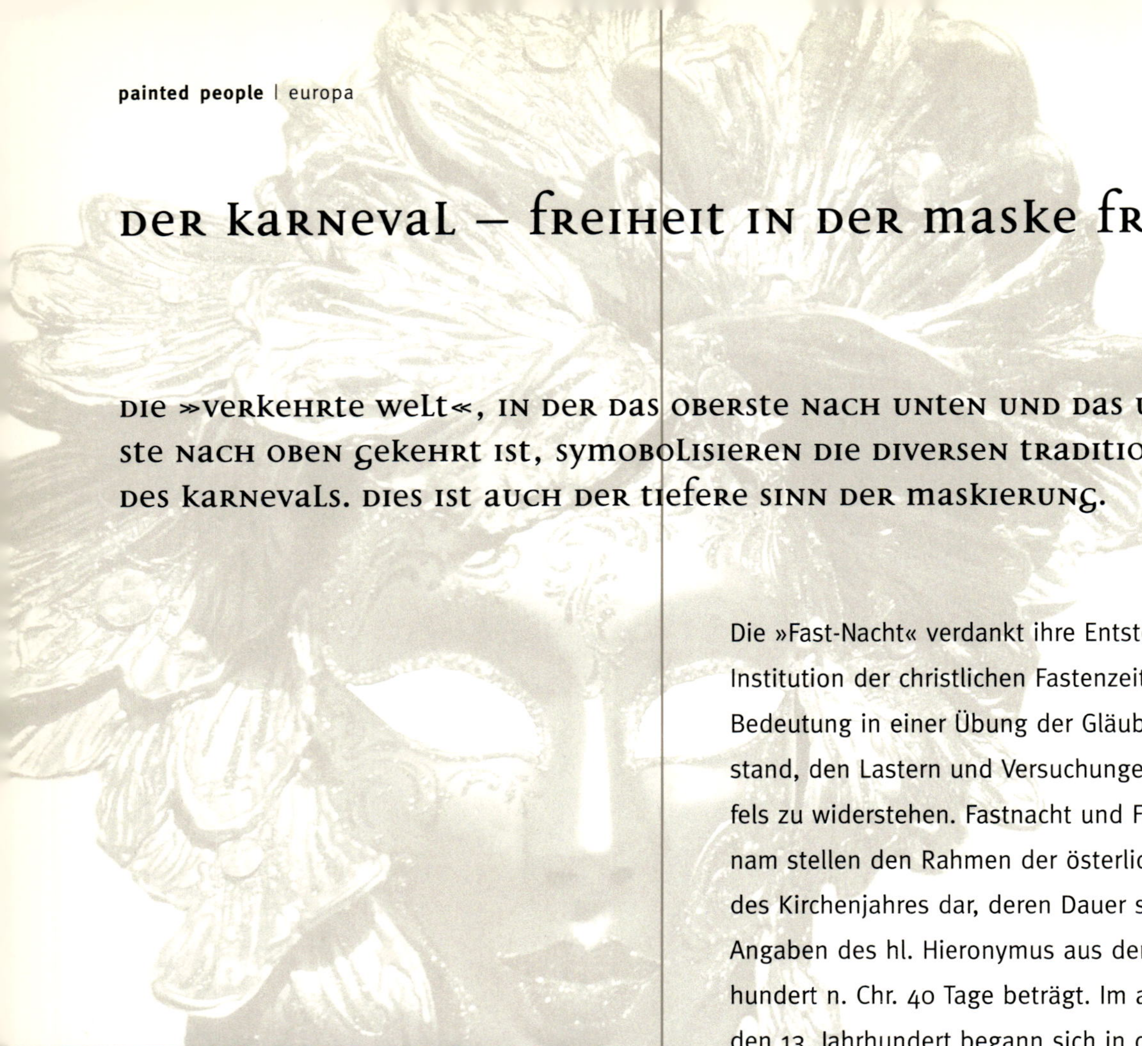

der karneval – freiheit in der maske fremder identität

die »verkehrte welt«, in der das oberste nach unten und das unterste nach oben gekehrt ist, symobolisieren die diversen traditionen des karnevals. dies ist auch der tiefere sinn der maskierung.

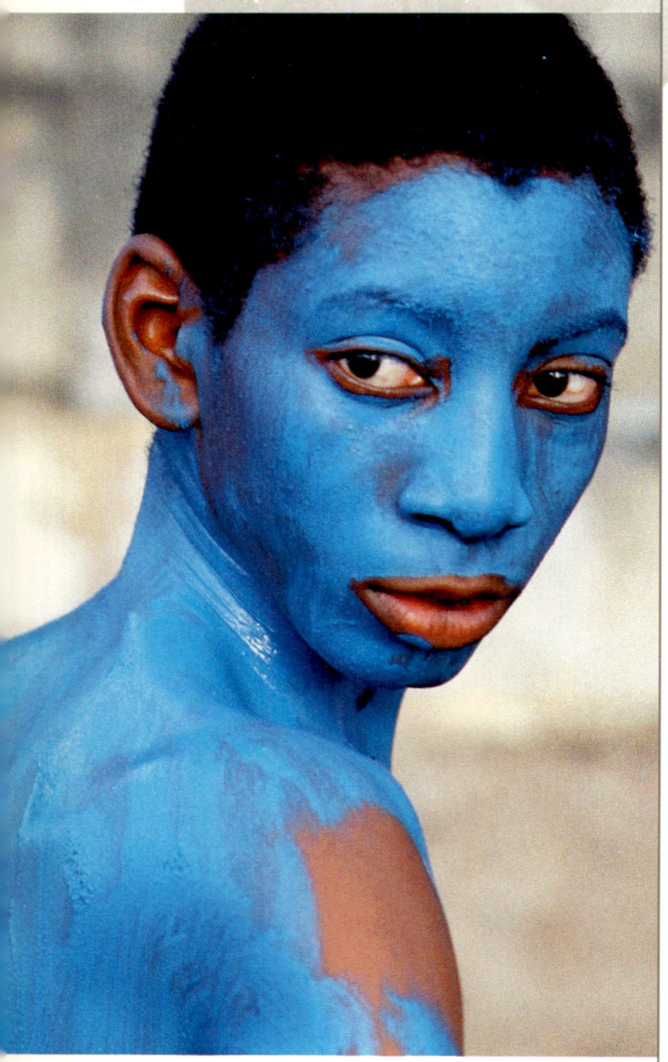

Blau geschminkte Moko-Jumbie-Stelzentänzerin der Dragon Keylemanjahro School of Arts in Trinidad, deren Auftritte inzwischen zum Programm des Karnevals von Trinidad gehören. Die Moko-Jumbie-Figur stammt ursprünglich aus Westafrika und ist heute fester Bestandteil des Karnevals auf der Karibikinsel.

Die »Fast-Nacht« verdankt ihre Entstehung der Institution der christlichen Fastenzeit, deren Bedeutung in einer Übung der Gläubigen bestand, den Lastern und Versuchungen des Teufels zu widerstehen. Fastnacht und Fronleichnam stellen den Rahmen der österlichen Zeit des Kirchenjahres dar, deren Dauer schon nach Angaben des hl. Hieronymus aus dem 4. Jahrhundert n. Chr. 40 Tage beträgt. Im ausgehenden 13. Jahrhundert begann sich in den Städten Mittel- und Südeuropas die feierliche Gestaltung der Vor-Fastenzeit als Brauchtum zu etablieren und ist urkundlich als *vasnaht* erwähnt. Eine erste Blütezeit erfuhren die Fastnachtsbräuche in Form von Turnierwettbewerben, Maskenumzügen und festlichen Gelagen im städtischen Leben der ersten Hälfte des 14. Jahrhunderts. In katholischen Regionen fast auf der ganzen Welt werden die Wochen vor dem Beginn der Fastenzeit bis heute besonders gefeiert. Vor allem die letzten sechs Tage vor dem Aschermittwoch (Fastenanfang) bilden den Höhepunkt einer närrischen Zeit, gleich ob diese Fasching, Fasnacht oder Karneval heißt.

Mancherorts sind heute noch Überreste alter Traditionen erkennbar, die noch nicht im Einheitsbrei kommerzialisierten Narrentums der Moderne untergegangen sind. Seit den 60er-Jahren machen sich zunehmend Heimatvereine und Narrenzünfte dafür stark, das typische Karnevalsbrauchtum ihrer Region zu erhalten. Schwäbisch-alemannische Fasnet, Kölner Karneval, Münsteraner Vasselavent und bayerisch-österreichischer Fasching haben ihre speziellen Brauchtumsformen und Masken, deren Authentizität als verbürgt gilt und deren Aussehen bisweilen mit einigem unnärrischen Ernst überwacht wird. Auch der berühmte venezianische Karneval mit seinen mannigfaltigen Kostümen ist wieder erblüht wie in historischer Zeit. Seine alten Masken sind uns wohl bekannt: Arlecchino, Pantalone, und Colombina – später Figuren der Commedia dell'Arte – haben die Jahrhunderte ebenso überdauert wie andere typisch venezianische Masken. Ob Bautta, ganz in Schwarz, mit spitzenumrändertem Mantel, Kapuze und Dreispitz oder Fantasiegestalt moderner Provenienz, das Gesicht bleibt stets hinter einer Maske verborgen.

Aufhebung gesellschaftlicher Normen in der Karnevalszeit

Bei aller Vielfalt hat der Karneval, egal ob nun im Rheinland, in Venedig oder in Trinidad, doch bestimmte Gemeinsamkeiten, die von jeher Bestand haben: Sie liegen in der Aufhebung der Status- und Klassenunterschiede, die den Menschen Freiheit schenkt. Arm und Reich, Jung und Alt mischen sich auf den Straßen, wenn die Narrenzünfte das Regiment innehaben. Die sonst anerkannten Normen der Gesellschaft werden beiseite geschoben und die Massen verschaffen sich ein Ventil. Bei üppigen Gelagen, ausgelassenem Tanz und farbenfrohen Maskenumzügen darf man aus der Rolle fallen – heute wie in alter Zeit. An derben Späßen und Obszönitäten wurde nie gespart und die gestrengen Obrigkeiten wurden gerne und meist unbeschadet verunglimpft. Versuche der Ordnungsgewalten, das wilde Treiben in die Schranken zu weisen, begleiten die Geschichte des Karnevals – doch den Narren galt kein Reglement sehr lange.

Wo in früheren Zeiten bestimmte Maskentypen ein Muss waren, sind heute der Fantasie keinerlei Grenzen mehr gesetzt. Der Karneval als öffentliche Bühne erfüllt dabei eine doppelte Funktion: Dem perfekt gestylten Selbstdarsteller

Durch die Kolonialmächte gelangte der Karneval nach Südamerika und in die Karibik und entwickelte dort eigenständige Traditionen, die durch Einwanderung wieder nach Europa zurückkamen und dessen Karnevalskultur beeinflussen. Die beiden Frauen vom Notting Hill Carnival der westindischen Einwanderer in London (links) und aus Fort de France auf Martinique (rechts) verkörpern diese Entwicklung lebendig und farbenfroh.

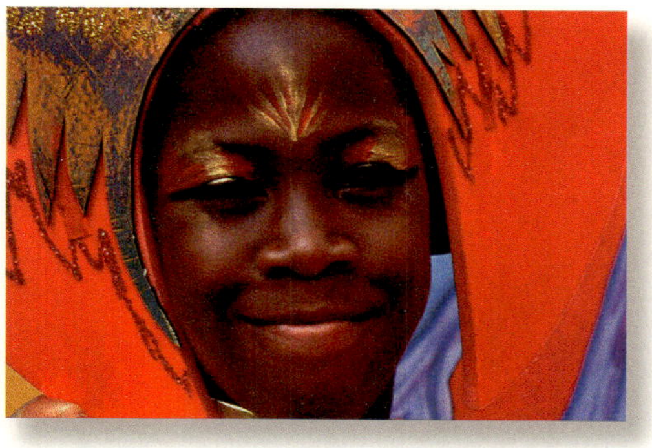

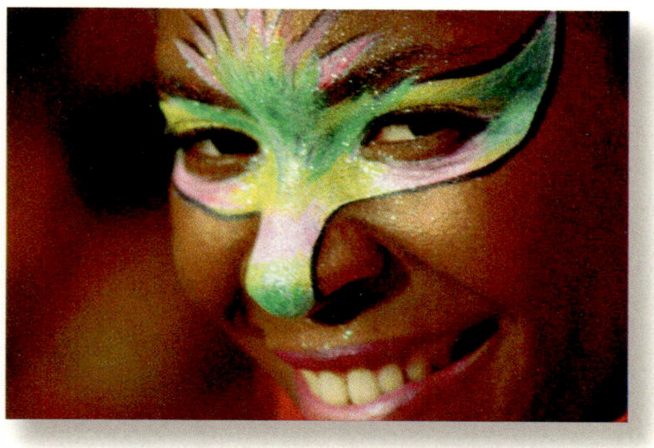

gibt er Raum, sich zu produzieren, gleichzeitig eröffnet er ihm die Möglichkeit, in der Anonymität der Maske unterzutauchen und einmal nicht er selbst zu sein. Hier werden für kurze Zeit Sehnsüchte wahr: Eine Nacht in die Rolle des unwiderstehlichen Superman schlüpfen, des glamourösen Showstars oder der verführerischen Orientalin ... Wie schon in der Tradition der italienischen Commedia nimmt man bei der Maskerade immer noch gerne Randgruppen der Gesellschaft aufs Korn, physische Absonderlichkeiten und – vielleicht ein wenig neidisch – auch bunte »Exoten«, die sich von den Konventionen der Gesellschaft längst befreit haben, wie der Punk mit seinen grünen Haaren, den bunten Tattoos und Piercings.

Innovation ist allerdings nicht jedermanns Sache: Moderne Klassiker wie Cowboy und Indianer leisten dem gute Dienste, der sich nicht allzu lange über die Maske den Kopf zerbrechen möchte. Schließlich genügt als Minimalverkleidung meist schon eine rote Pappnase, um bei den Prunksitzungen der Narrenzünfte Einlass zu erhalten. Doch auch dies kann heute unterbleiben – bunte Fernsehübertragungen von Karnevalsumzügen und Büttenreden lassen den Karneval vielfach zur Secondhand-Erfahrung degenerieren. Zu einem wohlfeilen Konsumartikel geworden, hat er viel von seinem mitreißenden Charakter und seiner ursprünglichen Funktion verloren. Wo jedoch, wie beim Fasching der Marktweiber auf dem Münchener Viktualienmarkt, die Zusammenkünfte der Narren unorganisiert und spontan ihren Lauf nehmen, springt der Funke über und man spürt noch lebendige Tradition, die Spaß macht.

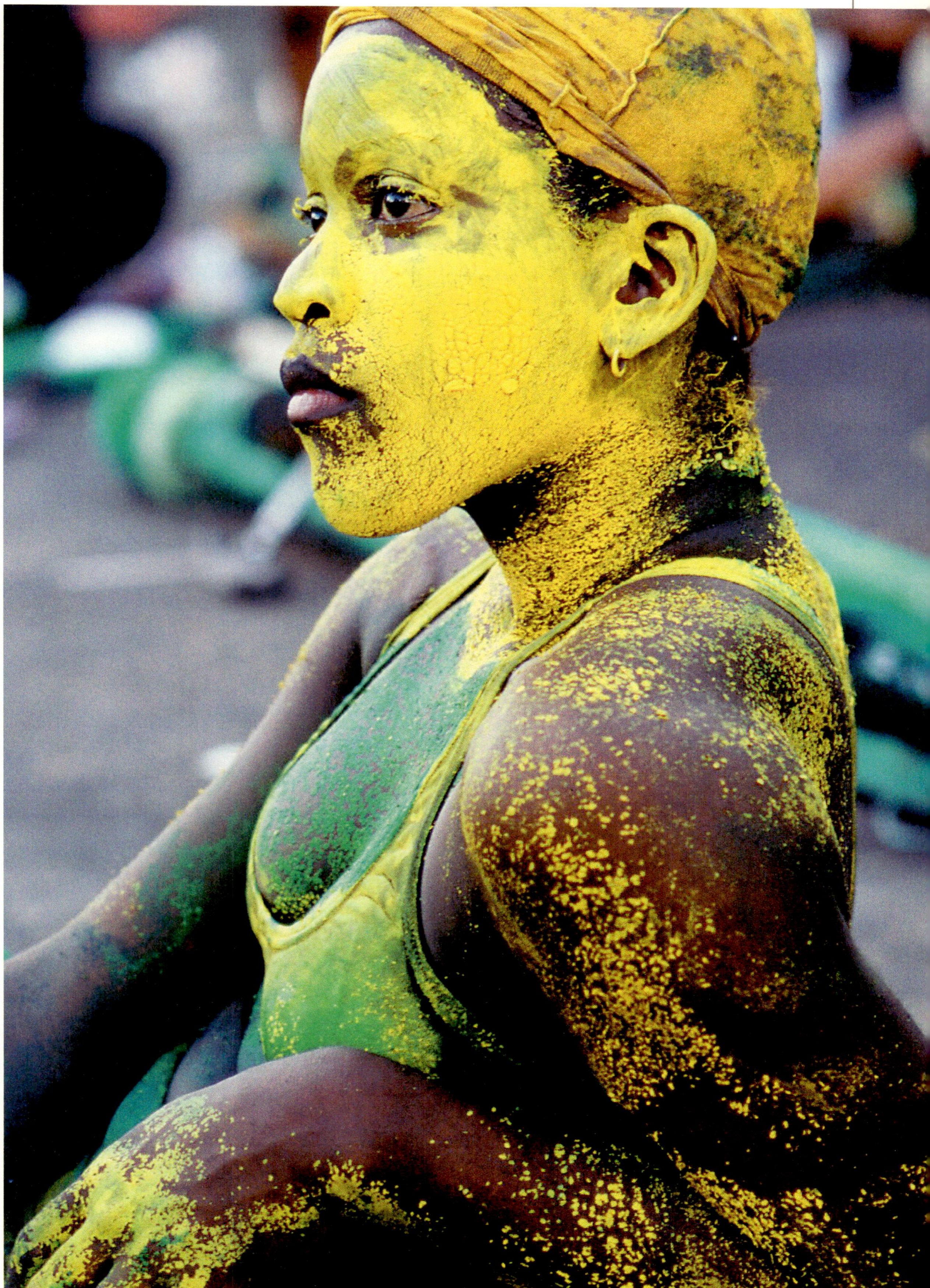

Eine Stelzentänzerin mit farbenprächtiger Bemalung erholt sich von den Strapazen des Karnevals in Trinidad.

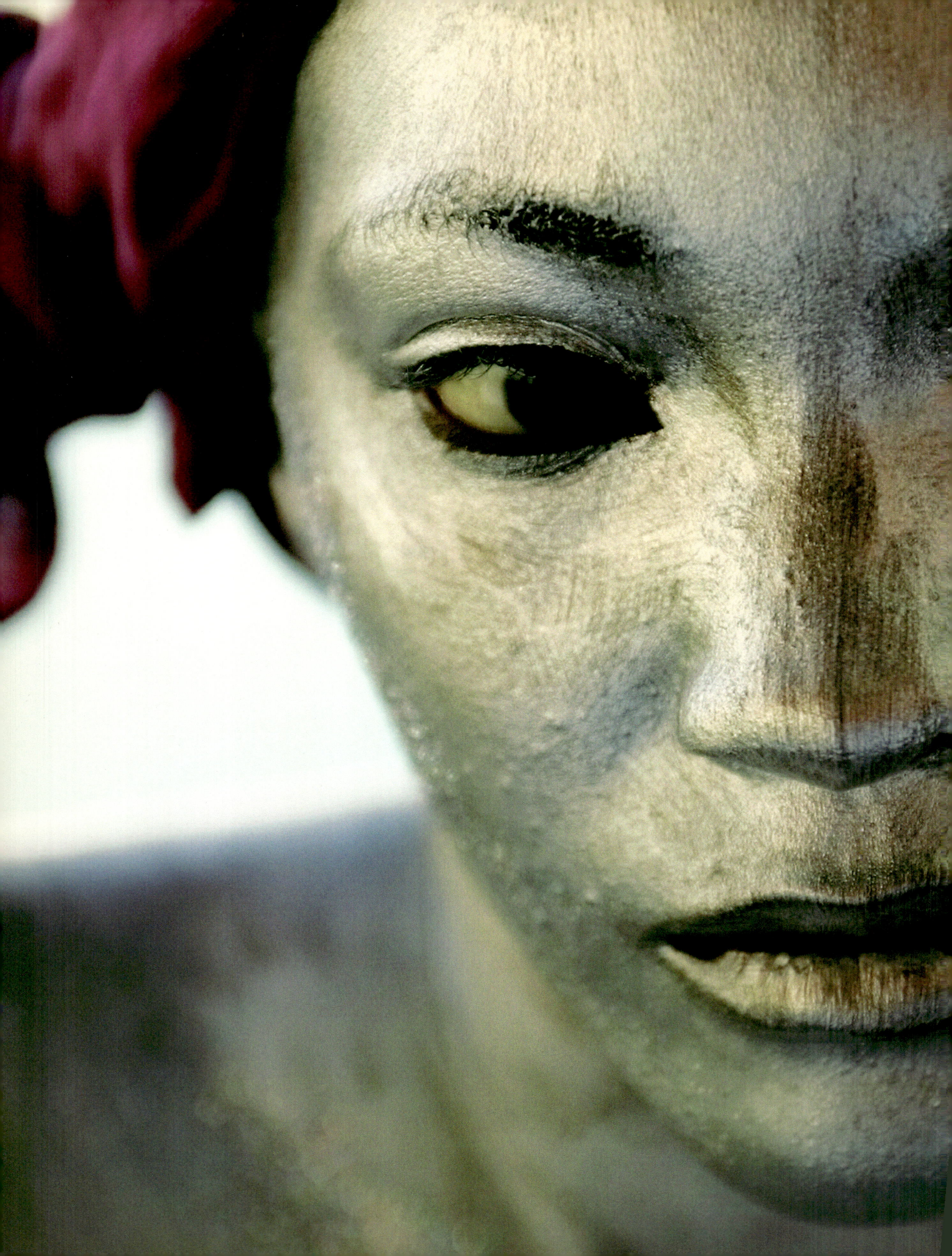

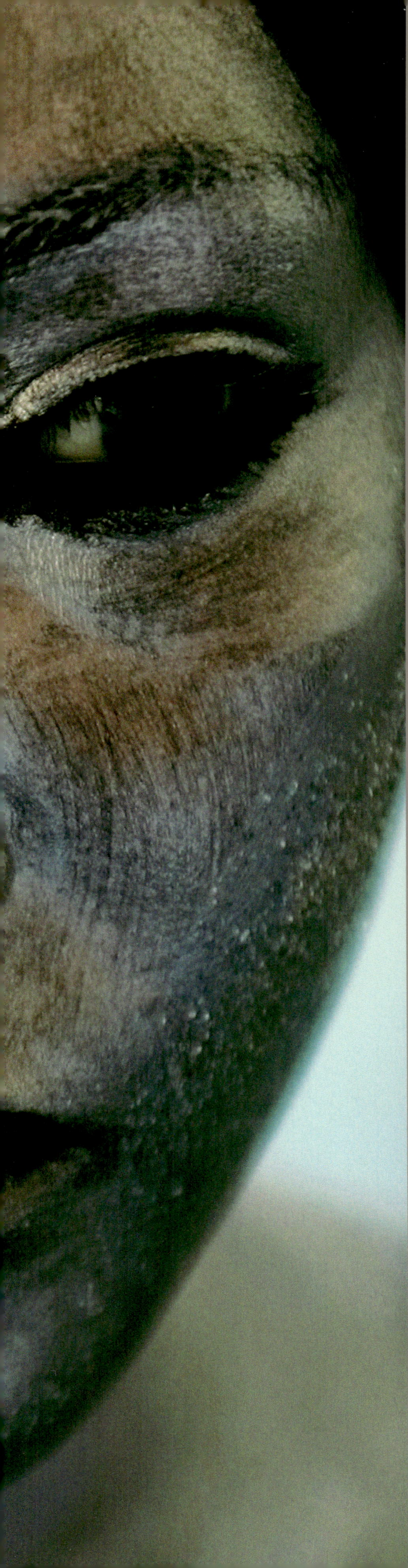

Links:
Silvermudder beim Karnevalsumzug in Port of Spain, Trinidad. Der das Gesicht bedeckende Lehm (engl. *mud)* ist der große »Gleichmacher«, der signalisiert, dass alle Menschen unabhängig von Klasse und Hautfarbe gleich sind.

Rechts:
Karibisches Flair verströmt der Notting Hill Carnival, der seit 1964 alljährlich am letzten Augustwochenende in London stattfindet.

Rechts außen:
Ausgelassen tanzt dieses Paar beim Karneval in Trinidad zu den Rhythmen von Calypso und Soca. Fester Bestandteil des karibischen Karnevals sind die Paraden der berühmten Steelbands.

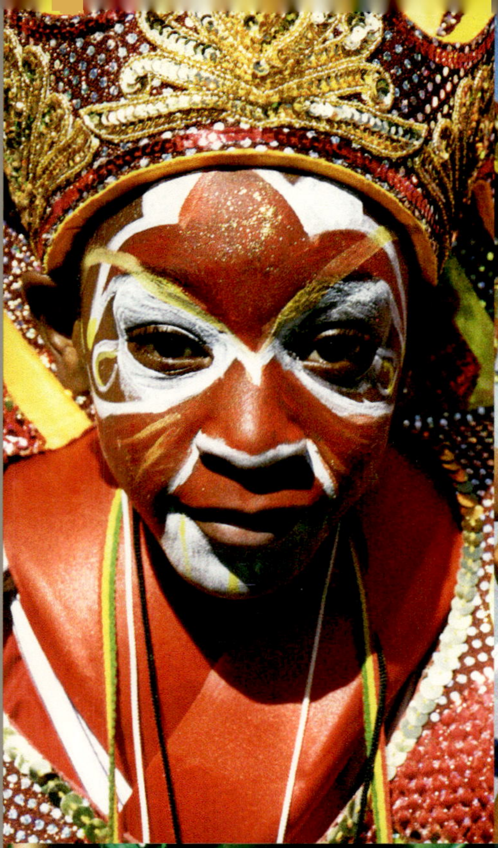

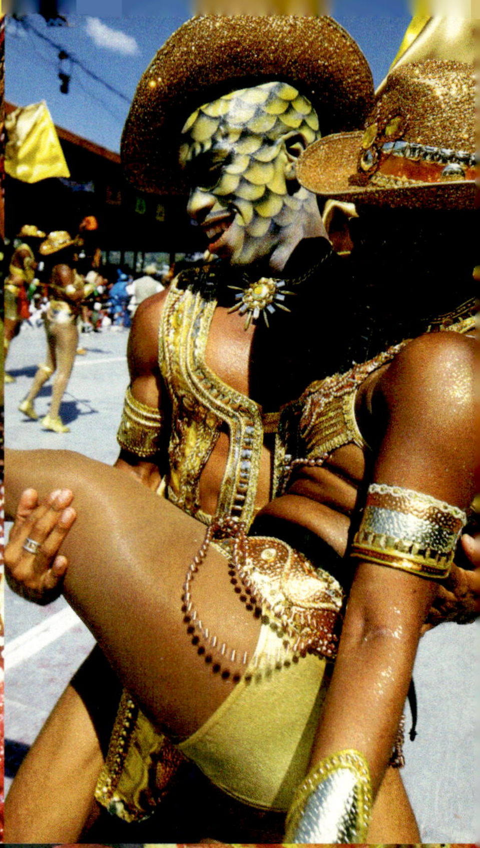

Rechts:
Auch in Deutschland wird der Karneval sehr fantasievoll und fröhlich gefeiert. Ganz im Zeichen von Grün steht diese Teilnehmerin am Straßenkarneval in Köln.

Rechts außen:
Das Symbol schlechthin für Farbenpracht und Ekstase des Karnevals ist derjenige von Rio de Janeiro, wie diese Sambatänzerin mit knapper Körper- und exzessiver Kopfbedeckung im Sambadrom von Rio demonstriert.

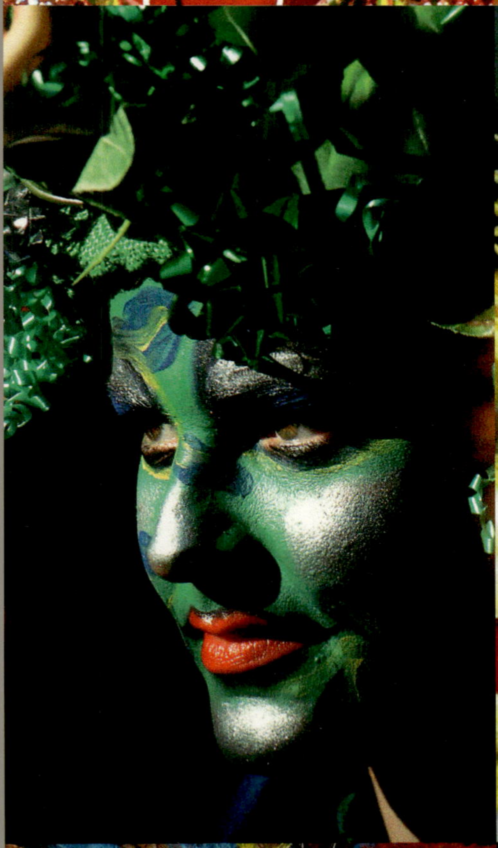

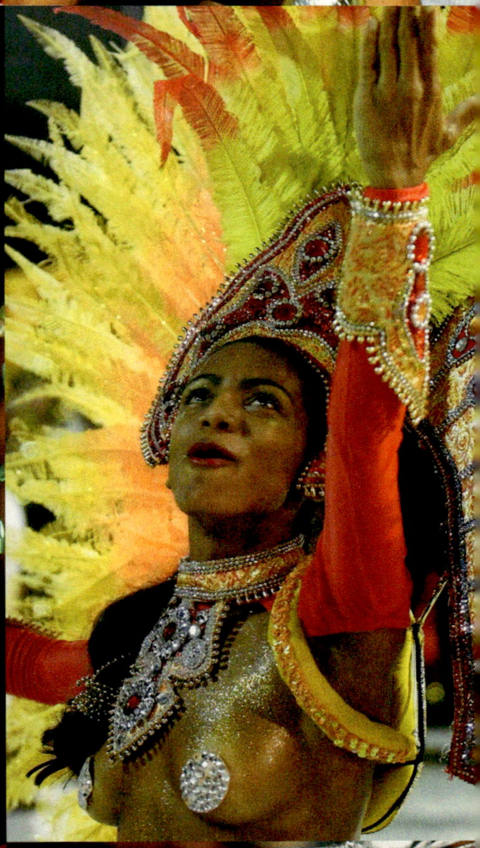

Rechts:
Szene vom Notting Hill Carnival in London. Auf diesem von Immigranten aus der Karibik begründeten Fest werden atemberaubende Kostüme und Masken präsentiert.

Rechts außen:
Der Karneval von Trinidad geht auf die Abschaffung der Sklaverei 1833 zurück sowie auf das Bedürfnis der einfachen Leute, die Kolonialherren durch ausgefallene Kostümierung nachzuäffen.

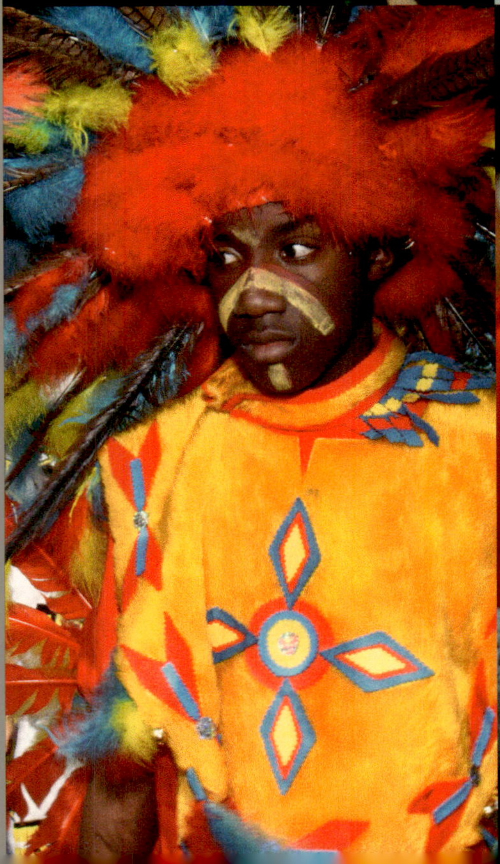

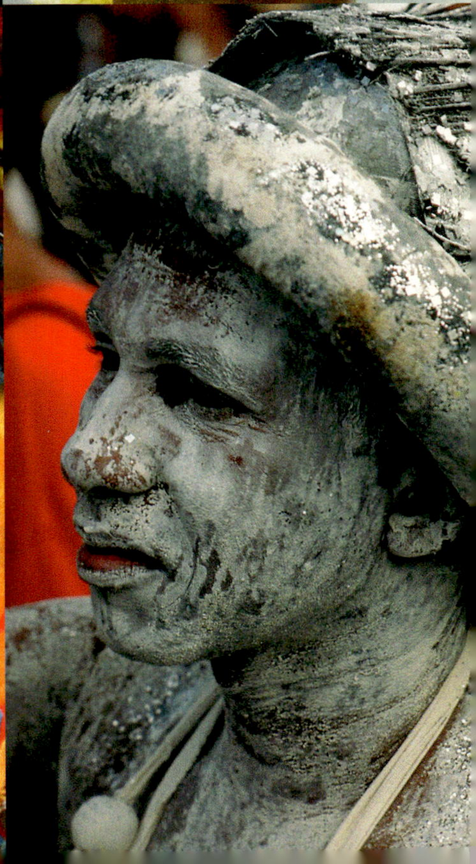

wo die Lust an der verwandlung noch lebendig ist: theater und zirkus

zu theater und zirkus gehört die maske. sie ermöglicht es dem schauspieler und dem clown, die menschlichen charaktere und verhaltensweisen zu überhöhen und gleichzeitig zu entlarven.

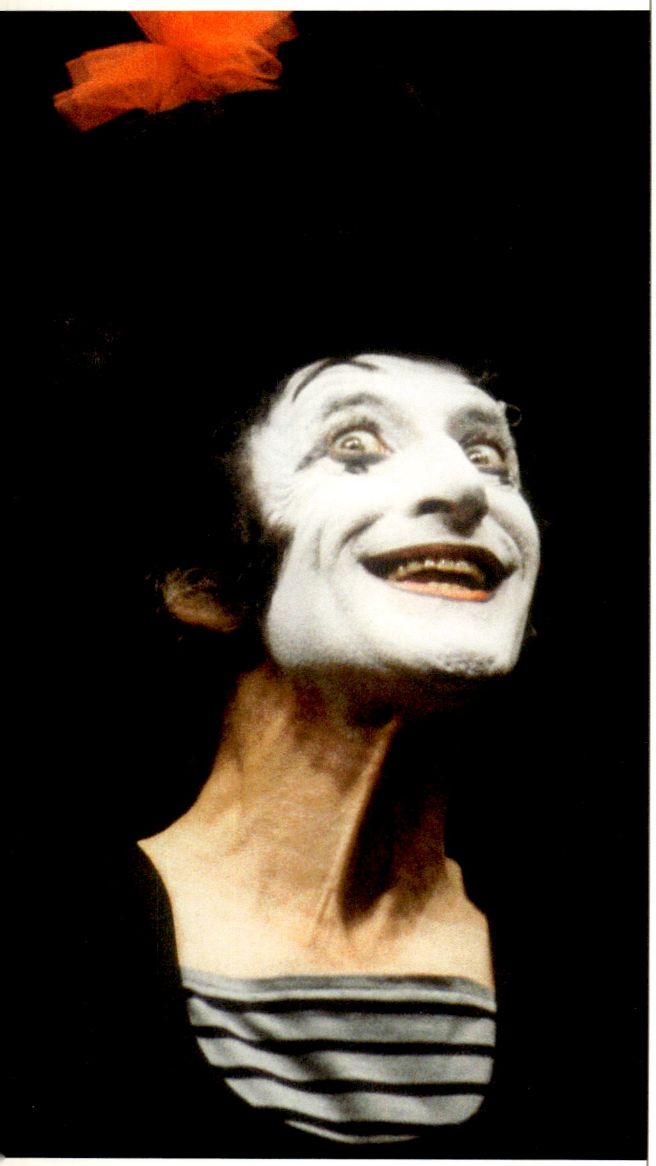

Marcel Marceau, einer der berühmtesten Pantomimen der Welt. Mit den »Pantomimes de Style«, einem einzigartigen Repertoire menschlicher Grundkonstellationen, hat Marceau die Kunst der Pantomime nachhaltig geprägt.

Aus der Urmaske frühgeschichtlicher Kultformen enstanden, blieb die Theatermaske auch in der Antike noch der Religion verbunden. In Gestalt von Göttern und Heroen brachten die Darsteller grundsätzlich Menschliches auf die Bühne. Sie weckten die Gefühle ihres Publikums, lockten lang Unterdrücktes hervor, um schließlich eine befreiende Wirkung zu erziehlen – die Katharsis.

Im Verlauf seiner Entwicklung gewann das nunmehr weltliche Theater eine weitere Funktion hinzu. So liegt der Schauspielkunst, wie auch dem Karneval, heute ein kritischer Geist zugrunde, der das normale Leben widerspiegelt und gleichzeitig infrage stellt. Anders als die Karnevalsmaske, die in ihrem Wesen Provokation und Symbol ist, muss die Maske in der Welt des Theaters aber vor allem glaubwürdig sein. Sie wirkt als Medium der Symbolisierung und ist nicht selbst Symbol. Sie ist nicht bunte Verkleidung und aus der Fantasie geborene, neue Identität, sondern soll wahre Identität sichtbar machen. So kann die Theatermaske auch nur überzeugen, wenn sie von professionellen Schauspielern mit Leben erfüllt wird.

Die illusionäre Wirkung des Theaters lebt von der Überzeichnung der Wirklichkeit, die der Schauspieler mithilfe seiner zweiten Haut aus Schminke und Kostüm erzeugt. Untrennbar mit ihm verbunden, bereichert die Maske die Ausdruckskraft seiner Gebärden. Auch wenn in den zeitgenössischen Formen der Schauspielkunst diesbezüglich oft der Minimalismus regiert und Licht- und Toneffekten eine bedeutende Rolle zukommt, so wird man doch nie ganz auf die Maske verzichten. Auch – oder gerade wenn heute vielfach auf eine räumliche Distanz zwischen Zuschauern und Mimen verzichtet wird – die Distanz zwischen Theater und realem Leben muss gewahrt bleiben. So gerät auch die moderne Theateraufführung nicht selten zu einem farbenfrohen Fest der Verwandlung, das unsere Sinne berauscht und den Alltag vergessen lässt.

Der Clown

Ein Schauspieler par excellence ist der Clown. Der Weißclown, Urenkel des Harlekins, mit seinem intelligenten, leicht überheblichen Gehabe, hat eine Tradition, die zurückreicht bis zum italienischen Stegreiftheater der Renaissance. Er und die anderen Vertreter seiner Zunft, Musikclown, Dressurclown und Dummer August – stets laut, bunt und optimistisch –, bilden ein bewährtes Team, das sich in der glitzernden Welt unter der Zirkuskuppel einen festen Platz erobert hat. Zwischen dem atemberaubenden Auftritt der Hochseilartisten und der Faszination einer Raubtierdressur sind sie in jeder Manege die Garanten für komische Momente.

Doch die eigentliche Herausforderung des Clowns und Glanznummer der Meister des Metiers ist der große Soloauftritt. Jango Edwards vergleicht ihn mit einem »sinnlichen Akt, der empfindsam, zart und erregend ist und am Ende einen Höhepunkt erreicht oder eine Art Feier«. Dabei bedient der Clown sich der ganzen Palette der Emotionen: Augenblicke sanfter Melancholie, unbekümmerter Heiterkeit und leiser Träumerei ziehen den Zuschauer in ihren Bann und erreichen sein Herz. Das Rührende und das Lächerliche zu beherrschen, wie ein Popow, ein Grock oder Kelly, solches Wissen und solche Feinfühligkeit zu erlangen, ist der Wunschtraum eines jeden Clowns. Das Publikum zum Lachen zu bringen, für Entspannung und Unterhaltung zu sorgen, das sind die Grundlagen seiner Kunst.

Und doch will der Clown mehr, als nur das Lachen zu erwecken. Er ist Übermittler von Nach-

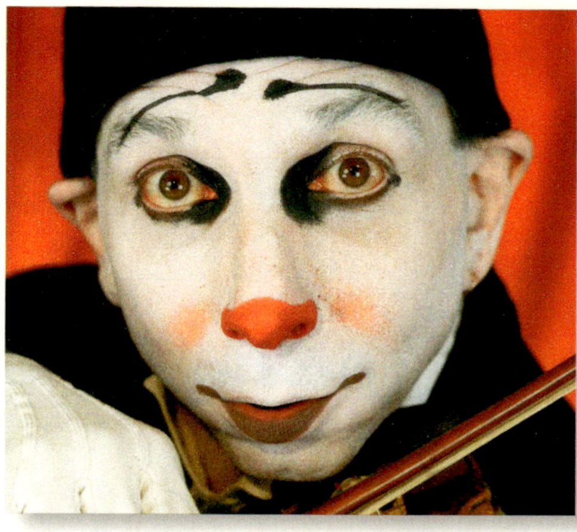

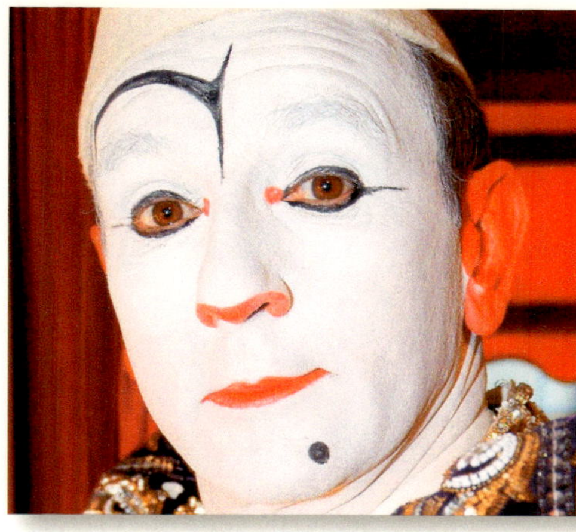

Einer der Archetypen der Schauspielkunst ist der Clown. So unterschiedlich die Kostümierung auch sein mag – alle Clowns verbindet das geschminkte Gesicht sowie ihre Fähigkeit, mit Gestik und Mimik und ohne Worte das Spektrum menschlicher Verhaltensweisen darzustellen und die Menschen dabei zum Lachen zu bringen. Zwei Meister ihrer Zunft: Howard Butten als Clown Buffo (links), Philippe Sosman als Clown Pippo im Zirkus Roncalli (rechtes Bild).

richten und Kommentator in einer Person. Wohlverpackt in komischer Form überbringt er den Menschen seine Neuigkeiten, stets in der Hoffnung, ihre Nachdenklichkeit anzuregen. Ausstaffiert mit buntem Frack, zerrissenen Hosen, riesigen Schuhen, ist er dem Schein nach ganz und gar ein ungeschickter Tölpel. Und doch jongliert der Narr elegant mit den zahlreichen Facetten des Abnormen, um die anerkannte Norm bloßzustellen. Wie oft genügt ihm dafür eine Geste, das Zucken einer Augenbraue in seinem weiß geschminkten Gesicht, ein Lächeln seines rot bemalten Mundes. Die Fähigkeiten des Clowns sind in einem Maße universal, dass sie auf der ganzen Welt verstanden werden können. Als Akteur im Rampenlicht der Zirkusmanege muss er Tanz, Akrobatik und Pantomime beherrschen, doch seine wichtigste Fähigkeit ist die Beobachtung. Denn das Leben ist Komödie und der Clown hält den Menschen einen Spiegel vor.

Ein markant Gesichts-Make-up unterstreicht die expressive Mimik des Schauspielers Nizwar Karanj bei einer Aufführung des Stücks »Harun und das Meer der Geschichten« von Salman Rushdie im Royal National Theater von London.

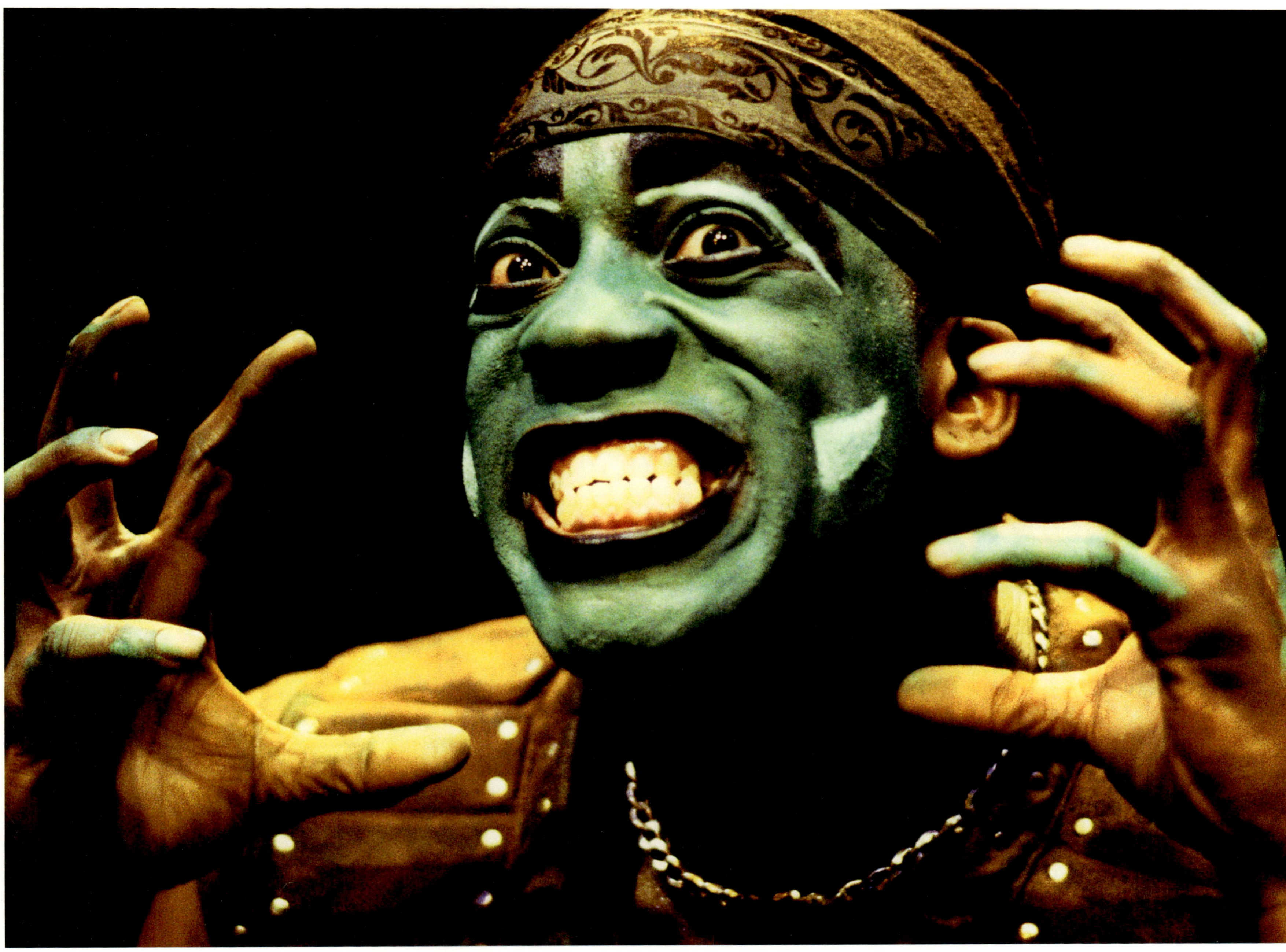

fans – vom zuschauer zum zurschausteller

in den letzten jahren hat sich bei den massensportarten eine im wahrsten sinne des wortes bunte fankultur herausgebildet. fantasievolle gesichtsbemalung rückt die fans selbst ins rampenlicht.

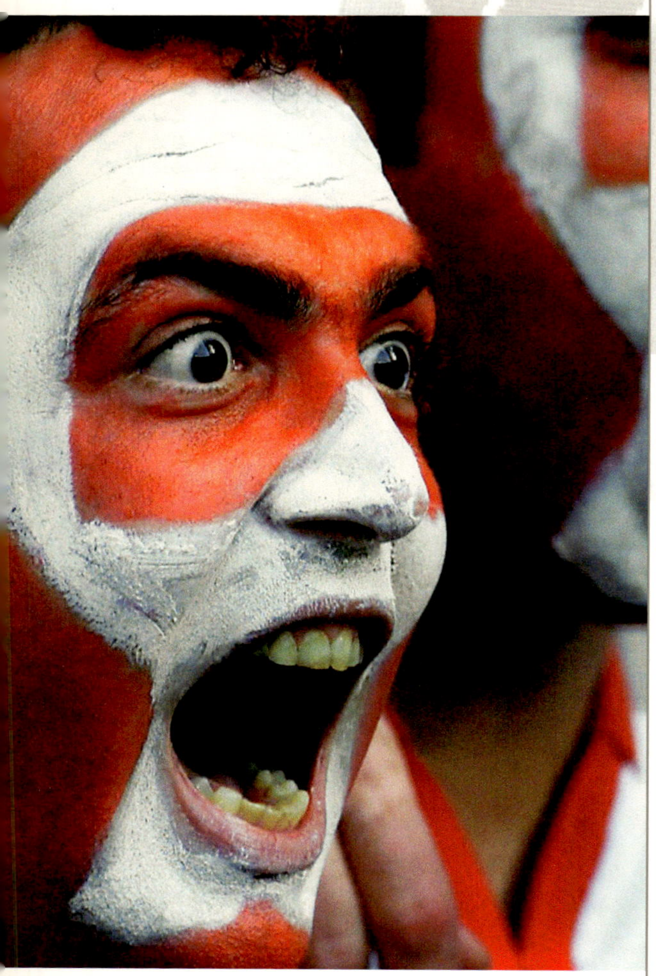

Ein türkischer Fußballfan stimmt sich vor Beginn des Spiels seines Nationalteams auf die kommenden 90 Minuten ein.

Fußballstadien als wogende Ozeane an bunten Farben und als Bühnen für Fantasie und Einfallsreichtum, Weltmeisterschaften und Endspiele als Kostümball – in kaum einer anderen Sportart sind die Zuschauer selbst so zu Handelnden geworden wie im Fußball.

Dabei begann alles recht grau. Zu Beginn des letzten Jahrhunderts waren die Zuschauer noch weitgehend einheitlich gekleidet. Leidenschaften machten sich kaum am äußerlichen Erscheinungsbild fest. Man zog als Fußballfan seine Arbeitskleidung aus und schlüpfte in seinen besten Anzug. Schiebermützen und Melonen, Jacketts und Hemden mit Kragen und Krawatten prägten das Bild in den Fußballarenen. Mehr Farbe kam erst zwischen den Weltkriegen auf. Mutige Fans schmückten sich nun mit bunten Schleifen, Rosetten und Halstüchern in den Farben ihres Lieblingsvereins. Einen ersten Boom erlebte der Fußballschmuck in den Wirtschaftswunder-Jahren: Hüte, Fahnen, Abzeichen und Embleme wurden immer mehr zu Attributen für jüngere Fans und den so genannten »harten Kern« der Anhänger. Der Siegeszug der Bemalungen unter den Fans begann aber erst später. Nach Anfängen in den 60er- und 70er-Jahren folgte ein Aufschwung in den 80ern und schließlich eine Blüte in den letzten Jahrzehnten. Davon legen so manche Turniere ein augenfälliges Zeugnis ab. Zehn-, wenn nicht sogar Hunderttausende von Fans aus aller Welt inszenieren sich als Gesamtkunstwerke aus Bemalung, Kleidung, Fahnen und diversen Emblemen. Hier zeigt sich im Extrem, was auch schon vorher zu beobachten war. Außer den Farben und Abzeichen der eigenen Mannschaft gibt es so gut wie keinerlei Richtlinien und Vorschriften. Jedes Muster, jede Form und jedes Design wird von den Gefolgsleuten akzeptiert, solange sie gefallen – oder auch nicht. Dabei zeigt sich bei manchen Fans innerhalb gewisser Grenzen eine oft erstaunliche Kreativität und ein persönlicher individueller Gestaltungswille. Der Uniformität, die durch die begleitenden Massenartikel aus dem Fanshop nur schwer zu entgehen ist, wird auf diese Weise häufig ein Schnippchen geschlagen.

Fußballspiel ist nicht gleich Fußballspiel. Gerade vor wichtigen Spielen schmücken sich viele Fans unter erheblichem Zeit- und Arbeitsaufwand. Dabei ist die Ausstattung nicht einfach zusammengekauft, sondern meist liebevoll und individuell angefertigt.

Mit Kriegsbemalung haben die Verzierungen meist nichts zu tun. Zwar gibt es jene gefürchteten »Hexenkessel-Stadien«, in denen der Gegner durch Gebrüll (wie der berühmte »Hampden Roar« in Glasgow) oder rhythmisches Klatschen und Trommeln (wie in der »Rapid-Viertelstunde« in Wien) in Angst und Schrecken versetzt werden soll. Zunehmend häufiger zeigt sich in den Bemalungen jedoch eher der Grad der Begeisterung für den eigenen Club und eine grundsätzliche Huldigung an das Leben. Die Farben und Formen der Bemalung überhöhen den Alltag und demonstrieren Lebensfreude.

Schwer zu entscheiden ist, inwieweit die Dramaturgie des Fernsehens die verstärkt wahrzunehmende Gesichts- und Körperbemalung von Fußballfans mitbestimmt hat. Nahm man dieses Phänomen lange nicht wahr, weil es nicht so ausgeprägt war oder weil das Fernsehen nur eine sehr einseitige Sicht eines Fußballspiels ermöglichte? Tatsächlich waren die Berichte lange Zeit nahezu ausschließlich auf das Spielfeld und die entscheidenden Tore, auf spektakuläre Spielzüge und Zeitlupen – kurzum: auf Tore, Namen, Resultate – fixiert. Die das Fußballspiel

Die Identifikation mit dem geliebten Verein oder dem Nationalteam findet ihren optischen Höhepunkt darin, Kopf und Körper mit den Vereins- bzw. Nationalfarben zu schmücken. Links im Bild feiert ein Fan den spanischen Meistertitel von Deportiva La Coruña (2000), rechts hat ein australischer Rugbyfan beim Weltmeisterschaftsspiel gegen Neuseeland sein Gesicht auf imposante Weise zur Leinwand gemacht (2003).

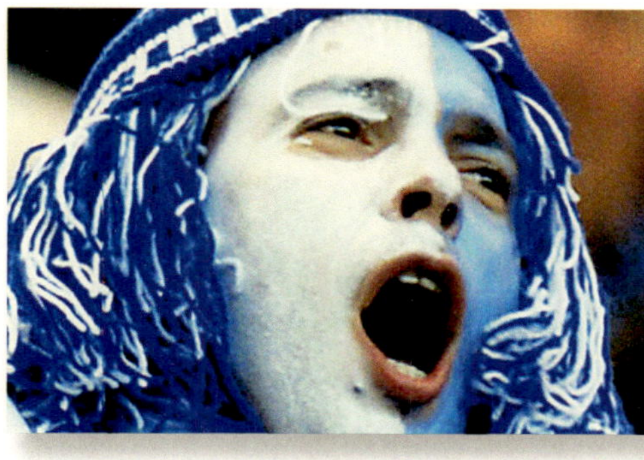

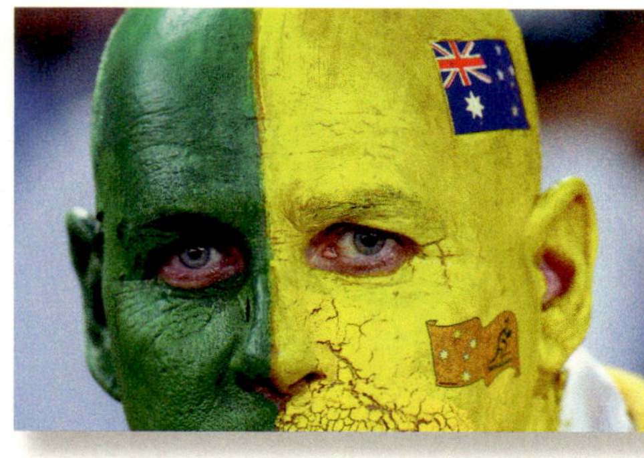

umgebende Realität wurde rigoros abgeschnitten, die Atmosphäre und das Umfeld gekappt. Erst in den letzten Jahren gibt es immer mehr Kameraschwenks in die Reihen des Publikums. Und dadurch drängt sich die Frage auf, ob die prachtvolle Bemalung vieler Fans erst seitdem wahrgenommen werden kann? Oder findet seitdem eine Art Rückkoppelung statt? Wagen es ermutigt durch die Fernsehbilder nun immer mehr Fans, sich ebenfalls so farbenfroh und auffällig zu schmücken wie die Vorbilder im Fernsehen?

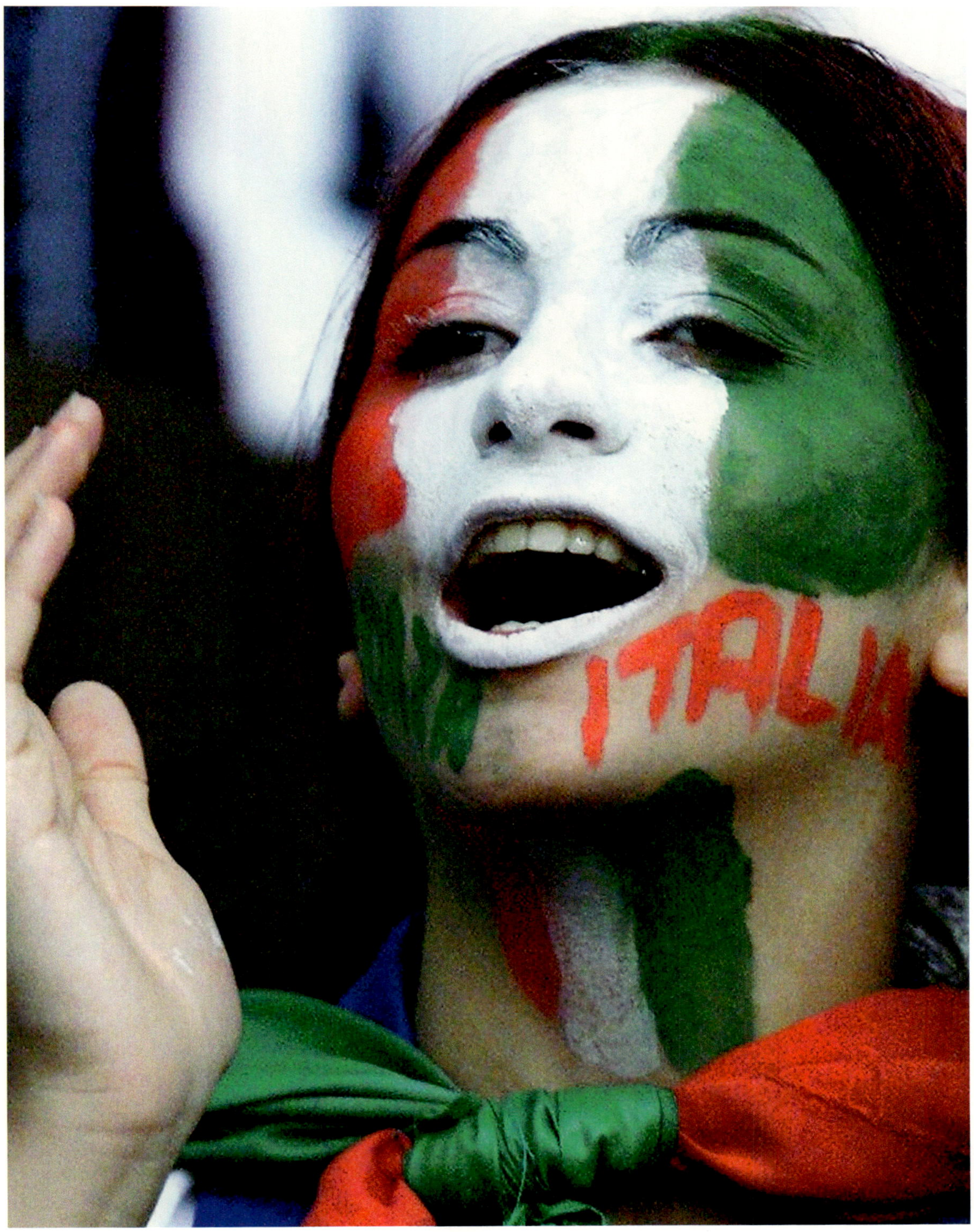

Wen diese junge Frau anfeuert, ist unschwer zu erkennen. Die Landesfarben auf Hals und Gesicht samt Schlachtruf »Forza Italia« – da muss Italiens Nationalelf einfach gewinnen.

Zeichen der Treue zum Verein

Neben jenen Fans, die sich im Stadion in bunte Paradiesvögel verwandeln, jedoch anschließend wieder farblos werden, gibt es jene, die sich dauerhafter zu ihrer Gefolgschaft für eine bestimmte Mannschaft bekennen. Sie markieren sich mit den Farben und Zeichen ihres Vereins nicht nur im Stadion, sondern immer und überall. Sie färben ihre Haare in den Mannschaftsfarben und erreichen durch das Bleichen und das anschließende Tönen des Haars starke Kontraste und lebhafte Farben. Dabei können Monate vergehen, bis das Haar wieder entfärbt ist. Das signalisiert eine Ergebenheit, die über bloße Gefolgschaft weit hinausgeht und die an rituelle Zugehörigkeitsnarben erinnert. Eine noch extremere Form der Hingabe findet sich bei Fans, die sich die Embleme ihres Vereins eintätowieren lassen. Hier werden die Farben und die Zeichen eines Teams zum Ausdruck leidvoller Loyalität und Treue – leidenschaftlicher oft sogar noch mehr in der Niederlage als im Sieg.

Zu Recht wird immer wieder beklagt, dass diese »lebendige Folklore in unserer Mitte« von der Forschung nicht so recht wahrgenommen wird. Und es liegt viel Wahrheit in der Behauptung, dass die Fußballfans und ihre Kunstformen wahrscheinlich erst dann die verdiente Aufmerksamkeit erlangen würden, wenn es sich um »tote Folklore« handeln würde. Wenn sie als Formen aus früheren Jahrhunderten, die nur noch als Touristenspektakel oder künstliche Historienspiele überlebten, inszeniert würden.

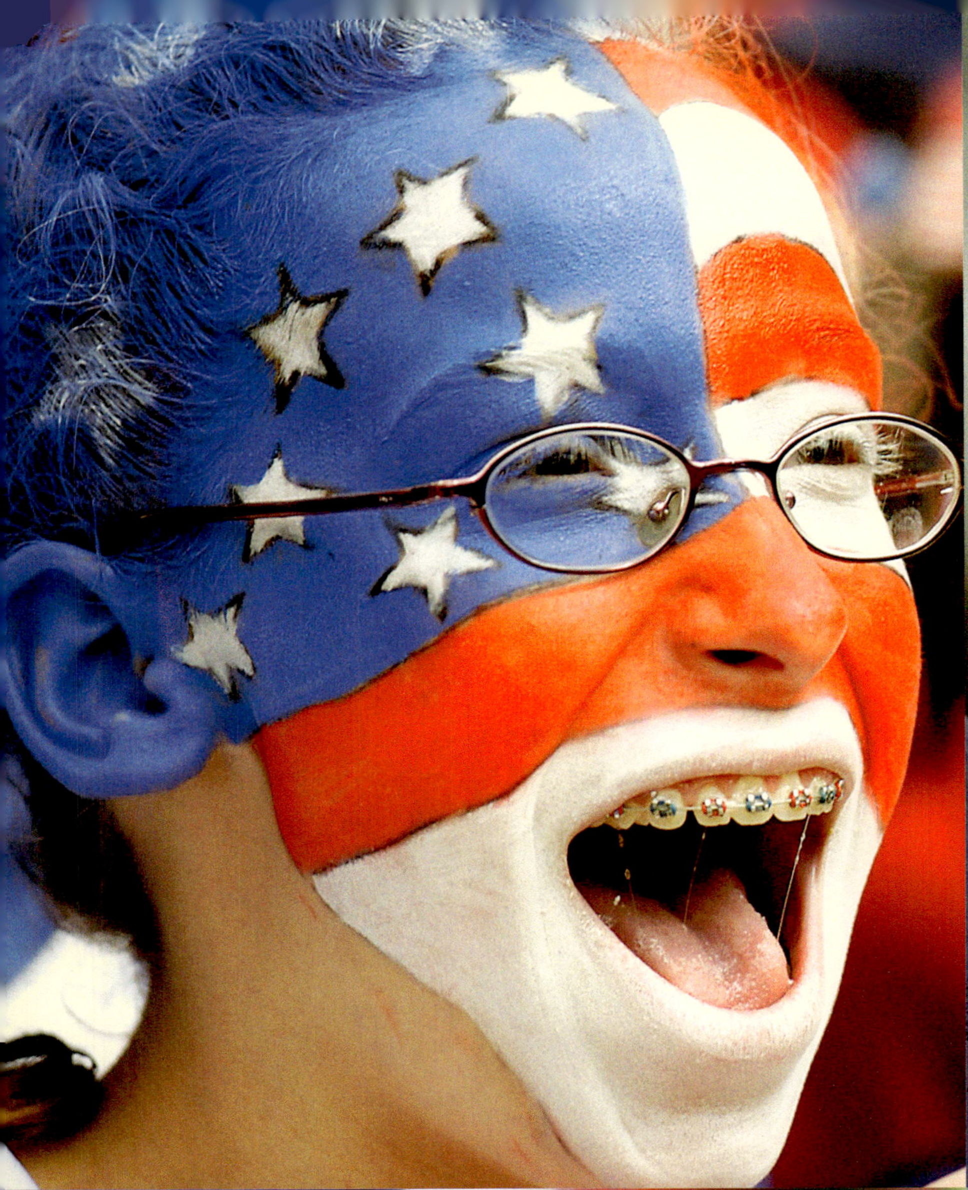

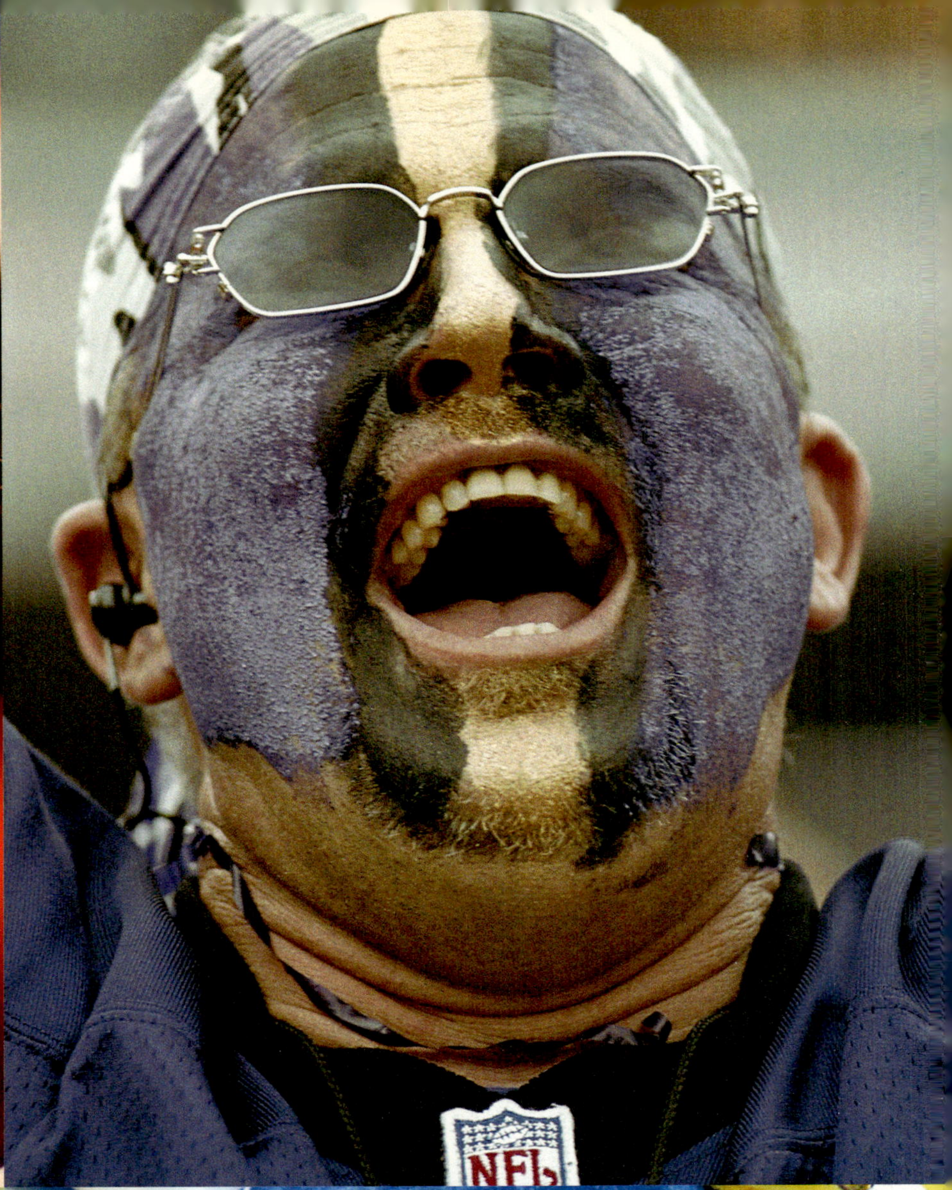

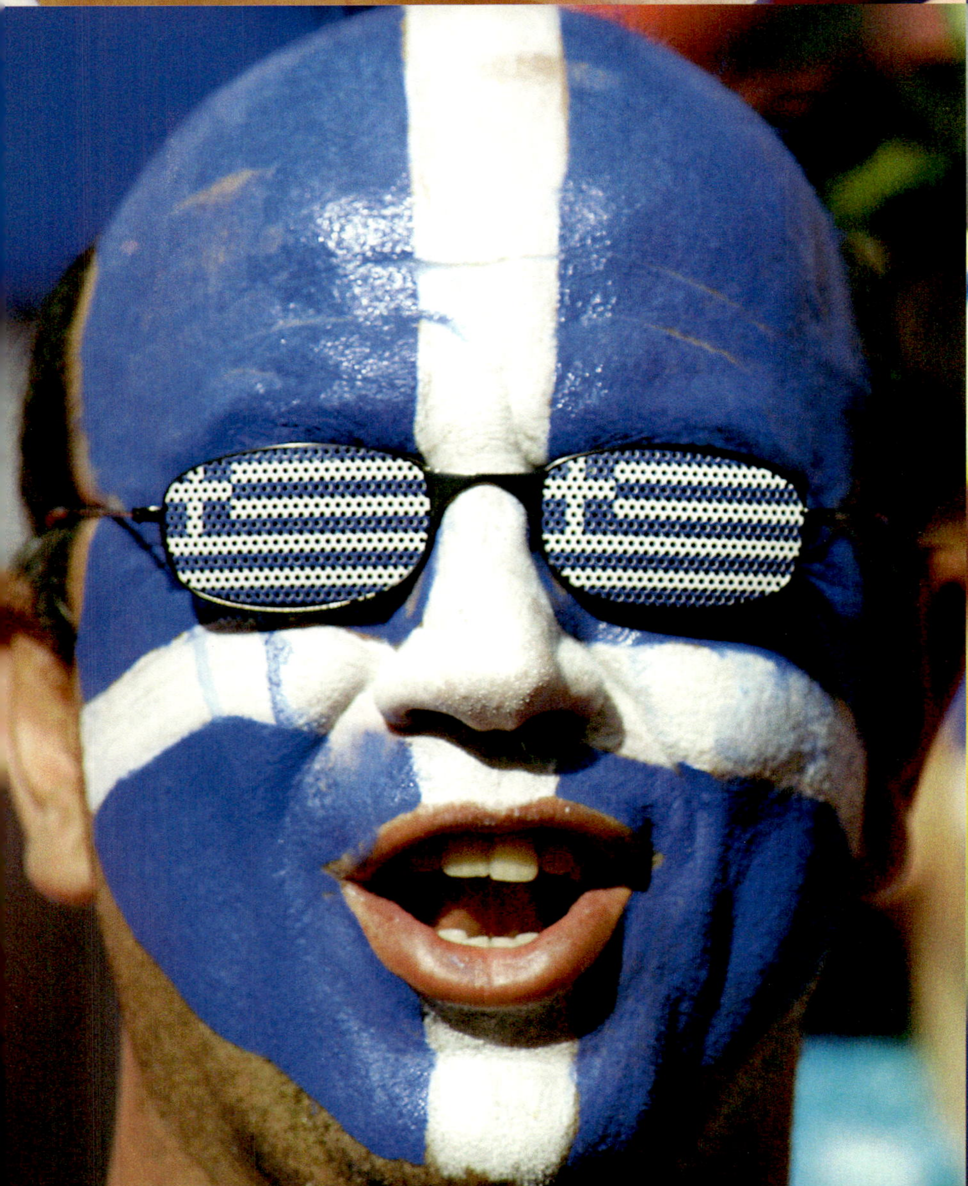

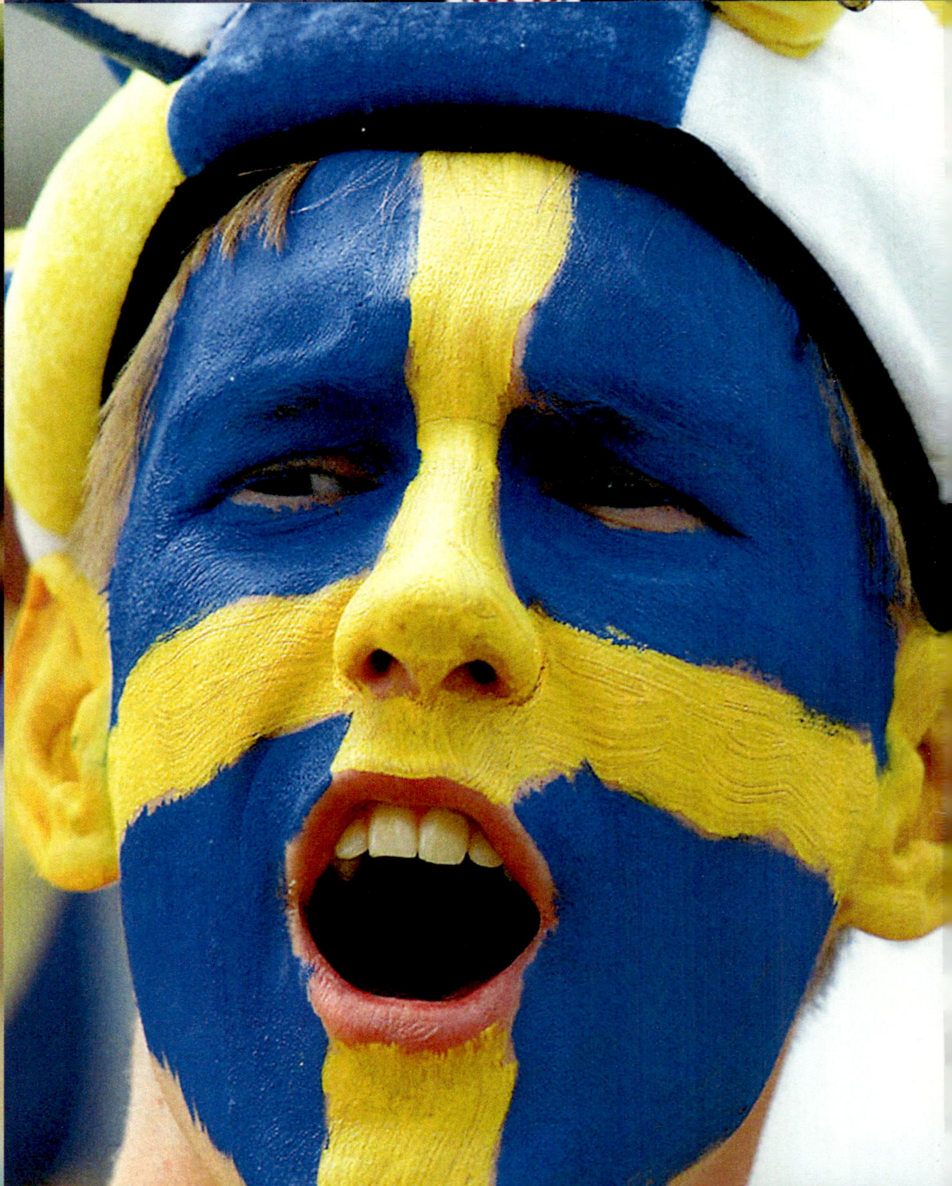

Oben: Auch weibliche Fußballfans im Zahnspangenalter bringen ihre Begeisterung für ihr Nationalteam gut sichtbar zur Geltung, wie hier anlässlich eines Spiels des US-Frauenteams
Unten: Buchstäblich durch die nationale Brille betrachtet dieser griechische Fußballfan das Spiel.

Oben: Ein Anhänger der Baltimore Ravens jubelt über seine Mannschaft, die in der National Football League (NFL) spielt, der US-amerikanischen Profiliga für American Football.
Unten: Ein schwedischer Fußballfan mit stilisierter Wikingermütze und den Landesfarben im Gesicht.

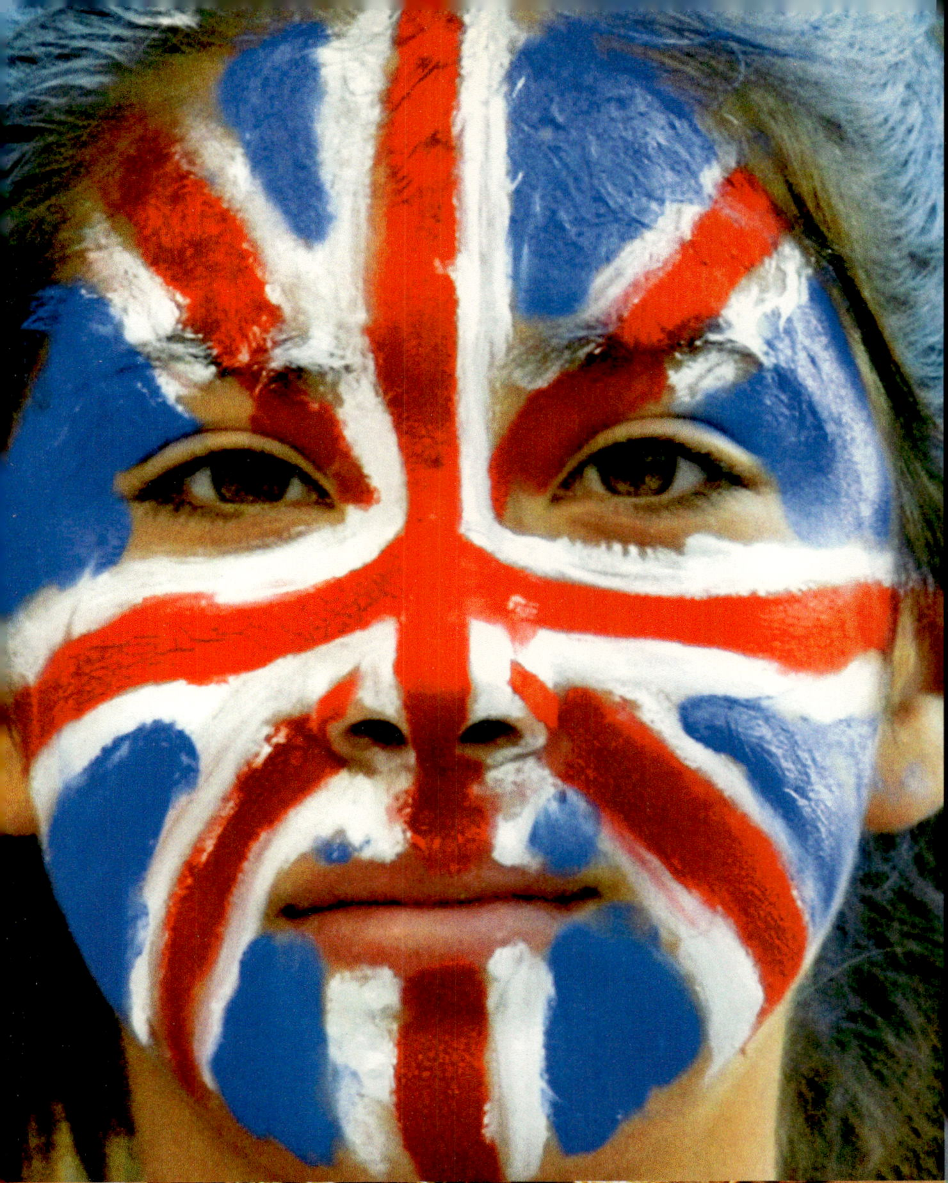

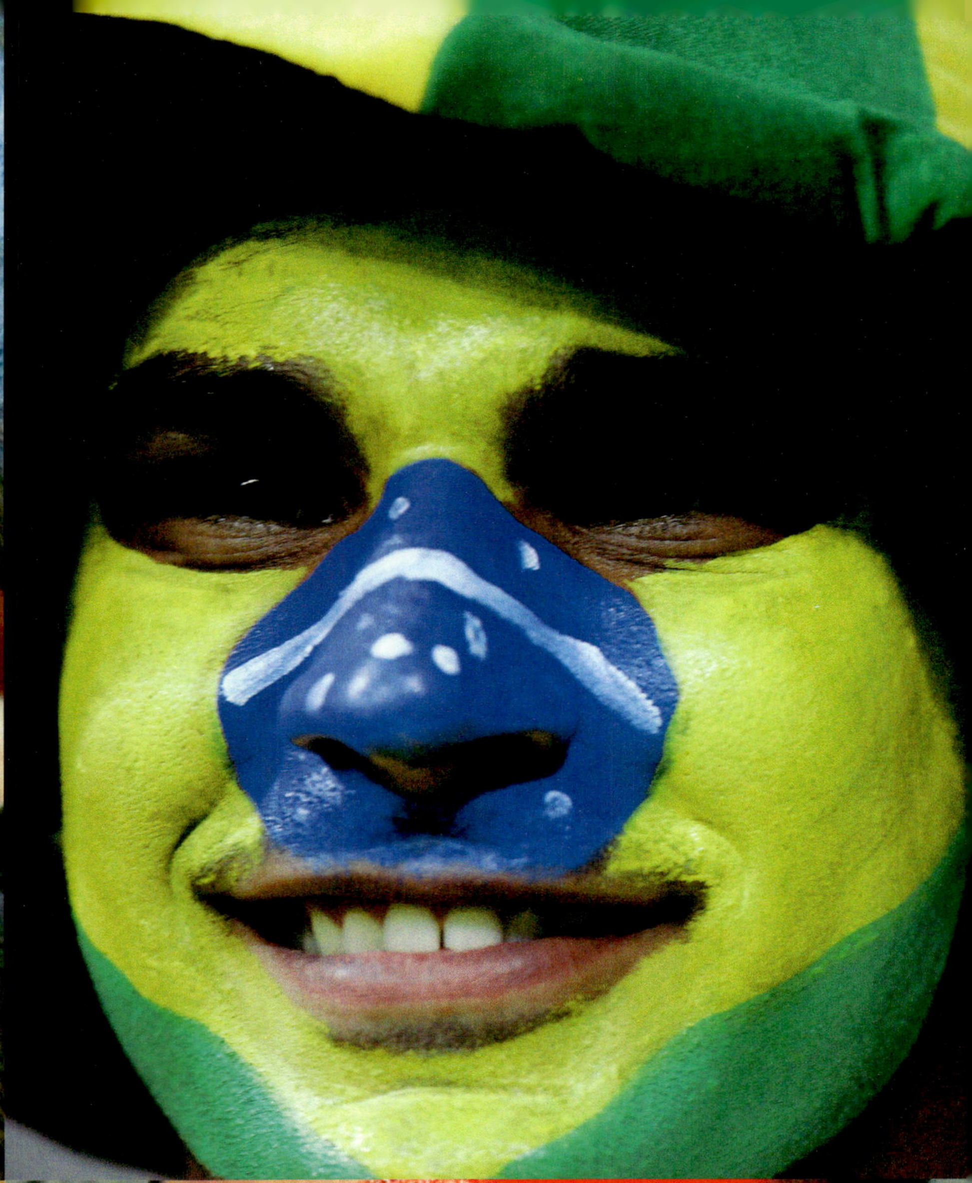

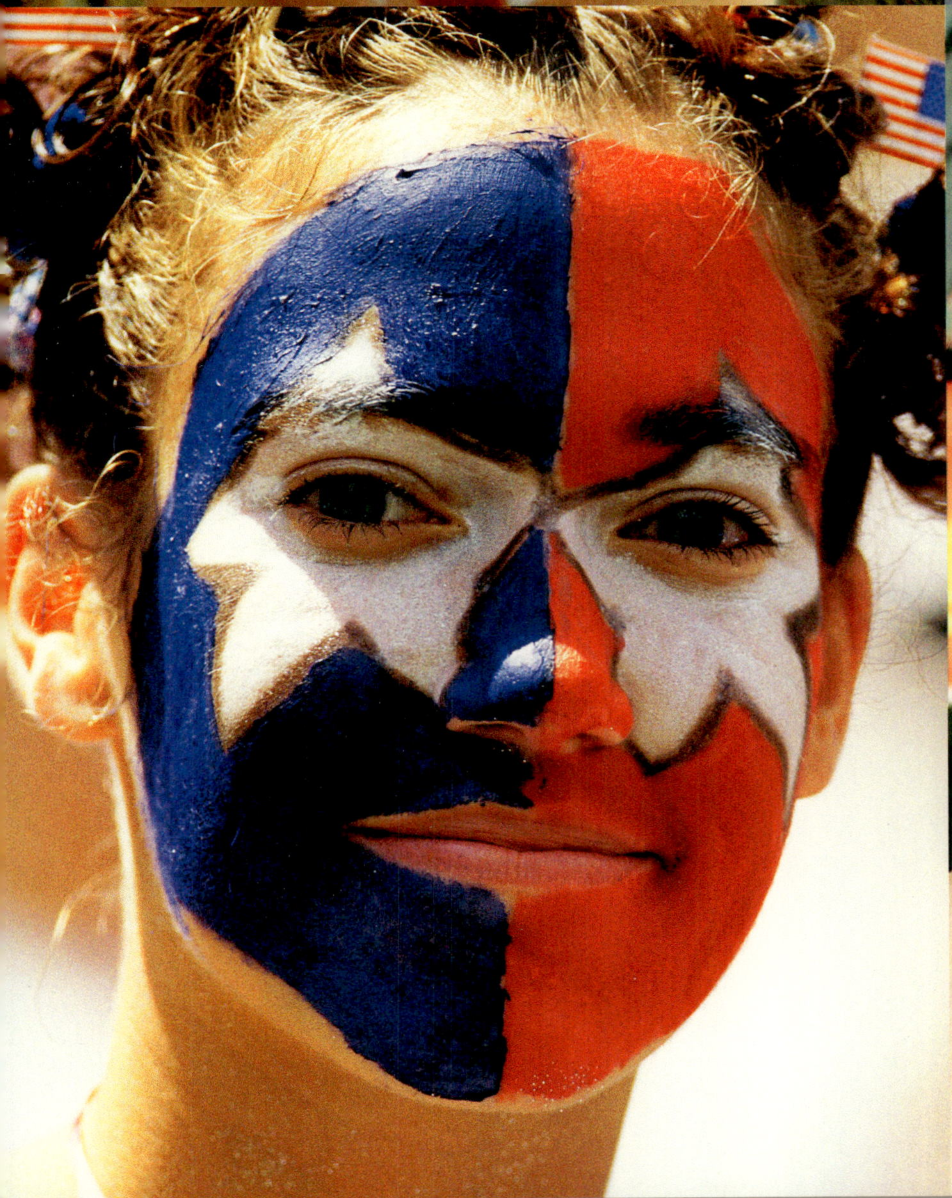

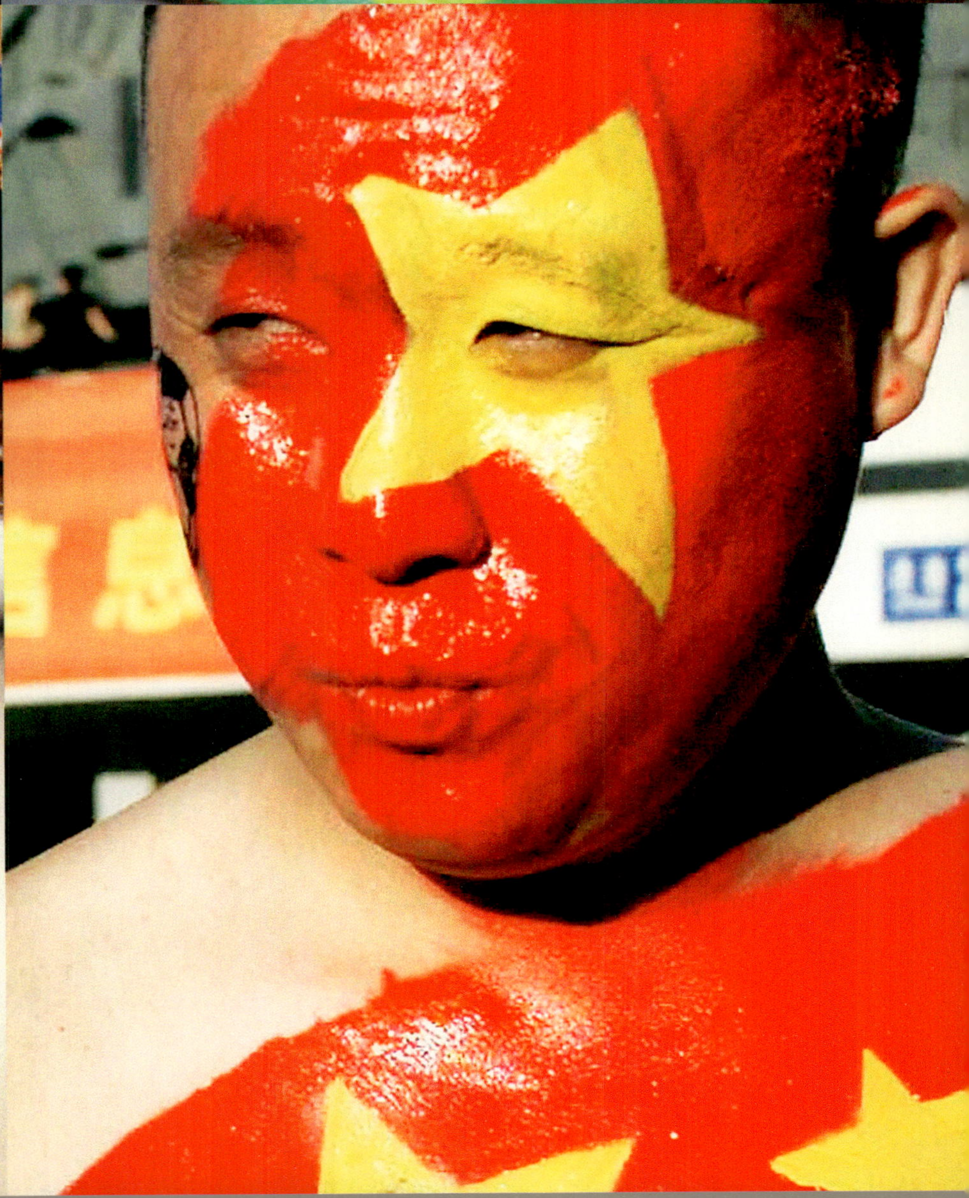

Oben: Union Jack auf reizvollem Untergrund – optische Unterstützung einer Australierin während eines Spiels des australischen Frauenteams bei der Fußballweltmeisterschaft.
Unten: Ein Gesamtkunstwerk, das Gesicht und Haare umfasst – Fußballfan des US-Frauenteams.

Oben: Ein brasilianischer Fan freut sich über seine Mannschaft beim Confederations Cup 2005.
Unten: Auch in der Volksrepublik China treibt die Fußballbegeisterung die Fans zu künstlerischen Leistungen an – Körperkunst bei einem Qualifikationsspiel zur Fußballweltmeisterschaft.

In spektakulärer Aufmachung mit prächtigem Kopfschmuck und gefärbten Kina-Muscheln als Brustschmuck erscheinen diese Mendi-Männer aus Papua Neuguinea zu einem Fest.

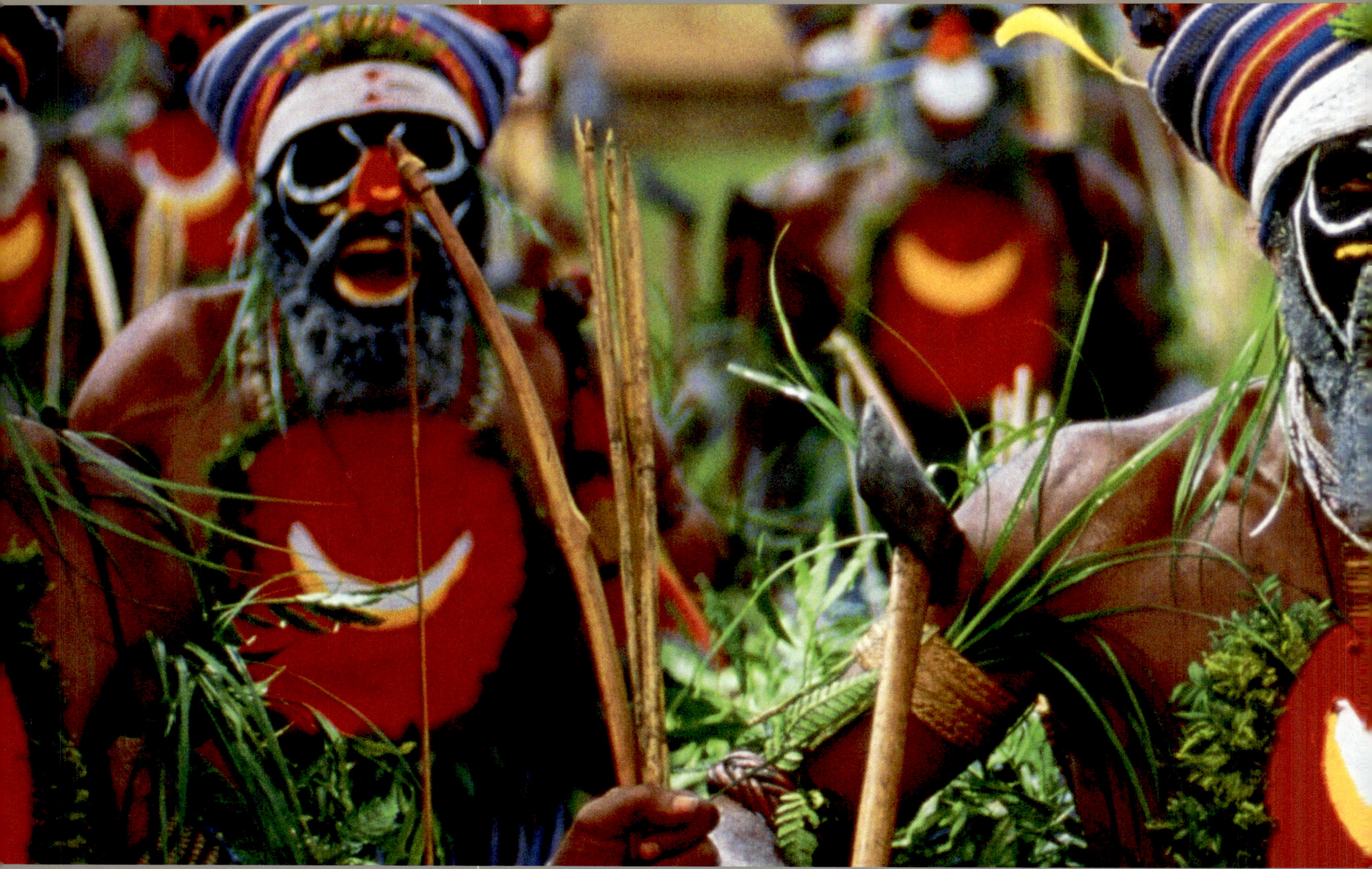

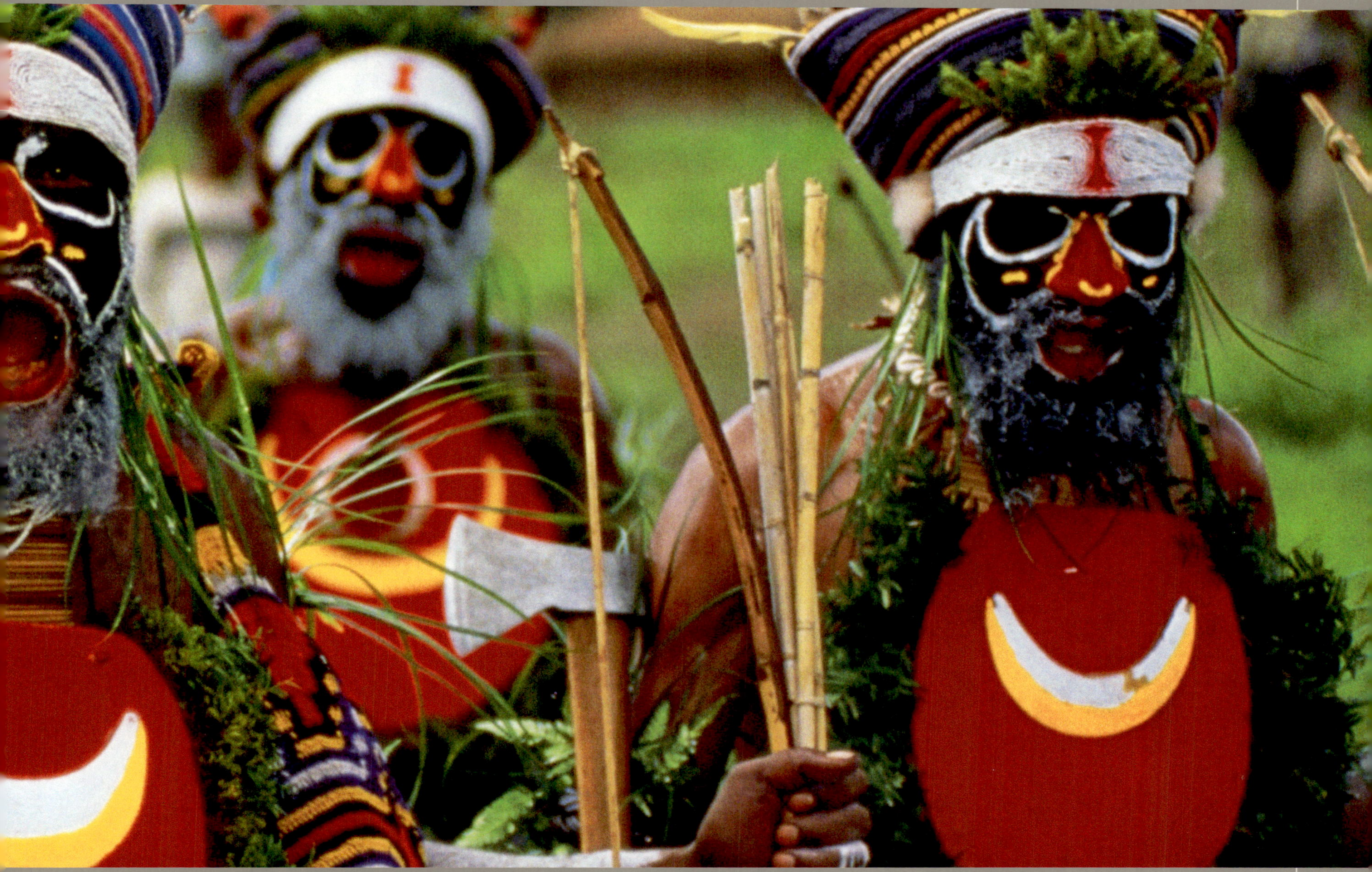

Zeremonielle Körperbemalung ist bei den Aborigines in Australien ein wesentlicher Bestandteil bei Übergangsriten. Zwei Jungen bei einem Initiationsritus in Arnhemland.

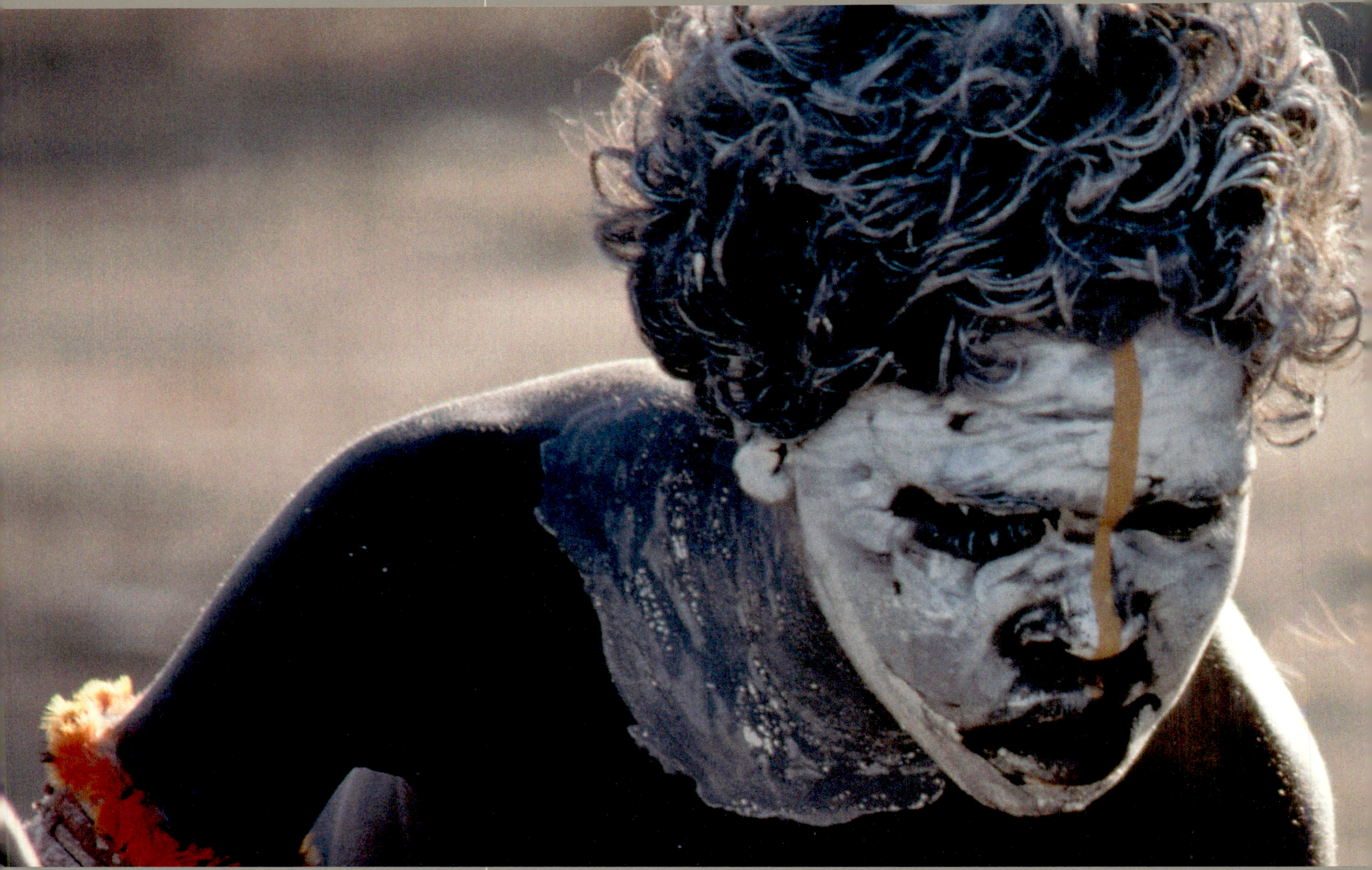

zu den autoren

Dr. Stefan Eisenhofer, Herausgeber dieses Buches, Ethnologe und Historiker; Leiter der Abteilung Afrika am Staatlichen Museum für Völkerkunde München; Forschungen und Publikationen zur Kunst und Geschichte Afrikas.
(Seite 46–83, 198–201)

Karin Guggeis, M.A., Ethnologin, Kuratorin und Kulturpädagogin; Mitarbeiterin am Staatlichen Museum für Völkerkunde München; Forschungen und Publikationen zur Kunst Afrikas und Amerikas.
(Seite 152–165)

Nara Heemann, M.A., Theaterwissenschaftlerin und Performance-Künstlerin; Forschungen zu transkulturellen und transdisziplinären Themen.
(Seite 122–123)

Karin Kathöfer, M.A., Ethnologin und Indologin; Forschungen und Publikationen zu Kunst und Fotografie in Asien und Afrika.
(Seite 88–103)

Heike Kraemer, M.A., Ethnologin und Sinologin; Forschungen zu Kunst und modernen Medien in Ostasien.
(Seite 116–121, 124–125)

Andrea Kugler, M.A., Ethnologin; wissenschaftliche Mitarbeiterin am Institut für Ethnologie der Universität München mit Schwerpunkt Geschlechterforschung.
(Seite 134–151)

Anke Kuper, M.A., Ethnologin; wissenschaftliche Mitarbeiterin im Humanethologischen Filmarchiv der Max-Planck Gesellschaft mit Forschungsschwerpunkt Südliches Afrika.
(Seite 84–87)

Christiane Lembert, M.A., Ethnologin; wissenschaftliche Mitarbeiterin am Institut für Europäische Ethnologie der Universität Augsburg mit Schwerpunkt Migrationsforschung.
(Seite 166–187)

Claudia S. Schmidt, M.A., Ethnologin; Forschungen zu Kunst und Gesellschaft in Südafrika, Australien und Indien.
(Seite 126–133, 188–197)

Dr. Bertram Turner, Ethnologe; wissenschaftlicher Mitarbeiter am Max-Planck Institut für Ethnologische Forschung (Halle/Saale) mit Forschungsschwerpunkt Nordafrika und Rechtsethnologie.
(Seite 38–45)

Dr. Uta Weigelt, Ethnologin und Sinologin; Forschungen zu Kunst und Gesellschaft in Ost- und Südostasien.
(Seite 104–115)

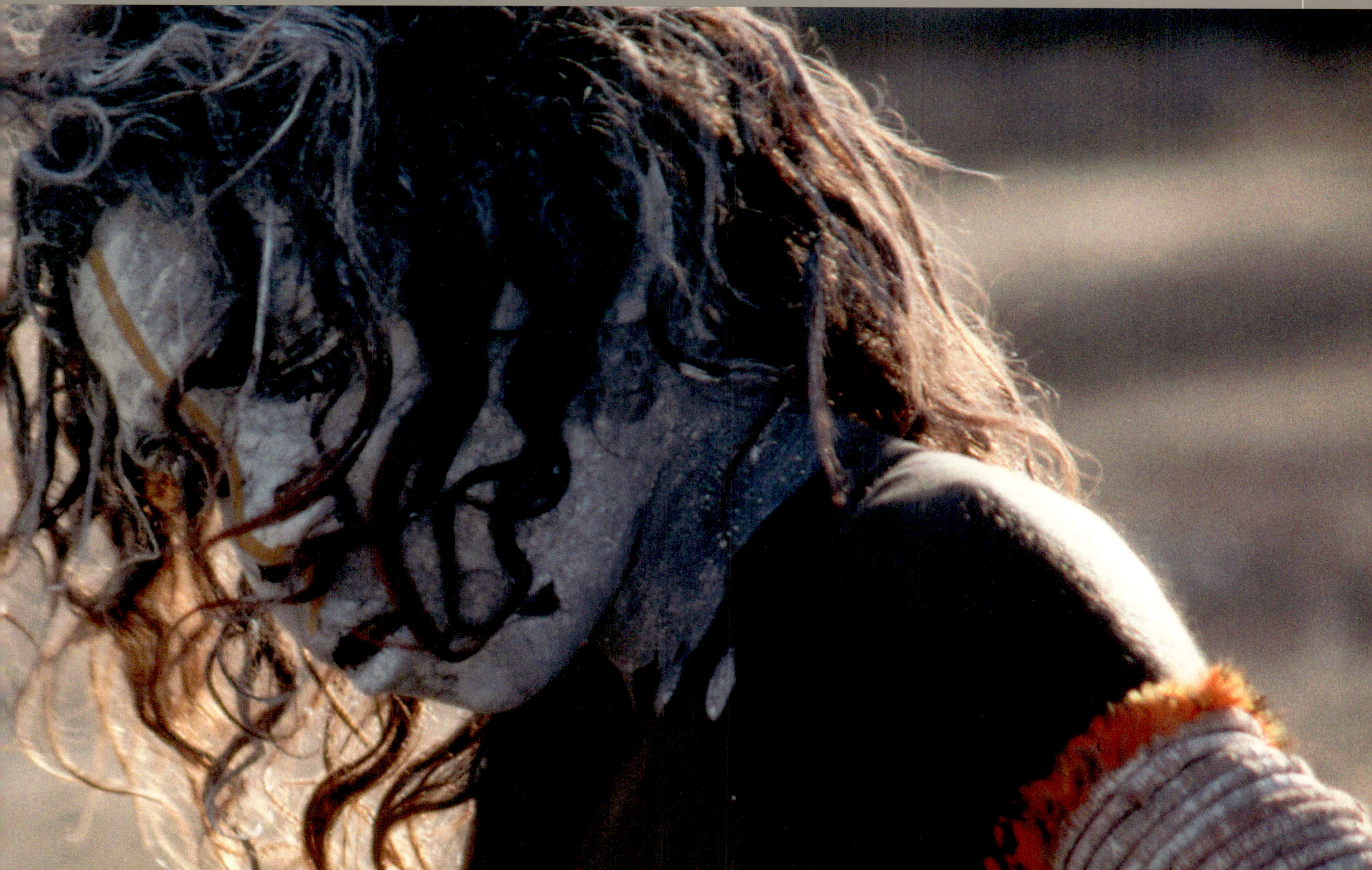

weiterführende Literatur

Blauer, Ettagale: Afrika. Farben – Menschen – Mythen. Köln 1999 (Originalausgabe: London/Cape Town 1995)

Böth, Gitta/Mentges, Gaby (Hrsg.): Sich kleiden. Marburg 1989

Brain, Robert: The Decorated Body. New York/London 1979

Burgelin, Olivier/Perrot, Philippe (Hrsg.): Vom ewigen Zwang zu gefallen – Etikette und äußere Erscheinung. Leipzig 1994 (Originalausgabe: Parure, pudeur, étiquette. Paris 1987)

Burhenne, Verena (Hrsg.): Make Up! Aus der Geschichte der dekorativen Kosmetik. Münster 1998

Dandrieu, Chantal/Depuyper, Christian (Hrsg.): Les parures du Corps. Paris 1993

Ebeling, Ingelore: Masken und Maskierung – Kult, Kunst und Kosmetik. Köln 1984

Falgayrettes-Leveau, Christiane: Corps sublimes. Paris 1994

Falgayrettes-Leveau, Christiane (Hrsg.): Parures de tête – Hairstyles and headdresses. Paris 2003. Signes du Corps. Paris 2004

Faris, James C.: Nuba Personal Art. Norwich 1972

Fisher, Angela: Africa Adorned. London 1984

Frehn, Beatrice/Krings, Thomas: Afrikanische Frisuren. Köln 1986

Gröning, Karl (Hrsg.): Geschmückte Haut – Eine Kulturgeschichte der Körperkunst. München 1997

Hell, Bernhard Peter: Die Tatauierung (Tätowierung) in Nordasien und in Nordamerika. München 1996

Kirchlicher Entwicklungsdienst Deutschland (Hrsg.): Ansichtssache Aussehen – Ganz schön anders. Der Überblick 4-2004. Bonn/Hamburg 2004

Lambek, Michael/Strathern, Andrew (Hrsg.): Bodies and Persons. Cambridge 1998

Loschek, Ingrid: Mode – Verführung und Notwendigkeit. München 1991

Negri, Eve de: Nigerian Body Adornment. Lagos 1976

Oettermann, Stephan: Zeichen auf der Haut – Die Geschichte der Tätowierung in Europa. Frankfurt am Main 1979

Robinson, Julian: The Quest for Human Beauty. New York/London 1998

Rubin, Arnold (Hrsg.): Marks of Civilization. Los Angeles 1988

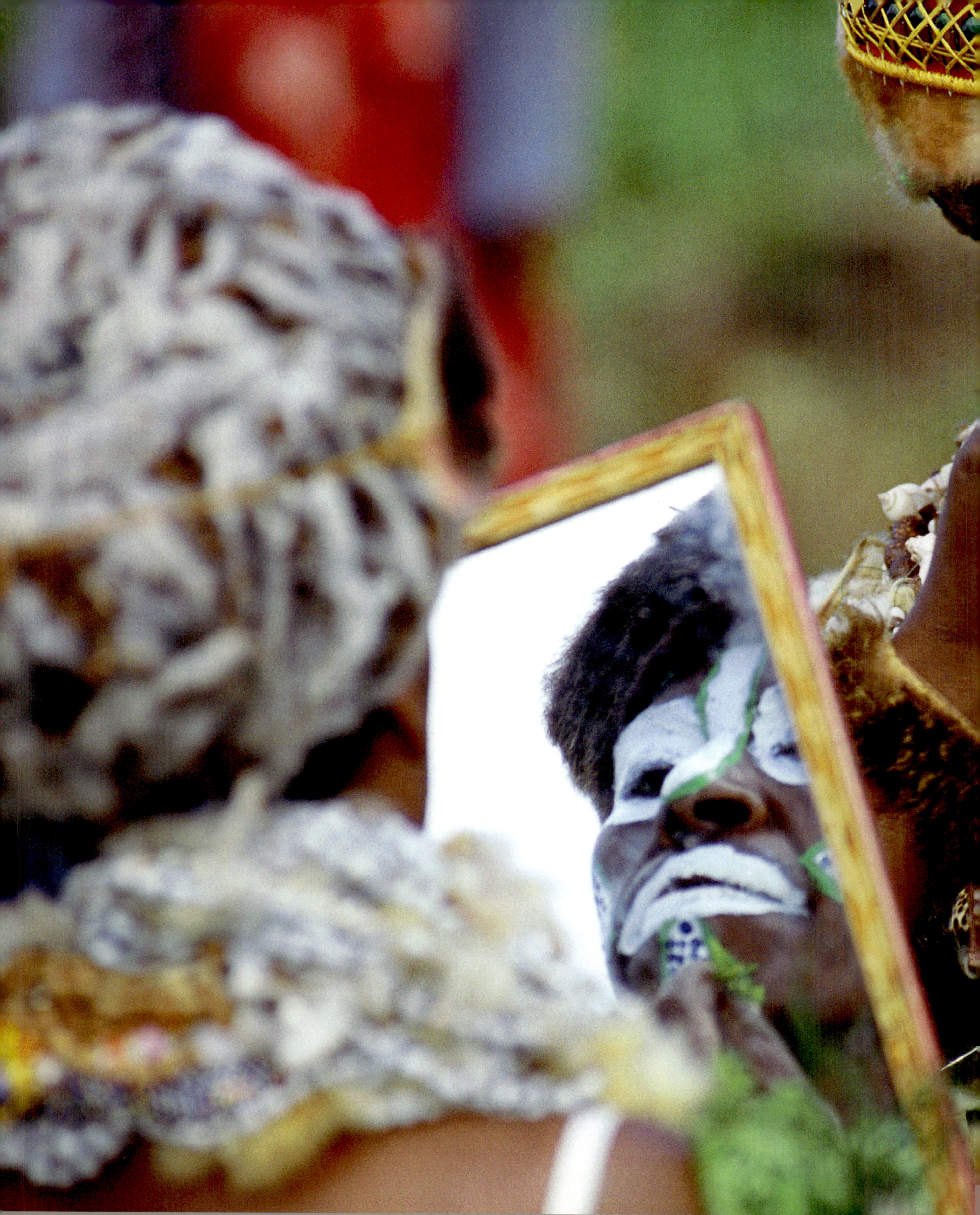

Zwei Frauen aus dem Hochland von Papua-Neuguinea schmücken sich für die Teilnahme am Mount-Hagen-Festival. Neben der traditionellen Gesichtsbemalung gehören ein aufwändiger Kopfputz und Schmuck zur festlichen Ausstattung. Der Muschelschmuck signalisert Wohlstand und Ansehen.

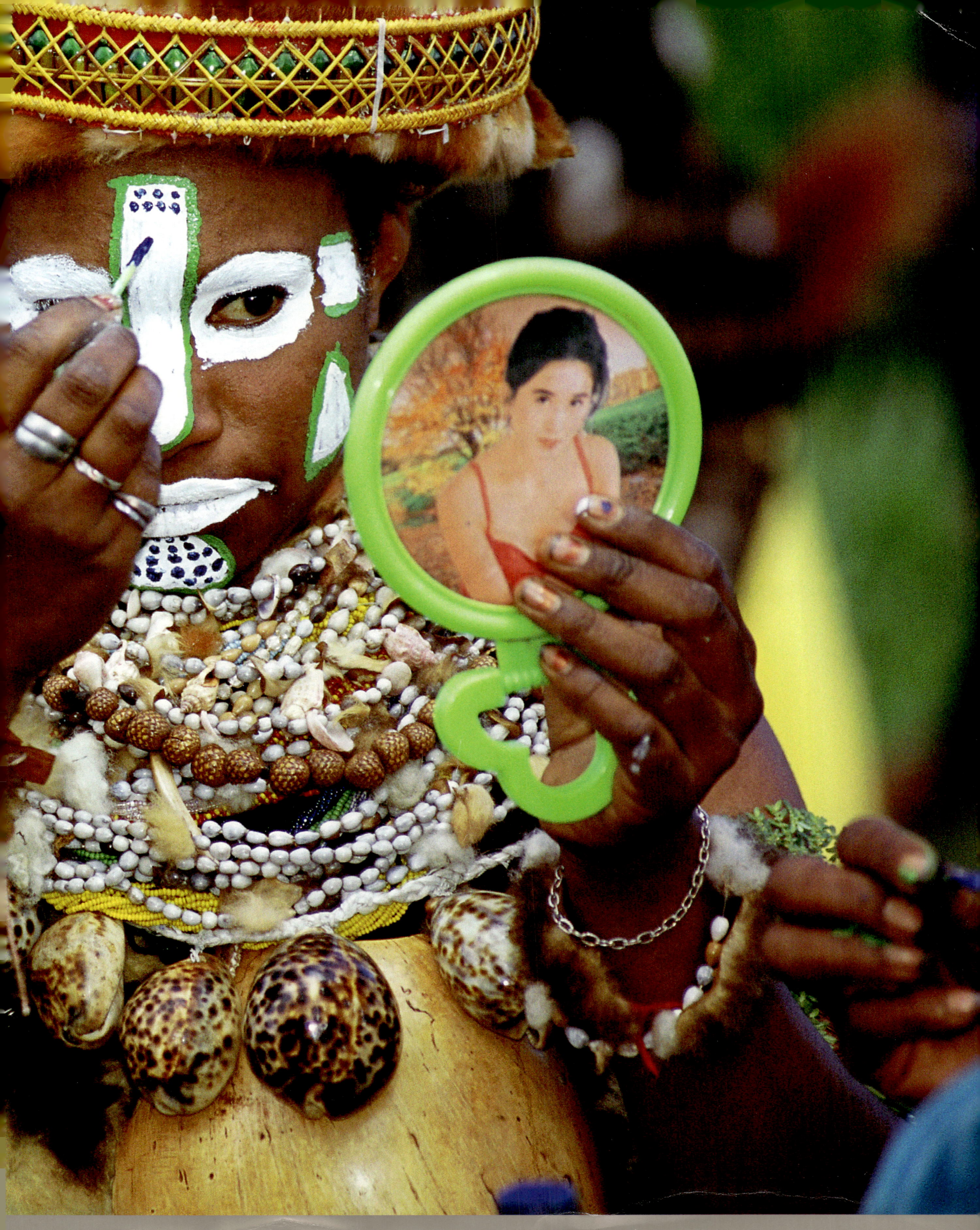

Bildnachweis

Abkürzungen:
A = Alamy
AKG = akg-images
B = Bilderberg
C = Corbis
CE = Clemens Emmler
CH = Christian Heeb
DF = Don Fuchs
DG = Dieter Glogowski
F = Das Fotoarchiv/Christoph & Friends
FMF = Franz Marc Frei
G = Getty Images
H = Bildarchiv Huber
HL = Holger Leue
IFA = IFA Bilderteam
L = Laif
LRP = Leni Riefenstahl Produktion
ML = Maurizio Leigheb
P = Premium
RE = Robert Estall agency
S = Superbild
W = White Star

Im Uhrzeigersinn von links oben nummeriert. Abgesoftete Bilder sind mit U (= Unterleger) gekennzeichnet. N.N. = unbekannt: Trotz umfangreicher Bemühungen konnten leider nicht in allen Fällen die Bildquellen bzw. Urheber mancher Abbildungen ausfindig gemacht werden. Fotografen und/oder sonstige Rechteinhaber mit berechtigten Ansprüchen werden deshalb gebeten, sich an den Verlag zu wenden.

Vorsatz F/Wolfgang Schmidt; 2/3 W/G. P. Reichelt; 4/5 L/Riehle; 6.1 C/Reuters/Ravi S. Sahani, 6.2 C/Reuters, 7.1 C/Albrecht G. Schaefer, 7.2 C/Paul W. Liebhardt; 8.1 C/Pierre Colombel, 8.2 C/Gianni Dagli Orti, 8.3 C/Danny Lehman, 8.4 C/Jack Fields; 9.1 C/Penny Tweedle, 9.2 C/Bob Krist, 9.3 Focus/Pascal Maitre; 10.1 Klaus Paysan, 10.2 C/Lynn Goldsmith; 11 P/M. Garcon; 12/13 C/Remi Benali; 14/15 Focus/Pascal Maitre/Cosmos; 16/17 ML; 18/19 P/Stock Image; 20/21 C/Remi Benali; 22/23/Keren Su; 24/25 RE/Carol Beckwith & Angela Fisher; 26/27 /Tweedie; 28/29 G/Paul Chesley; 30/31 C/Daniel Lainé; 32/33 C/Charles & Josette Lenars; 34/35 L/Sinopix; 36/37 RE/ Carol Beckwith & Angela Fisher; 38/39 H/Saffo; 40 C/Margaret Courtney-Clark; 41.1–3 C/Francesco Venturi, 41.4 F/Nik Wheeler; 42.1 akg, 42.2 L/Gartung; 43.1 L/Heeb, 43.2 C/Martin Harvey, 43.3 L/Riehle, 43.4 L/Kaiser; 44 L/Robert Caputo, 44.U C/Francesco Venturi; 45 C/Margaret Courtney-Clark; 46/47 C/zefa/Frans Lemmens; 48/49 RE/ Carol Beckwith & Angela Fisher; 49 1. C/Tiziana and Gianni Baldizzone, 49.2 RE/Carol Beckwith & Angela Fisher, 49.3 C/zefa/Frans Lemmens, 49.4 RE/Carol Beckwith & Angela Fisher; 50/51 RE/Carol Beckwith & Angela Fisher; 52/53 Herbert Cole, 54.1, U Doris Weller; 55.1 Herbert Cole, 55.2–3 Doris Weller; 56–63 LRP; 64/65 S/HAGA; 66 IFA/Peter D. Pickford; 67 1–2 RE/Carol Beckwith & Angela Fisher, 67.3 Arco Digital Images/W. Daffue; 68.1, U RE/Carol Beckwith & Angela Fisher, 68.2 C/Gavriel Jecan; 69.1 RE/Carol Beckwith & Angela Fisher, 69.2 Arco Digital Images/W. Daffue; 70/71 F/Martin Harvey/Peter Arnold; 72.1 C/Joe McDonald, 72.2 C/Brian A. Vikander; 73.1 C/Brian A. Vikander, 73.2 C/Joe McDonald; 74.1 C/Frans Lanting, 74 U C/Carl & Ann Purcell; 75.1–3 C/Carl & Ann Purcell, 75.4 B; 76/77 Das F/John Moss; 77.1 RE/Carol Beckwith & Angela Fisher, 77.2 IFA, 77.3–4 RE/Carol Beckwith & Angela Fisher; 78.1 F/Nik Wheeler, 78.U RE/Carol Beckwith & Angela Fisher; 79.1–2 RE/Carol Beckwith & Angela Fisher, 79.3 C/Yann-Arthus Bertrand; 80/81 C/Charles Lenars, 82.1 C/Federico Patellani, 82.U Werner Forman, 83.1–2 C/Charles Lenars, 83.3 C/Juan Echeverria; 84/85 P/Stock Image/M. Chatelain; 86.01 C/Peter Johnson, 86. U C/Wolfgang Kaehler; 87.1 C/Sygma/Pagani Flavio, 87.2 Michael Martin; 87.3 C/Kerstin Geier; 88/89 Paysan; 90.1 DG, 90.2 P/Buss, 90.3 Fan & Moss/Potschka, 90.4 DG; 91.1 DG, 91.2 DG, 91.3 DG, 91.4 DG; 92.1 C/Lindsey Hebberd, 92.U W/G. P. Reichelt; 93 1–3 DG; 94 C/Chris Lisle; 95.1 F/Sebastian Bolesch, 95.2 L/Celentano, 95.2 W/Jörg Steinert, 95.3 C/Charles O'Rear; 96/97 L/Huber, 97.1 P/Stock Image, 97.2 L/G. Huber, 97.3 C/Richard Powers, 97.4 C/Jeremy Homer; 98.1 C/Reuters/Yayanta Shaw, 98.U C/Lindsey Hebberd; 99.1 P/Stock Image/S. Held, 99.2 L/G. Huber, 99.3 L/Huber, 99.4 Fan & Mross/Potschka; 100/101 L/Emmler; 102.1 L/Fechner, 102.U P/Philips; 103.1 W/G. P. Reichelt, 103.2 P, 103.3 C/Free Agent Limited/Dallas and John Heaton; 104/105 C/Richard Bickel; 106.1 C/Richard Bickel, 106.U C/Chris Lisle; 107.1 G/Corey Wise, 107.2 F, 107.3 C/Chris Lisle; 108/109 G/Stone; 110/111 Focus; 111 Huber; 112.1 G/Stone/Allison, 112.U N.N.; 113.1–4 N.N.; 114.1 Focus/Magnum, 114.2 N.N., 114.U Huber/Aschenbrenner; 115.1 Focus, 115.2 Mauritius/SST/Focus, 115.3 Focus, 115.4 Focus/Visum; 116/117 IFA/Nacivet; 118/119.1 IFA/James Montgomery, 118/119.2 C/Gideon Mendel, 118/119.3 IFA/James Montgomery, 118/119.4 IFA/James Montgomery, 118/119.5 C/Frank Leather, 118/119.6 C/Robert Homes; 120.1 IFA/Walter Grubb, 120.U C/Philadelphia Museum of Art; 121.1–2 C/Gideon Mendel, 121.3 N.N.; 122.1 C/Charles Lenars, 122.2 C/Jack Fields; 123.1–2 C/Jack Fields, 123.3 C/Charles & Josette Lennars, 123.4 C/Reuters; 124 C/Asian Art & Archaeology, Inc.; 125.1 C/Bettman, 125.2 Yuriko Nakao; 125.3 C/Bettman, 125.4 C/SYGMA/Marc Guillaumot; 126/127 C/ Penny Tweedie; 128.1 L/Heeb, 128.2 DF, 128.3 C/John Van Hasselt, 128.4 C/Matthew McKee, 129.1 L/Emmler, 129.2–3 DF, 129.4 L/Tweedie; 130.1 DF, 130.U C/Werner Forman; 131.1–2 C/Penny Tweedie, 131.3 C/Burstein Collecton; 132.1 DF, 132.U Mauritius/J. Beck; 133 P/Minden/G. Ellis; 134/135 B; 136 C/Catherine Karnow; 137.1 C/Bob Krist, 137.2 A/Robert Harding Picture Library Ltd./ Sylvain Grandadam, 137.3 C/Bob Krist; 138.1 C/Anders Ryman, 138.U CH; 139.1 C/Richard Klune, 139.2 HL, 139.3 C/Paul A. Sounders, 139.4 C/ML Sinibaldi; 140.1 C/Werner Forman, 140.U HL; 141 G/Wilfried Krecichwost; 142/143 G/Stone; 144/145 Mauritius/ AGE; 145.1–3 N.N., 145.4 C/Bob Krist, 145.5. N.N., 145.6 G/Stone; 146.1. N.N.; 146.2. C/Dave G. Houser; 1471–2 N.N.; 148.1 N.N., 148.U N.N.; 149.1–2 N.N., 149.3 G/Christopher Arnesen; 150.1 N.N., 150.2 G/Arnesen, 151.U N.N.; 151 Alamy/Peter Bowarter; 152/153 C/Peter Turnley; 154 AKG; 154/155 L/Heeb; 156.1 C/Steve Kaufman, 156.2 C/Lindsey Hebberd; 157.1 L/Heeb, 157.2 C/Kevin R. Morris; 157.3 C/Lindsey Hebberd; 158.1 CH, 158.2 P, 158.3 Mau/Benelux-Press, 158.4 F/John Running; 159.1 AGE, 159.2 CH, 159.3 BavBall, 159.4 Poehlmann; 160 A/Peter Arnold, Inc./Martha Cooper; 161.1 C/Charles Lenars, 161.2 C/Kevin Fleming, 161.3 G/Paul Chesley; 162.1 C/Pete Saloutos, 162.U C/George H.H. Huey; 163.1–2 C/Geoffrey Clements, 163.3 C/Tom Bean, 163.4 C/Buddy Mays, 163.5 G/Ben Gibson; 164.1 L/Raach, 164.U L/Raach; 165.1 C/Canadian Museum of Civilization, 165.2 C/Peter Harholt, 165.3 C/Harry Foster, 165.4 C/Markus Cuff; 166/167 F/Claus Meyer; 168/169 C/Reuters, 169.1 A/Sue Cunningham, 169.2 F/Claus Meyer; 170.1 Focus/Loren McIntyre/Woodfin Camp, 170.U C/Werner Forman; 171.1–3 F/Claus Meyer; 172 C/Reuters, 173.1 A/Brazil Photos/Ricardo Beliel, 173.2 F/Claus Meyer, 173.3 ML; 174/175 F/Claus Meyer; 176/177 C/Reuters, 177.1 C/Reuters/ Paulo Whitaker, 177.2–3 C/Douglas Engle, 177.4 C/Ricardo Azouri; 178 C/SYGMA/Hank Whitemore; 179.1–2 C/SYGMA/ Hank Whitemore, 179.3 argus/Giradet; 180/181 ML; 182.1 F/Claus Meyer, 182.U ML; 183 ML; 184/185 IFA, 186.1 A/Yadid Levy, 186.U C/Wolfgang Kaehler; 187 C/Wolfgang Kaehler; 188/189 C/Pablo Corral Vega; 190.1 IFA/Stadler, 190.2 C/Sygma/Micheline Pelletier, 191.1 Brigitte Gronau, 191.2 IFA/Jäger, 191.3 IFA/Stadler, 191.4 IFA/Walsh, 191.5 Brigitte Gronau; 192.1 L/Falke, 192.U C/Sergio Pitamitz; 193.1 IFA/John Arnold Images, 193.2 IFA/Kanzler, 193.3 L/Falke; 194/195 C/Reuters/Jorge Silva; 195.1 C/Gail Marie Orenstein, 195.2 C/Alison Wright, 195.3 C/Reuters, 195.4 L/Falke, 195.5 C/Charles Lenars, 195.6 L/Linke; 196.1 C/SYGMA/Richard Melloui; 197.1 C/SYGMA/Eric Robert, 197.2 L/Fechner, 197.3 C/Robbie Jack; 198 C/Reuters; 199.1 C/Reuters, 199.2 C/Mike Hutchings, 199.3 C/Reuters; 200.1 C/NewSports/George Tiedemann, 200.2 C/Kevin Fleming, 200.3 C/Reuters, 200.4 C/Reuters/Mike Finn-Kelcey; 201.1 C/Rick Rickman, 201.2 C/Reuters/Kai Pfaffenbach, 201.3 C/Reuters, 201.4 C/Dumo; 202/203 C/Bob Krist; 204/205 C/Penny Tweedie; 206/207 C/Mark A. Johnson;
Nachsatz F/Markus Diouhy

Erklärungen zu den Hintergrundbildern:
S. 44 Berber-Schmuck; S. 50 Kopfschmuck eines Wodaabe-Tänzers; S. 54 Upa-Malerei an einem Haus in Nigeria; S. 60 bemalter Nuba-Mann; S. 66 Narben einer Karo-Frau; S. 74 Samburu-Halsschmuck; S. 78 Kopfschmuck eines Maasai-Kriegers; S. 82 Maske aus Zentralafrika; S. 86 Halsschmuck einer Himba-Frau; S. 92 Götterdarstellung aus Nepal; S. 98 Maske aus Sri Lanka; S. 102 Maske aus dem Barong-Tanz; S. 106 Tempelfigur in Myanmar; S. 112 und 114 Peking-Oper: Schminkmasken; S. 120 Geisha-Darstellung auf einem Holzschnitt von Kitagawa Utamaro, ca. 1793; S.122 Nô-Maske; S.130 Detail auf einem traditionellen Rindenbild; S.132 Bumerangs; S. 138 und 140 Maori-Schnitzerei; S. 148 Detail eines Papua-Kopfschmucks; S. 150 Tanzmaske der Goroka; S. 156 Kiowa-Federschmuck; S. 162 Kachina-Puppe; S. 164 Wappenpfahl auf Vancouver Island; S. 170 Federschmuck der Xinguanos; S. 178 Kayapò-Federschmuck; S. 183 Yanomami-Federschmuck; S. 186 Kopfputz der Jivaró; S. 192 Karnevalsmaske; S. 198 Fanschal

Impressum

© 2005 Verlag Wolfgang Kunth GmbH & Co KG, München
Innere Wiener Straße 13
81667 München
Telefon +49.89.45 80 20-0
Fax +49.89.45 80 20-21
www.kunth-verlag.de

ISBN 3-933405-21-1

Redaktion: Michael Kaiser
unter Mithilfe von Eckhard Schuster
Bildauswahl: Michael Kaiser, Hassan Mülhaupt
Bildbeschaffung: Robert Fischer
Gestaltung: www.umbruch.tv
Litho: Fotolito Varesco, Auer (Italien)
Druck und Bindung: Appl Aprinta, Wemding

Printed in Germany

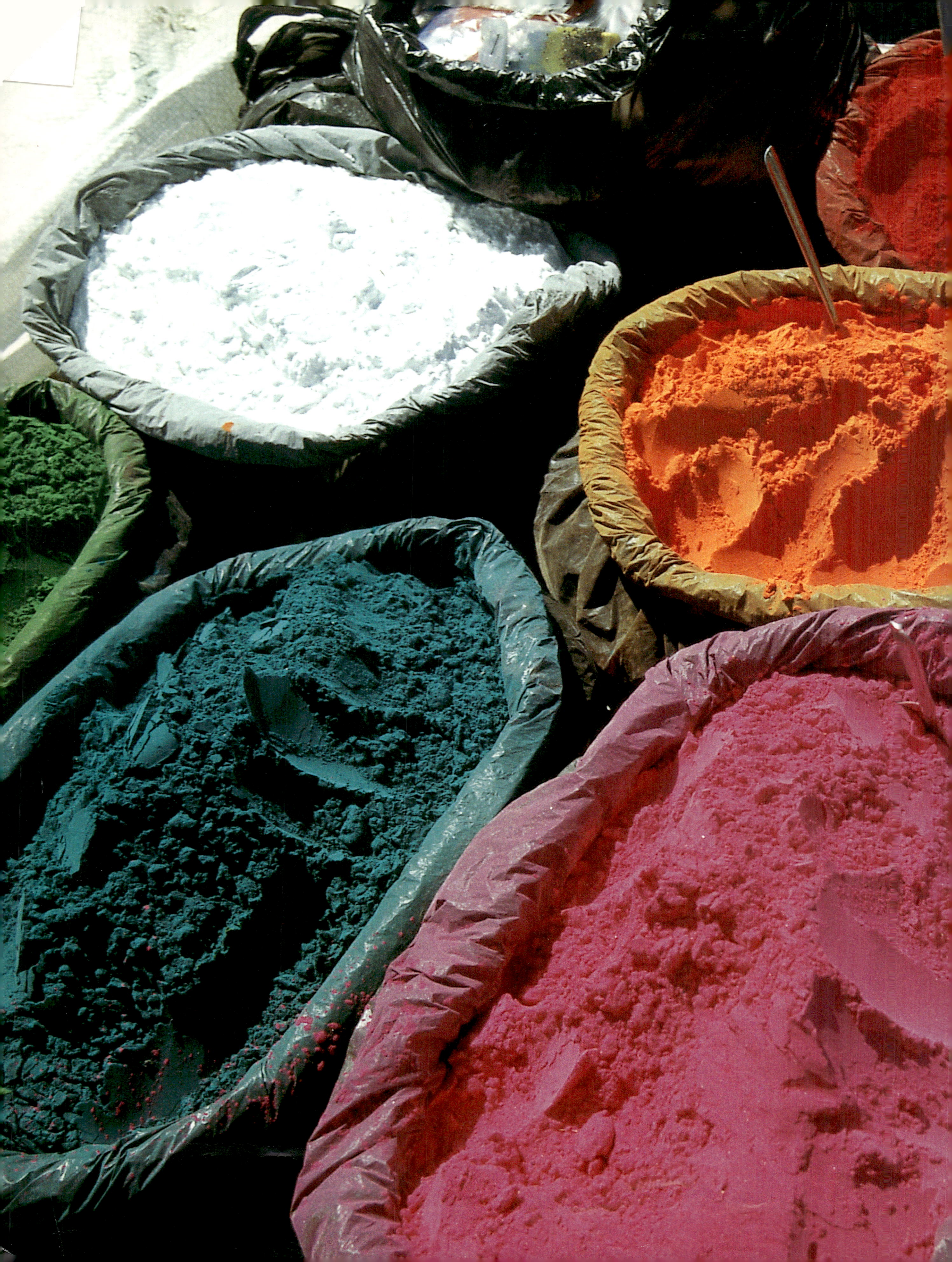